中国（曲阜）
国际孔子文化节志

曲阜市孔子文化节办公室　编

方志出版社
Publishing House of Local Records

图书在版编目（CIP）数据

中国（曲阜）国际孔子文化节志 / 曲阜市孔子文化节办公室编. -- 北京：方志出版社，2018.8

ISBN 978-7-5144-3211-4

Ⅰ.①中… Ⅱ.①曲… Ⅲ.①中华文化—庆祝活动 Ⅳ.①K203

中国版本图书馆CIP数据核字（2018）第201528号

中国（曲阜）国际孔子文化节志

编　　者：曲阜市孔子文化节办公室
责任编辑：刘　珊

出 版 人：冀祥德
出 版 者：方志出版社
地址　北京市朝阳区潘家园东里 9 号（国家方志馆4层）
邮编　100021
网址　http://www.fzph.org
发　　行：方志出版社图书经销中心
电话（010）67110500
经　　销：各地新华书店
印　　刷：山东黄氏印务有限公司

开　　本：889×1194　　1/16
印　　张：39.5
字　　数：767千
版　　次：2018年8月第1版　2018年8月第1次印刷
印　　数：0001～3500册

ISBN 978-7-5144-3211-4　　定价：660.00元

《中国（曲阜）国际孔子文化节志》
编纂委员会

序

孔子是中国古代伟大的思想家、教育家、政治家，孔子及其为代表的儒家思想学说，在两千多年的中国历史上发挥了极其重要的作用，其精华至今仍闪耀着夺目的光芒，对中国乃至世界的文化发展产生了广泛而积极的影响。党的十八大以来，习近平总书记高度重视包括儒家文化在内的中华优秀传统文化的传承与发展。2013年11月26日，习近平总书记到曲阜考察，并就研究孔子和儒家思想与有关专家学者座谈；2014年“五四青年节”期间，到北京大学与著名哲学家汤一介交谈并了解《儒藏》编纂情况；9月24日，出席纪念孔子诞辰2565周年国际学术研讨会暨国际儒学联合会第五届会员大会并发表重要讲话。习近平总书记多次参加与儒家文化有关的活动，对孔子及儒家思想高度评价，指出“孔子创立的儒家学说以及在此基础上发展起来的儒家思想，对中华文明产生了深刻影响，是中国传统文化的重要组成部分。”充分肯定了儒家思想在中国传统文化中的重要地位和作用，表明了加强儒家思想挖掘阐发传播对于传承和弘扬中华优秀传统文化的重要意义。山东省委、省政府以习近平总书记的重要指示和殷切嘱托为遵循，以强烈的责任意识和担当精神，立足齐鲁文化资源优势，努力促进传统文化推陈出新，中华优秀传统文化在山东不断绽放出新的时代光芒。

中国（曲阜）国际孔子文化节由“孔子诞辰故里游”文化旅游活动，逐步发展成为由山东省人民政府、文化部、教育部、国家旅游局主办，济宁市人民政府、曲阜市人民政府承办，融文化艺术、旅游观光、学术研讨、经济合作、国际交流等于一体的大型国际性节庆活动，旨在纪念孔子对人类文化作出的杰出贡献，弘扬中华民族优秀传统文化，加强国际间的文化交流与合作。这是一项加强儒学深度研究，推动优秀传统文化创造性转化、创新性发展的重要举措，为文化强省建设开拓了新路径。目前，中国（曲阜）国际孔子文化节已连续举办了34届，在海内外产生了广泛而深远的影响，成为山东走向世界、世界了解山东的重要平台。全面系统记载历届孔子文化节举办过程，对于弘扬优秀传统文化，深入总结办节经验，提高我省举办大型艺术活动的能力，丰富新时期山东精神，具有重要的现实意义和深远的历史意义。《中国（曲阜）国际孔子文化节志》的编纂人员，以强烈的历史责任感和紧迫感，弘扬新时期的方志人精神，敢于担当、敬业奉献，潜心研究、精益求精，仅用10个多月时间就完成了编纂工作，为进一步丰富全省优秀史志成果内容又增添硕果，工作成绩令人钦佩。

当前史志事业发展迎来前所未有的大好形势，得到党中央、国务院和省委、省政府的高度重视。希望全省广大史志工作者不忘“修志问道，执笔著史”初心，牢记“为当代提供资政辅治之参考，为后世留下勘存勘鉴之记述”的使命担当，抢抓机遇、砥砺奋进，为我省史志事业持续走在全国前列作出积极贡献。

山东省人民政府办公厅党组成员
山东省地方史志办公室主任

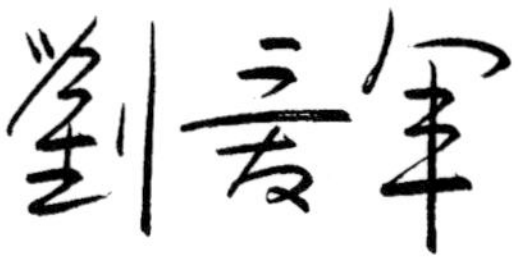

2018年8月

序

天不生仲尼，万古如长夜！孔子的思想博大精深，成为中国两千多年封建社会的思想基础和精神支柱，它既是执政者治国安民的理论基础，也是平民百姓修身立世的行为准则，对中国社会的各个方面都产生了深远的影响。

为纪念孔子、弘扬优秀传统文化、发展旅游、扩大开放，1984年，曲阜县举办首届国际孔子诞辰故里游活动，揭开了中国曲阜国际孔子文化节的序幕。在国家有关部委、省、济宁市各级各部门和社会各界的关心支持下,2007年升格为山东省人民政府、文化部、教育部、国家旅游局主办，济宁市人民政府、曲阜市人民政府承办。孔子文化节自创办以来便以她无可比拟的历史文化价值和综合带动功能，对经济社会各项事业的发展起到极其重要的推动作用，迄今走过34年的光辉历程。海纳百川，有容乃大。孔子文化节通过高远的立意，大手笔的策划，互鉴互融的气度，已发展成为连接五大洲友谊的桥梁，合作发展共赢的媒介，文化经济及各项事业发展的载体，传承弘扬中华优秀传统文化的舞台，被评为中国最具影响力的十大节庆活动，成为举办早、规格高、参与范围广、影响力巨大、享誉海内外的国际性文化盛典。

钩沉历史，鉴前知今，缔造未来，是时代赋予我们每一代人的重大历史责任。为准确再现举办孔子文化节的活动盛况和孔子文化节对曲阜改革开放各项事业发展所作出的巨大贡献，2017年10月，曲阜市委、市政府决定启动《中国（曲阜）国际文化节志》编纂工程，纳入《曲阜市传承发展中华优秀传统文化工作方案》。山东省政府办公厅党组成员、省史志办主任刘爱军对志书编纂高度重视，亲自担任主编，并主持召开评审会对志书进行把关。在省史志办有关领导和专家的鼎力支持下，经过广大编纂工作者的共同努力，现在正式出版发行了，这实为曲阜文化发展史上的一件大事。

孔子故乡在曲阜，孔子文化节主办地在曲阜，举全市之力办好孔子文化节一直是曲阜历届党委政府工作的重中之重。多年来，曲阜锐意改革，开拓进取，经济文化社会事业稳步发展，为孔子文化节的成功举办奠定了坚实基础。曲阜加强文物古迹的保护，精心呵护祖先遗存下来的瑰宝珍藏，为孔子文化节举办提供了源源不断的历史文化资源。曲阜坚持旧城改造体现民族特色，新区建设展示时代风采的总体规划思路，加大力度搞好城市建设，为孔子文化节举办提供了优越的空间和条件。曲阜重视整合旅游资源拓展旅游空间，创新推出一系列高端旅游项目，极大地丰富了孔子文化节的内涵。曲阜坚持与时俱进弘扬民族优秀传统文化，推动儒学研究事业的纵深发展，大大提高了孔子文化节的文化品位和办节档次。曲阜以举办孔子文化节为动力，深入开展精神文明创建和彬彬有礼道德城市建设，使“孔孟之乡礼仪之邦”的盛名享誉海内外。2013 年 11 月习近平总书记视察曲阜，向全国发出重视优秀传统文化的信号，对曲阜提出建设首善之区的殷切期望，更为曲阜各项事业的发展和孔子文化节的举办指明了方向。

《中国（曲阜）国际孔子文化节志》分 10 篇若干章节，从举办活动的历史渊源、组织实施、重点活动内容，和举办孔子文化节在研究儒学、弘扬民族优秀传统文化，以及推动精神文明、物质文明建设所起到的综合带动功能，将孔子文化节及其相关的重大活动、重大事件、重点工程悉数载入，全景式地再现举办孔子文化节的历史实况。为全面了解孔子文化节积累了丰富的历史资料，成为一部举办节庆活动极具参考价值的工具书。

修志问道，以启未来。坚定文化自信，弘扬优秀传统文化，用儒家文化讲好中国故事，是孔子文化节永恒的主题。《中国（曲阜）国际孔子文化节志》作为献给习近平总书记视察曲阜讲话 5 周年的一份厚礼，献给改革开放 40 周年的一份厚礼，同时也是献给第 35 届孔子文化节的一份厚礼，必将在建设曲阜东方圣城首善之区、精神文化之都、中华民族共同精神家园的历史征程中发挥应有的作用。

中共曲阜市委书记 刘东波

2018 年 8 月

孔子燕居像

孔子行教像

1984 年 9 月 22 日，首届孔子诞辰故里游开幕式暨孔子像复原揭幕仪式在曲阜孔庙举行。

1984 年 9 月 22 日，首届孔子诞辰故里游开幕式暨孔子像复原揭幕仪式举行，曲阜县县长徐庆刚致辞。

1987 年 10 月 19 日，1987 年孔子诞辰故里游开幕式举行。济宁市市长韩寓群（前左一）、曲阜市市长崔波（前左二）、孔子第 77 代嫡孙女孔德懋（前左三）出席开幕式。

1990 年 9 月 26 日，1990 国际孔子文化节开幕式在曲阜孔庙举行。

1991 年 9 月 26 日，国家旅游局局长刘毅（前右一）参加 1991 年国际孔子文化节活动。

1994 年 9 月 26 日，’94 中国曲阜国际孔子文化节暨经贸洽谈会开幕式在曲阜体育场举行。

1998 年 9 月 26 日，1998 中国曲阜国际孔子文化节开幕式举行。

2001 年 9 月 26 日，孔子文化节开幕式大型歌舞《杏坛圣梦》在曲阜杏坛剧场首演。

2004 年 9 月 26 日，2004 中国曲阜国际孔子文化节暨世界旅游日中国主会场庆祝活动开幕式在曲阜杏坛剧场举行。

2006 年 9 月 23 日，首届联合国教科文组织“孔子教育奖”颁奖典礼在曲阜孔子六艺城举行。

2006 年 9 月 26 日，2006 中国曲阜国际孔子文化节暨两岸孔子文化交流周大型活动开幕式《和之韵》文艺演出在曲阜杏坛剧场举行。

2007 年 9 月 27 日，2007 中国（曲阜）国际孔子文化节开幕式《中华情•国风和颂》文艺演出在曲阜体育场举行。

2009 年 9 月 27 日，2009 中国（曲阜）国际孔子文化节开幕式暨“孔子教育奖”“孔子文化奖”颁奖典礼在曲阜杏坛剧场举行。山东省教育厅厅长齐涛（左二）、济宁市委书记孙守刚（右四）、曲阜市委书记朱庆安（右二）向获奖代表赠送纪念品。

2011 年 9 月 27 日，山东省政协副主席乔延春（左一）、中国联合国教科文组织全国委员会秘书长杜越（右一）为“孔子教育奖”获奖代表颁奖。

2014 年 9 月 27 日，济宁市委书记、市人大常委会主任马平昌（左二），市委副书记、市长梅永红（右四）为获得第五届“孔子友谊奖”的外国专家代表颁奖。

2014 年 9 月 27 日，联合国教科文组织“孔子教育奖”主任评委拉德万在孔子文化节开幕式上致辞，并宣布第九届联合国教科文组织“孔子教育奖”获奖名单。

2014 年 9 月 27 日，2014 中国（曲阜）国际孔子文化节开幕式文化惠民优秀节目演出在孔子文化会展中心剧场举行。

2014 年 9 月 27 日，山东省委副书记、省长郭树清（左二），教育部副部长郝平（左四）为第九届“孔子教育奖”获奖机构代表颁奖。

2015 年 9 月 26 日，济宁市委书记、市人大常委会主任马平昌（左四），市委副书记、代市长傅明先（左一），曲阜市委书记、市人大常委会主任李长胜（右三）为第十届联合国教科文组织“孔子教育奖”获奖者赠送纪念品。

2016 年 9 月 27 日，济宁市委副书记刘中会（中）、曲阜市委书记刘东波（右一）为第一届国际中学生儒学辩论大会“少年孔子奖”获奖者颁奖并赠送孔子像。

2017 年 9 月 27 日，2017 中国（曲阜）国际孔子文化节开幕式暨第十二届联合国教科文组织“孔子教育奖”颁奖典礼在孔子文化会展中心剧场举行。

2017 年 9 月 27 日，山东省政协副主席雷建国（右三）、中国联合国教科文组织全委会副秘书长周家贵（左一）、济宁市委书记王艺华（右一）共同为“孔子教育奖”获奖机构代表颁奖并赠送孔子像。

2017 年 9 月 27 日，山东省文化厅厅长王磊（左四），省旅游发展委主任于风贵（右三），济宁市委副书记、市长傅明先（右一）共同为“少年孔子奖”获奖者颁奖并赠送孔子像。

2017 年 9 月 27 日，2017 中国（曲阜）国际孔子文化节开幕式《家国天下》文艺演出在孔子文化会展中心剧场举行。

1986 年 9 月 26 日，仿古《祭孔乐舞》首次在孔庙大成殿前演出。

1996 年 9 月 28 日，纪念孔子诞辰 2547 年民间祭孔活动在曲阜孔庙举行。

1999 年 9 月 28 日，中外宾客及各界人士参加纪念孔子诞辰 2550 年祭孔活动。

2001 年 9 月 28 日，中外宾客及各界人士参加纪念孔子诞辰 2552 年祭孔活动。

2001 年 9 月 28 日，纪念孔子诞辰 2552 年祭孔活动上，学生集体朗诵《论语》。

2002 年 9 月 28 日，纪念孔子诞辰 2553 年祭孔活动举行仿清祭孔表演。

2003 年 9 月 27 日，祭山大典在孔子诞生地尼山举行。

2004 年 9 月 28 日，首次政府公祭孔子大典举行，曲阜市市长江成恭读祭文。

2004 年 9 月 28 日，首次政府公祭孔子大典《祭孔八佾乐舞》告祭。

2005 年 9 月 28 日，全球联合祭孔曲阜孔庙祭孔大典举行。

2006年9月28日，孔子诞辰2557年祭孔大典举行，载有“圣土”“圣水”的马车前往万仞宫墙广场。

2006年9月28日，孔子诞辰2557年祭孔大典举行。济宁市委常委、曲阜市委书记张术平（前左一），曲阜市委副书记、市长江成（后排左一），市人大常委会主任卢兆河（后排左二），市政协主席赵元山（后排左三）敬献花篮。

2006 年 9 月 28 日，中国国民党祭孔文化参访团一行参加“同根一脉两岸祭孔”·2006 曲阜孔庙祭孔大典。

2006 年 9 月 28 日，世界孔子后裔联谊总会会长孔德墉（左一）参加孔子诞辰 2557 年祭孔大典。

2007 年 9 月 28 日，丁亥年祭孔大典中华文化圣火点燃仪式举行。

2007 年 9 月 28 日，丁亥年祭孔大典在曲阜孔庙举行。

2008 年 9 月 28 日，戊子年祭孔大典主题揭幕仪式举行。济宁市市长张振川（右）宣读主题铭文，曲阜市市长刘森（左）主持揭幕仪式。

2008 年 9 月 28 日，戊子年祭孔大典举行，山东省省长姜大明恭读祭文。

2011 年 4 月 3 日，辛卯年尼山春季祭孔大典暨 2011 中国（曲阜）国际孔子文化节启动仪式在尼山举行。

2012 年 4 月 3 日，壬辰年学童启蒙开笔礼仪式在尼山夫子洞广场举行。曲阜市委书记、市人大常委会主任李长胜（前右四），市委副书记、市长杨凤东（前右五），孔子第 79 代嫡长孙孔垂长（前右三）出席。

2014 年 9 月 28 日，甲午年祭孔大典举行，山东省省长郭树清恭读祭文。

2017 年 9 月 28 日，丁酉年祭孔大典举行，山东省省长龚正恭读祭文。

2017年9月28日，丁酉年祭孔大典举行。济宁市委书记王艺华（左三），市委副书记、市长傅明先（左二），市委副书记石光亮（左四）、市政协主席张继民（左一）敬献花篮。

2017年9月28日，丁酉年祭孔大典举行。曲阜市委书记刘东波（左二），市委副书记、市长彭照辉（右二），市人大常委会主任李玲（左一），市政协主席孔令玉（右一）敬献花篮。

2017 年 9 月 28 日，丁酉年祭孔大典乐舞告祭。

2017 年 9 月 28 日，丁酉年祭孔大典家祭活动举行。

2008 年 9 月 27 ~ 29 日，第一届世界儒学大会在孔子研究院举行。

2009 年 9 月 27 ~ 29 日，第二届世界儒学大会在孔子研究院举行。

2010 年 9 月 27 ～ 29 日，第三届世界儒学大会在孔子研究院举行。

2011 年 9 月 27 日，第四届世界儒学大会暨 2011 年度“孔子文化奖”颁奖典礼在孔子研究院举行。

2012 年 9 月 27 日，第五届世界儒学大会暨 2012 年度“孔子文化奖”颁奖典礼在孔子研究院举行。

2013 年 9 月 27 日，第六届世界儒学大会暨 2013 年度“孔子文化奖”颁奖典礼在孔子研究院举行。

2015 年 9 月 27 日，第七届世界儒学大会暨 2015 年度“孔子文化奖”颁奖典礼在孔子研究院举行。

2017 年 9 月 20 日，第八届世界儒学大会开幕式在孔子研究院举行。

2017 年 9 月 20 日，山东省委书记、省人大常委会主任刘家义在第八届世界儒学大会开幕式上致辞。

2017 年 9 月 20 日，孔子第 79 代嫡长孙孔垂长在第八届世界儒学大会开幕式上致辞。

2017 年 9 月 21 日，文化部部长雒树刚在第八届世界儒学大会上作主题演讲。

2017 年 9 月 27 日，第八届世界儒学大会青年博士论坛在孔子研究院开幕。孔子研究院院长杨朝明主持论坛主题演讲。

万仞宫墙

萬仞宫
曲阜

大成殿

尼山圣境孔子像

孔子博物馆

孔子研究院

曲阜市体育场

杏坛剧场

孔子文化会展中心

2018年8月3日，《中国（曲阜）国际孔子文化节志》专家评审会在山东大厦召开，省政府办公厅党组成员、省史志办主任刘爱军（二排左五）出席并讲话。

2018年8月3日，《中国（曲阜）国际孔子文化节志》专家评审会与会人员合影。

凡　例

一、本志以马克思列宁主义、毛泽东思想、邓小平理论、“三个代表”重要思想、科学发展观、习近平新时代中国特色社会主义思想为指导，坚持辩证唯物主义与历史唯物主义的立场、观点和方法，全面、真实、客观地记述中国（曲阜）国际孔子文化节的办节历程，力求达到思想性、史料性与科学性统一。

二、本志记述范围以曲阜市为主，兼顾主办地在曲阜和涉及曲阜的活动。时间上限始于1984年首届国际孔子诞辰故里游，下限为2017年的第34届孔子文化节。为保持事物的连续性和完整性，个别记述适当上溯。1984～1988年，活动名称为国际孔子诞辰故里游，1989年改称国际孔子文化节，1994年改称中国曲阜国际孔子文化节，2007年改称中国（曲阜）国际孔子文化节。在届次上，开始以1989年为首届国际孔子文化节，后来将其前身孔子诞辰故里游合并计算。

三、本志采用述、记、志、图、表、录等体裁，以志为主。前置概述、大事记，中设专志，附录殿后，图照表随文编排，力求图文并茂。

四、本志采用篇章体，按照事以类从原则设置10篇。结构上分为篇、章、节3个层次，部分节下设目。对于一些和正文内容关联度高、有助于反映事物全貌的资料性内容，以“相关链接”形式记入。

五、本志使用规范的语体文记述。标点符号、数字、计量单位的运用，依据相关规定和标准，兼顾习惯用法。

六、为记述方便，节会、活动、单位、职务等名称，一般使用规范简称。如：中国共产党曲阜市委员会、曲阜市人民政府，简称曲阜市委、市政府；有关党政领导人员的职务，以其参加活动时对外公开的职务表述；中国（曲阜）国际孔子文化节有时简称孔子文化节。

七、本志所用资料以档案文献为主，同时参考相关图书、报刊及调查资料，经核实后录入，一般不注明出处。

目　录

第一篇　申办与筹备

第二篇　宣传推介与文明创建

第三篇　节庆场馆建设

第四篇 孔子诞辰故里游与国际孔子文化节

第五篇 孔子文化节开幕式 祭孔大典 世界儒学大会

第六篇 仿古乐舞与文化展演活动

第七篇　儒学研究与文化交流

第八篇　旅游活动

第九篇 经科贸活动

第十篇 节会保障

附　录

Contents

I Bidding and preparation

II PromotionCampaigns and CivilizationConstruction

III Venue Construction for the Festival

IV Confucius's Birthday HometownTourand the International Confucius Culture Festival

VOpening Ceremony of Confucius Culture Festival, Confucius Memorial Ceremony, and World Confucianism Conference

VI Antique Music-Dance and Cultural Performances

VII Confucianism Research and Culture Exchange

VIII Tourist Activity

IX Economy, Technology and Trade Activities

X Assurance for Festival Activities

Appendix

目録

第三編　イベント会場建設

第四編　孔子生誕地ツアー及び国際孔子文化祭

第五編　孔子文化祭開会式、孔子礼賛式典、世界儒学大会

第六編　懐古舞踊及び文化公演活動

第七編　儒学研究及び文化交流

第八編　旅行活動

第九編　経済科学貿易活動

第十編　イベント保障

付　録

목차

제 1 편개최신청및준비

제 2 편홍보추진및문명창건

제 3 편문화제단지건설

제 4 편공자탄신고향여행및국제공자문화제

제 5 편공자문화제개막식， 공자석전제대전， 세계유학 (儒學) 대회

제 6 편고대악무본뜨기및문화전시공연행사

제 7 편유학 (儒學) 연구및문화교류

제 8 편여행활동

제 9 편경제과학무역활동

제 10 편문화제및회의보장

부록

概　述

概　述

中国（曲阜）国际孔子文化节（以下简称孔子文化节），由创办于1984年的“国际孔子诞辰故里游”活动更名而来。至2017年，连同她的前身——孔子诞辰故里游活动，举办34届。34年中，孔子文化节由单纯的国际孔子诞辰故里游活动开始，通过不断充实、发展、完善、提升，逐步发展成一项融文化交流、学术研讨、旅游观光、经科贸合作于一体的大型国际性文化盛典，成为“友谊的桥梁、合作的媒介、发展的载体、展示的舞台”。

一

曲阜，历史悠久，文化厚重，三皇肇启，五帝龙兴，圣贤辈出，具有五千余年的文明史。古籍记载，炎帝、少昊徙都曲阜，舜作什器于寿丘，颛顼始都穷桑（曲阜古称）迁商丘。曲阜是神农故都、黄帝生地、少昊之墟、殷商故国、周汉鲁都，亦为“元圣”周公封地，“至圣”孔子、“复圣”颜回、“述圣”子思、“亚圣”孟子、“和圣”柳下惠、“工圣”鲁班等诸圣之故里。曲阜为国务院首批公布的全国24个历史文化名城之一，是东方文化的重要发祥地和世界历史上最古老、最伟大的文化圣地之一。曲阜积淀几千年厚重的历史文化，荟萃华夏文明史上最具代表性的圣哲先贤，以及遗存的大量珍贵文物，为举办孔子文化节奠定坚实的基础。全市有重点文物保护单位208处，其中国家级11处，省级56处。孔庙、孔府、孔林于1994年12月被联合国教科文组织列入“世界文化遗产名录”。有距今两千多年前西周时期的鲁国故城遗址，有祭祀复圣颜回的颜庙，有祭祀周公的元圣庙（即周公庙），有被誉为“东方金字塔”的少昊陵，有孔子父母葬地“梁公林”，有孔子诞生地“尼山夫子洞”，有尼山孔庙尼山书院和洙泗书院，有中国古代思想家孟子的故宅和孟母林，有年代久远的九龙山汉墓群，有宋徽宗在黄帝诞生地曲阜“寿丘”修建的堪称“世界之最”的宋宣和巨碑和宋庆寿巨碑，还有孔府古籍、孔府档案、明清服装、出土文物、汉画像石刻、稀世碑碣等数以几十万计的珍贵文物。曲阜自古以来，便以其无可比拟的历史文化价值和地位，成为研究中国历史和东方文化的“博物馆”。1991年5月，国家旅游局把孔庙、孔府、孔林确定为国家级中国旅游国线景点，把孔子陵墓和孔子家乡修学旅游确定为国家级专项旅游线。1998年，曲阜被评为中国首批优秀旅游城市。

曲阜不仅人文景观十分丰富，自然景观亦颇具魅力。孔子诞生地山清水秀、风光旖旎的国家森林公园尼山，山峰高峻、泉涧纵横、洞壑幽深、古木苍翠的又一个国家森林公园石门山等，都是闻名遐迩的游览胜地。悠久的历史文化，众多的文物古迹和与其交相辉映的水光山色，再加上近年来建设的孔子六艺城、孔子研究院、杏坛剧场、孔子文化会展中心、蓼河十里景观带、文化国际慢城、尼山圣境等，构成曲阜独特而丰富的文化旅游节庆资源优势。

1986年10月22～25日，中共中央书记处书记、国务委员、国家文物旅游工作领导小组组长谷牧，在曲阜阙里宾舍主持召开曲阜历史文化名城保护和建设座谈会。1987年3月2日，谷牧在北京主持召开会议，研究中国孔子基金会及曲阜建设有关工作，会议明确指出："争取逐步把曲阜建成全世界孔子及儒家思想的学术研究中心和我国的文化旅游中心之一。"遵循中央的指示精神，在中共山东省委、山东省人民政府及济宁市委、市政府的重视支持下，曲阜市加大历史文化名城建设力度，强化文物古迹的保护和利用，加快旅游事业的开发和软硬件设施建设，使曲阜名城更加古朴典雅，环境更加整洁优美。众多的古代建筑经过修葺重放光彩，旅游观瞻项目不断增多，食宿接待能力持续增强，旅游交通条件和服务质量进一步改善，旅游商品、工艺纪念品不断丰富，大大增强曲阜旅游的吸引力，曲阜日益成为中外人士所景仰、向往的旅游胜地，成为中外专家学者考察、研讨、交流孔子和儒家思想学说的文苑。这为举办大型节庆活动提供"吃、住、行、游、购、娱"六大要素条件，为举办孔子文化节奠定坚实的基础。

二

在中国2000多年历史上，孔子的思想学说一直是中国历代执政者的正统思想，对中国古代哲学、政治、经济、文化、教育以及社会生活、风俗习惯等有着深刻的影响，成为东方文化的重要标志。孔子的思想学说，在国际上也有着广泛而深刻的影响，是世界历史文化宝库中的重要遗产，对人类社会的文明进步有着不可磨灭的贡献。1988年，诺贝尔奖获得者、瑞典物理学家汉内斯·阿尔文博士宣称："人类要在21世纪生存下去，必须回首2500年前，从孔子那里寻找智慧"。在中国实行改革开放之后，研究孔子的思想及学说，对于继承弘扬宝贵文化遗产，让其在新的历史条件下，为中国特色社会主义现代化建设服务；对于发挥孔子及其思想学说在海内外的影响，加强同海外同胞的联系，增进国际友谊与合作，具有非常重大的意义和作用。

曲阜于1979年正式对外开放，1982年被国务院命名为全国首批24个历史文化名城之一。1982年，中共中央总书记胡耀邦到曲阜视察时，决定恢复孔庙大成殿内的孔子像。1984年6月，全国政协主席邓颖超在曲阜孔庙视察时题词"古为今用”。为利用和发挥曲阜历史文化优势，促进对外开放和旅游事业的发展，适应日渐兴起的国际旅游热的需要，曲阜县委、县政府（1986年撤县建市）决定从1984年开始，以孔子像的复原揭幕为契机，于每年孔子诞辰期间举办一次国际性的“孔子诞辰故里游”专项旅游活动。1988年，曲阜市委、市政府提出把“国际孔子诞辰故里游”改为节庆活动的建议。1989年2月，根据国务院副总理吴学谦关于旅游事业要利用孔子诞辰连续搞一些活动的指示和国家旅游局关于“每年都举办孔子文化节活动”的部署，经山东省委、山东省人民政府批准，从1989年起，把“国际孔子诞辰故里游”改为“国际孔子文化节”，每年9月26日至10月10日在曲阜举行。至此，“孔子诞辰故里游”实现华丽转身，完成她美丽的蝶变，奏响了她新时代黄钟大吕般的盛世乐章。1989 ~ 1993年，连续举办5届“国际孔子文化节”。1994年2月，山东省委常委、副省长宋法棠在曲阜阙里宾舍召开孔子文化节汇报座谈会，确定将孔子文化节改称“中国曲阜国际孔子文化节”。2007年，将孔子文化节名称确定为“中国（曲阜）国际孔子文化节”，沿用至今。1991年以后，提出“以文为媒、文经结合、文化搭台、经济唱戏”的办节思想，经过不断发展完善，孔子文化节由原来以旅游为主，逐步成长为融文化交流、学术研讨、旅游观光、经科贸合作于一体的大型综合性国际节庆盛会，达到纪念先哲、交流文化、促进开放、繁荣经济、增进友谊之目的，一个主题思想鲜明、文化色彩显著、地域特色突出、传统文化与现代文明交相辉映的孔子文化节展现在世人面前。

三

孔子文化节活动丰富多彩。除举办开幕式、祭孔大典、世界儒学大会三大主题活动外，分文化艺术活动、纪念与学术活动、旅游活动、交流联谊活动、经贸合作活动等五大板块，形成孔子文化节的一个有机整体。

孔子文化节开幕式开始在孔庙大成殿前举办，后改为在曲阜杏坛剧场和孔子文化会展中心举办（在体育场举办两届）。开幕式主要内容是领导讲话和举办大型文艺演出。1989年首届孔子文化节开幕式上，编排献演古代祭孔专用的大型庙堂艺术，融礼、乐、歌、舞四位一体的仿古《祭孔乐舞》。1990年孔子文化节开幕式上，首次创作推出产生于4000多年的虞舜时期的大型仿古《箫韶乐舞》，主题思想是倡导团结祥和、励精图治、创业兴邦，博得中央艺术部门、大专院校的专家学者和中外各界人士的普遍赞誉。1992年，挖掘整理编创演出产生于5000多年前居中国古代“六代乐舞”之首、失传2000余年的祭祀轩辕黄帝的乐舞《云门大卷》，阵容庞大，粗犷优美，对于宣传黄帝诞生于曲阜、光大炎黄文化，具有积极意义。在孔子文化节开幕式上，每年均演出一台反映孔子思想博大精深和文化内涵的主题，注重传统文化与现代艺术结合的文艺节目。与中央歌舞团、济南军区前卫歌舞团、东方歌舞团、中央电视台等单位合作，编创一系列传统文化与现代艺术融为一体的雅俗共赏的大型文艺节目。如《圣魂》《大哉孔子》《金声玉振—孔子礼赞》《大成之光》《和之韵》《“中华情”国风和颂》《舞剧孔子》《杏坛儒风》《中华家园》等。2005 年，联合国教科文组织批准以中国政府名义设立“孔子教育奖”，这是联合国教科文组织唯一由中国人名字命名的奖项，每年颁发一次，2006 ~ 2017 年连续举办 12 届。2008 年以后“孔子教育奖”颁奖典礼与孔子文化节开幕式合并举行，充分体现孔子思想在国际上的影响，提高了孔子文化节的品位和档次。

祭孔大典历来为“国之大典”。自 1989 年首届孔子文化节活动起，每年均于 9 月 26 日举行开幕式（2007 年始为 9 月 27 日），9 月 28 日举行孔子诞辰纪念活动。1989 ~ 1995 年，每年举办孔子诞辰纪念大会，主要由曲阜市副市长主持，济宁市副市长作纪念讲话，观赏仿古《祭孔乐舞》演出，其间为满足海内外人士祭拜先师的需求，可安排其单独祭孔并提供服装、礼仪、乐舞等有偿服务。从 1996 年起，由过去政府组织的纪念活动改为以民间的形式组织祭孔，孔庙大成殿前摆放祭器、“三牲”祭品等，参加活动的孔子后裔代表、外宾、海外同胞侨胞和曲阜各界人士，行叩首礼或鞠躬礼，满足海内外各界人士表达对先哲孔子怀念、尊崇之情的需求和愿望。随着改革开放的不断深入和思想观念的不断解放，2004 年，曲阜确定由政府举行公祭孔子大典，是新中国成立以来和孔子文化节创办 20 年来首次政府公祭活动。公祭活动由曲阜市副市长主持，曲阜市市长恭读祭文。曲阜市人大、政府、政协、曲阜师范大学、孔子研究院以及曲阜市直各部门、各单位的负责人，依次向孔子像敬献花篮并行鞠躬礼。古装表演者乐舞告祭，场面盛大。祭孔活动分开庙、启户、祭孔巡游、公祭、家祭等，持续 1 个多小时。首次公祭在海内外反映强烈，中央电视台新闻频道现场直播，各大网站及《人民日报》、新华社、《联合早报》等多家新闻媒体进行报道。2005 年，曲阜孔庙与海内外 30 多家孔庙组织联手，与中央电视台、山东电视台及海内外多家电视台共同合作，举办全球联合祭孔。2006 年，曲阜孔庙与台北孔庙、台南孔庙同步举行“同根一脉”两岸联合祭孔。2007 年以后，祭孔大典升格为由省政府出面公祭孔子，省领导主持，省领导恭读祭文，国家、省、市各级领导和中外贵宾向孔子像敬献花篮，并行鞠躬礼。

举办以孔子及儒家思想学说为主题的学术交流研讨活动，是孔子文化节的重大主题。先后举办“儒学国际学术交流研讨会”“国际孔子诞辰 2540 周年纪念与学术研讨会”“纪念孔子诞辰 2550 周年暨国际儒学研讨会”“纪念孔子诞辰 2560 周年暨国际儒学研讨会”“世界思想家巅峰论坛”“孔子及儒家思想学术报告会”“孔子儒学与现代社会文明国际学术讨论会”“海峡两岸儒学学术讨论会”“国际颜子学术研讨会”“世界华商文化论坛”“文化产业发展论坛”“东亚文化论坛”等。2007年9月召开世界儒学大会发起国际会议，2008～2017年连续举办8届“世界儒学大会”，儒学大会上颁发文化部设立的“孔子文化奖”。2010年9月，首届“尼山世界文明论坛”在曲阜举办，至2016年举办4届。

文化艺术活动主要包括文艺演出和各类艺术展览。除开幕式上演出大型文艺节目外，由济南军区前卫歌舞团、青岛市歌舞团、山东省话剧团、俄罗斯歌舞团、韩国歌舞团等，分别编创演出歌舞剧《孔子畅想曲》、大型舞乐诗《大同梦》、话剧《布衣孔子》等。济宁市文艺团体编创演出反映孔孟之乡独特民间艺术的串街表演和以企业冠名的文艺演出，如“金塔王之夜”文艺晚会、“三孔啤酒之夜”文艺晚会等；举办广场文艺演出、景点文艺演出等。举办富有纪念性、知识性和孔子故里艺术特色的展览活动，如“孔子生平事迹展览”“大理石刻仿汉画像孔子事迹展览”“孔子七十二贤弟子画像石刻展”“孔府珍贵文物展览”“孔子文化大全书展”“孔子家乡国际旅游摄影大赛作品展”“中国孔孟文化摄影展”“国际书画名家笔会作品暨台湾书画名家作品展”“中日书法家交流联谊活动暨中日书画名家作品展”“韩国安东美术作品展”“纪念孔子诞辰2550年书画大展暨杏坛新苗杯全国少儿书画大赛”“走近孔子国际摄影大赛作品展”等展览。

旅游活动重点是围绕孔子“六艺”（礼、乐、射、御、书、数），举办情趣盎然的文化旅游项目。如孔子家乡修学旅游，仿古射箭旅游，古鲁婚俗旅游，乘坐或自驾仿古马车旅游，轩辕黄帝诞生地——曲阜寿丘文物区和孔子陵墓寻根朝敬旅游，孔子周游列国模拟表演，“天下第一家”—孔府美食旅游，齐鲁山水圣人游，“三孔”（孔庙、孔府、孔林）、“两城”（明故城、黄帝城）、“四山”（尼山、石门山、九龙山、九仙山）旅游，“一山两汉三孔四孟”以及孔孟之乡专线旅游等。后推出研学旅游节、国际慢城乡村旅游，2016年组织中国研学旅游发展峰会，2017年在曲阜成立中国研学旅游推广联盟。

交流联谊活动主要是举办旨在弘扬中华优秀传统文化、增强海内外炎黄子孙凝聚力的古诗文诵读活动和各类交流联谊活动。举办首届华人文化经典诵读友谊赛、少儿科普《三字经》诵读活动、书画交流联谊活动、中华古诗文经典诵读活动、世界孔氏宗亲联谊活动、世界颜氏宗亲联谊大会、孔孟颜曾圣裔宗亲联谊会、海峡两岸文化交流联谊活动、“500强企业走进圣城”系列活动、海峡两岸企业发展论坛等。

经济合作方面举办多项目、多形式、大规模的经贸、科技、融资、人才交流活动。举办外贸出口产品展销会，物资交易大会，山东省名优产品、旅游纪念品、工艺品展销会，中外经济技术洽谈会，基建技改项目论证会，企业产品订货会，企业销售用户座谈会，新技术新产品展谈会，中国旅游热线推介会暨旅游产品博览会，香港、台湾及美籍华人企业家投资项目恳谈会，中外知名企业联谊及经贸恳谈会，中国专利高新技术产品博览会，旅游商品创新设计大赛暨博览会，文化产业博览会等。

四

丰富多彩的活动，需要精心组织、严密实施。国际孔子诞辰故里游活动期间，每年4月初，由曲阜市委、市政府（1986年前为县委、县政府）明确牵头负责人，抽调专人开展各项筹备组织工作，活动结束回原单位工作。1989年、1990年孔子文化节由省政府主办，山东省成立由副省长马世忠为主任的孔子文化节筹备委员会，曲阜市成立由市委书记崔波任主任的孔子文化节筹备工作组织委员会，下设办公室和展览组、文艺组、宣传组、旅游组、资金筹集组、经济洽谈组、安全保卫组、接待组8个工作组，各项具体的筹备组织工作由曲阜全面负责，省负责协调对上对下的关系。1991年，省委、省政府决定从1991年起孔子文化节交由曲阜主办。1990年，曲阜市组织原来多次参与筹备故里游和孔子文化节的几位离退休老干部，成立孔子文化节办公室，为不在编常设机构，负责策划、创意、筹备孔子文化节的活动。1994年，市委、市政府确定设立曲阜市孔子文化节办公室，专门负责孔子文化节的研究策划和组织协调工作。市委、市政府每年均成立孔子文化节筹备工作领导小组，下设若干工作组，明确1名市委副书记和1名副市长主抓孔子文化节活动。2004年，济宁市成立节会活动办公室，此后孔子文化节由济宁市主办，曲阜市由主办转为配合，主要负责祭孔大典、开幕式场地保障等。济宁市成立孔子文化节执委会，曲阜市成立孔子文化节曲阜指挥部，抓好文化节筹备组织协调工作。2007年孔子文化节升格为山东省人民政府、文化部、教育部、国家旅游局主办，成立4家主办单位主要领导任主任，有关部门单位负责人任成员的孔子文化节组委会，统筹孔子文化节筹办工作，建立起完善的组织指挥体系。

孔子文化节的举办，得到中共中央和国家领导人及各级领导的重视与支持。1989年首届孔子文化节活动期间，中国孔子基金会与联合国教科文组织先后在北京、曲阜联合举办规模盛大的孔子诞辰纪念活动和学术会议，中共中央总书记江泽民接见与会学者，对孔子、儒学和中国传统文化的研究事业表示积极支持。2001年9月，由国务院批准建设的孔子研究院落成，江泽民为孔子研究院题写院名，孔子文化节期间举行江泽民总书记题名“孔子研究院”揭幕仪式。中共中央政治局委员、中国社会科学院院长李铁映，全国人大常委会副委员长王光英参加仪式，并为“孔子研究院”揭牌。1989年9月，全国政协副主席谷牧参加首届孔子文化节开幕式并作重要讲话。1991年10月孔子文化节期间，国务院总理李鹏视察曲阜，作“汲取孔子思想精华，弘扬民族优秀文化”的题词，表达对孔子思想研究的关怀，为儒学研究和孔子文化节的举办指明方向。1992年9月，孔子文化节开幕前夕，中共中央政治局常委李瑞环发来贺信，指出："我们应当通过卓有成效的工作，进一步保护和继承孔子文化遗产，吸取孔子思想精华，把民族优秀文化传统和改革开放事业很好地结合起来，为实现中华民族的伟大复兴做出贡献”。1994年10月，在北京隆重举行孔子诞辰2545周年纪念与国际学术研讨会，李瑞环、李岚清、谷牧莅临会议并讲话。1999年9月，文化部、教育部、中国社科院联合在北京人民大会堂举行纪念孔子诞辰2550周年座谈会，李岚清、李铁映、谷牧等出席。同年10月，国际儒联、中国孔子基金会和联合国教科文组织联合，在北京、曲阜举办纪念孔子诞辰2550周年暨国际儒学联合会第二届会员大会，罗干出席会议，李瑞环接见与会专家学者。2004年9月孔子文化节开幕式上，全国政协港澳台侨委员会副主任、华夏文化纽带工程组委会副主任张伟超，传达中共中央总书记胡锦涛关于建设“中华文化标志城”的重要批示精神。胡锦涛总书记强调，弘扬中华民族优秀传统文化是一件具有深远历史意义的大事，并对有关工程建设提出着眼长远、统筹规划、量力而行、精心实施的指导原则。2006年9月30日，中共中央政治局常委李长春对祭孔活动作出重要批示："祭孔和祭黄帝陵可和对台工作相结合，和传统文化的弘扬相结合，和团结、凝聚海外同胞相结合，每年都要好好策划一下，取得最佳的社会效益。”2013年11月26日，中共中央总书记习近平视察曲阜并发表重要讲话，对传承弘扬优秀传统文化、传统美德，加强儒学研究提出殷切期望。2014年9月，国家主席习近平出席纪念孔子诞辰2565周年国际学术研讨会暨国际儒学联合会第五届会员大会开幕式，发表主旨为“从延续民族文化血脉中开拓前进，推进各种文明交流交融互学互鉴”的重要讲话，充分体现中共中央对传统文化的重视，也更进一步为举办孔子文化节指明方向。

中共中央、国务院和全国人大常委会、全国政协领导，谷牧、李锡铭、马文瑞、吴官正、李铁映、王光英、何鲁丽、曹志、罗豪才、傅铁山、王汉斌、叶选平、周铁农、蒋树声、许嘉璐、陈昌智、陈至立、李蒙、黄孟复、孙家正、向巴平措、张梅颖、王家瑞、王胜俊都曾亲临曲阜参加孔子文化节开幕式及系列活动；谷牧、李瑞环、李岚清、万里、田纪云、姜春云、许嘉璐等还分别发来贺信和贺电或打来电话，对孔子文化节的举办表示热烈祝贺，充分体现中共中央和国家领导人对纪念孔子诞辰、举办孔子文化节的重视和关怀。

国家有关部委领导，山东省委、省政府领导给予孔子文化节许多具体的关怀、支持和帮助。1989年，首届孔子文化节由山东省人民政府主办；省委书记姜春云主持召开省委常委会议，专题研究《孔子文化节活动方案》。1990年，由山东省人民政府与联合国教科文组织联合主办。1995 年、1999 年、2001 年，由国家旅游局与山东省人民政府联合主办。2002 年，国家旅游局正式确定，以后每年一届的孔子文化节都由国家旅游局与山东省人民政府联合主办。2007 年，经文化部、教育部、国家旅游局正式批准，孔子文化节成为国家三部委和山东省人民政府共同主办的大型节庆活动，并成立由省委书记李建国、文化部部长孙家正、国家旅游局局长邵琪伟、中华全国归国华侨联合会主席林兆枢任名誉主任的中国（曲阜）国际孔子文化节组委会。在联合主办的年份，国家有关部委领导、省领导均认真研究孔子文化节活动方案，听取工作汇报，提出指导性意见和建议。国家有关部委对举办孔子文化节十分重视，国家旅游局局长刘毅、何光暐，文化部部长雒树刚等曾出席孔子文化节活动。每年的孔子文化节期间均有数十名省部级以上领导、两院院士、著名专家学者及其他贵宾，参加孔子文化节开幕式及系列活动。

五

“千年礼乐归东鲁，万古衣冠拜素王”。孔子文化节以挖掘传播博大精深的孔子及儒家思想文化为主旨，在纪念先哲的同时，继承和弘扬中华民族优秀传统文化。通过整理编创传承性、观赏性、纪念性的大型古典乐舞，举办富有历史性、专业性、艺术性的文化艺术展览，开展观赏性、参与性、趣味性的文化旅游活动，举行专业性、高水准、高规格的孔子及儒家思想学术交流研讨活动，组织庄严肃穆的传统祭典活动，编排展示孔子故里独特艺术特色的民间艺术展演活动，以及与国家级艺术团体合作举办的大型文艺演出活动等，使广大中外来宾在观赏和参与中领略孔子文化的风采，感受到中国传统文化的独特风格和魅力，领略孔子故里浓郁的民俗风情和文化韵味，最大限度地宣传和弘扬民族优秀传统文化。

孔子文化节以加强国际文化交流为主题，同时也为适应儒学热、国学热的时代潮流和提升国家“软实力”的需求，举办一系列国际儒学交流、合作研讨和文化艺术交流、对话合作。随着孔子学院总部体验基地的设立，世界儒学大会、尼山世界文明论坛的举办，以及“孔子教育奖”“孔子文化奖”的颁发，走出国门在法国巴黎举办的“孔子文化周”活动等，孔子文化节成为世界儒学研究的新高地，增进世界不同文明之间的对话交流、构建人类命运共同体的重要平台，在坚定文化自信、用儒家文化讲好中国故事，向世界介绍中国智慧、中国道路、中国方案的进程中，发挥着非常重要的作用。

孔子文化节增强了海内外华人的文化认同感和中华民族的凝聚力，打造中华民族和世界华人华侨共同的精神家园。孔子文化节曾举办海峡两岸书画展、两岸文物展、两岸儒学学术讨论会等文化交流活动。2006 年，围绕“两岸亲情血浓于水、两岸文化一脉相承”主题，举办“两岸孔子文化交流周”活动。中国国民党组成高层祭孔文化参访团专程参加，以组团形式参会的台湾团组27个，500余人。同年9月28日，曲阜孔庙和台北孔庙、台南孔庙同步举行“同根一脉、两岸祭孔——2006祭孔大典”，国民党原副主席林澄枝代表马英九向曲阜市赠送祭器复制件，台湾原住民代表赠送阿里山的水土，曲阜代表团在台北孔庙向马英九赠送“商周十供”复制件。2011年8月，在孔子嫡裔离鲁去台60余载，孔子第79代嫡长孙、大成至圣先师孔子协会会长孔垂长率台湾孔子文化交流参访团首次踏上故土，在祖先故里曲阜参加孔子文化交流周活动，开启一次具有历史意义的返乡之旅、寻根之旅、文化交流之旅。2012年孔子文化节举办的“海峡两岸企业发展论坛”，邀请台湾新党主席郁慕明和台湾企业界人士，汇聚孔子故里，共商两岸企业发展大计。活动的开展，增进了海峡两岸文化经济及各个领域的交流，深化了“文化同源、血缘同宗”的共识。同时，孔子文化节对海外侨胞亦有很大的吸引力，参加旨在弘扬祖国优秀传统文化的孔子文化节，可以从中领略孔子思想的教诲，增强海外华人、华侨，特别是青年一代的民族意识和爱国热情，孔子文化节在海外炎黄子孙中有着更深层、更积极的影响和作用。

孔子文化节提高了曲阜在海内外的影响和知名度，加快了对外开放的进程。孔子文化节作为中国对外开放的一个窗口，她的成功举办提升了曲阜、济宁、山东乃至中国在世界人民心目中的美誉度和亲和力。孔子文化节通过丰富多彩的活动，每年都吸引一大批不同国度、不同肤色的世界各地宾朋，或观光旅游，或交流文化，或研讨学术，或开展经济技术交流合作，通过他们实地考察，了解中国悠久历史、灿烂文化，展示中国改革开放、欣欣向荣的新气象，扩大了中国在世界的影响力。1992年，国家旅游局将孔子文化节确定为国家级、国际性“中国旅游节庆精选”之一。2002年，孔子文化节被评为“2002年度中国旅游知名品牌”。2006年，在第二届中国节庆产业年会上，孔子文化节获得“2006年度中国十大节庆”和“2006年度十大人物节庆”两项大奖。2014年，经过严格评审和审议，并报请中共中央、国务院批准，孔子文化节成为山东仅保留的两大节庆活动之一；同年孔子文化节期间，孔子学院总部体验基地落户曲阜。孔子文化节成为城市的文化名片、地方的文化品牌，在海内外赢得较高的知名度和美誉度。

孔子文化节的举办，彰显了曲阜“礼仪之邦”的内涵和独特魅力，带动了曲阜经济社会各项事业的快速发展。“人人彬彬有礼，处处干干净净”“在外宾面前代表中国，在内宾面前代表曲阜”成为曲阜人的自觉行动，广大市民综合素质全面提升，向世人展示了“仁义礼智信”的儒家文化传统及热情好客、温文尔雅的良好形象。坚持“文经结合、文化搭台、经济唱戏”的原则，孔子文化节期间举办中国专利高新技术产品博览会、招商引资及经贸合作洽谈会、“500强企业”走进圣城系列活动等经科贸合作洽谈项目，增进客商对曲阜投资环境和发展前景的认识，密切企业与客商之间的关系，促进了曲阜经济持续快速健康发展。孔子文化节的举办，扩大了曲阜在国内外的影响，每年都吸引大批中外游客到曲阜观光旅游，有力促进了以旅游业为主的第三产业的发展。孔子文化节的举办，助推了城市面貌的改观，每年都以迎接孔子文化节为动力，除必要的“洗脸修面”整洁市容外，确定几项城市建设重点工程，集中资金进行基础设施建设和旧城改造，增强城市载体功能，提高城市环境质量，大大改善了城市面貌。孔子文化节的举办，加强了曲阜与国内外的文化经济及各个领域的交流，增进曲阜与国内外的交往和友谊，促进社会各项事业的繁荣发展。

历史铭记着！时代呼唤着！世人期盼着！中国（曲阜）国际孔子文化节走过34年的辉煌历程，正乘着举国上下弘扬优秀传统文化的东风，凭借世界各地从孔子思想寻求智慧的机遇，在坚定文化自信、讲好中国故事，向世界介绍中国智慧、中国道路、中国方案的进程中，走向更加辉煌灿烂的明天！

大事记

大事记

1984 年

9 月 21 日 首届孔子诞辰故里游期间，中国教育学会、山东省教育学会和曲阜师范学院孔子研究所共同举办孔子教育思想学术讨论会，全国 26 个省、市、自治区的 116 名专家、学者参加，收到学术论文 97 篇。

9 月 22 日 为纪念孔子诞辰 2535 年（农历八月二十七日），首届孔子诞辰故里游开幕式暨孔子像复原揭幕仪式在曲阜孔庙大成殿前举行。山东省文化厅厅长肖洪、济宁市外办主任曲春礼、曲阜县县长徐庆刚出席仪式并讲话。徐庆刚宣布，此后每年举行孔子诞辰故里游活动。曲阜县副县长刘祥德主持。开幕式上，曲阜师范学院艺术系演出仿古乐舞。

△ 经中共中央批准，中国孔子基金会在曲阜成立。公推国务委员谷牧为名誉会长，南京大学名誉校长匡亚明为会长；聘请全国人大常委会副委员长周谷城为首席名誉顾问，王光英、冯友兰、刘靖基、荣毅仁、侯外庐、梁步庭、梁漱溟、楚图南为名誉顾问，在文、史、哲、经、教、文物等方面有造诣的专家、学者、教授及部分孔子后裔为副会长。

9 月 22 ～ 28 日 首届孔子诞辰故里游期间，曲阜县开展名胜古迹游览活动。外宾、海外同胞侨胞 39 人，各界人士 3 万余人参加活动。

1985 年

10 月 11 日 上午，第二届孔子诞辰故里游开幕式在孔庙大成殿前举行。国家旅游局、山东省、国旅总社、济宁市等有关单位领导，以及 9 个国家和地区的 148 名外宾和海外同胞侨胞参加。曲阜县县长崔波出席并致辞，副县长刘祥德主持开幕式。

△ 曲阜首家星级宾馆阙里宾舍开业典礼举行，并演出阙里古乐舞。国家旅游局、山东省、国旅总社、济宁市有关领导出席。

10 月 11 ～ 16 日 第二届孔子诞辰故里游期间，举办“孔府珍藏历代名人书画展”，并开展名胜古迹游览活动。

1986 年

9 月 26 日 上午，第三届孔子诞辰故里游开幕式在孔庙大成殿前举行。商业部、国家工商总局、国家标准计量局负责人，山东省、济宁市和曲阜市领导出席开幕式。曲阜市市长崔波致辞，副市长刘祥德主持。17 个国家和地区的外宾和海外侨胞 558 人参加。经过挖掘、整理、编创的大型庙堂艺术——仿古《祭孔乐舞》首次在开幕式演出，被誉为中华民族文化的弘扬之作。

9 月 26 日至 10 月 5 日 第三届孔子诞辰故里游期间，举办南京艺术学院副教授蔡敬民专场音乐晚会，开展名胜古迹游览活动，增添孔林仿古旅游射箭、孔子墓前献花等项目。举办经济技术洽谈会、大型物资展销会、旅游产品纪念品展销会、文房四宝及名人书画展销会；其中物资展销会成交总额 2956.8 万元，经济技术洽谈会签订合同、协议等 13 份。

10 月 23 ～ 25 日 曲阜历史文化名城建设工作座谈会在曲阜阙里宾舍举行。会议由国务委员、国家文物旅游工作领导小组组长谷牧主持，中共山东省委书记梁步庭、山东省副省长谭庆琏、中国孔子基金会会长匡亚明等参加会议。会议研究确定曲阜名城建设的指导思想和方针。

1987 年

8 月 30 日至 10 月 第四届孔子诞辰故里游举办期间，在孔庙诗礼堂和寝殿分别举办“全国名人书画展”和“孔孟之乡书展”，在崇圣轩举办著名画家、孟子 73 代孙孟蒙书画展销会；演出仿古《祭孔乐舞》，举办文艺晚会，由济宁杂技团演出杂技节目；新创办“孔诞会庆”专项旅游活动，参加该项活动的中外游人乘仿古马车，游览名胜古迹，观览古城风貌。

8 月 31 日 中国孔子基金会和新加坡东亚哲学研究所联合在曲阜召开儒学国际学术讨论会，来自 12 个国家和地区的 120 余位专家学者参加会议。

10 月 19 日 上午，第四届孔子诞辰故里游开幕式在孔庙大成殿前举行。国家有关部委领导人，山东省及济宁、曲阜市领导出席。曲阜市市长崔波致辞，副市长刘祥德主持。11 个国家和地区的 720 名外宾和海外同胞侨胞参加。

10 月 19 ～ 23 日 第四届孔子诞辰故里游期间，举办经济技术洽谈会、济宁市名优特新产品展销会、孔子故里技术成果交流交易会、全国名优体育用品展销会，以及服装、鞋帽、精制糕点、名茶名酒、广州纽扣、名优轻工产品、出口产品、文房四宝、名人书画、旅游用品、工艺品等各类产品展销会。在曲阜市物资公司举办各类汽车展销会和化轻、金属、木材、燃料、建材等物资订货洽谈会。

1988 年

10 月 7 日 第五届孔子诞辰故里游开幕式在孔庙大成殿前举行。国家有关部委领导人，山东省及济宁、曲阜市领导出席开幕式。曲阜市市长崔波致辞，副市长刘祥德主持。21 个国家和地区的外宾、海外同胞侨胞 856 人参加，创历届故里游活动海外宾客人数之最。

△ 第五届孔子诞辰故里游公布，从 1989 年起节会改称为“孔子诞辰节”后改为“孔子文化节”。

△ 曲阜市人民政府授予日本友人西村昌夫、山浦启荣“曲阜市名誉市民”称号，并举行山浦启荣纪念植树揭碑仪式。

△ 在孔庙奎文阁举办“孔子圣迹展”，在诗礼堂、崇圣祠举办“孔子故里全国书法篆刻大奖赛作品展”，在少昊陵举办“三皇五帝与曲阜”展览。

10 月 7 ～ 12 日 第五届孔子诞辰故里游期间，继续演出仿古《祭孔乐舞》，举办乘坐仿古马车游览名胜古迹和杂技演出晚会等，举办经济技术协作与洽谈活动、物资展销会和订货会等活动。

1989 年

4 月 11 日 曲阜市印发《首届孔子文化节活动总体方案》。成立由市委书记崔波任主任，代市长房立泉、市委副书记李克胜任副主任的曲阜市首届孔子文化节组织委员会。委员会下设办公室和展览、文艺、宣传、旅游、资金筹措、经济洽谈、安全保卫、接待 8 个工作组。首届孔子文化节活动的筹备工作全面启动。

7月8日 山东省人民政府办公厅印发《孔子文化节活动方案》。孔子诞辰故里游更名为孔子文化节，由山东省人民政府主办。成立由山东省副省长马世忠为主任委员，省委常委、宣传部部长苗枫林为副主任委员，省直有关部门负责人为成员的孔子文化节筹备委员会。

△ 山东省孔子文化节筹委会首次委员会议在济南齐鲁宾馆召开，听取曲阜市关于孔子文化节活动方案的汇报。省筹委会主任委员、副省长马世忠，副主任委员、省委常委、宣传部部长苗枫林，以及省政府秘书长宇培国、省旅游局局长蒋奎生、省政府副秘书长张龙和省直有关部门负责人出席会议。曲阜市副市长刘祥德汇报《孔子文化节活动方案》。

7月14日 曲阜市第十一届人民代表大会常务委员会第十八次会议决定，从1989年起，每年的公历9月28日期间，举办孔子文化节。

8月6日 山东省委常委会议召开，省委书记姜春云主持，副省长马世忠和省直有关部门负责人列席。会议听取省政府副秘书长张龙关于《孔子文化节活动方案》的汇报。曲阜市委常委、办公室主任步长存等参加。

9月 邮电部邮票总设计师邵柏林设计孔子文化节节徽。节徽由“孔子文化”四字组成。

△ 词作家张红曙、严玉树作词，曲作家王立平谱曲创作孔子文化节节歌《风雅颂》。

9月7～8日 省筹委会副主任委员，省委常委、宣传部部长苗枫林在曲阜主持召开山东省孔子文化节筹委会现场办公会议。省政府副秘书长张龙，省文化厅、省旅游局、省二轻厅、济南铁路局、济南军区前卫歌舞团等筹委会成员单位负责人及济宁市副市长唐伦伟、曲阜市委书记崔波等参加会议。

9月22日 山东省孔子文化节筹委会第三次会议在曲阜孔府忠恕堂召开，筹委会主任委员马世忠主持会议。会议听取曲阜市委书记崔波关于孔子文化节方案落实情况的汇报和济宁市公安局局长李明昌关于文化节期间安全保卫工作情况汇报，研究急需解决的问题。

9月25日 上午，曲阜市举行五马祠商业街落成和全省名优产品、旅游纪念品、工艺品展销开幕剪彩仪式。

9月26日 上午，首届孔子文化节在孔庙大成殿前开幕。全国政协副主席谷牧讲话，山东省省长赵志浩致辞。曲阜市代市长房立泉主持。济南军区前卫歌舞团演唱孔子文化节节歌《风雅颂》。曲阜剧团表演大型仿古《祭孔乐舞》。该届文化节历时15天，参加活动的外宾1250余人，内宾和游客10万余人。

△ 全国政协副主席谷牧在出席孔子文化节开幕式后，视察孔府档案馆和曲阜城市建设、市容市貌。

9月28日 孔子纪念邮票发行仪式在孔庙大成殿前举行。

9月26日至10月10日 首届孔子文化节举办“大理石刻仿汉画像孔子事迹展览”“孔子生平事迹展览”“孔子圣迹灯箱片展览”“孔子文化大全书展”“孔府珍贵文物展览”“孔林——世界上延时最久的家族墓地展览”“孔子家乡国际旅游摄影大奖赛作品展”“孔子故里艺术展暨国际书画名家精英笔会作品展”8项展览，开展仿古射箭、乘坐或驾驭仿古马车游览名胜古迹、古典婚俗旅游、孔子家乡修学旅游专题旅游活动。组织以孔子为题材的文艺演出，由济南军区前卫歌舞团演出大型舞乐诗

《大同梦》，山东话剧团演出话剧《布衣孔子》，曲阜剧团演出古装戏剧《孔子》、仿古《祭孔乐舞》等。

△ 组织山东民间工艺表演、工艺品展销会、经济贸易洽谈会等。为海外客人安排单独祭孔仪式，提供古装、祭品、乐舞礼仪等各类有偿服务，满足海外客人在孔庙祭孔的需求。

9月29日 赴西安参加国际旅游日活动的中外客人一行86人，到达曲阜参加首届孔子文化节。

10月7～10日 中国孔子基金会与联合国教科文组织联合召开孔子诞辰2540周年纪念与学术讨论会，会议在北京政协礼堂开幕，在曲阜闭幕。国务院副总理吴学谦出席开幕式并宣布大会开幕，全国政协副主席谷牧在开幕式上致辞。10月8日，中共中央总书记江泽民在北京接见出席讨论会的部分中外知名学者。10月9日，参加讨论会的25个国家和地区的300余位学者抵达曲阜，参加孔子文化节活动。

1990年

4月16日 曲阜市成立第二届孔子文化节组织委员会，市委副书记李胜利任组委会主任，市政府副市长步长存、市政协副主席刘祥德任副主任。组委会下设办公室和宣传、展览、旅游、文艺、内宾接待、外宾接待、安全保卫、环境、经济、资金10个工作组。

5月 曲阜市迎亚运办好第二届孔子文化节动员大会召开，市长房立泉讲话。

6月11日 山东省孔子文化节筹委会委员会议在济南齐鲁宾馆召开。省委常委、宣传部部长苗枫林出席会议并讲话，省委外宣办、省外办、省文化厅、省侨办、省文物局、省出版总社、省财政厅、省二轻厅、济南军区前卫歌舞团，济宁、曲阜两级市有关领导出席。曲阜市委书记崔波汇报1990孔子文化节筹备进展情况。

6月23日 曲阜市委书记崔波、副市长步长存等，就孔子文化节、孔子学术会堂成立、颜子研究会等事项，分别向山东省委常委、宣传部部长苗枫林，以及省旅游局、省文化厅、省文物局、省社科联等进行汇报。

6月30日 山东省孔子文化节筹委会在济南齐鲁宾馆举行孔子文化节新闻发布会。省旅游局局长蒋奎生作新闻发布。

7月13日 山东省人民政府办公厅印发《1990年孔子文化节活动总体方案》，并对孔子文化节筹委会组成人员进行调整。筹委会委员由省委办公厅、省委宣传部、省政府办公厅、省旅游局、省外办、省公安厅、省财政厅、省文化厅、省出版总社、省侨办、省对台办、省二轻厅、省文物局以及济宁市政府、曲阜市政府和济南军区政治部、文化部负责人组成。省委副秘书长田健、省政府副秘书长张龙、省旅游局局长蒋奎生任主任委员。

7月24日 山东省外办向中国教科文全委会发电商请以联合国教科文组织名义联合举办孔子文化节。次日，中国教科文全委会回电同意。

8月2日 联合国教科文组织驻中国代表处代表泰勒回信，同意以联合国教科文组织的名义联合举办1990孔子文化节。

8月9日 曲阜市委八届七次常委会议专题研究孔子文化节工作。

8月31日至9月1日 山东省委常委、

宣传部部长苗枫林到曲阜检查孔子文化节筹备情况，省旅游局局长蒋奎生等陪同。

9月26日 由联合国教科文组织与山东省政府联合举办的1990孔子文化节开幕式在孔庙大成殿前举行。山东省省长赵志浩讲话，中顾委委员、中国孔子基金会名誉顾问赵健民宣读谷牧贺信，联合国教科文组织全国委员会项目官员景峰讲话。山东省委常委、宣传部部长苗枫林主持，曲阜市市长房立泉致辞。

△ 创办孔子学术会堂。孔子学术会堂由省委常委、宣传部部长苗枫林倡导并创办，设在孔府忠恕堂。学术会堂按照小规模、高水平、大宣传的原则，遵循“百花齐放、百家争鸣”的方针，每年邀请两名研究孔子、儒学的著名学者或政务活动家宣讲论文、发表演说。

△ 首次孔子及儒家思想报告会在孔府忠恕堂举行。山东省委常委、宣传部部长、孔子学术会堂首席主持人苗枫林主持，孔子基金会副会长、中国社会科学院一级研究员杨向奎作《孔子思想与中国传统文明》学术报告；全国政协特邀委员、中国汉字现代化研究会会长袁晓园作《中国传统文化》学术报告。

9月26日至10月10日 在历时15天的孔子文化节活动中，文化旅游项目新增仿古《箫韶乐舞》。举办“中国孔孟文化摄影展”“孔子文化大全及外向型图书展览”“国际书画名家笔会作品暨台湾书画名家作品联展”“历代皇帝皇后画像展”；举办“大成杯”全国斗鸡斗羊表演赛；举办对外经济技术洽谈会、华东十一省市大型物资交易会、曲阜市外贸出口产品暨二轻产品展销会、曲阜市“八五”期间技改项目论证会等。参加节日活动的内外宾10余万人。

9月27日 上午，颜子像落成揭幕暨颜子研究会成立大会在颜庙复圣殿举行。

9月27～28日 颜子学术讨论会在曲阜师范大学孔子研究所举行。山东省省长赵志浩，济宁市市长韩寓群，曲阜市市长房立泉等出席。颜子研究会制定章程，成立理事会。

9月28日 上午，孔子诞辰2541年纪念大会在孔庙大成殿前举行。曲阜市市长房立泉讲话，副市长步长存主持。演出仿古《祭孔乐舞》。

11月 曲阜市孔子文化节表彰大会召开，市长房立泉讲话。

1991年

4月13日 曲阜市委八届二十二次常委会议研究通过并印发《’91国际孔子文化节活动总体方案》。

4月19日 曲阜市“创卫生城夺齐鲁杯迎文化节”表彰动员大会召开，市长房立泉讲话。

7月6日 济宁市委、市政府印发《’91国际孔子文化节总体方案》。成立由济宁市委副书记徐炳熹任组长，济宁市委常委、副市长张知平和曲阜市委副书记、市长房立泉任副组长的孔子文化节领导小组。曲阜市成立由市委副书记、市长房立泉，市委副书记李胜利为主任的孔子文化节组织委员会。该届孔子文化节首次提出“以文为媒、文经结合、文化搭台、经济唱戏”的指导思想和“团结、友谊、合作、繁荣”的主题口号。

8月15日 曲阜市委八届三十一次常委扩大会议召开，专题研究孔子文化节工作。

9月26日 上午，’91国际孔子文化节开幕式在孔庙大成殿前举行。省委常委、宣传部部长苗枫林，国家旅游局局长刘毅讲话。济宁市市长韩寓群致辞，曲阜市市长房立泉主持。演出仿古《箫韶乐舞》。

△ 孔子学术会堂第二次孔子及儒家思想学术报告会在孔府忠恕堂举行。省委常委、宣传部部长、孔子学术会堂首席主持人苗枫林主持，美国总统府学者委员会主任委员、共和党少数民族裔全国委员会主席陈香梅和上海复旦大学教授蒋孔阳分别作《孔子其人》《孔子的美学思想》的学术报告。

△ 新修复的宋宣和巨碑竣工仪式在曲阜寿丘举行。市长房立泉讲话，副市长步长存主持。该碑是宋徽宗为祭祀黄帝、以表黄帝功德而建的。该碑通高16.95米，宽3.75米，重达250余吨，是中国罕见的巨型碑刻之一。

9月26日至10月10日 举办“孔子七十二贤弟子画像石刻展”“清帝御赐珍品展——孔尚任讲经堂展览”“孔孟之乡摄影展”“三皇五帝与曲阜展览”“中日书画名家作品联展”“孔子文化书展”；举办对外经贸洽谈会、地产品物资交易会、名优特新出口产品展销会、旅游商品展销会、曲阜市技改基建项目论证会、曲阜市科技成果交易会等6项经济活动；开展专题旅游活动。

9月27日 颜子研究会在曲阜师范大学孔子研究所举行第二次颜子学术研讨会。

9月28日 上午，纪念孔子2542诞辰暨欢迎’91世界旅游日贵宾光临曲阜大会在孔庙大成殿前举行。济宁市副市长唐伦伟致欢迎辞，曲阜市委副书记、市长房立泉主持。

10月6～9日 中国教育国际交流协会山东分会、中国国际联络协会山东分会、山东国际文化交流中心、山东人民对外友好协会、曲阜师范大学在曲阜师范大学孔子研究所，联合举办国际孔子儒学与现代社会文明学术讨论会。

10月10日 海峡两岸首次儒学学术讨论会在曲阜市召开，历时5天。

10月31日 中共中央政治局常委、国务院总理李鹏一行到曲阜，视察沂河改造工程和“三孔”等，并题词“汲取孔子思想精华，弘扬民族优秀文化”。

1992年

8月5日 济宁市政府办公室印发《’92国际孔子文化节活动总体方案》。成立由徐炳熹任组长，张知平、周光珍、崔波、唐伦伟任副组长，济宁市直有关部门和曲阜负责人为成员的孔子文化节领导小组。领导小组下设办公室和文化、旅游、经贸、宣传、社会“三优”（优美环境、优良秩序、优质服务）、接待、保卫7个工作组。

8月 国家旅游局印发《关于举办’92中国友好观光年寻根朝敬之旅首游式的通知》。孔子文化节被定为’92中国友好观光年百项节庆活动之一。寻根朝敬之旅是国家旅游局在’92中国友好观光年中重点推出的14条专项旅游线路之一，首游式是观光年的重要大型活动。

9月2日 ’92孔子文化节新闻发布会在北京人民大会堂举行。济宁市委书记韩寓群、市长王修智参加。曲阜市副市长步长存向中外新闻记者介绍该届孔子文化节新内容、新特点、新举措。

9月23日 中共中央政治局常委、中央书记处书记李瑞环为孔子文化节开幕暨孔府档案馆落成发信致贺。

9月24日 中国孔子基金会会长匡亚明为孔子文化节开幕发信致贺。

9月25日至10月10日 举办“曲阜历代名人画像展”“中日书画名家作品联展”“党和国家领导人视察曲阜暨外国元首访问曲阜照片档案展”“中日书法交流友好展”“白扇书道会展”“种谷扇舟书法艺术展”。举办儒学圣地孔子文化游、古鲁文化游、天下第一家——孔府美食旅游。新推出曲阜城郊、曲阜—邹城、曲阜—济宁中区—济宁郊区—嘉祥、曲阜—梁山4条旅游专线。演出仿古祭黄乐舞——《云门大卷》。

9月25日至10月10日 开展对外经贸洽谈会、地产品展销会、物资交易会、新技术新产品交易会、人才市场、融资活动、曲阜市技改基建项目论证会、企业产品订货会等8项经济活动。

9月26日 上午,'92国际孔子文化节暨“寻根朝敬之旅”首游式在孔庙大成殿前举行。山东省委常委、宣传部部长董凤基，国家旅游局副局长孙钢讲话；济宁市市长王修智致辞；济宁市委副书记、副市长张仁敬宣读李瑞环的贺信。曲阜市市长房立泉主持。

△ 轩辕黄帝诞生地——寿丘文物区第一期工程竣工剪彩仪式举行。工程投资300万元，修复树立宋宣和年间为祭祀轩辕黄帝而雕刻的巨型石碑“庆寿碑”，并对外开放。曲阜市市长房立泉出席仪式并讲话，副市长步长存主持。

9月26～27日 孔子学术会堂邀请中国社会科学院学部委员、中国先秦史学会会长李学勤作《轩辕黄帝与曲阜》的学术报告，西北大学校长、教授张岂之作《孔子儒家思想与现代文明》的学术报告。

△ 颜子研究会举行第三次学术报告会。

9月27日 上午，孔府文物档案馆落成剪彩仪式举行。中顾委委员赵健民、陈璞如，省老领导王众音等出席。曲阜市市长房立泉讲话，副市长步长存主持。

△ 上午，中美合资大型游乐场所孔子六艺城奠基仪式举行。曲阜市市长房立泉讲话，副市长步长存主持。

9月28日 上午，孔子诞辰2543年纪念大会在孔庙大成殿前举行。济宁市副市长唐伦伟致辞，曲阜市副市长步长存主持。

1993年

5月17日 曲阜市委八届九十三次常委会议研究《'93国际孔子文化节活动方案》。

6月7日 曲阜市委、市政府印发《关于成立曲阜市'93国际孔子文化节筹备工作领导小组的通知》。成立以市委副书记、市长许传俊任组长，市委副书记李进普，市委副书记、副市长卢兆河，副市长赵元山，市委常委、宣传部部长陈学英，市委常委、政法委书记刘芝峰，副市长韦良华任副组长，市直有关部门负责人为成员的孔子文化节领导小组。

6月9日 曲阜市孔子文化节总结表彰动员大会召开，市委副书记、市长许传俊讲话。

8月2日 曲阜市政府十三届六次常务会议研究部署孔子文化节筹备工作。

9月22日 曲阜市委、市政府召开孔子文化节筹备情况联席会议，专题研究孔子文化节工作。

△ 国家森林公园石门山修复工程完成并对外开放。石门山是唐代诗人李白、杜甫结伴遨游之处，也是清代戏剧作家孔尚任隐居读

书著述之地。

9月22日至10月10日 举办山东省首届高校青年师生实用科技发明大赛暨成果交易会，对外经济贸易恳谈会，企业产品订货会、用户洽谈会，曲阜市技改基建项目论证会，友好省市旅游业务恳谈会，参加济宁市统一组织的工业精品博览会、物资交易会、科技成果交易会和人才交流活动。

9月25日 曲阜市音乐喷泉观水园新建并开放。

△ 由曲阜市文化部门新编创的大型仿古乐舞《圣地乐》在山东省第四届艺术节开幕式上演出。

9月26日 上午，'93孔子文化节开幕式在孔庙大成殿前举行。山东省副省长宋法棠讲话，济宁市市长王仁元致辞，曲阜市市长许传俊主持。

△ 总投资5000余万元的曲阜六艺城落成开业典礼举行。中顾委常委段君毅、山东省副省长宋法棠、美国亚联国际公司总经理李玉玲、济宁市委书记王修智剪彩，山东省旅游局局长赵忠云致辞，曲阜市市长许传俊讲话，曲阜市副市长赵元山主持。

9月26日至10月10日 举办"中日书画名家作品联展暨孔子及其七十二贤弟子木雕群像展""国内著名书画家作品邀请展""孔维克画展"等展览。分别邀请海南省歌舞团、俄罗斯时装舞蹈团在曲阜剧院演出文艺节目。孔子学术会堂邀请中国人民大学教授张立文、清华大学教授钱逊在新建孔府档案馆内东厢孔子学术会堂分别作《孔子精髓与现代文明》《中国传统的道德精神》的学术报告。

9月28日 上午，孔子诞辰2544年纪念大会在孔庙大成殿前举行。济宁市副市长周喜良致辞，曲阜市副市长赵元山主持。

12月 国家旅游局从全国200余项节庆活动中选出41项作为国家级国际性旅游拳头产品向国际旅游市场重点推销，曲阜国际孔子文化节入选。

1994年

年初 孔子文化节被国家旅游局确定为在中国文物旅游年中必须办好的十大文化性节庆活动之一。济宁市委、市政府确定1994年为济宁市旅游年。

2月28日 '94中国文物古迹游推出的14条国家级国际性旅游线路中的第一条线路——孔子周游列国线首游式在孔府大堂前举行。山东省委常委、副省长宋法棠，国家旅游局综合司司长蔡贻谟，济宁市市长王仁元，曲阜市委书记王润廷为首游式剪彩。济宁市市长王仁元致辞，曲阜市市长许传俊主持。首游式上进行孔子周游列国模拟表演活动，拉开中国文物旅游年和孔子文化节活动的帷幕。

△ '94孔子文化节汇报座谈会在曲阜阙里宾舍召开，省委常委、副省长宋法棠主持。会议明确孔子文化节的名称为"中国曲阜国际孔子文化节"。

4月25日 曲阜市孔子文化节办公室设立，为正科级事业单位，隶属市政府领导。主要负责孔子文化节的组织、协调等有关工作。

6月3日 济宁市印发《'94中国曲阜国际孔子文化节活动和对外经贸活动总体方案》。成立由市长王仁元任组长，贾万志、周光珍、王润廷、李广生、谭成义、孙明夫任副组长，市直有关部门负责人为成员的'94孔子文化节领导小组。

7月30日 曲阜市委、市政府成立由市长许传俊任组长，李进普、卢兆河、高红彦、王克孝、陈学英、刘芝峰、付洪云、赵元山、韦良华、刘金山、徐寿嶂、邢志远任副组长，市直有关部门负责人为成员的孔子文化节筹备工作领导小组。领导小组下设办公室和经贸科技、宣传、旅游、文艺会务、开幕式会务、外宾接待、内宾接待、展览、社会“三优”、安全保卫、资金11个工作组。

8月2日 曲阜市孔子文化节表彰动员大会召开，市长许传俊讲话。

8月31日 曲阜市委、市政府召开孔子文化节筹备工作现场办公会议。

9月25日 曲阜体育场落成，投资1430万元，建设周期5个多月，占地6.2公顷、可容纳观众1.5万余人，为鲁西南县市区最大的田径体育场。

△ 论语碑苑一期工程竣工。工程投资1500万元，于1994年4月8日开工建设。

△ 曲阜市海外联谊会成立大会召开。会议通过《曲阜市海外联谊会章程》，选举产生联谊会领导成员。

9月26日 上午，'94中国曲阜国际孔子文化节暨经贸洽谈会开幕式在曲阜体育场举行。山东省委常委、副省长宋法棠讲话，济宁市市长王仁元致辞，曲阜市委书记王润廷主持。开幕式上举行飞机跳伞、热气球、航模、飞艇、信鸽放飞、彩球升空和军乐队表演，演出由国家级专家编导、6000人参演的大型歌舞《圣魂》。

△ 下午，孔子学术会堂举行学术报告会。省人大常委会副主任苗枫林主持，中央民族大学教授牟钟鉴、中国人民大学教授葛荣晋分别作《儒家人性论的综合考察与新人性论构想》《儒家智慧与造就一代儒商》的学术报告。

△ 鲁国盛世华夏文化城竣工，项目投资1000万元，由西安电影制片厂与曲阜市文体委联合筹建。该项目采用动、静、声、光、电结合的艺术表现手法，展示古鲁国鼎盛时期的民俗风情和繁荣景象。

△ 《山东省志·孔子故里志》首发式举行。《孔子故里志》客观、翔实、科学地记述由孔子而生、为孔子而作、因孔子而存以及与孔子密切相关的、具有曲阜特色的人、事、物。内容涉及孔子及其家族，孔子及其踪迹、文物、孔氏教育及其著述，孔子故里沿革及现状，具有较高的历史价值和学术价值。

△ 经省委、省政府批准，首次举办鲁西、鲁南区域性大型经贸洽谈活动；举办曲阜市出口产品展示会、重点项目恳谈会、对外招商引资恳谈会、名优新产品展销会、外商投资信息发布会、经贸技术交流大会、物资交易会等。

9月26日至10月10日 人民日报社和韩国东亚日报社在曲阜联合举办孔子思想与21世纪国际学术研讨会；举办“中日书画交流展暨国内著名书画家作品邀请展”“新中国成立45周年辉煌成就图片展”；举行军乐队上街商业性宣传表演、孔子周游列国模拟表演、王陈英奖学金颁奖仪式、书画家书画表演、《孔子家教》首发式暨38集《孔子家教》电视系列社教片开镜仪式、农民书画表演、中青年书画表演、少年书画表演、老年书画表演、文艺晚会、国际孔子庙联谊活动等。开展孔子周游列国曲阜启游线、徐霞客旅游曲阜线、乾隆皇帝南巡曲阜线、古代碑刻书法之旅曲阜线4条专线旅游活动。

9月27日 中国曲阜孔子学会成立大会

在孔府档案馆举行。中国曲阜孔子学会为民间学术团体，孔子学会秘书处设在曲阜文物管理委员会。

9月28日 上午9时，孔子诞辰2545年纪念大会在孔庙大成殿前举行。济宁市市长王仁元致辞，曲阜市市长许传俊主持。表演仿古《祭孔乐舞》。

10月5日 孔子诞辰2545周年纪念与国际学术讨论会开幕式在北京举行。中共中央政治局常委、全国政协主席李瑞环，国务院副总理李岚清，全国政协原副主席谷牧出席并讲话。

10月5～8日 国际儒学联合会成立大会在北京举行。7日，中共中央总书记、国家主席江泽民在北京人民大会堂接见国际儒学联合会代表。

10月6日 孔子文化节地方志、年鉴与经济发展研讨会在曲阜举办。邀请美国、多米尼加等国家和山东、天津、四川、上海、福建、江西、浙江、河北及中国台湾等地专家和地方志工作者代表出席。

11月11日 '94中国曲阜国际孔子文化节总结表彰大会召开，市长许传俊讲话。

12月15～16日 在泰国曼谷召开的有100余个国家、地区参加的联合国世界遗产会议上，曲阜孔庙、孔府、孔林列入《世界遗产名录》，并向全世界发表公报。

1995年

6月22日 济宁市印发《'95中国曲阜国际孔子文化节活动总体方案》。成立由市长王仁元任组长，贾万志、王润廷、徐永莲、谭成义任副组长，济宁市直有关部门负责人为成员的'95中国曲阜国际孔子文化节领导小组。

7月12日 曲阜市孔子文化节暨创建中国优秀旅游城市动员大会召开，市长许传俊讲话。

8月14日 山东省人民政府批复《'95中国曲阜国际孔子文化节方案》。确定该届孔子文化节由国家旅游局与山东省人民政府联合主办，济宁市政府和曲阜市政府承办。

8月15日 曲阜市委、市政府印发《关于成立曲阜市'95中国曲阜国际孔子文化节筹备工作领导小组的通知》。成立由市长许传俊任组长，李进普、谷传祥、高洪彦、王克孝、刘芝峰、付洪云、赵元山、韦良华、马书轩、刘金山、吴建中、孔庆玺、邢志远任副组长，市直有关部门负责人为成员的孔子文化节领导小组。下设办公室和经贸科技、宣传、旅游、文艺会务、外宾接待、内宾接待、文物、社会"三优"、安全保卫、资金10个工作组。

8月25日 国家旅游局批复同意孔子文化节活动方案。国家旅游局确定把'95中国曲阜国际孔子文化节作为'95中国民俗风情游的重要活动之一。

8月28日 曲阜市委、市政府召开'95中国曲阜孔子文化节筹备工作会议。

9月24～27日 21世纪社会伦理道德国际学术讨论会在曲阜师范大学举行。由曲阜师范大学、韩国庆熙大学主办，北京大学、南开大学、复旦大学、山东大学、辽宁大学、山东国际文化交流中心、曲阜孔子学会、日本横滨大学协办。

9月26日 上午，'95中国民俗风情游曲阜国际孔子文化节开幕式在孔庙大成殿前举行。山东省副省长韩寓群、国家旅游局副局长何光暐分别讲话，济宁市市长王仁元致辞，曲阜市市长许传俊主持。

△ 举行大型民间文艺串街表演，来自嘉祥、梁山、兖州、邹城、济宁市中区、兖州矿务局、曲阜市的1000余名艺人参加，表演代表孔孟之乡民俗风情特色的龙舞、阴阳板、武术、花棍、鼓子秧歌、唢呐、芯子等。

△ 孔子学术会堂举办孔子及儒家思想学术报告会，山东省人大常委会副主任、孔子学术会堂首席主持人苗枫林，北京大学哲学系主任叶朗教授分别作《孔子人才观及其对中国的影响》《儒家美学对当代的启示》的学术报告。

9月26日至10月10日 举办“清代戏剧作家孔尚任生平事迹展览”“’95名人名家书画大展”“孔孟之乡青年摄影艺术展”等展览；举办文艺晚会、街道民间艺人演唱活动；开展专题旅游活动；举办孔子文化节旅游联谊会、旅游招商会。

△ 山东省外经贸委与济宁市政府联合主办’95孔子文化节对外经贸洽谈会。举办’95孔子文化节科技成果发布会，出口商品展销会，曲阜市“九五”经济发展规划研讨暨重点项目论证会，曲阜市’95孔子文化节对外经贸洽谈会，曲阜市’95孔子文化节科技协作交流会，曲阜市15家市属企业召开产品订货会和用户座谈会。

9月28日 上午，孔子诞辰2546年纪念大会在孔庙大成殿前举行。济宁市市长王仁元致辞，曲阜市市长许传俊主持。演出仿古《祭孔乐舞》。

1996年

6月 济宁市确定，’96孔子文化节由曲阜市政府主办，济宁市有关部门协助配合。

7月8日 济宁市印发《’96中国曲阜国际孔子文化节总体方案》。

7月11日 曲阜市委、市政府印发《关于成立曲阜市’96中国曲阜国际孔子文化节筹备工作领导小组的通知》。成立由市长许传俊任组长，李进普、谷传祥、王贺新、王德金、王克孝、刘芝峰、郭庆海、付洪云、赵元山、韦良华、马书轩、刘金山、徐惠林、邢志远任副组长，市直有关部门负责人为成员的孔子文化节筹备工作领导小组。下设办公室和经贸科技、宣传、旅游、文艺会务、内宾接待、外宾接待、文物、社会“三优”、安全保卫、资金10个工作组。

7月12日 曲阜市召开’96孔子文化节暨创建中国优秀旅游城市动员大会。

7月15日 为推动孔子文化节的市场化运作，曲阜市发布邀请海内外企事业和社团等单位联合主办（或协办）’96孔子文化节活动的公告。

9月11日 曲阜市委、市政府召开’96孔子文化节全市城市建设现场会。

9月24日 ’96中国曲阜国际孔子文化节科技协作交流会召开。

△ 曲阜’96中国曲阜国际孔子文化节重点项目论证会在阙里宾舍落幕，有16个项目通过论证。

9月26日 上午，’96中国曲阜国际孔子文化节开幕式在孔庙大成殿前举行。济宁市市长王仁元致辞，国家旅游局国际市场开发司司长杨振一宣读国家旅游局局长何光暐的贺信。曲阜市市长许传俊主持。

△ 200名书画家和书画爱好者在曲阜明故城正南门外神道路两侧集体创作《论语》书

法百米长卷和《曲阜史话图》百米长卷。

9月26日至10月10日 举办“中日友好书画联展”“曲阜市城市之光青年摄影展”“山东省（曲阜）第六届兰花暨颂兰书画展”，举办首届“富士杯”曲阜国际孔子文化节摄影艺术大奖赛、全国竞走冠军赛、山东省第十八届运动会足球赛等文体活动，以及曲阜市重点项目论证会、对外经贸洽谈会、科技协作交流会、企业产品订货会等经济活动。

9月28日 上午，纪念孔子诞辰2547年祭孔活动在孔庙大成殿前举行。活动由过去的“官办”改为“民办”。孔庙大成殿前首次摆放“三牲”等祭品，由孔子后裔、各界人士、外宾、海外同胞侨胞采用民间传统的形式祭拜先师孔子。

△ 孔子研究院奠基仪式举行。曲阜市委书记王润廷主持，山东省副省长韩寓群、济宁市市长王仁元、曲阜市市长许传俊讲话。姜春云、李铁映、谷牧、匡亚明、张岱年、羊涤生和英国伦敦迈克尔·赖斯公司主席迈克尔·赖斯等为孔子研究院奠基分别发信致贺。

1997年

年初 国家旅游局确定把孔子文化节作为'97中国旅游年的重要旅游节庆活动之一。

7月11日 曲阜市委、市政府召开'96孔子文化节表彰暨'97年孔子文化节动员大会。

7月28日 曲阜市委印发《曲阜市成立'97中国曲阜国际孔子文化节筹备工作领导小组的通知》。成立由市长许传俊任组长，李进普、谷传祥、王德金、王克孝、刘芝峰、郭庆海、付洪云、赵元山、韦良华、马书轩、刘金山、徐惠林、邢志远任副组长，市直有关部门负责人为成员的孔子文化节筹备工作领导小组。领导小组下设办公室和经贸科技、宣传、旅游、文艺会务、外宾接待、内宾接待、文物、社会“三优”、安全保卫、资金10个工作组。

8月22日 济宁市委办公室、市政府办公室印发《'97中国曲阜国际孔子文化节活动总体方案》，确定该届孔子文化节由山东省旅游局、济宁市人民政府、曲阜市人民政府共同主办。济宁市成立由市长王仁元任主任委员，王润廷、周光珍、徐永莲、唐伦伟、李广生、谭成义、张自义任副主任委员的孔子文化节组委会。组委会下设文化、旅游、经贸、纪念和学术、宣传、接待保卫、综合协调7个工作组。

9月24日 '97曲阜孔子文化节科技交流协作会举行。

9月26日 上午，'97孔子文化节开幕式在曲阜孔庙大成殿前举行。济宁市市长王仁元致辞，曲阜市市长许传俊主持。演出大型文艺节目《千古孔子》。

△ 下午，第八次孔子及儒学思想学术报告会在孔府档案馆孔子学术会堂举行。孔子学术会堂邀请中国伦理学会会长、博士生导师罗国杰作《中国伦理学》的学术报告。

9月26日至10月10日 举办“喜庆十五大孔子故里书画精品展”“上海著名国画家孙仲威画展暨兰花奇石展”“指画画家宫溪廉画展”“孔维克书画展”“王明远书法艺术展”；开展戏剧定点演出和戏曲两条街活动；在曲阜剧院演出新编历史剧、豫剧《风雨行宫》。新增尼山泛舟垂钓旅游、石门山探幽揽胜旅游、济宁市重要景点旅游等专题旅游活动。举办产业结构调整暨重点项目汇报会、对外经贸洽谈会、科技协作交流会、旅游商品旅游业务交易会、跨国集团经营管理模式介绍会等经贸科技活动。

9月27日 '97曲阜国际孔子文化节对外经贸洽谈会在曲阜阙里宾舍开幕。

9月28日 上午，在孔庙大成殿前举办民间形式的祭孔活动。由主祭人员行三献礼，其他祭拜人员或行叩头礼，或行鞠躬礼。孔子后裔代表、学生代表、曲阜各界人士代表和外宾、海外同胞侨胞参加。

10月7日 下午，在阙里宾舍国际会议厅邀请著名古文字学家、历史学家、作家、语言学家季羡林作《孔子与东方文化》的学术报告。

1998年

年初 国家旅游局在全国范围内举办以华夏城乡游为主题的旅游年活动，孔子文化节被列为华夏城乡游活动中全国23个重点旅游节庆活动之一。

5月14日 曲阜市委、市政府印发《关于成立曲阜市'98中国曲阜国际孔子文化节筹备工作领导小组的通知》。成立由市长谷传祥任组长，王克孝、赵元山、马书轩、郭庆海、曹方俊、许可、刘祥德、韦良华、刘灿镇、颜世全、吴霁雯、张继鹏任副组长，市直有关部门负责人为成员的孔子文化节筹备工作领导小组。下设办公室和经贸科技、外经、宣传、文艺会务、内宾接待、旅游外宾、文物、社会"三优"、安全保卫、资金10个工作组。

5月18日 曲阜市孔子文化节表彰动员大会召开，市长谷传祥讲话。

6月30日 曲阜市印发《'98中国曲阜国际孔子文化节总体方案》。

8月6日 上午，'98中国曲阜国际孔子文化节新闻发布会在济南山东旅游中心举行。曲阜市副市长颜世全作新闻发布，山东省旅游局副局长陈向群介绍曲阜及孔子文化节有关情况，曲阜市委副书记赵元山就'98孔子文化节和1999年将要开展孔子诞辰2550年纪念作补充说明。

9月25日 晚，在曲阜剧院举办"三孔啤酒之夜"专场文艺晚会。

9月26日 上午，'98中国曲阜国际孔子文化节开幕式在孔庙大成殿前举行。济宁市市长贾万志等致辞，曲阜市市长谷传祥主持。

△ '98中国曲阜国际孔子文化节开幕式文艺演出由青岛市电视台主持人田真主持，歌唱演员陈俊华、范琳琳、付笛声、任静分别演唱《孔子赞歌》《苦乐年华》《知心爱人》《祝福你曲阜》等歌曲。

△ 在孔子学术会堂举行学术报告会，南京大学教授周继旨、阎韬分别作《关于儒学的历史地位与未来前途的展望》《顺应潮流：儒家思想的重要原则》的学术报告。

△ 晚上，在曲阜剧院举办"金塔王之夜"专场文艺晚会。

9月26～27日 '98曲阜国际孔子文化节对外经贸恳谈会召开，签订协议书5项。

9月26日至10月10日 举办"山东省著名书法家作品邀请展""于希宁、孙墨龙、尹毅巡回画展""吴泽浩画展""王学仲、张永敬、陈玉圃画展""孔子嫡裔图、孔门圣贤图组画展""曲阜市书画兰花奇石展""'三孔'百米长卷画展"；专题旅游活动方面与康辉旅行社共同举办千人共祭孔活动；新辟孔子故里农家民俗游，孔子故里——水浒之乡专线旅游，“一山两汉”（泰山、曲阜、徐州）、“三孔”和山水圣人游旅游专线；举办工业经济发展规划暨重点项目汇报会，科技项目发布会，经贸恳谈会、产品订货洽谈会等经济活动。

9月28日 上午，在孔庙大成殿前以民间的形式组织由孔子后裔代表、孔子故乡各界人士代表、学生代表和外宾、海外同胞参加的祭孔活动。

△ “三孔”特种邮资明信片首发式举行。

△ 国际儒学联合会、山东省华夏文化促进会、曲阜市人民政府联合举办的“孔子、仁爱、廿一世纪”文化之旅环球考察人员在曲阜启程。历时1年，于1999年9月28日回到曲阜。

△ 16集电视连续剧《圣府风云》在孔府门前举行开拍仪式。

9月 以对文物旅游资源的保护、利用和开发为出发点，开发出一批新的文物旅游景点和游乐项目：汉魏碑刻陈列馆、九龙山汉墓复原陈列、孔子六艺大剧院《六艺乐舞》演出、论语碑苑观灯等。

△ ’98孔子文化节期间，“孔府家杯”全国第十届优秀播音与主持作品奖、“三孔啤酒杯”全国第九届优秀播音与主持论文奖颁奖大会在孔子六艺城举行。由中央人民广播电台、中国国际广播电台、中央电视台和北京广播学院发起，由中国广播电视学会播音学委员会、山东广播电视厅主办。

10月 ’98孔子文化节期间，全国政协原副主席谷牧在曲阜视察孔子研究院、论语碑苑、三孔和尼山孔庙等单位。

11月7～15日 曲阜市委副书记赵元山、孔子文化节办公室主任孟凡亮应加拿大北美孔子文化节办事处主任、美加国际孔子文化节筹委会主任、多伦多《优雅》出版社社长李信杏邀请，赴加拿大参加第二届美加国际孔子文化节。赵元山在美加孔子文化节开幕式上致辞。

12月30日 ’99中国山东孔子旅游年首游式举行，拉开纪念孔子诞辰2550年暨孔子文化节序幕。山东省旅游局局长李德明，济宁市代市长周齐先后致辞。李德明、周齐、李广生、谷传祥等共同为首游式剪彩。首游式由曲阜市市长谷传祥主持。

1999年

1月4日 曲阜市委、市政府提报《关于举办孔子两千五百五十年诞辰纪念活动的请示》。

1月8日 该届孔子文化节确定由国家旅游局、山东省人民政府联合主办，济宁市人民政府、曲阜市人民政府联合承办。

3月1日 曲阜市委、市政府邀请《人民日报》《光明日报》《中国时报》、新华社等驻京10家新闻单位和中国和平出版社、大百科出版社等4家出版社的记者编辑到曲阜，对“’99中国曲阜纪念孔子诞辰2550年书画大展”暨“杏坛新苗杯纪念孔子诞辰2550年全国少儿书画大赛”进行实地采访，拉开’99孔子文化节系列活动的帷幕。

3月3日 山东省委常委、宣传部部长陈光林在省政府会议室主持召开’99孔子文化节协调领导小组会议。会议确定成立由陈光林任组长，省有关部门和济宁、曲阜市主要领导为成员的’99孔子文化节协调领导小组，对孔子2550年诞辰纪念活动和孔子文化节作出总体安排。

3月5～9日 3月5日，曲阜市委、市政府分别向中共中央宣传部、国务院新闻办公室、全国政协办公室提报《关于请求中宣部、国务院新闻办公室、全国政协办公室联合在北京举办孔子2550年诞辰纪念活动的函》。3月9日，曲阜市委、市政府报请山东省人民政府新闻办公室提报《关于请求〈人民日报〉〈求是杂志〉〈光明日报〉发表孔子诞辰纪念文章的函》。曲阜市委副书记赵元山、副市长许可一行，到北京呈报上述文件并汇报，得到相关单位领导的支持。

4月27日 曲阜市委、市政府印发《关于成立曲阜市纪念孔子诞辰2550年暨'99中国曲阜国际孔子文化节筹备工作领导小组的通知》。成立由市长谷传祥任组长，王克孝、赵元山、马书轩、郭庆海、曹方俊、陈方、刘祥德、韦良华、许可、刘灿镇、颜世全、吴霁雯、张继鹏任副组长，市直有关部门负责人为成员的孔子文化节筹备工作领导小组。下设办公室和经贸科技、外经、宣传、旅游外宾、文艺会务、内宾接待、文物、社会"三优"、安全保卫、资金10个工作组。

5月13日 曲阜市孔子文化节表彰动员大会在曲阜贵宾楼召开，市长谷传祥讲话。

6月15日 中国现代文化研究中心、《光明日报》编辑部联合在北京人民大会堂召开纪念孔子诞辰2550年座谈会。曲阜市副市长许可作为孔子家乡代表到会并发言。

6月18日 中国孔子基金会、国际儒学联合会、中国现代文化研究中心等联合在北京人民大会堂举行纪念孔子2550年诞辰孔子金像展示座谈会，曲阜市委副书记赵元山作为孔子家乡代表到会并发言。

6月28日 济宁市委办公室、市政府办公室印发《孔子2550年诞辰纪念活动暨'99中国曲阜国际孔子文化节总体活动方案》。成立由市长周齐任组长，王润廷、祝金焕、李广生、刘宝庭、许传俊任副组长的筹委会领导小组。

7月9日 曲阜市庆祝国庆50周年暨国际孔子文化节安全保卫工作会议在市公安局召开。

8月18日 山东省人民政府在北京人民大会堂举行纪念孔子诞辰2550周年暨'99中国曲阜国际孔子文化节新闻发布会。发布会由省政府副秘书长朱茂民主持，济宁市市长周齐作新闻发布；国务院新闻办公室副主任、国家外文局局长杨正泉，国家旅游局副局长张希钦分别讲话。济宁市市长周齐、曲阜市市长谷传祥等分别回答记者提问。

9月9日 文化部、教育部、中国社科院联合在北京人民大会堂举行纪念孔子诞辰2550年座谈会。中共中央政治局常委、国务院副总理李岚清，全国政协原副主席、孔子基金会名誉会长谷牧，教育部部长陈至立，国务院副秘书长刘奇葆等出席，中共中央政治局委员、中国社会科学院院长李铁映讲话。文化部部长孙家正主持会议。曲阜市市长谷传祥、孔子文化节办公室主任孟凡亮应邀参加座谈会，并将古装《论语》作为纪念品赠送与会人员。

9月10日 上午，曲阜市纪念孔子诞辰2550年大会在曲阜剧院召开，近千人参加。曲阜市委书记许传俊讲话，曲阜市市长谷传祥主持。

9月15日 济宁市委副书记王润廷等一行5人到曲阜检查孔子文化节筹备情况。

9月20日 '99中国曲阜国际孔子文化节新技术、新产品展览会在孔府商城开幕。

9月24～28日 济宁市政府、山东省外经贸委、省社科院和中华孔子学会联合举办儒商与21世纪国际学术研讨会。

9月25日 山东省委书记吴官正，省委副书记、省长李春亭等在曲阜分别会见参加孔子文化节活动的驻华大使、外国领事和一些政界、经济界、文化界的重要客人。

△ '99国际孔子文化节首届曲阜奇石大展在圣都商城举行。

9月25日、26日 晚，在曲阜剧院演出新编历史剧《孔尚任》。在孔子六艺城、阙里宾舍等景点、饭店举办定点文艺演出。

9月26日 上午，纪念孔子2550年诞辰暨'99中国曲阜国际孔子文化节开幕式在孔庙大成殿前举行。中共中央政治局委员、山东省委书记吴官正出席开幕式，省长李春亭致辞，联合国世界旅游组织代表雷德致辞。济宁市委副书记、市长周齐主持。

△ 开幕式文艺演出由陈铎、朱琳联袂主持，韦唯主唱，以北京解放军艺术学院、济南军区前卫歌舞团为主要阵容演出大型歌舞《大哉孔子》。

△ 孔子研究院一期工程落成暨“大哉孔子展览”“孔府文物精品展”开馆仪式举行。吴官正、李春亭、王修智、陈光林等省领导以及苏毅然、陆懋曾、苗枫林、韩邦聚、郑伟民、王润斋等省级老领导出席仪式。济宁市、曲阜市领导，几内亚、日本、奥地利驻华大使，联合国代表、俄罗斯客人等共同出席开馆仪式。

△ 中国楹联第一城——曲阜命名仪式举行，由著名书法家书写的255副楹联分别悬挂在曲阜城区6条主要街道上，并成为一个新的文化内涵丰富的人文景观。

△ 在曲阜城区举行千人民间艺术表演。

△ '99曲阜国际孔子文化节对外经贸洽谈会在阙里宾舍举行，有20个工业、旅游等项目被列为洽谈会对外招商项目。

△ 由山东省旅游局主办，济南、泰安、济宁三地市旅游局承办的“游齐鲁大地、看山水圣人”旅游展示咨询活动开幕式在鼓楼北街孔府东侧举行。

△ 纪念孔子诞辰2550年书画大展暨“杏坛新苗杯”全国少儿书画大赛开幕。

△ 欧洲石版彩印二百年回顾展在曲阜市东门大街西首开展。

△ 孔子及儒学思想学术报告会在孔子学术会堂举行。报告会由山东省人大常委会原副主任苗枫林主持。韩国同德女子大学教授、孟子学会会长赵骏河，曲阜师范大学教授李金山分别作《未来十年孔子思想·孔子思想的核心问题》《哲学家孔子与孔子哲学》的学术报告。

△ 陕西咸阳蝴蝶博物馆在曲阜圣都商城举办“世界珍稀蝴蝶展”。

△ 著名书画家王熹、徐叶翎书画展在市文化馆开展。

9月26日至10月10日 举办“中日名人书画大展”“竹刻论语长卷展”“颜子后裔书画艺术展”“纪念孔子2550年诞辰书画大展”“古今名人书画展”“颜景新、丁辉雕刻艺术展”“王学仲书画艺术展”。新开展曲阜祭孔游、齐鲁山水圣人游、书法之旅、学生祭拜祖师旅游、海内外孔子后裔故乡朝圣旅游等专题旅游活动；举办全国百家旅行社采线活动；旅游宣传一条街活动。举办'99孔子文化节项目论证推介会，孔子文化节新技术、新产品展谈会，对外经贸洽谈会，企业产品订货会、销售用户座谈会等经济活动。

9月27日 加拿大多伦多市华人组织捐赠一尊孔子铜像，安放在孔子六艺城内。

9月28日 上午，在孔庙大成殿前以民间形式组织由孔子后裔代表、各界人士代表、学生代表、部分外宾和海外同胞、侨胞参加的祭孔活动。

△ 纪念孔子2550年诞辰邮资封首发式、纪念孔子2550年诞辰金穗卡首发式在孔庙大成殿前举行。

10月7～14日 国际儒联、中国孔子基金会和联合国教科文组织举办纪念孔子诞辰2550周年暨国际儒学联合会第二届会员大会。会议在北京开幕、曲阜闭幕，中共中央政治局委员罗干出席开幕式，中共中央政治局常委、全国政协主席李瑞环接见与会专家、学者。参会的170余位中外专家学者，到曲阜参观访问。曲阜市委副书记赵元山，孔子文化节办公室主任孟凡亮出席会议并组织在曲阜的活动。

2000年

6月20日 曲阜市委、市政府印发《关于成立2000中国曲阜国际孔子文化节筹备工作领导小组的通知》。成立由市长谷传祥任组长，王克孝、赵元山、马书轩、郭庆海、曹方俊、陈方、刘祥德、韦良华、刘灿镇、颜世全、吴霁雯、张继鹏、柴林庆任副组长，市直有关部门负责人为成员的孔子文化节领导小组。下设办公室和经贸科技、外经、宣传、旅游外宾、文艺会务、内宾接待、文物、社会“三优”、安全保卫、资金10个工作组。

6月23日 曲阜市孔子文化节表彰动员大会召开，市长谷传祥讲话。

7月26日 曲阜市出台《2000中国曲阜国际孔子文化节活动总体方案》，2000年孔子文化节由曲阜市人民政府主办。

9月21日 2000国际孔子文化节中国专利高新技术产品博览会在曲阜科技城开幕。全国人大常委会副委员长王光英，全国政协副主席、中国工程院院长宋健分别发信致贺；国家科技部秘书长林泉、国家知识产权局司长胡佐超分别讲话。6000余项最新科技成果亮相曲阜。

9月26日 上午，2000中国曲阜国际孔子文化节开幕式在孔庙大成殿前举行。济宁市市长周齐致开幕辞。曲阜市市长谷传祥主持。中国歌剧舞剧院演出大型音乐舞蹈节目《金声玉振——孔子礼赞》。

△ 2000中国曲阜国际孔子文化节对外经贸洽谈会暨中国曲阜国际招商月活动在阙里宾舍开幕，市政府向洽谈会推介35个招商合作项目。

△ 下午，《孔子与世界——孔子学术会堂讲学录》首发式暨学术报告会在孔子学术会堂举行。首发式由孔子学术会堂主持人李金山主持，曲阜市委副书记赵元山、齐鲁书社总编黄伟中、孔子学术会堂首席主持人苗枫林先后讲话。首发式结束后，孔子学术会堂邀请中国社会科学院研究院研究员庞朴、孔子博物院院长孔祥林分别作题为《楚国早期儒家思想》《世界各国的孔庙及孔子在世界的影响》的学术报告。

9月26日至10月10日 举办“名人字画与古今艺术品联展”“孔子及72贤巨幅蜡染画展”“浙江衢州书画作品展”“孙传仁国画、摄影艺术作品展”“杭州西泠书画院作品展”。新开展孔庙拜师游、孔府敬老游、孔林朝圣游专题旅游活动。举办企业产品推介会、用户座谈会等经济活动。

9月27日 2000国际孔子文化节曲阜旅游经济开发区合资合作暨投资环境恳谈会在曲阜经济开发区举行。

9月28日 上午，纪念孔子诞辰2551年祭孔活动在孔庙大成殿前以民间形式举行。曲阜各界人士代表、孔子后裔代表、学生代表、部分外宾和海外同胞侨胞4000人参加活动。孔子77代孙、曲阜市政协副主席孔德班等代表孔子后裔进行祭祀。孔子77代嫡孙女孔德懋向孔子像行礼，并受孔子77代嫡长孙孔德成委托向孔子像行礼。

△ 由山东省邮政局发行的《孔子六艺图》和《孔子周游列国》邮资明信片及济宁市邮政局、济宁市旅游局发行的《孔孟之乡——中国济宁》邮册首发式在孔庙大成殿前举行。

△ 奥地利石版画在曲阜开展。

2001年

7月12日 曲阜市孔子文化节动员暨旅游市场整顿大会召开，代市长王庆成讲话。

7月15日 曲阜市委、市政府印发《成立2001中国曲阜国际孔子文化节领导小组的通知》。成立由代市长王庆成任组长，王克孝、赵元山、江成、马书轩、郭庆海、曹方俊、李维生、刘祥德、韦良华、许可、刘灿镇、颜世全、吴霁雯、张继鹏、柴林庆、邱振平任副组长，市直有关部门负责人为成员的孔子文化节领导小组。领导小组下设办公室和经贸科技、外经、宣传、旅游外宾、文艺会务、内宾接待、文物、社会“三优”、安全保卫、资金10个工作组及孔子文化节开幕式组、中国专利高新技术产品博览会组、华商论坛组、旅游商品暨旅游热线推介会组4个专项工作组。

8月10日 济宁市委办公室、市政府办公室印发《2001中国曲阜国际孔子文化节总体方案》。成立由市长周齐任主任，张兆启、褚庆观、祝金焕、张术平、王守恒、刘宝庭、徐明珠任副主任的孔子文化节筹备委员会。该届孔子文化节由国家旅游局、山东省人民政府主办，省旅游局、济宁市人民政府、曲阜市人民政府承办。

8月13日 济宁市孔子文化节动员电视电话会议召开，市长周齐作动员讲话。济宁市动员会后，在曲阜分会场曲阜市代市长王庆成作动员讲话。

9月16日 2001国际孔子文化节筹备工作调度会在曲阜市召开，济宁、曲阜两级市领导参加。

9月20～21日 世界华商文化论坛在阙里宾舍举办。该次论坛是曲阜市抓住世界华商大会在南京召开的机遇，积极争取近百名华商到曲阜参加。

9月21～23日 2001年中国专利高新技术产品博览会在曲阜科技城开幕。由中国专利信息中心、山东省知识产权局、济宁市政府联合主办。

9月23日 “2001年国际孔子文化节艺术联展”在孔子研究院举行开展仪式。

9月24日 大型演艺场所杏坛剧场落成剪彩仪式举行。杏坛剧场投资3000万元，于2001年5月2日开工建设，9月20日竣工。

9月26日 晚，孔子文化节开幕前，在大成路组织由1000余人参加的大型民间艺术表演。表演由曲阜市的龙舞、济宁市杂技团的狮子舞、兖州市的花棍舞、邹城市的阴阳板、任城区的二人斗、梁山的武术、市中区的盘鼓

7个方队组成。

△ 晚，2001中国曲阜国际孔子文化节开幕式在杏坛剧场举行。全国人大常委会副委员长王光英宣布开幕，山东省副省长林书香、国家旅游局局长助理王军致辞。济宁市市长周齐主持开幕式。

9月26～27日 2001中国曲阜国际孔子文化节旅游热线推介会暨旅游商品博览会在曲阜科技城会展中心举办，全国10个省28个市的旅游界人士参加。

9月26日至10月10日 举办“党和国家领导人暨外国政要在曲阜照片档案展”“圣迹图及世界孔庙照片展”“孔府文物精品展”“金四书展”“回眸曲阜孔祥民摄影艺术汇报展”“全国书法名家作品邀请展”“新论语——舒安书画作品展”“王家斗毛体书法暨济宁市老年书画研究会书画作品联展”，举行《东方圣城——曲阜》《中国山东旅游系列丛书（济宁卷）》首发式和纪录片《文化巨人——孔子》首映式。举办广场文艺演出。邀请大连旅顺旅游集团摩托车队进行特技表演；开展专题旅游活动；举行香港、台湾及美籍华人、企业家投资项目恳谈会，洛阳旅游推介会，2001孔子文化节经贸洽谈会、企业产品销售用户座谈会等。

9月27日 上午，江泽民总书记题名“孔子研究院”揭牌仪式在孔子研究院举行。中共中央政治局委员、中国社会科学院院长李铁映和全国人大常委会副委员长王光英为题名揭牌。山东省委副书记王修智、济宁市委书记贾万志分别致辞。济宁市市长周齐主持。

△ 孔子学术会堂邀请当代新儒学代表人物、美国哈佛大学教授杜维明和重庆社会科学院院长俞荣根分别作题为《孔子文化的价值》《文明对话与儒学创新》的学术报告。

9月28日 上午，以民间的形式组织由孔子后裔代表、学生代表、曲阜各界人士代表和外宾、海外同胞侨胞参加的孔子诞辰2552年祭孔活动。活动增加曲阜市旅游局、市文化局、市孔子文化节办公室、市文物管理委员会，大韩民国前外交部部长、孔子79代孙及夫人向孔子像敬献花篮和小学生在祭孔现场朗诵《论语》名句、颂扬孔子功德的诗文等新内容。

12月17日 曲阜市召开2001年孔子文化节总结表彰大会。

2002年

3月31日 在由中国旅游报社主办的2002年度中国旅游报·中国旅游知名品牌评选活动中，中国曲阜国际孔子文化节被评为“中国旅游知名品牌”。

7月26日 曲阜市委、市政府印发《成立2002中国曲阜国际孔子文化节工作领导小组的通知》。成立由市长王庆成任组长，王克孝、赵元山、江成、马书轩、曹方俊、李维生、孙建国、刘祥德、韦良华、许可、刘灿镇、颜世全、吴霁雯、张继鹏、邱振平任副组长，市直有关部门负责人为成员的孔子文化节工作领导小组。下设办公室和经贸科技、外经、宣传、旅游外宾、文艺会务、内宾接待、文物、社会“三优”、安全保卫、资金10个工作组。

7月29日 曲阜市干部作风整顿动员会议召开，市长王庆成在会上就孔子文化节工作作动员部署。

8月2日 济宁市委办公室、市政府办公室印发《2002中国曲阜国际孔子文化节总体方案》。成立由市长周齐任主任，张兆启、褚庆观、祝金焕、梁之安、张术平、许谦迎、刘宝庭、徐明珠任副主任的孔子文化节筹备委员会。该届孔子文化节由国家旅游局、山东省人民政府主办，山东省旅游局、济宁市政府、曲阜市政府承办。

8月5日 济宁市召开孔子文化节电视电话会议，市长周齐作动员讲话。在济宁市电视电话会议后，曲阜市市长王庆成就落实会议精神作具体安排。

8月15日 国家旅游局复函同意从2002年起，每年与山东省人民政府联合主办中国曲阜国际孔子文化节。

9月18～20日 华夏文化纽带工程组委会、《中国文化报》《中国教育报》在孔子研究院等地，联合主办首届华人中华文化经典诵读友谊赛，包括台湾、香港在内的全国19个地区2000余名华人参加。全国人大常委会副委员长王光英撰写《增强海内外华人文化认同感》的署名文章。

9月23～25日 中国专利信息中心、山东省科技厅、山东省知识产权局、济宁市政府联合在曲阜科技城举办第三届中国专利高新技术产品博览会。

9月25日 国际孔子文化节名家书画精品展开幕式在孔子研究院举行，展出中日国画、书法、篆刻300余幅。

9月26日 上午，东亚文化论坛开幕式在阙里宾舍举办。主题是儒家文化与“诚信”。山东省副省长林廷生、日本前首相村山富市、泰国驻华大使敦帕·马威奈、俄罗斯文化首席参赞托米欣分别致辞。济宁市市长周齐主持。

△ 晚，2002中国曲阜国际孔子文化节开幕式在杏坛剧场举行。全国人大常委会副委员长曹志宣布开幕。山东省副省长林廷生、中国旅游协会副会长佟华龄分别致辞。全国人大常委会副委员长姜春云发信致贺，全国政协副主席宋健为第三届中国专利高新技术产品博览会的成功举办发电致贺。济宁市市长周齐主持开幕式。开幕式上演出由曲阜孔子国际旅游股份有限公司与中央电视台《同一首歌》栏目联合创作的大型演唱会《千载神韵唱中华》。

△ 2002中国曲阜国际孔子文化节举行新闻发布会。

△ 国际孔子文化节两千学子硬笔书写《论语》活动正式启动，中国硬笔书法协会主席庞中华到场指导学生书写。

△ 李可染大师弟子、“1997全国百杰画家”、金陵书画院名誉院长孙茂祥在孔府西苑举办书画展。

△ 韩国儒教学术院向孔子研究院捐赠书籍协议签字仪式举行。韩国儒教学术院计划总捐赠有关儒学的书籍和资料10万本，从2002年至2007年底5年内完成。

9月26日至10月10日 举办“全国书画名家精品展”“日照市书画作品展”“全国书画名家邀请展”“杜平甫画展”；举行“孔子故里——曲阜”个性化邮票首发式；开展“三孔、两城、四山”旅游，曲阜、济宁运河文化游，曲阜、邹城孔孟文化游，曲阜、梁山东文西武游，曲阜、汶上佛教文化游，微山湖风光游等专线旅游项目；在济宁、曲阜两地举办鲁台（济宁）经贸合作恳谈会，经贸合作推介洽谈会等活动。

9月27日 孔子及儒家思想学术报告会在孔子学术会堂举行。韩国儒学研究学院院长崔根德和台湾政治大学文学院院长董金裕分别作题为《论语中孔子的经济思想》《孔门的诚信之教》的学术报告。

△ 2002 中国曲阜国际孔子文化节旅游热线推介会暨旅游合作签字仪式举行。曲阜市旅游局与济南、徐州、泰安签订旅游协议。

9月27～28日 由中国旅游报社、山东省旅游局、济宁市政府联合举办的旅游热线推介会暨旅游商品博览会在曲阜科技城会展中心开幕。该届博览会历时两天，设展台、展位300个。

9月28日 上午，纪念孔子诞辰2553年祭孔活动在孔庙举行。活动以“走近孔子，寻找智慧”为主题，增添开庙仪式、祭孔游行等礼仪程序，拉长拓宽祭孔活动的时间和空间，形成三位一体的形式，做大做活祭孔题材。

△ 鲁台（曲阜）经贸合作交流恳谈会召开。与会的中国台湾客商与曲阜市直有关部门及各乡镇（街道）主要负责人，就旅游开发、建筑建材、机电、化工医药、农产品加工等26个重点合作项目展开洽谈。

△ 由市科协和市教育局组织的百名小学生诵读《科普三字经》活动举行。

10月6日 2002 中国曲阜国际孔子文化节“走近孔子”全国摄影征文大赛作品奖在孔庙揭晓。

10月7日 第七届世界颜氏宗亲联谊大会在曲阜开幕。世界颜氏宗亲联谊大会每两年举办1次。

2003 年

8月8日 济宁市委办公室、市政府办公室印发《2003 中国曲阜国际孔子文化节总体方案》。成立由市长任主任，张兆启、赵树国、祝金焕、王云鹏、张术平、陈民任副主任的孔子文化节筹备委员会。该届孔子文化节由国家旅游局、山东省人民政府主办，山东省旅游局、济宁市人民政府、曲阜市人民政府承办。

8月12日 济宁市孔子文化节动员会议召开，市委副书记赵树国讲话。

8月14日 曲阜市委、市政府印发《关于成立2003 中国曲阜国际孔子文化节工作领导小组的通知》。成立由市长江成任组长，马书轩、郭庆海、曹方俊、韦良华、李玲、李维生、孙建国、高洪彦、刘灿镇、吴霁雯、孙友勋、张公迁、赵永和、张继鹏、邱振平、单运香、孟凡亮任副组长，市直有关部门负责人为成员的孔子文化节领导小组。下设办公室和经贸科技、外经、宣传、旅游外宾、文艺会务、内宾接待、文物、社会“三优”、安全保卫、资金10个工作组。

9月20～22日 2003 中国曲阜国际孔子文化节主要活动之一的商品展览交易会在曲阜市体育中心举办。

9月22～23日 2003 国际孔子文化节人才交流会举行。

9月23日 曲阜市国际孔子文化节经贸项目签约仪式举行。

△ 为期10天的海峡两岸文化交流书画展开幕。

9月22～24日 第四届中国专利高新技术产品博览会在孔子研究院举办，博览会首次由国家知识产权局、中国工程院和山东省人民政府联合主办。

9月23～26日 走进孔孟之乡全国百强旅行社论坛在阙里宾舍举办，论坛由山东省旅游局、济宁市政府联合主办。

9月26日 晚，2003 中国曲阜国际孔子文化节开幕式在杏坛剧场举行。全国人大常委会副委员长傅铁山宣布2003中国曲阜国际孔子文化节开幕，山东省副省长蔡秋芳致辞，山东省旅游局副局长于风贵宣读国家旅游局贺电。

△ 上午，明故城恢复建设开城仪式在万仞宫墙外举行。明故城恢复建设工程自2002年3月动工，到2003年孔子文化节前夕完成一期工程，恢复建设全长5300米的城墙。

△ 孔子故里博物馆开馆。

△ 由曲阜市旅游局、曲阜市邮政局联合发行的曲阜明故城恢复建设开城纪念封在孔子文化节明故城开城仪式上揭幕，同时启用纪念戳、邮政宣传戳各1枚。

9月26日至10月10日 举办“孔府近代礼品展”“大型当代书画作品展”“鲁风书画十人展”“海峡两岸书画名家作品展”，编纂和出版《二十世纪儒学研究大系》并举行首发式；开展专题旅游活动，曲阜市经济主管部门和企业单独举办项目集中签约和开工、竣工活动。

9月27日 尼山祭山大典仪式在尼山举行，表演《祭山乐舞》。

△ 孔子及儒家思想学术报告会举行。吉林大学教授吕绍刚、北京大学教授王守常分别作《中和与道统》《古之兵柄，本出儒术》的学术报告。

△ 2003文化产业发展论坛在曲阜旅游宾馆贵宾楼举办。由文化部、上海交通大学国家文化产业创新与发展研究基地、济宁市政府联合主办。

9月28日 上午，由中外各界人士参加的纪念孔子诞辰2554年孔庙祭孔活动在孔庙大成殿前举行。由孔庙开庙仪式、祭孔大巡游、祭孔仪式3组系列活动组成。

△ 《伟人名人与曲阜》一书出版举行首发仪式。

△ 由孔子研究院发起编纂，傅永聚、韩钟文主编的《二十世纪儒学研究大系》首发式举行。

△ 晚八时，杨钰莹大型演唱会在杏坛剧场举行。

△ 中国长城影视中心在曲阜市举办《文化巨人——孔子》巡回展活动。《文化巨人——孔子》是中国长城影视中心与曲阜市委、市政府合拍的以弘扬孔子文化为主旨的一部大型文献专题片，于2001年摄制完成，片长600分钟，共30集。

9月29日 “孔子文化艺术杯”书画大赛开幕。大赛吸引国内及日本、韩国等众多书画名家参赛，参赛作品100余幅。

△ 首届当代中国人物、山水、花鸟山东邀请展在曲阜金龙阁开展，27名画家的100余幅作品参展。

2004年

年初 为纪念孔子诞辰2555年，国家旅游局确定将世界旅游日中国主会场庆祝活动设在曲阜，其开幕式与孔子文化节开幕式一并举行。

3月22日 中共中央总书记胡锦涛在《关于在山东省济宁市建设“中华文化标志城”以增强中华民族文化凝聚力的建议报告》上作出重要批示。指出，弘扬中华民族优秀传统文化是一件具有深远历史意义的大事。有关工程建设，应着眼长远，统筹规划，量力而行，精心实施。

4月 山东省人民政府、济宁市人民政府通过中国联合国教科文组织全国委员会向联合国教科文组织申请设立的联合国教科文组织“孔子奖”，主要奖励世界上在教育、文化、哲学等方面做出突出贡献的人物。“孔子奖”申报工作进入联合国教科文组织的程序。

6月 济宁市节会活动办公室成立，为县处级全额预算管理事业单位，主要负责孔子文化节等重大活动的组织协调和实施工作。至此，曲阜市由为主承办逐渐转入协调配合。

8月15日 济宁市委办公室、市政府办公室印发《2004中国曲阜国际孔子文化节总体方案》。成立由市长任主任，张兆启、赵树国、祝金焕、王云鹏、梁之安、魏玉东、陈民、贾丽建、江成任副主任的2004中国曲阜国际孔子文化节组织委员会。该届孔子文化节由国家旅游局、山东省人民政府主办，山东省旅游局、济宁市人民政府、曲阜市人民政府承办。

8月16日 济宁市召开孔子文化节动员会议。

9月11日 根据济宁市总体方案要求，曲阜市制订《2004中国曲阜国际孔子文化节暨世界旅游日中国主会场庆祝活动工作方案》。成立由市长江成任组长，马书轩、郭庆海、邵明川、韦良华、李玲、李维生、孙建国、高洪彦、王鸣放、刘灿镇、吴霁雯、孙友勋、张公迁、赵永和、张继鹏、张连坡、邱振平、单运香、孟凡亮任副组长的曲阜工作领导小组。下设办公室和开幕式、旅游外宾、纪念与学术、孔氏颜氏宗亲寻根祭圣活动、经贸科技、外经、宣传、文化活动、接待、社会“三优”、秸秆禁烧、安全保卫、资金13个工作组。

9月21～23日 由国家知识产权局、中国工程院、山东省人民政府主办的第五届中国专利高新技术产品博览会和中国工程院院士与济宁市人民政府第三次合作会议在曲阜科技城会展中心举办。

9月26日 晚，2004中国曲阜国际孔子文化节暨世界旅游日中国主会场庆祝活动开幕式在杏坛剧场举行。全国人大常委会原副委员长王汉斌宣布2004中国曲阜国际孔子文化节暨世界旅游日中国主会场庆祝活动开幕；全国政协港澳台侨委员会副主任张伟超传达胡锦涛总书记关于济宁市建设“中华文化标志城”重要批示精神；中国联合国教科文组织全国委员会秘书处秘书长田小刚宣读关于支持济宁市向联合国教科文组织申报设立国际“孔子奖”的决定；山东省副省长孙守璞致辞；国家旅游局副局长顾朝曦讲话。全国人大常委会原委员长万里，国务院原副总理田纪云，中央政治局原常委、国务院原副总理李岚清，全国人大常委会副委员长许嘉璐，全国政协原副主席谷牧分别致电、致信祝贺。

9月26日至10月10日 举办“首届韩国安东美术作品展”“孔子杯全国当代书画家作品邀请展”“纪念孔子诞辰2555年儒家文化书画展”“绘事后素—齐鲁名家翰墨精华展”“儒雅风韵四人展”“白光书法篆刻艺术展”“亚圣后裔孟凡书画展”；举办世界思想家巅峰论坛；举办圣地之旅首游式，推出孔府家工业旅游、九仙山农业观光游，在石门山景区举办大型风筝艺术展和大型歌舞表演、武术表演；举办孔孟颜曾圣裔恳亲联谊活动，中外知名企业联谊及经贸恳谈会等。

9月27日 孔子学术会堂邀请香港孔教学院院长汤恩佳和台湾佛光大学校长龚鹏程分别作题为《发展孔教儒学是国家的当务之急》《生活中的儒学》的学术报告。

9 月 27 日至 10 月 7 日 开展世界旅游日中国主会场系列庆祝活动。9 月 27 日上午，在万仞宫墙外举行明故城开城仪式，拉开世界旅游日系列庆祝活动的帷幕。齐鲁文化旅游博览会、明故城城墙上的太极功夫扇表演、论语诵读、书法绘画表演、戏剧票友表演、象棋赛、太极拳、健身扇表演等一系列的文化旅游活动渐次展开，主要活动持续至 10 月 7 日。

9 月 28 日 上午，纪念孔子诞辰 2555 年祭孔大典在孔庙大成殿前举行。祭孔大典由曲阜市市长江成恭读孔子诞辰 2555 年祭文。曲阜市人大、政府、政协，曲阜师范大学，孔子研究院以及曲阜市直有关部门的负责人依次向孔子像敬献花篮并祭拜。这是自新中国成立以来和孔子文化节创办 20 年来，首次由地方政府组织的公祭活动，在海内外引起热烈反响。

2005 年

7 月 27 日 曲阜市政府召开市长办公会议，研究孔子文化节筹备、第六届专利高新技术博览会筹备等工作。

7 月 28 日 2005 中国曲阜国际孔子文化节祭孔活动座谈会议召开，济宁、曲阜两级市领导出席。

8 月 5 日 济宁市委办公室、市政府办公室印发《2005 中国曲阜国际孔子文化节总体方案》。成立由市长任主任，张兆启、赵树国、祝金焕、王云鹏、张术平、魏玉东、陈民、陈颖、贾丽建任副主任的孔子文化节组织委员会。该届孔子文化节由联合国教科文组织、国家旅游局、中华民族文化促进会、国际儒联、华夏文化纽带工程组委会、山东省人民政府主办，山东省旅游局、济宁市人民政府、曲阜市人民政府承办。

8 月 9 日 济宁市召开孔子文化节动员会议，市委副书记赵树国讲话。

8 月 22 日 曲阜市制订《2005 中国曲阜国际孔子文化节曲阜工作方案》。成立由市长江成任组长，马书轩、郭庆海、解红日、韦良华、李玲、李维生、王鸣放、刘灿镇、吴霁雯、孙友勋、张公迁、赵永和、张继鹏、张连坡、张东伟、邱振平、单运香、孟凡亮任副组长的孔子文化节曲阜工作领导小组。下设办公室和开幕式、全球联合祭孔活动、旅游外宾、孔氏颜氏宗亲寻根祭圣活动、经贸科技、外经、宣传、电视转播、文化艺术与学术活动、接待、社会“三优”、秸秆禁烧、安全保卫、资金 14 个工作组。

8 月 29 日 曲阜市召开 2005 中国曲阜国际孔子文化节动员会议，市长江成讲话。

9 月 21 ～ 23 日 第六届中国专利高新技术产品博览会暨中国工程院院士与济宁市政府第四次合作会议在孔子研究院等地举办。由国家知识产权局、中国工程院、山东省政府主办，中国专利信息中心、山东省科技厅、山东省知识产权局和济宁市政府承办，曲阜市组织人员参加。

9 月 23 ～ 25 日 由山东省旅游局、济宁市人民政府主办的孔孟之乡国际旅游目的地营销及旅游项目推介会在杏坛宾馆举办，曲阜组织人员参加。

9 月 25 日 2005 中国曲阜国际孔子文化节大型文艺晚会在曲阜市杏坛剧场举行。

△ 2005 中国曲阜国际孔子文化节重点项目签约、开工、竣工仪式在曲阜市举行。

9 月 25 ～ 26 日 由清华科技园、中国国际跨国公司研究会、中国经济研究院、韩国中国经济新闻社、济宁市政府主办的第二届中外企业高层论坛及经贸恳谈会在曲阜国宾馆举办，曲阜组织人员参加。

9月26日 晚，2005中国曲阜国际孔子文化节开幕式在杏坛剧场举行。全国人大常委会原副委员长王光英宣布2005中国曲阜国际孔子文化节开幕；联合国教科文组织驻北京办事处代表青岛泰之、山东省副省长张昭福、中国旅游协会常务副会长林山分别致辞。

△ 明故城博物馆开馆仪式在明故城南门举行。

△ 世界孔子后裔联谊总会暨第一次代表大会在曲阜市召开。

△ 儒风——纪念孔子诞辰2556年全国书画作品展开幕剪彩仪式举行。

△ 2005中国曲阜国际孔子文化节新闻发布会举行。

9月26日至10月10日 举办“大成杯数码摄影展”“和谐风——纪念孔子诞辰2556年曲阜书画名家作品邀请展”“放情山水——李雨阳画展”，孔子故里博物馆城内系列展览；举行“走近孔子、聚焦圣城”国际摄影大赛开拍仪式；开展专题旅游和专线旅游；除参加济宁市统一组织的活动外，曲阜市单独举办孔颜圣裔联谊及经贸恳谈活动，举行项目集中签约仪式等。

9月27日 孔子学术会堂邀请中国社科院朱凤瀚教授、山东大学蔡德贵教授分别作题为《从西周之德到孔子之德》《儒学面临的困境及出路》的学术报告。

△ 大型电视文献专题片《文化巨人——孔子》海内外公开发行仪式举行。

△ 纪念曾子诞辰2510年全国书画大奖赛精品展举行。

9月28日 上午，2005全球联合祭孔曲阜孔庙祭孔大典在孔庙举行。公祭仪式由济宁市政协主席王润廷主持，叶选平、王光英、高占祥及社会各界人士代表、国际友人、海外人士代表，山东省、济宁市、曲阜市各界群众代表，全国教师代表、学生代表，全国企业家代表，孔孟颜曾后裔代表依次向孔子像敬献花篮，行三鞠躬礼。曲阜市市长江成恭读祭文。全球联合祭孔大典除曲阜、上海、浙江衢州、云南建水、甘肃威武、中国香港、中国台北同时祭孔外，韩国首尔、日本足利、新加坡韮菜芭、美国旧金山、德国科隆等地30多座孔庙同时举行不同形式的祭孔活动，并由中央电视台现场直播和连线报道。

9月29日 联合国教科文组织第172次执行局会议和第34届大会通过决议，自2006年起，以中国政府名义设立“孔子教育奖”。主要表彰教育领域特别是农村教育和扫盲领域、妇女儿童教育领域取得突出成就的政府机构、非政府组织和具有杰出贡献的个人。该奖项每年颁发一次，评出两个获奖组织或个人。

△ 欧亚城乡合作计划国际学术交流会议在阙里宾舍举办。

10月20日 英国吉尼斯世界纪录有限公司在法兰克福宣布，中国的孔子家谱被认定为目前世界上最长的家谱。吉尼斯世界纪录有限公司总裁向曲阜市文物管理委员会代表颁发孔子家谱的吉尼斯世界纪录证书。

11月29日 中国曲阜国际孔子文化节被国际节庆协会评为“中国最具国际影响力十大节庆活动”之一。

11月30日 联合国教科文组织“孔子教育奖”发布会在北京举行。

2006 年

4 月 5 日 曲阜市首次在孔林举行盛大仪式祭祀孔子。

4 月 8 日 曲阜孔子后裔联谊会成立大会在曲阜召开。

6 月 11 日 国务院发出《国务院关于公布第一批国家级非物质文化遗产名录的通知》，曲阜市“祭孔大典”被列入第一批国家级非物质文化遗产名录（民俗类）。

6 月 16 日 济宁市委办公室、市政府办公室印发《2006 中国曲阜国际孔子文化节招商引资工作方案》。

6 月 19 日 “孔子像回家乡”活动欢迎仪式在杏坛剧场举行。

6 月 27 日 济宁市委办公室、市政府办公室印发《2006 中国曲阜国际孔子文化节总体方案》。成立由市长任主任，赵树国、张振川、祝金焕、王云鹏、张术平、步士金、陈民、陈颖、韩军、段修龙、贾丽建任副主任的 2006 孔子文化节组织委员会。该届孔子文化节由联合国教科文组织、国家旅游局、国家广播电视局、山东省人民政府、中国孔子基金会、中华民族文化促进会、国际儒联联合主办，山东省旅游局、文化厅、广播电视厅、济宁市人民政府、曲阜市人民政府承办。

6 月 28 日 济宁市召开孔子文化节动员会议。

7 月 11 日 首届曲阜孔子修学旅游节开幕式举行。

7 月 21 日 2006 中国曲阜孔子文化节筹备暨曲阜市明故城（三孔）景区创建 5A 级景区项目建设工作调度会议召开。

8 月 16 日 2006 中国曲阜国际孔子文化节新闻发布会在北京人民大会堂湖北厅召开。济宁市委副书记赵树国，济宁市委常委、宣传部部长祝金焕出席会议，济宁市副市长陈民致发布辞。发布会上向山东籍著名影视表演艺术家唐国强颁发该届孔子文化节形象大使证书。

8 月 28 日 曲阜市印发《2006 中国曲阜国际孔子文化节曲阜活动方案》。成立由市长江成任组长，马书轩、郭庆海、曹方俊、韦良华、李玲、王鸣放、刘灿镇、吴霁雯、孙友勋、张公迁、赵永和、张继鹏、张连坡、李建伟、韩益、邱振平、单运香、袁明任副组长的 2006 中国曲阜国际孔子文化节曲阜工作领导小组。下设办公室和孔子教育奖颁奖仪式与孔子文化节开幕式、海峡两岸同祭孔、旅游外宾、孔氏颜氏宗亲寻根祭圣活动、经贸科技、外经、宣传、文化艺术与学术活动、接待、社会“三优”、电视转播、秸秆禁烧、安全保卫、资金 14 个工作组。

9 月 15～17 日 2006 国际孔子文化节文化旅游商品博览会暨孔子商贸城杯旅游商品创新设计大赛在曲阜国际商贸城举办。由山东省旅游局、济宁市政府主办，山东省旅游商品开发服务中心、济宁市旅游局、曲阜市政府承办。

9 月 20～22 日 第七届中国专利高新技术产品博览会暨中国工程院院士与济宁市政府第五次合作会议在曲阜科技城举办。由国家知识产权局、中国工程院、山东省政府主办，中国专利信息中心、山东省科技厅、山东省知识产权局、济宁市政府承办，曲阜组织人员参加。由山东省政协教科文卫委、济宁市政协、曲阜市政协联合主办的“中国巧圣鲁班文化展”同时开展。

9月22日 历史文化名城保护与发展研讨会在阙里宾舍举办。研讨会由曲阜市政府、法国雷恩市政府、西班牙圣地亚哥市政府、济宁市规划局主办。

△ 2006中国曲阜国际孔子文化节祭孔大典取圣土圣水仪式，在尼山夫子洞前举行。

9月23日 首届联合国教科文组织“孔子教育奖”颁奖典礼新闻发布会暨纪念邮资封首发式在曲阜市阙里宾舍举行。

△ 联合国教科文组织“孔子教育奖”奖章图案确定。该奖章为纯银质奖章，正面为孔子像，背面为曲阜孔庙大成殿，直径为9.28厘米，寓意9月28日孔子诞辰日。

△ 首届联合国教科文组织“孔子教育奖”颁奖典礼在孔子六艺城六艺大剧院举行。山东省政协副主席王久祜主持，联合国教科文组织代表、副教育助理总干事唐虔宣布联合国教科文组织表彰“孔子教育奖”获奖者决定并致辞；全国政协副主席王忠禹和唐虔向获奖代表颁奖；教育部副部长、联合国教科文组织执行局主席章新胜，山东省副省长李玉妹先后致辞；山东省、济宁市、曲阜市的领导分别向获奖代表赠送纪念品；孔子75代孙、钢琴演奏家孔祥东现场演奏中国名曲《黄河》。

9月24日 2006中国曲阜国际孔子文化节招商引资项目签约仪式举行。

△ 曲阜市委副书记、市长江成会见“孔子友谊奖”获奖专家埃克博士。

9月25～28日 孔颜圣裔宗亲联谊活动在曲阜国际饭店举行。

9月26日 晚，2006中国曲阜国际孔子文化节暨两岸孔子文化交流周大型活动开幕式在杏坛剧场举行。全国政协副主席周铁农宣布2006中国曲阜国际孔子文化节暨两岸孔子文化交流周大型活动开幕。山东省副省长张昭福，国务院台湾事务办公室副主任、海协会副会长王在希，国家旅游局副局长杜一力，中国国民党祭孔（文化）参访团团长、中国国民党原副主席林澄枝，华夏文化纽带工程组委会执行委员会常务副主任李靖先后致辞。国家汉语国际推广领导小组办公室、深圳桑达电子集团有限公司分别致电祝贺。演出由中央电视台和北京和谐盛世文化发展有限公司联合创意制作的文艺节目《和之韵》。

△ 世界孔子后裔联谊总会（2006）年会扩大会议在市机关会议中心召开，世界孔子后裔联谊总会会长孔德墉出席会议并讲话。

△ 曲阜中国状元文化博物馆开馆仪式举行。

9月26～27日 第三届中外企业经贸合作恳谈会在曲阜迎宾馆举办。恳谈会由中国国际跨国公司研究会、中国经济研究院、济宁市政府主办，曲阜组织人员参加。

9月26日至10月10日 举办旅游商品创新设计大赛精品展、孔子杯山东省收藏家协会藏品展、中国状元文化博物馆藏品展、巧圣鲁班文化展、齐鲁“三人行”书画展；成立孔子书院。孔子学术会堂邀请孔子书院顾问刘启林、刘庆俄分别作学术报告等。

9月27日 第二届“走近孔子”国际摄影大奖赛暨中外摄影家“相聚圣城”摄影展开幕式在曲阜市举行。

9月28日 上午，2006“同根一脉，两岸祭孔”曲阜孔庙公祭孔子大典在孔庙举行。祭孔大典分为取土取水、朝圣之路、迎土迎水和开城、开庙、公祭、家祭6个部分。上午9时，在明故城正南门外，来自海峡两岸的代表将孔子出生地尼山的圣土、中华文化标志城所在地九龙山的土和台湾原住民祭孔代表团从阿里山日月潭边取的土融为一体。中国国民党中央评议委员会主席团主席林澄枝向曲阜孔庙赠送台北孔庙珍藏的祭器复制件，曲阜市市长江成代表曲阜市接受祭器复制件。公祭仪式由山东省人大常委会副主任朱正昌主持，全国政协副主席周铁农，海协会副会长王在希，山东省政协副主席周鸿兴，中国国民党祭孔文化参访团，台湾孔孟学会参访团，四川五粮液集团代表，孔氏后裔代表，中华儒商代表，山东省、济宁市、曲阜市的领导，优秀教师代表等在八佾乐舞伴奏下依次向孔子像敬献花篮、行三鞠躬礼。曲阜市市长江成恭读祭文。与此同时，台北孔庙祭孔大典由中国国民党主席马英九主持，马英九代表台北孔庙接受曲阜孔庙赠送的商周祭器复制件。

9 月 29 日　首届孔子后裔古今书画展在曲阜市文化馆举行。

9 月 30 日　中共中央政治局常委李长春作出批示："祭孔子和祭黄帝陵可与对台工作相结合，和传统文化的弘扬相结合，和团结、凝聚海内外同胞相结合，每年都要好好策划一下，取得最佳的社会效益"。

10 月 10 日　王学仲艺术作品捐赠暨王学仲画馆开馆仪式在曲阜市举行。

11 月 29 日　在第二届中国产业年会上，中国曲阜国际孔子文化节入选"2006 年度中国十大节庆"和"2006 年度中国十大人物类节庆"，这是继 2005 年被评为中国最具国际影响力十大节庆活动后再次获得的殊荣。

2007 年

年初　中国（曲阜）国际孔子文化节首次升格为山东省人民政府、文化部、教育部、国家旅游局、中华全国归国华侨联合会主办。

5 月 24 日　济宁市委副书记赵树国在曲阜市主持召开现场办公会议，专题研究孔子文化节筹备及中华文化标志城规划建设工作。

7 月 9 日　曲阜市委副书记、市长刘森主持召开市长办公会议，安排孔子文化节各项准备工作。

7 月 16 日　2007 曲阜孔子修学旅游节开幕。

7 月 28 日　山东省副省长才利民在济宁市委副书记、市长张振川，市委副书记赵树国等陪同下，到曲阜市检查孔子文化节筹备工作进展情况。

8 月 8 日　济宁市孔子文化节动员会议召开，市长张振川讲话。

△　济宁市委办公室、市政府办公室印发《2007 中国（曲阜）国际孔子文化节筹备工作实施方案》。成立由市委书记孙守刚任主任，张振川、张树国任副主任，张术平、崔洪刚、步士金、陈民、刘成文、张开朗、殷允岭、陈颖、韩军、段修龙、贾丽建、李春兴、朱庆安、刘森为成员的孔子文化节执行委员会。

8 月 9 日　曲阜市委办公室、市政府办公室印发《2007 中国（曲阜）国际孔子文化节曲阜工作方案》。成立由市委书记朱庆安任组长，市长刘森和副书记郭庆海任副组长，李玲、李维生、孔令玉、王骁、王鸣放、刘灿镇、吴霁雯、张公迁、赵永和、刘秀广、韦挺、李建伟、邱振平、李广俊、荣民、单运香、袁明为成员的孔子文化节曲阜工作领导小组。下设综合协调、台商孔子故里行暨经贸活动、宣传、电视直播、接待、招商、文化教育科技、迎北京奥运游孔孟之乡国际旅游推介会筹备、场地建设环境优化、秸秆禁烧、安全保卫、资金保障 12 个工作组。

△ 曲阜市委副书记、市长刘森主持召开市长办公会议，专题研究孔子文化节筹备工作。

8 月 10 日 曲阜市孔子文化节动员会议召开，市长刘森讲话。

8 月 23 日 2007 中国（曲阜）国际孔子文化节新闻发布会在国务院新闻办新闻发布厅举行。中国艺术研究院院长王文章，济宁市委副书记、市长张振川，市委副书记赵树国出席并答记者问，省委宣传部副部长、省政府新闻发言人刘保聚主持，济宁市委常委、宣传部部长刘成文，市政府秘书长蒙建华出席。

8 月 31 日 山东省人民政府办公厅印发《2007 中国（曲阜）国际孔子文化节总体方案》。成立由山东省委书记李建国，文化部部长孙家正，国家旅游局局长邵琪伟，中华全国归国华侨联合会主席林兆枢任名誉主任；山东省代省长姜大明，文化部副部长孟晓驷，教育部副部长章新胜，国家旅游局副局长杜江，中华全国归国华侨联合会副主席李本均任主任；山东省副省长才利民任副主任的 2007 中国（曲阜）国际孔子文化节组委会。

9 月 6 日 2007 中国（曲阜）国际孔子文化节筹备工作调度会议召开，济宁、曲阜两级市领导出席。

9 月 20 ～ 23 日 第二届两岸孔子文化交流周暨台商孔子故里行活动在阙里宾舍等地举办。曲阜市单独组织对台经贸项目合作洽谈会等活动。

9 月 25 日 应哈尔滨文庙（黑龙江省民族博物馆）请求，曲阜市在孔子出生地尼山夫子洞前采集“圣土、圣水”，并由专人乘机护送至哈尔滨。哈尔滨文庙在太平国际机场举行“喜迎孔子故乡圣土圣水”仪式。

9 月 26 日 孔子及儒家思想学术报告会在孔子学术会堂举行。美国夏威夷大学哲学系教授成中英和中国周易学会会长、山东大学教授刘大钧分别作题为《儒家伦理的全球化与人类持续发展》《周易浅述》的学术报告。

△ 首届儒家文化国际视觉大展开幕式暨颁奖仪式在孔子研究院举行。

△ 2007 中国（曲阜）国际孔子文化节“迎北京奥运游孔孟之乡”旅游推介会暨奥运济宁行活动在曲阜、济宁等地举办。

9 月 27 日 下午，联合国教科文组织“孔子教育奖”颁奖典礼在孔子研究院举行。联合国教科文组织代表青岛泰之宣布联合国教科文组织表彰“孔子教育奖”获奖者决定，教育部副部长李卫红等致辞。全国政协副主席罗豪才、山东省代省长姜大明向获奖者颁奖，曲阜市领导朱庆安、刘森向获奖者赠送纪念品。钢琴演奏家孔祥东现场演奏《孔子颂》等中国和世界名曲。

△ 山东省委书记李建国，省委副书记、代省长姜大明在曲阜分别会见参加文化节活动的主要贵宾。

△ 晚，2007 中国（曲阜）国际孔子文化节开幕式在曲阜体育场举行。开幕式由山东省副省长才利民主持，全国政协副主席罗豪才宣布 2007 中国（曲阜）国际孔子文化节开幕。山东省代省长姜大明，文化部副部长周和平，教育部副部长李卫红，国家旅游局副局长王志发，中华全国归国华侨联合会主席林兆枢先后致辞。开幕式上演出《中华情》栏目组承办的《国风和颂》大型文艺晚会。

9月27～28日 世界儒学大会发起国际会议在孔子研究院举行，来自12个国家和地区的55家儒学研究机构代表和中外学者97人参加会议。会议通过《世界儒学大会发起宣言（草案）》和《世界儒学大会章程（草案）》。决定从2008年起，每年在孔子故里曲阜举行一次世界儒学大会。

9月27～30日 举办“孔子与世界——艺术中国书画慈善大展”“儒文化艺术精品展”“名家书画奇石展”“海峡两岸书画名家祭孔交流展”“第三届走近孔子国际摄影大赛作品展”“高润森书画艺术展”“首届儒家文化国际视觉设计大展”；开展专题旅游和专线旅游活动；曲阜市有关企业利用孔子文化节这一平台开展不同规模的产品订货、企业客户联谊、经贸洽谈活动。

9月28日 上午，祭孔大典在孔庙举行。上午9时，明故城正南门外，由一名孔子后裔少年点燃中华圣火开始，依次进行开城、开庙、公祭活动。全国政协副主席罗豪才，山东省委书记李建国，省委副书记、代省长姜大明，省人大常委会副主任朱正昌，中国侨联主席林兆枢以及文化部、教育部、国家旅游局和国家知识产权局领导，澳门特首何厚铧代表，“两院”院士代表，华人华侨代表，国外经贸旅游团体贵宾代表，海内外儒学研究机构代表，孔孟颜曾后裔代表，济宁市、曲阜市领导依次向孔子像敬献花篮，行三鞠躬礼。代省长姜大明恭读祭文。

△ 2007中国（曲阜）国际孔子文化节曲阜国际儒商联合会筹备会议暨诚信兴商与儒家思想学术研讨会召开。

△ 首届孔子尼山教育基金颁发仪式在孔庙大成殿举行。

9月28～30日 第八届中国专利高新技术产品博览会暨中国工程院院士与济宁市政府第六次合作会议在曲阜科技城举办。活动由国家知识产权局、中国工程院和山东省人民政府主办。

10月3～10日 曲阜市组织200余人的祭孔队伍赴香港参加“庆祝香港回归10周年暨孔子诞辰2558年”系列活动，献演《祭孔乐舞》。香港各界人士4万人观看祭孔表演，香港无线电视台进行实况转播。

10月14日 由曲阜市人民政府、济宁市节会办联合举办的2007中国（曲阜）国际孔子文化节——孔子棋艺文化周联谊赛开幕式在曲阜市举行。

12月7日 中国（曲阜）国际孔子文化节被第三届中国节庆产业年会评为“2007年中国节庆产业十大影响力节庆”和“2007年中国节庆产业十大人物类节庆”。

2008年

4月6日 曲阜市首次春季祭孔大典在孔庙举行。省旅游局局长于冲，曲阜市领导朱庆安、刘森、马书轩、孔令玉、杨朝明，香港孔教学院院长汤恩佳，韩国孟子学会会长赵俊河，孔子后裔代表孔德班等敬献花篮。

6月22日 2008中国（曲阜）国际孔子文化节新闻中心启动仪式举行，济宁、曲阜两级市领导张术平、刘成文、刘森、杨凤东出席。

△ 济宁、曲阜两级市领导张术平、刘成文、刘森、杨凤东等在阙里宾舍会客厅会见“孔子文化节杯”中韩围棋泰斗赛对阵选手聂卫平、徐奉洙一行。

6 月 23 日 “孔子文化节杯”中韩围棋泰斗对抗赛在曲阜举行，济宁、曲阜两级市领导刘成文、杨凤东为获奖选手颁奖。

7 月 23 日 济宁市委办公室、市政府办公室印发《2008 中国（曲阜）国际孔子文化节筹备工作实施方案》。成立由市委书记孙守刚、市长张振川任主任，市委副书记张术平任常务副主任，崔洪刚、刘成文、陈颖、王次忠任副主任的孔子文化节组委会济宁市执委会。

△ 济宁市委办公室、市政府办公室印发《第九届中国专利高新技术产品博览会实施方案》。

7 月 24 日 济宁市孔子文化节筹备工作动员大会召开，市长张振川作动员讲话。

8 月 10 日 济宁市委书记孙守刚到曲阜市调研指导孔子文化节筹备工作，济宁、曲阜两级市领导张术平、刘成文、陈颖、朱庆安、刘森、杨凤东、王骁、刘秀广、褚福梅等陪同。

8 月 11 日 曲阜市委办公室、市政府办公室印发《2008 中国（曲阜）国际孔子文化节曲阜活动方案》。成立由市委书记朱庆安、市长刘森任组长，郭庆海、马培国、李玲、杨凤东、齐建新、李维生、孔令玉、王骁、王志泉、王鸣放、张公迁、赵永和、刘秀广、褚福梅、张彦喜、韦挺任副组长，市直有关部门负责人为成员的孔子文化节曲阜筹备工作领导小组。下设综合协调、宣传、电视直播、接待、招商、文化科技、场地建设环境优化、秸秆禁烧、稳定安全保卫、资金保障 10 个工作组。

8 月 12 日 曲阜市孔子文化节动员大会召开，曲阜市委副书记、市长刘森讲话。

8 月 20 日 山东省委常委、宣传部部长李群到曲阜市调研指导孔子文化节筹备工作，济宁、曲阜两级市领导孙守刚、赵树国、张术平、刘成文、朱庆安、刘森、李玲、杨凤东陪同。

8 月 31 日 孔子文化会展中心一期工程建设完成。该中心是省政府重点工程、济宁市重点项目。项目占地 19 公顷，建筑面积 12.9 万平方米。一期工程完成建筑面积 9.1 万平方米，投资 7.5 亿元，从 2007 年 12 月 9 日开工奠基到 2008 年 8 月 31 日竣工交付使用，历时 8 个月。

9 月 1 日 曲阜市委副书记、市长刘森主持召开市长办公会议，安排部署孔子文化节筹备等工作。

9 月 2 日 曲阜市召开 2008 中国（曲阜）国际孔子文化节筹备工作调度会议，市领导郭庆海、杨凤东、齐建新、李维生、张公迁、赵永和、褚福梅等出席。

9 月 10 日 省委副书记、省长姜大明先后到曲阜市大成桥、孔子文化会展中心检查孔子文化节筹备工作，济宁、曲阜两级市领导崔洪刚、陈民、朱庆安、杨凤东、王骁等陪同。

△ 曲阜市中秋小长假、孔子文化节、“十一”黄金周旅游秩序整顿动员会议召开。

9 月 22 ～ 24 日 第九届中国专利高新技术产品博览会和 2008 山东文化产业博览会（济宁会场）在曲阜孔子文化会展中心举办。其中，高博会由国家知识产权局、中国工程院、山东省政府主办，文博会由山东省政府主办。

9 月 25 日 2008 国际孔子文化节招商引资项目集中签约仪式举行。曲阜银座物流、城市生活垃圾发电、锂动力电池生产等 5 个项目集中签约。曲阜市领导朱庆安、刘森、郭庆海、杨凤东、齐建新、孔令玉、王骁、张公迁、颜世全和山东银座集团有限公司总经理王志强、济宁无界科技有限公司董事长蒋永乐等投资方代表出席。

9月26日 山东省委常委、宣传部部长李群到孔子文化会展中心视察2008山东文博会济宁会场开展情况，省文化厅厅长杜昌文，省委宣传部副部长、2008山东文博会组委会办公室主任徐向红，济宁、曲阜两级市领导张术平、刘成文、刘森、李玲、杨凤东陪同。

△ 首届孔子书画艺术（产业）博览会开幕，中国艺术研究院教授李一，山东省文化厅副厅长李国琳，济宁市文化局副局长齐振龙，曲阜市领导朱庆安、刘森、马书轩、杨凤东、齐建新、李维生、王骁出席开幕仪式。

△ 曲阜市政协副主席杨朝明就孔子祭祀的相关学理问题接受中国国际广播电台记者采访。

9月26～31日 曲阜市2008中国（曲阜）国际孔子文化节孔子文化商品交易会在孔子商贸城举办。

9月27日 晚，2008中国（曲阜）国际孔子文化节开幕式暨第三届"孔子教育奖"颁奖典礼在孔子文化会展中心举行。全国人大常委会副委员长蒋树声宣布2008中国（曲阜）国际孔子文化节开幕。山东省省长姜大明、文化部副部长周和平先后致辞；联合国教科文组织北京办事处代表代办毕斯塔宣读"孔子教育奖"获奖名单。全国人大常委会原副委员长许嘉璐等向获奖者颁发证书，教育部部长助理杨周复、济宁市委书记孙守刚向获奖者赠送纪念品。书画家范曾向山东人民赠送自己创作的国画孔子像，山东省委常委、宣传部部长李群接受孔子画像。开幕式上演出大型原创剧目《孔圣九章》。

△ 由亚洲会展节事财富论坛和中国城市经济学会、新华网、中国节庆联合会主办的"改革开放30年影响中国节庆产业进程30节、30人"颁奖盛典上，中国（曲阜）国际孔子文化节入选改革开放30年"影响中国节庆产业进程30节"。

9月27～29日 由文化部、山东省政府主办的首届世界儒学大会在孔子研究院举办，来自22个国家和地区的86个儒学研究机构的172位专家参加大会。大会通过会议主席团成员名单，决定将大会秘书处设在曲阜孔子研究院。

△ 孔子与旅游论坛在阙里宾舍等地举办。

9月27～30日 举办"走近孔子国际摄影大奖赛系列展览""孔子书画艺术产业博览会展"；开展专题旅游和专线旅游活动；举办招商引资项目集中签约等经济活动。孔子学术会堂邀请澳大利亚学者李瑞智和重庆西南政法大学教授蒋庆分别作题为《儒学的当代意义》《复兴儒学的两大传统》的学术报告。

9月28日 上午，戊子年公祭孔子大典在孔庙举行。祭孔大典突出仁者爱人、自强不息的民族精神，分主题揭幕、开庙仪式、论语诵读、公祭等部分。省长姜大明恭读祭文。全国人大常委会原副委员长许嘉璐，山东省省长姜大明，省人大常委会副主任高新亭，省委常委、宣传部部长李群，文化部副部长周和平，国家旅游局副局长杜江，"孔子教育奖"获奖代表，日本前政要武村正义，瑞典于默市民主社会党市委书记玛丽·路易斯，著名书画家范曾，世界孔子后裔联合总会会长孔德墉，世界曾氏宗亲联合总会副会长曾昱以及济宁市、曲阜市领导等依次向孔子像敬献花篮。

△ 尼山文化论坛国际筹备会议在济宁举行。

9月29日 晚，山东（国际）文化产业博览会闭幕式在孔子文化会展中心剧场举行。

11月15日 在2008中国节庆高峰论坛上，中国（曲阜）国际孔子文化节荣获“2008中国十大国际性节庆暨改革开放30年·中国节庆杰出典范奖”和“2008中国十大最具魅力节庆奖”。

2009年

4月4日 己丑年曲阜春季祭孔大典在尼山孔庙举行。北京大学副校长张国有，国家文物局原局长张文斌，联合国教科文组织北京办事处文化遗产保护专员杜晓帆，省旅游局局长于冲，省文物局副局长由少平，曲阜市领导朱庆安、刘森、马书轩、杨凤东等出席。市委副书记、市长刘森恭读祭文，市委常委、副市长杨凤东主持。

7月20日 济宁市委办公室、市政府办公室印发《2009中国（曲阜）国际孔子文化节筹备工作实施方案》。成立由市委书记孙守刚、市长张振川任主任，市委副书记张术平任常务副主任，崔洪刚、步士金、陈民、刘成文、张开朗、江成任副主任的孔子文化节组委会济宁市执委会。

7月21日 济宁市孔子文化节动员大会召开，市长张振川作动员讲话。

8月12日 曲阜市孔子文化节动员暨工作调度会议召开，市长刘森主持并讲话。

8月19日 曲阜市委办公室、市政府办公室印发《2009中国（曲阜）国际孔子文化节曲阜活动方案》。成立由市委书记朱庆安、市长刘森任组长，郭庆海、马培国、李玲、杨凤东、齐建新、李维生、孔令玉、王骁、王志泉、王鸣放、张公迁、赵永和、刘秀广、张彦喜、韦挺任副组长，市直有关部门负责人为成员的孔子文化节曲阜筹备工作领导小组。下设综合协调暨重点活动筹备、宣传、电视直播、接待、招商、文化旅游、场地建设环境优化、稳定安全保卫、资金保障9个工作组。

9月13日 2009中国（曲阜）国际孔子文化节指挥部调度会召开，济宁、曲阜两级市领导张术平、刘成文、刘森、李玲、李维生出席。

9月22～28日 国际儒联、中国孔子基金会、联合国教科文组织联合在北京人民大会堂举办纪念孔子诞辰2560年国际学术研讨会。邀请济宁市委副书记张术平，济宁市孔子文化节办公室主任潘献华，曲阜市市长刘森作为孔子故乡代表参加。

9月23日 济宁市委书记、市人大常委会主任孙守刚到曲阜市检查孔子文化节筹备工作，济宁、曲阜两级市领导张术平、步士金、刘成文、杨凤东陪同。

9月24日 上午，孔子世家谱续修颁谱典礼在孔庙大成殿前举行。济宁市政协主席赵树国主持。祭孔八佾乐舞、三献礼等传统祭祀仪式后，山东省政协副主席齐乃贵，山东省华夏文化促进会会长王修智，济宁市政协主席赵树国，曲阜市委书记朱庆安，中国台湾“中华文化复兴运动总会”副主任黄石城，文化艺术出版社社长张子康，孔子世家谱续修工作协会会长孔德墉共同为新修孔子世家谱揭谱。孔德墉代表孔子世家谱续修工作协会向国家图书馆、中国台北“中央图书馆”、曲阜市人民政府赠送孔子世家谱。王学仲、于志学、吴泽浩、郑惠芝、杨松涛等书画家向孔子世家谱续修工作协会赠送书画作品。孔子世家谱续修由时任中国孔子基金会名誉会长谷牧提议，经孔子 77 代嫡孙孔德成同意，于 1998 年成立续修工作协会，整个续修工作历时 10 余年。新续修的孔子世家谱共 80 册，2000 万字，收录世界各地孔子后裔 200 万人。

△ 纪念孔子诞辰 2560 周年国际学术研讨会暨国际儒学联合会第四届会员大会在北京人民大会堂召开，曲阜市委副书记、市长刘森参加。

9 月 27 日 晚，2009 中国（曲阜）国际孔子文化节开幕式暨“孔子教育奖”“孔子文化奖”颁奖典礼在杏坛剧场举行。全国人大常委会副委员长陈昌智宣布 2009 中国（曲阜）国际孔子文化节开幕。山东省省长姜大明，文化部纪检组原组长常克仁，中国联合国教科文组织全国委员会秘书长方茂田，国家旅游局纪检组长刘金平先后致辞。联合国教科文组织总干事代表唐虔致辞并宣读联合国教科文组织“孔子教育奖”和“孔子教育奖荣誉奖”名单。姜大明、方茂田为“孔子教育奖”获奖代表颁奖，唐虔为“孔子教育奖荣誉奖”获奖代表颁奖，山东省教育厅厅长齐涛、济宁市委书记孙守刚、曲阜市委书记朱庆安向获奖代表赠送纪念品。常克仁宣布“孔子文化奖”获奖名单并颁奖，山东省文化厅厅长亢清泉、济宁市市长张振川向获奖者赠送纪念品。

△ 纪念孔子诞辰 2560 周年全国政协系统书画作品邀请展开幕剪彩仪式举行。《人民政协报》副总编张保川，中国文化报社社长孔凡灼，山东省政协委员联络室主任、省政协书画联谊院秘书长张有兴，济宁市政协主席赵树国，曲阜市领导朱庆安、刘森、马书轩、杨凤东、王骁、韦挺出席仪式。

△ 孔子学术会堂创办二十周年暨孔子及儒家思想学术报告会举行。孔子学术会堂创办人、首席主持人苗枫林，孔子学术会堂创办人、主持人李金山，北京大学儒学研究中心主任、全国中国哲学史学会会长陈来，北京师范大学哲学系教授、国际儒学院常务副院长周桂钿，曲阜市领导朱庆安、郭庆海、杨凤东、李维生、孔令玉、王骁等出席。陈来、周桂钿分别作题为《孔子礼的思想及其现代意义》《儒家民本观》的学术报告。

9 月 27 ～ 29 日 第二届世界儒学大会在孔子研究院举办。来自 21 个国家和地区 97 个儒学研究机构的 300 余位学者参加。大会围绕多元化语境（环境）下儒学文化的传承与发展，儒学与国家及地区的发展，儒学与当代文化艺术等议题进行研究讨论。

9 月 28 日 上午，己丑年公祭孔子大典举行。8 时 30 分，在大成桥南端举行迎宾仪式，由 1 万余人组成的方队在大成路、神道路两侧齐诵论语恭迎嘉宾。9 时，万仞宫墙前，举行主题揭幕仪式，99 名小学生和范曾共同书写儒学精髓“和”。范曾现场书写祭孔大典主题“和衷共济，讲信修睦”。全国人大常委会副委员长陈昌智为主题揭幕。经过开庙、启户，主祭人员至大成殿前举行公祭仪式。全国人大常委会副委员长陈昌智，山东省省长姜大明，山东省人大常委会副主任时立军，文化部纪检组原组长常克仁，中国联合国教科文组织全国委员会秘书长方茂田，“孔子教育奖”获奖代表，“孔子文化奖”获奖代表依次向孔子像敬献花篮，行鞠躬礼。山东省省长姜大明恭读祭文。

△ 晚，由韩国成均馆大学编创演出的舞蹈剧《孔子》在孔子文化会展中心剧场演出。

△ 范曾手书祭文碑刻揭幕仪式在孔子文化园举行。著名书画家、国学大师范曾，济宁、曲阜两级市领导孙守刚、赵树国、张术平、陈民、刘成文、朱庆安、刘森、马书轩、郭庆海、杨凤东、孔令玉、王骁等出席。

2010年

4月3日 庚寅年春季祭孔仪式在曲阜尼山举行，拉开2010中国（曲阜）国际孔子文化节序幕。国家文物局原副局长、中国博物馆学会会长、中国孔庙保护协会名誉会长张柏，北京大学教务部部长方新贵、副部长李文新，国内合作办公室副主任孙基男，文博学院副院长孙华，省旅游局副局长祝利民，省文物局副局长王永波，济宁市委副书记张术平，济宁市旅游局局长颜廷洲，济宁市文物局局长孙美荣；曲阜市委书记、市人大常委会主任朱庆安，市委副书记、市长刘森，市政协主席马书轩，市委常委、副市长杨凤东，市政府党组副书记、市文化遗产党工委书记、管委会主任李维生及孔子后裔代表；曲阜市优秀学生代表（成人礼学生），北京大学、北京语言大学师生代表，旅行社代表、媒体记者代表等出席仪式。曲阜市委副书记、市长刘森在祭孔仪式上恭读祭文，市委常委、副市长杨凤东主持祭孔大典。

6月20日 2010中国（曲阜）国际孔子文化节新闻发布会在北京顺义区罗马湖国际文化艺术中心孔子文化广场举行。有关领导、学者、专家和在京的30多家新闻媒体参加发布会。发布会上，济宁市委宣传部副部长、市政府新闻发言人孙爱民介绍济宁市的经济文化社会发展情况和2010中国（曲阜）国际孔子文化节的有关情况。

7月13日 济宁市委办公室、市政府办公室印发《2010中国（曲阜）国际孔子文化节筹备工作实施方案》。成立由市委书记孙守刚、市长张振川任主任，市委副书记张术平任常务副主任，步士金、陈民、刘成文任副主任的孔子文化节组委会济宁市执委会。

9月6～10日 在巴黎联合国教科文组织总部，由文化部、教育部、联合国教科文组织全委会、山东省政府联合主办“孔子文化周”活动。这是孔子文化节首次走出国门开展活动。

9月7日 曲阜市委办公室、市政府办公室印发《2010中国（曲阜）国际孔子文化节曲阜活动方案》。成立由市委书记朱庆安、市长刘森任组长，郭庆海、马培国、李玲、杨凤东、齐建新、李维生、孔令玉、张公迁、王骁、马建国、张淑钰、王鸣放、赵永和、刘秀广、褚福梅、韩冬、张彦喜、荣瑞峰、韦挺任副组长，市直有关部门负责人为成员的孔子文化节曲阜筹备工作领导小组。下设指挥部和综合协调、重点活动、宣传、电视直播、接待、招商、文化旅游、环境优化、稳定安全保卫、资金保障10个工作组。

9月10日 曲阜市“青春助力”志愿服务队授旗仪式暨孔子文化节青年志愿者培训动员会议召开，市领导李玲、王鸣放、李刚出席。

9月19日 济宁市委书记、市人大常委会主任孙守刚到曲阜市调研指导国际孔子文化节筹备工作，济宁、曲阜两级市领导张术平、陈民、刘成文、朱庆安、李玲、杨凤东、王骁、张淑钰陪同。

9月21～23日 2010山东文化产业博

览会（济宁会场）在孔子文化会展中心举办。

9月23～25日 第十届中国专利高新技术产品博览会在孔子文化会展中心举办。

9月24～28日 首届尼山世界文明论坛在尼山等地举办。尼山世界文明论坛由许嘉璐倡导并创办。首届论坛邀请印度尼西亚前总统梅加瓦蒂，匈牙利前总理迈杰希，以及欧洲、美洲、亚洲国家和地区的70余位学者参加，围绕“仁爱、诚信、包容、和谐”主题进行14场次的高端对话、学术讨论。通过对话达成共识，发表《尼山和谐宣言》。25日，全国人大常委会原副委员长许嘉璐在曲阜尼山书院与匈牙利前总理迈杰希举行高端会谈，济宁、曲阜两级市领导孙守刚、刘成文、梁之安、朱庆安、刘森、杨凤东、王骁参加。

9月27日 晚，2010中国（曲阜）国际孔子文化节开幕式暨“孔子教育奖”“孔子文化奖”“孔子友谊奖”颁奖典礼在杏坛剧场举行。全国人大常委会副委员长陈至立宣布2010中国（曲阜）国际孔子文化节开幕。山东省政协主席刘伟、国家旅游局纪检组长刘金平、中国联合国教科文组织全国委员会秘书长方茂田先后致辞。联合国教科文组织成人与扫盲教育处处长纳姆提普·阿克索库致辞，并宣布“孔子教育奖”“孔子教育奖荣誉奖”获奖名单。许嘉璐为“孔子教育奖”“孔子教育奖荣誉奖”获奖者颁奖，山东省教育厅厅长齐涛向获奖者赠送纪念品。山东省文化厅厅长亢清泉宣布2010年度“孔子文化奖”获奖名单，全国政协原副主席李蒙为获奖者颁奖，济宁市委书记孙守刚向获奖者赠送纪念品。济宁市市长张振川宣布“孔子友谊奖”获奖名单并为获奖代表颁奖、赠送纪念品。

△ 2010中国（曲阜）国际孔子文化节投资项目合作交流会暨重点项目签约仪式举行。华漫兄弟（天津）互动娱乐有限公司、香港平谦国际有限公司、香港冠禾贸易有限公司等25家单位的企业家，中国贸促会经济信息部和加纳、韩国的嘉宾，曲阜市领导朱庆安、刘森、马书轩、杨凤东、张公迁、王骁及有关负责人出席。

9月27～29日 第三届世界儒学大会在孔子研究院举办，来自16个国家和地区的86个儒学研究机构与学术团体的200余位儒学专家参加。

9月27～30日 曲阜市举办艺舟双楫——《美术观察》同仁作品展、曲阜投资项目协作交流暨重大项目签约仪式、房地产展示会、中国曲阜孔府菜美食节等活动。

9月28日 上午，庚寅年祭孔大典在孔庙举行。该届祭孔大典突出“天下大同、协和万邦”主题。在万仞宫墙前举行主题揭牌仪式，济宁市市长张振川恭读主题铭文，全国人大常委会副委员长陈至立揭示主题。陈至立、许嘉璐、李蒙以及国家有关部委领导，山东省委、人大、政府、政协领导和济宁、曲阜两级市委、市人大、市政府、市政协领导及中外主要贵宾分别向孔子像敬献花篮。省政协主席刘伟恭读祭文。

△ “庚寅年祭孔子文碑刻”揭幕仪式在孔子文化园举行，全国人大常委会原副委员长许嘉璐，山东省人大常委会原副主任莫振奎，孔子后裔孔德墉，济宁、曲阜两级市领导梁之安、朱庆安、刘森、杨凤东、王骁、韦挺出席。祭文由许嘉璐撰写，孔德墉手书。

△ “孔庙、孔府、孔林”特种邮票首发式在孔庙大成殿前举行，中国邮政集团公司邮票发行部总经理邓慧国，济宁、曲阜两级市领

导赵树国、马书轩、韩冬出席。

9月28～30日 由山东省经信局、山东纺织工业协会主办的2010中国山东服装家纺国际博览会在孔子文化会展中心举办。

2011年

4月3日 辛卯年春季祭孔大典暨2011中国（曲阜）国际孔子文化节启动仪式在孔子诞生地尼山举行。启动仪式包括尼山孔庙祭祀大典、尼山书院“文化之旅、书香尼山”文化活动启动仪式、夫子洞广场开笔礼仪式、2011曲阜旅游联谊会、中国孔庙保护协会五大内容，拉开2011中国（曲阜）国际孔子文化节活动的帷幕。

5～10月 利用京沪高铁开通的机遇和孔子文化节平台，曲阜市在京沪高铁沿线站点城市，开展旅游招商宣传推介活动，主要有旅游推介会、招商恳谈会、孔子文化图片展等。

6～7月 青啤之夏·孔子文化节宣传月活动在济宁举办。主要内容有孔子文化节倒计时100天启动式、宣传月活动开幕式及《儒风海韵》歌舞晚会、孔子文化节图片展、孔子六艺主题活动、青岛啤酒嘉年华及饮啤酒大赛等活动。

7月 孔子文化交流周活动在台湾举办。主要内容有孔子文化图片展、世界文庙文化展、文艺演出、鲁台经贸论坛。

8月10～13日 继台湾孔子文化交流周之后，孔子第79代嫡长孙、大成至圣先师孔子协会会长孔垂长率台湾孔子文化交流参访团一行，在祖先故里曲阜参加孔子文化交流周活动。这是自孔子嫡裔离鲁去台后60余载首次踏上故乡土地。

9月1日 济宁市委办公室、市政府办公室印发《2011中国（曲阜）国际孔子文化节实施方案》。成立由济宁市市长梅永红任主任，市委副书记张术平任常务副主任，刘成文、佘春明任副主任的孔子文化节济宁执委会。

9月6日 曲阜市委办公室、市政府办公室印发《2011中国（曲阜）国际孔子文化节曲阜活动方案》。成立由市委书记李长胜、市长刘森、市委副书记郭庆海任组长，李玲、李维生、孔令玉、张公迁、王骁、褚福梅任副组长，市直有关部门负责人为成员的2011中国（曲阜）国际孔子文化节曲阜筹备工作领导小组。下设指挥部和开幕式、儒学大会暨文化奖颁奖、祭孔大典暨教育奖颁奖典礼、宣传、接待、环境优化、安全保卫、社会稳定8个工作组。

9月9日 济宁市领导张术平、刘成文到曲阜市调研指导孔子文化节筹备工作，曲阜市领导李长胜、刘森、李玲、李维生、王骁陪同。

9月22日 曲阜市委书记、市人大常委会主任李长胜现场调度孔子文化节筹备工作。

9月24日 济宁市委常委、政法委书记步士金到曲阜市调研指导孔子文化节安全保卫工作，曲阜市领导李长胜、郭庆海、孔令玉陪同。

9月25～28日 “高铁济宁行”推介会在曲阜举办。

9月26日 孔子文化节新闻发布会召开，济宁市委常委、宣传部部长，2011中国（曲阜）国际孔子文化节执委会副主任刘成文介绍孔子文化节的有关情况。

9月27日 晚，2011中国（曲阜）国际孔子文化节开幕式暨“孔子教育奖”颁奖典礼在杏坛剧场举行。山东省政协主席刘伟宣布2011中国（曲阜）国际孔子文化节开幕。中国联合国教科文组织全国委员会秘书长杜越，济宁市市长梅永红，韩国寿城区区厅长李晋勋，山东省政协主席刘伟先后致辞。联合国教科文组织官员萨义达·拉曼宣布联合国教科文组织“孔子教育奖”“孔子教育奖荣誉奖”获奖名单，山东省政协副主席乔延春和杜越为“孔子教育奖”获奖代表颁奖，济宁市委书记张振川、曲阜市委书记李长胜向获奖代表赠送纪念品。

9月27～29日 第四届世界儒学大会暨2011年度“孔子文化奖”颁奖典礼在孔子研究院举行。文化部原副部长赵维绥，济宁、曲阜两级市领导张振川、梅永红、张术平、陈民、刘成文、李长胜、刘森等出席。来自16个国家和地区83个学术研究机构与团体的200名学者与会。大会期间揭晓2011年度“孔子文化奖”得主并颁奖。

9月28日 上午，辛卯年公祭孔子大典在孔庙举行。在“天人合一”“与时偕行”“万世师表”“为政以德”“九州重光”“天下大同”6个乐章的乐舞告祭中，各级领导、世界儒学大会代表、“孔子教育奖”“孔子文化奖”获奖者及各界代表依次向孔子像敬献花篮。省政协主席刘伟恭读祭文。

2012年

4月3日 壬辰年春季祭孔大典在孔子诞生地曲阜尼山举行。孔子第79代嫡长孙孔垂长带领的海内外孔子后裔，北京大学部分师生和中国孔庙保护协会、山东省旅行社协会、王献唐研究会的领导及嘉宾，曲阜市领导李长胜、杨凤东、郭庆海等和各界游客，登上尼山孔庙依次向至圣先师敬献花篮，行鞠躬礼。曲阜市委副书记、市长杨凤东恭读祭文。曲阜市政府党组副书记、市文化遗产党工委书记、管委会主任李维生主持。

7月26日 《2012中国（曲阜）国际孔子文化节总体方案》经济宁市委常委会研究通过。

8月13日 济宁市委副书记崔洪刚主持召开2012孔子文化节筹备工作第一次调度会，研究讨论《2012中国（曲阜）国际孔子文化节实施方案》，安排部署筹备阶段的重点工作。市政协主席赵树国参加会议，并就孔子文化节筹备工作提出要求。

8月21日 济宁市组织召开2012孔子文化节宣传月活动调度工作会议。

9月4日 济宁市委办公室、市政府办公室印发《2012中国（曲阜）国际孔子文化节实施方案》。成立由市长梅永红、市政协主席赵树国任主任，市委副书记崔洪刚任常务副主任，刘成文、王次忠、吴霁雯任副主任的孔子文化节济宁执委会。

△ 曲阜市委、市政府召开党政联席会议，专题研究孔子文化节筹备等工作。曲阜市委书记、市人大常委会主任李长胜主持会议并讲话。

9月9日 上午，济宁市在市委常委会议室召开2012中国（曲阜）国际孔子文化节筹备工作会议。市委书记马平昌听取孔子文化节筹备情况汇报，安排部署筹备工作任务。

9月13日 曲阜市委办公室、市政府办公室印发《2012中国（曲阜）国际孔子文化节曲阜活动方案》。成立由市委常委、副市长李丽和市委常委、市委办公室主任张令华任总指挥的2012中国（曲阜）国际孔子文化节指挥部。下设接待、成人礼系列活动、孔子文化旅游商品创新设计大赛活动、世界500强企业走进圣城系列活动、海峡两岸企业发展论坛、开幕式、儒学大会暨文化奖颁奖、祭孔大典、宣传直播、环境优化、安全保卫、社会稳定、资金保障13个工作组。

9月15日 济宁市委副书记崔洪刚到曲阜检查孔子文化节筹备工作，曲阜市领导李长胜、李丽、张令华陪同检查。

9月21日 曲阜市委、市政府召开党政联席会议，听取孔子文化节筹备，“世界500强企业走进圣城”活动等情况汇报，研究讨论打造“彬彬有礼”道德城市的意见。市委书记、市人大常委会主任李长胜主持会议并讲话。

9月21～29日 孔子文化旅游商品创新设计大赛暨博览会在曲阜市游客服务中心举办。博览会由中国旅游协会指导，山东省旅游局、济宁市政府主办，山东省旅游商品开发服务中心、济宁市旅游局、曲阜市政府承办。25日，举行“2012中国曲阜孔子文化旅游商品创新设计大赛颁奖典礼暨博览会开幕式”，济宁、曲阜两级市领导吴霁雯、杨凤东、李丽、李维生、孔令玉、韦挺等出席。

9月23日 济宁市委书记、市人大常委会主任马平昌到曲阜检查孔子文化节筹备工作，实地察看杏坛剧场、孔庙大成殿、孔子研究院等重点活动筹备现场。曲阜市委书记、市人大常委会主任李长胜汇报曲阜承担工作任务的进展情况。济宁、曲阜两级市领导崔洪刚、刘成文、王次忠、吴霁雯、李丽陪同。

9月26日 第十届中国艺术节“艺术圣火走基层”启动仪式在尼山镇东官村举行。山东省委宣传部副部长、省文化厅厅长徐向红宣布仪式启动，省文化厅副厅长李国琳致辞，济宁、曲阜两级市领导王次忠、李维生等出席。

△ 下午，2012中国（曲阜）国际孔子文化节新闻发布会在曲阜市国铁大酒店举行。济宁市委常委、宣传部部长王次忠致发布辞。济宁市副市长吴霁雯主持。

9月26～28日 “500强企业”走进圣城活动在阙里宾舍、曲阜迎宾馆等地举办。活动邀请21家“世界500强企业”、35家“国内500强企业”代表共170人参加。27日，在曲阜迎宾馆，举行2012中国（曲阜）国际孔子文化节经贸文化产业招商推介会暨500强企业走进圣城活动启动仪式，济宁、曲阜两级市领导梅永红、赵树国、刘中会、周洪、杨凤东、马刚等出席。

△ 曲阜海峡两岸企业发展论坛在杏坛宾馆举办。台湾新党主席郁慕明等台湾政界、文化界、企业界人士应邀参加。国台办和山东省台办领导，济宁、曲阜两级市领导崔洪刚、张开朗、李长胜、郭庆海、赵永和、刘继芳、张令华等出席。

9月27日 晚，2012中国（曲阜）国际孔子文化节开幕式暨联合国教科文组织“孔子教育奖”颁奖典礼在杏坛剧场举行。山东省副省长孙伟宣布2012中国（曲阜）国际孔子文化节开幕。山东省政府副秘书长张德宽主持。中国联合国教科文组织全国委员会秘书长杜越、山东省副省长孙伟先后致辞。联合国教科文组织教育计划和发展部负责人戴维·阿乔莱那致辞，并宣读第七届联合国教科文组织“孔子教育奖”获奖名单。中国文联副主席覃志刚、杜越，济宁市委书记马平昌为获奖者颁奖。山东省教育厅副厅长孟庆旭、山东省旅游局副局长窦群向获奖者赠送纪念品。济宁市市长梅永红向“孔子友谊奖”获奖者颁奖，曲阜市委书记李长胜向友谊奖获得者赠送纪念品。

9月27～29日 第五届世界儒学大会暨2012年度“孔子文化奖”颁奖典礼在孔子研究院举行。来自12个国家和地区的学术研究机构与团体的100多位学者参加大会。大会期间揭晓2012年度“孔子文化奖”获奖名单。中央民族大学教授牟钟鉴和韩国成均馆获得2012年度“孔子文化奖”。

9月28日 上午，壬辰年公祭孔子大典在孔庙举行。山东省副省长孙伟恭读祭文。济宁市政协主席赵树国主持。中国文联副主席覃志刚、山东省人大常委会原副主任王渭田、中国联合国教科文组织全国委员会副秘书长秦昌威、中国台湾新党主席郁慕明、联合国教科文组织总部代表戴维·阿乔莱那、中新友好协会副会长曾繁如、韩国荣州市副市长金镇永，“孔子教育奖”获奖代表、“孔子文化奖”获奖代表、企业代表，济宁、曲阜市委、人大、政府、政协领导依次向孔子像敬献花篮。

△ 由台湾著名学者董金裕撰写、著名书法家崔如琢手书的壬辰年祭孔祭文碑刻在孔子文化园揭幕。中国文联副主席覃志刚，中国指墨艺术学会主席、著名书画艺术大家崔如琢，济宁、曲阜两级市领导崔洪刚、吴霁雯、陈颖、杨凤东、李丽等参加揭幕式。

2013年

4月2日 癸巳年曲阜尼山春季祭孔大典在尼山孔庙举行。中国哲学史学会副会长、中国现代哲学史研究会会长、中国人民大学教授、儒学专家宋志明，全国百强旅行社、重要客源地旅行社协会、省内重点旅行社，曲阜市领导李长胜、杨凤东、郭庆海等，山东孔府家酒业集团、联想控股丰联集团孔府家销售公司的负责人及嘉宾，新华社、中新社、《大众日报》等新闻媒体记者共400人出席春祭大典。世界孔子后裔联谊总会秘书长、中国孔庙保护协会会长、曲阜孔子博物院院长孔德平主持祭孔大典。曲阜市委副书记、市长杨凤东恭读祭文。

7月17日 济宁市委办公室、市政府办公室印发《2013中国（曲阜）国际孔子文化节实施方案》。成立由市长梅永红、市政协主席赵树国任主任，市委副书记傅明先任常务副主任，刘成文、王次忠、吴霁雯任副主任的孔子文化节济宁执委会。

7月18日 济宁市孔子文化节动员会议召开，市委副书记傅明先讲话。

7月24日 曲阜市委办公室、市政府办公室印发《2013中国（曲阜）国际孔子文化节曲阜活动方案》。成立由赵永和任总指挥，张令华、褚福梅、马刚任副总指挥，市直有关部门负责人为成员的孔子文化节指挥部。下设接待、开幕式、维修、儒学大会暨文化奖颁奖、祭孔大典、宣传直播、环境优化、安全保卫、社会稳定、资金保障10个工作组。

7月25日 曲阜市孔子文化节动员调度会议召开，市委副书记赵永和作动员讲话。

9月4日 济宁市政协主席赵树国、市委副书记傅明先、副市长吴霁雯，到曲阜调度孔子文化节筹备情况。曲阜市领导李长胜、赵永和参加。

9月25日 济宁市委书记、市人大常委会主任马平昌到曲阜检查孔子文化节筹备工作。济宁、曲阜两级市领导赵树国、李长胜、赵永和参加。

9月27日 下午，2013中国（曲阜）国际孔子文化节新闻发布会在曲阜机关招待所举行。济宁市委宣传部副部长孙爱民主持，济宁市副市长吴霁雯作新闻发布。

9月27～28日 第六届世界儒学大会暨2013年度“孔子文化奖”颁奖典礼在孔子研究院举行，来自14个国家和地区的60多个儒学团体与机构的120位学者，围绕儒家思想与当代社会建设主题进行研讨。大会期间揭晓2013年度“孔子文化奖”名单并进行颁奖典礼。该届大会修改《世界儒学大会章程》，确定从该届开始，世界儒学大会两年举办一次，“孔子文化奖”两年推选一次。推选范围从孔子儒学研究推广领域扩大到中国传统文化的研究、推广与传播领域，推选获奖名额为个人或机构两名（个）。

9月27～30日 曲阜市举办“朝圣之旅——王家新、范迪安、李一书法展”“儒山圣水中国书画名家精品邀请展”，以及文化圣地美丽曲阜摄影大赛、儒家文化奇石展等活动。

9月28日 上午，2013中国（曲阜）国际孔子文化节开幕式暨第八届联合国教科文组织“孔子教育奖”颁奖典礼在杏坛剧场举行。全国政协原副主席黄孟复宣布2013中国（曲阜）国际孔子文化节开幕。中国联合国教科文组织全国委员会秘书长杜越等致辞。联合国教科文组织代表贝斯塔致辞，并宣布第八届联合国教科文组织“孔子教育奖”获奖名单。山东省委常委、副省长孙伟，省政协副主席王乃静，济宁市委书记马平昌为“孔子教育奖”获奖机构代表颁奖，山东省教育厅党组成员孟庆旭、省旅游局副局长于风贵、曲阜市委书记李长胜向获奖者赠送纪念品。济宁市委副书记、市长梅永红主持。

△ 上午，癸巳年祭孔大典在孔庙举行。全国政协原副主席黄孟复，山东省委、省人大、省政府、省政协领导，联合国教科文组织官员，韩国驻青岛副领事蔡汉奭、俄罗斯塔甘罗格市副市长奥列格·德米耶夫、韩国荣州市副议长朴赞勋等分别依次向孔子像敬献花篮。山东省副省长孙伟恭读祭文。

△ 山东省委常委、副省长孙伟到曲阜视察调研尼山圣境项目建设情况。济宁、曲阜两级市领导马平昌、梅永红、刘成文、刘中会、李长胜、杨凤东、张令华参加。

11月26日 中共中央总书记、国家主席、中央军委主席习近平到曲阜孔府和孔子研究院参观考察，并同有关专家学者座谈。在听取大家关于中华传统优秀文化研究的情况介绍后，习近平强调，一个国家、一个民族的强盛，总是以文化兴盛为支撑的，中华民族伟大复兴需要以中华文化发展繁荣为条件。对历史文化特别是先人传承下来的道德规范，要坚持古为今用、推陈出新，有鉴别地加以对待，有扬弃地予以继承。习近平指出，国无德不兴，人无德不立。必须加强全社会的思想道德建设，激发人们形成善良的道德意愿、道德情感，培育正确的道德判断和道德责任，提高道德实践能力尤其是自觉践行能力，引导人们向往和追求讲道德、尊道德、守道德的生活，形成向上的力量、向善的力量。只要中华民族一代接着一代追求美好崇高的道德境界，我们的民族就永远充满希望。山东省、济宁市、曲阜市领导姜异康、郭树清、马平昌、梅永红、李长胜等随同考察或参加座谈会。

2014 年

4 月 2～3 日 甲午年尼山春季祭孔大典暨曲阜孔庙中华成人礼启动仪式在曲阜尼山举行。2 日 9 时，甲午年尼山春季祭孔大典在尼山孔庙举行。曲阜市领导李长胜、杨凤东、李玲、孔令玉等；天津文庙博物馆等部分中国孔庙保护协会副会长单位，中国教育学会、英才教育集团，中国民俗学会、广东南湖国际旅游集团、湖北海外旅游集团、山东嘉华国际旅行社，山东省旅行社协会、青岛市旅行社协会的负责人；重要客源地重点旅行社、教育局、学校代表；新华社、中新社、《中国旅游报》《大众日报》、山东电视台、新华网、人民网、新浪网等媒体记者出席。曲阜市委副书记、市长杨凤东恭读祭文。

7 月 25 日 曲阜市孔子文化节动员调度会议召开，副市长褚福梅作动员讲话。

7 月 国家汉语国际推广领导小组办公室复函称："鉴于曲阜丰富的儒家文化资源和独特的儒学研究优势，经研究，同意支持济宁市在曲阜建设孔子学院总部体验基地。"孔子学院总部体验基地以服务国际汉语推广，讲好中国故事，弘扬中华优秀传统文化为主题，辅之以文化培训、教材编写、感受体验、娱乐休闲和旅游观光等功能，打造成为世界儒学交流研究中心、国际知名的中华文化体验基地和修学度假目的地。

8 月 6 日 济宁市委办公室、市政府办公室印发《2014 中国（曲阜）国际孔子文化节实施方案》。成立由市长梅永红、市政协主席赵树国任主任，市委副书记傅明先任常务副主任，刘成文、王次忠、吴霁雯任副主任的孔子文化节济宁市执委会。

8 月 7 日 济宁市孔子文化节筹备工作动员会议召开，市政协主席赵树国主持，市委常委、宣传部部长王次忠宣读孔子文化节方案，副市长吴霁雯宣读孔子文化节指挥部及各工作组组成人员名单和主要职责，市委副书记傅明先作动员讲话。

8 月 13 日 全国清理和规范庆典研讨会论坛活动工作领导小组发布《关于需报请党中央、国务院审批的节庆活动项目清理规范的通知》，同意山东省保留举办中国（曲阜）国际孔子文化节（世界儒学大会）节庆活动项目。

8 月 16 日 曲阜市委十三届第一百一十五次常委会议召开。听取 2014 年中国（曲阜）国际孔子文化节筹备情况汇报，安排相关筹备工作。

8 月 20 日 曲阜市委办公室、市政府办公室印发《2014 中国（曲阜）国际孔子文化节曲阜活动方案》。成立由赵永和任指挥长，褚福梅任常务副指挥长，张艳书、翟绪军任副指挥长，市直有关部门负责人为成员的孔子文化节曲阜指挥部。下设接待、开幕式、祭孔大典、宣传直播、环境优化、安全保卫、社会稳定、资金保障 8 个工作组。

9 月 17 日 2014 中国（曲阜）国际孔子文化节筹备工作现场调度会议召开，济宁、曲阜两级市领导赵树国、傅明先、吴霁雯、李长胜、褚福梅等出席。

9 月 25 日 曲阜市委书记、市人大常委会主任李长胜现场察看孔子文化节筹备情况，市领导赵永和、张令华、褚福梅、张艳书等陪同。

9 月 26 日 济宁市委书记、市人大常委会主任马平昌在曲阜市检查孔子文化节筹备工作，济宁、曲阜两级市领导赵树国、傅明先、刘成文、王次忠、吴霁雯、李长胜、赵永和、张令华等陪同。

9月27日 晚，2014中国（曲阜）国际孔子文化节开幕式暨第九届联合国教科文组织“孔子教育奖”颁奖典礼在孔子文化会展中心剧场举行。全国政协原副主席孙家正宣布2014中国（曲阜）国际孔子文化节开幕。山东省委常委、宣传部部长孙守刚，教育部副部长郝平先后致辞。联合国教科文组织“孔子教育奖”主任评委拉德万致辞，并宣布第九届联合国教科文组织“孔子教育奖”获奖名单。山东省省长郭树清、教育部副部长郝平向获奖机构代表颁奖。济宁市委书记马平昌、市长梅永红为“孔子友谊奖”获奖者颁奖。

△ 纪念谷牧诞辰100周年暨《谷牧与曲阜》（傅鸿泉著）发行座谈会在曲阜市政协会议室举行，曲阜市政协主席孔令玉、曲阜市人大常委会副主任郭益民出席。市政协原主席赵元山主持并讲话。

9月27～30日 举办庆祝新中国成立65周年全国产（行）业文联书法精品展。

9月28日 上午，甲午年公祭孔子大典在孔庙举行。全国政协原副主席孙家正，山东省省长郭树清，中国孔子基金会会长韩喜凯，山东省委常委、宣传部部长孙守刚，省人大常委会原副主任卢洪、王渭田，省政协原副主席李殿魁，国际儒学联合会会长滕文生，中央统战部原副部长万绍芬，中央电视台台长胡占凡，中国文联副主席覃志刚等依次向孔子像敬献花篮。山东省省长郭树清恭读祭文。

△ 上午，孔子学院总部体验基地揭牌仪式在孔子研究院举行。济宁市委书记马平昌主持。国家汉语国际推广领导小组办公室主任许琳致辞并为基地揭牌。孔子学院总部体验基地的设立是贯彻落实习近平总书记重要指示的具体行动，为进一步加强世界孔子学院与孔子故里的合作交流，更好地弘扬和传播中华民族优秀传统文化搭建广阔的平台。

△ 大型纪录片《孔子》开机仪式举行。中央电视台台长胡占凡，省委常委、宣传部部长孙守刚，济宁、曲阜两级市领导马平昌、梅永红、王次忠、李长胜出席。

2015年

4月3日 乙未年曲阜尼山春季祭孔大典在尼山孔庙举行。曲阜市领导李长胜、刘东波、李玲、孔令玉等；来自长沙市、浏阳市、南京市高淳区、福建省长泰县等地的领导、嘉宾；浙江省嘉兴市山东商会、香港五洲国际旅游投资公司、四川恒信旅游公司、北京地球村环境教育中心等企业的来宾代表；重要客源地重点旅行社、教育局、学校代表；新华社、中新社、中央电视台、新浪网、《中国旅游报》等媒体记者参加。曲阜市委副书记、市长刘东波恭读祭文。

8月3日 济宁市孔子文化节筹备工作动员会议召开。市委副书记傅明先作动员讲话，市委常委、曲阜市委书记李长胜宣读孔子文化节实施方案，副市长吴霁雯主持会议。

8月11日 济宁市委办公室、市政府办公室印发《2015中国（曲阜）国际孔子文化节实施方案》。成立由市长梅永红任主任，傅明先、刘成文、李长胜、吴霁雯、周凤文、李大友任副主任的孔子文化节济宁执委会。

8月22日 曲阜市委十三届第一百四十七次常委会议召开，研究部署孔子文化节筹备等工作。

8月26日 曲阜市委办公室、市政府办公室印发《2015中国（曲阜）国际孔子文化节曲阜活动方案》。成立由靳亚任指挥长，市直有关部门负责人为成员的孔子文化节曲阜指挥部。下设开幕式、祭孔大典、儒学大会暨文化奖颁奖、宣传直播、环境优化、安全保卫、社会稳定、接待、资金保障9个工作组。

9月19日 曲阜市委书记、市人大常委会主任李长胜召开孔子文化节筹备工作现场调度会议，曲阜市领导赵永和、张令华、靳亚、张艳书等出席。

9月21日 2015中国（曲阜）国际孔子文化节新闻发布会在北京举行。济宁市委常委、宣传部部长李昌文主持，济宁市政府副市长吴霁雯，孔子研究院院长杨朝明，济宁市委副秘书长、孔子文化节办公室主任刘辉，曲阜市委常委、宣传部部长靳亚分别介绍2015中国（曲阜）国际孔子文化节的有关情况，并回答记者提问。

9月25日 2015中国（曲阜）国际孔子文化节——智慧城市与机器人系统院士论坛举办，曲阜市副市长艾国参加活动。

9月27日 晚，2015中国（曲阜）国际孔子文化节开幕式暨第十届联合国教科文组织“孔子教育奖”颁奖典礼在孔子文化会展中心剧场举行。全国人大常委会副委员长向巴平措宣布2015中国（曲阜）国际孔子文化节开幕。山东省委常委、宣传部部长孙守刚，中国联合国教科文组织全国委员会副秘书长周家贵先后致辞。联合国教科文组织官员戴维·艾乔瑞纳致辞，并宣布“孔子教育奖”获奖名单。山东省人大常委会副主任宋远方和周家贵为“孔子教育奖”获奖机构代表颁奖，马平昌、傅明先、李长胜向获奖代表赠送纪念品。

△ 第六届中国儒商论坛暨“孔子儒商奖”颁奖活动在曲阜举行。济宁市委书记、市人大常委会主任马平昌，曲阜市委副书记、市长刘东波参加活动。

9月27～29日 第七届世界儒学大会暨2015年度“孔子文化奖”颁奖典礼在孔子研究院等地举行，来自20多个国家和地区的儒学研究机构和团体的学者300余人参加，大会期间揭晓2015年度“孔子文化奖”获奖名单。

9月27～30日 在曲阜市举办胡润儒商论坛，“圣地乡村旅行”活动，2015济宁市“儒风乡韵”乡村旅游商品创新设计大赛等一系列文化惠民活动。

9月28日 上午，乙未年公祭孔子大典在孔庙举行。全国政协原副主席张梅颖，山东省委副书记龚正，山东省政协原副主席李德强，九三学社原常务副主席陈抗甫，全国政协副秘书长何丕洁，全国工商联原副主席孙晓华，中国联合国教科文组织全国委员会副秘书长周家贵，国家旅游局综合司副司长熊山华等依次向孔子像敬献花篮。龚正恭读祭文。

△ 在孔庙举行乙未年纪念先祖诞辰2566年孔子后裔家祭仪式，曲阜市政协主席孔令玉出席。

2016年

3月23日 山东工艺美术学院党委书记何思清、院长潘鲁生到曲阜市就提升孔子文化节举办层次水平进行调研，济宁、曲阜两级市领导李昌文、刘东波、褚福梅等陪同。

4月2日 丙申年春季祭孔大典在曲阜尼山举行。孔子第79代嫡长孙孔垂长一行及台北孔庙佾舞文化交流团一行60人，各界代表200余名参加。孔子第79代嫡长孙孔垂长担任主祭官。国家文物局副局长宋新潮，济宁、曲阜两级市领导李长胜、吴霁雯、刘东波、李玲、孔令玉等，依次向至圣先师敬献花篮，行鞠躬礼。曲阜市委副书记、市长刘东波恭读祭文。曲阜市政协主席孔令玉主持。

6月10～11日 由曲阜市委、市政府主办，曲阜市孔子文化节办公室、曲阜市文化馆承办的首届曲阜国际慢城音乐节在曲阜远东职业技术学院举行。

8月18日 济宁市委办公室、市政府办公室印发《2016中国（曲阜）国际孔子文化节实施方案》。成立由市长傅明先任主任，刘中会、周洪、李昌文、李长胜、张继民、吴霁雯、张胜明、李大友任副主任的孔子文化节济宁市执委会。

8月19日 济宁市孔子文化节筹备工作动员会议召开。济宁市委副书记刘中会作动员讲话，济宁市委常委、宣传部部长李昌文主持，济宁市副市长吴霁雯宣读孔子文化节实施方案。

8月27日 曲阜市委十三届第一百八十四次常委（扩大）会议召开，听取孔子文化节筹备等情况汇报，部署下步工作。

9月1日 曲阜市孔子文化节筹备动员会议召开。曲阜市委副书记山桂岭作动员讲话，曲阜市副市长褚福梅主持。

9月13日 曲阜市委办公室、市政府办公室印发《2016中国（曲阜）国际孔子文化节曲阜活动方案》。成立由山桂岭任指挥长，褚福梅任副指挥长，市直有关部门负责人为成员的孔子文化节指挥部，下设开幕式、祭孔大典、宣传直播、环境优化、安全保卫、社会稳定、接待、资金保障8个工作组。

9月18日 曲阜市委书记、市长刘东波主持召开专题会议，研究春秋路东延绿化和路灯建设、孔子文化节筹备等工作。市领导彭照辉、山桂岭、褚福梅、艾国、张艳书、张继友等参加。

9月20日 济宁市委副书记刘中会，济宁市委常委、宣传部部长李昌文在曲阜市现场察看孔子文化节筹备情况。曲阜市委书记、市长刘东波陪同。

9月21日 曲阜市孔子文化节大环境整治现场调度会召开。市委书记、市长刘东波，市委副书记山桂岭出席。

9月25日 曲阜市委书记、市长刘东波现场查看孔子文化节筹备情况，市委副书记山桂岭、副市长褚福梅陪同。

9月26日 下午，山东省人民政府新闻办公室在济南举行2016中国（曲阜）国际孔子文化节新闻发布会。省新闻办公室副主任、新闻发布处处长陈强主持，济宁市副市长吴霁雯，济宁市委副秘书长、孔子文化节办公室主任刘辉，曲阜市副市长褚福梅分别介绍2016中国（曲阜）国际孔子文化节的有关情况，并回答记者提问。

9月26～30日 新西兰国会议员杨健一行到曲阜参加孔子文化节活动，与曲阜孔子文化学院进行文化交流。

9月27日 晚，2016中国（曲阜）国际孔子文化节开幕式暨第十一届联合国教科文组织“孔子教育奖”颁奖典礼在孔子文化会展中心剧场举行。山东省委常委、宣传部部长孙守刚致辞并宣布2016中国（曲阜）国际孔子文化节开幕。国家旅游局副局长魏洪涛、文化部政策法规司司长饶权、中国联合国教科文组织全国委员会副秘书长周家贵、联合国教科文组织驻华代表处代表欧敏行先后致辞。山东省人大常委会副主任宋远方和周家贵、济宁市委书记马平昌为“孔子教育奖”获奖机构代表颁奖，济宁市委副书记刘中会、曲阜市委书记刘东波为“少年孔子奖”获奖代表颁奖。

△ 2016中国（济宁）国际研学旅游创新发展峰会在曲阜市举行。国家旅游局副局长魏洪涛，山东省旅游发展委员会副主任岳滨，济宁、曲阜两级市领导傅明先、田卫东、刘东波等出席。

△ “孔子的世界”国际学术高峰论坛开幕式暨曲阜礼乐文明研究与传播中心成立仪式在孔子研究院举行。济宁市委常委、组织部部长孔凡萍，曲阜市委副书记、代市长彭照辉等出席。

△ “孔子生平事迹书画展”举办，市委副书记山桂岭出席。

9月28日 上午，丙申年祭孔大典在孔庙举行。全国政协原副主席张梅颖，山东省委常委、宣传部部长孙守刚，省人大常委会副主任宋远方，省政协副主席郭爱玲，省政协原副主席李殿魁，国家旅游局副局长魏洪涛，光明日报社副总编沈卫星，全国台联副会长杨毅周，中国侨联副主席赵涛，文化部政策法规司司长饶权，联合国教科文组织官员等依次向孔子像敬献花篮。孙守刚恭读祭文。

2017年

4月2日 丁酉年曲阜春季祭孔大典在曲阜尼山举行。孔子第79代嫡长孙孔垂长、中国国民党副主席陈镇湘参加。世界孔子后裔联谊总会副会长、曲阜市政协主席孔令玉主持祭祀大典。孔子第79代嫡长孙孔垂长担任主祭官。中国国民党副主席陈镇湘等海峡两岸社会各界人士，曲阜市领导刘东波、彭照辉、李玲、孔令玉、山桂岭等，依次向至圣先师孔子像敬献花篮，并行三鞠躬礼。曲阜市委副书记、市长彭照辉恭读祭文。

7月7日 济宁市委副书记石光亮，济宁市委常委、宣传部部长李昌文，济宁市副市长吴霁雯、张胜明召开调度会，研究孔子文化节活动方案。济宁市成立由济宁市委副书记、市长傅明先任主任，济宁市委副书记石光亮任副主任的孔子文化节执委会，下设筹备工作小组，市级领导分线负责各项筹备工作。

8月17日 省政府召开调度会议，听取筹备情况汇报，对办好孔子文化节提出具体要求。

8月21日 济宁市委书记王艺华主持召开市委常委会，研究孔子文化节筹备等工作。

8月22日 济宁市委办公室、市政府办公室印发《2017中国（曲阜）国际孔子文化节实施方案》。

8月23日 济宁市2017中国（曲阜）国际孔子文化节筹备工作动员会议召开，市委副书记石光亮作动员讲话，市委常委、宣传部部长李昌文主持，副市长吴霁雯宣读孔子文化节方案。

8月25日 济宁市委副书记石光亮在曲阜市检查孔子文化节各项筹备工作，曲阜市委书记刘东波、副市长杨晓东陪同。

8月30日 山东省委常委、宣传部部长孙守刚在曲阜市主持召开调度会，听取孔子文化节、第八届世界儒学大会筹备工作情况。山东省委宣传部副部长徐向红，济宁、曲阜两级市领导王艺华、石光亮、李昌文、李长胜、刘东波等参加。

9月1日 曲阜市委十四届第二十二次常委会议听取关于孔子文化节、第八届世界儒学大会筹备工作情况的汇报。

△ 曲阜市委办公室、市政府办公室印发《2017中国（曲阜）国际孔子文化节曲阜实施方案》。

9月3日 曲阜市孔子文化节筹备工作动员会议召开。曲阜市委副书记山桂岭作动员讲话，副市长杨晓东主持。

9月11日 第八届世界儒学大会和2017中国（曲阜）国际孔子文化节新闻发布会在济南举行。山东省政府新闻办主任、省政府新闻发言人魏长民主持。山东大学副校长胡金焱，省文化厅副厅长李国琳，济宁市副市长吴霁雯，济宁市委副秘书长、市委办公室主任、孔子文化节办公室主任刘辉，介绍第八届世界儒学大会和2017中国（曲阜）国际孔子文化节的有关情况，并回答记者提问。中央驻鲁新闻单位、香港新闻媒体驻鲁分支机构，省直和济南市、济宁市主要新闻单位的记者参加发布会。

9月20～21日 第八届世界儒学大会在孔子研究院举行，来自34个国家和地区、100余个儒学研究机构与学术团体的600余名专家学者参加会议。9月20日上午举行开幕式，全国人大常委会副委员长王胜俊、山东省委书记刘家义等领导等参加。大会揭晓2017年度“儒学研究杰出人物”名单。21日，文化部部长雒树刚出席大会主题论坛并发表主旨演讲。

9月22日 济宁市在曲阜组织召开2017中国（曲阜）国际孔子文化节筹备工作调度会。

9月23日 曲阜市委副书记、市长彭照辉，副市长周菊兰查看孔子文化节环境整治情况。

9月24日 济宁市委副书记石光亮在曲阜市召开孔子文化节现场调度会，查看开幕式暨颁奖典礼和祭孔大典现场。

9月27日 中国研学旅游推广联盟成立大会在曲阜市召开。国家旅游局副局长魏洪涛、济宁市委书记王艺华出席大会并致辞，山东省旅游发展委主任于风贵主持。

△ 晚，2017中国（曲阜）国际孔子文化节开幕式暨“孔子教育奖”颁奖典礼在曲阜孔子文化会展中心剧场举行。全国政协副主席王家瑞宣布开幕。山东省省长龚正、国家旅游局副局长魏洪涛、国家文物局副局长刘曙光、中国联合国教科文组织全国委员会副秘书长周家贵分别致辞。联合国教科文组织驻华代表处代表裴白庸宣读“孔子教育奖”获奖名单并致辞。

9月28日 上午，丁酉年公祭孔子大典在孔庙举行。全国政协副主席王家瑞，国家部委领导、省领导、联合国教科文组织官员、“孔子教育奖”获奖代表、儒学机构代表以及济宁、曲阜市领导等依次向孔子像敬献花篮。山东省省长龚正恭读祭文。

第一篇　申办与筹备

第一篇　申办与筹备

第一章　申办与批复

第一节　申办

根据1982年11月6日中共中央总书记胡耀邦关于“孔庙大成殿内的孔子像等要按原样恢复起来，为旅游服务，以孔养孔”的指示，曲阜县加快第一批全国重点文物保护单位“三孔”的修复。孔庙大成殿塑像恢复工程计划在1984年9月孔子2535年诞辰竣工，新一届曲阜县委、县政府酝酿利用孔子诞辰举办纪念活动，并形成报告逐级向有关上级部门汇报，积极争取上级支持。

1984年6月中旬，全国政协主席邓颖超到曲阜视察。之后，曲阜县委3个多月内召开5次常委会或县委常委扩大会，重点研究文物旅游工作，确定曲阜发展旅游事业的指导思想，作出举办孔子诞辰2535年纪念活动和成立孔子基金会的决策。

中共曲阜县委常委扩大会议的决定，连同会后形成的曲阜县名城规划和旅游开发的计划，经中共山东省委书记梁步庭同意后，上报到中共中央办公厅。曲阜县委书记刘福田等赴北京向中央办公厅副主任杨德中和全国政协主席邓颖超汇报曲阜工作，其工作和设想得到充分肯定和赞赏，并指示举办孔子诞辰2535年纪念活动和组建中国孔子基金会要报中央有关部门批准备案。邓颖超建议，孔子基金会的会长和名誉会长最好由孔子研究专家担任，当知悉匡亚明同意出任会长后，建议名誉会长由谷牧担任。经中共中央、国务院主要领导同意，谷牧接受全国政协主席邓颖超的建议，担任中国孔子基金会名誉会长。

第二节　批复

改革开放初始，对于举办孔子诞辰故里游这类活动尚处于“摸着石头过河”的探索阶段，主要是通过研究探讨向上级领导汇报，呈报可行性报告，经上级领导同意后开始实施。经过探索实践有了成功经验即可继续开展下去，孔子诞辰故里游就是经历了这样一个过程。1984年8月下旬，经过紧张的筹备争取工作，举办孔子诞辰纪念活动和成立孔子基金会均获上级批准，孔子故里双喜临门。1984年、1985年、1986年、1987年、1988年，连续五届孔子诞辰故里游的成功举办得到各级领导的重视。1989年，山东省以鲁政办发〔1989〕79号文印发《孔子文化节活动方案》。1990年，山东省以（90）鲁政办函51号印发《孔子文化节方案》。1992年，国家旅游局以旅观发〔1992〕037号文明确提出’92中国友好观光年寻根朝敬之旅首游式与孔子文化节相结合。1995年，国家旅游局以旅市场发〔1995〕110号文批复《孔子文化节方案》。2002年国家旅游局以旅函〔2002〕168号文明确答复同意从2002年起，每年与山东省人民政府联合主办孔子文化节。

2007年，文化部、教育部同意与山东省

人民政府联合举办孔子文化节，形成由文化部、教育部、国家旅游局、山东省人民政府联合主办，济宁市人民政府、曲阜市人民政府承办孔子文化节的格局。根据每年办节的特点和所要突出的主题，酌情邀请联合国教科文组织、国际儒联、中国孔子基金会、中华侨联等国内外组织联合主办。孔子文化节成为名副其实的国家级、国际性的大型综合性节庆活动。2008 ~ 2017 年，由济宁市人民政府向山东省人民政府报送关于举办中国（曲阜）国际孔子文化节（世界儒学大会）的请示；由山东省人民政府向文化部、教育部、国家旅游局报送关于商请共同举办中国（曲阜）国际孔子文化节（世界儒学大会）的函，复函同意后组织实施。2014 年 8 月 13 日，全国清理和规范庆典研讨会论坛活动工作领导小组印发《关于需报请党中央、国务院审批的节庆活动项目清理规范的通知》，同意山东省保留举办中国（曲阜）国际孔子文化节（世界儒学大会）节庆活动项目。2015 ~ 2017 年，山东省人民政府向全国清理和规范庆典研讨会论坛活动工作领导小组报送关于申请举办中国（曲阜）国际孔子文化节（世界儒学大会）备案的函，履行备案程序。

第二章　组织机构

1984 ~ 1988 年连续 5 届的国际孔子诞辰故里游活动，均由分管副市（县）长或市（县）委常委牵头，抽调全市（县）有关部门人员组成临时办公机构，负责策划创意故里游活动方案，组织实施各项筹备工作，明确由文化部门负责人主抓文化活动，旅游部门负责人主抓旅游活动，经济部门负责人主抓经济活动等。因当时是临时机构，活动结束后抽调人员仍回原单位工作。

1989 年首届国际孔子文化节，山东省成立由副省长马世忠任主任，省委常委、宣传部部长苗枫林任副主任，省直有关部门主要负责人为成员的首届孔子文化节筹备委员会。1990 年，山东省成立 1990 孔子文化节筹备委员会，由省委副秘书长田健、省政府副秘书长张龙、省旅游局局长蒋奎生任主任委员，省直有关部门主要负责人为成员。1989 年，曲阜市成立由市委书记崔波任主任，代市长房立泉、市委副书记李克胜任副主任，市委、市人大、市政府、市政协有关领导为委员的曲阜市孔子文化节组织委员会，下设办公室和展览组、文艺组、宣传组、旅游组、资金筹集组、经济洽谈组、安全保卫组、接待组等 8 个工作组，由承担筹备工作较重的单位的主要负责人任组长，实行组长负责制。1990 年，曲阜市成立由市委副书记李胜利任主任，副市长步长存、市政协副主席刘祥德任副主任，市直有关部门主要负责人任成员的曲阜市孔子文化节组织委员会。曲阜市孔子文化节组织委员会，直接对接省孔子文化节筹委会，各项具体的筹备组织工作由曲阜全面负责，省负责协调对上对下的关系，如邀请中共中央和国家领导人参加文化节，调度省内各地市各团体参加文化节的文化旅游、经济专项活动等。

1991年，山东省委、省政府研究决定，将孔子文化节的各项具体筹备组织事宜交济宁、曲阜两级市筹办，省里负责部分对上对下协调事宜。1991年，济宁市成立由济宁市委副书记徐炳熹任组长，济宁市委常委、副市长张知平，曲阜市委副书记、市长房立泉任副组长，济宁市直有关部门主要负责人和曲阜市委市政府有关领导任成员的孔子文化节筹备工作领导小组。领导小组下设办公室、礼宾接待组、文化宣传组、经贸洽谈组、旅游开发组、安全保卫组。1992年，济宁市成立由济宁市委副书记徐炳熹任组长，济宁市委常委、副市长张知平，济宁市委常委、宣传部部长周广珍，曲阜市委书记崔波，济宁市副市长唐伦伟任副组长，济宁市直有关部门主要负责人和曲阜市负责人任成员的孔子文化节筹备工作领导小组。领导小组下设办公室、文化组、旅游组、经贸组、宣传组、社会“三优组”、接待组、保卫组。

曲阜市根据工作需要和对应上级组织领导要求，先后成立孔子文化节组织委员会、筹备工作领导小组、孔子文化节筹备工作指挥部等。1993～2011年，曲阜市委、市政府每年均成立孔子文化节筹备工作领导小组，由市委、市政府主要领导任组长，市分管领导任副组长，市直有关部门的主要负责人为成员。领导小组下设若干工作组，工作组长由承担筹备工作任务较重的单位或部门主要负责人担任，各工作组实行组长负责制，每项的具体筹备工作组长是第一责任人。其间，1994年曲阜市委、市政府决定设立曲阜市孔子文化节办公室，为正科级事业单位。2012～2017年，曲阜市孔子文化节筹备工作实行指挥部负责制，成立中国（曲阜）国际孔子文化节曲阜指挥部，由1位市级领导担任总指挥或指挥长，有关市领导任副指挥长，市直有关部门主要负责人任成员，指挥部下设若干工作组。

2004年6月，为提升孔子文化节的办节水准，充分发挥孔孟之乡整体优势，使孔子文化节的节庆功能与孔子文化品牌和孔子文化节在海内外的知名度相适应，济宁市委、市政府决定设立济宁市节会活动办公室，为正县级事业单位，办公室主任由市委副秘书长兼任。此后孔子文化节活动由济宁市主办，各项筹备组织工作包括策划创意、确定活动、对上联络等，均由济宁市负责，曲阜市由主办转为配合，主要是负责组织筹备祭孔大典、为开幕式等在曲阜举办的大型活动提供场地保障和后勤保障等。2008年6月，济宁市节会活动办公室更名为济宁市孔子文化节办公室。2004～2017年，济宁市成立由济宁市委、市政府主要领导任主任，济宁市级有关领导任副主任，济宁市直有关部门主要负责人为成员的中国（曲阜）国际孔子文化节济宁市执（组）委会，曲阜市委、市政府主要领导及有关市级领导任副主任或成员。2004～2008年，执委会下设若干工作组；2009～2017年，执委会下设指挥部和若干工作组，具体负责筹备工作。

2007年，成立由中共山东省委书记李建国、文化部部长孙家正、国家旅游局局长邵琪伟、中华全国归国华侨联合会主席林兆枢任名誉主任，山东省代省长姜大明、文化部副部长孟晓驷、教育部副部长章新胜、国家旅游局副局长杜江、中华全国归国华侨联合会副主席李本均任主任，山东省副省长才利民等任副主任，省直有关部门主要负责人和济宁市委、市政府主要领导任成员的2007中国（曲阜）国际孔子文化节组委会。之后，山东省人民政府、文化部、教育部、国家旅游局每年均联合成立中国（曲阜）国际孔子文化节组委会。

第一节　组委会、领导小组、指挥部及其工作机构

1989年、1990年，山东省成立孔子文化节筹备委员会，曲阜市对应成立曲阜市孔子文化节组织委员会。1991年，山东省决定将孔子文化节的筹备组织工作，交济宁市、曲阜市负责。1991～1992年，济宁市成立孔子文化节领导小组，组成济宁、曲阜两级市相关人员参加的组织机构。1993～2011年，曲阜市成立孔子文化节筹备工作领导小组，下设办公室和若干工作组。2012～2017年，更名为中国（曲阜）国际孔子文化节曲阜指挥部，下设若干工作组。2004～2017年，济宁市成立中国（曲阜）国际孔子文化节济宁市执（组）委会，2004～2008年下设若干工作组，2009年开始下设指挥部和若干工作组。2007～2017年，山东省人民政府、文化部、教育部、国家旅游局联合成立中国（曲阜）国际孔子文化节组委会。

1989～1990年曲阜市孔子文化节组委会成员表

表1-1

年　份	职　务	姓　名	所在单位及职务
1989	主　任	崔　波	市委书记
	副主任	房立泉	市委副书记、代市长
		李克胜	市委副书记
	成　员	步长存	市委常委、办公室主任
		卢兆河	市委常委、宣传部部长
		赵翠英	市人大常委会副主任
		许传俊	副市长
		鄢辉增	副市长
		刘祥德	副市长
		翟胜奎	市政协副主席
		徐寿嶂	市政协副主席
1990	主　任	李胜利	市委副书记
	副主任	步长存	副市长
		刘祥德	市政协副主席
	成　员	徐寿嶂	市政协副主席
		卓志华	市涉外工委主任
		宋德友	市涉外工委副主任
		邹何生	市委研究室原主任

续表

年 份	职 务	姓 名	所在单位及职务
1990	成 员	程藻章	市原涉外党委书记
		朱学亮	市政协原民族联谊委主任
		邢志远	市经委主任
		刘 斌	市委宣传部副部长
		孔祥成	市外办主任
		孔德祥	市财办主任
		杨兆席	市文物管理局局长
		孔祥金	市旅游局局长
		宋殿钧	市接待处处长
		刘景常	市财政局局长
		李 炘	市公安局局长
		李忠心	市经协办主任
		孔凡泗	市市政局局长
		韦良元	市安全局局长
		李维生	市委研究室副主任
		陈传平	市政府研究室副主任

1989～1990年曲阜市孔子文化节组委会工作机构成员表

表1-2

年 份	部 门	职 务	姓 名
1989	办公室	主 任	刘祥德
		常务副主任	步长存
		副主任	邹何生 程藻章 朱学亮
	展览组	组 长	孔祥林
		副组长	关启生
	文艺组	组 长	杨兆席
		副组长	夏祥敬
	旅游组	组 长	吴允刚
		副组长	郭良文
	资金筹集组	组 长	隋云宽
		副组长	刘东海

续表

年 份	部 门	职 务	姓 名
1989	经济组	组 长	邢志远
		副组长	徐昭贵
	接待组	组 长	宋殿钧
		副组长	霍云霞
	安全保卫组	组 长	李 炘
		副组长	韦良元
1990	办公室	主 任	步长存
		常务副主任	宋德友
		副主任	邹何生 程藻章 朱学亮 李维生 陈传平
	宣传组	组 长	刘 斌
		副组长	夏祥敬
	展览组	组 长	扈明秀
		副组长	林 泉
	旅游组	组 长	孔祥金
		副组长	吴书杰
	文艺组	组 长	孔祥会
		副组长	王长庚 步来明
	内宾接待组	组 长	宋殿钧
		副组长	邢殿桂
	外宾接待组	组 长	孔祥成
		副组长	郭良文
	安全保卫组	组 长	李 炘
		副组长	韦良元
	环境组	组 长	孔凡泗
		副组长	王润宣
	经济组	组 长	邢志远
		副组长	孔德祥 李忠心 刘长荣
	资金组	组 长	刘景常
		副组长	李玉玺

1991～1992年济宁市孔子文化节筹备领导小组成员表

表1-3

年　份	职　务	姓　名	所在单位及职务
1991	组　长	徐炳熹	济宁市委副书记
	副组长	张知平	济宁市委常委、副市长
		房立泉	曲阜市委副书记、市长
	成　员	李立欣	济宁市委副秘书长
		马兴文	济宁市政府副秘书长
		朱本芸	济宁市委宣传部副部长
		晁中玺	济宁市经贸委主任
		周良喜	济宁市经委主任
		李志顺	济宁市物资局局长
		贾克乾	济宁市外贸局局长
		张子恒	济宁市文物局局长
		刘作卿	济宁市外办副主任
		段正磊	济宁市公安局副局长
		赵謦钟	济宁市文化局副局长
		李胜利	曲阜市委副书记
		步长存	曲阜市副市长
		隋云宽	曲阜市副市长
1992	组　长	徐炳熹	济宁市委副书记
	副组长	张知平	济宁市委常委、副市长
		周光珍	济宁市委常委、宣传部部长
		崔　波	曲阜市委书记
		唐伦伟	济宁市副市长
	成　员	市直有关部门和曲阜市负责人	

1991～1992年济宁市孔子文化节筹备领导小组工作机构成员表

表1-4

年 份	部 门	职 务	姓 名
1991	办公室	主 任	马兴文
		副主任	李胜利 步长存 卓志华
	礼宾接待组	组 长	李立欣
		副组长	朱运来 孔祥金 林庆山 宋殿钧
	文化宣传组	组 长	朱本芸
		副组长	卢兆河 赵警钟 孔祥会 张玉泉
	经贸洽谈组	组 长	马兴文
		副组长	晁中玺 周喜良 李志顺 贾克乾 隋云宽 李忠心 邢志远
	旅游开发组	组 长	刘作卿
		副组长	吴书杰 杨兆席
	安全保卫组	组 长	段正磊
		副组长	李 炘 韦良元
1992	办公室	主 任	孙明夫
		副主任	房立泉 李立欣 李克胜 步长存
	文化组	组 长	步长存
		副组长	孔祥林 孔祥会
	旅游组	组 长	刘作卿
		副组长	孔祥金
	经贸组	组 长	马兴文
		副组长	晁中玺 潘汉久 贾克乾 李志顺 肖嘉善 车法科 高文秀
	宣传组	组 长	陈 民
		副组长	刘 斌
	社会“三优”组	组 长	杨春炳
		副组长	赵金钟
	接待组	组 长	李立欣
		副组长	宋殿钧
	保卫组	组 长	李鸣昌
		副组长	刘增歧 李 炘

1993～2011年曲阜市孔子文化节筹备领导小组成员表

表1-5

年 份	职 务	姓 名	所在单位及职务
1993	组 长	许传俊	市委副书记、市长
	副组长	李进普	市委副书记
		卢兆河	市委副书记、副市长
		赵元山	副市长
		陈学英	市委常委、宣传部部长
		刘芝峰	市委常委、政法委书记
		韦良华	副市长
	成 员	宋德友 李维生 陈传平 邹何生 程藻章 朱学亮 刘金山 李忠心 孔凡昌 步长金 刘长荣 孔德祥 孙玉山 吴德功 陈伯良 闫 忠 刘 斌 孔祥金 夏祥敬 孟凡亮 孔祥林 孔祥会 孔祥金 张钦友 宋殿钧 何建新 孔凡泗 王润宣 武贞俊 房立水 刘景常 曹方俊	
1994	组 长	许传俊	市委副书记、市长
	副组长	李进普	市委副书记
		卢兆河	市委副书记、副市长
		高洪彦	市委常委、人武部政委
		王克孝	市委常委、市委办公室主任
		陈学英	市委常委、宣传部部长
		刘芝峰	市委常委、政法委书记
		付洪云	市人大常委会副主任
		赵元山	副市长
		韦良华	副市长
		刘金山	副市长
		徐寿嶂	市政协副主席
		邢志远	市长助理、市旅游经济开发区管委会主任
	成 员	李维生	市委办公室副主任
		刘 斌	市委宣传部副部长
		陈 方	市政府办公室副主任
		陈传平	市政府办公室副主任

续表

年 份	职 务	姓 名	所在单位及职务
1994	成 员	孟凡亮	市孔子文化节办公室主任
		宋志远	市孔子文化节办公室副主任
		宋德友	市机关后勤服务处处长
		宋殿钧	市机关后勤服务处党支部书记
		邹何生	市委办公室原副主任
		程藻章	原涉外党委书记
		朱学亮	市政协办公室原主任
		董福兴	市计委主任
		刘长荣	市经贸委主任
		孔德祥	市经贸委副主任、财办主任
		闫 忠	市经贸委副主任
		孙玉山	市经贸委副主任、二轻工业集团总公司总经理
		何建新	市建委主任
		李忠心	市外经贸委主任
		孔凡昌	市科委主任
		陈祥虎	市文体委主任
		扈明秀	市文体委副主任
		孔凡鹏	市教委主任
		孔祥林	市文管会主任
		孔祥金	市旅游局局长
		吴德功	市人事局局长
		李玉玺	市财政局局长
		王保瑾	市乡镇企业局局长
		武贞俊	市公安局局长
		房立水	市安全局局长
		王润宣	市工商物价局局长
		袁俊楼	市交通局局长
		陈伯良	市人行行长
		夏祥敬	曲阜报社社长
		孔祥全	市广播电视中心主任

续表

年份	职务	姓名	所在单位及职务
1994	成员	杜立兴	市供电公司经理
		步长金	市物资集团总公司总经理
		曹方俊	曲阜镇党委书记
1995	组长	许传俊	市委副书记、市长
	副组长	李进普	市委副书记
		谷传祥	市委副书记、副市长
		高洪彦	市委常委、市人武部政委
		王克孝	市委常委、市委秘书长
		刘芝峰	市委常委、政法委书记
		付洪云	市人大常委会副主任
		赵元山	副市长
		韦良华	副市长
		马书轩	副市长
		刘金山	副市长
		吴建忠	副市长
		孔庆玺	市政协副主席
		邢志远	市长助理、市旅游经济开发区管委会主任
	成员	孟凡亮	市孔子文化节办公室主任
		宋德友	市机关后勤服务处处长
		董福兴	市计委主任
		刘长荣	市经贸委主任
		杨新华	市财办副主任
		何建新	市建委主任
		李忠心	市外经贸委主任
		孔凡昌	市科委主任
		陈祥虎	市文体委主任
		孔凡鹏	市教委主任
		孔祥林	市文管会主任
		孔祥金	市旅游局局长
		陶宪法	市卫生局局长

续表

年份	职务	姓名	所在单位及职务
1995	成员	吴德功	市人事局局长
		李玉玺	市财政局局长
		王保瑾	市乡镇企业局局长
		武贞俊	市公安局局长
		房立水	市安全局局长
		王润宣	市工商物价局局长
		袁俊楼	市交通局局长
		赵希臣	市人行行长
		夏祥敬	曲阜报社社长
		孔祥全	市广播电视中心主任
		杜立兴	市供电公司经理
		步长金	市物资集团总公司总经理
		曹方俊	曲阜镇党委书记
		白云华	书院乡党委书记
1996	组长	许传俊	市委副书记、市长
	副组长	李进普	市委副书记
		谷传祥	市委副书记、副市长
		王贺新	市委副书记
		王德金	市委常委、市纪委书记
		王克孝	市委常委、市委秘书长
		刘芝峰	市委常委、政法委书记
		郭庆海	市委常委、市人武部政委
		付洪云	市人大常委会副主任
		赵元山	副市长
		韦良华	副市长
		马书轩	副市长
		刘金山	副市长
		徐惠林	市政协副主席
		邢志远	市长助理、市旅游经济开发区管委会主任

续表

年　份	职　务	姓　名	所在单位及职务
	成　员	张连坡	市委副秘书长、市委办公室主任
		陈　方	市政府办公室主任
		孟凡亮	市孔子文化节办公室主任
		孔祥金	市旅游局局长
		陈传平	市文化局局长
		孔祥林	市文管会主任
		宋德友	市机关后勤服务处处长
		赵丙生	市计委主任
		刘长荣	市经贸委主任
		朱润笃	市建委主任
		李忠心	市外经贸委主任
		孔凡昌	市科委主任
		陈祥虎	市体委主任
		孔凡鹏	市教委主任
		陶宪法	市卫生局局长
		李玉玺	市财政局局长
		黄德吉	市乡镇企业局局长
		武贞俊	市公安局局长
		房立水	市安全局局长
		王润宣	市工商局局长
		王庆生	市物价局局长
		袁俊楼	市交通局局长
		李开儒	市广播电视局局长
		夏祥敬	曲阜报社社长
		杜立兴	市供电公司经理
		曹方俊	曲阜镇党委书记
		白云华	书院乡党委书记
1997	组　长	许传俊	市委副书记、市长
	副组长	李进普	市委副书记
		谷传祥	市委副书记、副市长

续表

年　份	职　务	姓　名	所在单位及职务
1997	副组长	王德金	市委常委、市纪委书记
		王克孝	市委常委、市委秘书长
		刘芝峰	市委常委、政法委书记
		郭庆海	市委常委、市人武部政委
		付洪云	市人大常委会副主任
		赵元山	副市长
		韦良华	副市长
		马书轩	副市长
		刘金山	副市长
		徐惠林	市政协副主席
		邢志远	市长助理、市旅游经济开发区管委会主任
	成　员	张连坡	市委副秘书长、市委办公室主任
		陈　方	市政府办公室主任
		孟凡亮	市孔子文化节办公室主任
		孔祥金	市旅游局局长
		陈传平	市文化局局长
		孔祥林	市文管会主任
		宋德友	市机关后勤服务处处长
		赵丙生	市计委主任
		刘长荣	市经贸委主任
		杨新华	市财办主任
		朱润笃	市建委主任
		李忠心	市外经贸委主任
		孔凡昌	市科委主任
		陈祥虎	市体委主任
		孔凡鹏	市教委主任
		陶宪法	市卫生局局长
		李玉玺	市财政局局长
		黄德吉	市乡镇企业局局长
		武贞俊	市公安局局长

续表

年 份	职 务	姓 名	所在单位及职务
1997	成 员	房立水	市安全局局长
		王润宣	市工商局局长
		王庆生	市物价局局长
		袁俊楼	市交通局局长
		李开儒	市广播电视局局长
		袁 明	曲阜报社社长
		杜立兴	市供电公司经理
		曹方俊	曲阜镇党委书记
		白云华	书院镇党委书记
1998	组 长	谷传祥	市委副书记、市长
	副组长	王克孝	市委副书记、副市长
		赵元山	市委副书记
		马书轩	市委常委、市纪委书记
		郭庆海	市委常委、市人武部政委
		曹方俊	市委常委、市委秘书长
		许 可	市委常委、宣传部部长
		刘祥德	市人大常委会副主任
		韦良华	副市长
		刘灿镇	副市长
		颜世全	副市长
		吴霁雯	副市长（挂职）
		张继鹏	市政协副主席
	成 员	李维生	市委副秘书长、市委办公室主任
		陈 方	市政府办公室主任
		刘长荣	市经贸委主任
		杨新华	市财办主任
		刘汉武	市计委主任
		王庆生	市物价局局长
		朱润笃	市建委主任
		刘德林	市科委主任

续表

年　份	职　务	姓　名	所在单位及职务
1998	成　员	孔凡鹏	市教委主任
		陈祥虎	市体委主任
		张现群	市公安局党委书记
		赵丙生	市财政局局长
		袁俊楼	市交通局局长
		陶宪法	市卫生局局长
		陈传平	市文化局局长
		王润宣	市工商局局长
		黄德吉	市乡企局局长
		李忠心	市外经贸委主任
		孔祥金	市旅游局局长
		房立水	市安全局局长
		侯信杰	市供电公司经理
		袁　明	曲阜报社社长
		宋德友	市机关后勤服务处处长
		孟凡亮	市孔子文化节办公室主任
		孔祥林	市文管会主任
		李开儒	市广播电视局局长
		刘振林	曲阜镇党委副书记、镇长
		孔凡春	书院镇党委副书记、镇长
1999	组　长	谷传祥	市委副书记、市长
	副组长	王克孝	市委副书记、副市长
		赵元山	市委副书记
		马书轩	市委常委、市纪委书记
		郭庆海	市委常委、市人武部政委
		曹方俊	市委常委、市委秘书长
		陈　方	市委常委、宣传部部长
		刘祥德	市人大常委会副主任
		韦良华	副市长
		许　可	副市长

续表

年份	职务	姓名	所在单位及职务
1999	副组长	刘灿镇	副市长
		颜世全	副市长
		吴霁雯	副市长（挂职）
		张继鹏	市政协副主席
	成员	李维生	市委副秘书长、市委办公室主任
		张东伟	市政府办公室主任
		刘振林	市经贸委主任
		杨新华	市财办主任
		刘汉武	市计委主任
		王庆生	市物价局局长
		朱润笃	市建委主任
		刘德林	市科委主任
		陈广河	市教委主任
		陈祥虎	市体委主任
		张现群	市公安局局长
		赵丙生	市财政局局长
		高士华	市交通局局长
		丰宗灿	市卫生局局长
		陈传平	市文化局局长
		王润宣	市工商局局长
		黄德吉	市乡企局局长
		李忠心	市外经委主任
		孔祥金	市旅游局局长
		房立水	市国家安全局局长
		侯信杰	市供电公司经理
		袁　明	曲阜日报社社长
		宋德友	市机关后勤服务处处长
		孟凡亮	市孔子文化节办公室主任
		孔祥林	市文管会主任
		李开儒	市广播电视局局长

续表

年份	职务	姓名	所在单位及职务
1999	成员	张继友	曲阜镇党委副书记、镇长
		孔凡春	书院镇党委副书记、镇长
2000	组长	谷传祥	市委副书记、市长
	副组长	王克孝	市委副书记、副市长
		赵元山	市委副书记
		马书轩	市委常委、市纪委书记
		郭庆海	市委常委、市人武部政委
		曹方俊	市委常委、市委秘书长
		陈方	市委常委、宣传部部长
		刘祥德	市人大常委会副主任
		韦良华	副市长
		刘灿镇	副市长
		颜世全	副市长
		吴霁雯	副市长
		张继鹏	市政协副主席
		柴林庆	市长助理、孔子旅游集团有限公司董事长
	成员	李维生	市委副秘书长、市委办公室主任
		刘凤华	市委副秘书长、市机关后勤服务处处长
		张东伟	市政府办公室主任
		刘振林	市经贸委主任
		杨新华	市财办主任
		刘汉武	市计委主任
		王庆生	市物价局局长
		朱润笃	市建委主任
		刘德林	市科委主任
		陈广河	市教委主任
		陈祥虎	市体委主任
		张现群	市公安局局长
		赵丙生	市财政局局长
		高士华	市交通局局长

续表

年份	职务	姓名	所在单位及职务
2000	成员	丰宗灿	市卫生局局长
		陈传平	市文化局局长
		王润宣	市工商局局长
		黄德吉	市乡企局局长
		李忠心	市外经委主任
		孔祥金	市旅游局局长
		房立水	市国家安全局局长
		侯信杰	市供电公司经理
		袁明	曲阜日报社社长
		孟凡亮	市孔子文化节办公室主任
		孔祥林	市文管会主任
		李开儒	市广播电视局局长
		张继友	曲阜镇党委副书记、镇长
		孔凡春	书院镇党委副书记、镇长
2001	组长	王庆成	市委副书记、代市长
	副组长	王克孝	市委副书记、副市长
		赵元山	市委副书记
		江成	市委副书记（挂职）
		马书轩	市委副书记、市纪委书记
		郭庆海	市委常委、市人武部政委
		曹方俊	市委常委、市委秘书长
		李维生	市委常委、宣传部部长
		刘祥德	市人大常委会副主任
		韦良华	副市长
		许可	副市长
		刘灿镇	副市长
		颜世全	副市长
		吴霁雯	副市长
		张继鹏	市政协副主席
		柴林庆	市长助理、孔子旅游集团有限公司董事长

续表

年 份	职 务	姓 名	所在单位及职务
2001	副组长	邱振平	市长助理、市旅游经济开发区管委会主任
	成 员	李建伟	市委副秘书长、市委研究室主任、市委办公室副主任
		孔令绍	市委宣传部副部长、市外宣办主任
		李开儒	市委宣传部副部长、市广电局局长
		张东伟	市政府办公室主任
		刘汉武	市计委主任
		王庆生	市物价局局长
		刘 伟	市建委主任
		刘德林	市科委主任
		刘 斌	市教委主任
		尹 芳	市体委主任
		张现群	市公安局局长
		赵丙生	市财政局局长
		高士华	市交通局局长
		丰宗灿	市卫生局局长
		韩 益	市文化局局长
		杨杰敏	市工商局局长
		黄德吉	市乡企局局长
		李忠心	市外经委主任
		孔祥金	市旅游局局长
		房立水	市国家安全局局长
		袁 明	曲阜日报社社长
		宋德友	市机关后勤服务处书记
		侯信杰	市供电公司经理
		孟凡亮	市孔子文化节办公室主任
		陈传平	市文管会主任
		张继友	鲁城街道办事处主任
		孔凡春	书院街道办事处主任
2002	组 长	王庆成	市委副书记、市长

续表

年 份	职 务	姓 名	所在单位及职务
2002	副组长	王克孝	市委副书记、副市长
		赵元山	市委副书记
		江 成	市委副书记（挂职）
		马书轩	市委副书记
		曹方俊	市委常委、市委秘书长
		李维生	市委常委、宣传部部长
		孙建国	市委常委、市人武部政委
		刘祥德	市人大常委会副主任
		韦良华	副市长
		许 可	副市长
		刘灿镇	副市长
		颜世全	副市长
		吴霁雯	副市长
		张继鹏	市政协副主席
		邱振平	市长助理、市经济开发区管委会主任
	成 员	孔德平	市委副秘书长、市委办公室副主任
		沈 伟	市委副秘书长、市直机关后勤服务处处长
		孔令绍	市委宣传部副部长、市外宣办主任
		李开儒	市委宣传部副部长、市广电局局长
		张东伟	市长助理、市政府办公室主任
		刘汉武	市发展计划局局长
		刘 斌	市教育局局长
		刘德林	市科技局局长
		张现群	市公安局局长
		赵业勇	市财政局局长
		高士华	市交通局局长
		韩 益	市文化局局长
		陈传平	市文物管理局局长
		丰宗灿	市卫生局局长
		刘 伟	市建设局局长

续表

年　份	职　务	姓　名	所在单位及职务
2002	成　员	孔祥金	市旅游局局长
		黄德吉	市物价局局长
		刘志秀	市外经贸局局长
		房立水	市国家安全局局长
		杨杰敏	市工商局局长
		袁　明	曲阜日报社社长
		侯信杰	市供电公司经理
		柴林庆	孔子旅游集团党委书记、总经理
		张立珠	孔子国际旅游股份有限公司总经理
		刘秀广	鲁城街道办事处主任
		李广俊	书院街道办事处主任
		孟凡亮	市孔子文化节办公室主任
2003	组　长	江　成	市委副书记、市长
	副组长	马书轩	市委副书记
		郭庆海	市委副书记、市纪委书记
		曹方俊	市委副书记
		韦良华	市委常委、政法委书记
		李　玲	市委常委、宣传部部长
		李维生	市委常委、市委秘书长
		孙建国	市委常委、市人武部政委
		高洪彦	市人大常委会副主任
		刘灿镇	副市长
		吴霁雯	副市长
		孙友勋	副市长
		张公迁	副市长
		赵永和	副市长
		张继鹏	市政协副主席
		邱振平	市长助理、市经济开发区管委会主任
		单运香	市文物旅游党工委书记
		孟凡亮	市孔子文化节办公室主任

续表

年 份	职 务	姓 名	所在单位及职务
2003	成 员	孔德平	市委副秘书长、市委办公室主任
		沈 伟	市委副秘书长、市直机关后勤服务处处长
		孔令绍	市委宣传部副部长、市外宣办主任
		李开儒	市委宣传部副部长、市广电局局长
		韩 益	市委宣传部副部长、市文化局局长、市文化市场管理办公室主任
		袁 明	曲阜日报社社长
		张东伟	市长助理、市政府办公室主任
		侯信杰	市长助理、市供电公司经理
		王书举	市政府办公室副主任、压煤办主任
		刘汉武	市发展计划局局长
		吕 斌	市经贸局局长
		刘 斌	市教育局局长
		刘德林	市科技局局长
		张现群	市公安局局长
		赵业勇	市财政局局长
		高士华	市交通局局长
		陈传平	市文物管理局局长
		丰宗灿	市卫生局局长
		刘 伟	市建设局局长
		孔祥金	市旅游局局长
		刘志秀	市外经贸局局长
		黄德吉	市物价局局长
		房立水	市国家安全局局长
		张宗臣	市工商局局长
		吴建伟	孔子国际旅游股份有限公司总经理
		王天祥	鲁城街道办事处主任
		李广俊	书院街道办事处主任
2004	组 长	江 成	市委副书记、市长
	副组长	马书轩	市委副书记
		郭庆海	市委副书记、市纪委书记

续表

年 份	职 务	姓 名	所在单位及职务
2004	副组长	邵明川	市委副书记（挂职）
		韦良华	市委常委、政法委书记
		李 玲	市委常委、宣传部部长
		李维生	市委常委、市委秘书长
		孙建国	市委常委、市人武部政委
		高洪彦	市人大常委会副主任
		王鸣放	市人大常委会副主任
		刘灿镇	副市长
		吴霁雯	副市长
		孙友勋	副市长
		张公迁	副市长
		赵永和	副市长
		张继鹏	市政协副主席
		张连坡	市政协副主席、市委统战部部长
		邱振平	市长助理、市经济开发区管委会主任
		单运香	市文化遗产党工委副书记、管委会副主任
		孟凡亮	市孔子文化节办公室主任
2005	组 长	江 成	市委副书记、市长
	副组长	马书轩	市委副书记
		郭庆海	市委副书记、市纪委书记
		解红日	市委副书记（挂职）
		韦良华	市委常委、政法委书记
		李 玲	市委常委、宣传部部长
		李维生	市委常委、市委秘书长
		王鸣放	市人大常委会副主任
		刘灿镇	副市长
		吴霁雯	副市长
		孙友勋	副市长
		张公迁	副市长
		赵永和	副市长

续表

年份	职务	姓名	所在单位及职务
2005	副组长	张继鹏	市政协副主席
		张连坡	市政协副主席、市委统战部部长
		张东伟	市长助理、市政府办公室主任
		邱振平	市长助理、市经济开发区管委会主任
		单运香	市文化遗产党工委副书记、管委会副主任
		孟凡亮	市孔子文化节办公室主任
2006	组长	江成	市委副书记、市长
	副组长	马书轩	市委副书记
		郭庆海	市委副书记、市纪委书记
		曹方俊	市委副书记
		韦良华	市委常委、政法委书记
		李玲	市委常委、宣传部部长
		王鸣放	市人大常委会副主任
		刘灿镇	副市长
		吴霁雯	副市长
		孙友勋	副市长
		张公迁	副市长
		赵永和	副市长
		张继鹏	市政协副主席
		张连坡	市政协副主席、市委统战部部长
		李建伟	市委副秘书长、市委办公室主任
		韩益	市长助理、市政府办公室主任
		邱振平	市长助理、市经济开发区管委会主任
		单运香	市文化遗产党工委副书记、管委会副主任
		袁明	市孔子文化节办公室主任
2007	组长	朱庆安	市委书记、市人大常委会主任
	常务副组长	刘森	市委副书记、市长
	副组长	郭庆海	市委副书记
	成员	李玲	市委常委、宣传部部长
		李维生	市委常委、副市长

续表

年份	职务	姓名	所在单位及职务
2007	成员	孔令玉	市委常委、政法委书记
		王骁	市委常委、市委秘书长
		王鸣放	市人大常委会副主任
		刘灿镇	副市长
		吴霁雯	副市长
		张公迁	副市长
		赵永和	副市长
		刘秀广	副市长、鲁城街道党工委书记
		韦挺	市政协副主席、市委统战部部长
		李建伟	市委副秘书长、市委办公室主任、市委台湾工作办公室主任
		邱振平	市长助理
		李广俊	市政府办公室主任
		荣民	市公安局局长
		单运香	市文化遗产党工委副书记、管委会副主任
		袁明	市孔子文化节办公室主任
2008	组长	朱庆安	市委书记、市人大常委会主任
		刘森	市委副书记、市长
	副组长	郭庆海	市委副书记
		马培国	市委副书记（挂职）
		李玲	市委常委、宣传部部长
		杨凤东	市委常委、副市长
		齐建新	市委常委、市纪委书记
		李维生	市政府党组副书记、市文化遗产党工委书记、管委会主任
		孔令玉	市委常委、市委政法委书记
		王骁	市委常委、市委秘书长
		王志泉	市委常委、组织部部长
		王鸣放	市人大常委会副主任
		张公迁	副市长
		赵永和	副市长
		刘秀广	副市长

续表

年　份	职　务	姓　名	所在单位及职务
2008	副组长	褚福梅	副市长
		张彦喜	副市长（挂职）
		韦　挺	市政协副主席、市委统战部部长
	成　员	王洪正	市委副秘书长、市委市政府督查室主任
		吴天甫	市委副秘书长、市委群工部部长、市信访局局长
		张延真	市委副秘书长、市委保密办主任
		甄海江	市长助理
		荣　民	市长助理、市公安局局长
		张艳书	市长助理、市建设局局长
		孔凡春	市长助理、市经济开发区（时庄镇）党工委（党委）副书记
		赵业勇	市长助理、市财政局局长
		吕　斌	市长助理、市发展和改革局局长
		李广俊	市长助理、市政府办公室主任
		孔令绍	市委宣传部常务副部长、市委外宣办主任
		孔祥金	市委宣传部副部长、市文化局局长
		韩　益	市委宣传部副部长、市广电局局长
		胡士川	市政府办公室副主任、市招商局局长
		刘志秀	市外经贸局局长
		李建伟	市教育局局长
		尹　芳	市体育局局长
		王秀英	市科技局局长
		毛景水	市农业党工委书记、市农业局局长
		孔德平	市文化遗产管委会副主任、市文物局局长
		陈　鹏	市旅游局局长
		丰宗灿	市卫生局局长
		孔庆岱	市环保局局长
		李自俊	市城市管理行政执法局局长
		袁　明	市孔子文化节办公室主任
		颜景汕	市外侨办主任
		侯信杰	市供电公司经理

续表

年份	职务	姓名	所在单位及职务
2009	组长	朱庆安	市委书记、市人大常委会主任
		刘　森	市委副书记、市长
	副组长	郭庆海	市委副书记
		马培国	市委副书记（挂职）
		李　玲	市委常委、宣传部部长
		杨凤东	市委常委、副市长
		齐建新	市委常委、市纪委书记
		李维生	市政府党组副书记、市文化遗产党工委书记、管委会主任
		孔令玉	市委常委、政法委书记
		王　骁	市委常委、市委秘书长
		王志泉	市委常委、组织部部长
		王鸣放	市人大常委会副主任
		张公迁	副市长
		赵永和	副市长
		刘秀广	副市长
		张彦喜	副市长（挂职）
		韦　挺	市政协副主席、市委统战部部长
	成员	孔令俭	市委副秘书长、市委办公室主任
		吴天甫	市委副秘书长、市委群众工作部部长、市信访局局长
		宫同文	市委副秘书长、市委研究室主任
		甄海江	市长助理
		荣　民	市长助理、市公安局局长
		张艳书	市长助理、市建设局局长
		孔凡春	市长助理、开发区党工委副书记
		赵业勇	市长助理、市财政局局长
		吕　斌	市长助理、市发改局局长
		李广俊	市长助理、市政府办公室主任
		孔令绍	市委宣传部常务副部长、市外宣办主任
		韩　益	市委宣传部副部长、市广电局局长
		胡　勇	市委宣传部副部长、市文化局局长

续表

年 份	职 务	姓 名	所在单位及职务
2009	成 员	陈振金	市委政法委副书记
		孔祥立	市委政法委副书记、综治办主任
		王新宏	市政府办公室副主任、会展中心办公室主任
		胡士川	市招商一局局长
		刘志秀	市外经贸局局长、市招商二局局长
		王君磊	团市委副书记
		李建伟	市教育局局长
		艾 国	市交通局局长
		毛景水	市农业党工委书记、市农业局局长
		孔德平	市文化遗产管委会副主任、市文物局局长
		陈 鹏	市旅游局局长
		丰宗灿	市卫生局局长
		孔庆岱	市环保局局长
		李自俊	市城市管理行政执法局局长
		袁 明	市孔子文化节办公室主任
		颜景汕	市外侨办主任
		侯信杰	市供电公司经理
		孔祥金	曲阜文化旅游发展投资集团有限公司总经理
2010	组 长	朱庆安	市委书记、市人大常委会主任
		刘 森	市委副书记、市长
	副组长	郭庆海	市委副书记
		马培国	市委副书记（挂职）
		李 玲	市委常委、宣传部部长
		杨凤东	市委常委、副市长
		齐建新	市委常委、市纪委书记
		李维生	市政府党组副书记、市文化遗产党工委书记、管委会主任
		孔令玉	市委常委、政法委书记
		张公迁	市委常委、副市长
		王 骁	市委常委、秘书长
		马建国	市委常委、组织部部长

续表

年 份	职 务	姓 名	所在单位及职务
2010	副组长	张淑钰	市委常委、副市长（挂职）
		王鸣放	市人大常委会副主任
		赵永和	副市长
		刘秀广	副市长
		褚福梅	副市长
		韩 冬	副市长
		张彦喜	副市长（挂职）
		荣瑞峰	副市长（挂职）
		韦 挺	市政协副主席、市委统战部部长
	成 员	吕 斌	市委副秘书长、办公室主任
		吴天甫	市委副秘书长、群众工作部部长、信访局局长
		宫同文	市委副秘书长、研究室主任
		刘一山	市委副秘书长、督查室主任、台办主任
		甄海江	市长助理
		荣 民	市长助理、市公安局局长
		张艳书	市长助理、市住房和建设局局长
		赵 磊	市长助理、开发区管工委副书记、委会党主任
		赵业勇	市长助理、市财政局局长
		李广俊	市长助理、市政府办公室主任
		张新杰	市委宣传部常务副部长、市外宣办主任
		胡 勇	市委宣传部副部长、市文广新局局长
		陈振金	市委政法委常务副书记
		孔祥立	市委政法委副书记、综治办主任
		李朝阳	市政府办公室副主任、市孔子文化节办公室主任
		王新宏	市政府办公室副主任、会展中心办公室主任
		胡士川	市发改局局长
		张 伟	市招商局局长
		孔文旭	市商务局局长
		艾 国	市交通运输局局长
		朱明慧	团市委副书记

续表

年　份	职　务	姓　名	所在单位及职务
2010	成　员	李建伟	市教育和体育局局长
		毛景水	市农业局党委书记、市农业局局长
		孔德平	市文化遗产党工委副书记、市文物旅游局局长
		丰宗灿	市卫生局局长
		刘仲伟	市食品药品监管局局长
		孔庆岱	市环保局局长
		刘继峰	市城市管理行政执法局局长
		颜景汕	市外侨办主任
		杨军虎	市供电公司经理
		孔祥金	曲阜文化旅游发展投资集团有限公司总经理
		郭　威	市邮政局局长
2011	组　长	李长胜	市委书记、市人大常委会主任
		刘　森	市委副书记、市长
		郭庆海	市委副书记
	副组长	李　玲	市委常委、宣传部部长
		李维生	市政府党组副书记、市文化遗产党工委书记、管委会主任
		孔令玉	市委常委、政法委书记
		张公迁	市委常委、副市长
		王　骁	市委常委、市委办公室主任
		褚福梅	副市长
	成　员	郭益民	市纪委常务副书记
		吕　斌	市委办公室常务副主任
		李广俊	市政府办公室主任
		宫同文	市委办公室副主任、政研室主任
		刘一山	市委办公室副主任、督查室主任、台办主任
		张新杰	市委宣传部常务副部长
		胡　勇	市委宣传部副部长、市文广新局局长
		陈振金	市委政法委常务副书记
		吴天甫	市委群众工作部部长、市信访局局长

续表

年 份	职 务	姓 名	所在单位及职务
2011	成 员	李朝阳	市政府办公室副主任、市孔子文化节办公室主任
		王新宏	市政府办公室副主任、市文化产业园管委会办公室主任、会展中心管理办公室主任
		荣 民	市公安局局长
		赵业勇	市财政局局长
		张艳书	市住房和城乡建设局局长
		刘继峰	市城市管理行政执法局局长
		孔德平	市文化遗产党工委副书记、管委会副主任、市文物旅游局局长
		丰宗灿	市卫生局局长
		刘仲伟	市食品药品监督管理局局长
		孔庆岱	市环境保护局局长
		赵 冉	团市委书记
		杨军虎	市供电公司经理

1993～2011年曲阜市孔子文化节筹备领导小组工作机构成员表

表1-6

年 份	部 门	职 务	姓 名
1993	办公室	主 任	赵元山（兼）
		常务副主任	宋德友
		副主任	李维生 陈传平 邹何生 程藻章 朱学亮
	经科贸组	组 长	刘金山
		副组长	李忠心 孔凡昌 步长金 刘长荣 孔德祥 孙玉山 吴德功 陈伯良 闫 忠
	宣传组	组 长	刘 斌
		副组长	孔祥金 夏祥敬
	展览组	组 长	孟凡亮
		副组长	孔祥林 白仲友 吴书杰 贾祥生
	旅游组	组 长	孔祥金
		副组长	孟庆河
	文艺会务组	组 长	孔祥会
		副组长	扈明秀 田慧芬 王长庚 步来明

续表

年　份	部　门	职　务	姓　名
1993	外宾接待组	组　长	郭良文
		副组长	张钦友　秦　娜　姜士兰　孔繁林
	内宾接待组	组　长	宋殿钧
		副组长	邢殿桂
	社会三优组	组　长	何建新
		副组长	孔凡泗　王润宣　袁俊楼　孔祥良　林智广　王国栋　徐振国　李　斌
	安全保卫组	组　长	武贞俊
		副组长	房立水
	资金组	组　长	刘景常
		副组长	李玉玺
1994	办公室	主　任	赵元山（兼）　孟凡亮
		副主任	陈　方　宋志远　李维生　宋德友　陈传平　邹何生　程藻章　朱学亮
	经贸科技组	组　长	刘长荣
		副组长	李忠心　董福兴　孔凡昌　王保瑾　孔德祥　闫　忠　孙玉山　吴德功　步长金　陈伯良
	宣传组	组　长	刘　斌
		副组长	杨兆席　孔祥全　夏祥敬
	旅游组	组　长	孔祥金
		副组长	孟庆河　吴书杰　赵德祥
	文艺会务组	组　长	扈明秀
		副组长	孔凡鹏　田慧芬　步来明　王长庚
	开幕式会务组	组　长	陈祥虎
		副组长	王汝明　孔凡泗　孔庆辰　杜立兴
	外宾接待组	组　长	郭良文
		副组长	孔祥成　裴凤辰　钱广存
	内宾接待组	组　长	宋殿钧
		副组长	邢殿桂
	展览组	组　长	孔祥林
		副组长	孟庆炎　荀金彪
	社会“三优”组	组　长	何建新
		副组长	王润宣　袁俊楼　朱润笃　林智广　李　斌　刘振林

续表

年 份	部 门	职 务	姓 名
1994	安全保卫组	组 长	武贞俊
		副组长	房立水
	资金组	组 长	李玉玺
1995	办公室	主 任	赵元山（兼） 孟凡亮
		副主任	李维生 陈传平 孔祥金 宋志远 邹何生 程藻章 朱学亮
	经贸科技组	组 长	刘长荣
		副组长	董福兴 李忠心 孔凡昌 王保瑾 杨新华 闫 忠 孙玉山 吴德功 步长金 赵希臣
	宣传组	组 长	杨兆席
		副组长	孔祥金 夏祥敬
	旅游组	组 长	孔祥金
		副组长	孟庆河 吴书杰
	文艺组	组 长	扈明秀
		副组长	吴书杰 步来明 王长庚
	会务组	组 长	程藻章（兼）
		副组长	田慧芬 孟庆钦 王长庚 周 恒
	外宾接待组	组 长	孔祥金
		副组长	孔祥成 裴凤辰 钱广存
	内宾接待组	组 长	宋德友
		副组长	宋殿钧 邢殿桂
	文物组	组 长	孔祥林
		副组长	孟庆炎
	社会三优组	组 长	何建新
		副组长	王润宣 袁俊楼 朱润笃 林智广 李 斌 刘振林
	安全保卫组	组 长	武贞俊
		副组长	房立水
	资金组	组 长	李玉玺
1996	办公室	主 任	赵元山（兼） 孟凡亮
		副主任	刘凤华 杨宪昌 孔祥金 宋志远 邹何生 程藻章 朱学亮
	经贸科技组	组 长	刘长荣
		副组长	赵丙生 李忠心 孔凡昌 黄德吉 杨新华 闫 忠 孙玉山

续表

年份	部门	职务	姓名
1996	宣传组	组长	单运香
		副组长	李开儒　夏祥敬
	旅游组	组长	孔祥金
		副组长	孟庆河　吴书杰
	文艺会务组	组长	陈传平
		副组长	田慧芬　吴书杰　董培森　步来明　王长庚
	外宾接待组	组长	孔祥金
		副组长	钱广存　翟福来　魏广平
	内宾接待组	组长	宋德友
		副组长	宋殿钧　邢殿桂
	文物组	组长	孔祥林
		副组长	孟庆炎
	社会“三优”组	组长	朱润笃
		副组长	王润宣　袁俊楼　林智广　李　斌　刘振林
	安全保卫组	组长	武贞俊
		副组长	房立水
	资金组	组长	李玉玺
1997	办公室	主任	赵元山（兼）　孟凡亮
		副主任	刘凤华　杨宪昌　孔祥金　宋志远　陈传平　李　民　邹何生　程藻章　朱学亮
	经贸科技组	组长	刘长荣
		副组长	赵丙生　李忠心　孔凡昌　黄德吉　杨新华　闫　忠　孙玉山
	宣传组	组长	单运香
		副组长	李开儒　袁　明
	旅游组	组长	孔祥金
		副组长	孟庆河　吴书杰
	文艺会务组	组长	陈传平
		副组长	田慧芬　吴书杰　董培森　步来明　王长庚
	外宾接待组	组长	孔祥金
		副组长	钱广存　孔祥成　邵　勤

续表

年份	部门	职务	姓名
1997	内宾接待组	组长	宋德友
		副组长	李士麦　刘文启
	文物组	组长	孔祥林
		副组长	孟庆炎
	社会三优组	组长	朱润笃
		副组长	王润宣　袁俊楼　于　光　杜立兴　林智广　刘振林
	安全保卫组	组长	武贞俊
		副组长	房立水
	资金组	组长	李玉玺
1998	办公室	主任	颜世全（兼）　孟凡亮
		副主任	刘凤华　杨宪昌　孔祥金　陈传平　宋志远　李　民　邹何生　朱学亮
	经贸科技组	组长	刘长荣
		副组长	刘汉武　刘德林　黄德吉　杨新华　孙玉山
	外经组	组长	李忠心
		副组长	王庆保
	宣传组	组长	孔令绍
		副组长	李开儒　张艳书　袁　明
	旅游外宾组	组长	孔祥金
		副组长	钱广存　邵　勤
	文艺会务组	组长	陈传平
		副组长	田慧芬　陈学林　步来明　王长庚
	内宾接待组	组长	宋德友
		副组长	李士麦　刘文启
	文物组	组长	孔祥林
	社会“三优”组	组长	朱润笃
		副组长	王润宣　袁俊楼　于　光　侯信杰　林智广　刘振林　孔凡春
	安全保卫组	组长	张现群
		副组长	房立水
	资金组	组长	赵丙生

续表

年 份	部 门	职 务	姓 名
1999	办公室	主 任	许 可（兼） 孟凡亮
		副主任	刘凤华 杨宪昌 孔祥金 陈传平 宋志远 李 民 邹何生 朱学亮
	经贸科技组	组 长	刘振林
		副组长	刘汉武 刘德林 黄德吉 杨新华 孙玉山
	外经组	组 长	李忠心
		副组长	王庆保
	宣传组	组 长	孔令绍
		副组长	李开儒 王国栋 袁 明
	旅游外宾组	组 长	孔祥金
		副组长	孔祥成 钱广存 邵 勤
	文艺会务组	组 长	陈传平
		副组长	刘文启 陈学林 步来明 王长庚
	内宾接待组	组 长	宋德友
		副组长	李士麦 刘文启
	文物组	组 长	孔祥林
	社会“三优”组	组 长	朱润笃
		副组长	王润宣 高士华 于 光 张冠群 侯信杰 林智广 张继友 孔凡春
	安全保卫组	组 长	张现群
		副组长	房立水
	资金组	组 长	赵丙生
2000	办公室	主 任	颜世全（兼） 孟凡亮
		副主任	刘凤华 杨宪昌 孔祥金 陈传平 宋志远 李 民 邹何生 朱学亮 田慧芬
	经贸科技组	组 长	刘振林
		副组长	刘汉武 刘德林 黄德吉 杨新华 孙玉山
	外经组	组 长	李忠心
		副组长	王庆保
	宣传组	组 长	孔令绍
		副组长	李开儒 王国栋 袁 明
	旅游外宾组	组 长	孔祥金
		副组长	孔祥成 夏元堂 孔凡震

续表

年　份	部　门	职　务	姓　名
2000	文艺会务组	组　长	陈传平
		副组长	刘文启　陈学林　步来明　王长庚
	内宾接待组	组　长	刘凤华
		副组长	李士麦　刘文启
	文物组	组　长	孔祥林
	社会“三优”组	组　长	朱润笃
		副组长	王润宣　高士华　于　光　张冠群　侯信杰　林智广　张继友　孔凡春
	安全保卫组	组　长	张现群
		副组长	房立水
	资金组	组　长	赵丙生
2001	办公室	主　任	许　可（兼）　孟凡亮
		副主任	宋德友　孔祥金　韩　益　刘志秀　宋志远　李　民
	经贸科技组	组　长	经贸局局长
		副组长	刘德林　刘汉武　黄德吉
	外经组	组　长	李忠心
		副组长	张卫东　王庆保
	宣传组	组　长	孔令绍
		副组长	李开儒　王国栋　袁　明
	旅游外宾组	组　长	孔祥金
		副组长	孔祥成　夏元堂　孔凡震
	文艺会务组	组　长	韩　益
		副组长	郑则江　张立珠　田慧芬　徐会臣　步来明　付忠水
	内宾接待组	组　长	宋德友
		副组长	李士麦　徐会臣
	文物组	组　长	陈传平
	社会“三优”组	组　长	刘　伟
		副组长	杨杰敏　高士华　张洪喜　刘玉峰　侯信杰　张文超　张继友　孔凡春
	安全保卫组	组　长	张现群
		副组长	房立水

续表

年　份	部　门	职　务	姓　名
2001	资金组	组　长	赵丙生
	孔子文化节开幕式组	组　长	赵元山
		副组长	曹方俊　李维生　许　可　柴林庆
		成　员	孟凡亮　韩　益　宋德友　张立珠　张现群
	中国专利高新技术产品博览会组	组　长	颜世全
		副组长	刘德林　张现群
	华商论坛组	组　长	许　可　吴霁雯
		副组长	邱振平　李忠心　郭　瑞　张卫东　张现群
	旅游商品暨旅游热线推介会组	组　长	许　可
		副组长	孔祥金　刘志秀　张现群
2002	办公室	主　任	许　可（兼）孟凡亮
		副主任	沈　伟　孔祥金　韩　益　宋志远　李　民
	经贸科技组	组　长	经贸局局长
		副组长	刘汉武　刘德林
	外经组	组　长	刘志秀
		副组长	张卫东　王庆保
	宣传组	组　长	孔令绍
		副组长	李开儒　王国栋　袁　明
	旅游外宾组	组　长	孔祥金
		副组长	孔祥成
	文艺会务组	组　长	韩　益
		副组长	张立珠　宋志远　郑则江
	内宾接待组	组　长	沈　伟
		副组长	孔德民　李士麦　徐会臣
	文物组	组　长	陈传平
	社会“三优”组	组　长	刘　伟
		副组长	杨杰敏　高士华　张文超　侯信杰　张洪喜　刘玉峰
	安全保卫组	组　长	张现群
		副组长	房立水
	资金组	组　长	赵业勇

续表

年　份	部　门	职　务	姓　名
2003	办公室	主　任	孟凡亮
		副主任	沈　伟　孔祥金　韩　益　宋志远　李　民
	经贸科技组	组　长	吕　斌
		副组长	刘汉武　刘德林
	外经组	组　长	刘志秀
		副组长	张卫东　王庆保
	宣传组	组　长	孔令绍
		副组长	李开儒　袁　明
	旅游外宾组	组　长	孔祥金
		副组长	孔祥成　潘西军
	文艺会务组	组　长	韩　益
		副组长	吴建伟　宋志远　郑则江
	内宾接待组	组　长	沈　伟
		副组长	孔德民　李士麦　徐会臣
	文物组	组　长	陈传平
	社会“三优”组	组　长	刘　伟
		副组长	张宗臣　高士华　孔卫东　侯信杰　张洪喜　王　焜
	安全保卫组	组　长	张现群
		副组长	房立水
	资金组	组　长	赵业勇
2004	办公室	主　任	孟凡亮
		副主任	沈　伟　孔祥金　韩　益　宋志远　李　民　张文兵
	开幕式组	组　长	江　成
		副组长	李维生
		成　员	孟凡亮　张现群　侯信杰　单运香　孔令绍　曹芝生　沈　伟　丰宗灿　韩　益　宋志远
	旅游外宾组	组　长	孔祥金
		副组长	孔祥成
	纪念与学术活动组	组　长	单运香
		副组长	陈传平　孔祥金　韩　益　张现群　赵吉群　张文兵

续表

年　份	部　门	职　务	姓　名
2004	孔氏、颜氏宗亲寻根祭圣活动组	组　长	张连坡
		副组长	陈传平　颜景臣　刘汉武　孔祥成　张卫东 刘志秀　孔凡春　张文兵　孔繁中
	经贸科技组	组　长	吕　斌
		副组长	刘汉武　刘德林
	外经组	组　长	刘志秀
		副组长	张卫东　孔凡春　李方印　孔繁中　王庆保
	宣传组	组　长	孔令绍
		副组长	李开儒
	文化活动组	组　长	韩　益
		副组长	孔令君　郑则江　姬晓林
	接待组	组　长	沈　伟
		副组长	陈传平　李朝阳　张安源　李士麦　颜　凯
	社会“三优”组	组　长	刘　伟
		副组长	张宗臣　高士华　丁爱民　孔卫东　侯信杰 祝　浩　王　焜
	秸秆禁烧组	组　长	邵明川
		副组长	王鸣放　赵永和　张继鹏
		成　员	王广河　张现群
	安全保卫组	组　长	张现群
	资金组	组　长	赵业勇
2005	办公室	主　任	孟凡亮
		副主任	沈　伟　李朝阳　张安源　孔祥金　宋志远 李　民　张文兵
	开幕式组	组　长	江　成
		副组长	李维生
		成　员	孟凡亮　单运香　张现群　侯信杰　曹芝生 孔令绍　李开儒　沈　伟　丰宗灿　韩　益 何　正　宋志远
	全球联合祭孔活动组	组　长	张东伟　单运香
		副组长	陈传平　侯信杰　孔祥金　孔令绍　李开儒 张现群　张安源　孟凡亮　宫同雷　沈　伟 孔祥成　张立峰　刘续兵　孔祥峰
	旅游外宾组	组　长	孔祥金
		副组长	孔祥成

续表

年份	部门	职务	姓名
2005	孔氏、颜氏宗亲寻根祭圣活动组	组长	张连坡
		副组长	陈传平 颜景臣 郭 瑞 刘汉武 孔祥成 张卫东 刘志秀 孔凡春 孔凡栋 孔磊华 张文兵 孔繁中
	经贸科技组	组长	吕 斌
		副组长	刘汉武 刘德林 刘万翠
	外经组	组长	刘志秀
		副组长	张卫东 孔凡春 孔繁中 王庆保
	宣传组	组长	孔令绍
		副组长	王国栋 李开儒 孙 伟
	电视转播组	组长	张安源
		副组长	李开儒 张文超 徐惠臣 姬长春
	文化艺术与学术活动组	组长	陈传平 刘海涛 韩 益
		副组长	孔令君 郑则江 赵吉群
	接待组	组长	沈 伟
		副组长	李朝阳 张安源 李士麦 颜 凯
	社会“三优”组	组长	刘 伟
		副组长	侯信杰 张宗臣 高士华 丁爱民 孔卫东 翟绪明 王 焜
	秸秆禁烧组	组长	解红日
		副组长	王鸣放 赵永和 张继鹏
		成员	王广河 张现群 王洪正
	安全保卫组	组长	张现群
		副组长	何 正 宫同雷 张立峰
	资金组	组长	赵业勇
2006	办公室	主任	袁 明
		副主任	沈 伟 李朝阳 张安源 宋志远 李 民 张文兵 刘凤华
	“孔子教育奖”颁奖仪式与孔子文化节开幕式组	组长	江 成
		成员	李建伟 韩 益 单运香 刘 斌 张现群 侯信杰 孔令绍 张艳书 沈 伟 丰宗灿 孔祥金 袁 明 何 正 宋志远 孔祥成 郭 瑞
	海峡两岸同祭孔活动组	组长	韩 益 单运香
		副组长	孔令绍 侯信杰 张艳书 张现群 张安源 袁 明 宫同雷 沈 伟 孔祥成 郭 瑞 张立峰 孔德平 陈 鹏 刘续兵

续表

年　份	部　门	职　务	姓　名
2006	旅游外宾组	组　长	陈　鹏
		副组长	孔祥成　韩凤举
	孔氏、颜氏宗亲寻根祭圣活动组	组　长	张连坡
		副组长	孔德平　颜景臣　郭　瑞　刘汉武　孔祥成　张卫东　刘志秀　孔凡春　张文兵　孔繁中
	经贸科技组	组　长	吕　斌
		副组长	刘汉武　王秀英　刘万翠　卢　勇
	外经组	组　长	刘志秀
		副组长	张卫东　孔凡春　孔繁中　王庆保
	宣传组	组　长	孔令绍
		副组长	王国栋　张艳书　孙　伟
	文化艺术与学术活动组	组　长	孔德平　孔祥金
		副组长	孔令君　郑则江　赵吉群
	接待组	组　长	沈　伟
		副组长	李朝阳　张安源　李士麦　颜　凯　刘凤华　高宪生
	社会“三优”组	组　长	刘　伟
		副组长	侯信杰　张宗臣　高士华　丁爱民　李自俊　翟绪明　王　焜
	电视转播组	组　长	张安源
		副组长	张艳书　张文超　孔德平　姬长春
	秸秆禁烧组	组　长	曹方俊
		副组长	王鸣放　赵永和　张继鹏
		成　员	毛景水　张现群　王洪正
	安全保卫组	组　长	张现群
		副组长	何　正　宫同雷　张立峰
	资金组	组　长	赵业勇
2007	综合协调组	组　长	李维生
		副组长	李建伟　邱振平　李广俊　单运香　袁　明
		成　员	吴天甫　侯信杰　孔令绍　孔祥金　张艳书　张立峰　郭　瑞　刘　斌　尹　芳　荣　民　丰宗灿　孔德平　陈　鹏　何　正　宋志远　孔祥成　刘续兵　张文兵

续表

年份	部门	职务	姓名
2007	台商孔子故里行暨经贸活动组	组长	郭庆海 刘灿镇
		常务副组长	李建伟
		副组长	孔凡春 郭瑞 胡士川 刘志秀 吕斌 张新杰 毛景水 卢勇 陈鹏 陈凡琳
	宣传组	组长	李玲
		常务副组长	孔令绍
		副组长	张艳书 孙伟
	电视直播组	组长	李玲
		常务副组长	朱民
		副组长	张艳书 孔德平 孔卫东 姬常春
	接待组	组长	王骁
		常务副组长	张延真
		副组长	王伟 孔祥龙 贾兵 熊宝玉 孟坡 张文兵
		成员	刘长青 孔凡波 高晓华 宋传德 李方印 付洪林
	招商组	组长	张公迁
		副组长	胡士川 刘志秀
		成员	孔凡春 孔祥金 郭瑞 吕斌 张新杰 毛景水 陈鹏 卢勇 陈凡琳
	文化教育科技组	组长	吴霁雯
		常务副组长	孔祥金
		副组长	刘斌 王秀英 孔德平 孔磊华 孔祥民 刘续兵
	“迎北京奥运，游孔孟之乡”国际旅游推介会筹备工作组	组长	李维生
		常务副组长	陈鹏
		副组长	孔祥成 韩凤举
	场地建设环境优化组	组长	刘秀广
		常务副组长	刘伟
		副组长	侯信杰 尹芳 孔令俭 孔卫东 孔庆岱 张宗臣 李自俊 芮成华 翟绪明 王焜 张辉
	秸秆禁烧组	组长	郭庆海 赵永和
		副组长	王洪正 白云华 荣民 毛景水 李克 刘万翠 孔庆岱 李自俊

续表

年份	部门	职务	姓名
2007	安全保卫组	组长	孔令玉
		常务副组长	荣民
		副组长	吴天甫 张立峰 孟庆生 何正 丰宗华
	资金保障组	组长	赵业勇
2008	综合协调组	组长	郭庆海 杨凤东
		副组长	李广俊 袁明
		成员	吴天甫 荣民 孔令绍 孔祥金 韩益 宫同文 路昭林 牛福顺 李建伟 孔德平 陈鹏 丰宗灿 何正 颜景汕 侯信杰 艾国 宋志远 刘续兵 张文兵
	宣传组	组长	李玲
		常务副组长	孔令绍
		副组长	张艳书 韩益 岳耀方 孙伟 乔树海 桂甲奇
	电视直播组	组长	李玲 甄海江
		常务副组长	朱民
		副组长	韩益 孔德平 孔卫东 乔树海 姬常春
	接待组	组长	王骁
		常务副组长	张延真 孔祥龙
		副组长	王伟 贾兵 熊宝玉 陈鹏 丰宗灿 高晓华 孟坡 张文兵 宋传德
	招商组	组长	马培国 张公迁 张彦喜
		副组长	孔凡春 张艳书 吕斌 刘一山 张新杰 刘志秀 陈凡琳 胡士川 陈鹏 卢勇 毛景水
	文化科技组	组长	李玲 李维生 褚福梅
		常务副组长	孔祥金 王秀英
		副组长	李建伟 孔德平 孔磊华 孔祥民 刘续兵 徐秀星 冯德华 孔卫东 乔树海 艾国
	场地建设环境优化组	组长	刘秀广
		常务副组长	张艳书
		副组长	尹芳 孔令俭 丰宗灿 孔庆岱 李自俊 张宗臣 侯信杰 孔卫东 芮成华 田军 王焜 赵磊 陈振金 艾国 孔庆国 张卫东
	秸秆禁烧组	组长	齐建新 王志泉 刘秀广
		常务副组长	孔庆岱
		副组长	王洪正 荣民 刘涛 毛景水 李克 汤红

续表

年　份	部　门	职　务	姓　名
2008	稳定安全保卫组	组　长	孔令玉　赵永和
		常务副组长	荣　民
		副组长	吴天甫　路昭林　孟庆生　何　正　孔卫东　丰宗华
	资金保障组	组　长	赵业勇
2009	综合协调暨重点活动筹备组	组　长	杨凤东
		副组长	孔令俭　李广俊　袁　明
		成　员	吴天甫　宫同文　荣　民　孔令绍　韩　益　孔祥金　王新宏　齐祥灿　路昭林　李建伟　丰宗灿　孔德平　陈　鹏　侯信杰　何　正　颜景汕　刘续兵　宋志远　张文兵　王君磊
	宣传组	组　长	李　玲
		副组长	孔令绍
		成　员	韩　益　岳耀方　孙　伟　张艳书　李自俊
	电视直播组	组　长	李　玲
		副组长	甄海江　朱　民
		成　员	韩　益　孔德平　宋志远　孔卫东　侯信杰
	接待组	组　长	王　骁
		副组长	孔令俭
		成　员	朱　伟　孔祥龙　陈　鹏　丰宗灿　王　伟　颜志强　李桂军　王君磊　张文兵
	招商组	组　长	马培国　张公迁　张彦喜
		副组长	孔凡春　张艳书　吕　斌
		成　员	胡士川　刘志秀　张　伟　张新杰　陈　鹏　卢　勇　陈凡琳
	文化旅游组	组　长	李维生
		副组长	胡　勇　孔德平　陈　鹏
	场地建设环境优化组	组　长	齐建新　刘秀广
		副组长	荣　民　张艳书
		成　员	翟绪军　刘长青　孔祥金　艾　国　孔庆岱　张宗臣　李自俊　芮成华　毛景水　沈　伟　侯信杰　赵　磊　程　军
	稳定安全保卫组	组　长	郭庆海
		副组长	孔令玉　刘秀广　荣　民
		成　员	吴天甫　陈振金　孔祥立　路昭林　孟庆生　何　正　孔卫东　丰宗华

续表

年　份	部　门	职　务	姓　名
2009	资金保障组	组　长	赵业勇
		副组长	袁　明
2010	指挥部	总指挥	杨凤东
		副总指挥	李　玲　李维生　张淑钰　褚福梅
		总调度	吕　斌　李广俊　孔德平　李朝阳
	综合协调组	组　长	杨凤东　张淑钰
		副组长	吕　斌　李广俊　李朝阳
		成　员	宫同文　齐祥灿　朱　伟　孔祥龙　王　涛　张文兵　金永芳
	重点活动组	组　长	杨凤东　张淑钰　褚福梅
		副组长	吕　斌　李广俊　李朝阳
		成　员	张新杰　胡　勇　孔祥金　王新宏　李建伟　孔德平　杨军虎　颜景汕　张力争　朱明慧　程　军
	宣传组	组　长	李　玲
		副组长	张新杰
		成　员	胡　勇　岳耀方　孙　伟　孔　鹏
	电视直播组	组　长	李　玲
		副组长	韩　冬　甄海江　朱　民
		成　员	孔　鹏　周　鹏　宋志远　孔卫东　杨军虎
	接待组	组　长	王　骁
		副组长	吕　斌　李广俊
		成　员	朱　伟　孔祥龙　颜景汕　丰宗灿　刘仲伟　王　伟　颜志强　李桂军　朱明慧
	招商组	组　长	马培国　张公迁　张彦喜
		副组长	赵　磊
		成　员	胡士川　刘志秀　张　伟　孔文旭　陈　鹏
	文化旅游组	组　长	李维生
		副组长	褚福梅　荣瑞峰
		成　员	胡　勇　孔德平　王新宏　陈　鹏　孔磊华　肖　峰
	环境优化组	组　长	齐建新　刘秀广　韩　冬
		副组长	荣　民　张艳书
		成　员	刘一山　翟绪军　刘长青　艾　国　孔庆岱　张宗臣　刘继峰　毛景水　沈　伟　杨军虎　韦良杰　孔俊峰　尹德虎

续表

年份	部门	职务	姓名
2010	稳定安全保卫组	组长	孔令玉
		副组长	刘秀广　荣　民
		成员	吴天甫　陈振金　孔祥立　路昭林　孟庆生　何　正　孔卫东　丰宗华
	资金保障组	组长	赵业勇
		副组长	李朝阳
2011	指挥部	总指挥	王　骁
		副总指挥	吕　斌　李广俊　李朝阳
		成员	宫同文　刘一山　齐祥灿　王　涛　张新杰　陈振金　荣　民　丰宗灿　张艳书　吴天甫　孔庆岱　胡　勇　刘继峰　孔德平　杨军虎　刘仲伟　朱　民　杜艳艳　张文兵　金永芳　孔　孜
	开幕式组	组长	胡　勇
		成员	刘　爽　张力争　孔凡勇　张文兵　吴　国　吴茂学
	儒学大会暨文化奖颁奖组	组长	王　涛
		成员	金永芳　宋传德　曹　锋　丁德杰　李自俊　屈凤琪　张承文　颜　波
	祭孔大典暨教育奖颁奖典礼组	组长	李朝阳
		成员	孔卫东　孔　鹏　张　龙　张昭军　张力争　杜艳艳　程　军　林洪建　丰宗华　张承文
	宣传组	组长	张新杰　岳耀方　朱　民
		成员	王亚东　蔡运松　张明哲　吴继芳　王金平　周　鹏　丰宗海　马桂生　季　波　东　勇
	接待组	组长	刘一山
		成员	王洪斌　巩　凯　杜艳艳　王国栋　梁　明　牛利徽　刘　强　张　正　黄伟民　张洪涛　丰　雷
	环境优化组	组长	张艳书　刘继峰
		成员	李自俊　蔡运松　王桂友　孔秀娟　殷瑞法　谢庆玲
	安全保卫组	组长	荣　民
		成员	孔卫东　曹　锋　司令国　丁德杰　吴　国　张立刚　李庆余
	社会稳定组	组长	陈振金
		成员	孔卫东　吴天甫　路昭林　孔祥立

2012～2017年曲阜市孔子文化节指挥部成员表

表1-7

年　份	职　务	姓　名
2012	总指挥	李　丽　张令华
	副总指挥	宫同文　李广俊　李朝阳
	成　员	张新杰　陈振金　荣　民　栗　明　张艳书　孔凡春　孟庆生　郭海涛　孔淑娟　张卫东　胡　勇　孔　鹏　刘继峰　孔德平　刘仲伟　孔　雷　高建斌　赵　冉　陈　鹏　张文兵　金永芳　孟　坡
2013	总指挥	赵永和
	副总指挥	张令华　褚福梅　马　刚
	成　员	李广俊　朱　伟　李朝阳　张新杰　李士东　荣　民　栗　明　张艳书　孔凡春　孔　鹏　孟庆生　孔淑娟　张卫东　胡　勇　宫同文　刘继峰　孔德平　张　清　高建斌　胡士川　杜艳艳　翟绪军　张文兵　金永芳
2014	指挥长	赵永和
	常务副指挥长	褚福梅
	副指挥长	张艳书　翟绪军
	成　员	朱　伟　李广俊　宫同文　岳耀方　孔　鹏　孔淑娟　张明哲　尹　芳　张立忠　蒋怀民　张作宜　孔凡春　许泽冰　孔德平　栗　明　孔卫东　孟庆生　谷传超　杜艳艳　张　清
2015	指挥长	靳　亚
	成　员	翟绪军　王　琦　李广俊　宫同文　岳耀方　孔　鹏　张明哲　孔淑娟　谷传超　张立忠　张作宜　孔凡明　张树生　许泽冰　孔德平　栗　明　孔卫东　孟庆生　杜艳艳　张　清
2016	指挥长	山桂岭
	副指挥长	褚福梅
	成　员	张艳书　翟绪军　陈述礼　李广俊　宫同文　尹　芳　岳耀方　孔　鹏　张明哲　孔淑娟　谷传超　蒋怀民　张作宜　柴　骥　许泽冰　孔德平　栗　明　孔卫东　王玉栋　王　栋　孔祥池　张　清
2017	指挥长	山桂岭
	副指挥长	艾　国　李　强　赵　岗　杨晓东　张作宜　翟绪军
	成　员	陈述礼　李广俊　谷传超　张立忠　尹　芳　孔淑娟　岳耀方　孔　鹏　张明哲　刘爱春　孔祥池　宋　昱　许泽冰　吕成见　朱新社　孔卫东（卫计局）孔德平　张树生　邱　波　孔卫东（食药局）孔　雷　程　冰　尹洪福

2012～2017年曲阜市孔子文化节指挥部工作机构成员表

表1-8

年 份	部 门	职 务	姓 名
2012	接待组	组 长	宫同文
		副组长	朱 伟 孔祥龙
	成人礼系列活动组	负责人	李朝阳 赵 冉
	孔子文化旅游商品创新设计大赛活动组	负责人	陈 鹏
	世界500强企业走进圣城系列活动组	负责人	高建斌
	海峡两岸企业发展论坛组	负责人	孔 雷
	开幕式组	组 长	胡 勇
	儒学大会暨文化奖颁奖组	组 长	郭海涛
	祭孔大典组	组 长	李朝阳
	宣传直播组	组 长	张新杰 孔 鹏
	环境优化组	组 长	张艳书 刘继峰
	安全保卫组	组 长	荣 民 孟庆生
	社会稳定组	组 长	陈振金
	资金保障组	组 长	孔凡春
2013	接待组	组 长	朱 伟
		负责人	张新杰 胡 勇 孔 梁 高建斌
	开幕式组	组 长	胡 勇
	维修组	组 长	孔 鹏
	儒学大会暨文化奖颁奖组	组 长	李朝阳
	祭孔大典组	组 长	李朝阳 孔德平
	宣传直播组	组 长	张新杰 宫同文
	环境优化组	组 长	张艳书
	安全保卫组	组 长	荣 民
	社会稳定组	组 长	孔淑娟
	资金保障组	组 长	孔凡春
2014	接待组	组 长	朱 伟
	开幕式组	组 长	岳耀方 孔 鹏
	祭孔大典组	组 长	谷传超 孔德平
	宣传直播组	组 长	宫同文 张明哲

续表

年　份	部　门	职　务	姓　名
2014	环境优化组	组　长	张艳书
	安全保卫组	组　长	张作宜
	社会稳定组	组　长	尹　芳
	资金保障组	组　长	孔凡春
2015	开幕式组	组　长	孔　鹏　谷传超
	祭孔大典组	组　长	谷传超　孔德平
	儒学大会暨文化奖颁奖组	组　长	谷传超
	宣传直播组	组　长	宫同文　张明哲
	环境优化组	组　长	张树生
	安全保卫组	组　长	张作宜
	社会稳定组	组　长	孔淑娟
	接待组	组　长	王　琦
	资金保障组	组　长	孔凡明
2016	开幕式组	组　长	孔　鹏　谷传超
	祭孔大典组	组　长	谷传超　孔德平
	宣传直播组	组　长	宫同文　张明哲
	环境优化组	组　长	张艳书
	安全保卫组	组　长	张作宜
	社会稳定组	组　长	尹　芳　孔淑娟
	接待组	组　长	陈述礼
	资金保障组	组　长	柴　骥
2017	孔子文化节开幕式组	组　长	孔　鹏　谷传超　张立忠
	祭孔大典组	组　长	谷传超　张立忠　孔德平
	世界儒学大会组	组　长	岳耀方　谷传超　张立忠
	宣传直播组	组　长	岳耀方　张明哲
	环境优化组	组　长	朱新社
	安全保卫组	组　长	宋　昱
	社会稳定组	组　长	尹　芳　孔淑娟
	接待组	组　长	陈述礼
	资金保障组	组　长	吕成见

2004～2017年济宁市孔子文化节组（执）委会成员表

表1-9

年份	职务	姓名	所在单位及职务
2004	主任		市委副书记、市长
	副主任	张兆启	市委副书记、副市长
		赵树国	市委副书记
		祝金焕	市委常委、宣传部部长
		王云鹏	市委常委、秘书长
		梁之安	市委常委、邹城市委书记
		魏玉东	副市长
		陈　民	副市长
		贾丽建	市政协副主席、市委统战部部长
		江　成	曲阜市委副书记、市长
2005	主任		市委副书记、市长
	副主任	张兆启	市委副书记、副市长
		赵树国	市委副书记
		祝金焕	市委常委、宣传部部长
		王云鹏	市委常委、秘书长
		张术平	市委常委、曲阜市委书记
		魏玉东	副市长
		陈　民	副市长
		陈　颖	副市长
		贾丽建	市政协副主席、市委统战部部长
2006	主任		市委副书记、市长
	副主任	赵树国	市委副书记
		张振川	市委副书记、副市长
		祝金焕	市委常委、宣传部部长
		王云鹏	市委常委、秘书长
		张术平	市委常委、曲阜市委书记
		步士金	市委常委、政法委书记
		陈　民	副市长
		陈　颖	副市长

续表

年份	职务	姓名	所在单位及职务
2006	副主任	韩　军	副市长、兖州市委书记
		段修龙	副市长、济宁高新区管委会主任
		贾丽建	市政协副主席、市委统战部部长
2007	主　任	孙守刚	市委书记、市人大常委会主任
	常务副主任	张振川	市委副书记、市长
	副主任	赵树国	市委副书记
	成　员	张术平	市委常委、副市长
		崔洪刚	市委常委、副市长
		步士金	市委常委、政法委书记
		陈　民	市委常委、秘书长
		刘成文	市委常委、宣传部部长
		张开朗	市委常委、市委农村工作领导小组组长
		殷允岭	市人大常委会副主任
		陈　颖	副市长
		韩　军	副市长
		段修龙	副市长
		贾丽建	市政协副主席、市委统战部部长
		李春兴	市委副秘书长、市节会办主任
		朱庆安	曲阜市委书记
		刘　森	曲阜市委副书记、市长
2008	主　任	孙守刚	市委书记、市人大常委会主任
		张振川	市委副书记、市长
	常务副主任	张术平	市委副书记
	副主任	崔洪刚	市委常委、副市长
		刘成文	市委常委、宣传部部长
		陈　颖	副市长
		王次忠	副市长
	成　员	徐世杰	市长助理、市公安局局长
		蒙建华	市政府秘书长
		李家平	孔子研究院党委书记

续表

年 份	职 务	姓 名	所在单位及职务
2008	成 员	袁亚利	市委副秘书长、市接待处处长
		潘献华	市委副秘书长、市孔子文化节办公室主任
		郑仲逊	市委副秘书长、市文化城办公室常务副主任
		孙爱民	市委宣传部副部长
		张 弢	市委宣传部副部长
		张开环	市委宣传部副部长、济宁日报社副书记、副社长、副总编
		张德泮	市委统战部副部长、台办主任
		李心善	市长助理、市教育局局长
		佘春明	市长助理、济宁高新区党工委书记、管委会主任
		宋 科	市科技局局长
		张茂如	市财政局局长
		李大友	市交通局局长
		苗兴华	市外经贸局局长
		柳庆春	市文化局局长
		王汝才	市卫生局局长
		谷传祥	市环保局局长
		尤卫平	市建委主任
		颜廷洲	市旅游局局长
		吴霁雯	市外（侨）办主任
		信登攀	市综合行政执法局局长
		周立华	市广播电视局（台）局（台）长
		李文运	市招商局局长
		李亦军	市知识产权局局长
		朱庆安	曲阜市委书记
		刘 森	曲阜市委副书记、市长
2009	主 任	孙守刚	市委书记、市人大常委会主任
		张振川	市委副书记、市长
	常务副主任	张术平	市委副书记
	副主任	崔洪刚	市委常委、常务副市长
		步士金	市委常委、政法委书记

续表

年　份	职　务	姓　名	所在单位及职务
2009	副主任	陈　民	市委常委、秘书长
		刘成文	市委常委、宣传部部长
		张开朗	市委常委、统战部部长
		江　成	副市长
	成　员	曹景群	市委副秘书长、办公室主任
		袁亚利	市委副秘书长、市接待处处长
		潘献华	市委副秘书长、市孔子文化节办公室主任
		孙爱民	市委宣传部副部长
		张德泮	市委统战部副部长、台办主任
		彭广含	市人大常委会秘书长
		徐世杰	市长助理、市公安局局长
		蒙建华	市政府秘书长
		李心善	市长助理、市教育局局长
		刘积才	市政协秘书长
		张茂如	市财政局局长
		李大友	市交通局局长
		苗兴华	市外经贸局局长
		柳庆春	市文化局局长
		王汝才	市卫生局局长
		高　涛	市环保局局长
		尤卫平	市建委主任
		颜廷洲	市旅游局局长
		吴霁雯	市外（侨）办主任
		信登攀	市综合行政执法局局长
		周立华	市广播电视局（台）局（台）长
		李文运	市招商局局长
		孔祥林	孔子研究院副院长
		朱庆安	曲阜市委书记、市人大常委会主任
		刘　森	曲阜市委副书记、市长

续表

年 份	职 务	姓 名	所在单位及职务
2010	主 任	孙守刚	市委书记、市人大常委会主任
		张振川	市委副书记、市长
	常务副主任	张术平	市委副书记
	副主任	步士金	市委常委、政法委书记
		陈 民	市委常委、秘书长
		刘成文	市委常委、宣传部部长
	成 员	庄金兰	孔子研究院党委书记
		王金城	市公安局局长
		曹景群	市委副秘书长、办公室主任
		潘献华	市委副秘书长、市孔子文化节办公室主任
		郑仲逊	市委副秘书长、市文化城办公室主任
		董 冰	市委副秘书长、市接待处处长
		孙爱民	市委宣传部副部长
		彭广含	市人大常委会秘书长
		蒙建华	市政府秘书长
		袁亚利	市政协秘书长
		李心善	市长助理、市教育局局长
		莫成伟	市政府副秘书长
		岳根才	市经信委主任
		张茂如	市财政局局长
		信登攀	市城市管理综合执法局局长
		李大友	市交通运输局局长
		周立华	市文广新局局长
		颜廷洲	市旅游局局长
		吴霁雯	市外侨办主任
		朱庆安	曲阜市委书记、市人大常委会主任
		刘 森	曲阜市委副书记、市长
2011	主 任	梅永红	市委副书记、市长
	常务副主任	张术平	市委副书记
	副主任	刘成文	市委常委、宣传部部长
		佘春明	副市长

续表

年 份	职 务	姓 名	所在单位及职务
2011	成 员	王金城	市政府党组成员、市公安局局长
		庄金兰	孔子研究院党委书记
		曹景群	市委副秘书长、办公室主任
		潘献华	市委副秘书长、市孔子文化节办公室主任
		董 冰	市委副秘书长、市接待处处长
		孙爱民	市委宣传部副部长
		张德泮	市委统战部副部长、台办主任
		李士民	市政府秘书长
		王美华	市政府副秘书长
		闫志强	市教育局局长
		张茂如	市财政局局长
		信登攀	市城市管理综合执法局局长
		周立华	市文广新局局长
		颜廷洲	市旅游局局长
		吴霁雯	市政府外事侨务办公室主任
		李长胜	曲阜市委书记、市人大常委会主任
		刘 森	曲阜市委副书记、市长
2012	主 任	梅永红	市委副书记、市长
		赵树国	市政协主席
	常务副主任	崔洪刚	市委副书记
	副主任	刘成文	市委常委、秘书长
		王次忠	市委常委、宣传部部长
		吴霁雯	副市长
	成 员	王金城	市政府党组成员、市公安局局长
		庄金兰	孔子研究院党委书记
		陈国华	市委副秘书长、办公室主任
		朱运旭	市委副秘书长
		徐继红	市委副秘书长、市接待处处长、市孔子文化节办公室主任
		刘 辉	市委办公室副主任
		孙爱民	市委宣传部副部长
		张德泮	市委统战部副部长、台办主任

续表

年　份	职　务	姓　名	所在单位及职务
2012	成　员	王道雨	市文联主席
		高　涛	市人大常委会委员、副秘书长、办公室主任
		贺　雷	市政府副秘书长、办公室主任
		王美华	市政府副秘书长
		莫成伟	市政协副秘书长、办公室主任
		赵士斌	市经济和信息化委主任
		闫志强	市教育局局长
		张茂如	市财政局局长
		王建华	市人力资源社会保障局局长
		柳景武	市住房和城乡建设委主任
		王志泉	市城管执法局局长
		李大友	市交通运输局局长
		周立华	市文广新局局长
		焦　华	市卫生局局长
		吴　琼	市食品药品监管局局长
		彭照辉	市旅游局局长
		刘　健	市外事侨务办主任
		周光全	市安监局局长
		王宏伟	市招商局局长
		李长胜	曲阜市委书记、市人大常委会主任
		杨凤东	曲阜市委副书记、市长
2013	主　任	梅永红	市委副书记、市长
		赵树国	市政协主席
	常务副主任	傅明先	市委副书记
	副主任	刘成文	市委常委、秘书长
		王次忠	市委常委、宣传部部长
		吴霁雯	副市长
	成　员	庄金兰	孔子研究院党委书记
		陈国华	市委副秘书长、办公室主任
		徐继红	市委副秘书长、市接待处处长
		刘　辉	市委副秘书长、市孔子文化办公室主任

续表

年份	职务	姓名	所在单位及职务
2013	成员	孙爱民	市委宣传部副部长
		张德泮	市委统战部副部长、台办主任
		高　涛	市人大常委会副秘书长、办公室主任
		贺　雷	市政府副秘书长、办公室主任
		王美华	市政府副秘书长
		莫成伟	市政协副秘书长、办公室主任
		赵士斌	市经济和信息化委主任
		闫志强	市教育局局长
		周凤文	市公安局局长
		张茂如	市财政局局长
		柳景武	市住房城乡建设委主任
		王志泉	市城管执法局局长
		李大友	市交通运输局局长
		苗兴华	市商务局局长
		周立华	市文广新局局长
		焦　华	市卫生局局长
		吴　琼	市食品药品监管局局长
		李继凯	市环保局局长
		彭照辉	市旅游局局长
		刘　健	市外事侨务办主任
		周光全	市安监局局长
		王宏伟	市招商局局长
		张作昌	济宁广播电视台台长
		李长胜	曲阜市委书记、市人大常委会主任
		杨凤东	曲阜市委副书记、市长
2014	主任	梅永红	市委副书记、市长
		赵树国	市政协主席
	常务副主任	傅明先	市委副书记
	副主任	刘成文	市委常委、秘书长
		王次忠	市委常委、宣传部部长
		吴雩雯	副市长

续表

年 份	职 务	姓 名	所在单位及职务
2014	成 员	周凤文	市政府党组成员、市公安局局长
		李大友	孔子研究院党委书记
		陈国华	市委副秘书长、办公室主任
		徐继红	市委副秘书长、市接待处处长
		刘 辉	市委副秘书长、市孔子文化节办公室主任
		高 涛	市人大常委会副秘书长、办公室主任
		贺 雷	市政府副秘书长、办公室主任
		莫成伟	市政协副秘书长、办公室主任
		张 弢	市委宣传部副部长、市文联党组书记
		王广军	市委台办主任
		范秀瑞	市政府研究室副主任
		周光全	市经济和信息化委主任
		闫志强	市教育局局长
		张茂如	市财政局局长
		候圣军	市住房城乡建设委主任
		王志泉	市城管执法局局长
		宋 科	市交通运输局局长
		申万民	市商务局局长
		孙爱民	市文广新局局长
		焦 华	市卫生局局长
		吴 琼	市食品药品监管局局长
		张言申	市环保局局长
		彭照辉	市旅游局局长
		刘 健	市外事侨务办公室主任
		闫百川	市招商局局长
		张作昌	济宁广播电视台台长
		王道雨	市文联主席
		李长胜	曲阜市委书记、市人大常委会主任
		杨凤东	曲阜市委副书记、市长

续表

年　份	职　务	姓　名	所在单位及职务
2015	主　任	梅永红	市委副书记、市长
	副主任	傅明先	市委副书记
		刘成文	市委常委、秘书长
		李长胜	市委常委，曲阜市委书记、人大常委会主任
		吴霁雯	副市长
		周凤文	市政府党组成员、市公安局局长
		李大友	孔子研究院党委书记
	成　员	陈国华	市委副秘书长、办公室主任
		杜昌华	市政府秘书长
		徐继红	市委副秘书长、市接待处处长
		刘　辉	市委副秘书长、市孔子文化节办公室主任
		高　涛	市人大常委会副秘书长、办公室主任
		莫成伟	市政协副秘书长、办公室主任
		张　弢	市委宣传部副部长
		王广军	市委台办主任
		范秀瑞	市政府研究室副主任
		周光全	市经济和信息化委主任
		闫志强	市教育局局长
		张茂如	市财政局局长
		侯圣军	市住房城乡建设局局长
		郭庆林	市城市管理局局长
		宋　科	市交通运输局局长
		申万民	市商务局局长
		孙爱民	市文广新局局长
		焦　华	市卫生计生委主任
		吴　琼	市食品药品监管局局长
		张言申	市环保局局长
		杨凤东	市旅游局局长
		刘　健	市外事侨务办主任
		闫百川	市招商局局长

续表

年份	职务	姓名	所在单位及职务
2015	成员	周长征	市文联主席
		张作昌	济宁广播电视台台长
		刘东波	曲阜市委副书记、市长
2016	主任	傅明先	市委副书记、市长
	副主任	刘中会	市委副书记
		周洪	市人大常委会第一副主任
		李昌文	市委常委、宣传部部长
		李长胜	市委常委、秘书长
		张继民	副市长
		吴霁雯	副市长
		周凤文	副市长、市公安局局长
		张胜明	市政府党组成员
		李大友	孔子研究院党委书记
	成员	陈国华	市委副秘书长、办公室主任
		徐继红	市委副秘书长、市委市政府接待处处长
		刘辉	市委副秘书长、市孔子文化节办公室主任
		申万民	市人大常委会副秘书长、办公室主任
		贺雷	市政府副秘书长、办公室主任
		李亦军	市政协副秘书长、办公室主任
		张弢	市委宣传部副部长
		王广军	市委台办主任
		周光全	市经济和信息化委主任
		闫志强	市教育局局长
		宋昭君	市公安局副局长
		张茂如	市财政局局长
		侯圣军	市住房城乡建设局局长
		郭庆林	市城市管理局局长
		宋科	市交通运输局局长
		闫百川	市商务局局长
		孙爱民	市文广新局局长

续表

年　份	职　务	姓　名	所在单位及职务
2016	成　员	焦　华	市卫生计生委主任
		吴　琼	市食品药品监管局局长
		许　伟	市环保局局长
		杨凤东	市旅游发展委主任
		刘　健	市外事侨务办主任
		玄志祥	市安监局局长
		丰家雷	市招商局党组副书记
		周长征	市文联主席
		徐辑方	市社科联主席
		张作昌	济宁广播电视台台长
		刘东波	曲阜市委书记
2017	主　任	傅明先	市委副书记、市长
	副主任	石光亮	市委副书记
		李昌文	市委常委、宣传部部长
		于永生	市委常委、常务副市长
		李长胜	市委常委、秘书长
		吴霁雯	副市长
		周凤文	副市长、市公安局局长
		张胜明	副市长
		杨朝明	孔子研究院院长
	成　员	刘　辉	市委副秘书长、办公室主任，市孔子文化节办公室主任
		贺　雷	市政府秘书长、办公室主任
		任向北	市委副秘书长、市委市政府接待处处长
		申万民	市人大常委会副秘书长、办公室主任
		李亦军	市政协副秘书长、办公室主任
		孙爱民	市委宣传部常务副部长
		樊庆显	市委政研室副主任
		张长军	市委台办副主任
		高广立	市教育局局长
		王亚栋	市科技局局长

续表

年 份	职 务	姓 名	所在单位及职务
2017	成 员	宋昭君	市公安局副局长
		宫振华	市财政局局长
		侯圣军	市住房城乡建设局局长
		郭庆林	市城市管理局局长
		宋 科	市交通运输局局长
		闫百川	市商务局局长
		张 弢	市文广新局局长
		焦 华	市卫生计生委主任
		吴 琼	市食品药品监管局局长
		许 伟	市环保局局长
		杨凤东	市旅游发展委员会主任
		李 丽	市外事侨务办公室主任
		玄志祥	市安监局局长
		丰家雷	市投资促进局局长
		周长征	市文联主席
		张作昌	济宁广播电视台台长
		刘东波	曲阜市委书记

2004～2017年济宁市孔子文化节组（执）委会工作机构成员表

表1-10

年 份	部 门	职 务	姓 名
2004	筹备工作指导协调小组	组 长	赵树国
		副组长	祝金焕 魏玉东 陈 民 蒙建华 李春兴
	曲阜主体活动筹备工作小组	组 长	江 成
		副组长	李维生 吴霁雯
	世界旅游日中国主会场庆祝活动筹备工作小组	组 长	陈 民
		副组长	周福存 孙爱民 杨绪东
	济宁市海外联谊及经贸恳谈会筹备工作小组	组 长	贾丽建
		副组长	周 军 张德泮 潘献华 郭秋亚
	孔孟颜曾圣裔恳亲联谊活动筹备工作小组	组 长	贾丽建
		副组长	周 军 颜世全 袁汉荣 李 林

续表

年份	部门	职务	姓名
2004	第五届中国专利高新技术产品博览会和中国工程院院士与济宁市政府第三次合作会议筹备工作小组	组　长	陈　民
		副组长	贺　雷　刘积才　江　成　李亦军
	中外知名大企业联谊及经贸恳谈会筹备工作小组	组　长	魏玉东
		副组长	王庆成　孔宝其　高述群　张凤奎
	“科学教子好家庭”颁奖活动筹备工作小组	组　长	梁之安
		副组长	朱庆安　宋宜云　骆　军
	嘉祥石雕艺术节筹备工作小组	组　长	周　洪
		副组长	贺永红　侯建强　董守义
	招商引资工作协调指导小组	组　长	张兆启
		副组长	李来云　刘积才　张凤奎
	宣传推介活动工作小组	组　长	祝金焕
		副组长	张开环　李进普　马书轩　李　玲
	接待、安全保卫和环境治理工作小组	组　长	王云鹏
		副组长	朱献海　侯晓滨　仲爱华　王钦之　焉立迎
2005	筹备工作指导协调小组	组　长	赵树国
		副组长	祝金焕　王云鹏　张术平　陈　民　朱献海　姜化铸　蒙建华　张延根　李春兴
	全球联合祭孔活动筹备工作领导小组	组　长	赵树国
		副组长	祝金焕　张术平　陈　民
	“中华文化标志城”宣传活动筹备领导小组	组　长	陈　民
		副组长	聂志泉　高述群　江　成　朱庆安　李明晨
	第二届孔孟颜曾圣裔恳亲联谊活动筹备工作小组	组　长	贾丽建
		副组长	张爱华　袁汉荣　阮林敬　李　林　张连坡　聂凤银　杨存义
	第六届中国专利高新技术产品博览会和中国工程院院士与济宁市政府第五次合作会议筹备工作小组	组　长	陈　民
		副组长	周福存　刘积才　郑仲逊　许传俊　江　成
	人才交流活动筹备工作小组	组　长	张兆启
		副组长	李来云　祝爱华　张继民　刘广涛　陈国华　孙　琪
	招商引资和世界儒商联谊暨孔子文化节经贸合作洽谈会筹备工作协调指导小组	组　长	张兆启
		副组长	李来云　佘春明　李文运　刘积才

续表

年份	部门	职务	姓名
2005	全国六城市台协会济宁经贸合作恳谈会筹备工作小组	组长	张兆启
		副组长	李来云　李文运　张德泮　佘春明
	第二届中外企业高层论坛及经贸合作恳谈会筹备工作小组	组长	张术平
		副组长	王庆成　李明晨　佘春明　李文运　石　巍
	儒家文化与企业信用高层论坛筹备工作小组	组长	魏玉东
		副组长	孔宝其　陈学隆　王　超
	“孔孟之乡”国际旅游目的地营销推介会筹备工作小组	组长	陈　民
		副组长	周福存　孙爱民
	宣传推介活动工作小组	组长	祝金焕
		副组长	李春兴　张开环　李进普　马书轩　李　玲
	接待、安全保卫和环境治理工作小组	组长	王云鹏
		副组长	朱献海　袁亚利　李士民　侯晓滨　王汝才　班建宁　朱东亮　李新才　王钦之　江　成　秦传滨　时培岳
	曲阜市筹备工作小组	组长	张术平
		副组长	江　成　马书轩　李维生　吴霁雯
2006	筹备工作指导协调小组	组长	赵树国
		副组长	祝金焕　王云鹏　张术平　步士金　陈　民　姜化铸　蒙建华　李春兴
	“两岸孔子文化交流周”系列活动筹备工作小组	组长	赵树国
		副组长	陈　民　陈　颖
		成员	李春兴　张德泮　樊　刚　潘献华　袁汉荣　许传俊
	“孔子教育奖”颁奖活动筹备工作小组	组长	陈　民
		副组长	李心善　李春兴　孙爱民　侯晓滨　莫成伟　刘训贤　吴霁雯
	第三届孔孟颜曾圣裔恳亲联谊活动筹备工作小组	组长	贾丽建
		副组长	张爱华　史仍来　李　林　阮林敬　张连坡　聂凤银　杨存义
	第七届中国专利高新技术产品博览会和中国工程院院士与济宁市政府第五次合作会议筹备工作小组	组长	段修龙
		副组长	刘积才　郑仲逊　江　成
	招商引资工作指导协调工作小组	组长	张振川
		副组长	李来云　佘春明　李文运　刘积才　郑仲逊　李明晨

续表

年份	部门	职务	姓名
2006	中国（济宁）现代生态农业特色产品及乡村旅游国际博览会筹备工作小组	组长	韩　军
		副组长	马景昌　杨绪亮　孙爱民　于建民　高　涛　彭德举
	人才交流大会筹备工作小组	组长	张振川
		副组长	李来云　祝爱华　张继民
	宣传推介工作小组	组长	祝金焕
		副组长	李春兴　张开环　李进普　马书轩　李　玲
	环境卫生综合整治工作小组	组长	张振川
		副组长	韩　杰　班建宁　曹景民　颜　明
	接待、安全保卫工作小组	组长	王云鹏　步士金
		副组长	王文成　袁亚利　李士民　侯晓滨　李新念　王汝才　路金踞
	曲阜市筹备工作小组	组长	张术平
		副组长	江　成　马书轩　吴霁雯　李建伟
2007	活动筹备工作领导小组	组长	副市长
		副组长	李心善　柳庆春　潘献华　李维生　吴霁雯
	第八届中国专利高新技术产品博览会筹备工作小组	组长	陈　颖
		副组长	丁　冲　宋　科　张昭贤　苗兴华　李文运　尤卫平　李亦军　刘　森
	中国（济宁）现代农业国际博览会筹备工作小组	组长	张开朗　韩　军
		副组长	马景昌　李中月　王宣林　张胜明
	第二届两岸孔子文化及交流周暨台商孔子故里行活动筹备工作小组	组长	陈　民
		副组长	秦佑镇　张德泮　苗兴华　李文运　郭庆海
	国际孔子文化节招商引资工作小组	组长	段修龙
		副组长	谢克俭　苗兴华　李文运　张德泮　张昭贤　郭秋亚　董信江　岳根才　张铁民
	“迎北京奥运、游孔孟之乡”国际旅游推介会筹备工作小组	组长	张术平
		副组长	李立欣　丁　冲　孙爱民　周立华　李维生
	宣传推介筹备工作小组	组长	刘成文
		副组长	张开环　于庆军　李进普　李　玲
	接待工作小组	组长	陈　民
		副组长	袁亚利　孙加银　段向阳　潘献华　王汝才　李新念　曹景民　闫志强　孙慧茹　王　骁

续表

年份	部门	职务	姓名
2007	安全保卫工作小组	组长	步士金
		副组长	宫廷茂　徐世杰　苏晓鸿　孔令玉
	环境综合整治工作小组	组长	崔洪刚
		副组长	贺　雷　尤卫平　班建宁　佘春明　谷传祥
2008	综合协调组	组长	潘献华
		副组长	陈玉星　孙方一　董　冰　刘训贤　伊立峰　阮林敬　曲　红　许一新　杨凤东
	安全保卫组	组长	徐世杰
		副组长	江心田　宋昭君　荣　民　刘兆民　单丽萍　郑海申　赵晨鹏
	新闻中心	组长	孙爱民
		副组长	杨义堂　孙玉才　孙东宁　王鸿鹏　孔令华　李　玲
	环境整治组	组长	尤卫平
		副组长	谷传祥　信登攀　李大友　董信江　刘秀广
	招商引资组	组长	李文运
		副组长	张德泮　苗兴华　董信江
2009		总指挥	张术平
		副总指挥	陈　民
	综合协调组	组长	陈　民
		成员	曹景群　蒙建华　潘献华　赵新安　张茂如　朱庆安
	主题活动组	组长	副市长
		成员	孔祥林　李心善　莫成伟　柳庆春　颜廷洲　华　治　杨凤东
	环境整治组	组长	崔洪刚
		成员	佘春明　徐建设　李大友　高　涛　尤卫平　信登攀　曹景民　刘　森
	新闻宣传组	组长	刘成文
		成员	孙爱民　张开环　周立华　刘训贤　李　玲
	安全保卫组	组长	步士金
		成员	徐世杰　李继军　苏晓鸿　王汝才　张　宪　杨周兴　赵晨鹏　孔令玉

续表

年 份	部 门	职 务	姓 名
2009	接待组	组 长	张开朗
		成 员	彭广含　刘积才　袁亚利　李士民　张德泮　吴霁雯　王 骁
	招商引资组	组 长	江 成
		成 员	王美华　张昭贤　苗兴华　李文运　董信江
2010		总指挥	张术平
		副总指挥	刘成文
		总调度	潘献华
	综合组	组 长	潘献华
		成 员	莫成伟　孙方一　刘 辉　高广立　张茂如　赵相恩　刘 森
	活动组	组 长	潘献华（兼）
		成 员	李心善　郑仲逊　丁 颖　张 弢　周立华　颜廷洲　刘继祥　许 伟　张庆军　刘建峰　杨朝明　华 治　周长征　杨凤东
	宣传组	组 长	孙爱民
		成 员	张开环　周立华　李大友　信登攀　王鸿鹏　赵相恩　李 玲
	安保组	组 长	江心田
		成 员	张宪杨　周 兴　赵晨鹏　杨凤东　荣 民
	环境卫生组	组 长	焦 华
		成 员	李大友　信登攀　李继凯　杨凤东
	接待组	组 长	董 冰
		成 员	李心善　高 涛　李士民　刘太原　周立华　颜廷洲　张德泮　吴霁雯　华 治　王 骁
	招商组	组 长	王美华
		成 员	张 弢　苗兴华　刘广涛　任 鹏　张公迁
2011		总指挥	张术平
		副总指挥	刘成文　佘春明
		总调度	潘献华
	综合组	组 长	潘献华
	接待组	组 长	潘献华　董 冰
	开幕式组	组 长	潘献华

续表

年 份	部 门	职 务	姓 名
2011	祭孔大典组	组 长	潘献华
	世界儒学大会暨文化奖颁奖组	组 长	庄金兰 杨朝明
	安保组	组 长	王金城
2012		总指挥	崔洪刚
		副总指挥	刘成文 王次忠 吴霁雯
		总调度	徐继红
	综合组	牵头领导	崔洪刚
		组 长	徐继红
	接待组	牵头领导	刘成文
		组 长	徐继红
	开幕式组	牵头领导	崔洪刚 吴霁雯
		组 长	徐继红 李 丽
	祭孔大典组	牵头领导	吴霁雯 杨凤东
		组 长	徐继红 李 丽
	世界儒学大会组	牵头领导	王次忠
		组 长	庄金兰 杨朝明
	经贸活动及招商组	牵头领导	周 洪
		组 长	王宏伟
	宣传组	牵头领导	王次忠
		组 长	孙爱民
	安保组	牵头领导	王金城
		组 长	宋昭君
	环境整治组	牵头领导	石爱作
		组 长	柳景武
2013		总指挥	赵树国 傅明先
		副总指挥	刘成文 王次忠 吴霁雯
		总调度	刘 辉
	综合组	牵头领导	傅明先
		组 长	刘 辉 高广立
	开幕式组	牵头领导	赵树国
		组 长	刘 辉 任向北 赵永和

续表

年份	部门	职务	姓名
2013	祭孔大典组	牵头领导	王次忠
		组长	杨凤东　刘　辉　赵永和
	世界儒学大会组	牵头领导	吴霁雯
		组长	庄金兰　杨朝明
	接待组	牵头领导	刘成文
		组长	徐继红
	宣传组	牵头领导	王次忠
		组长	孙爱民
	安保组	牵头领导	周凤文
		组长	宋昭君
	环境整治组	牵头领导	石爱作
		组长	柳景武　王志泉　李继凯
2014		总指挥	赵树国　傅明先
		副总指挥	刘成文　王次忠　吴霁雯
		总调度	刘　辉
	综合组	组长	刘　辉　高广立
	开幕式组	组长	刘　辉　任向北　褚福梅
	祭孔大典组	组长	杨凤东　刘　辉　褚福梅
	孔子学院总部体验基地揭（授）牌仪式活动组	组长	李大友　杨朝明
	接待组	组长	徐继红
	宣传组	组长	张　弢
	安保组	组长	宋昭君
	环境整治组	组长	侯圣军　王志泉　张言申
2015		总指挥	傅明先
		副总指挥	刘成文　李长胜　吴霁雯　周凤文　李大友
		总调度	刘　辉
	综合组	牵头领导	傅明先
		组长	刘　辉　高广立
	开幕式组	牵头领导	吴霁雯
		组长	周长征　赵相恩　刘加庚　靳　亚

续表

年份	部门	职务	姓名
2015	祭孔大典组	牵头领导	李长胜
		组长	刘东波 华治 靳亚
	世界儒学大会组	牵头领导	李大友
		组长	李大友 杨朝明
	接待组	牵头领导	刘成文
		组长	徐继红 杜忠海
	宣传组	牵头领导	樊刚
		组长	张弢
	安保组	牵头领导	周凤文
		组长	宋昭君 焦华 吴琼 刘佳琦
	环境整治组	牵头领导	石爱作
		组长	侯圣军 郭庆林 张言申 宋科
2016		总指挥	刘中会
		副总指挥	李昌文 李长胜 吴霁雯 周凤文
		总调度	刘辉
	综合组	牵头领导	李昌文
		组长	刘辉 高广立
	开幕式组	牵头领导	李昌文 吴霁雯
		组长	周长征 赵相恩 刘加庚 山桂岭
	祭孔大典组	牵头领导	李昌文
		组长	刘东波 华治 山桂岭
	世界儒商大会组	牵头领导	周洪 张胜明
		组长	丰家雷
	全球部分孔子学院院长高峰论坛组	牵头领导	李大友
		组长	李大友
	国际研学旅行创新发展峰会组	牵头领导	吴霁雯
		组长	杨凤东
	全民教育国际研讨会组	牵头领导	张继民
		组长	闫志强
	山东社科论坛活动组	牵头领导	李昌文
		组长	荆兆勋 徐辑方

续表

年份	部门	职务	姓名
2016	接待组	牵头领导	李长胜
		组长	徐继红　杜忠海
	宣传组	牵头领导	李昌文
		组长	张　弢　华　治　靳　亚
	安保组	牵头领导	周凤文
		组长	宋昭君　玄志祥　焦　华　吴　琼　宋恩岱
	环境整治组	牵头领导	周凤文
		组长	侯圣军　郭庆林　宋　科　许　伟　任广德
2017		总指挥	石光亮
		副总指挥	李昌文　李长胜　吴霁雯　周凤文
		总调度	刘　辉
	综合组	牵头领导	石光亮
		组长	刘　辉　樊庆显
	开幕式组	牵头领导	李昌文
		组长	周长征　赵相恩　刘加庚　山桂岭
	祭孔大典组	牵头领导	李昌文
		组长	刘东波　华　治　山桂岭
	第八届世界儒学大会青年博士论坛组	牵头领导	吴霁雯
		组长	杨朝明
	中国研学旅游推广联盟成立大会组	牵头领导	吴霁雯
		组长	杨凤东
	联合国教科文组织全民教育国际研讨会组	牵头领导	于永生
		组长	高广立
	海内外知名儒商“东方圣城行”组	牵头领导	张胜明
		组长	丰家雷
	世界500强跨国公司高管“东方圣城行”组	牵头领导	张胜明
		组长	闫百川
	两岸台商孔孟故里行组	牵头领导	石光亮
		组长	张长军

续表

年份	部门	职务	姓名
2017	济宁数字创意发展峰会组	牵头领导	吴霁雯
		组长	王亚栋
	接待组	牵头领导	李长胜
		组长	任向北 杜忠海
	宣传组	牵头领导	李昌文
		组长	孙爱民 华治 艾国
	安保组	牵头领导	周凤文
		组长	宋昭君 玄志祥 焦华 吴琼 宋恩岱
	环境整治组	牵头领导	周凤文
		组长	侯圣军 郭庆林 宋科 许伟

2007～2011年山东省与国家有关部委联合成立的中国（曲阜）国际孔子文化节组委会成员表

表1-11

年份	职务	姓名	单位及职务
	名誉主任	李建国	省委书记
		孙家正	文化部部长
		邵琪伟	国家旅游局局长
		林兆枢	中华全国归国华侨联合会主席
	主任	姜大明	省委副书记、代省长
		孟晓驷	文化部副部长
		章新胜	教育部副部长
2007		杜江	国家旅游局副局长
		李本均	中华全国归国华侨联合会副主席
	副主任	才利民	副省长
	成员	曲植凡	省长助理、省公安厅厅长
		周齐	省政府秘书长
		刘保聚	省委宣传部副部长
		黄泽存	省委外宣办主任
		杨庆文	省台办主任
		费云良	省发展改革委主任

续表

年　份	职　务	姓　名	单位及职务
2007	成　员	齐　涛	省教育厅厅长
		翟鲁宁	省科技厅厅长
		法进衍	省安全厅厅长
		尹慧敏	省财政厅厅长
		战树毅	省农业厅厅长
		杜昌文	省文化厅厅长
		王天瑞	省卫生厅厅长
		张伟龄	省外办主任
		刘长允	省广电局局长
		于　冲	省旅游局局长
		王　琳	省侨办主任
		饶曼妮	省侨联主席
		王文章	中国艺术研究院院长
		李冬文	文化部对外文化联络局局长
		杜　越	中国联合国教科文组织全国委员会副秘书长
		祝善忠	国家旅游局旅游促进与国际联络司司长
		任梦云	中国侨联文化交流部部长
		孙守刚	济宁市委书记、市人大常委会主任
		张振川	济宁市委副书记、市长
2008	名誉主任	李建国	全国人大常委会副委员长
		孙家正	全国政协副主席
		姜异康	山东省委书记
	主　任	姜大明	省委副书记、省长
		蔡　武	文化部部长
		邵琪伟	国家旅游局局长
	副主任	孟晓驷	文化部副部长
		章新胜	教育部副部长
		杜　江	国家旅游局副局长
		李　群	省委常委、宣传部部长
	成　员	曲植凡	省长助理、省公安厅厅长
		徐向红	省委宣传部副部长、省中华文化标志城规划建设办公室主任

续表

年份	职务	姓名	单位及职务
2008	成员	齐涛	省教育厅厅长
		翟鲁宁	省科技厅厅长
		法进衍	省安全厅厅长
		尹慧敏	省财政厅厅长
		杜昌文	省文化厅厅长
		张伟龄	省外办主任
		于冲	省旅游局局长
		刘长允	省广电局局长
		黄泽存	省政府新闻办主任
		李冬文	文化部对外文化联络局局长
		韩永进	文化部教育科技司司长
		王文章	中国艺术研究院院长
		祝善忠	国家旅游局旅游促进与国际联络司司长
		杜越	中国联合国教科文组织全国委员会副秘书长
		孙守刚	济宁市委书记、市人大常委会主任
		张振川	济宁市委副书记、市长
2009	名誉主任	李建国	全国人大常委会副委员长
		孙家正	全国政协副主席
		姜异康	省委书记
	主任	姜大明	省委副书记、省长
		蔡武	文化部部长
		周济	教育部部长
		邵琪伟	国家旅游局局长
	副主任	赵少华	文化部副部长
		郝平	教育部副部长
		祝善忠	国家旅游局副局长
	成员	亢清泉	省文化厅厅长
		齐涛	省教育厅厅长
		于冲	省旅游局局长
		刘长允	省广电局局长

续表

年 份	职 务	姓 名	单位及职务
2009	成 员	李建军	省政府新闻办主任
		董俊新	文化部对外文化联络局局长
		刘克智	国家旅游局旅游促进与国际联络司司长
		杜 越	中国联合国教科文组织全国委员会副秘书长
		孙守刚	济宁市委书记、市人大常委会主任
		张振川	济宁市委副书记、市长
2010	名誉主任	李建国	全国人大常委会副委员长
		孙家正	全国政协副主席
		姜异康	省委书记、省人大常委会主任
	主 任	姜大明	省委副书记、省长
		蔡 武	文化部部长
		袁贵仁	教育部部长
		邵琪伟	国家旅游局局长
	副主任	李 群	省委常委、宣传部部长
		赵少华	文化部副部长
		王文章	文化部副部长
		郝 平	教育部副部长
		祝善忠	国家旅游局副局长
	成 员	徐向红	省委宣传部副部长、省中华文化标志城规划建设办公室主任
		亢清泉	省文化厅厅长
		齐 涛	省教育厅厅长
		于 冲	省旅游局局长
		刘长允	省广电局局长
		李建军	省政府新闻办主任
		董俊新	文化部对外文化联络局局长
		刘克智	国家旅游局旅游促进与国际联络司司长
		杜 越	中国联合国教科文组织全国委员会副秘书长
		孙守刚	济宁市委书记、市人大常委会主任
		张振川	济宁市委副书记、市长

续表

年 份	职 务	姓 名	单位及职务
2011	名誉主任	姜异康	省委书记、省人大常委会主任
	主 任	姜大明	省委副书记、省长
		蔡 武	文化部部长
		袁贵仁	教育部部长
	副主任	赵少华	文化部副部长
		王文章	文化部副部长
		郝 平	教育部副部长
	成 员	蒿 峰	省政府副秘书长、办公厅主任
		亢清泉	省文化厅厅长
		齐 涛	省教育厅厅长
		于 冲	省旅游局局长
		刘长允	省广电局局长
		李建军	省政府新闻办主任
		董俊新	文化部对外文化联络局局长
		陈 舜	教育部办公厅主任
		方茂田	中国联合国教科文组织全国委员会秘书长
		杜 越	中国联合国教科文组织全国委员会副秘书长
		张振川	济宁市委书记、市人大常委会主任
		梅永红	济宁市委副书记、市长
2012	主 任	姜大明	山东省委副书记、省长
		蔡 武	文化部部长
		袁贵仁	教育部部长
		邵琪伟	国家旅游局局长
	副主任	张建国	副省长
		赵少华	文化部副部长
		郝 平	教育部副部长
		祝善忠	国家旅游局副局长
	成 员	蒿 峰	省政府副秘书长、办公厅主任
		徐向红	省委宣传部副部长、文化厅厅长
		齐 涛	省教育厅厅长

续表

年　份	职　务	姓　名	单位及职务
2012	成　员	于　冲	省旅游局局长
		刘长允	省广电局局长
		董俊新	文化部对外文化联络局局长
		陈　舜	教育部办公厅主任
		杜　越	中国联合国教科文组织全国委员会秘书长
		刘克智	国家旅游局旅游促进与国际联络司司长
		马平昌	济宁市委书记、市人大常委会主任
		梅永红	济宁市委副书记、市长
		赵树国	济宁市政协主席
	秘书长	嵩　峰	（兼）
		梅永红	（兼）
	副秘书长	司安民	省政府副秘书长
		崔洪刚	济宁市委副书记
		王次忠	济宁市委常委、宣传部部长
		吴霁雯	济宁市副市长
2013	主　任	郭树清	省委副书记、省长
		蔡　武	文化部部长
		袁贵仁	教育部部长
		邵琪伟	国家旅游局局长
	副主任	赵少华	文化部副部长
		郝　平	教育部副部长
		祝善忠	国家旅游局副局长
	成　员	嵩　峰	省政府秘书长
		徐向红	省委宣传部副部长、文化厅厅长
		左　敏	省教育厅厅长
		于　冲	省旅游局局长
		司安民	省广电局局长
		王世农	省政府新闻办主任
		侯湘华	文化部对外文化联络局局长
		刘大为	教育部办公厅主任

续表

年份	职务	姓名	单位及职务
2013	成员	杜越	中国联合国教科文组织全国委员会秘书长
		李世宏	国家旅游局旅游促进与国际联络司司长
		马平昌	济宁市委书记、市人大常委会主任
		梅永红	济宁市委副书记、市长
		赵树国	济宁市政协主席
	秘书长	蒿峰	（兼）
		梅永红	（兼）
	副秘书长	刘爱军	省政府办公厅副主任
		傅明先	济宁市委副书记
		王次忠	济宁市委常委、宣传部部长
		吴霁雯	济宁市副市长
2014	主任	郭树清	省委副书记、省长
		蔡武	文化部部长
		袁贵仁	教育部部长
		邵琪伟	国家旅游局局长
	副主任	丁伟	文化部副部长
		郝平	教育部副部长
		杜江	国家旅游局副局长
		蒿峰	省政府秘书长、办公厅主任
		徐向红	省委宣传部副部长、文化厅厅长
		左敏	省教育厅厅长
		于冲	省旅游局局长
	成员	司安民	省新闻出版广电局局长
		王世农	省政府新闻办主任
		张爱平	文化部对外文化联络局局长
		宋德民	教育部办公厅主任
		杜越	中国联合国教科文组织全国委员会秘书长
		李世宏	国家旅游局旅游促进与国际合作司司长
		马平昌	济宁市委书记、市人大常委会主任
		梅永红	济宁市委副书记、市长

续表

年　份	职　务	姓　名	单位及职务
2014	成　员	赵树国	济宁市政协主席
	秘书长	蒿　峰	（兼）
		梅永红	（兼）
	副秘书长	李　娥	省政府副秘书长
		傅明先	济宁市委副书记
		王次忠	济宁市委常委、宣传部部长
		吴霁雯	济宁市副市长
2015	主　任	郭树清	省委副书记、省长
		雒树刚	文化部部长
		袁贵仁	教育部部长
		李金早	国家旅游局局长
	副主任	丁　伟	文化部副部长
		郝　平	教育部副部长
		李世宏	国家旅游局副局长
	成　员	蒿　峰	省政府秘书长
		徐向红	省委宣传部副部长、文化厅厅长
		王世农	省委宣传部副部长
		左　敏	省教育厅厅长
		于风贵	省旅游局局长
		司安民	省新闻出版广电局局长
		谢金英	文化部对外文化联络局局长
		宋德民	教育部办公厅主任
		杜　越	中国联合国教科文组织全国委员会秘书长
		范巨灵	国家旅游局旅游促进与国际合作司副巡视员
		马平昌	济宁市委书记、市人大常委会主任
		梅永红	济宁市委副书记、市长
	秘书长	蒿　峰	（兼）
		梅永红	（兼）
	副秘书长	李　娥	省政府副秘书长
		傅明先	济宁市委副书记

续表

年份	职务	姓名	单位及职务
2015	副秘书长	李长胜	济宁市委常委，曲阜市委书记、市人大常委会主任
		吴霁雯	济宁市副市长
2016	主任	郭树清	省委副书记、省长
		雒树刚	文化部部长
		陈宝生	教育部部长
		李金早	国家旅游局局长
	副主任	丁伟	文化部副部长
		郝平	教育部副部长
		杜江	国家旅游局副局长
	成员	王华	省政府秘书长
		王磊	省文化厅党组书记、山东省中华文化标志城规划建设办公室主任
		左敏	省教育厅厅长
		于风贵	省旅游发展委员会主任
		司安民	省新闻出版广电局局长
		魏长民	省政府新闻办主任
		谢金英	文化部对外文化联络局局长
		杜越	中国联合国教科文组织全国委员会秘书长
		张利忠	国家旅游局旅游促进与国际合作司司长
		马平昌	济宁市委书记、市人大常委会主任
		傅明先	济宁市委副书记、市长
	秘书长	王华	（兼）
		傅明先	（兼）
	副秘书长	李娥	省政府副秘书长
		刘中会	济宁市委副书记
		李昌文	济宁市委常委、宣传部部长
		李长胜	济宁市委常委、秘书长
		吴霁雯	济宁市副市长
2017	主任	龚正	省委副书记、省长
		雒树刚	文化部部长
		陈宝生	教育部部长

续表

年 份	职 务	姓 名	单位及职务
2017	主 任	李金早	国家旅游局局长
	副主任	丁 伟	文化部副部长
		郝 平	教育部副部长
		李世宏	国家旅游局副局长
	成 员	王 华	省政府秘书长
		王 磊	省文化厅厅长
		左 敏	省教育厅厅长
		于风贵	省旅游发展委员会主任
		司安民	省新闻出版广电局局长
		魏长民	省政府新闻办主任
		谢金英	文化部对外文化联络局局长
		宋德民	教育部办公厅主任
		杜 越	中国联合国教科文组织全国委员会秘书长
		范巨灵	国家旅游局旅游促进与国际合作司副巡视员
		王艺华	济宁市委书记
		傅明先	济宁市委副书记、市长
	秘书长	王 华	（兼）
		傅明先	（兼）
	副秘书长	张连三	省政府办公厅副巡视员
		石光亮	济宁市委副书记
		李昌文	济宁市委常委、宣传部部长
		李长胜	济宁市委常委、秘书长
		吴霁雯	济宁市副市长

第二节　孔子文化节办公室

1984 ~ 1989 年，曲阜国际孔子诞辰故里游和首届国际孔子文化节活动期间，曲阜市（县）每次均从相关部门临时抽调工作人员组成办事机构，活动结束后抽调人员仍回原单位工作。

1990 年，曲阜市委、市政府聘请 3 位常年参与举办活动的离退休老干部邹何生、程藻章、朱学亮组成孔子文化节办公室，由副市长步长存兼任办公室主任、涉外工委副主任宋德友兼任常务副主任，负责文字材料、行政接待、会务、票务、财务以及协调宣传、安保、环境治理等方面的工作，单位为不在编常设机构。

程藻章、邹何生、朱学亮同时于1990年离休。程藻章离休前系曲阜市涉外党委书记，邹何生离休前系市委政策研究室主任，朱学亮离休前系市政协民族联谊委主任。离休后他们充分发挥老一代革命者认真负责、爱岗敬业、忠于职守、不计名利的精神，贡献余热，积极主动开展工作。

程藻章负责行政接待、协调孔子诞辰纪念活动会场会务等工作。每年的孔子文化节筹备期间，都是亲力亲为，召开分管工作的调度会议，赴各个接待场所和孔子诞辰纪念活动（祭孔大典）施工现场督导工作。1997年9月，在参加市孔子文化节调度会议后，前往市文物局古建队督导搭建纪念活动观礼台事宜，抵达现场后，不幸突发心脏病离世。

邹何生主要负责文字材料的起草，协调孔子学术会堂及其他学术活动。其工作兢兢业业，任劳任怨，被誉为“老黄牛”。邹何生文风严谨，遣词精准具有较高文字驾驭能力。1989 ~ 2000年孔子文化节开幕式国家部委领导、省领导讲话稿都由其起草。1999年为起草孔子诞辰纪念大会讲话稿，强忍病痛，将浮肿的腿放在高处以减轻痛苦，用近10天时间撰写3万余字的讲话。他注重文字材料的收集整理，将孔子文化节文字材料分类汇编，为文化节的材料工作搭建基础，也为编纂孔子文化节志留下翔实的史料。邹何生在孔子文化节办公室工作直至2002年10月病逝。

朱学亮主要负责重点活动门票的印制发放和财务工作，其工作认真负责，敢于担当，不怕得罪人，在其职责范围多年没有出现任何差错。2002年朱学亮年事已高，离开工作岗位回家休息。

随着孔子文化节规模越来越大，工作越来越多，仅凭几位退下来的老干部不能满足办节需要。1994年4月25日，曲阜市委、市政府决定设立曲阜市孔子文化节办公室，为正科级事业单位，隶属市政府领导。主要职责：策划创意每年的孔子文化节活动，制定孔子文化节活动方案及将工作任务细化量化到各单位、各部门的实施方案、实施细则等；负责与上级有关部门联络与衔接；负责曲阜市承担各项筹备任务的综合调度和各工作组之间的联络、督导、协调、调度；负责开幕式、祭孔大典等重大活动的会场、会务，现场组织指挥、票务；负责各类文字材料的起草、印发等。

2004年6月，济宁市委、市政府决定设立济宁市节会活动办公室，为正县级事业单位，办公室主任由市委副秘书长兼任。此后孔子文化节活动由济宁市主办，各项筹备组织工作包括策划创意、确定活动、对上联络、客人邀请、接待服务等，都由济宁市负责，曲阜市由主办转为配合，主要是负责组织筹备祭孔大典、为开幕式等在曲阜举办的大型活动提供场地保障和后勤保障等。2008年6月，济宁市节会活动办公室更名为济宁市孔子文化节办公室。

曲阜市孔子文化节办公室负责人员一览表

表 1-12

职　务	姓　名	任职时间
主　任	孟凡亮	1994 年 7 月 ~ 2006 年 4 月
	袁　明	2006 年 4 月 ~ 2010 年 4 月
	李朝阳	2010 年 4 月 ~ 2014 年 2 月
	谷传超	2014 年 2 月 ~ 2017 年 8 月
	张立忠	2017 年 8 月 ~
副主任	宋志远	1994 年 7 月 ~
	李　民	1996 年 10 月 ~ 2008 年 1 月
	张文兵	2004 年 5 月 ~
	金永芳	2010 年 4 月 ~

济宁市孔子文化节（节会活动）办公室负责人员一览表

表 1-13

职　务	姓　名	任职时间
主　任	李春兴	2004 年 6 月 ~ 2008 年 1 月
	潘献华	2008 年 1 月 ~ 2012 年 6 月
	徐继红	2012 年 6 月 ~ 2012 年 12 月
	刘　辉	2012 年 12 月 ~
副主任	刘训贤	2006 年 1 月 ~ 2009 年 12 月
	杨义堂	2006 年 6 月 ~ 2008 年 10 月
	华　治	2008 年 10 月 ~
	赵相恩	2010 年 6 月 ~
	杜忠海	2012 年 12 月 ~

第三章　重要会议

在重要办节年份，尤其是 1989 年、1994 年、1999 年、2004 年、2009 年、2014 年纪念孔子诞辰逢五逢十的办节年份，山东省、济宁市均成立由主要领导牵头的组织领导机构，统筹安排、部署、协调孔子文化节的各项工作，多次召开孔子文化节的专题筹备会议，听取汇报、安排工作，解决难点问题，并亲临筹备现场督导工作进度，现场解决工作中存在的问题。2004年济宁市成立孔子文化节办公室后，济宁市由领导、指导举办孔子文化节转变为主办孔子文化节，济宁市每年均召开市委常委会研究孔子文化节筹备工作。2001年起，济宁市每年均召开孔子文化节动员大会，安排部署孔子文化节筹备工作。在每年的筹备工作过程中，曲阜市都要召开市长办公会或市政府常务会、市委常委会研究孔子文化节筹备工作，确定文化节活动主题及重要活动内容、节庆重点工程建设等事宜。1990年，召开孔子文化节动员大会、总结表彰会；1991年起，召开孔子文化节表彰动员大会，总结表彰和动员一并进行；2004年后，由济宁市进行表彰，曲阜市只召开动员会议。

第一节　重要筹备会议

1989年，国际孔子诞辰故里游更名为国际孔子文化节后，由山东省人民政府主办。山东省高度重视，7月8日，成立由山东省副省长马世忠为主任委员，省委常委、宣传部部长苗枫林为副主任委员，省直有关部门负责人为成员的孔子文化节筹备委员会。山东省孔子文化节筹委会首次委员会议在济南齐鲁宾馆召开，听取曲阜市关于孔子文化节活动方案的汇报。9月7～8日，省筹委会副主任委员，省委常委、宣传部部长苗枫林在曲阜市主持召开山东省孔子文化节筹委会现场办公会议。省政府副秘书长张龙，省文化厅、省旅游局、省二轻厅、济南铁路局、济南军区前卫文工团等筹委会成员单位负责人及济宁市副市长唐伦伟、曲阜市委书记崔波等参加会议。9月22日，山东省孔子文化节筹委会第三次会议在曲阜孔府忠恕堂召开，筹委会主任委员马世忠主持会议。会议听取曲阜市委书记崔波关于孔子文化节方案落实情况的汇报和济宁市公安局局长李明昌关于文化节期间安全保卫工作情况汇报，研究急需解决的问题。

1990年6月11日，山东省孔子文化节筹委会委员会议在济南齐鲁宾馆召开。省委常委、宣传部部长苗枫林出席会议并讲话，省委外宣办、省外办、省文化厅、省侨办、省文物局、省出版总社、省财政厅、省二轻厅、济南军区前卫文工团，济宁、曲阜两级市有关领导出席。曲阜市委书记崔波汇报1990年孔子文化节筹备进展情况。7月13日，山东省人民政府办公厅印发《1990年孔子文化节活动总体方案》，对孔子文化节筹委会组成人员进行调整。筹委会委员由省委办公厅、省委宣传部、省政府办公厅、省旅游局、省外办、省公安厅、省财政厅、省文化厅、省出版总社、省侨办、省对台办、省二轻厅、省文物局、济宁市政府、曲阜市政府、济南军区文化部的负责人组成。省委副秘书长田健、省政府副秘书长张龙、省旅游局局长蒋奎生任主任委员。1991年，山东省委、省政府研究决定，将孔子文化节的各项具体筹备组织事宜交济宁、曲阜两级市筹办，省里负责有关对上对下协调事宜。

相关链接：

一、孔子诞辰2540年旅游活动筹备委员会首次委员会议纪要

1989年7月8日上午，山东省纪念孔子诞辰2540年旅游活动筹备委员会首次委员会议，在济南齐鲁宾馆召开。会议听取曲阜市关于首届孔子文化节活动方案的汇报。出席会议的有省筹委会主任、副省长马世忠；筹委会副主任，省委常委、宣传部部长苗枫林；省政府秘书长宇培果；省旅游局局长蒋奎生；省政府副秘书长张龙；省对台办、省外经委、山东国际文化交流中心、省文化厅、省文物局、省侨办、山东民航局、济南铁路局、省邮电局、省旅游局、省交通厅、济南军区前卫文工团的负责人；省有关新闻单位和中央驻山东的有关新闻单位记者；曲阜市政府副市长刘祥德，曲阜市委常委、办公室主任步长存，市委研究室主任邹何生。

马世忠主持会议并讲话。苗枫林、张龙等分别讲话。刘祥德汇报孔子文化节方案及筹备工作情况。

会议对曲阜市所做的工作给予充分肯定，原则同意孔子文化节活动方案。会议认为，在孔子诞辰2540年，举办首届孔子文化节，是山东省第一个较大规模的国际性的大活动，关系到山东省乃至国家的信誉问题，一定要搞好。举办孔子文化节是一个方针问题，要突出文化这个中心，弘扬优秀传统文化，不能搞民族虚无主义，要千方百计办好。会议议定：一是孔子文化节要搞得隆重，又要从实际出发，实事求是，本着勤俭节约的精神去安排，注意实效。省财政无偿拨付经费35万元。二是一定要突出文化特点，要有很浓的文化气息。三是要搞好四项基本原则和社会主义民主法制教育，创造一个良好的社会环境。四是要搞好接待工作，特别是阙里宾舍等重点接待单位，要加强管理，提高服务质量。五是要办好孔子文化节，利用孔子思想影响，促进改革开放和统战、侨务等各项工作。省旅游局负责邀请国际朋友参加文化节。六是为纪念孔子2540年诞辰，文化节期间应举行孔子纪念邮票发行仪式。七是为了使孔子文化节法律化，曲阜市人大对此作出相应的决定。

二、山东省孔子文化节筹委会现场办公会议纪要

1989年9月7～8日，山东省孔子文化节筹委会在曲阜市召开现场办公会议，省委常委、宣传部部长苗枫林主持，省政府副秘书长张龙，省政府办公厅、省文化厅、省旅游局等省筹委会成员单位负责人和济宁、曲阜有关负责人参加会议。与会人员听取孔子文化节筹委会第一次会议决定事项的落实情况汇报，并到节日活动的主要场所和兖州火车站进行实地检查。会议就有关问题进行研究和部署，会议议定：

1.从现在起，原定的活动项目除确定取消的外，必须按计划完成。原方案中没有的一律不再增加新的项目。2.孔子文化节筹委会抽调3～5人组成精干领导小组，于9月20日前到曲阜办公。节日期间一切工作由领导小组统一指挥调度，做到政出一门，任何组织和个人不得乱加干涉与孔子文化节有关的各项活动。分管部门都要制定具体方案，报领导小组审批，所有活动都要按方案进行。各有关部门都要把工作任务层层分解，逐级落实，责任到人。3.开幕式的会场和议程要根据这次会议提出的要求重新设计和调整，仿古《祭孔乐舞》服装重新更换，省旅游局负担2.5万元服装费用，曲阜市保证开幕式前全部制成。演员要加紧训练，提高演出水平。开幕式前要提前预演一次，届时省政府张龙副秘书长组织审查。4.要千方百计做好接待工作。接待部门要制定出具体、周密的接待方案，接待中要遵循内外有别，外宾优先的原则，接待内宾要树立廉洁、俭朴新风，严格按中央和省委、省政府的要求办事，不突破标准，不违反规定。接待外

宾则要根据国际标准，提供优质服务。省直各涉外部门须将接待计划于9月20日前报曲阜市孔子文化节办公室，否则将难以统一安排接待。5.切实加强安全保卫工作。要重点抓好食品卫生，重要领导人的保卫，外宾的人身和财物安全，主要活动场所的公共秩序，文物的防火、防盗等方面的工作。省公安厅要会同济宁市、曲阜市两级公安机关专门研究，制定出具体的防范措施，组织力量，落实责任制，确保节日安全。6.孔子文化节前，曲阜市要在全市干部、群众和曲师大师生中广泛开展一次坚持四项基本原则和文明礼貌教育。同时，要组织几次全市性的卫生大扫除，清理环境，美化市容市貌。“三孔”内和所有旅游场点的施工工程要加快进度，9月20日前，各施工场地必须清理干净，工程不能结束的要停工封存，节日期间原则上停止施工。7.铁路部门要采取切实措施，确保参加孔子文化节的国内外来宾乘车方便，并要搞好车站内的环境卫生和公共秩序。邮电部门要保证通信线路畅通，要重点保证省级以上领导人和领导小组的工作电话，做好对外宾的国际通信业务。8.会后一周内，要将孔子文化节的组织筹备情况向省委常委会做一次汇报。

三、山东省委常委、副省长宋法棠在’94孔子文化节汇报座谈会上的讲话摘要

1994年2月28日下午，山东省委常委、副省长宋法棠，在曲阜阙里宾舍主持召开’94孔子文化节汇报座谈会。参加会议的有省委外宣办、省旅游局、省文物局、济宁曲阜两级市有关领导。会上，济宁市副市长谭成义、曲阜市市长许传俊先后汇报孔子文化节方案及其他有关事项。有关人员就如何办好孔子文化节发表意见。在听取汇报和有关人员发言后，宋法棠提出重要意见，摘要如下：

1.孔子文化节举办以来，对于促进曲阜、济宁乃至山东对外开放、经济发展，特别是对加强中外文化交往和旅游事业发展，起了很大的作用，应该充分肯定。曲阜在这方面做了开拓性的工作，是很有成效的。孔子文化节在山东来说，是办得比较早、名气比较大的节庆活动。去年，第一次参加孔子文化节活动后，感觉不像想象的那样好。从孔子文化节的名气和宣传上来说，应该比其他的节办得更好，水平更高一些。如果这样下去可能会出现萎缩，将来很难办下去。所以，要在总结过去经验的基础上，使活动内容更加丰富多彩，表演水平更加提高，更要做好文化搭台、经贸唱戏的文章，使孔子文化节发挥更大的作用。2.济宁、曲阜要做好孔子文章，唱好孔子戏。孔子是世界上最早的文化名人，不仅在中国而且在世界上影响很大。这是山东的优势，做好孔夫子的文章，一方面吸收、继承、发扬孔子思想中的一些优秀部分，弘扬民族优秀文化；另一方面，要利用孔子的名人声誉、名人效应，扩大对外交往，促进对外开放，发展旅游事业，发展我们的开放型经济。3.要发挥好优势，济宁要牵起头来，组织几个市、几个县协调动作，当然曲阜这个地方还是中心，曲阜要发挥更好的作用。4.孔子文化节的名称就是中国曲阜国际孔子文化节，不要再变了，因为这个牌子早已打出去了，宣传孔子文化节，同时也提高了曲阜的知名度，宣传了曲阜，这样比较好。5.活动要突出重点，重点活动一定要搞好，一个是开幕式，要组织好，编剧导演都要搞好；一个是经贸活动，要做好各项准备工作，突出搞好。6.祭孔表演，可以分三个层次：一个是观赏性的；一个是参与性的，海外人士自愿举

行真正祭祀的，比如日本、韩国、新加坡等国家和中国港澳台地区的人士，可以开展这样的活动，他们烧香、磕头都可以，祭祀方案可由我们设计，也可由他们设计，但不要搞很离谱的事情；一个是表演性的，西方人士认为有意思，穿上服装表演一下也可以，我们提供有偿服务。7. 不再邀请著名文艺团体、歌星、笑星参与孔子文化节。

第二节　市长办公会、市政府常务会、市委常委会

每年的孔子文化节活动结束后，即开始对该届孔子文化节进行全面总结，总结经验，找出不足，对下届孔子文化节进行框架式构想，报市委、市政府领导提供以后办节的决策依据。随后（一般在年初）市分管文化节活动的领导召集文化、旅游、文物、经贸、科技等相关部门负责人，同时邀请有关办节及儒学研究方面的专家学者，提出当年举办孔子文化节的指导思想和办节意图，请与会人员进行讨论研究，对孔子文化节进行策划、创意，各部门根据办节主题，结合本单位实际，提报需要举办的活动项目。经过可行性研究后，经孔子文化办公室进行梳理、整合、归纳；制定出孔子文化节活动的初步方案，呈报市长办公会、市政府常务会进行专题研究讨论，提出修改、补充、完善意见，由孔子文化节办公室根据市长办公会、市政府常务会意见进行再修改、再完善，呈报市委常委会进行研究讨论。市委常委会研究通过后，报济宁市委、市政府研究审批（重要举办年份报省委、省政府审批）后出台方案，开展实质性筹备工作。2004 年由济宁市主办以后，曲阜市按照济宁市孔子文化节总体方案安排，研究出台曲阜市工作方案，落实好济宁市安排部署的相关任务，根据曲阜实际，研究曲阜市自行组织的各项活动，并按程序提交曲阜市长办公会或市政府常务会、市委常委会研究。

孔子文化节是一项大型的综合性国际节庆活动，牵扯到社会各界方方面面，在每年的市委、市政府工作中占有很重要的位置。因此，每年的市长办公会、市政府常务会、市委常委会都将孔子文化节列入重要的议事日程，专题研究孔子文化节活动，重要年份还要多次召开会议进行研究。如 1990 年曲阜市委八届七次常委会，1991 年八届二十二次、三十一次常委会，1992 年八届九十三次常委会，1992 年市政府十三届六次常务会议等。市长

2015 年 8 月 22 日，曲阜市委十三届第一百四十七次常委会议召开，研究部署 2015 中国（曲阜）国际孔子文化节曲阜筹备工作。

办公会、市政府常务会、市委常委会研究孔子文化节活动的主要议程是：由孔子文化节办公室主任汇报开展工作情况，通报孔子文化节活动方案，与会人员对孔子文化节活动方案提出修改、完善意见，市委、市政府主要领导提出决策意见。

相关链接：

一、曲阜市委八届三十一次常委（扩大）会议纪要

1991年8月15日，市委召开八届三十一次常委（扩大）会议，房立泉、李克胜、李胜利、许传俊、付洪云、卢兆河、高洪彦、王德金、尹效英、李守振、郭宗英、步长存、赵元山、隋云宽、苏德海、陈向群以及孔子文化节办公室和市有关部门的负责人参加会议，房立泉主持会议，会议首先组织与会人员到现场检查孔子文化节各项准备工作的进展情况，听取卓志华关于'91孔子文化节筹备工作情况及下步工作意见的汇报。

会议认为，该届孔子文化节适值国家在山东举办'91世界旅游日庆祝活动，并把孔子文化节列为“世界旅游日”活动的重要内容之一，为此，办好该届孔子文化节有着特殊重要的意义。前期在济宁市孔子文化节领导小组具体领导下，按照'91国际孔子文化节活动总体方案的要求，积极开展各项筹备工作，在时间紧、任务重、难度大的情况下，克服困难，做了大量工作，取得明显成效，应予充分肯定。会议决定：（一）原则同意孔子文化节办公室汇报的关于下步工作的意见及建议。各级、各部门要从现在到文化节这段时间里，根据各自担负的任务，把搞好孔子文化节作为一项重要的工作，切实抓在手上，并以此带动和促进农村抗旱、防虫治虫工作。确保全市农业的全面丰收、全年丰收，要采取有力措施，搞好秋种；还要推动城市经济速度、有效持续同步增长，促进其他各项工作的顺利开展。总之，要保证孔子文化节及世界旅游日活动各项筹备工作的圆满完成，切实使领导、全市人民群众和来宾都满意。（二）下步需要做好的工作。一是进一步端正办好孔子文化节的指导思想。认真总结前几年举办孔子故里游、孔子文化节活动的经验和教训，在该届孔子文化节活动中搞好三个突出，即突出国际性与参与性；突出以经济建设为中心与弘扬民族文化；突出文化旅游搭台、经济技术唱戏这一主旋律，并做好结合的文章。新闻宣传部门要紧紧围绕这“三个突出”，搞好宣传导向，以求得最佳的社会效益和经济效益，努力争取通过孔子文化节在发展外向型经济，搞好旅游产品展销和协作项目论证等工作上有较大突破。孔子文化节办得是否成功，是否具有生命力的标准就在于是否能促进曲阜市经济建设的发展。二是进一步协调好上下关系。该届孔子文化节是由济宁和曲阜市联合举办，曲阜要主动、积极地争取省和济宁市的领导和支持，理顺关系，搞好协调，保证不出现空当，保证各项计划的落实，对于各项筹备工作，要加强调度，从现在到9月20日之前，文化节办公室要做到五天一调度，20日后，要做到一天一调度，济宁市向文化节各组下达的意见，各组要及时向文化节办公室通报，确保各项筹备工作的顺利完成。三是按照孔子文化节总体方案的要求和常委（扩大）会议的意见，抓好软件和硬件建设。要从优良的秩序、优美的环境、优质的服务为孔子文化节的顺利进行创造良好的条件，在有关工作领导分工上，明确以下意见：凡涉及城区建设和卫生秩序的工作，结合“齐鲁杯三上活动”的开展，由杨春炳牵头负责；搞好优良秩序方面的工作，具体由公安局、安全局、工商局等部门负责抓；搞好优质服务方面的工作，由李克胜、卢兆河牵头负责，以卢兆河为主；经济洽谈、技改项目论证和旅游产品展销工作由刘奎、隋云宽、苏德海牵头负责，以隋云宽为主；文化旅游和文物展览方面的工作由步长存负责，并协调好各组室的工作，陈向群协助。四是资金问题，总的要本着精打细算、量力而行的原则安排各项活动的开支。当前，要采取措施，积极筹措资金，要积极向省争取资金，最近，隋云宽可到省里跑一趟，做好工作，争取省里的支持；要积极求得济宁市的支持；本市资金的筹措：一是《箫韶乐舞》和《祭孔乐舞》可以提前公演，以保证从演出收费中筹措10万元，公演时，公安、文物部门要积极协调，搞好秩序，演出收费的具体分成意见由文化节办公室同文物局商定；二是对于原来议定的提高“三孔”门票价格后所收的收费中需上缴财政的，要抓紧如数上缴财政，财政可先划拨10万元给文化节办公室，以保证各项准备工作的顺利进行，文化节办公室要把筹措到的经费，周密计算，本着量力而行的原则，安排各项活动经费，今年要减少邀请客人的数量，除了市里邀请的内宾由文化节办公室接待外，其余的谁邀请谁接待，谁负责开支，邀请记者也要注意减少数量。颜氏公会、孔子宗亲会的客人如何接待，要研究。总之，要多方筹集经费，分灶吃饭。五是外宾接待工作，要突出国际性，以外为主，加强同邻县市接待服务单位的联系和协调，要努力保证外宾来了就能住得下，看得上。六是加强领导，从现在始到孔子文化节结束，文化节办公室成员及各组成员要到岗到位，各司其职，切实负责，加强检查调度，保证孔子文化节活动的顺利进行，城市道路需修补的要修补；残墙断壁需清理的要清理；孔府门前的路灯由市政局负责安装起来；要张挂彩旗、摆置鲜花，飘放一些气球，总之，要造成一种欢乐的浓厚的节日气氛。七是9月15日，市里对文化节各项准备工作进行一次检查验收，到时，文化节各项准备工作要基本就绪，9月20日之前要保质保量全面完成各项准备工作，确保万无一失，圆满成功。

二、曲阜市第十六届市政府第十四次常务会议纪要

2010年8月9日下午，曲阜市委常委、副市长杨凤东在市政府常务会议室主持召开第十六届市政府第十四次常务会议。

会议听取市孔子文化节办公室关于2010中国（曲阜）国际孔子文化节筹备工作情况的汇报和中华文化标志城规划建设曲阜工作委员会办公室关于尼山世界文明论坛相关情况的汇报。会议原则同意汇报意见和《2010中国（曲阜）国际孔子文化节活动方案》。会议认为，今年的孔子文化节主题活动多，规格高，影响面广，已进入倒计时阶段，全市上下要进一步提高认识，明确责任，细化措施，确保圆满完成各项筹备工作任务。会议议定：

1.抓好祭孔大典筹备工作。由杨凤东牵头，张淑钰配合，孔德平、李朝阳、张力争、尹洪福、程军等参与。要积极创意策划祭孔大典活动，力求在形式、内容等方面推陈出新。要抓好神道路贵宾室的设置和大成殿观礼台的搭建工作。2.抓好《杏坛儒风》剧目演出配合工作，由张淑钰牵头，李朝阳、张力争、程军等参与。3.抓好尼山连接线绿化工程建设，按期完成建设任务，由赵永和牵头，林业局、南

辛镇等参与。4.抓好尼山论坛现场准备工作，尽快实施变压器更换、道路硬化、停车场改建等工作，配合搞好论坛开幕式及高端对话活动。由李维生牵头，张淑钰配合，荣瑞峰具体衔接，孔祥佩、孔德平、尹洪福、程军及孔子文化节办公室等参与。5.抓好省文化产业博览会济宁会场筹备工作，完成曲阜市承担的招展布展任务，广泛开展文化产业项目招商推介和文化旅游商品等交易活动。由褚福梅牵头，胡勇、王新宏、孔祥金等参与。6.加强城乡环境综合整治，抓好城市道路建设、绿化美化、夜景亮化、城市管理、秸秆禁烧等工作，由刘秀广牵头，住建局、环保局、行政执法局等部门参与。7.着力抓好招商引资和客人邀请工作，由张公迁牵头，政府办公室、经信局、招商局、商务局等部门参与。积极开展多渠道、多形式的经贸洽谈和招商引资活动，重点邀请外国友好城市、“世界500强”、知名文化旅游集团、知名民企及在谈重点招商企业负责人，力争在招商引资方面取得实实在在的成效。8.抓好资金保障工作，由财政部门负责。积极向上争取资金，搞好资金筹措、拨付，保障孔子文化节和尼山论坛各项筹备工作需要。

2014年9月17日，2014中国（曲阜）国际孔子文化节筹备工作现场调度会议召开。

第三节　筹备会、调度会

孔子文化节活动方案出台后，曲阜市委、市政府召集承担筹备工作任务的相关部门、单位，安排部署工作。制定实施方案、实施细则以及重要活动的执行细则，将筹备工作任务细化、量化到具体的单位和个人，确保每项工作都落实到每一个责任人，以保证事事有人干，不出任何纰漏。

调度会有会议调度和现场调度，有时是会议调度和现场调度相结合，调度会有曲阜市委、市政府主要领导召集的调度会议和分管领导主持的调度会议。在重要的时间节点上，市委、市政府主要领导召集各有关部门负责人汇报各项工作的开展情况，安排部署工作。市分管领导定期或不定期地召开调度会议听取汇报，督导检查工作进度，解决筹备工作中存在的问题。同时各级领导深入重大活动的施工现场，检查督导工作进度，现场解决问题。2004年以后济宁市也在曲阜组织召开各类筹备会、调度会。1989年首届孔子文化节，曲阜市孔子文化节组委会先后于4月29日、5月16日、6月23日、7月28日、8月3日、8月23日、8月24日、9月4日、9月8日、9月20日连续召开10余次调度会议和现场办公会议。

相关链接：

一、曲阜市孔子文化节组委会第六次会议纪要

1989年9月8日晚，为落实山东省孔子文化节筹备委员会第二次会议精神，加快文化节各项筹备工作的步伐，在市委常委会议室召开市孔子文化节组委会第六次会议，组委会成员、各工作组负责人，城建局、曲阜镇和市精神文明办公室以及组委会办公室的有关人员参加会议。会议由市委书记崔波主持。会议听取各组和城建以及市精神文明办公室关于贯彻落实第四次组委会工作情况和存在问题的汇报，就山东省孔子文化节筹委会第二次会议提出的曲阜市在筹备工作中存在的具体问题进行研究，对下步工作提出具体要求，决定有关事项。纪要如下：

1.省孔子文化节筹委会明确指出：在思想上要更加充分地认识举办孔子文化节的重大意义，认识到目前任务的紧迫性和各自肩上担子的分量。要求所有工作人员要积极行动起来，以主人翁的态度，投身于文化节筹备工作中去。2.从现在起到文化节开幕，任务还很重，工作量还很大，各部门各单位要根据各自的任务，迅速充实人员，加班加点，保证各项筹备工作按时保质完成。3.树立高标准、严要求的思想，各项工作不能停留在曲阜市的水平上，要把工作拿到省、国家的水平上进行比较，拿出切实可行的方案，使各项工作上一个新台阶。 4.进一步集中精力、明确责任，各工作组要马上定点办公，所牵扯到的领导要把自己分管的工作放下，把精力集中到文化节筹备工作上来。上级机关召开的无关文化节的会议可安排其他负责人参加。所有的工作人员要定点、定位、明确分工，把每项工作都落到实处，确保万无一失。5.城市的综合治理工作，由刘祥德牵头抽调专人集中办公。公安、工商、城建、文化、爱国卫生委员会，要抽出一名副局级干部，曲阜镇于建新、交警队主要负责人要集中精力靠上抓，要动员社会所有力量，迅速在城区掀起人人讲文明、处处讲卫生的热潮。6.根据省筹委会有关领导的指示精神，决定：(1）由文艺组杨兆席负责，迅速落实演出队制作新服装问题，9月26日开幕式上演员要着新装演出。为了进一步提高表演水平，演出队于9月22～24日停止演出三天，对演出人员进行教育整顿。(2）孔庙、孔府内的建设工程，9月20日前要全部完成，所有道路和场地要组织人员进行整修，文物和建筑物上的灰尘要组织人员进行清扫，所有的垃圾和栏杆要全部

2017年8月25日，济宁、曲阜两级市领导检查孔子文化节筹备工作。

清除，文化节期间孔庙大成殿前和露台上，要每天洒水。具体工作由孔祥林组织落实。(3)农业银行、阙里宾舍、邮电局、鼓楼医院的建筑工程，9月20日前要保证完成，所有明故城区内和主要旅游景点道路两侧的建筑工地，如文化节前完不成的，要将施工架木拆除，具体落实工作由建委安排一名主任靠上，保证按时完成。(4)继续抓紧进行文化市场的整顿清理工作，城区内一些摊贩兜售迷信书刊等活动要一律制止。(5)安全保卫工作要根据省有关领导的指示精神，尽快制定方案，组织落实。(6)节日期间食品卫生问题，由陶宪法负责组织检查落实。(7)接待工作除做好原定的工作外，要在地方风味食品的精工细作上下功夫，在做法上要有创新，每个宾馆要按四菜一汤的标准，拿出两天不重样的饭菜单来，早餐每顿要有两种以上喝的东西，要真正使人感受到确实吃到了曲阜的地方风味。(8)关于节歌问题，由步长存安排电视台在全市范围内组织教唱，并将节歌和背景音乐，请名家演唱后灌制成磁带、唱片，在全市组织播放。(9)关于开幕式会场的布置问题，组委会办公室和文艺组要尽快拿出详细方案，向省文化节筹委会汇报同意后组织实施。(10)根据省有关领导的指示，从现在起文化节除保证按时按质完成原定任务外，原则上不再增加新的项目。(11)由于目前已落实的参加文化节开幕式的来宾较多，食宿地点很难解决，各单位从现在起原则上不再邀请客人，如确需邀请，要将客人到曲阜的时间安排到9月26日开幕式以后。

二、省旅游局副局长李德明听取'96孔子文化节方案汇报后的讲话摘要

1996年7月31日下午，曲阜市孔子文化节办公室主任孟凡亮、旅游局局长孔祥金，赴省旅游局向分管副局长李德明汇报孔子文化节的总体方案和筹备情况。李德明在听取汇报后，就有关问题讲了意见。

1. 曲阜市委、市政府领导对孔子文化节十分重视，专门多次研究，总体方案不错，原则上同意，并请曲阜根据方案抓紧筹备。济宁市委、市政府决定，今年的孔子文化节由曲阜市人民政府主办，充分体现济宁市委、市政府对曲阜的信任。2. 针对淄博陶瓷琉璃艺术节和全国一些地方节庆活动不再举办这一问题，有些人可能会提出孔子文化节还办不办。应当坚持不懈地办下去，至少要像邓小平讲改革开放一样，一百年不动摇。孔子文化节已连续办12届，很不容易，各方面都付出很大心血。这个活动已成为一项十分成功的旅游产品，在国内外影响很大，已被国内外旅游市场所接受。国家旅游局领导曾讲过，孔子文化节文化品位很高，是最能代表中国文化和汉民族文化的节庆活动。今后，曲阜要把发展、完善、提高孔子文化节活动作为指导思想，不存在办不办的问题，而是要越办越好，这是最基本的认识。3. 孔子文化节作为一个在国际国内旅游上十分受欢迎的产品，已经基本定型，要有个基本方案，不需要年年变、年年新，老是推翻过去的，很难在市场上站住脚。对孔子文化节满意不满意，办得好不好，不要以某些领导人的意见为依据，主要是看国内外游客满意不满意。这次去英国，在新闻发布会上讲孔子文化节，英国人很感兴趣，许多人索要材料。在白金汉宫，每天都有固定的英国古皇家卫队表演，多少年不变，看的人很多。他们的做法对办好孔子文化节是一个启发。孔子文化节开幕式的会场设在孔庙大成殿前，这里的气氛效果哪里也比不了，任何地点都代替不了。4.《祭

孔乐舞》表演是一个很成功的表演，关键是完善、提高问题，不能轻易变动，当然不是一成不变，因为这还不是尽善尽美。在没有新的能替代的内容出现之前，必须把《祭孔乐舞》作为孔子文化节开幕式的主体和拳头节目。可以请一两个民族歌唱家唱《孔子赞歌》。曲阜的孔子文化节，一定要突出孔子文化，突出浓郁的文化气氛，一些民俗的东西，不是曲阜的特色，就没必要搞。5. 曲阜已经是全国重点旅游城市，被列入 1997 年全国王牌旅游城市之一，在山东一直被作为龙头和拳头，明年'97 中国（山东）旅游年，第一个口号就是“相聚在孔子家乡山东”，并在济南举办孔子家乡旅游交易会，这说明曲阜旅游在山东和全国的地位。但目前，曲阜的接待人数、创汇、收入、服务，在全省占的比重较小，与曲阜的地位、优势不相称，这里面有交通等一些外部原因，但主要是工作上的原因。对旅游、对孔子文化节，应该主动地、积极地去开发，不能只被动应付。在旅游开发上，建议曲阜搞几条街，如文化一条街，卖字画、碑拓、古书、孔子的书、文房四宝，游人既能买又能参观；还有民俗一条街、工艺品一条街，一些民俗制品，不仅能买到，而且还能参观到制作过程，游客是会十分喜欢的。曲阜可做的文章太多了，关键是做不做、如何去做。做好了，就会有吸引力、有市场、有效益，从曲阜旅游长远发展的观点看，这些问题都应及早考虑和规划。6. 要尽快做好孔子文化节的宣传，省局将会在组外宾团、请国内外一些有名气的旅游者等方面多做些工作，并争取请国家局一位副局长参加，曲阜的领导可以专门去汇报请示。7.1997 年是'97 中国旅游年，对曲阜是很好的机遇。要抓紧制定'97 中国旅游年特别是孔子文化节的总体方案，在 10 月份前报上来。

三、2010 中国（曲阜）国际孔子文化节筹备工作第六次专题会议纪要

2010 年 8 月 30 日，济宁市委副书记张术平在曲阜主持召开 2010 中国（曲阜）国际孔子文化节筹备工作第六次专题会议。会议听取各项筹备工作情况汇报，实地查看杏坛剧场、孔子文化园、孔庙等文化节活动现场，就几项具体工作作出安排部署，提出明确要求。济宁市委常委、宣传部部长刘成文出席会议。纪要如下：

（一）关于开幕式。开幕式颁奖和演出部分。由济宁市孔子文化节办公室统筹安排。济宁市委办公室、市政府办公室负责开幕式致辞、颁奖部分的组织和衔接，负责安排贵宾区座次。济宁市文广新局负责开幕式现场舞台背景设计、制作，负责领导人宣布“开幕”后现场氛围营造。开幕式文艺演出要抓紧合成演练，9 月 9 日进入演出现场排练。曲阜市负责杏坛剧场内外的氛围营造，包括鲜花、地毯、贵宾室的布置、负责供电、消防等安全保障工作。（二）关于祭孔大典。祭孔大典要庄严、隆重。参加祭孔大典总人数控制在 2000 人左右。孔庙大成殿月台两侧搭建容纳 200 余人的观礼台，在保证安全的前提下，注意保持和原建筑浑然一体的风格。孔庙大成殿前安放大屏幕，供 1800 人全过程观看。敬献花篮的贵宾在杏坛前伫立。祭孔大典结束后，在大成殿前举行“三孔”邮票首发式；在孔子文化园举行庚寅年祭文刻石揭碑仪式；在孔子文化会展中心举行服装家纺博览会开展式等活动。揭碑仪式现场布置由曲阜市负责，“三孔”邮票首发式现场布置由市邮政局负责，服装家纺博览会开展式由市轻纺办负责。（三）关于尼山

论坛。济宁市文化城办公室要主动与省有关部门对接，明确责任分工，细化工作任务，及早确定代表名单、活动内容、场地、时间等。随团采访尼山论坛的新闻记者，纳入宣传组统一管理。（四）关于第三届世界儒学大会。孔子研究院要主动与省文化厅、中国艺术研究院衔接；尽早确定大会议程、参会领导和代表名单。尽量争取参会代表同时参与尼山论坛，有关活动交叉问题，及时与济宁市文化城办公室协调。（五）关于文博会济宁会场。策划要有新意，产生令人耳目一新的效果。招展布展要定点出击，落到实处。借助文博会这个平台，推出一批高端的具有一定发展潜力的、代表济宁市文化产业发展方向的项目。要特别注意组织好参展人员和参观人员，有计划地安排学校、企业等分批参观，充分把文博会的效益发挥出来。招商引资的项目要有安排地先期宣传，提前推介出去。（六）关于综合协调。济宁市孔子文化节办公室负责与省政府对接，争取9月15日前印发《总体方案》和《活动日程执行细则》，作为各活动组制定实施细则的依据。开幕式演出、祭孔大典、儒学大会等活动经费，近期要拨付到位，不足部分由各承办单位通过市场运作自行解决。（七）关于宣传报道。要加大宣传力度，营造浓厚的节日氛围。道路两侧的道旗、宣传牌等9月初全部安装完毕。持续宣传到10月底。新闻记者由宣传组统一管理，记者的证件由宣传组和公安部门共同把关。（八）关于客人的邀请和接待。国家领导人和部委领导的邀请，要盯紧跟上。济宁市委、市人大、市政府、市政协办公室负责省级老领导的邀请和接待工作。济宁市孔子文化节办公室要根据来宾情况，制订“一对一”接待方案，统筹安排接待宾馆。（九）关于环境综合整治。文化节活动多，涉及场所多，情况复杂，安全保卫、卫生防疫、环境整治、交通管理等工作任务重，各有关单位、各工作组要制定详细的工作方案，在筹备和实施的过程中抓落实、抓保障，确保不出任何问题。

会议强调，目前距文化节开幕还有不到一个月的时间，各项筹备工作已进入冲刺阶段，9月10日前实行指挥部工作机制。各级各部门要牢固树立“一盘棋”思想，服从指挥部的统一安排和调度，密切配合，团结协作，确保各项工作按照时间节点落实到位。

第四节　动员会、总结表彰会

孔子文化节作为一项大型活动，受到国家、省、市各级的高度重视，社会各界乃至国际社会的密切关注。作为主办地曲阜，全面动员、广泛发动，举全市之力做好孔子文化节的各项筹备组织工作，切实把孔子文化节办出特色、办出成效，发挥孔子文化节品牌作用，赢得各方面的认可。1990年5月，曲阜市在出台孔子文化节活动方案后，召开全市孔子文化节动员大会；11月召开全市孔子文化节表彰大会。1991年起，把总结表彰与动员大会融为一体，在总结上届工作的基础上，安排部署新一届工作任务。主要内容为：总结上届孔子文化节活动成功的经验，找出各项工作中存在的不足和差距，表彰在孔子文化节各项筹备组织工作中做出突出成绩的先进集体和先进工作者，以鼓励先进、树立榜样，激励全市上下为办好孔子文化节和统筹兼顾做好各项工作作出贡献。同时通报新一届孔子文化节活动内容，从提高认识、加强领导、强化措施、明确

2017 年 9 月 3 日，2017 中国（曲阜）国际孔子文化节曲阜筹备工作动员会议召开。

任务、落实责任、强化监督等几个方面进行动员部署，动员表彰会一般由曲阜市委、市政府主要领导主持和作动员讲话，市级班子相关领导出席会议并向受表彰者颁发奖励证书。参加人员为曲阜市直各部门各单位主要负责人，孔子文化节各工作组组长、副组长及相关工作人员，各乡镇（街道）主要负责人，文化界、旅游界、企业界及其他各界代表，以达到家喻户晓，人人皆知、人人皆为孔子文化节作贡献。从 2001 年开始，济宁市每年召开孔子文化节动员会议。在济宁市孔子文化节动员会议后，曲阜市根据济宁市会议精神，筹备召开曲阜市孔子文化节动员会议。2004 年起，孔子文化节由济宁市主办以后，济宁市每年召开表彰会议或直接发文表彰，从 2013 年开始每三年表彰一次，曲阜市不再表彰。

相关链接：

一、济宁市委副书记傅明先在 2014 国际孔子文化节筹备工作动员会议上的讲话摘要

（2014 年 8 月 7 日）

今天这次会议，主要是安排部署今年孔子文化节筹备工作任务，动员全市各级各有关部门单位进一步统一思想、明确任务、落实责任，全力以赴做好各项筹备工作。下面，我讲三点意见。

（一）准确把握今年孔子文化节面临的新形势新要求，增强工作的责任感紧迫感

今年是孔子诞辰 2565 年，我们将以“弘扬优秀传统文化，共建文明首善之区”为主题，隆重举办第 31 届孔子文化节。前期，市孔子文化节办公室以及有关部门单位已经做了大量筹备工作，研究形成了具体的工作方案。应当说，今年的孔子文化节是在一个比较特殊的形势下举办的。一方面，习近平总书记视察曲阜为曲阜带来文化发展的新机遇。去年 11 月，习近平总书记视察济宁并发表重要讲话，对传承弘扬优秀传统文化、传统美德，加强儒学研究与传播提出殷切期望。今年 4 月，李长春同志视察我市，对“三孔”古建筑油饰彩绘保护维修、孔子学院总部体验基地、孔子博物馆建设等给予关注支持；姜异康书记、郭树清省长等省领导多次来我市考察指导，对文化建设给予有力支持；6 月，国家汉语国际推广领导小组办公室同意支持在曲阜建设孔子学院总部体验基地，揭牌仪式将放在今年孔子文化节期间举办。同时，“曲阜文化经济特区”核心区发展规划和发展战略策划方案已经编制完成，近日将提交省层面进一步研究论证。在这样一个大好形势下，我们举办本届孔子文化节，可以说恰逢其时，必将在弘扬优

秀传统文化、建设文化济宁首善之区中发挥出更大作用。另一方面，从严从紧落实中央八项规定精神提出了节俭办节的新要求。现在，中央和省对贯彻落实八项规定精神，坚决杜绝节庆活动中过的奢华浪费现象要求越来越严。我们既要严格执行中央八项规定精神，结合整改教育实践活动中查摆出的奢靡之风问题，坚持节俭办节会、务实办活动，杜绝各种铺张浪费行为，又要进一步提高办节层次和办节水平，打造一场丰盛的文化盛宴，实现经济收益、社会效益的最大化。这对我们的各项筹备工作是一次挑战和考验。再一方面，当前各项工作千头万绪，统筹做好孔子文化节筹备工作时间紧、任务重。目前我市正处在攻坚下半年的关键茬口，要保持经济稳中向好的态势、确保完成全年发展任务，仍需要集中精力在招商引资、项目建设、民营经济等方面强力突破。同时，群众路线教育实践活动正处于召开专题民主生活会、开展批评与自我批评的关键阶段，全国文明城市、国家卫生城市等“五城同创”活动深入开展，第23届省运会各项筹备工作紧张推进。再加上今年文化节方案确定得相对晚一些，只剩下一个多月的筹备时间。各级各部门一定以临战的姿态和强烈的责任意识，坚持高标准、严要求，采取倒计时、抢进度，按照《实施方案》的要求扎扎实实做好各项筹备工作，确保如期完成各项任务。

（二）全力全速推进孔子文化节各项筹备工作

一是确保四项重点活动顺畅圆满。今年孔子文化节突出办好四项活动，包括开幕式暨第九届“联合国教科文组织孔子教育奖”颁奖典礼，文化惠民优秀节目巡演启动式，甲午年祭孔大典和孔子学院总部体验基地揭（授）牌仪式。要精心搞好每一项活动的策划和实施，确保在往年工作基础上提高层次和标准，今年开幕式和孔子教育奖典礼改在孔子文化会展中心举办，有关单位要衔接好，设计好，组织好。开幕式后举行文化惠民优秀节目巡演启动式，这是以近年来我市实施文化惠民工程中创作的一批优秀文艺作品为表演内容，用多元化的艺术形式和具有地方特色的文化元素，组织的一台文化惠民节目。市文广新局、市演艺集团要抽调精干力量，抓紧组织实施，并安排好文化节期间的巡演。祭孔大典是文化节的核心活动，今年要结合经典诵读活动，策划得更有创造力、更有吸引力、更有感染力。要利用设立孔子学院总部体验基地的时机，大力宣传弘扬儒家文化，向世界讲好中国故事。

二是认真做好重要客人的邀请工作。今年的邀请工作按照突出重点、提高层次、控制规模的原则开展。国家领导人的邀请，请市政协领导同志带队，尽快进京抓好落实；国家有关部委领导由市直相关部门对口汇报和邀请；省领导和省级老领导的邀请，市文化节办公室要及早拉出单子，由市委、市人大、市政府和市政协几大家办公室按照有关规定办理。省直有关部门领导的邀请，由市直对口部门自行确定。

三是细致周到做好接待服务工作。严格执行《党政机关国内公务接待管理办法》和《党政机关厉行节约反对浪费条例》，努力做到既务实简朴又周到热情。要进一步明确接待服务责任，本着“谁邀请，谁接待”的原则，对邀请来的重要客人，相关部门主要负零全要亲自靠上、全程服务。市几大班子领导按照活动日程安排出席活动、会见客人，相关部门要搞好协调衔接，确保不出闪失和纰漏。要加强与铁路、航空等运输单位联系，及时做好预购票和抵离迎送工作。

四是确保安全保卫工作万无一失。要树立整体抓安全的意识，无论哪级、哪个单位、哪项活动、哪个环节，都要做好预案，加强安全防范。以落实防火、防盗、防食物中毒措施为重点，对宾馆、饭店、会场、景区等重点部位进行拉网式排查，抓好隐患整改，同时加强供水、供气、供电、道路、通讯等基础设施的管理维护，确保孔子文化节期间“零隐患”“零故障”零事故”。要重视做好信访工作，时刻保持高度警惕，建立突发性、群体性事件应急处置预案。要全面落实社会治安综合治理措施，针对重大活动、重要场所、重点路段制定安全保卫应急预案，落实责任，加强防范，确保不出任何问题。

五是创新方式确保宣传推介效果。搞好宣传推介，是扩大知名度、提高影响力的重要手段，是保证办节成功的重要前提。市委宣传部、市文化节办公室及新闻单位、有关县市区，要本着高层次、广覆盖、求实效的要求，精心策划，超前安排，尽快出台宣传报道方案，全方位、多角度集中开展宣传推介。在宣传内容上，要突出孔子文化节主题，突出我市独特的资源优势、良好的产业基础、优越的创业环境和优惠的投资政策，让海内外客商更多地发现合作商机，让孔子文化节更具吸引力和感召力。要做好孔子文化节主要活动的电视直播、录播工作，确保在中央媒体发稿。要积极利用网络媒体，在重要网站开辟专栏，开通图文、视频直播，争取最佳宣传效果。要加强社会宣传，打好社会宣传整体战，切实提升宣传效果。

六是全面加强城乡环境综合整治。综合开展“五城同创”和迎接省运会，进一步加大城乡环境综合整治力度，重点搞好城市出入口、主次干道、活动场所以及车站码头、景区景点的卫生清扫。要强化城市管理综合执法，坚决杜绝乱搭乱建、乱贴乱画、乱堆乱放行为，确保主干道和重点活动场所 24 小时保洁。要进一步加大大气污染治理力度，抓好城市绿化美化亮化，确保节庆期间环境质量明显改善。

（三）严格落实孔子文化节筹备工作责任

以这次会议为起点，孔子文化节整个筹备工作全面展开。各级各有关部门要按照市委、市政府的总体安排和分工要求，迅速行动起来，抓紧成立相应的领导和工作机构，全力以赴抓好各项措施落实。要严格落实责任，各承办单位和工作组要把各项具体任务逐一量化分解，一周内制定出详细的实施方案，主要负责同志要当好第一责任人，分管领导要靠在一线具体抓，按质量标准和时限要求如期完成筹办任务。对客人邀请、宣传推介、招商引资、接待服务、环境整治、安全保卫等重点工作，要倒排时间表，建立定期调度通报制度，确保各个部位、各个环节责任落实、高效运转、措施到位，防止出现断档、缺位、漏项等问题。各级各部门要牢固树立“一盘棋”思想，自觉服从市执委会的组织领导和市文化节办公室的协调调度，既各司其职、分线作战，又团结协调、形成合力，坚决避免因衔接不及时、配合不到位造成工作上的疏漏与失误。总之，各级各部门要以只争朝夕的精神和求真务实的作风，抓紧做好各项筹备工作，保证各项筹备工作落到实处，确保本届孔子文化节取得圆满成功。

二、济宁市委副书记石光亮在2017国际孔子文化节筹备工作动员会议上的讲话摘要

（2017年8月23日）

现在距离今年孔子文化节开幕还有一个多月的时间，各项筹备工作已进入冲刺阶段。今天召开这次会议，主要是动员全市各级各有关部门单位进一步统一思想、明确任务、落实责任，以临战姿态投入到筹备工作中去，确保本届孔子文化节取得圆满成功。刚才，霁雯同志宣读了《实施方案》，大家要按照责任分工，抓好贯彻落实。近一个时期以来，全市各级各有关部门单位认真落实市委、市政府部署要求，做了大量扎实有效的工作，各项筹备工作总体进展比较顺利，为办好本届孔子文化节奠定了坚实基础。下面，我就做好下步筹备工作，讲三点意见。

（一）进一步提高政治站位，增强办好本届孔子文化节的责任感。孔子文化节已成功举办了33届，以其鲜明的国际性、开放性和丰富的文化内涵，在海内外产生了广泛而深远的影响，也是我市最知名的文化品牌和最闪亮的文化名片，一直备受社会各界关注。今年的孔子文化节与往届相比，面临着新的形势、新的要求、新的考验，办好本届孔子文化节意义重大。首先，办好本届孔子文化节是我们必须肩负起的重大政治责任。党的十九大将要召开，现在全国上下都在喜迎党的十九大、全力为党的十九大胜利召开创造良好环境，这也是当前各级必须肩负起的重大政治责任。孔子文化节作为在全国具有重大影响的大型文化活动，在党的十九大召开前举办，时间节点敏感特殊，必须办得圆满成功、决不能出任何问题，这就对孔子文化节的组织实施、安全保障、舆论安全提出了更高要求，各项筹备工作必须做到慎之又慎、细之又细、确保万无一失。其次，办好本届孔子文化节是贯彻落实省市党代会精神的重要举措。省委、省政府对济宁文化建设高度重视，省第十一次党代会提出，加快建设曲阜优秀传统文化传承发展示范区，打造中华文化传承教育基地、儒家文化研究交流中心，努力在世界儒学传播和研究中保持充分话语权。市第十三次党代会提出，建设弘扬优秀传统文化示范城市，高水平办好孔子文化节，扩大儒家文化走向世界的深度和广度，打造世界儒学研究传播中心。落实好省、市党代会决策部署，孔子文化节是重要载体平台和战略抓手，这就要求我们必须把省、市的新部署新要求在本届孔子文化节充分体现出来。三是，办好本届孔子文化节是对各级干部工作能力水平的现实检验。孔子文化节作为儒家文化交流与合作的重要平台，是全市着力打造的经典文化品牌，是目前全省保留的两大重要节会活动之一。孔子文化节每年都举办，而且每年都要办出特色、办出水平，有新亮点、新突破，确实不是一件容易的事情。往届孔子文化节都举办得圆满成功，社会各界在广泛参与中对文化节的期望和要求也越来越高，办好今年的孔子文化节是对我们工作能力和水平的新考验。特别是市委、市政府提出在全市各部门各行业开展“同业对标、争先进位，力争前列、确保上游”活动，今年的孔子文化节也要体现这一要求，进一步拉高标杆、争创一流、提高水平、扩大影响力。全市各级各有关部门单位要切实增强政治意识、大局意识和责任意识，在前段工作基础上，进一步落实责任、强化措施，全力以赴、全力全速做好各项筹备工作。

（二）进一步突出重点，高标准高效率推进各项筹备工作。全市各级各相关部门单位要

认真对照《实施方案》要求，突出重点、狠抓落实，确保每项工作无缝对接、协调推进、精准到位。

一要精心组织主要活动。今年的孔子文化节主要活动，除了开幕式暨孔子教育奖颁奖典礼和丁酉年祭孔大典两大核心活动外，还将举办第八届世界儒学大会青年博士论坛、联合国教科文组织全民教育国际研讨会等相关活动。对这些主要活动，一定要精心搞好策划、认真组织实施，确保活动程序顺畅、节奏紧凑、内容充实。①开幕式暨颁奖典礼。开幕式非常重要，一定要科学安排议程，确保衔接精准到位、不出任何问题。在颁奖环节，为进一步扩大联合国教科文组织“孔子教育奖”、“少年孔子奖”两个奖项的影响力，颁奖程序和形式将进一步优化，各奖项的负责同志要高度负责地做好衔接组织工作。市教育局要与教育部搞好衔接，获奖名单和获奖人员的影像资料提前准备到位。各责任部门要尽快与主创团队落实好演出事项，突出“用儒家文化讲好中国故事”主题，抓紧成立工作机构，组织实施。②丁酉年祭孔大典。祭孔大典是孔子文化节的核心活动，程序要更加规范，形式相对固定。各责任部门要高度重视，精益求精，确保办得严肃、庄重、大气、恢宏。③其他主要活动。像第八届世界儒学大会青年博士论坛、联合国教科文组织全民教育国际研讨会、中国研学旅游推广联盟成立大会、海内外知名儒商“东方圣城行”“世界500强”跨国公司高管“东方圣城行”、两岸台商孔孟故里行、济宁数字创意发展峰会论坛等相关活动，承办单位和责任部门要积极筹备、精心组织，确保顺利进行。

二要扎实做好客人邀请工作。提升今年孔子文化节档次和水平，很大程度体现在邀请到的领导和各界人士。今年的邀请工作要按照提高层次、突出重点、规模适度的原则，重点邀请高层领导和知名企业家。国家有关部委领导由市直有关部门负责对口汇报和邀请。省领导和省级老领导的邀请，文化节办公室负责列出名单，由市委、市人大、市政府和市政协几大家办公室负责。知名企业家和重要客商的邀请，市投资促进局要切实负起责任，通过各种渠道，千方百计邀请到综合实力雄厚、投资意向明显的经贸界人士，需要市级领导出面协调解决的要及时汇报，市委市政府统筹解决。

三要全面提升宣传推介效果。市委宣传部、市文化节办公室及新闻单位，要精心策划宣传推介工作，坚持高点定位、全面覆盖、超前安排、确保效果，全方位、多角度集中开展宣传推介。要注重利用好互联网、移动终端等新媒体，突出建设弘扬优秀传统示范城市等主题，开展灵活多样的宣传，扩大孔子文化节影响力和吸引力。祭孔大典山东卫视上星直播，开幕式由山东卫视延时直播，有关责任部门要提前和直播媒体做好对接沟通，确定直播方式和形式，选择重点表现的内容，确保直播效果。要筹备开好9月上旬的新闻发布会，邀请有影响的主流媒体权威发布，提前做好预热，营造浓厚氛围。

四要确保安保工作万无一失。文化节成功与否安保工作很关键。要树立整体抓安全的意识，所有参与文化节的部门、单位和县市区都要从讲政治、讲大局的高度出发，始终绷紧这根弦，高度负责地做好安保工作。市公安局及相关单位要科学制订防控方案，精心构筑安全屏障，确保不出任何盲点和纰漏。要强化社会面的安全防控，对重点人员、重点区域、重点部位、重点场所进行排查整治。要突出加强社会矛盾排查化解，加强维稳、安全生产、道路交通、消防等工作，以社会面的整体平稳可控确保文化节的安全。对开幕式和祭孔大典两大核心活动的安全保卫、秩序维护、消防、急救等工作，特别是直播期间用电安全和设施设备安全，要做好应急预案、反复模拟演练，确保万无一失、绝对安全。

五要全力营造良好城乡环境。目前，我市创建全国文明城市进入最后冲刺阶段，市住建局、城管局和有关县市区要进一步加大工作力度，全力为孔子文化节举办营造良好环境。要始终保持城市出入口、交通干道、活动场所以及车站码头、景区景点的卫生良好，结合国庆节突出抓好城市绿化美化亮化，强化城市管理综合执法，坚决杜绝乱搭乱建、乱贴乱画、乱堆乱放行为，确保主干道和重点活动场所24小时保洁。要强化工作措施，坚决杜绝秋季秸秆焚烧，确保大气质量持续改善。特别是曲阜市要突出重点区域，集中搞好现有广场、绿地、河道及景区景点的绿化美化亮化工作。要加强公民道德和精神文明建设，加强对市民群众的教育引导，树立文明市民形象，为孔子文化节营造良好人文环境。

这里再强调一下时间节点问题，各项筹备工作要本着一切工作往前赶，必须按照既定时间节点按时、高质量完成。曲阜今年要早做准备，确保9月10日前完成相关工作，为开幕式搞好现场保障。其他各项工作也要早着手、争主动，不能出现类似问题。各级各有关部门单位负责同志要强化责任担当，认真查找薄弱环节，制定有效措施，确保各项工作部署不折不扣落实到位。

（三）进一步加强组织领导，确保本届孔子文化节圆满成功。这次动员会后，文化节筹备工作就进入了紧张的临战状态，各级各有关部门要以此为起点，按照市委、市政府的总体安排和分工要求，迅速行动起来，全力以赴抓好各项任务落实。按照市委安排，今年文化节筹备期间，成立指挥部，集中办公，全面负责活动的组织实施。指挥部由我任总指挥，昌文部长、长胜秘书长、霁雯市长、凤文市长和胜明市长任副总指挥，其他市级领导分工负责，日常工作由孔子文化节办公室负责，刘辉负责总体调度。各活动承办单位和指挥部各工作组要抓紧成立相应的领导和工作机构，主动担责尽责，及时向分管市级领导汇报进展情况，争取工作支持。各分项活动要对照《实施方案》，在月底前制定出具体的执行方案，把各自承担的工作分解细、落实好。宣传、接待、环境整治、安保等工作组也要按照时限要求，对重点工作倒排时间表，确保按时高效完成每一环节的目标任务。各承办部门要牢固树立“一盘棋”思想，自觉服从执委会的组织领导和指挥部的协调调度，既要各司其职、分线作战，又要密切协作、通力配合。文化节办公室要做好组织协调和调度检查，坚决避免因衔接不及时、配合不到位造成工作上的疏漏与失误。要强化督导调度，把督查问责贯穿始终，对不讲大局、消极应付、工作推诿影响推进和落实的，严肃问责责任单位、责任人。各级各部门既要认真总结经验，又要善于创新，避免经验主义，克服麻痹大意、疲劳厌战思想，以奋发有为、争创一流的精神全力做好各项筹备工作，确保本届孔子文化节举办得圆满成功。

第二篇
宣传推介与文明创建

第二篇
宣传推介与文明创建

孔子文化节通过举办文化、旅游、学术、经贸、交流联谊等丰富多彩的活动，以不同的形式、不同的内容，从不同的角度，全方位地宣传和展示孔子故乡的历史文化、旅游资源、自然地理、物产资源、投资环境和改革开放以来取得的成就，进一步提高曲阜在国内外的知名度。

孔子文化节加大自身形象宣传，广泛征集、设计确定“孔子文化”节徽，创作孔子文化节节歌《风雅颂》，编创《孔子赞歌》《金声玉振—孔子礼赞》和相关剧目，发行孔子文化节相关的纪念邮票、纪念封、纪念戳和邮资明信片，设立孔子邮局，增加孔子文化节的文化内涵。

坚持旗鼓在前、舆论先行的原则，通过各类新闻媒体开展节前、节中、节后的舆论宣传工作。重大活动如开幕式、祭孔大典等，在重要年份在中央电视台、山东电视台等媒体现场直播。坚持内外宣传并举、以外宣为主原则，积极组织新闻稿件向国家级、省级新闻媒体如《人民日报》《光明日报》《大众日报》等发稿，向境外主流媒体如《香港大公报》《香港文汇报》、德国电视台等发稿，通过网络如新华网、人民网、搜狐网等，召开新闻发布会，在主要新闻媒体如中央电视台进行广告宣传等，开展全方位宣传报道，介绍孔子文化节的活动内容，介绍孔子故里独特的风土人情、丰富的文化旅游资源优势和优惠的投资合作政策。邀请和组织各级各类新闻媒体参加孔子文化节活动，做深层次跟踪采访和宣传报道。每年的孔子文化节期间，均有300余家的新闻媒体派出记者采访报道，其中省级以上100余家，使孔子文化节和孔子故里的对外影响越来越大。

在对内宣传发动方面，采取各种形式向市民宣传举办孔子文化节活动的重大意义和作用。开展不同形式的“人人彬彬有礼，处处干干净净”，和“在外宾面前代表中国，在内宾面前代表曲阜”的市民素质宣传教育活动，以及“爱、诚、孝、仁”等传统美德教育活动，使人人为孔子文化节、为曲阜名城作贡献的宣传教育家喻户晓、深入人心。在曲阜城区主要部位，安装孔子文化节宣传广告牌，曲阜的新闻媒体倒计时播发距孔子文化节开幕的时间，以增强市民的使命感、紧迫感，营造浓郁的办节氛围。尤其是近年来，相继开展“彬彬有礼”道德城市、全国文明城市、国家卫生城市创建活动，全面提高市民素质，提升城市整体形象，为举办孔子文化节创造更加宽松的环境。

第一章　文化节形象标识

1989 年，举办首届孔子文化节，文化节的形象标识提上重要议事议程。各级领导一致认为，孔子文化节的各项活动、各种宣传材料和旅游产品、工艺品、纪念品，都要有孔子文化节的明显标志。这既利于扩大宣传，也有利于提高活动的纪念性，激发游人的兴趣，增强吸引力。山东省孔子文化节筹委会安排省旅游局向社会各界广泛征集。1989 年 9 月，山东省孔子文化节筹委会确定采用邮电部总设计师邵柏林设计的“孔子文化”为孔子文化节节徽。同月，确定将济南军区前卫歌舞团张红曙、严玉树作词，著名作曲家王立平谱曲的《风雅颂》作为孔子文化节节歌。1994 年，由著名词作家乔羽作词，著名作曲家张丕基谱曲创作《孔子赞歌》，并由歌星韩延文在孔子文化节开幕式上演唱。2000 年，由中国歌剧舞剧院创作《金声玉振——孔子礼赞》并在孔子文化节开幕式上演唱。

第一节　节徽

孔子文化节节徽由邮电部邮票总设计师邵柏林设计。节徽由“孔子文化”4 个汉字巧妙组合，图案由象征竹简的线条和青铜器上的夔纹融合而成，再加上英文孔子字样，使传统与现代、旅游与文化、一时和永久完美融合。

第二节 节歌

1989年9月，山东省确定，将济南军区前卫歌舞团张红曙、严玉树作词，著名作曲家王立平谱曲的《风雅颂》作为孔子文化节节歌。

风雅颂

——孔子文化节节歌

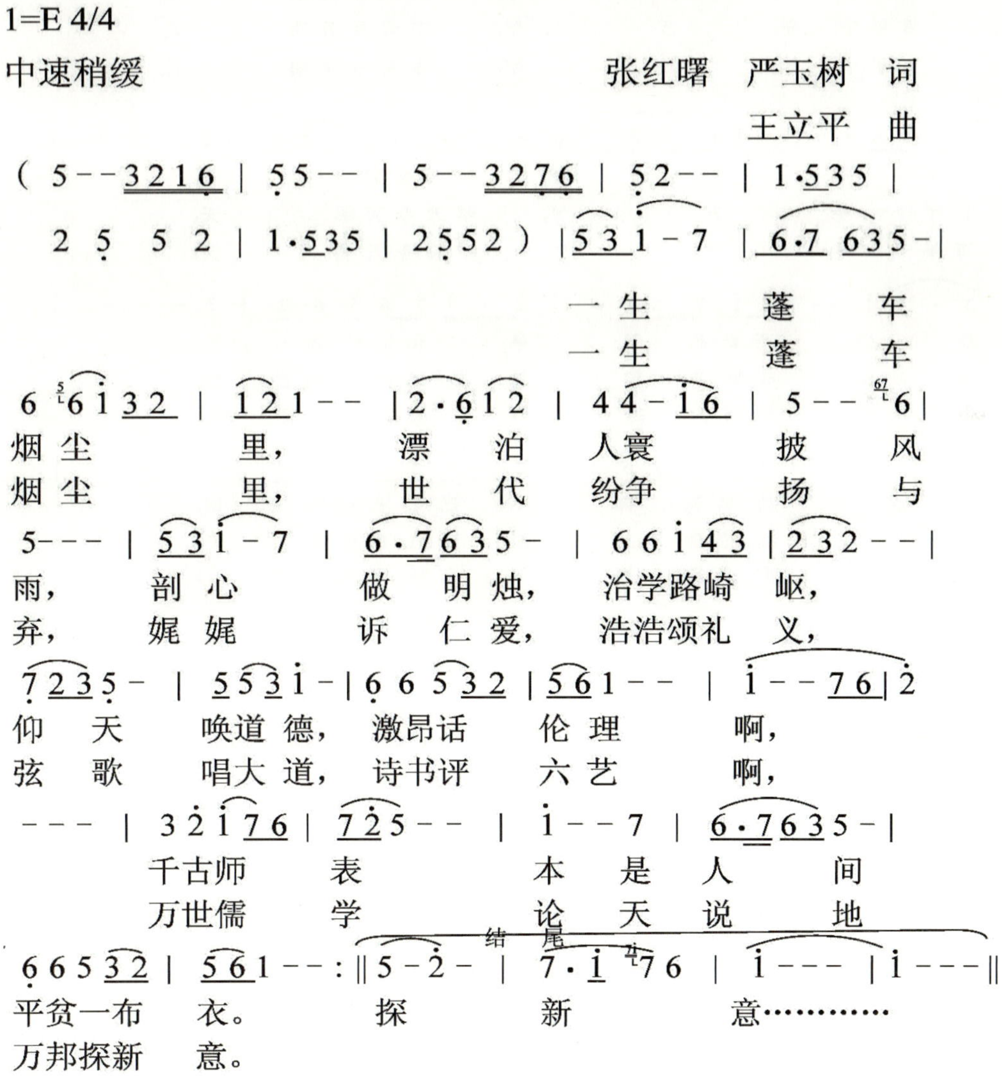

第三节 《孔子赞歌》

1994年，由著名词作家乔羽作词，著名作曲家张丕基谱曲，创作《孔子赞歌》。

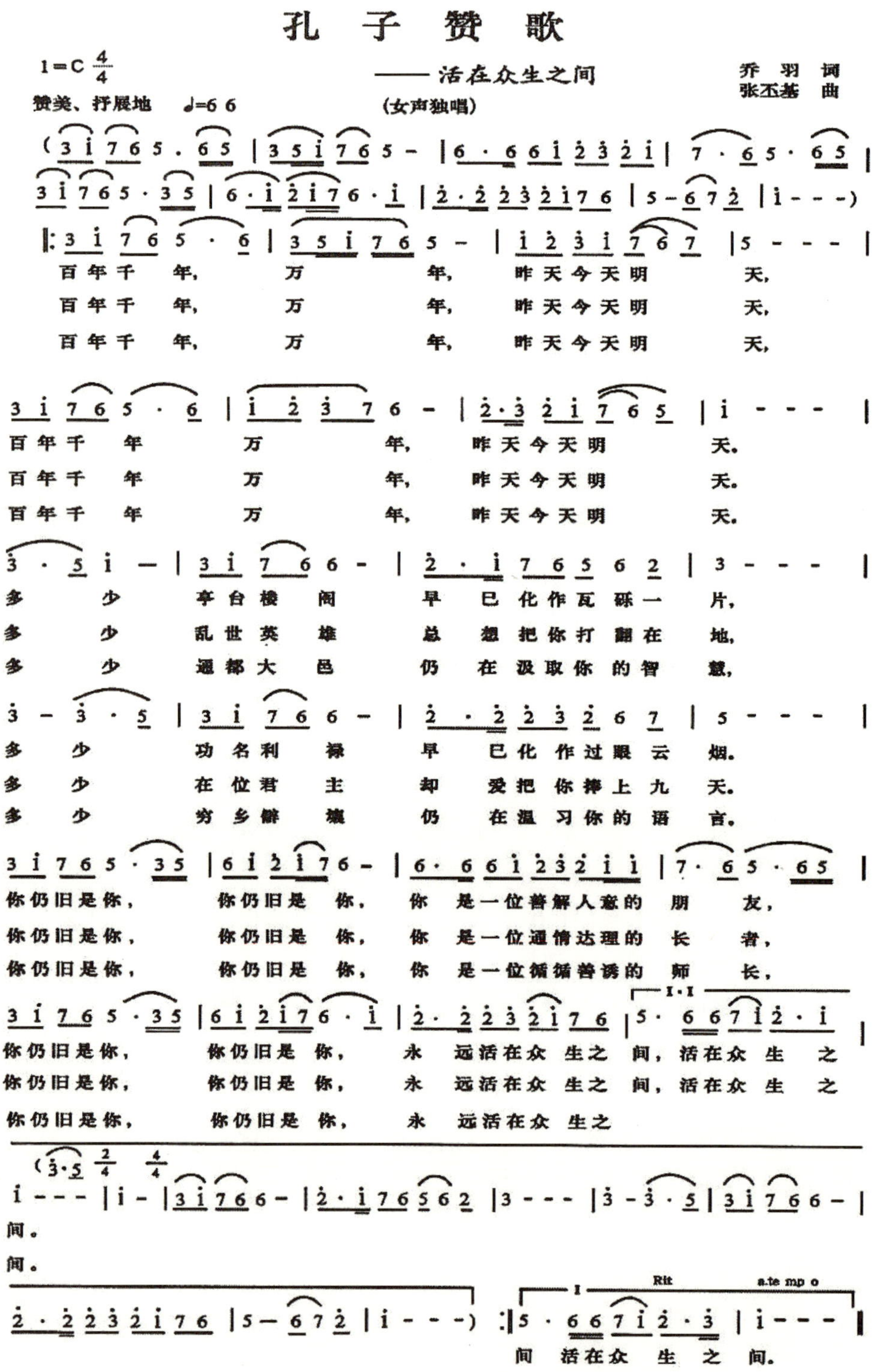

第四节　《金声玉振—孔子礼赞》

2000 年，由中国歌剧舞剧院创作《金声玉振—孔子礼赞》。

金声玉振—孔子礼赞

从古到今，从东方到西方，
有多少帝王公卿，有多少圣哲贤人，
像历史的烟尘，像一颗颗流星，
消失得无影无踪，消失在茫茫宇宙中。
只有你啊，孔子，只有你啊，孔子，
一个布衣百姓，一介贫寒书生，
一切以人为本，一生为民奔走，
留下了千秋万代名，赢得了天下人的心。
啊！
高山啊仰止，
玉振啊金声！
你与天地同老，
你将万古长新！
你与天地同老，
你将万古长新！

纪念邮票“孔子行教像”

纪念邮票“杏坛讲学”

纪念邮票“周游列国”

第五节　孔子文化节纪念邮票、纪念封与邮戳

从 1984 年国际孔子诞辰故里游开始，邮政系统根据孔子诞辰逢五、逢十年份和孔子文化节重要活动年份，设计制作各类纪念邮票或纪念封、纪念戳及明信片，1989 年、1998 年、2000 年、2003 年、2006 年、2010 年分别举办首发式。2014 年 9 月 28 日，曲阜市邮政局成立“孔子邮局”。2014 ~ 2017 年每年祭孔大典期间，曲阜市邮政局在祭孔大典现场设立临时邮局，现场发放纪念孔子文化节暨祭孔大典明信片等。

1984 年 9 月 22 日，为纪念孔子诞辰 2535 年和曲阜首届集邮展览（9.22 ~ 9.28），山东省邮票公司发行纪念封 2 枚，启用纪念戳 2 枚。同日，曲阜市邮票公司发行《曲阜风光》明信片 1 套 10 枚。

1989 年 7 月 8 日，山东省纪念孔子诞辰 2540 年旅游活动筹备委员会首次委员会议提出，为纪念孔子 2540 年诞辰，文化节期间应举行孔子纪念邮票发行仪式。9 月 28 日，国家邮政发行“J162”《孔子诞生二千五百四十周年》纪念邮票，全套 2 枚，另有小型张 1 枚。曲阜市在曲阜孔庙大成殿前举行邮票首发式。邮电部、省市有关部门的领导 500 余人出席。邮票设计家陈全胜、孙爱国现场为集邮爱好者签名留念。并发行《首届孔子文化节》纪念封 1 枚，启用纪念戳 1 枚。同日，集邮总公司发行 PFSZ—1《孔子诞辰 2540 周年》丝织封，该封是中国发行的第一套丝织封。

1993 年 9 月 26 日，济宁市邮票公司发行《第四届山东文化艺术节暨’93 国际孔子文化节》纪念封 1 枚。编号 JF—11，启用纪念戳 1 枚。

1994 年 9 月 26 日，曲阜市启用孔子诞辰 2545 周年暨国际孔子文化节纪念戳 1 枚。

1998 年 9 月 28 日，国家邮政局发行 TP8《孔府孔庙孔林》特种邮资明信片 1 套 4 枚。曲阜市“三孔”特种邮资明信片首发式在孔庙大成殿前举行。

1999 年 9 月 28 日，国家邮政发行 JF56《孔子诞辰 2550 周年》纪念邮资封 1 套 1 枚。邮资图案为孔子像。这是孔子像第二次出现在新中国邮票（品）上。同日，曲阜市邮政局发行编号 QJNF-10《孔子诞辰 2550 周年》纪念封 1 枚，启用纪念戳 1 枚。启用孔庙邮政支局开业纪念戳 1 枚。

2000 年 9 月 28 日，由山东省邮政局制作，国家邮政局发行的《孔子周游列国图》《六艺图》邮资明信片，以及济宁市邮政局、济宁市旅游局发行的《孔孟之乡——中国济宁》邮册首发式在曲阜孔庙大成殿前举行。同日，启用“孔子诞辰 2551 周年”纪念戳 1 枚。

2001 年 9 月 26 日，曲阜市启用“2001 中国曲阜国际孔子文化节”纪念戳 1 枚。9 月 28 日，曲阜市邮政局启用“孔子诞辰 2552 周年”纪念戳 1 枚。

2002 年 9 月 26 日，济宁市邮政局、曲阜市邮政局联合发行编号 JN · JF-27、QJF2002-1《2002 中国曲阜国际孔子文化节》纪念封 1 枚，启用纪念戳各 1 枚。

2003 年 9 月 26 日，由曲阜市旅游局、曲阜市邮政局联合发行的曲阜明故城恢复建设开城纪念封在国际孔子文化节明故城开城仪式上揭幕，同时启用纪念戳、邮政宣传戳各 1 枚。

2004 年 9 月 28 日，曲阜市邮政局启用“孔子诞辰 2555 周年”纪念戳 2 枚。

2006 年 9 月 23 日，国家邮政局发行联合国教科文组织“孔子教育奖”纪念邮资信封 1 套 1 枚。编号为 JF81。首发式在曲阜阙里宾舍举行，山东省邮政局副局长韩广岳为邮资封盖章。

2007 年 9 月 28 日，曲阜市邮政局启用孔子文化节纪念戳 1 枚。济宁市邮政局特制作《魅力济宁》纪念邮册作为孔子文化节礼品。

2008 年 9 月 27 日，世界儒学大会与曲阜市邮政局联合发行《2008 第一届世界儒学大会》《2008 第 25 届孔子文化节》纪念封各 1 枚。同时启用“2008 第一届世界儒学大会”“2008

2006 年 9 月 23 日，“孔子教育奖”纪念邮资封首发式在曲阜阙里宾舍举行。

第25届孔子文化节”“第三届联合国教科文组织孔子教育奖”纪念戳各1枚。

2009年9月28日，曲阜市邮政局与世界孔子后裔联谊总会发行《纪念孔子诞辰2560周年》纪念封1枚，启用纪念戳1枚。

2010年9月28日，国家邮政发行2010-2《孔庙、孔府、孔林》特种邮票1套3枚，小全张1枚。曲阜市在孔庙大成殿前举行首发式。启用纪念戳4枚，风景日戳10枚。

2011年9月28日，曲阜市邮政局启用“孔子诞辰2562周年暨辛卯年祭孔大典”“第六届联合国教科文组织孔子教育奖”纪念戳各1枚。

2012年9月28日，曲阜市邮政局启用“纪念孔子诞辰2563周年暨壬辰年祭孔大典”纪念邮戳1枚。

2013年9月28日，曲阜市邮政局启用“纪念孔子诞辰2564周年暨癸巳年祭孔大典”纪念邮戳1枚。

2014年9月28日，曲阜市邮政局成立“孔子邮局”，并启用“孔子诞辰2565暨甲午祭孔大典”“曲阜孔子主题邮局成立”纪念戳2枚，宣传戳、风景戳各1枚。

2015年9月28日，曲阜市邮政分公司启用“纪念孔子诞辰2566周年”纪念戳1枚。

2016年9月28日，济宁邮政发行《2016中国（曲阜）国际孔子文化节》纪念封1枚（编号SD-JN2016-3）、明信片1枚、纪念张2枚，启用纪念戳、宣传戳各1枚。

2017年9月28日，济宁邮政发行《2017中国·曲阜孔子文化节暨孔子诞辰2568年丁酉年祭孔大典》纪念封1枚（编号SD·JN2017-12）、纪念明信片1枚，启用邮资机宣传戳3枚，纪念戳、宣传戳各1枚。

第二章　宣传工作

历届孔子文化节，曲阜市均坚持“旗鼓在前、舆论先行”的原则，采取内宣和外宣并举，重点开展对外宣传，宣传孔子文化节情况，宣传孔子故乡，营造浓郁的办节氛围。2004年，孔子文化节由济宁市主办以后，济宁市先制定孔子文化节宣传工作方案，曲阜市根据济宁市方案，研究制定曲阜市宣传工作方案。

孔孟之乡丰厚的文化底蕴、独特的人文环境和孔子文化节丰富多彩的活动内容，极大地激发新闻记者的采访热情，他们深入到孔子文化节的各个活动项目中，深入到孔孟之乡的各个领域寻找新闻线索，捕捉活动亮点，进行采访报道。每年孔子文化节期间，均有数百篇（条）关于孔子文化节和孔子故乡情况的报道刊发于各大媒体。其中，2004孔子文化节，《人民日报》、新华社、中央电视台、中新社、中央人民广播电台、《经济日报》等国内传媒均派出精兵强将。中央电视台派出新闻频道、国际频道两班人马。省级以上新闻媒体70余家、160余人。山东人民广播电台、山东卫视、齐鲁电视台、《齐鲁晚报》均派出专题报道小组；香港《大公报》、香港《文汇报》《中国杂志》《对外大传播》等港澳媒体均派出记者采访报道。中央电视台新闻频道对“祭孔大典”进行现场直播，著名节目主持人敬一丹和知名专家进行现场点评。中央电视台国际频道对孔子文化节开幕式进行录播，并在国庆黄金周期间两次播出，收视率相当高。山东人民广播电台、济宁电视台对孔子文化节开幕式进行现场直播，山东电视台延时 1 小时在黄金时段播出。2004 孔子文化节期间发稿 900 余篇（条），新华社、中新社、中央电视台、新华网、人民网、新浪网、搜狐网等各大媒体及网站均播发孔子文化节的稿件。

第一节　工作机构

曲阜市成立孔子文化节活动宣传组，重要办节年份，由市委常委、宣传部部长担任组长，其他办节年份由宣传部副部长担任组长，成员单位主要有市委宣传部、市委信息中心、市文明办、市广播电视局（台）、市公安局、市供电公司等。成员单位的主要负责人任副组长，根据各自工作职责开展工作。主要工作职责：制定曲阜市孔子文化节宣传推介方案并组织实施；组织介绍孔子文化节，介绍曲阜人文资源、自然资源、投资环境、优惠政策的重头稿件通过国家级、省级和境外重要媒体及各级各类媒体发稿宣传；配合济宁市做好邀请和接待境内外新闻记者的工作；配合济宁市做好各类宣传材料的制作工作；做好各项活动的宣传报道，配合济宁市做好新闻发布会等工作；负责节日气氛营造和舆论引导等社会宣传工作；开展“彬彬有礼，文明礼貌”和“内宾面前代表曲阜，外宾面前代表中国”及社会主义核心价值观教育，同时在曲阜主要街道悬挂彩旗迎宾旗等，营造浓郁的节日气氛。负责窗口行业精神文明教育和业务培训等工作；做好直播活动的组织协调工作；检修供电设备，保障直播电力正常供应。

第二节　宣传方案

孔子文化节方案出台后，根据孔子文化节方案确定的活动内容，制定宣传工作方案，主要内容为对外宣传和社会宣传，对外宣传主要开展节前、节中和节后宣传。节前通过各级新闻媒体，尤其是国家级、省级和境外媒体宣传孔子文化节的活动内容，宣传孔孟之乡丰富的人文旅游资源、良好的投资环境和优惠的投资政策等；节中，组织媒体记者对重点活动进行深层次的跟踪采访报道和对孔子故里进行全方位的采访报道；节后，报道孔子文化节取得的成果和对曲阜各项事业发展起到的促进作用等。社会宣传主要是向市民宣传举办孔子文化节的意义和作用，开展市民文明素质教育和道德教育，营造浓郁办节氛围等。2004 年以后，根据济宁市孔子文化节宣传工作方案，制定曲阜市孔子文化节宣传工作方案。

相关链接：

中共曲阜市委宣传部 2017 中国（曲阜）国际孔子文化节宣传工作方案

（2017 年 9 月 4 日）

根据《2017 中国（曲阜）国际孔子文化节曲阜实施方案》要求，为全力做好孔子文化节期间的宣传工作，进行全方位主题宣传，营造浓厚舆论宣传氛围，进一步提高曲阜在国内外的知名度和影响力，特制定宣传方案如下。

一、指导思想

深入贯彻习近平总书记视察山东视察济宁重要讲话精神，认真落实中央《关于实施中华优秀传统文化传承发展工程的意见》和省市关于加强文化建设的部署要求，以“用儒家文化讲好中国故事”为主题做好宣传报道，集中展示曲阜近年来经济社会建设取得的新发展新成就，以及弘扬传承优秀传统文化、抢抓文化发展新机遇的新举措新成效，形成浓厚的节日宣传氛围。

二、新闻宣传

（一）全力做好对上对外宣传

一是节前宣传。做好前期氛围营造，对曲阜市丰富的人文旅游资源、弘扬优秀传统文化的创新做法、优秀传统文化传承发展示范区建设成果，以及优越的经济发展环境和招商引资政策等，着重进行宣传推介。做好第八届世界儒学大会暨2017年度“孔子文化奖”颁奖典礼宣传报道工作，对文化节期间所举办的主要活动进行宣传预热，跟进报道各项筹备工作进展情况。

二是节中宣传。以开幕式、祭孔大典等大型活动为宣传报道重点，统筹安排文化节期间举行的其他活动报道，对文化节盛况做到全方位、持续性宣传报道。

（1）9月27日晚，举行2017中国（曲阜）国际孔子文化节开幕式暨第十二届“联合国教科文组织孔子教育奖”颁奖典礼。地点：孔子文化会展中心剧场。（2）9月28日上午，举行丁酉年祭孔大典。地点：孔庙。（3）9月27日至28日，举行第八届世界儒学大会青年博士论坛。地点：孔子研究院。（4）9月26日至28日，举办中国研学旅游推广联盟成立大会。地点：香格里拉酒店。（5）9月27日至29日，举办两岸台商孔孟故里行活动。地点：阙里宾舍。

三是节后宣传。跟进报道孔子文化节期间各项活动取得的显著成绩及各界反响，特别是对曲阜市经济社会发展产生的积极推动效应和影响。

（二）做好市内宣传报道

充分利用市内媒体做好文化节宣传工作，形成强大的宣传声势，提高全市市民参与度。在《曲阜新闻联播》前播放孔子文化节宣传字幕；在曲阜电台、电视台、《今日曲阜》报设置孔子文化节专题专栏，做好节前、节中、节后活动、成效跟进宣传；组织抽调新闻记者前往一线，通过消息、通讯、综述、侧记、图片、专访等多种形式，对文化节活动进行全方位采访报道；在“曲阜头条”微信公众号开设孔子文化节宣传专题，图文并茂展示文化节活动盛况。

（三）积极拓宽宣传渠道

一是配合济宁市做好邀请和接待境内外新闻记者工作。重点做好对上报道工作，加大省级以上特别是国家级主流新闻媒体和通讯社宣传力度；兼顾做好对外宣传，借助海外知名媒体，推出一系列新闻宣传稿件。同时，利用互联网新媒体宣传渠道，借助各大知名网站特别是中文门户网站，加大网络宣传力度；协调做好有关文化节活动的新闻客户端直播报道，实现全方位报道的宣传效果。

二是配合上级新闻媒体做好开幕式和祭孔大典活动的现场直播和录播，做好各项组织协调工作。

三是配合济宁市做好新闻发布会等工作，协助做好各类宣传材料的制作。

三、社会宣传

（一）加大教育培训力度

在全市上下特别是窗口服务单位中，以社会主义核心价值观、文明礼仪为主要内容，深入开展教育培训活动，教育引导广大居民学礼仪、守礼仪、讲文明、树新风，引导广大居民积极践行社会主义核心价值观，全面提升居民文明素质。

（二）优秀传统文化“六进”活动

深入开展优秀传统文化进机关、进校园、进企业、进社区、进农村、进家庭“六进”活动，在各级党政机关开展“优秀传统文化读书月”活动，在全市各中小学开展“小小百家讲坛”活动，在全市各大企业开展“书香企业”创建活动，在全市农村、城市社区组织“百姓学儒学”系列活动，在全市家庭中开展“写家训、晒家风”活动，以此推动优秀传统文化融入百姓生产生活。

（三）营造浓厚社会氛围

一是大型立柱式广告宣传。在曲阜高速东出口、南出口、孔子大道、崇文大道、高铁广场等重要位置更换孔子文化节宣传内容。

二是更新灯杆道旗。在春秋路、大同路、大成路等道路适当更换关于孔子文化节宣传内容的灯杆道旗。

三是LED显示屏宣传。在春秋路、大成路、大同路、鼓楼大街、静轩路的LED显示屏上增加孔子文化节宣传内容。

第三节　新闻发布会

每年的孔子文化节开幕前夕，一般在9月25日或26日，邀请各级各类新闻媒体记者在曲阜举行孔子文化节新闻发布会。发布会由曲阜市委宣传部负责人主持，市政府分管副市长作新闻发布，文化、旅游、经济等各有关方面的负责人解答记者提出的各类问题。主要内容为：介绍孔子文化节活动的特点、主要活动项目和内容；介绍孔子故里、孔孟之乡的人文特色、文化资源、旅游资源、物产资源、投资环境、优惠政策等。在发布人讲话结束后，回答记者提问。2004年以后，孔子文化节新闻发布会由济宁市举办，一般由济宁市委常委、宣传部部长主持，济宁市政府分管副市长致发布辞，向与会的各界媒体记者介绍孔子文化节的相关情况。

在重要办节年份，由山东省、济宁市分别在北京、济南等地召开新闻发布会，为孔子文化节广造声势，扩大提高孔孟之乡和孔子文化节知名度。

1990年6月30日，山东省孔子文化节筹委会在济南齐鲁宾馆举行孔子文化节新闻发布会，省旅游局局长蒋奎生作新闻发布。

1992年9月2日，在北京人民大会堂举行新闻发布会。

1998年8月6日，'98中国曲阜国际孔子文化节新闻发布会在山东旅游中心举行。曲阜市副市长颜世全作新闻发布，山东省旅游局副局长陈向群介绍曲阜及孔子文化节有关情况，曲阜市委副书记赵元山就'98孔子文化节和1999年将要开展孔子诞辰2550年纪念作补充说明。发布会由曲阜市旅游局局长孔祥金主持。

1999年8月18日，山东省人民政府在北京人民大会堂举行纪念孔子诞辰2550年暨'99中国曲阜国际孔子文化节新闻发布会。发布会由省政府副秘书长朱茂民主持，济宁市市长周齐作新闻发布；国务院新闻办公室副主任、国家外文局局长杨正泉，国家旅游局副局长张希钦分别讲话。济宁市市长周齐、曲阜市市长谷传祥等分别回答记者提问。

2006年8月16日，济宁市在北京人民大

2006 年 9 月 26 日，2006 中国曲阜国际孔子文化节新闻发布会举行。

会堂湖北厅举行 2006 中国曲阜国际孔子文化节新闻发布会。济宁市委副书记赵树国，济宁市委常委、宣传部部长祝金焕出席，济宁市副市长陈民致发布辞。发布会上向该届孔子文化节形象大使、山东籍著名影视表演艺术家唐国强颁发证书。著名词作家乔羽、作曲家谷建芬及中华民族文化促进会、国家旅游局等国家有关部委、单位的负责人及国内外 50 多家新闻媒体的百名记者参加新闻发布会。

2007 年 8 月 23 日下午，2007 中国（曲阜）国际孔子文化节新闻发布会在国务院新闻办新闻发布厅举行。中国艺术研究院院长王文章，济宁市委副书记、市长张振川，济宁市委副书记赵树国出席并答记者问，山东省委宣传部副部长、省政府新闻发言人刘保聚主持，济宁市委常委、宣传部部长刘成文，市政府秘书长蒙建华出席发布会。

2010 年 6 月 20 日，2010 中国（曲阜）国际孔子文化节新闻发布会在北京顺义区罗马湖国际文化艺术中心孔子文化广场举行。有关领导、学者、专家和在京的 30 多家新闻媒体记者参加发布会。发布会上，济宁市委宣传部副部长、市政府新闻发言人孙爱民介绍济宁市的经济文化社会发展情况和 2010 中国（曲阜）国际孔子文化节的有关情况。随后举行国际孔子文化节倒计时 100 天启动仪式上，孙爱民与有关专家同时启动倒计时牌。

2015 年 9 月 21 日，2015 中国（曲阜）国际孔子文化节新闻发布会在北京举行。济宁市委常委、宣传部部长李昌文主持，济宁市副市长吴霁雯；孔子研究院院长杨朝明；济宁市委副秘书长、孔子文化节办公室主任刘辉，曲阜市委常委、宣传部部长靳亚分别介绍 2015 中国（曲阜）国际孔子文化节的有关情况，并回答记者提问。新华社、《人民日报》、中央人民广播电台、中央电视台、《光明日报》《经济日报》《中国文化报》《中国青年报》；中新社、中国国际广播电台、《大公报》《香港文汇报》、凤凰卫视、《香港商报》；人民网、新华网、中国网、国际在线、央视网、中青网；《大众日报》、山东广播电视台、《齐鲁晚报》、走向世界杂志社、《山东画报》《山东商报》、大众网、齐鲁网、鲁网、中国山东网以及《济宁日报》、济宁广播电视台、《济宁晚报》、东方圣城网、济宁新闻网等国内外知名新闻媒体参加新闻发布会。

2016 年 9 月 26 日下午，山东省人民政府新闻办公室在济南举行 2016 中国（曲阜）国际孔子文化节新闻发布会。省新闻办公室副主任、新闻发布处处长陈强主持，济宁市副市长吴霁雯，济宁市委副秘书长、孔子文化节办公室主任刘辉，曲阜市副市长褚福梅分别介绍2016中国（曲阜）国际孔子文化节的有关情况，并回答记者提问。中央驻鲁新闻单位、香港新闻媒体驻鲁分支机构，省直和济南市、济宁市主要新闻单位的记者参加发布会。

2017年9月11日第八届世界儒学大会和2017中国（曲阜）国际孔子文化节新闻发布会在济南举行。山东省政府新闻办主任、省政府新闻发言人魏长民主持。山东大学副校长胡金焱，省文化厅副厅长李国琳，济宁市副市长吴霁雯，济宁市委副秘书长、市委办公室主任、孔子文化节办公室主任刘辉，介绍第八届世界儒学大会和2017中国（曲阜）国际孔子文化节的有关情况，并回答记者提问。中央驻鲁新闻单位、香港新闻媒体驻鲁分支机构，省直和济南市、济宁市主要新闻单位的记者参加发布会。

相关链接：

一、国家旅游局副局长张希钦在孔子诞辰2550年纪念活动暨'99中国曲阜国际孔子文化节（北京）新闻发布会上的讲话摘要

（1999年8月18日）

在中国古代伟大的思想家、政治家、教育家孔子诞辰2550年之际，在这里举办孔子诞辰2550年纪念活动暨'99中国曲阜国际孔子文化节新闻发布会，首先，对各位来宾的光临表示热烈的欢迎！

孔子及儒家思想学说，对中华民族的繁荣与发展，对人类社会的文明进步，有着不可磨灭的贡献，在整个世界范围内都有着广泛的影响。举办孔子文化节纪念这位先哲，目的就在于弘扬民族优秀文化，增进国际合作与交流，进一步发展旅游事业，扩大对外开放，繁荣经济。旅游业是一个资源消耗少，容纳就业多，经济效益高的朝阳产业，市场广阔，潜力巨大，将是21世纪发展最快的产业之一。发展旅游，可以促进对外开放，推动经济国际化。旅游业是世界公认的最优秀的出口产业，国际旅游具有"就地出口"服务产品，即时买卖、现汇收入、换汇成本低、资源消耗少、不受各种贸易壁垒干扰的特点，是许多国家外汇收入的主要来源。发展旅游业，可以启动消费，拉动整个经济发展，直接推动交通、城建、通讯、商业、餐饮等事业的发展。可以说，谁抓住旅游业，壮大旅游业，谁就抓住了经济发展的新增长点。

山东省是一个历史悠久、文化灿烂、名胜古迹众多的文化大省，也是一个地理位置优越、物产资源丰富、经济发达、社会进步、投资环境良好的沿海经济大省，山东旅游潜在优势很大。对此，他们看到了自身的优势，山东省委、省政府提出了把旅游业建设成为经济发展的支柱产业，并把今年定为'99山东孔子旅游年，进一步加大了对旅游业的投入，"吃、住、行、游、购、娱"六大要素的配套建设已初具规模，大旅游的格局也已基本形成。

今年是孔子诞辰2550年，又欣逢中华人民共和国成立50周年、澳门回归和世纪之交，山东省应抓住这一历史契机，组织好各项纪念活动，全面展示山东的文化优势、旅游资源优势，把具有鲜明古鲁文化特色的'99中国曲阜国际孔子文化节，办成一次规格高、规模大、影响深、实效强的国际性世纪纪念庆典和隆重热烈、丰富多彩的旅游盛会。

二、'99孔子文化节（北京）新闻发布会济宁市、曲阜市领导答记者问实录

问：我们都知道每年孔子文化节期间都举办一系列的经济贸易洽谈活动，并取得很大成功，我想问这么一个问题，你们是如何考虑把经贸和文化结合为一体的？今年的文化节期间，将举办哪些重要的经贸活动？

答：这届孔子文化节是第十六届孔子文化节，刚开始的时候也就是在1984年，第一届孔子文化节（孔子诞辰故里游）的时候，办这个节的主要目的是纪念先哲，后来随着参加文化节的人越来越多，改革越来越深入，经济越来越发展，我们在这个过程中，逐步意识到孔子的思想学说和儒家的文化，不仅仅是当代世界学术界开展学术研讨活动的聚集点，而且也是发展国际文化旅游事业的独特而丰富的重要资源。同时在这个发展过程当中，我们也意识到，并且深深地体会到，孔子的名牌效应，可以说是促进经济发展的一笔无形的资产和财富。所以通过举办文化节，完全可以达到文化与经贸、旅游相互结合，相互促进，共同发展，因此在每年的孔子文化节期间，都安排了一些经贸洽谈活动和旅游活动，并取得比较明显的成效。

今年的孔子文化节，内容是非常丰富多彩的，在经贸活动方面，济宁市与曲阜市都做了充分的准备，比较大的项目是济宁市对外经贸洽谈会。还要举办高新技术产品和土特产品等展览，展示改革开放20年的成果。同时曲阜还举办曲阜工业产品经济结构1990～2001年的调整方案论证会和科技项目的推荐会。济宁市还举办科技成果展览、交易洽谈会。

对外经贸洽谈会9月25日至28日在济宁举办，主要内容有三个方面，一是举办经济技术合作项目发布，介绍投资环境，发布重点招商项目和企业产权转让的一些项目。二是组织有关企业与到会的客商进行经济技术合作洽谈。第三点组织利用外资项目的洽谈、签约和重点贸易项目的洽谈、签约等。

节前，我们发了邀请，估计370多名客商到会。邀请的主要对象是国外知名的大商社、大财团、跨国公司和部分外国驻华大使；外国驻华的办事机构、代表机构，济宁籍或者与济宁联系密切的海外侨胞和台胞。另外，济宁和世界十几个国家的城市结成友好城市，这些友好城市的代表也要参加经贸洽谈会。再一点是正在进行中的项目客户，还有一些三资企业准备增资扩产的一些企业的外方代表和贸易客户也要来参加，参加人数约900余人。在项目的准备上济宁市准备了40多个招商引资项目。济宁辖12个县市区，也提了一些项目，汇总起来有400多个，投资的方向要符合国家的产业政策，重点是基础设施建设，基础产业项目，农业产业化项目，农副产品的深加工项目，企业的产权转让项目和153个共同项目。另外济宁市决定把乡镇企业、民营企业推到利用外资的前沿，在合作形式上，积极开展合资、合作、外商独资、产权转让等多种利用外资的形式。对过去接触和正在洽谈的项目，要进一步研究和解决存在的问题，促使这些项目升级，取得新进展。

总而言之一句话，我们决心把此次文化节既办成一个弘扬中华民族传统文化的节日，同时也把它作为一个洽谈贸易的极好机会，也就是平常讲的文化搭台，经贸唱戏，并且要把这台戏唱好。欢迎大家能参加孔子诞辰2550年的纪念活动。对孔子文化节的经贸活动要给予一些宣传，在此也谢谢新闻界朋友对我们的支持。

问：曲阜已连续十五年举办孔子文化节，请问，通过办节取得了哪些成效？

答：曲阜已连续15年成功举办孔子文化

节。孔子文化节以其鲜明的古鲁文化特色，丰富多彩的活动内容，隆重热烈、井然有序的组织工作，而蜚声中外。每逢节日活动期间，曲阜名城嘉宾荟萃，游人云集，鲜花夹道，彩旗欢舞，古老的圣地沉浸在友谊、祥和的节庆欢乐之中。通过举办孔子文化节，收到了良好的经济和社会效益。主要表现在：一是带动了曲阜经济的快速发展。我们坚持“文化搭台，经济唱戏”的原则，每年都在孔子文化节期间论证通过一批重点技改项目，大大增强曲阜经济发展特别是工业经济发展的后劲，促进曲阜经济持续快速健康发展。1998年曲阜市国民生产总值达到58亿元，实现财政收入4.99亿元，全市限额以上工业实现销售收入21.1亿元；实现利税4.2亿元。涌现出三孔啤酒集团、孔府家酒集团、裕隆煤炭集团、电缆集团、金塔王水泥集团、远东铝业集团等一批利税过千万元的企业，其中三孔啤酒集团、孔府家酒集团等企业实现利税在亿元以上。

二是带动旅游业的发展。孔子文化节的举办扩大曲阜在国内外的影响，提高曲阜的知名度，每年都吸引大批中外游客前来曲阜观光旅游。1998年曲阜市接待中外游客300万余人次，实现旅游社会收入近6亿元。曲阜已被评为中国优秀旅游城市。

三是带动城市面貌的改观。曲阜市每年都以迎文化节为动力，确定几项重点城市建设项目，集中资金投入城市基础设施建设，投入旧城改造，增强城市载体功能，提高城市环境质量，大大改观城市面貌。曲阜已连续6年保持“全国卫生城市”称号。

四是带动对外开放的不断扩大。曲阜每年都要在孔子文化节期间举行较大规模的外经贸洽谈会，吸引大批外商前来洽谈合作，到目前已累计利用外资达1.1亿美元，“三资”企业发展到62家。1998年“三资”企业实现利税已达1.8亿元。

五是带动社会事业的全面进步。文化节的举办加强曲阜与国内外的科技文化交流，增进曲阜与国内外的交往和友谊，提高市民的文明素质，促进社会各项事业的健康发展，曲阜已成为全国社会文化先进市、全国体育先进市、全国计划生育先进市、山东省双拥模范市、山东省精神文明先进市。

三、2016中国（曲阜）国际孔子文化节新闻发布会实录

新闻发布会由山东省人民政府新闻办公室副主任、新闻发布处处长陈强主持。济宁市副市长吴霁雯，济宁市委副秘书长、孔子文化节办公室主任刘辉，曲阜市副市长褚福梅出席。

济宁市副市长吴霁雯介绍有关情况：

中国（曲阜）国际孔子文化节是为了纪念伟大的思想家、教育家孔子，弘扬中华民族优秀传统文化，加强国际间的文化交流与合作而举办的大型国际性节庆活动。由文化部、教育部、国家旅游局和山东省人民政府联合主办，济宁市人民政府、曲阜市人民政府联合承办。孔子文化节始于1984年的“孔子诞辰故里游”活动，1989年经山东省委、省政府和中央有关部门批准，更名为“中国（曲阜）国际孔子文化节”。2014年8月，经过严格评审和审议，并报请党中央、国务院审批，中国（曲阜）国际孔子文化节成为山东省保留的两大节庆活动之一。迄今为止，孔子文化节已成功举办了32届，今年9月下旬将举办第33届。32年来，孔子文化节始终秉承“弘扬优秀传统文化，促进文化经贸科技交流合作”这一理念，

节会规格越来越高，规模越来越大，影响越来越广，已成为弘扬民族文化的重要载体、扩大对外交流的重要平台、展示城市形象的重要窗口，在海内外产生了广泛的影响，被国家旅游局确定为“中国旅游节庆精选活动”，被国际节庆协会评为“中国最具国际影响力的十大节庆活动”。

2013年11月，习近平总书记视察山东期间视察济宁并发表重要讲话，提出了“四个讲清楚”的重大历史课题，对我市传承弘扬优秀传统文化、加强孔子及儒家思想的研究传播提出殷切期望。三年来，济宁市委、市政府认真学习贯彻习近平总书记重要讲话精神，站在服务国家文化战略高度谋划济宁文化发展，确立建设“弘扬优秀传统文化首善之区”的目标，大力实施优秀传统文化六进普及、道德提升等七大工程，在农村和城市社区普遍设立善行义举四德榜，创新推出“和为贵”调解室、尼山书院国学公开课等公共文化服务模式，开展儒学进乡村活动，中宣部、省委宣传部在我市召开推广善行义举榜现场会、“山东乡村儒学现象”座谈会，我市被授予山东四德工程建设示范市。

曲阜文化建设示范区列入国家“十三五”规划。教育部、国家汉语国际推广领导小组办公室在曲阜设立孔子学院总部体验基地。中组部支持在济宁设立干部政德教育基地。省委支持济宁打造独具特色的国家级干部教育培训基地，确定以济宁为龙头打造全省儒学人才汇聚发展高地，面向海内外选聘一批儒学大家、泰山学者和尼山学者，批准设立济宁干部政德教育学院和孟子研究院。中央党校、浦东干部学院安排中长期班次学员来我市进行政德教育培训，国家行政学院在我市设立现场教学点，去年以来承接11个省市干部政德培训班次241期、1.4万人次。干部政德教育初步构建起课堂教学、现场教学、体验教学、礼乐教学相结合的教学培训体系，最近省委组织部在我市举办济宁干部政德教育教学体系建设专题研讨会，姜异康书记专门作出重要批示。故宫博物院确定在曲阜设立分院，国家文物局在我市设立明清官式建筑研究与保护重点科研基地，“三孔”古建筑油饰彩绘保护维修工程全面启动，尼山圣境一期项目年底前可对外开放，孔子博物馆主体工程竣工。扎实推进文化惠民工程，投资18.5亿元的市文化中心开工建设，我市被评为文化强省建设先进市。近期，我市召开全市文化旅游强市建设大会，出台支持文化旅游业发展系列扶持政策，全力推动济宁由文化旅游资源大市向文化旅游强市迈进。

2016中国（曲阜）国际孔子文化节将于9月27日在济宁曲阜市开幕。本届文化节以“弘扬优秀传统文化，建设文明首善之区”为主题，将开展一系列丰富多彩的文化、旅游、经贸活动，彰显国际性，突出群众性，力争办成一项对外有影响力、对内群众广泛参与的文化盛典。本届文化节将开展两大主题活动：

一是2016中国（曲阜）国际孔子文化节开幕式暨第十一届“联合国教科文组织孔子教育奖”颁奖典礼。本届文化节开幕式将于9月27日晚在曲阜孔子文化会展中心剧场举行。开幕式上将颁发“联合国教科文组织孔子教育奖”。“孔子教育奖”是2005年10月经联合国教科文组织第33届大会批准设立的国际大奖，是首次以中国人名字命名的国际奖项。来自南非、塞内加尔和印度三个国家的基础教育项目获得今年的孔子教育奖。一是南非基础教育部“让我们学习”大规模扫盲运动；二是塞内加尔扫盲与民族语言处“为青壮年文盲提供信息通信技术”国家教育项目；三是印度非政府组织马拉普兰人民教育机构“以职业技能开发促进可持续发展”项目。

二是丙申年祭孔大典。祭孔大典将于孔子诞辰日9月28日上午在曲阜孔庙举行。祭孔大典是专门祭祀孔子的大型庙堂乐舞活动，是集乐、歌、舞、礼为一体的综合性艺术表演形式，是孔子文化节中最具特色、最具文化品位，最具感染力、吸引力和影响力的“重头戏”。祭孔大典亦称“丁祭乐舞”或“大成乐舞”，所有礼仪要求“必丰、必洁、必诚、必敬”。祭孔大典主要包括开庙、启户，敬献花篮，乐舞告祭，恭读祭文等。大典用音乐、舞蹈等集中表现儒家思想文化，形象地阐释孔子学说中“礼”的涵义，表达“仁者爱人”“以礼立人”的思想，突出展现“千古礼乐归东鲁、万古衣冠拜素王”的盛况。

除了主题活动外，还重点设计了以下五项主要活动：1.“孔子的世界”国际学术高峰论坛。这项活动由济宁市人民政府、中国孔子研究院主办，孔子学院总部体验基地、曲阜尼山文化旅游投资发展有限公司承办，于9月27～29日在中国孔子研究院举办。2.2016中国（济宁）国际研学旅游创新发展峰会。这项活动由山东省旅游发展委员会、济宁市人民政府、中国旅游报社主办，济宁市旅游发展委员会承办，于9月26～28日在曲阜市举办。3.知名商会会长“东方圣城行”。9月26～28日在济宁举办，来自江苏、浙江、上海、广东、湖北等省市的知名商会会长和企业家，对口考察信息产业、装备制造、文化旅游等产业发展状况，寻求经贸合作机遇。4.联合国教科文组织全民教育国际研讨会。研讨会由教育部、山东省人民政府主办，中国联合国教科文组织全国委员会、济宁市人民政府承办，于9月25～28日在济宁市举行。研讨会主题为：促进发展中国家农村社区扫盲后教育、继续教育及技能发展，将邀请国际、国内教育界知名人士和相关领导，参加全民教育国际研讨活动，交流全民教育工作经验，探讨全民教育发展问题，参观考察济宁市部分学校。5.山东社科论坛——儒学与当代诚信体系建设。这项活动由光明日报社、省委宣传部、省社科联、省委党校、济宁市委、大众报业集团、山东社会科学院、山东广播电视台主办，曲阜师范大学、市社科联承办，将于9月26～28日在曲阜市举行。

此外，文化节的相关系列活动精彩纷呈，如2016世界儒商大会、首届国际青年儒学论坛暨“孟子大讲堂”之《孟子》七篇开讲启动仪式、2016中国任城任子文化论坛、第三届中华诗赋联书画名家孔子故里行、第二届“孔子杯”全国棋艺大成赛、知名侨领孔子故里行、儒本圣源—书画名家邀请展、儒家文化与太极养生、第二届“春秋绘事”油画艺术展、《湖山寻梦》书画艺术展、海外华侨华人侨胞故乡行—走进济宁、《崇礼先师》中国鸟虫篆书法艺术展，以及系列文化惠民活动等。为纪念孔子诞辰2567周年，打造“东方圣城”旅游文化品牌，山东省旅游发展委员会、济宁市、中国印钞造币总公司共同研发了一款融合“好客山东”文化、孔子儒家思想等为一体的旅游文创产品——孔子纪念券系列，今天也同步进行发布。

今年孔子文化节的策划和筹备，采取政府引导、社会参与、市场运作的办节模式，坚持提升内涵、突出宣传、规模适度、节俭务实的办节原则，确保每项工作高效运作、协调推进，努力办出更高层次、更高水平、更大影响力的国际性盛会。同时，把勤俭节约的要求体现到工作的每一个环节、每一个细节，切实做到高雅而不奢侈，热情而不铺张。

《大众日报》记者：刚才听吴市长介绍说，孔子文化节迄今已经成功举办了32届。那么与往年相比今年孔子文化节具有哪些特点呢？

济宁市委副秘书长、孔子文化节办公室主任刘辉：

在即将迎来习近平总书记视察山东视察济宁三周年之际，济宁市安排设计了一系列宣传活动，办好今年的孔子文化节是其中重要的一项活动。所以今年我们在策划上也是及早动手，力求活动更加丰富、更加有特色。相比往年，今年的孔子文化节主要有以下几个特点：

一是活动内容更加丰富。今年，我们对主题活动从内涵到举办形式进行创新提升，同时又策划了5项主要活动和十几项相关系列活动，涉及文化、旅游、教育、经贸等领域，活动内容更加丰富，形式更加灵活多样。

二是颁奖典礼更具特色。今年的开幕式颁奖典礼聘请山东电视台公共频道知名导演组织专家团队进行整体策划，典礼以孔子思想“和”的理念为主线，突出“弘扬优秀传统文化、建设文明首善之区”主题，在呈现方式、表达内容、节目编排上进行全方位提升，使得典礼更具思想性、艺术性和观赏性。

三是祭孔礼制更加规范。我们邀请有关专家，参照明、宋等历代祭孔制式，对现行祭孔大典的程序、礼仪、乐舞、祭器、主祭人员服装等进行论证、规范，使祭孔大典更加符合礼制。

四是宣传阵容更加强大。本届孔子文化节的“重头戏”祭孔大典将由央视科教频道、山东卫视并机直播。山东广播电视台VR频道联手爱奇艺视频网站与艾迪普数码进行首次VR直播，中国广播联盟、第十届中国网络媒体济宁行的媒体积极参与，重点传播、讲解祭孔大典等文化活动在弘扬优秀传统文化、守护共有精神家园方面的意义。另外还有70余家媒体已确定将参与孔子文化节的报道，共同打造声势浩大、立体式的宣传网络，向社会和受众普及孔子思想和儒家学说精髓，唤起社会对中华优秀传统文化的关注和共鸣。

五是社会参与更加广泛。本届孔子文化节自筹备以来，注重把社会参与贯穿整个文化节活动始终，前期高水平策划组织第一届国际中学生儒学辩论大会、论语大会、优秀传统文化主题月等一系列文化活动，为文化节的成功举办营造良好的舆论氛围。济宁市将9月份确定为“优秀传统文化主题月”，变“文化节”为“文化月”，借助孔子文化节影响力，设计3大类、15大项、40余小项活动，使社会各界及广大群众能够参与到文化节活动中来。同时，在文化节期间，充分发挥“市民大舞台”、“百姓大舞台”文化阵地作用，精心组织、认真筹备一系列文化惠民演出节目，使广大群众切实享受文化发展成果，增加节日气氛，丰富群众的文化生活。

人民网记者：在每年一届的孔子文化节中，开幕式极为重要，今年的开幕式及颁奖典礼有哪些看点？

济宁市委副秘书长、孔子文化节办公室主任刘辉：

开幕式暨联合国教科文组织“孔子教育奖”颁奖典礼是孔子文化节的主题活动之一，每年都力求形式新颖，内容丰富。今年看点主要有：

一是开幕式颁奖典礼更具仪式感。我们策划增加颂唱环节和仪仗仪式，给予获奖者以最高的文化礼遇，表达孔孟之乡人民的敬意。

二是增加文化名人点评环节。我们聘请儒家专家、文化名人，现场对三个奖项进行文化阐述，提升获奖者的荣誉感和社会各界对奖项的认同感。

三是奖项内容更加丰富。今年，在内容上增加与孔子思想有关的活动奖项，除联合国教科文组织“孔子教育奖”外，“孔子友谊奖”和“少年孔子奖”也将同台颁奖。“孔子友谊奖”是济宁市政府为表彰在经济建设和社会事业发展中做出突出贡献的外国专家而设立的最高荣誉奖，来自英国、日本、德国、俄罗斯、美国的五位专家获此殊荣。“少年孔子奖”是“第一届国际中学生儒学辩论大会”用以表彰优胜者的奖项，目的是引导中学生弘扬儒学精华，传承中华文明。

四是展演节目更具文化内涵。开幕式展演的节目立足孔孟之乡地域特色，深度挖掘孔子思想精髓，更加突出原创性，以现代表现手法，实现优秀传统文化的当代表达，更好地体现传统文化的时代价值。

《中国日报》记者：刚才听发布人介绍，今年的祭孔大典参照明代等历代祭孔制式，对程序、礼仪等进行了再论证、再认定，规范了曲阜孔庙祭孔大典礼制。请问祭孔大典规范了哪些内容，今年祭孔大典的主要环节有哪些？

曲阜市副市长褚福梅：

祭孔大典，是专门祭祀孔子的典礼，亦称“丁祭乐舞”或“大成乐舞”，是集“乐、歌、舞、礼”等艺术表演形式为一体的庙堂祭祀活动，有“闻乐知德、观舞澄心、识礼明仁、礼正乐垂、中和位育”之谓。大典用音乐、舞蹈等集中表现儒家思想文化精髓，阐释孔子和儒家学说中“礼”的涵义，表达其“仁者爱人”“以礼立人”的思想，对于弘扬优秀传统文化、凝聚民族精神具有不可替代的社会作用，具有很强的文化价值和艺术价值。两千多年来从未间断的祭孔大典，已经成为世界祭祀史、人类文化史上的一个奇迹,2006年5月，被列入第一批国家级非物质文化遗产名录。

今年，我们在多年实践的基础上，又专门组织专家学者进行科学严谨的考据和论证，对现行祭孔大典的名称、时间、场地、主要程序、重要礼制、祭品祭器、乐舞祝文等进行规范，既致力参照古制程序、重现传统魅力，又努力提升庆典效果、凸显文化品位，形成《曲阜孔庙公祭孔子大典标准》。比如在服饰方面，主祭人员将穿着统一的祭孔服装参祭，仪仗、诵读等人员的服饰也重新规范，礼生、乐生、舞生的服装因其职能不同在颜色、款式上又各有讲究，更加古朴、庄严、凝重，展现“千古礼乐归东鲁、万古衣冠拜素王”的盛况。今后的祭孔大典将严格按照该标准执行，我们也将该标准推荐给各地的孔庙和孔子学堂等机构参照执行。

规范后的祭孔礼制主要环节包括：迎宾开城、开庙仪式、启户仪式、乐舞告祭、恭读祭文、行鞠躬礼等，所有礼仪要求“必丰、必洁、必诚、必敬”。今年，我们还在神道路到大成门之间安排260名礼生，组织1200名大中专学生和1000名群众代表参加祭孔、诵读论语，以期通过提高群众的参与度，进一步增强祭孔大典的神圣感、代入感和仪式感，力求让仪式达到“以礼化人、以乐和之”的氛围和效果。

第三章　市民素质教育与“彬彬有礼道德城市”建设

第一节　主题教育

曲阜是驰名中外的旅游胜地、东方圣城，每年数百万中外来宾到曲阜，或观光旅游，或投资兴业，曲阜已成为国家对外交流的一个重要窗口。曲阜人的形象在某种意义上代表着中国人的形象，更需要曲阜人民将礼貌言谈融入待人接物的一点一滴之中，使人们的言行举止与曲阜这座历史文化名城的地位相匹配。1986年10月，谷牧在曲阜历史文化名城保护和建设座谈会上提出，“曲阜对外开放了，在外宾面前曲阜人就得代表国家，在内宾面前曲阜人就得代表曲阜”，强调“曲阜是孔子的故乡，曲阜人民要有做曲阜人的光荣感和责任感、使命感，曲阜应该是到处干干净净，人人彬彬有礼，曲阜的精神文明建设应该走在全国的前列，中央要求的，曲阜就应该率先做到”。自此，曲阜按照“处处干干净净，人人彬彬有礼”“在外宾面前代表中国，在内宾面前代表曲阜”这一要求，切实加强公民道德和精神文明建设。2007年以来，曲阜市结合贯彻《公民道德建设实施纲要》《加强和改进未成年人思想道德建设若干意见》，通过实施“崇德守法、美在曲阜”等活动，加强道德教育和社会主义核心价值体系教育，开展实践活动，号召市民“当好东道主，喜迎文化节”，大力提升市民文明素质。2012年9月，曲阜从树立社会主义核心价值观、提升曲阜形象、提高市民素质入手，在全市开展“彬彬有礼道德城市”建设，为孔子文化节举办创造良好环境。

第二节　实践活动

在市民素质教育上，从3个方面开展工作。加强“四德”主题教育。以职业道德为主要内容，在全市机关和企事业单位开展教育培训。以讲文明、讲卫生等方面作为对市民的社会公德教育的主要内容，在全市居民中倡导关爱他人、爱护环境、奉献社会的社会公德，贤达高尚、豁达宽容、修身感恩的个人品德，并

四德园

积极倡树家庭美德，优化社会细胞，以立尊立敬、男女平等、邻里和睦相处为根本，以尊老、敬老、养老、孝老为家庭道德教育的重点，切实做好家庭美德建设。利用道德讲堂、“孔子学堂”等阵地，与父母大学联合在全市37个党（工）委开展系列主题教育培训。加强法制观念和法律法规教育。开展《中华人民共和国宪法》《中华人民共和国婚姻法》《中华人民共和国妇女权益法》《中华人民共和国义务教育法》《中华人民共和国老年人权益保障法》等法律、法规知识的学习与普及，让全体市民进一步明确法律所赋予的权利与义务，依法办事。在全市范围内推行全民守法教育实践活动，在深化“法律六进”活动的基础上创新开展“法律八进”活动，全面推进依法治市进程，完成“六五”普法规划和依法治市规划的任务目标。在全市形成全民学法守法、办事依法、遇事找法、解决问题用法、化解矛盾靠法的良好氛围，为全市经济社会发展营造良好的法治环境，“法治曲阜”创建工作取得显著成效。在基层社会治理方面，发挥孔子故里、儒家思想发源地的独特优势，创造性地提出“和为贵”调解室，在生活中教育群众学法、用法。加强传统文化教育。组织宣讲团，对儒学经典进行宣传教育。同时以《公民道德建设实施纲要》为指导，编印《文明礼仪基础读本》，发放到各镇（街）党（工）委、市直党（工）委、企业党委和市民手中，通过专家讲座、个人自学、知识竞赛、演讲比赛等各种形式，着力抓好生活礼仪、社会礼仪、职业礼仪、校园礼仪、涉外礼仪的教育普及，使市民做到知礼仪、懂礼节、讲文明、树新风、促和谐。

开展“人人彬彬有礼道德城市建设”。2012年8月，“曲阜市人人彬彬有礼教育学校”揭牌仪式举行，拉开曲阜市“彬彬有礼道德城市”建设的序幕。同年10月22日，曲阜市打造“彬彬有礼道德城市”动员大会召开，进一步加快活动开展。以“爱、诚、孝、仁”为核心，常态化开展“爱聚孔子故里”“诚播文化名城”“孝传千家万户”“仁洒和谐社会”等四大主题实践活动，努力实现“彬彬有礼道德城市”建设道德标准全覆盖、教育培训全覆盖、宣传引导全覆盖、《论语》六进全覆盖、志愿服务全覆盖、文明创建全覆盖、群众文化活动全覆盖、善行义举榜全覆盖、四德典型全覆盖、保障机制全覆盖等“十个全覆盖”。阵地建设。2012年，以曲阜市“人人彬彬有礼”教育学校为示范，结合各单位、各企业、各村居的实际，在党员教育室、道德教育室、文化大院、人口学校等现有阵地的基础上，挂牌成立“人人彬彬有礼”教育学校，在全市范围内全面推广，制订规章制度，明确工作职责，落实工作任务，建成600所“人人彬彬有礼”教育学校。组建队伍。2012年，依托全市各级“人人彬彬有礼”教育学校，年内组建2000人的专、兼职教师队伍。编写教材。分行业组织编写以社会礼仪、职业礼仪、家庭礼仪、个人礼仪和“四德工程”为主要内容、有曲阜特色的教育教材，作为市民、游客和修学人员的学习参考书。开展培训。以弘扬优秀传统文化为重点，从社会公德、职业道德、家庭美德、个人品德4个方面入手，突出开展孝德教育，分行业、分层次对64万市民轮训一遍，以此提升个人文明素质，感化教育影响他人。设计制作标识。通过网络、电视、报纸等媒体在全国公开征集曲阜市“彬彬有礼道德城市”标识，标识确定后，在全市全面推广使用。统一礼仪标准。服饰着装得体，自然大方；言谈举止态度诚恳，谦逊文雅；推行文明用语。推广使用普通话。按照“全国普通话三级试点城市”要求，通过集中授课和自学相结合的方式，在全市各级各部门广泛推广使用普通话，各级领导干部要率先垂范。签订责任状。各部门各单位结合实际制定建设“彬彬有礼道德城市”活动的目标任务和工作措施，并签订单位责任状和个人责任状，张榜公示。

第三节 社会效果

曲阜市通过持之以恒的教育培训、丰富多彩的教育形式，进一步明确以社会公德、职业道德、家庭美德、个人品德为主要培训内容，并在吸取优秀传统文化的基础上，使更多的曲阜市民接触儒学，感悟儒学，传播儒学，使传统文化真正在曲阜得到普及和发扬，进一步引导市民在日常生活工作中养成懂礼貌、知礼仪、守礼仪的良好习惯，营造崇德向善的社会环境，提高市民的道德涵养，为加快全市经济社会健康发展凝聚向上向善的强大力量。

自2012年9月全市开展“彬彬有礼道德城市”建设工作以来，迅速在全省乃至全国引起关注；10月9日，中央文明办专职副主任王世明作出批示：“曲阜市‘彬彬有礼道德城市’建设系统、具体、扎实，是道德建设的实招。编发精神文明建设简报，中国文明网在显著位置刊发”。10月31日，中央文明办《精神文明建设》简报第38期刊发《曲阜市大力打造“彬彬有礼道德城市”》。《时事报告》11月版刊发《孔子故里再造道德新高地——曲阜市委书记李长胜谈“彬彬有礼道德城市”建设》。2012年11月29日，全省社会主义核心价值体系建设“四德”工程现场观摩会在曲阜市召开，曲阜市委副书记、市长杨凤东代表曲阜作《传承儒家思想精髓提升市民道德素质曲阜市全力建设“彬彬有礼道德城市”》的典型发言。2013年7月30日，全省社会主义核心价值体系建设“四德”工程工作会议在济南举行，曲阜市被评为省级“四德工程示范市”。2014年2月10日，全省培育和践行社会主义核心价值观深入推进“四德”工程建设现场电视电话会议在曲阜市举行，这是自2012年以来在曲阜市召开的第3次省级现场会。2014年4月11日，全国推广善行义举榜现场会在曲阜市召开，中央宣传部副部长王世明出席会议并讲话，山东省委副书记王军民，山东省委常委、宣传部部长孙守刚，中央国家机关有关部门负责人，各省（区、市）和新疆生产建设兵团党委宣传部主管副部长，济宁市委书记、市人大常委会主任马平昌出席会议。曲阜市委书记、市人大常委会主任李长胜代表曲阜作典型发言，受到与会人员一致肯定。

第四章　中国楹联城创建

第一节　创建活动

1998年4月，由曲阜市和中国楹联学会合作，启动中国楹联第一城建设。创建中国楹联第一城以楹联为载体，以中国传统文化的典型代表——对联和书法为表现形式，以孔子学说、儒家思想精华及古今人文地理、曲阜建设成就为表现内容，坚持融思想性、时代性、地方性、国际性于一体，为社会主义现代化建设提供精神动力、智力支持和思想保证。思想性即内容健康向上，能给人以启迪和教育；时代性即充分反映社会主义现代化建设时期特别是改革开放以来的新成就、新成果，能鼓舞人心；地方性即充分体现曲阜地域文化特色，也就是孔子文化、儒家文化；国际性即符合国际性历史文化游览名城建设目标，适应国内外游人欣赏楹联的需求。

楹联城建设分联文征集阶段、墨迹征集阶段、载体制作安装阶段3个阶段，第一阶段工作一次性完成，第二、三阶段工作分期实施。

自1998年4月在国内外新闻媒体刊登征联启事后，至同年10月底，收到全国内地和中国港澳台地区，以及马来西亚、美国、日本、菲律宾等国家的联文3.8万余副。通过专家初选，按6∶1的比例初步选出6500副联稿。组织15名专家进行分组评选，经过层层筛选，精选出2550副楹联。联文征集范围之广、数量之多、水平之高、感人事例之多，创中国联文征集之最。随后，组织人员分别南下北上，请国内外知名书法家题写楹联，征集墨迹500余副。刘艺、佟伟、熊伯齐、陈大羽、蒋维崧、魏启后等书法名家及《人民日报》社社长邵华泽、百岁书法家凌禹门、孔子嫡裔孔德懋等挥毫泼墨书写楹联。在楹联载体制作上，采用仿红木、楷木、仿檀木、核桃楸以及花岗岩石、铜、金箔等材料。1998年9月16日，曲阜市成立楹联协会。中国楹联学会会长顾平旦、副会长谷向阳、秘书长王庆新到会祝贺。大会一致推举市委书记、市人大常委会主任、市长、市政协主席为

1999年9月，中国楹联第一城——曲阜命名仪式举行。

名誉主席，市委副书记赵元山为主席。会议选举产生楹联协会的领导机构。曲阜楹联协会的成立，为推广和普及楹联艺术，服务现代化建设，起到积极的推动作用。楹联协会的成立得到中国楹联学会和全国各级楹联组织的鼎力支持。收到全国20余个省市自治区楹联学会、楹联爱好者的贺电、贺信、贺联100余件（副）。

1999年9月，曲阜市楹联协会、曲阜孔子博物院联合编纂的《中国楹联第一城——曲阜楹联集（一）》由山东友谊出版社出版发行。

1999年孔子文化节开幕前夕，“中国楹联第一城”完成第一期工程，完成征集墨迹300余副，制作载体255副，安装在曲阜明故城内的鼓楼大街、五马祠街、半壁街、神道路、后作街、南马道6条主要街道。明故城墙恢复后，把孔庙、孔府、颜庙和历史古街区连接起来，构成一个全方位、多层次的中心区域。穿过城门，映入人们眼帘的是石板路、仿古建筑、古朴典雅的楹联，使人感受到浓郁的文化氛围，为曲阜古城增添一道古朴、典雅、亮丽的风景线。

第二节　成果

1999年9月，首批由著名书法家书写的255副楹联安装完毕，为’99中国曲阜国际孔子文化节、为孔子诞辰2550年献上一份厚礼。悬挂出的楹联内容充弥着浓厚的文化气息，意蕴深远，形式古朴、典雅、庄重，与明故城古色古香的建筑风貌融为一体，得到参加孔子文化节活动的中外来宾的高度评价和赞赏。

楹联城的建设意义重大。弘扬优秀传统文化。楹联是历史悠久、遍布城乡、富有哲理、雅俗共赏的文学形式，具有鼓舞人、教育人的作用。通过建设楹联城使这一优秀的传统文化得到进一步的弘扬，大大促进曲阜楹联文化的繁荣，使曲阜增添现代文化气息，城市文化品位上新档次。拓宽旅游发展的新途径。楹联是文化艺术，具有很高的欣赏价值。楹联城的建设为曲阜增添一个新的人文景观，为开发“书法旅游”“赏联旅游”等新的旅游景点和产品，开辟一条新路子。

第五章　国家卫生城市创建与复审

为进一步提升城市大环境的综合治理水平，为建设东方圣城·首善之区提供可靠的基础保障，同时，也使参加孔子文化节活动及到曲阜旅游的中外嘉宾能够目睹“处处干干净净、人人彬彬有礼”的曲阜东方圣城形象，自2012年年初，曲阜市启动国家卫生城市创建工作。2015年3月，曲阜市被命名为国家卫生城市，成为鲁西南首个国家卫生城市。2017年7月，通过国家卫生城市复审。

第一节　国家卫生城市创建

2012年年初，曲阜市启动国家卫生城市创建工作；8月9日，通过省级卫生城市复审。

2013年年初，按照市委、市政府“五城同创”工作部署，全面启动创建国家卫生城市工作。同年9月3日，召开全市创建国家卫生城市全民动员大会，成立创建国家卫生城市指挥部，建立市级领导和部门负责人包保的16大战区、9大行业和26项重大工程指挥部，明确“片长、路长、街长、楼长、店长”和“五员十户一条街”组织推进和责任包保网络，先后召开24次“创卫”调度会议，累计步行400余公里现场办公，创新“迈开双腿抓创卫”的工作模式，建立“创卫问题销号”和“一周一检查一排名一通报”制度，进行全天候、不间断督查。设置健康教育宣传栏810处、健康加油站和健康小屋18处；建设蓼河公园、大沂河公园2处健康主题公园；翻修和绿化补植200条道路；改造建设3个集贸市场、7个便民市场；新建改造公厕78座，配建移动垃圾压缩站9处，建设3个污水处理厂、16个地埋式污水处理设施；加强病媒生物防制工作，规范设置灭鼠毒饵站2.13万个；开展全域“创卫”活动，5个镇街创成山东省卫生乡镇、51个单位创成山东省卫生先进单位、39个村创成山东省卫生村。2014年5月10日，曲阜市通过国家卫生城市暗访组暗访；11月26～28日，迎接并通过国家卫生城市技术评估。2015年3月，曲阜市被正式命名为国家卫生城市，成为鲁西南首个国家卫生城市。

第二节　国家卫生城市复审

2017年，根据《国家卫生城市评审与管理办法》规定，曲阜市迎接国家卫生城市复审。3月，召开全市创建全国文明城市攻坚暨迎接国家卫生城市复审动员大会，印发《全市迎接国家卫生城市复审的实施方案》。4月，成立市“巩卫创文”指挥部，由市委主要领导担任指挥长；延续战区负责制，全市划分21个大战区指挥部，由市级领导担任指挥长，明确牵头部门，战区内所有单位、村居、企业全部参与，对全市大街小巷、居民小区、经营业户实行部门、单位包保制，实现责任全覆盖。成立效能督查、文明交通旅游等七大推进指挥部，严把标准、分线作战；针对难点工作，明确责任主体不明的老旧小区及单位家属院整治、书院区域孔林周边环境整治等18项重点工程市级包保领导。全市先后召开千人规模以上的动员大会2次、“巩卫创文”专题会议20余次，在市级领导带动下，各指挥长、责任单位和包保干部都步行走街巷、进社区、查问题、定措施，第一时

卫生城创建

间解决难点重点问题。通过全市上下 6 个多月的共同努力，7 月，迎接并通过国家卫生城市复审暗访。

第三节 国家卫生城市管理长效机制

2017 年 12 月，为进一步巩固国家卫生城市成果，曲阜市委办公室、市政府办公室联合出台《关于建立国家卫生城市管理长效机制的意见》，成立巩固国家卫生城市工作领导小组，设立市巩卫办，组建考核技术小组，制定“每月一次专项检查、每季度一次第三方评估、市级领导不定期督查”考核制度，将国家卫生城市建设相关工作指标纳入市委、市政府督导考核重要内容，建立健全国家卫生城市长效机制。

第六章 全国文明城市创建

以举办孔子文化节活动为契机，以创建全国文明城市为总抓手，以着力提高全市人民的文明素质为目的，2005 年起，曲阜市委、市政府决定开展文明城市创建活动。按照《文明城市测评体系》指标要求制定方案、强化措施、落实责任。2014 年获得“全国文明城市提名城市”。至 2017 年，全国文明城市的创建工作常态化进行。

第一节 创建活动

从 2005 年起，曲阜市按照“同心创建文明城、携手共建新曲阜”的总体要求，举全市之力，开展文明城市创建活动。至 2017 年，市文明办按照中央文明委、省文明委制定的《文明城市测评体系》指标要求，归纳梳理，将存在的问题和薄弱环节归纳整理，就加强下步工作提出对策和建议，推进文明城市创建工作再上新水平。在保持“省级文明城市”五连冠的基础上，2014 年 10 月 13 日，在张家港全国县级文明城市创建工作现场会上，曲阜市获得“全国文明城市提名城市”，在济宁市是唯一的。2015 年，成立创建全国文明城市指挥部，创新开展全域内创建全国文明城市工作，真正实现“全域创建、全民参与”。

2017 年是第五届全国文明城市创建的收官之年，曲阜市以培育和践行社会主义核心价值观为主线，以“彬彬有礼道德城市”建设为总抓手，以提升市民文明素质为核心，突出交通秩序、市场秩序、城市环境三大整治重点，深化“指挥部 + 战区 + 责任单位”工作模式，创新设计“八大行动”，丰富创建内容，拓展创建领域，加大创建力度。“八大行动”是：以崇德守法行动为载体，开展优秀传统文化教育、文明礼仪教育、学法守法教育，年内全体市民轮训一遍，着力提高市民文明素质；以敬业守信行动为载体，开展“全民敬业”“全民守信”主题宣传教育活动，加强诚信体系平台建设，及时准确进行数据更新，加大诚信结果运用力度，每季度发布一次诚信“红黑榜”，营造诚实守信的社会环境；以文明出行行动为载体，持续开展主要道路及路口交通秩序整治、公共交通工具秩序整治和交通不文明行为大劝导活动，加大严管重罚力度，引导市民文明出行，构建文明和谐交通环境；以文明行业创建行动为载体，加强窗口单位、农贸市场综合整治、加强“五小行业”（小美容美发店、小餐馆、小旅店、小歌厅、小浴室）综合整治，推动行业文明提升；以市容环境整治行动为载体，进一步健全卫生保洁长效机制，加快市政设施建设改造，常态化开展校园周边环境综合整治，努力提升城市品位；以社区小区提升行动为载体，加大基础设施等硬件建设改造管理力度，加大公益广告宣传等软环境氛围营造，加大未成年人教育工作力度，打造宜居环境；以志愿服务行动为载体，组织领导干部、各志愿服务组织、社区医疗、科技、文化等志愿服务小分队，参与各类志愿服务活动，弘扬“我为人人、人人为我”的志愿精神；以全民教育普及行动为载体，利用媒体宣传、社会宣传，营造创建氛围，加大市民的宣传教育力度，切实提高市民对创建工作的知晓率和参与率。

第二节 创建成果

建立健全常态长效体制机制

曲阜市建立“指挥部＋推进指挥部＋战区＋属地”工作机制，成立市“创文”工作指挥部和文明交通旅游等7个推进指挥部，划分21大战区，落实网格员“一劝、一检、五巡查、四督导”工作职责；建立问题交办和重点难点问题督办等制度；明确专人负责材料申报，未成年人申报材料连续3年获得满分；开展文明出行专项整治和公共场所秩序整治等行动；创成全国文明镇1个、省级文明村镇15个、省级文明社区16个、省级文明单位31个、省级文明家庭3家。

培育和践行社会主义核心价值观

曲阜市常态化抓好核心价值观“六进”宣传教育。98%的中小学生达到“核心价值观”统考优秀等次；推进诚信体系建设。形成“五位一体”的工作格局，建立“六个全覆盖”的诚信信息一体化工作平台，数据库录入基础信息79.9万条；有注册志愿者3.3万人，人年均服务活动时间25.7小时；每年评选表彰道德模范、曲阜好人、百佳孝星等各类典型600余个；设置景观式公益广告81个，建设主题公园1个，灯杆道旗2000余个，核心价值观有机融入各类生活

2017年3月4日，全市创建全国文明城市暨学雷锋志愿服务活动启动仪式举行。

场景和城乡设施。

传承和发展中华优秀传统文化

曲阜市实施“勤善公和”工程，开展全民敬业、全民行善、全民爱国、全民守礼四大行动；创新举办四届“百姓儒学节”，100余万人次参与百姓朝圣活动；探索推广“乐和家园”社会治理模式，周公庙社区“乐和家园”建设被中宣部确定为全国100个基层思想政治工作先进典型；全市各村居、机关事业单位、城乡学校、“四上企业”建设善行义举榜1280个，实现实体榜全覆盖；深化“美德游客”评选活动，3年累计评选“美德游客”1360人。

加强和改进未成年人思想道德建设工作

曲阜市开展“我的中国梦”主题教育实践活动，全覆盖开展清明祭英烈、童心向党、向国旗敬礼、“三爱”等活动，评选表彰美德少年142名；开展优秀传统文化进校园活动，实现“一校一国学导师”，国学小名士活动实现全覆盖。2017年9月，第二届中华学子青春国学荟在曲阜市举行；建成80所乡村学校少年宫，实现阵地全覆盖、活动常态化，累计开展活动6万余次。

坚持“创文”为民惠民

曲阜市每年投资3000余万元，翻修市内破损道路，加强绿化养护，提升环卫基础设施，全面检修主次干道路灯，深入实施老旧小区和旱厕改造工程。开展进店入院卫生大扫除活动。集中治理马路市场、露天烧烤等市民反映强烈的热点问题。整治城区环境卫生，实现主干道16小时、次干道10小时以上保洁，基本清除卫生死角。持续铁腕整治占道经营、拉客导宿、张贴小广告等问题。建立卫生保洁、“门前三包”长效机制，有效解决卫生保洁易反弹等老大难问题，市民对创建全国文明城市的知晓率、支持率、参与率和满意度显著提升。

義

第三篇　节庆场馆建设

第三篇　节庆场馆建设

第一章 重点工程

每年孔子文化节（孔子诞辰故里游）期间，曲阜都会接待众多的中外嘉宾，孔子文化节作为曲阜改革开放的窗口，全方位、多角度地展示曲阜的新变化、新气象。按照城市规划要求，视地方财力情况和办节需要，曲阜每年均重点安排一些节庆工程，以举办孔子文化节为动力，将工程的竣工时限安排在孔子文化节开幕前的时间节点上。1985 年阙里宾舍竣工开业，接待参加孔子诞辰故里游的贵宾。1989 年完成五马祠街建设，并在此举办节庆活动。1990 ~ 2017 年，孔府档案馆、孔子文化园（论语碑苑）、孔子六艺城、体育公园、孔子研究院、孔子文化会展中心、曲阜游客集散中心等相继落成，为孔子文化节的举办提供多方面的保障，也使曲阜城市建设逐年迈上新台阶。

第一节 阙里宾舍

1983 年 5 月 1 日，经国务院批准，阙里宾舍作为山东省改革开放后鲁西南第一家涉外旅游宾馆，在孔府喜房遗址开工奠基。著名建筑设计大师、中国科学院院士、城乡建设环境保护部副部长戴念慈主持设计。当时阙里宾舍的兴建也曾引起争议，甚至遭到强烈反对。戴念慈大师的完美设计，将阙里宾舍与孔庙、孔府建筑群融为一体、相得益彰，成为中国建筑史上的典范之作，获“莫斯科国际建筑设计金奖”，入选《中华百年建筑经典》百座典范，2016 年入选首批“中国 20 世纪建筑遗产”名录，被作为建筑学教科书经典案例广为流传，吸引众多业内人士到此观摩取经。

阙里宾舍建筑高度只有两层，是按照明故城总体规划要求，东不能高于鼓楼、西不能高于钟楼设计的，整体采用中国传统四合院式布局，组成几个院落，以回廊贯通。青砖灰瓦坡顶，高低错落、鳞次栉比的屋脊，形成一种虚实明暗、层次多变的格调。墙面为灰砖白粉、紫红色灰浆勾缝。造型古朴，风格典雅。客房与孔府处在同一中轴线上，分南北两区，南区文厅，北区武厅，寓意崇文尚武，以文化修万方，以威武强国体，蕴含着孔子“仁者爱人，以固国体”的儒学思想。酒店装修以及文化软环境的营造，朴实典雅，客房和公共区域摆放着名家字画和雕塑，进入宾舍如同进入中国传统文化艺术馆。

南京大学原校长匡亚明为阙里宾舍起名，艺术大师刘海粟 88 岁时为阙里宾舍题名，赵朴初、吴作人等著名书画家惠赐的笔墨，出自孔庙六朝碑刻精品中的魏碑和汉碑拓片、慈禧太后赐孔府的“寿”字拓片，中央美术学院教授王文彬、俞锡瑛夫妇创作的《呦呦鹿鸣》，林林总总的文化符号、文化元素，处处蕴含着浓厚的儒家文化底蕴，为国内第一家儒家文化主题饭店。

1985 年 7 月阙里宾舍竣工，总建筑面积 1.32 万平方米，投资 1800 万元。建成拥有客房 164 间，以及总服务台、餐厅、宴会包间、国际会议厅、演出厅、商场等服务设施。

1985年10月11日，举行阙里宾舍落成开业典礼。自开业以来即承担国内外重要贵宾和孔子文化节的接待任务，先后接待江泽民、李鹏、朱镕基等60余位中共中央和国家领导人，接待日本首相福田康夫、美国国务卿舒尔茨、爱尔兰总统希格里、加拿大总理特鲁多、朝鲜劳动党中央主席金日成、荷兰女王贝娅特丽克丝等30余位外国元首、政要。每年接待客人19万人次，开业30余年累计接待中外宾客500万人次，为省内重要的接待窗口单位。

阙里宾舍落成开业后，作为曲阜首家星级涉外宾馆，承担孔子诞辰故里游和孔子文化节的重要接待任务。

1991年10月10日，“海峡两岸儒学学术讨论会”在阙里宾舍召开。1994年9月26日，举行《孔子文化大典》首发式。1995～2000年，每年9月27日，曲阜对外招商引资恳谈会均在阙里宾舍举行。1997年10月7日和2001年9月27日，举行孔子及儒家思想学术报告会，分别邀请季羡林和杜维明在国际会议厅作学术报告。举行《文化巨人—孔子》专题片首映式。2006年9月23日，举办联合国教科文组织首届“孔子教育奖”颁奖典礼杏坛晚宴，全国政协副主席王忠禹及联合国教科文组织官员出席。

在接待孔子文化节重要客人方面，1985～1988年连续4年接待参加孔子诞辰故里游活动的国内外贵宾2000人。1989年9月26日至10月10日，参加首届“孔子文化节”活动的外宾1000余人。其中，有1989年10月9日，参加“孔子诞辰2540周年纪念与学术讨论会”的25个国家和地区的学者300余名。1990～2017年，先后接待参加国际孔子文化节的联合国教科文组织的官员嘉宾，参加颜子研究会成立活动的嘉宾，参加纪念孔子诞辰暨世界旅游日的贵宾；接待马来西亚文化艺术旅游部副部长邓育桓率领的马来西亚妇女代表团，日本足利市市长早川一夫、议长岛田政芳一行，俄罗斯总统监察署署长利索夫一行，国家旅游局副局长杜一力，中国国民党祭孔文化参访团团长、中国国民党中央评议委员会议主席团主席、中国国民党原副主席林澄枝，国家旅游局副局长王志发，孔子第79代嫡长孙孔垂长，山东省委书记、省人大常委会主任刘家义，山东省委副书记、省长龚正，国家旅游局副局长魏洪涛，国家文物局副局长刘曙光，中国联合国教科文组织全委会副秘书长周家贵以及日本前首相村山富市，联合国教科文组织副秘书长金学洙，匈牙利前总理迈杰希等孔子文化节重要客人。

1986～2017年阙里宾舍接待参加孔子文化节国家领导人一览表

表3-1

姓名	职务	时间
谷牧	中共中央书记处书记、国务委员、孔子基金会名誉会长 全国政协副主席、孔子基金会名誉会长	1986.10 1989.9
吴学谦	中共中央政治局委员、国务院副总理	1988.10 1991.10
姜春云	中共山东省委书记	1989.9

续表

姓　名	职　务	时　间
李　鹏	中共中央政治局常委、国务院总理	1991.10
杨尚昆	中华人民共和国原主席	1994.10
吴官正	中共中央政治局委员，山东省委书记	1999.9
何鲁丽	全国人大常委会副委员长	2001.9
叶选平	全国政协原副主席	2004.10 2005.9
王光英	全国人大常委会原副委员长	2005.9
万国权	全国政协原副主席	2005.9
王忠禹	全国政协副主席	2006.9
陈昌智	全国人大常委会副委员长	2009.9
李金华	全国政协副主席	2009.9
许嘉璐	全国人大常委会原副委员长	2010.9 2013.9
黄孟复	全国政协原副主席	2013.9
孙家正	全国政协原副主席	2014.9
向巴平措	全国人大常委会副委员长	2015.9
王胜俊	全国人大常委会副委员长	2017.9
王家瑞	全国政协副主席	2017.9

第二节　五马祠街

五马祠街总建筑面积 1.85 万平方米，有 13 个栋群、38 个栋号。五马祠街是老城区重要历史街区，从鼓楼南街至新东门全长 0.6 公里，与棋盘街、东南门大街交汇，是曲阜市传统的商业街区。1986 年借鉴北京琉璃厂街的先进做法，进行部分改造。1987 年，采用南京工学院教授吴明伟设计的五马祠街改造规划方案和施工图。1989 年 9 月，完成五马祠街改造建设，并在此举办孔子文化节系列活动。

五马祠街在建成之初，作为全国著名的

五马祠街落成暨产品展销会剪彩仪式

特色街区吸引很多县市参观学习。街区一度是曲阜的商业经济中心。随着曲阜市“保护旧城区，建设新城区”的城市建设规划要求，城市商业中心外移。历经20年风雨的五马祠街，基础设施落后、道路坑洼不平、管线管网杂乱、建筑外观陈旧、室外广告杂乱、违章搭建隐患很大。《曲阜市明故城控制性详细规划》中，确定五马祠街为明故城中的一级支路，步行空间，传统街巷，并处于主要游览线路中。规划设计在尊重现状条件和《曲阜市明故城控制性详细规划》所确定的城市空间结构、建筑控制规则、道路交通组织的前提下，遵循曲阜市整体城市规划设计原则，确定该街区综合整治的总体思路：保护——保持历史原状，如实反映历史遗存。沿街传统风貌建筑带中建筑质量和建筑风貌都较好的建筑物与建筑群，采取保存的方式，拆除大广告，复原门窗，对个别构筑物加以更换和修缮，修故如故，同时保证其内外部风貌都具有原真性。改善——原有建筑结构不动，局部修缮改造。主要针对质量不高的建筑，在保护建筑的格局和风貌、治理外部环境、修故如故的同时，拆除大广告，重点对建筑外部加以调整改造，使之保持较高的风貌质量。保留——街区东段有些南方风格的建筑保留。建筑多为砖混结构，质量较好，维持现状，并对其墙面的粉刷和外立面装修提出严格要求。远期采取拆除、改造与逐步淘汰的办法。拆除——对未经批准违章搭建的建筑和附建在建筑上的棚厦无条件拆除，恢复原有环境。

2014年，五马祠街改造工程完成排水1500米，路基开挖2.6万平方米，灰土完成1.5万平方米，石板铺设1.2万平方米，高压下地400米，通信管网铺设900米，建筑整治700米。拆除户外广告牌匾200余块。实现基础设施完善、建筑风貌协调、招牌广告适宜、空间环境雅致的整治目标，成为曲阜市名城建设又一靓点。

第三节　曲阜明故城恢复

曲阜明故城位于鲁国故城西南隅，始建于1512年至1522年，是明武宗下令专为护卫孔庙而建设的一座城墙，在世界城市建筑史上极为罕见。

明故城墙全长5339米，底宽约8米，上宽4.5米，高9米。有5座城门：南门仰圣门、北门延恩门、东门秉礼门、西门宗鲁门、东南门崇信门。一直到20世纪70年代中期，曲阜明故城一直是全国保存最完整的城池之一。1978年，整座城墙被拆掉，只部分保留南门、北门和西北、东北两个城角。

2000年，为进一步保护历史文化名城，

2003年9月26日，曲阜明故城恢复建设开城仪式举行。

保护城内的世界文化遗产，使“孔子故里、东方圣城”的城市形象更加突出，促进第三产业尤其是旅游产业的快速发展，曲阜市委、市政府决定重修明故城墙。2001年年底，山东省政府正式批准可行性研究报告，城墙恢复建设工程正式奠基。

2002年3月，明故城墙恢复第一期工程动工建设，2003年3月第二期工程动工，2004年3月第三期工程动工，于2004年9月26日孔子文化节前全部竣工，历时3年多，投资近亿元。新建的城墙，在保持过去的城墙原来高度、宽度和型制的前提下作改动，里面采取中空式，内部空间用于建设博物馆城。建成开馆的有中外酒器博物馆、毛泽东像章博物馆、汉画像石博物馆、圣贤雕塑陈列馆、明故城规划展示馆、曲阜展览馆、中国状元文化博物馆、孔孟之乡民俗博物馆、曲阜文玩城等。城墙上面设立一些展示中华民族传统文化表现形式的景点，形成一个体现传统文化的长廊。城墙外面建成一条长达6公里的环城水系公园，形成一条休闲观光旅游线；城墙内恢复石板马道，形成一条民俗旅游线。明故城内的其他地域在严格保护和突出特色的原则下，以恢复历史街区、古民居和孔氏故宅，恢复中国最早的官学遗址、中国最早的园林遗址古泮池。整个明故城形成一个与孔庙、孔府等古建筑风格一致、协调一体的历史文化景区，成为特色突出、风貌古朴、设施完善的文物城、文化城、旅游城。

第四节　孔子六艺城

曲阜孔子六艺城是国家旅游局“八五”期间重点旅游建设项目之一，1991年经山东省计委批准立项，1992年9月27日破土动工，1993年9月26日落成开业。景区占地面积8.7公顷、建筑面积3万余平方米，是以弘扬儒家文化为宗旨，以孔子一生崇尚和倡导的“六艺”为创作主线，运用科技手段和艺术手法建造的一座集知识性、历史性、参与性为一体的文化主题景区。

孔子六艺城始终坚持“文旅融合、创意发展”的经营理念，依托自身资源优势，借助好客山东贺年会、孔子文化节、孔子研学旅游节等节庆活动和国家法定节假日，策划推出孔子六艺研学游、曲阜民俗体验游、廉政及家风家训文化教育等一系列精品旅游产品，景区游客接待量持续攀升，企业保持稳中有升的发展态势，为曲阜市文化旅游发展作出贡献。1993～2017年，景区实现营业收入1.6亿元，累计上缴税金1300余万元。2002年2月被国家旅游局评定为国家AAA级旅游景区，2008

孔子六艺城

年4月晋升为国家AAAA级旅游景区，2010年5月被中央纪委监察部命名为“全国首批廉政教育基地”。孔子六艺城艺术团2002年7月被国家旅游局、共青团中央授予“全国青年文明号”称号。孔子六艺城获得山东省旅游消费信得过单位、山东省旅游细微化服务达标企业、山东省价格诚信单位，济宁市十佳旅游企业、济宁市文明单位，曲阜市城市经济先进单位等称号。

孔子六艺城在孔子文化节期间，相继举办一系列重要活动。

1993年9月26日，举行孔子六艺城开业典礼，中央顾问委员会常委段君毅、委员赵健民，中国佛教协会副会长贡唐仓·丹贝旺旭、山东省委副书记马仲才、山东省副省长宋法棠等各级领导和中外友人参加。山东省副省长宋法棠、济宁市委书记王修智、曲阜市委书记王润廷、孔子六艺城董事长美籍华人李玉玲为孔子六艺城开业剪彩，山东省旅游局局长赵忠云致辞，曲阜市市长许传俊讲话。曲阜市副市长赵元山主持。9月28日山东省省长赵志浩一行，10月3日山东省副省长王玉玺一行相继视察孔子六艺城。

1994年2月28日，中国山东文物古迹游孔子周游列国首游式在孔子六艺城举行，山东省副省长宋法棠出席，日本、法国外宾50余人及内宾200余人参加首游式活动。孔子周游列国首游式拉开’94孔子文化节活动帷幕。9月24日全国政协原副主席马文瑞一行，9月25日全国人大常委会副委员长李锡铭一行，9月26日国家旅游局副局长孙刚、省旅游局副局长李光壁一行相继到孔子六艺城视察指导工作。

1998年9月25日，孔子六艺城大剧院正式对外营业，面向游客开展独具特色的古乐舞演出。10月7日，“孔府家杯”全国第十届优秀播音与主持作品奖、“三孔啤酒杯”全国第九届优秀播音与主持论文奖颁奖大会在孔子六艺城举行。是’98孔子文化节的一项重要活动。该录制节目先后在山东卫视、中央电视台8套节目播出。

1999年9月26日，接待美国欧美伽国际集团公司总裁斯盖波一行，承办美国得克萨斯州博物院与曲阜孔子研究院合作意向签字仪式。9月27日，由加拿大爱国华人、华侨及29家社团捐赠铸造的孔子铜像（高2.550米，象征孔子诞辰2550年），在孔子六艺城举行落成揭幕仪式，省、市各级领导及加拿大贵宾60余人、新华社等30余家新闻单位记者参加揭幕仪式。

2001年10月3～15日，应韩国庆尚北道安东市邀请，受山东省旅游局委派，孔子六艺城艺术团一行9人在副总经理郭仁庆的带领下，赴韩参加“世界儒教祝祭文化节”的促销演出任务。古朴典雅的鲁韵律韶乐和孔子六艺乐舞受到当地韩国观众的热烈欢迎，韩国KBS电视台进行现场采访和专题报道。

为丰富2002中国曲阜国际孔子文化节活动内容，由孔子六艺城、内蒙古经济发展与研究促进会文化委员会、曲阜市文化局、孔府西苑二期工程筹建处主办，曾子画院等单位承办的《著名书画篆刻家孙卓章作品展暨全国书画名家邀请展》，于2002年9月18日在孔子六艺城唐街举行。济宁市副市长刘宝庭，曲阜市委副书记马书轩，曲阜市委常委、宣传部部长李维生，曲阜市副市长颜世全等参加开幕式。10月8日晚在孔子六艺城大剧院举行2002中国曲阜国际孔子文化节首届曲阜旅游形象大使选拔赛决赛及颁奖仪式。该活动由曲阜市旅游局、曲阜市孔子文化节办公室、曲阜市石门山管委会、山东省模特委员会主办，曲阜孔子六艺城旅游有限公司、曲阜采纳营销策划有限公司承办。

2004年9月20日，配合国务院新闻办公室、山东省委宣传部联合制作组，顺利完成外宣片《中国古代文化圣贤》之《探寻孔子》在景区的专题摄制。

2005年3月8日，聘请专家根据曲阜孔庙保存的《圣门乐志》《圣门礼志》《阙里文献考》等资料，加以挖掘改编推出《祭孔乐舞》表演，并作为孔子文化节景点文艺演出的重要内容。9月27日，承办由中国河北长城影视制作中心摄制的大型文献专题片《文化巨人—孔子》发行仪式。9月28日，承办纪念孔子诞辰2556周年普洱纪念茶发行暨赠茶仪式。9月29日，协办“走进孔子聚焦圣城”国际摄影大赛颁奖仪式。

2006年9月23日，首届联合国教科文组织“孔子教育奖”颁奖典礼在孔子六艺大剧院举办。这是景区承办的规格最高的一次会务活动。该次活动得到中央电视台、各省级电视台以及其他主流媒体的关注，山东电视台公共·新闻频道进行现场直播，《大众日报》《齐鲁晚报》均在显要位置给予报道。

2011年6月4日，由曲阜市人民政府、曲阜师范大学文学院主办，曲阜市文化遗产管理委员会、中国《现代语文》杂志社、曲阜市文物旅游局承办，为期100天的第六届中国曲阜孔子修学旅游节开幕。景区推出的“孔子六艺文化体验之旅”作为修学旅游节的主要活动内容，受到活动代表和第八届“孔子杯”全球青少年华文作文大赛部分获奖代表、河南《濮阳早报》校园小记者、新闻媒体记者的一致青睐，300余人参与景区体验活动。

2012年起，举办“工圣鲁班文化展”和一年一度的鲁班文化节开幕暨鲁班诞辰祭祀大典；展览获济宁市“优秀博物馆”称号。

2014年11月，根据曲阜市委、市政府《关于举办曲阜市首届“百姓儒学节”的意见》，依托景区文化旅游资源优势，围绕“全民学儒学，百姓好活法”主题，针对曲阜市民免费推出“习孔子六艺做彬彬有礼市民，游孔子故里悟八德思想精髓”精品旅游线路，吸引2.7万名曲阜籍游客涌入景区参观游览。

2014年12月，公司携手曲阜师范大学历史文化学院联合推出“儒家文化大讲堂”公益活动，传承弘扬中华优秀传统文化，充分发挥景区教育培训功能，免费邀请曲阜杏坛中学、曲阜孔子中学两所学校师生到景区亲近国学经典，学习圣哲先贤。自活动开展以来，景区共举办6场讲座，听课人数累计400人次。

2016年10月1日，孔子故里园中华传统家风（曲阜）主题展馆正式开门迎客，吸引众多游客游览参观。整个展馆分儒风大家、耕读传家、践行兴家以及姓氏百家4个展区，采用传统的四合院布局形式，古朴典雅，深邃安谧。展馆以古代先贤家风家训、历史名人名家家风家训等为重点展示内容，通过视频短片、艺术装置和家训摘编等方式进行深度解读，再现中华优秀家风家训传统文化。

第五节 孔子文化园（论语碑苑）

曲阜孔子文化园，原名论语碑苑，位于孔庙正南300米处，1994年9月孔子文化节期间竣工使用。景区占地面积4.67公顷，荟

孔子文化园

萃中国古典园林建筑之精华，以明代建筑风格为基调，兼采南方私家园林玲珑奇秀与北方皇家园林庄严典雅之长，在4.8万平方米的园林内巧妙布置，建有堂、楼、亭、榭、廊、坊420余间，湖、池、溪、潭、瀑布7200余平方米，假山、桥涵5000余平方米。“论语碑苑”苑名为孔子77代嫡长孙孔德成题写，苑内博选中国沙孟海、张仃、沈鹏、谢云、王学仲、钱君匋、龚望、赖少其、李铎、康殷、陈立夫，韩国金庸里、日本表立云、法国熊秉明等海内外512位著名汉字书法家的力作，精工良匠将其摩勒上石，遍置苑内。2009年9月28日，范曾撰写手书祭文勒石造碑立于孔子文化园内并举行碑刻揭幕仪式。2010年9月28日，“庚寅年祭孔子文碑刻”揭幕仪式在孔子文化园举行，祭文由许嘉璐撰写，孔德墉手书。2012年9月28日，由台湾著名学者董金裕撰写、著名书法家崔如琢书写的壬辰年祭孔祭文碑刻在孔子文化园揭幕。

2009年4月，论语碑苑资产所属权由原曲阜遗产委移交至曲阜国家级文化产业示范园管委会。曲阜文化产业园管委会和曲阜文化旅游发展投资（集团）有限公司投资700多万元完成改造，更名为孔子文化园。增加夜间灯光、音响工程，对所有碑刻进行复新，在庭院、廊榭内增添各类文化旅游商品、高档茶饮冷饮、小型实景演艺、传统技艺表演、书画摄影展览、国学讲演培训等文化内容，于2010年5月面向游客和市民全面开放。自2014年起，文化产业园在每年的清明节、儿童节、“文化遗产日”及各大节假日，安排讲座、知识竞答、《论语》诵读、汉服文化展等活动200余场，吸引未成年人1.5万人次参加。2017年5月，孔子文化园作为园林城市创建审核中的加分点，获得专家组的好评。

第六节　大成桥

新大成桥是连接曲阜古城区与曲阜新区的重要桥梁，是2008年山东文化产业博览会和中国（曲阜）国际孔子文化节举办场馆孔子文化会展中心的配套建设工程，也是中华文化标志城中轴线上的重要基础设施。桥长240米，桥梁总宽43米，横向分成三幅：中幅桥宽23米，双向6车道；两侧边幅各宽10米，为非机动车道和人行道。桥梁采用9孔连续梁。新大成桥结合曲阜地域特色，融入曲阜文化内涵，体现“古朴、典雅、大气、现代、人本”的风格。边幅采用拱形箱梁，与桥墩、桥台配

大成桥夜景

合，与传统拱桥相近，富有古典韵律之美。人行道上覆有中国古典式廊亭，桥头人行道处设置左右两个汉代风格的石阙造型桥头堡，拱侧面采用古朴的石材贴面，拱座处布置传统的雕刻图案或雕塑，人行道外栏杆采用古朴的大理石栏板，栏板上雕刻体现古城曲阜历史文化和人文特点的景观图案。采用节能的 LED 灯作为泛光源，在满足日常照明的同时又设置假日、庆典的特殊模式。项目总投资 7600 万元，由济宁市鸿祥公路勘察设计研究院承担桥梁主体设计，上海林同炎、李国豪土建工程咨询有限公司负责装饰、桥上建筑及景观的设计，山东省路桥集团有限公司承担主桥建设施工，曲阜市建筑公司承担廊道等景观设施施工。山东交通监理承担监理任务。工程于 2008 年 2 月 9 日开工建设，2009 年 9 月孔子文化节前夕竣工通车。

第七节 体育公园

曲阜体育公园选址位于曲阜明故城东南部，327 国道与 104 国道交会处，交通便利，位置优越，南临小沂河，东侧毗邻曲阜市最大的市民区，常住人口接近城区总人口的 40％。公园规划面积 14.14 公顷，是按照“古朴、典雅、大气、现代、人本”的要求，立足于贯彻落实全民健身计划、丰富群众文体生活，高标准、高质量规划建设的一处内涵丰富、设施完备、充分体现当代儒家文化特色和东方人文传统的国家级体育公园。

体育公园的前身是曲阜市体育中心。1994 年，市委、市政府决定投资建设体育中心，为孔子文化节开幕式提供理想的举办场所，适应曲阜体育事业发展的需要。工程于 1994 年 3 月动工，用 5 个多月时间，高标准、高速度建起占地 6.2 公顷，建筑面积 2.4 万平方米，容纳观众 1.5 万人的鲁西南最大的田径体育场，并于当年 9 月 26 日在田径场内举办孔子文化节开幕式。

2007 年，按照复合型、生态型、标志性的建设要求，对体育中心进行改造，建设体育公园。工程自 2007 年 5 月动工建设，通过对体育中心原有场馆设施的新建、改建、扩建，新增竞技健身活动场地 1.8 万平方米，主要包括 14 片篮球场，2 片网球场，2 片门球场，乒乓球训练基地，室内羽毛球场，举重训练馆，多功能健身俱乐部，1 个儿童集中活动区，1 个青少年集中健身区，安装大量健身路径器材，建设健身广场、轮滑广场、田径场大跨度膜结构顶棚、54 平方米大型电子屏幕、音乐喷泉水景，新增绿化面积 2 万平方米，栽植苗木30余个种类、1.2万株。

2007年体育公园建设完成后，9月27日在田径场内举办2007孔子文化节开幕式，并由中央电视台《中华情》栏目组组织一台大型专场文艺晚会。

第八节　杏坛剧场

杏坛剧场位于曲阜新儒学中心区，占地1公顷，2001年9月建成，是山东省乃至整个江北地区体量最大、最为专业、最具气势的演艺场所。以孔子文化为主题的鸿篇巨制《杏坛圣梦》，开创江北大型广场式主题旅游的文化演艺先河。2009年，投资5600万元，将杏坛剧院整修，增加顶棚，由露天剧院变成室内剧场，演出大型原创舞剧《孔子》。

自2001年9月杏坛剧场建成，2001~2006年、2009 ~ 2013年有11届中国（曲阜）孔子国际文化节开幕式在杏坛剧场举办。

第九节　孔子研究院

孔子研究院是唯一经国务院批准设立的儒学研究专门机构，集学术研究、文化交流传播、文献收藏、人才培养、博物展览五大功能于一体，以建设世界儒学研究交流中心为发展目标。

2000年10月，中共中央总书记、国家主席、中央军委主席江泽民为孔子研究院题写院名。2013年11月26日，中共中央总书记、国家主席、中央军委主席习近平视察孔子研究院，主持召开专家学者座谈会并发表重要讲话。刘延东、李源潮、赵乐际、孟建柱、朱镕基、吴官正、谷牧、李铁映、许嘉璐、叶选平、丁关根、周光召、何鲁丽、陈锦华等20余位党和国家领导人到孔子研究院视察指导。

1997 ~ 2017年，孔子研究院先后承担“中国曲阜儒家石刻文献集成”“世界孔子庙研究”等国家社会科学基金项目和数十项省部级重点课题；编纂出版《孔子家语通解》《论语诠解》《世界孔子庙研究》《20世纪儒学研究大系》等40余部丛书和专著。2014年，为贯彻落实习近平总书记视察孔子研究院重要讲话精神，经孔子学院总部、国家汉语国际推广领导小组办公室批准在孔子研究院设立“孔子学院总部体验基地”。2015年，为贯彻中共中央组织部部长赵乐际“建高地，出大师”的指示精神，成功引进儒学大家1名（美国夏威夷大学哲学系教授安乐哲）；泰山学者3名（台湾佛光大学人文学院历史学系教授、台湾中华历史学会会长李纪祥，北京大学哲学系、北京大学儒学研究院教授干春松，中国政法大学政治与公共管理学院教授林存光）；尼山学者8名。自2007年开始，连续组织承办8届世界儒学大会和7届“孔子文化奖”“世界儒学研究杰出人物”评选活动，“世界儒学大会”成为凝聚世界儒学研究专家智慧、集结全球儒学研究最新成果、促进孔子文化品牌战略发展的重要文化平台，“孔子文化奖”“世界儒学研究杰出人物”已成为世界儒学研究领域最具知名度和影响力的奖项之一。创办《孔子学刊》《孔子文化季刊》等学术刊物和公益性文化交流平台——“春秋讲坛”，组建“中国孔子研究院网”门户网站。与中国孔子基金会、中国台湾中华大成至圣先师孔子协会、韩国安东大学孔子学院等20余个国（境）内外文化机构、高校建立长期友好合作关系。

立项与规划。20世纪80年代初，中共中

央书记处书记、国务委员谷牧提出在孔子故里曲阜建立“孔子思想研究中心”构想。1985年，中国孔子基金会会长匡亚明提出：“在曲阜设立一个孔子研究院”。

1986年10月22～23日，谷牧在曲阜主持召开曲阜历史文化名城保护和建设座谈会，提出在曲阜市建立孔子博物院（即孔子研究院）设想。11月28日，中共山东省委向中共中央总书记胡耀邦及国务委员谷牧呈送《曲阜历史文化名城保护和建设座谈会纪要》。1987年3月2日，谷牧在北京中南海召开落实曲阜座谈会精神会议，确定孔子研究院最初选址，并由建设部做初步设计方案。1989年2月21日，建设部副部长戴念慈致信曲阜市委，就孔子研究院选址、占地面积、建筑规模、制作模型、印制宣传册提出明确要求。

1994年6月22日，以黑龙江省政协主席周文华为团长的全国政协委员视察团一行到曲阜视察，曲阜市争取机会汇报了孔子研究院建设等问题。视察团在《关于视察山东省情况报告》中，建议中央帮助解决孔子研究院建设问题，国家有关部门给予关心支持。12月初，曲阜市委、市政府就争取孔子研究院建设项目，确定副市长赵元山、政协副主席傅鸿泉负责组织，从文物、计划、财政、城建等部门抽调有关人员组成班子，争取上级支持，筹建孔子研究院。12月12日，曲阜市政协向山东省政协报送《关于建设孔子研究院有关问题的请示》。12月29日，曲阜市政府、市政协向济宁市政府报送《关于孔子研究院建设的请示》，济宁市政府办公室主任梁东成随即送市领导签批。12月30日，济宁市政府《关于曲阜孔子研究院建设的请示》上报山东省人民政府。

1995年1月10日，省政协办公厅向省政府报送《关于在曲阜市建立孔子研究院的建议》。2月27日，省政府将《关于在曲阜市设立孔子研究院的请示》报国务院，抄报全国政协，抄送文化部、财政部、国家计委。3月28日，文化部将《关于建议同意山东省政府设立孔子研究院的函》报国务院办公厅秘书四局，建议国务院同意山东省人民政府关于在曲阜设立孔子研究院的请示。12月29日，山东省政府第65次省长办公会决定：同意在曲阜设立孔子研究院，明确孔子研究院投资，由省里解决资金800万元。孔子研究院为省属事业单位。

1996年1月3日，省政府领导签发向国务院呈送的《山东省人民政府关于设立孔子研究院有关问题的补充报告》。3月5～15日，孔子研究院筹建组编制《曲阜孔子研究院新建工程可行性研究报告》。此后，曲阜市按程序向济宁市政府、省人民政府和济宁市计委、省计委申报。7月1日，曲阜市委书记王润廷主持书记办公会，听取孔子研究院筹建情况汇报后，进一步明确孔子研究院筹建委员会成员名单，并成立筹建、拆迁两个指挥部。7月4日，山东省政府72次省长办公会同意孔子研究院选址。7月15日，曲阜市委、市政府下发《关于成立孔子研究院拆迁指挥部的通知》。7月18日，曲阜市委、市政府下发《关于成立孔子研究院筹建委员会的通知》。8月13日，国家计委投资司决定：“对孔子研究院建设补助资金1000万元，分两年各支付500万元。”9月28日，国务院办公厅以国办函〔1996〕66号文，对山东省人民政府《关于在曲阜市设立孔子研究院的请示》给予批复。同日，孔子研究院奠基仪式举行。

项目建设。1997年9月17日，孔子研究院建设工程施工放线、破土动工。一期工程，建筑面积1.8万平方米，投资1亿余元，包括主体工程、辟雍广场及辅助设施，1999年9月竣工并投入使用。9月26日9时，孔子研究院一期落成暨“大哉孔子”“孔府文物精品展”开幕仪式在孔子研究院主楼前举行。

曲阜游客服务中心

2006年7月，孔子研究院二期工程开工建设，二期工程总建筑面积5400平方米，包括学术研究中心、国际会议中心及院区内绿化工程，总投资2758万元。2007年8月底竣工。

2008年，孔子研究院筹备三期工程建设工作。2011年年底，孔子研究院三期工程竣工并投入使用。孔子研究院建设总投资1.6亿元，全部由国家、省和济宁市、曲阜市四级政府投资建设。其中，“儒学会馆”主要包括餐饮部、客房部、会议中心三部分，设有雅间14个、中西宴会厅3处、客房103套、床位178个、大型国际会议报告厅1处、中小型会议室6处，具备承接400人国际会议和各类培训能力。

2015年，按照孔子学院总部、国家汉语国际推广领导小组办公室要求，孔子研究院完成总体规划设计（包括孔子学院总部体验基地和世界儒学文献收藏中心〈图书馆〉两部分），组建由全国人大常委会原副委员长许嘉璐任主任委员的基地建设专家委员会，编制《汉语国际推广基地（孔子学院总部体验基地）建设可行性论证报告》，启动首批项目建设。

第十节　曲阜游客服务中心

曲阜游客服务中心是为加快文化旅游产业快速发展，优化旅游市场秩序，打造优秀旅游城市优势品牌，彰显“孔子故里、东方圣城”旅游形象建设的标志性建筑，是山东省重点文化旅游建设项目。游客中心位于明故城南、曲阜市中心104国道和327国道的交叉处，毗邻世界遗产、国家AAAAA级景区——明故城（三孔）景区，是游客进入曲阜参观游览的必经之地。

曲阜游客服务中心于2008年5月1日开工建设，2009年8月正式投入使用。项目占地面积13.33公顷，总投资超过1.4亿元，总建筑面积2.32万平方米，主体大楼建筑面积1.77万平方米，停车场占地3.26公顷。主体大楼是游客服务中心的核心和灵魂，由国内著名设计院北京中联环建文建筑设计有限公司设计，河北第二建筑工程公司承建。游客服务中心的建设理念深入挖掘孔子文化的思想内涵，建筑风格与孔庙古建筑群、明故城墙和曲阜古老的历史文化名城遥相辉映，充分实现建筑形态与使用功能的完美结合，实现古代建筑元素和现代建筑技术的完美结合。

中心有景点售票、导游服务、集散换乘、咨询投诉、餐饮购物、休闲演艺、监控监管和城市展示8个功能，是为游客提供“吃、住、行、游、购、娱”全方位、一站式服务的游客之家。

曲阜游客服务中心是立足曲阜、面向济宁、辐射周边的旅游综合服务平台，以此为载体打造环曲阜旅游经济圈，建成鲁西南重要旅游地接中心。游客服务中心获河北省建筑最高奖“安济杯”奖和“山东省旅游产业创新奖”。

第十一节　孔子文化会展中心

孔子文化会展中心位于曲阜市大成路南首路西、大沂河大成桥以南200米处，2007年12月9日开工建设，2008年8月31日投入使用，建设用地19公顷，总建筑面积12.9万平方米，一期工程完成建筑面积9.1公顷。会议中心建筑面积5.1万平方米，布置15个大中小型会议室，可同时满足2500人开会或进行商务活动，其中一楼1600座的大型剧场，是曲阜市规模最大、设施最为先进的大型演艺场所。四楼360度圆形国际会议中心配备同声传译系统，可举办国际性会议。

展厅包括东西2个展厅共4万平方米，可布置1028个标准展位，东西展厅布局相同。一楼布展面积5300平方米，可容纳226个标准展位。二楼布展面积8000平方米，可容纳标准展位288个；广场占地21.6公顷，停车场2.3公顷，包括602个车位，道路3.3公里，广场展区占地3.7公顷，可承办大型室外展览。

2008年会展中心建成，成功举办2008年、2014年、2015年、2016年、2017年5届“中国（曲阜）国际孔子文化节”开幕式。

第十二节　孔府文物档案馆

孔府文物档案馆是曲阜市馆藏文物综合管理保护机构，位于孔府东侧，采用三进院落四合院两层仿古建筑布局。

1990年2月28日，中共中央政治局常委、书记处书记李瑞环到曲阜考察工作，对曲阜名城建设及文物保护工作作出重要指示，为加强文物保护力度，创造科学合理的文物保护及管理环境，当即批示由国家投资800万元兴建孔府文物档案馆。孔府文物档案馆于1991年兴

1992年9月27日，孔府文物档案馆落成剪彩仪式举行。

建，建筑面积3960平方米，内设13个库房、研究中心、文物展厅、监控室及办公室等，其中库房面积1850平方米。并安装自动灭火、自动报警、中央空调、恒温恒湿等设备，为较好地保护和利用文物提供条件。

孔府文物档案馆藏文物共分陶瓷器、铜器、珐琅器、金属器、玉石器、织绣品、字画、书籍、竹木牙雕、文房用具、印章、钱币、漆木器等34类。馆藏文物34.5万余件/套、68.9万余件，其中珍贵文物2300件/套、6700余件。这些文物大多是原衍圣公府家藏，部分是新中国成立后征集或出土的。其中以孔子画像、明清服饰、三孔碑帖及鲁故城出土文物等具有鲜明的地方特色，是孔氏家族跌宕起伏的历史见证，也为儒家文化的研究、弘扬和发展中国传统文化提供珍贵历史资料。

孔府文物档案馆馆藏丰富。其中馆藏孔府档案有9000余卷，20余万件。现存以明末、清代和民国时期的史料为主。档案内容非常丰富，其主要内容分为袭封、宗族、属员、徭役、刑讼、租税、林庙管理、祀典、宫廷、财务、庶务、资料文书等，基本反映孔府近500年来的政治、经济、文化等各方面的情况，记录孔府从明嘉靖十三年（1534年）至1948年，400余年的政治、经济、思想、宗教等方面的情况，是研究孔府的重要资料，具有很高的历史价值，是中国著名的私家档案。

作为全国重点古籍保护单位和山东省重点古籍保护单位，孔府文物档案馆现藏有古籍图书6400余部4万余册，古籍雕版4000余块，其中在级古籍98部2400余册，普品清刻本古籍4200余部3.2万余册，民国线装古籍1100余部6000余册。所藏古籍尤以宋元本最为珍贵，内容涵盖经、史、子、集各类，具有重要的学术价值和研究价值。2015年底，孔府文物档案馆按照全国第一次可移动文物普查要求，完成全部馆藏古籍图书类文物的数据普查工作。2015年《孔子世家明清文书档案》成功入选第四批《中国档案文献遗产名录》及山东首批《珍贵档案遗产名录》；2016年5月19日，在越南召开的第七届联合国教科文组织世界记忆工程亚太地区委员会（MOWCAP）大会上，山东曲阜申报的《孔子世家明清文书档案》经专家评审，入选《世界记忆亚太地区名录》。至2017年，有宋刻本《皇朝仕学规范》40卷、清孔广森稿本《礼仪器制考释》58卷等13部古籍入选《国家珍贵古籍名录》，47部入选《山东省珍贵古籍名录》。

画像文物中孔子画像有10余幅，以明清时期的孔子像为主，“三圣像”图中人物衣褶以楷书《论语》绘成，只有在放大镜下细看，才能清晰可辨，可谓别具匠心。

服饰文物中明清衍圣公服饰是孔府旧存文物中最具特色的文物，其中明代服装是目前为止，中国唯一保存较好的明代服装，为了解和研究明代的纺织和织绣技术提供珍贵的实物资料。清代衍圣公府妇女服饰也是比较有特色的衣饰，清代盛行满服，但孔府以其特殊的历史和文化地位，得以保存大批的汉族妇女的服饰，从而形成孔府鲜明的特色服饰。

祭祀文物主要以祭祀孔子的文物为主。古代造作礼器始于汉代，自此，历代帝王或亲临祭祀，或遣官致祭，或给赐供器，因此孔府保存一批各式礼器，著名的有“商周十供”，汉“元和五供”等。“商周十供”是清高宗乾隆皇帝颁赐给孔庙祭祀孔子的十件青铜器，因其时代多为商周，故称“商周十供”。

孔庙、孔林、孔府除保留大批的文物古

迹外，还留存一批历代名人碑刻、石刻，其中汉魏碑刻全国著名，有礼器碑、乙瑛碑、史晨碑、张猛龙碑等。“三孔”碑刻以其较高的书法艺术和历史、科学价值闻名于世。

孔府文物档案馆除保存大批孔府旧存的各类文物外，还保存一批出土的文物，其中以鲁国故城出土的文物特色鲜明。出土文物多为陶器、青铜器、玉石器等，出土玉器精雕细琢，例如战国黄玉马，立体圆雕，琢磨精致，为当世精品。出土青铜器，器型古朴，纹饰精美，颇具春秋战国时期的典型特征，亦为不可多得的珍品。

此外，孔府凭借其特殊的历史和文化地位，还保存大批的木器家具、精美的陈设用具和各式餐具，为人们研究和了解孔府及其当时的社会状况，提供丰富的实物资料。

第十三节　孔子博物馆

孔子博物馆项目位于国家级文化产业示范园区核心区曲阜孔子大道以南，蓼河公园以北，大成路延伸段以西，西 104 国道以东。规划总用地面积 5.73 公顷，主体结构 4 层，总建筑高度 32.7 米，总建筑面积 89932 平方米，总投资 7.8 亿元，规划设计由国家“两院”院士吴良镛完成。

主展馆（孔子博物馆），用于陈列展览和储藏文物、藏品。儒学体验馆，按照民俗文化的分区、分类，将历史形成的生产、居住、生活习俗、婚丧礼仪、民间工艺、民间文化等方面内容介绍给观众，通过民俗文物、复原场景、多媒体等展示手段反映曲阜特有的优秀传统文化；规划展览馆，用于陈列展出和储藏历代衍圣公及孔子子孙嫡裔的绘画作品、书法作品和印章，包括屏联条幅、书轴、兰轴、花卉册、行书册页等；非物质文化遗产展示馆，用于陈列曲阜尚未对外展示的 400 余块汉魏六朝石碑、刻像，现位于孔庙西仓“汉魏碑刻陈列室内”的 133 块碑刻将视情况调整一部分入馆。儒学专题馆设立 10 个专题文物展厅，采用艺术精品陈列形式，全面展示馆藏孔府文物、青铜艺术、陶瓷艺术、书法绘画、古代服饰、钱币、历代工艺品瑰宝等图书馆、美术馆，除各类文物外，曲阜市还保存有孔府档案 9025 卷、22 万余件。该馆将在其中精选最具代表性的卷宗和文献，采用陈列原件、为观众提供复制品的形式展出这些长期封存的孔氏家族珍贵的历史资料。工艺品交流馆，主要用于纪念品的销售。配套区域，东侧的茶餐厅、演艺区、贵宾休息区、东侧的孔子塑像平台。

2017 年底，项目投资 4.9 亿元，完成主馆主体、东部平台及部分安装工程，推进展陈、景观、精装修等项目施工，展陈具备招标条件。

第二章　星级酒店

自 1985 年鲁西南第一家涉外星级宾馆阙里宾舍竣工开业之后，建设杏坛宾馆、曲阜迎宾馆、曲阜国宾馆、东方儒家花园酒店、香格里拉大酒店、春秋大酒店等高中档宾馆，同时

曲阜香格里拉大酒店

对原有的宾馆进行升级改造，使之在硬件建设和规范化服务方面符合星级宾馆标准，全面提升孔子文化节的接待能力，满足办节需要。

第一节　香格里拉大酒店

香格里拉大酒店由马来西亚著名华商郭鹤年旗下香港嘉里集团投资建设，项目占地5.07公顷，建筑面积7.77万平方米，总投资9.89亿元，2009年10月奠基，2013年8月1日正式开业，是该集团在中国县级市投资建设的第一个五星级酒店。

主要由两层地下室、地上两层裙楼、两栋塔楼组成。地上两层裙房，首层主要包括酒店大堂及附属的休息场所、中餐厅、西餐厅、孔子研究图书馆、商业等部分；二层主要包括多功能厅、大宴会厅、健身中心、室内游泳池等。两栋塔楼主要是客房。南侧塔楼13层，北侧塔楼17层，客房共计501间。酒店在建筑设计上，诠释孔子“礼、仁、德”思想，并将孔子六艺“礼、乐、射、御、书、数”融入其中。酒店正门车道建有25根石柱，其仿照古拴马桩，高低错落，顶部雕刻有面向四面八方的狮子，诠释着儒学思想2500年的沉浮和香格里拉人迎接八方来客的好客之道。酒店正门采用汉代庑殿式大顶，上雕红漆洛书纹路，悬挂巨幅宫灯，以“礼”为主线，让客人朝圣之旅从一开始就如入圣殿般，感受曲阜特色的宾至如归，这也是香格里拉核心价值之一。

第二节　阙里宾舍

位于阙里街1号，毗邻“三孔”景区，右临孔庙、后依孔府，位于原孔府“喜房”旧址。以其独特酒店建筑风格及深厚的儒家文化

阙里宾舍

住宿及餐饮特色著称。曲阜市首家四星级旅游饭店。有客房174间，餐厅可容纳600人同时就餐。是一家集住宿、宴会、会议、商务、文化休闲于一体的综合性文化酒店。酒店功能齐全，有会议厅、咖啡厅、古乐舞艺术团、贵宾室、“金钥匙”、商务中心、商场、棋牌室、酒吧、美容美发、足疗按摩、医务等多种功能。餐饮方面主打孔府菜。宾客可以品尝到正宗的孔府菜和孔府三大宴（孔府喜宴、孔府寿宴、孔府家宴），还能亲身体验特色餐饮接待仪式“孔府盛宴”带给人的边就餐边欣赏古乐舞表演带来的独特的饮食文化享受。春节期间，是“孔子故里过大年”节庆文化活动的主要场所之一，年味十足。

第三节 东方儒家花园酒店

东方儒家花园酒店为儒家文化精品酒店，位于曲阜大成路孔子研究院西部。酒店按照四星级标准，由孔子研究院投资兴建，东方儒家酒店管理集团运营管理。酒店于2011年年底竣工并投入运营，集餐饮住宿、商务、休闲、修学、培训、会展多功能于一体，是举办学术会议的重要场所。

酒店建筑属孔子研究院整体建筑一部分，由中国科学院院士、中国工程院院士、清华大学教授吴良镛规划设计。酒店装饰风格厚重、典雅、时尚，儒学氛围浓厚。内部花园景色优美，四季有景、三季有花，集人文与自然景观于一体。依托孔子研究院，在东方儒家花园酒店，宾客可以进入孔子研究院，参观最大篆书书法篆刻作品“四书苑”，游览孔子展览馆、博物馆、图书馆等。

酒店有客房150间套，设有特色宴会包房、中西自助餐厅、宴会厅、多功能厅、儒学会堂等。多功能厅可容纳20 ~ 50人举办洽谈、会议，宾客可在就餐的同时召开会议、观看演出。儒学会堂是酒店独立会议区，集商务与休闲娱乐于一体，设有能容纳438人、可六声传译的综合会议厅，还有与之配套的贵宾接待室、茶室、棋牌室、独立阅览室、健身房与台球室。另有中小型会议室多个。

2016年，东方儒家花园酒店获得“中国主题酒店杰出创新奖”；曲阜市“孔府菜传承创新示范单位”“最佳金牌菜”“孔府菜名厨”；“山东绿色饭店”、第二届山东省旅游饭店行业服务技能大赛“民财杯”烹饪专业竞赛团体金奖；第九届皇金管家年会“优秀皇家管家服务团队”。2017年，获得好客山东贺年会突出贡献奖；第二届山东省旅游饭店行业服务技能大赛“民财杯”烹饪专业竞赛金牌菜“鹬蚌相争”“携程旅行口碑榜2017最受欢迎酒店金奖”等。

第四节 铭座杏坛宾馆

铭座杏坛宾馆为儒家文化精品酒店，前身为曲阜杏坛宾馆，始建于1991年9月。隶属济南铭座酒店管理公司，2005年进驻曲阜，2012年9月评定为四星级酒店，2016年评定为“山东绿色饭店”。

酒店位于曲阜大同路56号，毗邻AAAA级国家风景名胜区孔子六艺城，与银座购物商城隔路相望。占地1.93公顷，建筑面积2.4万平方米。2011年，投资1000万元对酒店进行整体升级改造。铭座杏坛宾馆装修设计具有浓郁的儒家文化特色，至圣先师铜塑、孔子行教图、六艺柱、以论语章节装饰命名的餐厅，处处让宾客感受到儒家文化氛围。

宾馆有99间主题文化风格客房，21个儒家文化主题宴会厅房，同时可容纳500人用餐，有夫子堂和大学堂2个高端餐区和宴会大厅。国际会议中心有可容纳400人的大、中、小型不同风格的会议室、洽谈室8间。推出鲁菜（正宗孔府菜）、川菜、粤菜、淮扬菜等菜系。

曾获得携程旅行口碑榜2016年度最佳酒店服务奖，优秀皇金管家服务团队奖，好客山东贺年会突出贡献奖，山东省首批金星级文化主题饭店等荣誉。

第五节　曲阜国际饭店

曲阜国际饭店，原名曲阜大酒店，三星级旅游酒店，隶属南池集团，成立于2005年10月13日。

酒店有各类豪华套房、高级商务房、标准间客房90间/套。有17个不同风格的餐饮包间及中餐宴会厅，可容纳700余人同时进餐的多功能厅。配有各种规格会议厅4处，规模最大的国际会议厅能容纳500余人召开大型会议。

主营观光团队、商务会议及居家旅游的餐饮住宿，提供正宗孔府菜和新派鲁菜，可举办中西餐宴会。另提供酒吧、茶艺厅、美容中心等休闲娱乐服务项目。

第六节　曲阜迎宾馆

曲阜迎宾馆，又名曲阜市机关招待所，三星级酒店，位于春秋路12号，紧邻曲阜市政府办公楼，是曲阜市政务接待及会议服务工作的主要接待场所之一。

酒店成立于1956年10月，1988年搬迁至现址。2011年起隶属曲阜市三孔旅游服务公司。占地1.53公顷，建筑面积1.1万平方米。有员工100余人，有标准间、商务房、豪华套房100余间，设有2个宴会大厅及20余间宴会餐室，可同时容纳700人就餐。推出淮扬、粤、鲁、川及孔府菜等多种风味菜肴，配备会议中心、商务中心、商场、多功能厅等综合服务设施。

第七节　龙泉精品酒店

龙泉精品酒店，前身为曲阜市龙泉宾馆，隶属东方儒家酒店集团，儒家文化主题三星级酒店，位于弘道路4号，紧邻曲阜游客集散中心。酒店始建于1992年，1994年5月开始对外营业。2012年12月，由东方儒家花园酒店集团接管并进行以儒家文化为主题升级改造。

酒店有高、中档儒家文化客房105间/套；配备大、中、小型会议室4个，可举办10～300人各种类型会议；设有不同规格的餐厅包房20个，包括儒家文化主题宴会包间、零点餐厅、多功能厅及专门承办喜宴的喜宴堂，可同时容纳500人同时用餐。餐饮以孔府菜为主，特色餐饮有微山湖全鱼宴、孔府扣碗席、六艺礼宾宴、全羊宴等。

2016年，龙泉精品酒店获评“济宁市最受欢迎的餐饮名店”、黄金管家优秀服务团队、济宁市最受喜爱的乡土特色菜；2017年，获评孔府菜最佳宴席奖、济宁运河美食节展台金奖、枣庄辣子鸡美食节特金奖。

第八节 国铁大酒店

国铁大酒店隶属于济南铁路局济南铁路经营集团有限公司，二星级旅游酒店。酒店始建于1996年，位于曲阜市静轩东路8号，占地1.19公顷，营业面积1.1万平方米。有客房、餐饮、桑拿、茶楼、商务、交通、美容美发等服务项目，有客房110间，宴会包间18个，大型宴会厅1处，可容纳450人同时就餐，菜品有鲁菜、孔膳、湖鲜等。

第九节 国宾馆

国宾馆前身是“税务宾馆”，位于曲阜市大成路南首路东，建于1991年，隶属山东省国家税务局管理。2004年1月改制，更名为“曲阜国宾馆”，经投资全面装修后，于2006年11月荣膺三星级旅游饭店。

国宾馆与孔庙、孔府古建筑群同在一条轴线上。宾馆是曲阜市首家国际金钥匙组织会员单位、首批国际主题酒店研究会会员单位、孔府菜定点饭店，同时也是曲阜市首家通过ISO9001质量管理体系认证的餐饮企业；2008年、2009年连续两年获“山东省最具竞争力酒店”称号。

宾馆有豪华套房、豪华商务房、行政套房、标准间等各色房间100余套。宾馆餐饮有400余个餐位，其中零点宴会厅可同时容纳100余人就餐。“孔府厅”为鲁西南首家儒家文化宴会厅，可接待58人的同时分餐，充分将孔子的饮食文化“食不厌精、脍不厌细”发扬光大。

曲阜国宾馆着力于打造“儒文化主题酒店”品牌，配合曲阜文化旅游“三品”战略的实施，秉承“国际感觉、圣地特色”理念，深入挖掘儒文化饮食内涵，推广人性化、细微化、优质化的特色服务，努力打造曲阜富有特色服务品牌。

作为“孔府菜定点饭店”，宾馆凭借孔府品牌优势，重点培育具有特色、竞争力的儒家文化产品，并以宾馆为基地，向国内外城市、景区、度假区推广，包括品牌加盟、管理输出、孔府菜、儒家文化展示、演艺和工艺品，成为区域文旅产业先行发展的典范。

第十节 曲阜春秋大酒店

曲阜春秋大酒店是由东方儒家花园酒店管理的一家三星级旅游饭店，位于春秋路13号东临AAAA级国家风景名胜区孔子六艺城。2006年4月开工建设，2008年5月正式对外营业，占地面积8000平方米，建筑面积6000平方米。

酒店有高、中档客房100余间（套），大、中、小会议室3个，有宴会包间、零点餐厅、多功能厅和宴会厅，可容纳400人同时用餐。餐饮以孔府菜及新派鲁菜为主。

第四篇　孔子诞辰故里游与国际孔子文化节

第四篇　孔子诞辰故里游与国际孔子文化节

孔子文化节的发展，从名称上划分为 3 个阶段：前身为 1984 ～ 1988 年的国际孔子诞辰故里游阶段；之后为 1989 ～ 1993 年国际孔子文化节阶段；最后为 1994 ～ 2017 年中国曲阜国际孔子文化节阶段。第三阶段中，1994 ～ 2006 年均为中国曲阜国际孔子文化节，2007 年始为中国（曲阜）国际孔子文化节（曲阜加注括号）。从祭祀孔子方面变化上分，在 2004 年以前均为祭孔表演或民间祭祀形式，2004 年以后为政府公祭阶段。从主办单位变化上分，2004 年之前绝大部分年份为曲阜市主办，山东省、济宁市或联合其他机构偶尔主办；从 2004 年以后改为济宁市主办、曲阜市协办；2007 年以后为山东省人民政府、文化部、教育部、国家旅游局主办，济宁市人民政府、曲阜市人民政府承办。在届次上，开始以 1989 年为首届国际孔子文化节，后来将其前身孔子诞辰故里游合并计算。

第一章　孔子诞辰故里游

1979 年 3 月，曲阜恢复对外开放。1982 年 2 月，曲阜被公布为全国第一批 24 个历史文化名城之一。慕名到曲阜观览访问的中外客人与日俱增，迫切需要冠名某种活动形式以提示主题，凸显内涵，增强感召力，利用孔子诞辰开展纪念活动的设想便逐渐产生并得到认同。从此，举世瞩目的东方圣典拉开帷幕。其深厚的历史底蕴和独特的东方魅力，立刻令人耳目一新，得到充分肯定和一致欢迎。

1984 年农历 8 月 27 日上午 9 时，“孔子诞辰故里游”开幕式暨孔子像复原揭幕仪式在孔庙大成殿前举行。曲阜县县长在开幕式上宣布，以后每年都将在孔子诞辰日，举行孔子诞辰故里游活动和相关的文化、学术交流活动。首届故里游活动历时 7 天，开幕式结束后主要开展参观游览活动。1986 年孔子诞辰故里游，首次融入经济活动。1987 年孔子诞辰故里游，除保留原有的中外游客所赞赏的活动外又新增“全国名人书画展”等展览活动，举办文艺晚会、创办“孔诞会庆”专项旅游活动等。1988 年孔子诞辰故里游，推出“孔子圣迹展”“三皇五帝与曲阜”大型展览，深化并拓展曲阜文物旅游的内涵。该届孔子诞辰故里游期间，曲阜市人民政府举行新闻发布会，宣布从 1989 年起“国际孔子诞辰故里游”改称为“国际孔子文化节”（当时发布为孔子诞辰节），节庆活动自 9 月 26 日开始至 10 月 10 日结束，历时 15 天。从此，连续举办 5 届的“故里游”完成为随后到来的“中国曲阜国际孔子文化节”奠基的历史使命。

第一节　1984 年国际孔子诞辰故里游

该年“孔子诞辰故里游”的主题活动是孔子塑像复原揭幕，中国孔子基金会成立。9 月 22 日 9 时，在大成殿前举行“孔子诞辰故里游”开幕式暨孔子像复原揭幕仪式。曲阜县副县长刘祥德主持开幕式，曲阜县县长徐庆刚和山东省文化厅厅长肖洪、济宁市外办主任曲春礼先后讲话。南京大学名誉校长匡亚明为孔子像揭幕。徐庆刚宣布，此后每年都将在农历八月二十七日这一天，举行孔子诞辰故里游活动和与此有关的文化、学术交流活动，这是为贯彻“古为今用”的方针，开展经济技术洽谈协作，为振兴曲阜、发展旅游、繁荣经济、增进友谊服务。开幕式上，曲阜师范学院艺术系演出新挖掘编排的仿古乐舞，引起中外来宾的极大兴趣。揭幕仪式后，来宾走进大成殿，瞻仰新落成的孔子及其弟子的塑像，参观孔庙寝殿内的孔子文物陈列、诗礼堂内的现代名人书画展览等。14 时，来宾分两组参观孔府，乘古式马车去孔林参观。18 时鼓楼暮鼓响起。20 时在孔府大堂前举办“阙里音乐会”。

9 月 22 ～ 26 日，中国教育学会、山东省教育学会和曲阜师范学院孔子研究所共同举办为期 5 天的孔子教育思想学术讨论会。会议有全国 26 个省、市、自治区的 116 名专家、学者参加，收到学术论文 97 篇。专家们对孔子的教育思想以及哲学、政治思想进行深入探讨。会议经过酝酿协商，一致同意成立中国孔子基金会和中国孔子研究会。公推中共中央书记处书记、国务委员谷牧担任名誉会长，南京大学名誉校长、江苏省人大常委会副主任匡亚明为会长。基金会会址设在山东省曲阜县孔府内。9 月 23 日 9 时，山东省旅游局和曲阜县政府在孔府饭店举行中外记者招待会，宣布“中国孔子基金会”于 1984 年 9 月 22 日成立，同时公布中国孔子基金会公告和章程。9 月 24 日，中共中央办公厅致电山东省委：9 月 22 日电悉。中央同意以民间名义成立孔子基金会和谷牧任名誉会长、匡亚明任会长。副会长和理事人选由省委决定。9 月 26 日下午，会长匡亚明在孔府忠恕堂主持召开第一次会长会议，会议通过《中国孔子基金会公告》和《中国孔子基金会章程》，举行中外记者招待会。

首届“孔子诞辰故里游”适逢中华人民共和国成立 35 周年，名城曲阜纪念和庆祝活动一直安排到国庆节，国内外游客 3 万余人。首届孔子诞辰故里游在国内外引起轰动效应。

第二节　1985 年国际孔子诞辰故里游

该年“孔子诞辰故里游”的主题活动是孔府珍藏文物面世。1985 年 10 月 11 日 8 时 30 分，在孔庙大成殿前举行第二届国际孔子诞辰故里游开幕式。曲阜县副县长刘祥德主持开幕式，县长崔波致开幕辞。国家旅游局、中国国际旅行社总社、山东省和济宁市、曲阜市的领

1985 年 10 月 11 日，第二届孔子诞辰故里游开幕式在孔庙大成殿前举行。

导人，美国、澳大利亚、英国、加拿大、联邦德国、日本、新加坡、泰国等国家和中国香港地区的来宾，各界知名人士、专家、学者和新闻记者，共500余人参加开幕式。

开幕式后，中外来宾观看仿古乐舞，瞻仰孔子塑像，观赏孔府珍藏历代名人书画展，举行曲阜首家星级宾馆——阙里宾舍竣工典礼，演出阙里古乐舞。

阙里宾舍落成开业，是该届孔子诞辰故里游的一项重要内容，也是曲阜城建及旅游发展的一项重要成果，大大提高曲阜的接待能力，也标志着曲阜城市建设迈出新步伐。

第三节　1986年国际孔子诞辰故里游

该年“孔子诞辰故里游”的主题活动是祭孔乐舞《八佾舞》亮相。1986年“孔子诞辰故里游”确立“交流文化，发展旅游，繁荣经济，增进友谊”的宗旨，时间从9月26日至10月5日，比前两届延长多日，除原有活动项目外，首次推出仿古《祭孔乐舞》表演，并新辟大型物资展销会、旅游产品展销会、经济技术洽谈会、文房四宝及名人书画展销会等四项经贸项目。古时因春、秋祭孔而形成“林门古会”的传统，在新时代以新形式、新内容焕发出新的风采。

9月26日8时30分，在孔庙大成殿前举行第三届国际孔子诞辰故里游开幕式。商业部、国家工商总局、国家标准计量局和山东省、济宁市和曲阜市的党政领导，国外来宾和海外华侨、港澳同胞，参加经贸洽谈展销的代表，以及曲阜市干部群众3000人参加开幕式。曲阜市副市长刘祥德主持开幕式，市长崔波致开幕辞。随后举行仿古《祭孔乐舞》表演。表演在雄浑的钟鼓声中开始，大成殿前露台上，64名舞生身着古装，手持旌节龠翟，纵八横八排列，随着乐歌节拍，俯仰旋转，舞之蹈之，姿态舒缓，气氛庄重。这就是古代最高规格的祭祀乐舞《八佾舞》。乐舞表演结束后，来宾瞻仰孔子像，乘坐古马车游览曲阜其他名胜，到孔林向孔子墓献花，参与射箭娱乐等等。

古代祭孔为“国之大典”，所用乐舞为最高规格的《八佾舞》，礼、乐、歌、舞四位一体，场面宏大，庄重肃穆，颂扬孔子的生平业绩和宏大思想，是一种传统的综合艺术形式。因祭孔大典中断多年，这种艺术形式近乎湮灭，曲阜市文化部门组织专业人员，遍搜《圣门乐志》《圣门礼志》《阙里志》《阙里文献考》等史志资料，聘请以前曾经参加过祭孔的人士作顾问，在有关专家的指导下，经过挖掘、整理而编排出仿古《祭孔乐舞》，作为一种艺术形式呈献于该届“故里游”，使来宾得到一次独特的艺术享受。该项活动因极具特色并广受欢迎，成为“孔子诞辰故里游”及历年孔子文化节的保留节目。

在“孔子诞辰故里游”期间，南京艺术学院蔡敬民副教授特到曲阜举办专场音乐晚会，拓展文化交流的范围，预示着孔子诞辰纪念活动将成为一个各种文化流派、各种艺术样式兼容并包、争奇斗艳的大舞台。

经贸展销活动在该届“孔子诞辰故里游”初次登场就崭露头角。10天时间内，全国10个省市、30余个地区、105个单位、300余名企业代表和1000余名会外代表参加大型物资展销会，成交额2956.8万元，旅游产品展销会成交额70万元，经济技术洽谈会签订合同、协议、意向书13份，引进技术8项，资金50万元。

在该届“孔子诞辰故里游”期间，到曲阜参观访问的中外宾客10万余人，其中，来自美国、澳大利亚、奥地利、加拿大、意大利、日本、联邦德国、瑞士、法国、英国、荷兰、新加坡、泰国、马来西亚、印度尼西亚15个国家的外宾、侨胞以及中国港澳地区的同胞100余人。

第四节　1987年国际孔子诞辰故里游

该年“孔子诞辰故里游”的主题活动是儒学国际研讨会和“全国名人书画展”。1987年10月19日，由济宁市人民政府和曲阜市人民政府举办的第四届国际孔子诞辰故里游开幕式在曲阜孔庙大成殿前举行。8时30分，国家有关部委领导人，山东省及济宁、曲阜市党政领导，中外来宾，新闻记者及当地干部群众2000余人齐聚大成殿前。曲阜市副市长刘祥德主持开幕式，市长崔波致开幕辞。随后进行仿古《祭孔乐舞》表演、瞻仰孔子像等传统活动项目。

开幕前夕，中国孔子基金会和新加坡东亚哲学研究所联合在曲阜阙里宾舍主办儒学国际学术讨论会。来自亚洲、欧洲、美洲、大洋洲12个国家和地区的120余位学者参加，收到论文100余篇。

该届“孔子诞辰故里游”文化旅游活动新增加3项活动。包括在孔庙诗礼堂和寝殿分别举办“全国名人书画”“孔孟之乡书画展”，在崇圣轩举办著名画家、孟子73代孙孟蒙书画展销会；举办文艺晚会，济宁杂技团助兴献艺，表演精彩的杂技节目；创办“孔诞会庆”专项旅游活动，中外游人乘坐仿古马车，游览名胜古迹，观赏古城风貌。

在经济技术协作方面，举办经济技术洽谈会，济宁市名优特新产品展销会，全国名优体育用品展销会，服装、鞋帽、精制糕点、名茶名酒、广州纽扣、名优轻工产品、出口产品、文房四宝、名人书画、旅游用品、工艺品等各类产品展销会，各类汽车展销会和化轻、金属、木材、燃料、建材等物资订货洽谈会，举办孔子故里技术成果交流交易会。经济洽谈会达成合同1项、协议13项，引进新产品生产项目6项，新技术新工艺4项。各类产品展销成交额1.23亿元，其中现货成交额4744万元。技术成果交易会达成技术转让协议20余项。

参加该届“故里游”活动的客人中，有来自美国、英国、澳大利亚、法国、日本、新加坡、泰国等国家的外宾、侨胞以及中国香港、中国澳门地区的同胞共720名。

第五节　1988年国际孔子诞辰故里游

该年“孔子诞辰故里游”主题活动是“孔子圣迹展”“三皇五帝与曲阜展览”。1988年10月7日6时，孔庙东侧阙里街的钟楼上响起悠扬钟声，第五届国际孔子诞辰故里游拉开帷幕。8时30分，国家有关部委、山东省及济宁、曲阜市的领导，外国来宾及港澳同胞、海外侨胞，曲阜干部群众3500人汇聚孔庙大成殿前，举行开幕式和仿古《祭孔乐舞》表演。曲阜市副市长刘祥德主持开幕式，曲阜市市长崔波致开幕辞。开幕式后，中外来宾参加瞻仰

1988 年 10 月 7 日，1988 年孔子诞辰故里游开幕式及祭孔活动举行。

等，有 20 余个省、市数百家厂商 1500 余人次与会，签订合同、意向书 7 份，总成交额 2861 万元。

参加该届孔子诞辰故里游活动的外宾、海外同胞侨胞 856 人，创历届孔子诞辰故里游海外宾客人数新高。

在该届孔子诞辰故里游期间，曲阜市人民政府举行新闻发布会，宣布从 1989 年孔子诞辰 2540 年起，“国际孔子诞辰故里游”改称为“国际孔子诞辰节”（后改称国际孔子文化节），并把每年的公历 9 月 28 日定为正式节日日期，而节日活动 9 月 26 日开始至 10 月 10 日结束，历时 15 天。至此，连续举办 5 届的“国际孔子诞辰故里游”活动完成历史使命，并为以后举办的“国际孔子文化节”积累经验。

孔子像、游览曲阜名胜古迹等各项往届“故里游”保留项目的活动。该届“故里游”首次推出的“孔子圣迹展”和“三皇五帝与曲阜”两项大型展览，深化并拓展曲阜文物旅游的内涵，备受赞赏和欢迎。

在经贸活动方面，举办经济技术洽谈会，物资交流展销会，商业、旅游产品展销订货会

第二章　国际孔子文化节

孔子文化节是孔子诞辰故里游活动的升华，是一项重大的节日盛典。既有诗的乐章，又有舞的韵致；既有高雅文化，又兼容民俗民风。作为大型综合性国际节庆活动，国际孔子文化节立意更加高远，活动内容更加丰富，形式更加斑斓多彩。曲阜由此搭建起一座向世界传播孔子文化、与世界相连的舞台。

第一节　1989 年首届国际孔子文化节

该年孔子文化节的主题是纪念孔子，弘扬民族文化。1989 年是中国改革开放的关键一年，也是国际社会风云变幻的一年，改革开放的中国面对严峻的国际环境。为打破封锁，进一步展示中国对外开放不动摇的政策，展示

中国安定祥和的政治局面，国家、省、市对举办首届孔子文化节十分重视。1989 年 2 月，国务院副总理吴学谦指示：要利用孔子诞辰连续搞些活动。国家旅游局作出“举办孔子文化节活动，每年都要搞”的部署。经山东省委、省政府和中央有关部门批准，孔子诞辰故里游正式更名为国际孔子文化节。孔子文化节作为展示中国对外开放、经济繁荣、社会稳定的一个重要窗口，作为纪念世界名人孔子之盛典、展示中华传统文化之舞台、联结四海友谊之纽带而问世。

首届孔子文化节由山东省人民政府主办。山东省成立由副省长马世忠为主任，省委常委、宣传部部长苗枫林为副主任的孔子文化节筹备委员会，直接组织领导孔子文化节的各项筹备工作。曲阜成立由市委书记崔波任主任的孔子文化节组织委员会，具体负责孔子文化节的筹备组织工作。曲阜市人民代表大会常务委员会第十八次会议，审议曲阜市人民政府关于举办孔子文化节的议案，决定从 1989 年起，于每年的公历 9 月 28 日（孔子诞辰）期间，举办国际孔子文化节。

曲阜市委、市政府多次召开专门会议，经反复讨论研究，数次补充修改，拟定孔子文化节总体方案，逐级上报审核。山东省委书记姜春云主持召开省委常委会议，专题研究举办国际孔子文化节事项，同意总体方案，并要求严密组织，周密安排，务必保证孔子文化节各项活动万无一失、扎实有效。根据省委同意的总体方案，孔子文化节组委会制定实施细则，层层分解任务，责任落实到人，一日一检查，一周一调度。

山东省孔子文化节筹备委员会聘请专家设计创作孔子文化节节徽、节歌。孔子文化节节徽是由邮电部邮票总设计师邵柏林设计，节徽由“孔子文化”4 个汉字巧妙组合。节歌为《风雅颂》，由济南军区前卫歌舞团张红曙、严玉树作词，由著名作曲家王立平谱曲。

首届孔子文化节的时间是 1989 年 9 月 26 日至 10 月 10 日，以后每年延续下来。孔子诞辰史书虽有记载，但因历法演变，很难与公历对应。曲阜市政府派员到南京紫金山天文台求教专家，对古籍所载孔子生日“襄公二十一年十有一月庚子”进行科学推算，最终确定孔子诞辰为公元前 551 年 9 月 28 日。

首届孔子文化节的指导思想是：以纪念孔子、弘扬民族文化为主题，纪念活动同文化交流、旅游观光、经济合作密切结合，推动对外宣传、对外友好、对外开放以及其他涉外工作，达到纪念先哲、交流文化、发展旅游、繁荣经济、增进友谊之目的。

首届孔子文化节的主题鲜明而富有新意。主要表现在：充分利用孔子及其思想学说在国内外的深远影响，增强孔子文化节的感召力和吸引力；突出弘扬祖国传统文化这一主题，促进以民族传统文化为基础的社会主义新文化建设，举办以纪念孔子、弘扬民族文化为主题的孔子文化节，是中国文化史上的一个创举；融纪念、文化、旅游、经济活动四位一体，使孔子文化节成为一项主题突出、多领域内容有机结合的大型综合性活动，收到一举多得之效。

1989 年 9 月 26 日 9 时，在孔庙大成殿前举行首届国际孔子文化节开幕式。全国政协副主席、中国孔子基金会名誉会长谷牧在讲话中指出：“孔子开掘中国传统文化的长河，他那深邃博大的学说，曾对中国传统文化的发展产生过广泛而久远的影响。举办孔子文化节，这是一件弘扬民族文化，促进中外交流的盛事，是一项很重要、很有意义的活动。”山东省省长赵志浩首先代表山东省人民政府对远道而来的朋友表示问候和欢迎，他说：“我们纪念孔子，就是要以严肃而又科学的态度研究他的学说，汲取其精华，弘扬民族文化，进行中外交流，促进社会的发展。”曲阜市代市长房立泉宣布孔子文化节开幕。开幕式上，济南军区前卫歌舞团演唱孔子文化节节歌《风雅颂》，表演大型仿古《祭孔乐舞》。

自9月25日下午开始，秋雨连绵。曲阜市组委会迅速派人购来车衣、雨衣，及时分发到东、西看台贵宾和外宾手中，保障活动正常进行。27日7～8时，应部分外宾、海外侨胞和港澳台同胞的要求，在孔庙大成殿前为他们安排专场祭孔活动。

9月28日8时30分，在孔庙大成殿前举行纪念孔子诞辰2540年孔子纪念邮票发行仪式。山东省副省长马世忠、邮电部原副部长朱春和为邮票发行揭幕，山东省邮电局副局长陈庆瑞作发行讲话。该纪念邮票共3枚，一枚为“杏坛讲学”，表现孔子首开私人办学之风，传授“六艺”，实施“文行中仪”四教的情景；一枚为“周游列国”，表现孔子晚年周游列国，游说诸侯，推行“仁政德治”政治主张的情景；一枚为“孔子行教图”，表现“儒家宗师”勤于教学的形象。全套邮票设计严谨，内涵丰富，画像精美，集文化、知识、艺术于一体，实为一艺术精品。

该届孔子文化节精心筹办5个方面活动，使中外客人不仅能看到古老辉煌的文物古迹，而且能感悟到曲阜古今的风采和神韵。

展览活动。举办“大理石刻仿汉画像孔子事迹展览”“孔子生平事迹展览”“孔林——世界上延时最久的家族墓地展览”“三皇五帝与曲阜展览”“孔府珍贵文物展览”“孔子文化大全书展”“孔子故里艺术展暨国际书画名家笔会肇始作品展”“孔子家乡国际旅游摄影大奖赛作品展”8项展览。

艺术再现孔子形象。由济南军区前卫歌舞团、山东省话剧团、曲阜市剧团分别演出大型舞乐诗《大同梦》、话剧《布衣孔子》等。由济南军区前卫歌舞团编创演出的大型舞乐诗《大同梦》，撷取孔子思想中关于美好的大同社会的构想，通过男耕女织、红花绿树和云飞鹤舞、鼓乐齐鸣的画面，将一个遨游于梦中、浪漫热情、神采飞扬的崭新的孔子凸现在人们面前，具有强烈的感染力，使人震撼。《大同梦》告诉人们，历来把孔老夫子看作一位严肃有余的思想家、教育家不够全面，失之肤浅；孔子其实是古往今来第一位理想主义者。他对待理想，明知不可能实现却不遗余力地为之奋斗，几乎达到痴迷的境界。这正是他真正令后人敬仰的地方。观《大同梦》，犹如闻古之《韶》乐，自始至终，同在梦中，梦绕魂牵。圣人胸襟，博大生风，小康社会之亲切动人，大同社会之神妙缥缈，层次叠显，自然成诗。如闻孔子曰：“天无私复，地无私载，日月无私照，仁者爱人。”

专题文化旅游项目。围绕孔子“六艺”（礼、乐、射、御、书、数），举办孔子家乡修学旅游、仿古射箭旅游、古鲁婚俗旅游、乘坐或自驾仿古马车游览名胜古迹等，使中外游客亲临其境、亲体其情、亲受其艺、亲悟其理。美国伯达恩大学教授杰特曼尼恩博士率领50人的修学团，每人身着天蓝色学士服，头戴学士帽，在孔庙杏坛前举行开学典礼；然后，开始修学活动，聆听中国学者主讲的孔子及儒学思想学说讲座，选学以鲁文化为重点的中国历史、书法、绘画以及民俗、民乐、武术、中医、烹饪等；最后，在孔林孔子墓前举行结业典礼。杰特曼尼恩教授说：“只有在曲阜才能深刻了解中国。”仿古射箭场上，一批欧洲客人穿上武士服，登上射箭台，瞄准兔、虎形箭靶，奋力拉弓射箭。75 岁的日本神户华侨总会名誉会长李万之也参与仿古射箭活动。古鲁婚俗旅游更是别开生面，引起外宾极大的兴趣。法国《旅游回声报》两名记者说：“孔子文化节所有的文化旅游项目都很实际，并且有很浓的孔子故里特色，对外国旅游者有很大的吸引力。”

仿古《祭孔乐舞》演出。除在文化节期间集中演出外，3 ~ 11 月，先后演出 100 余场，观赏者 20 万人次，使人领略古代庙堂艺术和对孔子的尊崇。

五马祠商业街落成。举行五马祠商业街落成暨产品展销会剪彩仪式，展销全省名优特产品、旅游纪念品、工艺品，有 1000 余个品种，上万个花色，有的曾获国家金杯、银杯奖，有的获国际博览会金、银、铜质奖。特别是工艺品令人赞不绝口。许多著名书画家、雕刻家的艺术作品，更为展销会增添浓厚的文化氛围。

节日期间，中国孔子基金会和联合国教科文组织在北京和曲阜共同举办孔子诞辰 2540 年纪念与学术讨论会，讨论会于 10 月 7 日上午在北京开幕，9 日到曲阜继续举行，10 日在曲阜闭幕。

第二节　1990 ~ 1993 年国际孔子文化节

1990 年国际孔子文化节

该年孔子文化节主题活动是失传《箫韶乐舞》再现，孔子学术会堂开讲。由山东省人民政府与联合国教科文组织联合举办。除继续坚持原有的指导思想和宗旨外，突出面向国外、增进国际交往、开发国际旅游这一重点，文化气息更加浓郁，观瞻内容更加丰富多彩，孔子故里特色更加鲜明。

9 月 26 日 9 时，在孔庙大成殿前举行 1990 国际孔子文化节开幕式。山东省委常委、宣传部部长苗枫林主持开幕式，曲阜市市长房立泉致欢迎辞，山东省省长赵志浩讲话，中央顾问委员会委员、中国孔子基金会名誉顾问赵健民宣读全国政协副主席谷牧的贺信，中国联合国教科文组织全国委员会项目官员景峰宣读联合国教科文组织驻华代表泰勒博士的贺词。中国联合国教科文组织、四川孔子研究会致电祝贺。联合国教科文组织参与主办孔子文化节，驻华代表派员与会致贺词，突显出孔子文化节已成为一个名副其实的国际性盛会。

开幕式上，首次演出仿古《箫韶乐舞》。《箫韶乐舞》产生于距今 4000 余年前的虞舜时代，是乐、歌、舞三位一体的综合艺术形式，既古朴典雅，又气势宏大，在历史上享有盛誉。其主题思想是倡导团结祥和，励精图治，创业兴邦，具有积极的现实意义。《箫韶乐舞》已失传 2000 余年，此次献演于孔子文化节，博得中央艺术部门和大专院校诸多专家学者及中外各界人士的高度评价和赞赏，认为对《箫韶乐舞》的挖掘、整理和再创作，填补中国文艺领域的一项空白，意义重大。《箫韶乐舞》在孔子文化节期间演出 103 场，观众 10 万余人，这是继大型仿古《祭孔乐舞》之后，孔子文化节推出的又一古代乐舞，使人们又一次领略这块古老文化圣地的风韵。

9 月 26 日 14 时，经过长期酝酿筹备成立的孔子学术会堂，在孔府忠恕堂举行首次孔子及儒家思想学术报告会。报告会由中共山东省委常委、宣传部部长、孔子学术会堂首席主持人苗枫林主持，中国孔子基金会副会长杨向奎，全国政协特邀委员、中国汉字现代化研究会会长袁晓园分别作题为《孔子的思想与中国传统文化》《中国传统文化》的学术报告，40余位学者、教授到会听讲。孔子学术会堂是民间学术组织，以开展孔子、儒家思想研讨为主要任务，是遵循“百花齐放，百家争鸣”的方针，为海内外不同学术观点的学者提供的论坛。孔子学术会堂的创立和孔子及儒家思想学术报告会的举办，增强孔子文化节的学术气氛，提高整个活动的层次，对于继承孔子思想精华，弘扬民族优秀传统文化，扩大中外文化学术交流，起到积极作用，产生深远影响。

27日8时30分，在颜庙举行颜子像落成揭幕暨颜子研究会成立大会。颜子研究会名誉顾问、山东省政协主席李子超，颜子研究会顾问、曲阜师范大学校长徐宝庆为颜子像落成剪彩。接着在原“仰圣中学”举行“陋巷中学堂”命名仪式。颜子研究会会长李克胜与新加坡颜氏公会总务颜荣源为校牌揭幕，颜荣源亲书“教育之光”题词。14时30分，在曲阜师范大学孔子研究所举行首次颜子学术研讨会。杨向奎、颜荣源、颜景政宣读论文，颜子后裔颜秉刚、颜廷潮等发言。研讨会收论文30余篇，为研究颜子及其学说初开局面。

28日9时，在孔庙大成殿前举行孔子诞辰2541年纪念活动。曲阜市市长房立泉讲话，副市长步长存主持。与会嘉宾观看大型庙堂艺术仿古《祭孔乐舞》演出。

孔子文化节期间，除保留和充实原有的文化旅游活动项目外，新增“中国孔孟文化摄影展”“孔子文化大全书展”“国际书画名家笔会作品暨台湾书画名家作品展”。展览具有很强的艺术性、历史性、知识性和纪念性，是了解孔子、孔子文化和孔子故里的罕见而珍贵的艺术品和资料。美国教师玛丽比恩参观展览后，即兴在留言簿上写道：“展览尽善尽美，它令人惊异地展示中国历史文化的悠久和灿烂。”同时还展出具有孔子故里艺术特色的传统木雕、石刻和特种工艺品。举办“大成杯”全国斗鸡、斗羊表演赛，邀请河南省开封市、许昌市、民权县、济河县和省内曹县、鄄城、郓城、菏泽、嘉祥、梁山、济宁、曲阜等地20余个代表队参赛，吸引众多的游人观赏。

该届孔子文化节注重经济技术的洽谈协作工作。举办对外经济技术洽谈会、华东十一省市大型物资交易会、曲阜市外贸出口产品暨二轻产品展销会、曲阜市“八·五”期间技改项目论证会等经济技术活动。达成经济技术合作协议、意向5项，国内经济合作协议6项。参加物资交易会的各省市人数2000人次，参加交流的商品有10余个部类、200余个品种，成交额3.2亿元，其中现货成交额600余万元。

1991年国际孔子文化节

该年孔子文化节的主题活动是以文为媒，文经结合，文化搭台，经贸唱戏。由济宁市委、市政府主办。1991年适值国家在山东举办“’91世界旅游日”庆祝活动，省政府确定，把孔子文化节活动纳入并作为“世界旅游日”活动重要内容之一，由济宁市委、市政府主办，曲阜市承办，济宁市委、市政府成立相关组织机构和工作班子，负责孔子文化节各项筹备组织工作。

9月26日上午，在曲阜孔庙大成殿前举行’91国际孔子文化节开幕式。曲阜市委副书记、市长房立泉主持开幕式，济宁市委副书记、市长韩寓群致开幕辞，国家旅游局局长刘毅，山东省委常委、宣传部部长苗枫林分别致辞。9月26日下午，曲阜市在少昊陵南景灵宫遗址举行宋宣和碑修复竣工仪式。9月28日上午，在孔庙大成殿前举行纪念孔子诞辰2542年暨欢迎世界旅游日贵宾光临曲阜仪式。济宁市副市长唐伦伟致欢迎辞，曲阜市委副书记、市长房立泉主持。

展览活动，举办“孔子七十二贤弟子画像石刻展”“清帝御赐珍品——孔尚任讲经堂展览”“三皇五帝与曲阜展览”“中日书画名家作品联展”“孔孟之乡摄影展”“孔子文化书展”6项展览。

学术活动，孔子学术会堂举行孔子及儒家思想学术报告会；颜子研究会举行第二次颜子学术研讨会。由中国教育国际交流协会山东分会等5家单位联合举办国际儒学与现代社会文明学术讨论会。中国孔子基金会举行海峡两岸首次儒学学术讨论会。

经贸活动，曲阜市及有关部门举办对外经贸洽谈会、地产品物资交易会、名优特新出品产品展销会、旅游商品展销会、曲阜市技改基建项目论证会、曲阜市科技成果交易会等。

1992年国际孔子文化节

该年孔子文化节的主题活动是“中国友好观光年寻根朝敬之旅”。由曲阜市委、市政府主办。1992年，国家开展中国友好观光年活动，孔子文化节被国家旅游局确定为’92中国友好观光年“百项节庆活动”之一，将中国友好观光年14条国家级专项旅游线路之“寻根朝敬之旅”（拜祭黄帝、炎帝、孔子、岳飞等）首游式放在曲阜，与孔子文化节开幕式一并举行。

中共中央政治局常委李瑞环，中国孔子基金会会长匡亚明致信祝贺，称赞“举办国际孔子文化节，对纪念孔子在文化方面的杰出贡献，弘扬中国优秀传统文化，增进中外合作交流和友谊，促进‘两个文明’建设，都有重要意义”。

9月26日上午，在孔庙大成殿前举行’92国际孔子文化节开幕式暨中国友好观光年“寻根朝敬之旅”首游式。曲阜市委副书记、市长房立泉主持，济宁市委副书记、副市长张仁敬宣读中共中央政治局常委李瑞环贺信，济宁市委副书记、市长王修智致开幕辞；山东省委常委、宣传部部长董凤基，国家旅游局副局长孙刚分别致辞。开幕式演出由中国艺术研究院、中国歌剧舞剧院、北京大学等单位专家学者指导，曲阜市文化部门挖掘整理编创演出的居中国古代“六代乐舞”之首的祭祀轩辕黄帝的乐舞——《云门大卷》。同日下午，在少昊陵寿丘门前举行轩辕黄帝诞生地——寿丘文物区一期工程落成典礼。9月27日上午，在孔府档案馆举行孔府文物档案馆落成剪彩仪式。9月28日，在孔庙大成殿前举行孔子诞辰2543年纪念大会。济宁市副市长唐伦伟致辞，曲阜市副市长步长存主持。

专项旅游活动，新举办儒学圣地孔子文化游、古鲁文化游、天下第一家——孔府美食旅游等项目。新推出曲阜城郊、曲阜—邹城、曲阜—济宁中区—济宁郊区—嘉祥、曲阜—梁山等4条旅游专线。

展览活动，举办“曲阜历代名人画像展”“中日书画名家作品联展”“党和国家领导人视察曲阜暨外国元首访问曲阜照片档案展览”“中日书法交流友好展”“白扇书道会展、种谷扇舟书法艺术展”等活动；同时，落实中央领导关于曲阜应主要把文物保护好的重要指示，投资800万元，新建融传统工艺与现代建筑技术于一体的高标准的孔府档案馆，并在馆内举办珍贵文物展览。

学术活动，孔子学术会堂举行孔子及儒家思想学术报告会，颜子研究会举行第三次颜子学术报告会。

经贸活动，曲阜市及有关部门举办对外经贸洽谈会，地产品展销会，物资交易会，新技术新产品交易会，人才市场交易会，融资活动，曲阜市重点技改、基建项目论证会，企业产品订货会、用户座谈会等。

1993年国际孔子文化节

该年孔子文化节的主题是办出特色，促进旅游大发展；六艺城落成开业。1993年，国家旅游局从全国200多项节庆活动中精选出41项外向型程度高、经济效益与社会效益好、配套接待设施较为齐全的节庆活动，作为国家级、国际性旅游拳头产品向国际社会重点宣传促销，41项活动中山东仅有两项，其中之一就是孔子文化节。该届孔子文化节增加新的文化艺术项目和观瞻内容，把孔子文化节举办得更加富有特色和魅力。投资5000余万元，新建大型游乐场所——孔子六艺城，于1993年孔子文化节开幕之际，完成一期工程对外开放；经过精心修葺，完成国家森林公园石门山修复工程并对外开放；新建并开放音乐喷泉观水园、百鸟园。1993年孔子文化节，由济宁市委、市政府，曲阜市委、市政府联合主办。

9月26日上午，在曲阜孔庙大成殿前举行’93国际孔子文化节开幕式。曲阜市委副书记、市长许传俊主持开幕式，济宁市委副书记、市长王仁元致开幕辞，山东省副省长宋法棠致辞。9月28日上午，在孔庙大成殿前举行孔子诞辰2544年纪念大会。济宁市副市长周喜良致辞，曲阜市副市长赵元山主持。

展览活动，举办“中日书画名家作品联展暨孔子及其七十二贤弟子木雕群像展”“国内著名书画家作品邀请展”“孔维克画展”等。

文化旅游活动，新编创大型仿古乐舞《圣地乐》，连续在孔庙大成殿前轮换公演仿古《箫韶乐舞》和仿古《祭孔乐舞》，邀请俄罗斯时装歌舞团在曲阜剧院进行专场演出；拓展曲阜城郊旅游线，曲阜—邹城旅游线，曲阜—济宁中区—济宁郊区—嘉祥旅游线，曲阜—梁山旅游线。

学术活动，孔子学术会堂举行孔子及儒家思想学术报告会。

经贸活动，举办山东省首届高校青年师生实用科技发明大赛暨成果交易会，对外经济贸易恳谈会，企业产品订货会、用户洽谈会，曲阜市技改基建项目论证会，友好城市旅游业务恳谈会，工业精品博览会、物资交易会、科技新成果交易会和人才交流活动。

第三章 中国曲阜国际孔子文化节

第一节 1994 ~ 2003 年中国曲阜国际孔子文化节

1994 年中国曲阜国际孔子文化节

该年孔子文化节的主题是文化与经济联姻，传统文化为现代经济服务。1994 年，国家举办'94 中国文物古迹旅游年，孔子文化节被国家旅游局确定为文物古迹旅游年中必须突出办好的十大文化性节庆活动之一。1994 年 2 月 28 日，山东省委常委、副省长宋法棠在曲阜主持召开孔子文化节汇报座谈会，就如何办好孔子文化节提出具体要求，并进一步明确孔子文化节名称为“中国曲阜国际孔子文化节”。该届文化节由济宁市委、市政府，曲阜市委、市政府联合主办。

该届孔子文化节活动首次提出 10 个结合，即：节日活动与纪念活动相结合；专项文化活动与民间文化活动相结合；古老文化活动与现代文化活动相结合；观赏性活动与参与性活动相结合；白天活动与晚间活动相结合；文化活动与旅游联谊、宣传促销相结合；场面活动与街面活动相结合；立足一个点，开展几条线，把以曲阜为中心的活动与邹城、梁山、嘉祥等县市区的活动相结合；文化艺术活动与学术活动相结合；文化活动与经贸活动相结合。10 个结合为以后举办孔子文化节活动奠定一个切实可行的发展路子。

1994 年 9 月 26 日 9 时，在新落成的曲阜体育场举行'94 中国曲阜国际孔子文化节暨经贸洽谈会开幕式。开幕式有 1 万余人参加，规模空前。济宁市委常委、曲阜市委书记王润廷主持开幕式，山东省委常委、副省长宋法棠，济宁市委副书记、市长王仁元分别致辞。全国人大常委会副委员长雷洁琼，国家旅游局、新加坡驻华大使、济宁市荣誉市民郑东分别致信、致电祝贺。开幕式首次由孔庙大成殿前移到新建体育中心田径场举行。开幕式上，举行大型文艺演出，由著名表演艺术家李默然、中央电视台著名节目主持人鞠萍主持，表演由国家级专家编导、6000 人参加演出的古老文化与现代文明交相辉映的大型歌舞《圣魂》。《圣魂》由“友朋情”“大道行”“先师颂”“开放潮”4 场组成；同时演唱由著名词作家乔羽作词、著名作曲家张丕基作曲、著名歌星韩延文演唱的《孔子赞歌》。首次动用济宁市各县市区文化艺术等方面力量为孔子文化节开幕式献演一场大型文艺节目。同时还举行飞机跳伞，热气球、飞艇、航模、信鸽放飞、彩球升空和军乐队绕场演奏等精彩表演。

9 月 28 日上午 9 时，在孔庙大成殿前举行孔子诞辰 2545 年纪念大会。济宁市市长王仁元致辞，曲阜市市长许传俊主持。表演仿古《祭孔乐舞》。

孔子文化节期间，以宣传孔子思想学说为主旨，《论语》为主要内容，碑刻书法为表现形式，古典园林为载体，融儒家文化、书法艺术、园林艺术为一体的“论语碑苑”一期工程竣工并开放；以再现鲁国古老文化，民俗风情为主要内容的“鲁国盛世华夏文化城”，以弘扬孔子故里美食文化的“天下第一家”——孔府美食旅游，寓文于乐的孔子家乡修学旅游、古典婚俗旅游、孔子周游列国模拟表演等为孔子文化节增添色彩，丰富曲阜旅游内涵。

展览活动，举办“孔子生平事迹展览”“新中国成立45周年曲阜辉煌成就展”“中日书法交流展暨国内著名书画家作品邀请展”等10项思想性艺术性较强的展览；举行《山东省志·孔子故里志》《孔子文化大典》《孔子家教》首发式和38集《孔子家教》电视系列社教片开拍仪式。

学术活动，举办全国部分省市地方志年鉴研讨会、孔子及儒家思想学术报告会、孔子思想与21世纪国际学术研讨会、东方文化与社会发展国际研讨会、国际孔庙联谊活动等。

经贸旅游活动，举办全国性旅游联谊活动和大规模、多形式、多项目并举的经贸科技合作洽谈活动等。

1995年中国曲阜国际孔子文化节

该年孔子文化节的主题活动是民俗风情游。1995年，国家旅游局举办中国民俗风情旅游年，将孔子文化节确定为中国民俗风情旅游三大重点节庆活动之一，由国家旅游局与山东省人民政府联合主办。遵循突出汉民族民俗风情特色，集中展示孔子文化和孔孟之乡民俗风情原则。

9月26日上午，在曲阜孔庙大成殿前举行’95中国民俗风情游曲阜国际孔子文化节开幕式。曲阜市市长许传俊主持，济宁市市长王仁元致开幕辞，山东省副省长韩寓群、国家旅游局副局长何光玮分别致辞。开幕式上演出古今结合、孔子文化与民间艺术融为一体的大型文艺节目《大成之光》。通过“吉祥迎宾”“孔子赞歌”“武韵”“矍相圃观射”“继往开来”5个场次的表演，展示孔孟之乡人民继承传统文化、锐意改革与时俱进的风貌。

9月28日上午，在孔庙大成殿前举行纪念孔子诞辰2546年大会。济宁市市长王仁元致辞，曲阜市市长许传俊主持。演出仿古《祭孔乐舞》。

举办由曲阜、邹城、兖州、梁山、嘉祥、济宁市中区和兖州矿务局组团参加的大型民间艺术串街表演。表演代表孔孟之乡民俗风情的龙舞、狮舞、阴阳板、武术、花棍、鼓子秧歌、唢呐、芯子等。举办杂技表演、古鲁民俗风情表演、民间艺人街头演唱以及古乐舞表演、古鲁婚俗表演等。由曲阜师范大学、韩国庆熙大学联合主办“21世纪社会伦理道德国际学术讨论会”。举办“清代戏剧作家孔尚任生平事迹展”“’95名人名家书画大展”“孔孟之乡青年摄影艺术展”等。举办’95孔子文化节对外经贸洽谈会，科技成果发布会，出口商品展销会，曲阜市“九五”期间经济发展规划研讨暨重点项目论证会等经济活动。

1996年中国曲阜国际孔子文化节

该年孔子文化节的主题是文化搭台、旅游牵动、经科贸唱戏。1996年山东省开展中国（山东）度假休闲游活动，孔子文化节被列为休闲度假游活动之一。为更好地发挥曲阜地方优势，济宁市委、市政府决定，该届孔子文化节由曲阜市政府主办。本着“重特色、求实效和文化搭台、旅游牵动、经科贸唱戏”的原则，’96孔子文化节主要开展以下活动：

9月26日9时，在孔庙大成殿前举行开幕式，曲阜市市长许传俊主持，济宁市市长王仁元等人分别致辞，国家旅游局国际市场开发司司长杨振一宣读国家旅游局局长何光暐贺信。

9月28日上午，在孔庙大成殿前举行纪念孔子诞辰2547年祭孔活动。该次祭孔活动由过去的“官办”改为“民办”。孔庙大成殿前首次摆放“三牲”等祭品，由孔子后裔、各界人士、外宾、海外同胞侨胞采用民间传统的形式祭拜先师孔子。改变办节以来一直沿用的领导讲话、观看乐舞的纪念形式，满足海内外各界人士祭拜先哲孔子的需求和愿望。

文化旅游方面，创办书画一条街活动。组织200名书画家和书画爱好者现场挥毫泼墨，集体创作《论语》书法百米长卷和《曲阜史话图》绘画百米长卷。举办旨在弘扬中国传统戏曲艺术的戏曲一条街活动和济宁市“天幕杯”中青年演员戏曲大赛。由中国艺术研究院音乐研究所与曲阜师范大学联合举办中国传统音乐会第九届年会。孔子学术会堂举行孔子及儒家思想学术报告会。举办“中日友好书画联展”“曲阜市城市之光青年摄影展”“山东省（曲阜）第六届兰花暨颂兰书画展”和首届“富士杯”曲阜国际孔子文化节摄影艺术大奖赛、全国竞走冠军赛、山东省第十八届运动会足球赛，“孔子精华苑”及“春秋战国娱乐宫”落成仪式；举行由香港利昌宝石公司总裁柯利德出资在曲阜师范大学兴建的孔子铜像落成典礼；组织有10个国家和地区的外宾、海外同胞侨胞参加的“中外游人赏月”活动。举行孔子研究院奠基仪式。

经科贸活动，举行曲阜市重点项目论证会、对外经贸洽谈会、科技协作交流会、企业产品订货会等。

1997年中国曲阜国际孔子文化节

该年孔子文化节的主题是增进交流合作，促进对外开放，加快经济发展。1997年，适逢中国恢复对香港行使主权，又逢国家举办’97中国旅游年，国家旅游局确定把孔子文化节作为’97中国旅游年的重要旅游节庆活动之一。该届孔子文化节由济宁市委、市政府和山东省旅游局主办。本着办出特色、办出水平、办出实效的原则，主要开展以下活动：

9月26日9时，在孔庙大成殿前举行’97中国曲阜国际孔子文化节开幕式，曲阜市市长许传俊主持，济宁市市长王仁元致开幕辞。

9月28日上午，在孔庙大成殿前举办民间形式的祭孔活动。由主祭人员行三献礼，其他祭拜人员或行叩头礼，或行鞠躬礼。孔子后裔代表、学生代表、曲阜各界人士代表和外宾、海外同胞侨胞参加。

文化旅游活动，开幕式上演出集传统文化、现代艺术于一体的大型文艺节目《千古孔子》。通过“礼乐迎宾”“杏坛艺韵”“情满人间”“永世流芳”4场演出，依次表达孔子“有

1997年9月26日，’97中国曲阜国际孔子文化节开幕式举行。

朋自远方来不亦乐乎”“学而不厌，诲人不倦”的思想，展示孔子孜孜以求、锲而不舍的奋斗精神，讴歌孔子对人类文明进步作出的不朽业绩。举办旨在体现孔孟之乡文化艺术特色、民俗风情的民间艺术串街表演，仿古《祭孔乐舞》表演，戏剧定点演出和戏曲两条街活动。演出新编历史剧、豫剧《风雨行宫》。举办“喜庆十五大孔子故里书画精品展”“上海著名传统国画家孙仲威画展暨兰花奇石展”“指画画家宫溪廉画展”“孔维克书画展”“王明远书法艺术展”。

专题旅游活动，新增尼山泛舟垂钓旅游、石门山探幽揽胜旅游、济宁市重要景点旅游等项目。

经科贸活动，举办产业结构调整暨重点项目汇报会、对外经贸合作洽谈会、科技协作交流会、旅游商品与旅游业务交易会、跨国集团经营管理模式介绍会等。

1998 年中国曲阜国际孔子文化节

该年孔子文化节的主题是弘扬以孔子及儒家思想学说为主流的民族优秀文化。1998年，国家旅游局在全国范围内举办国际性的’98华夏城乡游活动，孔子文化节被列为’98华夏城乡游活动中全国23个重点旅游节庆活动之一。’98孔子文化节立足于丰富华夏城乡游活动内容，展示孔孟之乡悠久灿烂的文化和改革开放以来城乡建设的新气象、新变化，举办一系列丰富多彩而又独具特色的活动，出现活动项目多、文化气息、孔子故里特色浓郁、文化品位高、企业参与意识增强4个新特点。该届孔子文化节由曲阜市人民政府主办，主要开展以下活动：

9月26日9时，在孔庙大成殿前举行’98中国曲阜国际孔子文化节开幕式，曲阜市市长谷传祥主持，济宁市市长贾万志致开幕辞。开幕式上，演出国内外享有盛誉的大型庙堂艺术仿古《祭孔乐舞》。邀请国内著名歌唱演员加盟演唱，为孔子文化节的开幕式锦上添花。

9月28日上午，在孔庙大成殿前以民间的形式组织由孔子后裔代表、孔子故乡各界人士代表、学生代表和外宾、海外同胞参加的祭孔活动。

文化旅游活动，组织“三孔啤酒之夜”“金塔王之夜”2台专场文艺晚会；举办“山东省著名书法家作品邀请展”“于希宁、孙墨龙、尹毅巡回画展”“吴泽浩画展”“王学仲、张永敬、陈玉圃画展”“孔子嫡裔图、孔门圣贤图组画展”“曲阜市书画兰花奇石展”“‘三孔’百米长卷画展”等；在论语碑苑举办大型《孔子圣迹》灯展；举办以“祭孔乐舞方队”“孔子周游列国表演方队”为主体的文艺串街表演；组织戏曲两条街、戏曲定点演出等街头群众性文化活动；在六艺城孔子六艺大剧院演出《孔子六艺乐舞》，举行孔子·和平仁爱·二十一世纪、文化之旅环球考察暨纪念封首发式，“三孔”邮资明信片首发式等活动；举办千人共祭孔活动，孔子故里农家民俗游、孔子故里——水浒之乡专线旅游活动，新增一山两汉三孔和山水圣人游2条黄金旅游线路；开发汉魏碑刻陈列馆、九龙山汉墓复原陈列等文物旅游景点。

经科贸活动，举办工业经济发展规划暨重点项目汇报会，科技项目发布会，经贸恳谈会，产品订货洽谈会等。

1999 年中国曲阜国际孔子文化节

该年孔子文化节的主题是繁荣儒学研究，发展旅游事业，办好山东孔子旅游年。1999年是孔子诞辰2550年，对于搞好孔子诞辰

2550年纪念暨’99中国曲阜国际孔子文化节，中共中央和国家领导人以及中央、国家有关部委均十分重视，给予大力支持和帮助。山东省人民政府决定1999年为“山东孔子旅游年”，并于1998年12月30日在曲阜举行“山东孔子旅游年首游式”。为办好’99中国曲阜国际孔子文化节，省委、省政府成立以省委常委、宣传部部长陈光林为组长的领导小组，直接领导孔子文化节的各项筹备组织工作。该届孔子文化节由国家旅游局、山东省人民政府主办，举办六大类几十项活动。

9月26日上午，在孔庙大成殿前举行纪念孔子2550年诞辰暨’99中国曲阜国际孔子文化节开幕式，济宁市市长周齐主持，山东省省长李春亭、联合国世界旅游组织代表雷德先后致辞。开幕式上演出由著名主持人陈铎和著名影星朱琳联袂主持，由著名歌唱演员韦唯主唱，以北京解放军艺术学院、济南军区前卫歌舞团为主要阵容的大型歌舞《大哉孔子》。歌舞通过“爱”“小康·善与美的旋律”“六艺·道与德的奏鸣”“大道·天与人的交响”“仁”等5个章节，以乐·歌·舞·诗的艺术形式，展示孔子仁爱、教育、大道之行、天下为公的主要思想。

纪念与学术活动。6月15日，光明日报社与中国孔子基金会联合在人民大会堂举行纪念孔子诞辰2550年座谈会，邀请曲阜市副市长许可作为孔子家乡代表到会并发言。6月18日，在人民大会堂举行“孔子金像展示会”，邀请曲阜市委副书记赵元山作为孔子家乡代表到会并发言。9月9日，由文化部、教育部、中国社科院联合在北京人民大会堂举行纪念孔子诞辰2550年座谈会。座谈会邀请曲阜市市长谷传祥、曲阜市孔子文化节办公室主任孟凡亮作为孔子家乡特邀代表出席，并向与会学者、专家赠送具有孔子文化特色的纪念品线装《论语》。9月10日，曲阜市委、市政府举行曲阜各界人士近千人参加的孔子诞辰2550年纪念大会。9月28日孔子诞辰纪念日，组织有中外来宾、各界人士参加的规模盛大的祭孔活动。《人民日报》《求是》《光明日报》《大众日报》等中央、省级报纸杂志刊发由张岱年、罗国杰等著名专家学者撰写的纪念孔子诞辰的文章。国际儒联、中国孔子基金会和联合国教科文组织联合在北京和曲阜两地举办纪念孔子2550年诞辰暨国际儒学学术研讨会（北京开幕，曲阜闭幕）。举办“儒商与21世纪国际学术研讨会”等。

文化活动，举行千人民间艺术表演；演出大型新编历史剧《孔尚任》；在文物旅游景点举办定点文艺演出；举办“‘大哉孔子’展览”“孔府文物精品展”“中日名人书画大展”“竹刻论语长卷展”“奇石大展”“纪念孔子2550年诞辰书画大展暨杏坛新苗杯全国少儿书画大赛”“古今名人书画展”“颜景新与丁辉雕刻艺术展”“王学仲书画艺术展”“欧洲石版彩印回顾展”等展览。

旅游活动，开展孔子家乡修学旅游、孔子周游列国旅游、曲阜祭孔游、齐鲁山水圣人游、书法之旅、学生祭拜祖师旅游、海内外孔子后裔故乡朝圣旅游、孔子故里古典婚俗旅游等多项专题旅游活动；组织“游齐鲁大地，看山水圣人”旅游展示咨询活动和全国“百家旅行社采线”活动；创建中国楹联第一城，完成第一期工程。

经科贸活动，举办’99孔子文化节项目论证推介会，孔子文化节新技术、新产品展谈会，’99孔子文化节经贸洽谈会、企业产品订货会、销售用户座谈会等。

2000 年中国曲阜国际孔子文化节

该年孔子文化节的主题是弘扬孔子文化、突出古鲁特色。由曲阜市人民政府主办。重点活动有开幕式、民间祭孔活动、首届中国专利高新技术产品博览会。坚持高水平、高品位的原则，立足于“四个结合”，即场内场外结合、白天和晚上结合、专业与业余结合、保留与创新结合，举办一系列文化艺术专项旅游活动。

9 月 26 日上午，在孔庙大成殿前举行 2000 中国曲阜国际孔子文化节开幕式。曲阜市市长谷传祥主持，济宁市市长周齐致开幕辞。开幕式上，由中国歌剧舞剧院演出集礼、乐、歌、舞于一体的大型音乐舞蹈《金声玉振——孔子礼赞》。通过“楚腰”“踏歌”以及古琴曲“幽兰”等艺术形式，展示孔子“仁爱”“尚礼”“与民同乐”思想的丰富内涵。

9 月 28 日上午，在孔庙大成殿前以民间形式举行纪念孔子诞辰 2551 年祭孔活动。曲阜各界人士代表、孔子后裔代表、学生代表、部分外宾和海外同胞侨胞 4000 人参加活动。孔子 77 代孙、曲阜市政协副主席孔德班等代表孔子后裔进行祭祀。孔子 77 代嫡孙女孔德懋向孔子像行礼，并受孔子 77 代嫡长孙孔德成委托向孔子像行礼。

文化艺术活动，举办专场文艺晚会，戏曲定点演出和景点文艺演出。推出“‘大哉孔子’展览”“孔府文物精品展”“名人字画与古今艺术品展览”“孔子及七十二贤巨幅蜡染画展”“浙江衢州书画作品展”“孙传仁国画、摄影艺术作品展”“杭州西泠书画院作品展”。举行《孔子六艺图》《孔子周游列国》邮资明信片，《孔孟之乡——中国济宁》专集邮册首发式。出版高水平的学术专著《孔子与世界——孔子学术会堂讲学录》。

旅游活动，除保留传统的孔子家乡修学旅游、书法碑刻旅游、周游列国旅游、美食旅游、民俗风情旅游、寻根朝敬旅游、孔庙拜师游、孔府敬老游、孔林朝圣游等活动外，推出“孔夫子之路”专题旅游项目。

经科贸活动，由中国专利信息中心，山东省知识产权局与济宁、曲阜两级市政府联合举办第一届国际孔子文化节中国专利高新技术产品博览会；举办旅游经济开发区合资合作暨投资环境恳谈会、对外经贸洽谈会和中国曲阜招商月活动以及企业产品推介会、用户座谈会等。

2000 年 9 月 26 日，2000 中国曲阜国际孔子文化节开幕式举行。

2001 年中国曲阜国际孔子文化节

该年孔子文化节的主题活动是举行江泽民总书记题名“孔子研究院”揭

牌仪式，《杏坛圣梦》演绎孔子思想精华。由国家旅游局、山东省人民政府主办。重点活动有开幕式、民间祭孔活动、第二届中国专利高新技术产品博览会等。

该届孔子文化节的开幕式，时间首次由上午改为晚上，地点由孔庙大成殿迁往新建大型演艺场——杏坛剧场，这项变革，既有利于对文物的保护，又丰富晚间活动内容。9月26日晚，在曲阜杏坛剧场举行2001中国曲阜国际孔子文化节开幕式。济宁市市长周齐主持，曲阜市市长王庆成宣读来宾名单，山东省副省长林书香、国家旅游局局长助理王军分别致辞，全国人大常委会副委员长王光英宣布开幕。开幕式上演出大型歌舞《杏坛圣梦》。《杏坛圣梦》撷取《论语》中“学而时习之，不亦乐乎”“发乎情，止乎礼”“四海之内皆兄弟”“有朋自远方来不亦乐乎”4句名言，组成4个板块，以优美的音乐歌舞，对孔子思想生动形象地进行演绎，达到思想性与艺术性的完美结合。

9月27日上午，在孔子研究院举行中共中央总书记江泽民题名“孔子研究院”揭牌仪式。济宁市市长周齐主持，济宁市委书记贾万志、山东省委副书记王修智分别致辞，中共中央政治局委员、中国社会科学院院长李铁映，全国人大常委会副委员长王光英为孔子研究院揭牌。

9月28日上午，在孔庙大成殿前举行纪念孔子诞辰2552年民间祭孔活动。除按传统的礼仪祭祀孔子外，组织小学生在孔庙大成殿前朗诵《论语》名句和颂扬孔子功德的诗文，首次以文艺的形式，用文言与白话对照的方式，唱响孔子思想中最具现实意义的精华名句。

文化旅游活动，举办首届世界华商文化论坛；举办“党和国家领导人及外国政要在曲阜照片展”“回眸曲阜——孔祥民摄影艺术展”“王家斗毛体书法暨济宁市老年书画研究会书画作品联展”“圣迹图展及世界孔庙照片展”“金四书展览”“全国书法名家作品展”“新论语——舒安书法作品展”；举行《东方圣城——曲阜》《山东自助游丛书（济宁卷）》首发式和《文化巨人孔子》电视片首映式。举办专场文艺晚会，演出新编历史剧《桃花扇》；由大连旅顺特技飞车表演团举行摩托车特技表演；举办广场文化演出和千人民间文艺表演；开展各项专题旅游活动。

经科贸活动，举办第二届中国专利高新技术产品博览会，中国旅游热线推介会暨旅游商品博览会，对外经贸洽谈会。

2002年中国曲阜国际孔子文化节

该年孔子文化节的主题是弘扬诚信文化，丰富中国“民间艺术游”。2002年，国家旅游局开展中国“民间艺术游”，孔子文化节被确定为重点活动之一。国家旅游局《关于“中国曲阜国际孔子文化节”有关事项的复函》明确答复，从2002年起，每年一届的孔子文化节将与山东省人民政府联合主办。该届文化节重点活动有开幕式、东亚文化论坛、民间祭孔活动、第三届中国专利高新技术产品博览会等。

9月26日晚，在曲阜杏坛剧场举行2002中国曲阜国际孔子文化节开幕式。济宁市市长周齐主持，曲阜市市长王庆成介绍来宾情况，山东省副省长林廷生、中国旅游协会副会长佟华龄分别致辞。开幕式上由中央电视台与曲阜孔子国际旅游股份有限公司联合编创演出大型歌舞晚会“千载神韵唱中华”。

同日，举办有日本前首相村山富市以及

比利时、哥伦比亚、约旦、秘鲁、泰国、韩国、法国等12个国家和地区的驻华大使、官员、专家学者100余人参加的东亚文化论坛。围绕儒家文化与“诚信”主题，开展学术和文化交流，从不同角度阐释儒家文化与诚信理念的有机联系与统一。27日，孔子学术会堂邀请韩国学者崔根德和中国台湾学者董金裕分别作《〈论语〉中孔子的经济思想》《孔门的诚信之教》的学术报告。

9月28日上午，在孔庙大成殿举行纪念孔子诞辰2553年祭孔活动。祭孔活动以“走近孔子，寻找智慧”为主题，增添开庙仪式、祭孔游行等礼仪程序，拉长拓宽祭孔活动的时间和空间，形成三位一体的形式，做大做活祭孔题材。

文化旅游活动，举行由华夏文化纽带工程组委会主办的“首届华人中华文化经典诵读友谊赛”；举办以“口诵经典文章，手写漂亮汉字”为主题的硬笔书写《论语》启动仪式；举办第三届全国乡村青年歌手电视大赛暨颁奖晚会、“日照市书画作品展”“杜平甫画展”“李震及子佑明书画展”“全国书画名家精品展”；举行《孔子故里——曲阜》个性化邮票首发式、三孔啤酒乐园孔雀苑开园仪式、《少儿科普三字经》诵读活动，“儒家教育思想与当代教育改革研究”开题仪式，“走进曲阜，走近孔子”旅游摄影、征文比赛颁奖仪式；开展“三孔、两城、四山”（孔庙、孔府、孔林，明故城、黄帝城，尼山、石门山、九龙山、九仙山）旅游和曲阜—济宁运河文化游，曲阜—邹城孔孟文化游，曲阜—梁山东文西武游，曲阜—汶上佛教文化游，微山湖风光游。

经科贸活动，举办第三届中国专利高新技术产品博览会、旅游热线推介暨旅游商品博览会、鲁台（济宁）经贸合作交流恳谈会、第七届世界颜氏宗亲联谊大会暨经科贸合作推介洽谈会等。

孔子文化节开幕之际，中共中央政治局委员、全国人大常委会副委员长姜春云致信祝贺；全国政协副主席宋健为第三届中国专利高新技术产品博览会的成功举办致电祝贺。

2003年中国曲阜国际孔子文化节

该年孔子文化节的主题活动是明故城恢复开放，再现东方圣城古韵。2003年年初，中国突发非典型肺炎，并以极快的速度向全国蔓延。国家采取一系列果断措施，其中包括取消大型集会及在公共场所举办大型活动。鉴于此，孔子文化节组织者做两手准备，一是疫情解除之后，孔子文化节如期举办；二是疫情尚未解除，则作为一次大练兵。所以各项筹备工作仍然正常进行，8月疫情完全解除，孔子文化节得以成功举办，由于准备充分，该届孔子文化节仍然隆重热烈、精彩纷呈。该届孔子文化节由国家旅游局、山东省人民政府主办，山东省旅游局、济宁市人民政府、曲阜市人民政府承办，重点活动有开幕式、民间祭孔活动、第四届中国专利高新技术产品博览会等。

9月26日晚，在杏坛剧场举行2003中国曲阜国际孔子文化节开幕式。开幕式上由上海歌舞团演出融历史积淀和时代活力为一体的大型服饰舞蹈史诗《金舞银饰》。乐舞由“亘古回音”“琼宫神韵”“市井风情”“游牧生涯”“乐舞升平”“礼仪华采”6个部分组成，以历史为主线，以服饰为主题，展现一幅自古及今绚丽多彩的画卷。

9月28日上午，在孔庙大成殿前举行由中外各界人士参加的纪念孔子诞辰2554年孔庙祭孔大典。祭孔大典由孔庙开庙仪式、祭孔大巡游、祭孔仪式 3 组系列活动组成。来自韩国成均馆大学的学生进行祭孔表演。美国、韩国、印尼、马来西亚等国家的外宾和中国香港等地区的华人华侨组成参访团参与祭孔活动。

文化旅游活动。完成明故城墙恢复一期工程，并举行开城仪式；在孔子延生地尼山举行祭山大典，在孔庙举行祭孔大典，举办黄帝城旅游项目签约仪式；举办文化产业发展论坛；编纂和出版《二十世纪儒学研究大系》，并举行首发式；举办“孔府近代礼品展”“大型当代书画作品展”“鲁风书画十人展”“山东省中国人物、山水、花鸟画家邀请展”“海峡两岸书画名家作品展”“文化巨人孔子巡回展”“大哉孔子展”等，举办杨钰莹专场演唱会，广场文艺演出，景点文艺演出等。

经科贸活动。举办中国 CEO 孔子故里行、山东省第二届教育用品展示会、第五届国际儒商大会、第四届中国专利高新技术产品博览会、“走进孔孟之乡”全国百强旅行社论坛暨旅游热线推介会等。

2003 年 9 月 26 日，2003 中国曲阜国际孔子文化节开幕式举行。

第二节　2004 ~ 2006 年中国曲阜国际孔子文化节

2004 年中国曲阜国际孔子文化节

该年孔子文化节的主题是纪念先哲，承扬文明，促进开放，创新发展。2004 年，国家旅游局确定将世界旅游日中国会场庆祝活动设在曲阜，其开幕式与孔子文化节开幕式一并举行。2004 年又恰逢中共中央领导对在济宁建设“中华文化标志城”作出重要批示，中国联合国教科文组织正式申报国际最高级别的奖项——“孔子奖”。该届孔子文化节由国家旅游局、山东省人民政府主办，山东省旅游局、济宁市人民政府、曲阜市人民政府承办。重点活动有开幕式暨世界旅游日中国主会场庆祝活动，首次举行政府公祭孔子大典，第五届中国专利高新技术产品博览会等。

9 月 26 日晚，在杏坛剧场举行 2004 中国曲阜国际孔子文化节暨世界旅游日中国主会场庆祝活动开幕式。全国人大常委会原副委员长王汉斌宣布开幕。开幕式上张伟超传达中共中央总书记胡锦涛关于建设“中华文化标志城”的批示精神；中国联合国教科文组织全国委员会秘书处田小刚宣读中国联合国教科文组织全国委员会关于支持济宁市向联合国教科文组织申报国际“孔子奖”的决定。山东省副省长孙守璞致辞；国家旅游局副局长顾朝曦讲话。全国人大常委会原委员长万里、原副委员长田纪云分别致电向孔子文化节开幕表示祝贺；中共中央政治局原常委、国务院原副总理李岚清，全国人大常委会副委员长许嘉璐，全国政协原副主席谷牧分别致电致信祝贺。开幕式上演出由中央电视台《中华情》节目组策划、编创的大型专场文艺晚会；举行大型焰火晚会。

9月28日上午，在孔庙大成殿前举行纪念孔子诞辰2555年祭孔大典。曲阜市市长江成恭读孔子诞辰2555年祭文。曲阜市人大、政府、政协，曲师大，孔子研究院以及曲阜市直有关部门的负责人依次向孔子像敬献花篮并祭拜。这是自新中国成立以来和孔子文化节创办20年来，首次由地方政府组织的公祭活动，在海内外反响热烈。

文化旅游活动。举办“世界思想家巅峰论坛”、“圣地之旅”首游式、明故城开城仪式；在明故城墙上举办齐鲁文化旅游博览会、齐鲁文化旅游博览会专场音乐会；推出中外酒瓶文化展，孔府家工业旅游，九仙山农业观光游；举办“首届韩国安东美术作品展”“‘孔子杯’全国当代书画家作品邀请展”“纪念孔子诞辰2555年儒家文化书画展”“绘事后素——齐鲁名家翰墨精华展”“儒雅风韵四人书画展”“白光书法篆刻艺术展”“亚圣后裔孟凡书画展”等。

经科贸活动，举办第五届中国专科高新技术产品博览会、孔孟颜曾圣裔恳亲联谊暨经贸洽谈会、中外知名企业联谊暨经贸恳谈会等。

2005年中国曲阜国际孔子文化节

该年孔子文化节的主题是弘扬优秀传统文化，构建文明和谐社会，促进开放创新发展。由联合国教科文组织、国家旅游局、中华民族文化促进会、国际儒联、华夏文化纽带工程组委会、山东省人民政府主办，山东省旅游局、济宁市人民政府、曲阜市人民政府承办。重点活动有开幕式，举行规模盛大的全球联合祭孔活动，第六届中国高新技术产品博览会等。该届孔子文化节呈现出规模大、规格高、国际性强3个新的特点。

9月26日晚，在曲阜杏坛剧场举行2005中国曲阜国际孔子文化节开幕式。全国人大常委会原副委员长王光英宣布开幕，联合国教科文组织代表青岛泰之、山东省副省长张昭福、中国旅游协会常务副会长林山分别致辞。开幕式演出由中国东方歌舞团创意、策划、操作的大型文艺晚会和焰火晚会。

9月28日上午，在孔庙举行2005全球联合祭孔曲阜孔庙祭孔大典。通过开庙、祭孔巡游、公祭、家祭等几个部分，生动展现“千年礼乐归东鲁、万古衣冠拜素王”的盛大场面。济宁市政协主席王润廷主持公祭仪式，曲阜市市长江成恭读祭文。叶选平、王光英、高占祥及社会各界人士代表、国际友人、海外人士代表，山东省、济宁市、曲阜市各界群众代表，全国教师代表、学生代表，全国企业家代表，孔孟颜曾后裔代表依次向孔子像敬献花篮，行三鞠躬礼。祭孔大典首次由中央电视台现场向全球直播。全球联合祭孔大典除曲阜、上海、浙江衢州、云南建水、甘肃威武、中国香港、中国台北同时祭孔外，韩国首尔、日本足利、新加坡韮莱芭、美国旧金山、德国科隆等地30多座孔庙也同时举行不同形式的祭孔活动，并由中央电视台现场直播和连线报道。

文化旅游活动。举办“大成杯数码摄影展”“和谐风——纪念孔子诞辰2556年曲阜书画名家作品邀请展”“儒风——纪念孔子诞辰2556年全国书画作品大展”“放情山水——李雨阳画展”“纪念曾子诞辰2510年全国书画大奖赛展”及孔子故里博物馆城内系列展览等。继续保留开展原有的专项旅游和景点演出活动。

经科贸活动。举办第六届中国专利高新技术产品博览会，第二届中外企业高层论坛暨经贸合作恳谈会，2005 孔子文化节对外经贸合作洽谈会，全国六城市台协会济宁经贸合作恳谈会，孔孟之乡国际旅游目的地营销暨项目推介会，孔颜圣裔联谊经贸恳谈会，欧亚城乡合作计划——曲阜历史文化名城保护与发展国际论坛，曲阜重点项目开工竣工仪式和曲阜市招商引资项目签约仪式等。

11 月 29 日，中国曲阜国际孔子文化节被国际节庆协会评为“中国最具国际影响力十大节庆活动”之一。

2006 年中国曲阜国际孔子文化节

该年孔子文化节的主题是弘扬民族优秀传统文化，突出两岸孔子文化交流和孔孟之乡特色，促进开放合作发展。由联合国教科文组织、国家旅游局、国家广播电视局、山东省人民政府、中国孔子基金会、中华民族文化促进会、国际儒联联合主办，山东省旅游局、文化厅、广播电视厅，济宁市人民政府、曲阜市人民政府承办。重点活动有举办首届“孔子教育奖”颁奖盛典，“两岸孔子文化交流周”，同根一脉、海峡两岸同祭孔活动，第七届中国专利高新技术产品博览会等。

9 月 23 日，在曲阜孔子六艺城六艺大剧院举行首届联合国教科文组织“孔子教育奖”颁奖典礼。山东省政协副主席王久祜主持，联合国教科文组织代表、副教育助理总干事唐虔宣布联合国教科文组织表彰“孔子教育奖”获奖者决定并致辞；全国政协副主席王忠禹和唐虔向获奖代表颁奖；教育部副部长、联合国教科文组织执行局主席章新胜，山东省副省长李玉妹先后致辞；山东省、济宁市、曲阜市的领导分别向获奖代表赠送纪念品；孔子 75 代孙、钢琴演奏家孔祥东现场演奏中国名曲《黄河》。

9 月 26 日晚，在杏坛剧场举行 2006 中国曲阜国际孔子文化节暨两岸孔子文化交流周大型活动开幕式。全国政协副主席周铁农宣布开幕。山东省副省长张昭福，国务院台湾事务办公室副主任、海协会副会长王在希，国家旅游局副局长杜一力，中国国民党祭孔（文化）参访团团长、原副主席林澄枝，华夏文化纽带工程组委会执行委员会常务副主任李靖分别致辞。国家汉语国际推广领导小组办公室、深圳桑达电子集团有限公司致电祝贺孔子文化节圆满成功。开幕式上演出由中央电视台和北京和

2006 年 9 月 28 日，孔子诞辰 2557 年祭孔大典举行，在万仞宫墙前举行曲阜尼山、九龙山土与台湾日月潭土合土仪式。

谐盛世文化发展有限公司联合创意制作的大型文艺晚会《和之韵》，分“人和”“地和”“天和”3个篇章，突出“和美、和谐、和平”的时代主题，突出博大精深的孔子文化，突出“炎黄子孙共一祖，华夏文化同一脉”这一亘古不变的历史渊源。

9月28日上午，在孔庙举行2006“同根一脉，两岸祭孔”曲阜孔庙公祭孔子大典。祭孔大典分为取土取水、朝圣之路、迎土迎水和开城、开庙、公祭、家祭6个部分，拓展祭祀空间，延长祭祀路线，给人以强烈的视觉冲击和听觉冲击。上午9时，在明故城正南门外，来自海峡两岸的代表将孔子出生地尼山的圣土、中华文化标志城所在地九龙山的土和台湾原住民祭孔代表团从阿里山日月潭边取的土融为一体。中国国民党中央评议委员会主席团主席林澄枝向曲阜孔庙赠送台北孔庙珍藏的祭器复制件，曲阜市市长江成代表曲阜市接受祭器复制件。公祭仪式由山东省人大常委会副主任朱正昌主持，全国政协副主席周铁农，国务院台湾事务办公室副主任、海协会副会长王在希，山东省政协副主席周鸿兴，中国国民党祭孔文化参访团，台湾孔孟学会参访团，四川五粮液集团代表，孔氏后裔代表，中华儒商代表，山东省、济宁市、曲阜市的领导，优秀教师代表等在《八佾乐舞》伴奏下，依次向孔子像敬献花篮、行三鞠躬礼。曲阜市市长江成恭读祭文。与此同时，台北孔庙祭孔大典由中国国民党主席马英九主持，马英九代表台北孔庙接受曲阜孔庙赠送的商周祭器复制件。9月30日，中共中央政治局常委李长春作出批示：“祭孔和祭黄帝陵可和对台工作相结合，和传统文化的弘扬相结合，和团结、凝聚海外同胞相结合，每年都要好好策划一下，取得最佳的社会效益。”

文化旅游活动。举行广场文艺演出、全国中学校长“中华传统美德”论坛，举办“旅游商品创新设计大赛精品展览”“‘孔子杯’山东省收藏家协会藏品展览”“中国状元文化博物展”“走近孔子国际摄影大赛作品展”“巧圣鲁班文化展”“孔子后裔书画展”“齐鲁‘三人行’书画展”等。

经科贸活动。举办文化旅游商品博览会暨旅游商品创新设计大赛，中国曲阜现代物流业发展高峰论坛，孔颜圣裔联谊暨经贸恳谈会，曲阜历史文化名城保护与发展国际学术研讨会，项目签约、开工、竣工仪式，第七届中国专利高新技术产品博览会，中国（济宁）现代生态农业特色产品及乡村旅游国际博览会、人才交流大会，第三届中外企业高层论坛暨经贸合作恳谈会等。

第三节　2007～2017年中国（曲阜）国际孔子文化节

2007年中国（曲阜）国际孔子文化节

该年孔子文化节的主题是走近孔子，喜迎奥运，同根一脉，共建和谐。由山东省人民政府、文化部、教育部、国家旅游局、中华全国归国华侨联合会联合主办，济宁市人民政府、曲阜市人民政府承办。主要活动有第二届联合国教科文组织“孔子教育奖”颁奖典礼、孔子文化节开幕式、省政府首次公祭大典、世界儒学大会发起国际会议、第二届两岸孔子文化交流周暨台商孔子故里行活动、第八届中国专利高新技术产品博览会等。

9月27日下午，在孔子研究院举行第二届联合国教科文组织“孔子教育奖”颁奖典礼。

联合国教科文组织代表青岛泰之宣布联合国教科文组织表彰“孔子教育奖”获奖者决定，教育部副部长李卫红等致辞。全国政协副主席罗豪才、山东省代省长姜大明向获奖者颁奖，曲阜市委书记朱庆安、市长刘森向获奖者赠送纪念品。钢琴演奏家孔祥东现场演奏《孔子颂》等中国和世界名曲。

9月27日晚，在曲阜体育场举行2007中国（曲阜）国际孔子文化节开幕式。山东省副省长才利民主持，全国政协副主席罗豪才宣布开幕。山东省代省长姜大明，文化部副部长周和平，教育部副部长李卫红，国家旅游局副局长王志发，中华全国归国华侨联合会主席林兆枢先后致辞。开幕式上演出“中华情”栏目组承办的《国风和颂》大型文艺晚会。晚会由内地、香港著名主持人共同主持，由“同根一脉，四海共仰”“杏坛春雨，和而不同”“人文奥运，盛世大同”3个篇章组成，焦晃、费玉清、张也、刘欢、刘若英、孔祥东等共同为中外宾客奉献一场精彩的文艺节目。

9月27～28日，世界儒学大会发起国际会议在孔子研究院举行，来自12个国家和地区的55家儒学研究机构代表和中外学者97人参加会议。会议通过《世界儒学大会发起宣言（草案）》和《世界儒学大会章程（草案）》。决定从2008年起，每年在孔子故里曲阜举行一次世界儒学大会。

9月28日上午，在曲阜孔庙举行2007年祭孔大典。上午9时，明故城正南门外，由一名孔子后裔少年点燃中华文化圣火开始，揭晓奥运会迎宾语评选结果，将《论语》经典：“有朋自远方来不亦乐乎”“四海之内皆兄弟也”“己所不欲，勿施于人”“德不孤，必有邻”“礼之用，和为贵”推荐给北京奥组委。之后依次进行开城、开庙、公祭、家祭活动。祭孔大典活动首次由省政府出面公祭，代省长姜大明恭读祭文。全国政协副主席罗豪才，山东省委书记李建国，省委副书记、代省长姜大明，省人大常委会副主任朱正昌，中国侨联主席林兆枢以及文化部、教育部、国家旅游局和知识产权局领导，澳门特首何厚铧代表，“两院”院士代表，华人华侨代表，国外经贸旅游团体贵宾代表，海内外儒学研究机构代表，孔孟颜曾后裔代表，济宁市、曲阜市领导依次向孔子像敬献花篮，行三鞠躬礼。

2007年9月28日，在祭孔大典仪式上，孔子故里将“国人不可不知的五句《论语》经典”作为2008奥运会迎宾语向北京奥组委推荐。

文化旅游活动。举办第二届两岸孔子文化交流周暨台商孔子故里行活动，孔子及儒家思想学术报告会，“迎北京奥运游孔孟之乡”旅游推介会暨奥运济宁行活动；举办“海峡两岸书画名家祭孔交流展”“儒家文化国际视觉设计大展”“第三届走近孔子国际摄影大展”“孔子与世界·艺术中国书画慈善大展”“儒文化艺术精品展”“高润森书画艺术展”“名家书画奇石展”等。

经科贸活动，举办第八届中国专利高新技术产品博览会、2007 中国（济宁）现代农业国际博览会、侨商台商经贸合作洽谈等。

12 月 7 日，中国（曲阜）国际孔子文化节被第三届中国节庆产业年会评为“2007 年中国节庆产业十大影响力节庆”和“2007 年中国节庆产业十大人物类节庆”。

2008 年中国（曲阜）国际孔子文化节

该年孔子文化节的主题是走近孔子、感悟圣城。由山东省人民政府、文化部、教育部、国家旅游局主办，济宁市人民政府、曲阜市人民政府承办。重点活动有开幕式与第三届联合国教科文组织“孔子教育奖”颁奖典礼、首届世界儒学大会、戊子年祭孔大典、山东（国际）文化产业博览会济宁会场、第九届中国专利高新技术产品博览会等。

9 月 22 ~ 24 日，在曲阜孔子文化会展中心举办第九届中国专利高新技术产品博览会和 2008 山东文化产业博览会（济宁会场）。其中，科博会由国家知识产权局、中国工程院、山东省政府主办，文博会由山东省政府主办。9 月 29 日晚，山东（国际）文化产业博览会闭幕式在孔子文化会展中心剧场举行。

9 月 27 日晚，在孔子文化会展中心举行 2008 中国（曲阜）国际孔子文化节开幕式暨第三届“孔子教育奖”颁奖典礼。全国人大常委会副委员长蒋树声宣布开幕。山东省省长姜大明、文化部副部长周和平先后致辞；联合国教科文组织北京办事处代表代办毕斯塔宣读“孔子教育奖”获奖名单。全国人大常委会原副委员长许嘉璐等向获奖者颁发证书，教育部部长助理杨周复、济宁市委书记孙守刚向获奖者赠送纪念品。书画家范曾向山东人民赠送自己创作的国画孔子像，山东省委常委、宣传部部长李群接受孔子画像。开幕式上演出大型原创剧目《孔圣·九章》。整个演出以“仁”“礼乐”“孝”“义”“学”“教”“天命修身”为载体和篇章，采用词、乐、歌、舞的形式表达，让人们在赏心悦目的同时领略孔子思想的精华。

9 月 27 日，由亚洲会展节事财富论坛和中国城市经济学会、新华网、中国节庆联合会主办的“改革开放 30 年影响中国节庆产业进程 30 节、30 人”颁奖盛典上，中国（曲阜）国际孔子文化节入选改革开放 30 年“影响中国节庆产业进程 30 节”。

9 月 27 ~ 29 日，由文化部、山东省人民政府主办的首届世界儒学大会在孔子研究院举办，来自 22 个国家和地区的 86 个儒学研究机构的 172 位专家参加大会。大会通过会议主席团成员名单，决定将大会秘书处设在曲阜孔子研究院。

9 月 28 日上午，在孔庙举行戊子年公祭孔子大典。祭孔大典突出仁者爱人、自强不息的民族精神，分主题揭幕、开庙仪式、论语诵读、公祭等部分，庄严肃穆，气势恢宏。山东省省长姜大明恭读祭文。祭文由当代著名作家金庸撰写。全国人大常委会原副委员长许嘉璐，山东省省长姜大明，省人大常委会副主任高新亭，省委常委、宣传部部长李群，文化部副部长周和平，国家旅游局副局长杜江，“孔子教育奖”获奖代表，日本前政要武村正义，瑞典于默市民主社会党市委书记玛丽·路易斯，画家范曾，世界孔子后裔联合总会会长孔德墉，世界曾氏宗亲联合总会副会长曾昱以及济宁市、曲阜市领导和贵宾依次向孔子像敬献花篮。

文化旅游活动。举办尼山文明论坛国际筹备会议、孔子与旅游论坛、“走近孔子国际摄影大展”、孔子书画艺术（产业）博览会；举办广场文艺演出；开展专题旅游活动。

经科贸活动。举办第九届中国专利高新技术产品博览会，举行项目集中签约和落地项目开工、开业仪式。

11 月 15 日，在 2008 中国节庆高峰论坛上，中国（曲阜）国际孔子文化节获“2008 中国十大国际性节庆暨改革开放 30 年 · 中国节庆杰出典范奖”和“2008 中国十大最具魅力节庆奖”。

2009 年中国（曲阜）国际孔子文化节

该年孔子文化节的主题是纪念先哲孔子，弘扬传统文化，实践科学发展，建设和谐社会。由山东省人民政府、文化部、教育部、国家旅游局主办，济宁市人民政府、曲阜市人民政府承办。重点活动有开幕式与第四届联合国教科文组织“孔子教育奖”、首届“孔子文化奖”颁奖典礼，第二届世界儒学大会、己丑年祭孔大典、孔子世家谱续修颁谱典礼等。

9 月 24 日上午，在曲阜孔庙大成殿前举行孔子世家谱续修颁谱典礼。祭孔《八佾乐舞》、三献礼等传统祭祀仪式后，山东省政协副主席齐乃贵，山东省华夏文化促进会会长王修智，济宁市政协主席赵树国，曲阜市委书记朱庆安，台湾“中华文化复兴运动总会”副主任黄石城，文化艺术出版社社长张子康，孔子世家谱续修工作协会会长孔德墉共同为新修孔子世家谱揭谱。孔德墉代表孔子世家谱续修工作协会向国家图书馆、台北“中央图书馆”、曲阜市人民政府赠送孔子世家谱。王学仲、于志学、吴泽浩、郑惠芝、杨松涛等书画家向孔子世家谱续修工作协会赠送书画作品。孔子世家谱续修由时任中国孔子基金会名誉会长谷牧提议，经孔子 77 代嫡孙孔德成同意，于 1998 年成立续修工作协会，整个续修工作历时 10 余年。新续修的孔子世家谱共 80 册，2000 万字，收录孔子后裔 200 万人。

9 月 27 日晚，在杏坛剧场举行 2009 中国（曲阜）国际孔子文化节开幕式暨“孔子教育奖”“孔子文化奖”颁奖典礼。全国人大常委会副委员长陈昌智宣布 2009 中国（曲阜）国际孔子文化节开幕。山东省省长姜大明，文化部纪检组原组长常克仁，中国联合国教科文组织全国委员会秘书长方茂田，国家旅游局纪检组长刘金平先后致辞。联合国教科文组织总干

2009 年 9 月 28 日，书画家范曾和 99 名小学生共同书“和”。

事代表唐虔致辞并宣读联合国教科文组织“孔子教育奖”和“孔子教育奖荣誉奖”名单。姜大明、方茂田为“孔子教育奖”获奖代表颁奖，唐虔为“孔子教育奖荣誉奖”获奖代表颁奖，山东省教育厅厅长齐涛、济宁市委书记孙守刚、曲阜市委书记朱庆安向获奖代表赠送纪念品。常克仁宣布“孔子文化奖”获奖名单并颁奖，山东省文化厅厅长亢清泉、济宁市市长张振川向获奖者赠送纪念品。开幕式与“孔子教育奖”“孔子文化奖”颁奖典礼一并举行。“孔子文化奖”是在联合国教科文组织设立“孔子教育奖”之后，中国文化部设立的国家级奖项。开幕式上演出大型原创舞剧《孔子》。

9 月 28 日上午，在孔庙举行己丑年公祭孔子大典。大典突出“和衷共济、讲信修睦”的民族精神。8 时 30 分，在大成桥南端举行迎宾仪式，由 1 万余人组成的方队在大成路、神道路两侧齐诵论语恭迎嘉宾。9 时，万仞宫墙前，举行主题揭幕仪式，99 名小学生和范曾共同书写儒学精髓“和”。范曾现场书写祭孔大典主题“和衷共济，讲信修睦”。全国人大常委会副委员长陈昌智为主题揭幕。经过开庙、启户，主祭人员在大成殿前举行公祭仪式。在孔庙大成殿前用千朵百合花装饰成“和”字图案，拓展时空，使祭孔大典主题凸显百和、千和、万和的崭新意境。全国人大常委会副委员长陈昌智，山东省省长姜大明，山东省人大常委会副主任时立军，文化部纪检组原组长常克仁，中国联合国教科文组织全国委员会秘书长方茂田，“孔子教育奖”获奖代表，“孔子文化奖”获奖代表依次向孔子像敬献花篮，行鞠躬礼。山东省省长姜大明恭读祭文，祭文由书画家范曾撰写并手书。

9 月 27 ～ 29 日，在孔子研究院举办第二届世界儒学大会。来自 21 个国家和地区 97 个儒学研究机构的 300 余位学者参加。大会围绕多元化语境（环境）下儒学文化的传承与发展，儒学与国家及地区的发展，儒学与当代文化艺术等议题进行研究讨论。

举行“全国政协系统书画邀请展”，著名书画家范曾手书己丑年祭文碑刻揭幕仪式，孔子文化旅游高峰论坛，首届儒家廉政思想论坛，文化旅游纪念品暨书画服装展，演出舞剧《伟大的导师孔子》；开展专题旅游活动等。

2010 年中国（曲阜）国际孔子文化节

该年孔子文化节的主题活动是游孔子故里，品孔府家宴，观儒乡风情，学圣人智慧。由山东省人民政府、文化部、教育部、国家旅游局主办，济宁市人民政府、曲阜市人民政府承办。重点活动有开幕式与“孔子教育奖”“孔子文化奖”“孔子友谊奖”颁奖典礼，第三届世界儒学大会，首届尼山世界文明论坛，庚寅年祭孔大典、巴黎“孔子文化周”、第十届中国专利高新技术产品博览会等。

9 月 24 ～ 28 日，在曲阜尼山等地举办首届尼山世界文明论坛。尼山世界文明论坛由许嘉璐倡导并创办。首届论坛邀请印度尼西亚前总统梅加瓦蒂、匈牙利前总理迈杰希，以及欧洲、美洲、亚洲国家和地区的 70 余位学者参加，围绕“仁爱、诚信、包容、和谐”主题进行 14 场次的高端对话、学术讨论。通过对话达成共识，发表《尼山和谐宣言》。9 月 25 日，全国人大常委会原副委员长许嘉璐在曲阜尼山书院与匈牙利前总理迈杰希举行高端会谈。

9 月 27 日晚，在杏坛剧场举行 2010 中国（曲阜）国际孔子文化节开幕式暨“孔子教育奖”“孔子文化奖”“孔子友谊奖”颁奖典礼。全国人大常委会副委员长陈至立宣布开幕。山

2010 年 9 月 28 日，祭孔大典现场。

东省政协主席刘伟、国家旅游局纪检组组长刘金平、中国联合国教科文组织全国委员会秘书长方茂田先后致辞。联合国教科文组织成人与扫盲教育处处长纳姆提普·阿克索库致辞，并宣布“孔子教育奖”“孔子教育奖荣誉奖”获奖名单。许嘉璐为“孔子教育奖”“孔子教育奖荣誉奖”获奖者颁奖，山东省教育厅厅长齐涛向获奖者赠送纪念品。山东省文化厅厅长亢清泉宣布 2010 年度“孔子文化奖”获奖名单，全国政协原副主席李蒙为获奖者颁奖，济宁市委书记孙守刚向获奖者赠送纪念品。济宁市市长张振川宣布“孔子友谊奖”获奖名单并为获奖代表颁奖、赠送纪念品。在开幕式上，演出汇集孔孟之乡 1500 余名优秀演员强大阵容、全力打造的大型文艺晚会《杏坛儒风》。

9 月 28 日上午，在孔庙举行庚寅年祭孔大典。该届祭孔大典突出“天下大同、协和万邦”主题。为进一步增强祭孔大典的观赏性和参与性，在万仞宫墙前设计安装 LED 大屏幕，在孔庙大成殿露台两侧搭建与祭祀相协调的贵宾观礼台。万仞宫墙大屏幕与孔庙内的大屏幕连线同步直播祭孔大典盛况，实现场内与场外的互动。在万仞宫墙前举行主题揭牌仪式，济宁市市长张振川恭读主题铭文，全国人大常委会副委员长陈至立揭示主题。陈至立、许嘉璐、李蒙以及国家有关部委领导，山东省委、人大、政府、政协领导和济宁、曲阜两级市委、市人大、市政府、市政协领导及中外主要贵宾分别向孔子像敬献花篮。省政协主席刘伟恭读祭文。祭文由许嘉璐撰写，孔德墉手书。

9 月 27 ~ 29 日，在孔子研究院举办第三届世界儒学大会，来自 16 个国家和地区的 86 个儒学研究机构与学术团体的 200 余位儒学专家参加。

为扩大中国文化及孔子思想在国际上的影响，在联合国教科文组织总部巴黎举办大型“孔子文化周”活动，使孔子文化节首次走出国门。举办山东文化产业博览交易会济宁会场、中国（曲阜）孔府菜美食节、中国（山东）服装家纺博览会、全国知名民营企业总裁孔子文化“问礼”行，《孔府、孔庙、孔林》特种邮票首发式，许嘉璐祭孔子文碑刻落成典礼，“艺舟双楫——《美术观察》同仁作品展”，曲阜市投资项目协作交流会暨重大项目签约仪式以及房地产展示会、专题旅游活动等。

2011 年中国（曲阜）国际孔子文化节

该年孔子文化节的主题是儒济天下，和宁四方。由山东省人民政府、文化部、教育部、国家旅游局主办，济宁市人民政府、曲阜市人民政府承办。重点活动有开幕式暨“孔子教育奖”颁奖典礼，第四届世界儒学大会暨“孔子文化奖”颁奖典礼，辛卯年祭孔大典、海峡两岸孔子文化交流周、曲阜尼山春季祭孔大典等。

4月3日，在孔子诞生地尼山举行春季祭孔大典暨2011中国（曲阜）国际孔子文化节启动仪式。启动仪式包括尼山孔庙祭祀大典、尼山书院“文化之旅、书香尼山”文化活动启动仪式、夫子洞广场开笔礼仪式、2011曲阜旅游联谊会、中国孔庙保护协会座谈会五大内容，拉开2011中国（曲阜）国际孔子文化节活动的帷幕。

9月27日晚，在曲阜杏坛剧场举行2011中国（曲阜）国际孔子文化节开幕式暨“孔子教育奖”颁奖典礼。山东省政协主席刘伟宣布开幕。中国联合国教科文组织全国委员会秘书长杜越，济宁市市长梅永红，韩国大邱广域市寿城区区厅长李晋勋，山东省政协主席刘伟先后致辞。联合国教科文组织官员萨义达·拉曼宣布联合国教科文组织“孔子教育奖”“孔子教育奖荣誉奖”获奖名单，山东省政协副主席乔延春和杜越为“孔子教育奖”获奖代表颁奖，济宁市委书记张振川、曲阜市委书记李长胜向获奖代表赠送纪念品。开幕式上演出大型歌舞《大哉孔子》。《大哉孔子》由序“你是一团遥远的火”、礼乐篇、仁爱篇、大同篇和尾声“千年孔子”5个篇章组成，凸显孔子仁者爱人、大爱无疆的博大情怀。

9月28日上午，在孔庙举行辛卯年公祭孔子大典。公祭孔子大典突出“儒济天下，和宁四方”主题，在乐舞告祭“天人合一”“与时偕行”“万世师表”“为政以德”“九州重光”“天下大同”乐章中礼成。省政协主席刘伟恭读祭文。各级领导、世界儒学大会代表、“孔子教育奖”“孔子文化奖”获奖代表及各界代表依次向孔子像敬献花篮。

9月27～29日，在孔子研究院举行第四届世界儒学大会暨2011年度“孔子文化奖”颁奖典礼。文化部原副部长赵维绥，济宁、曲阜两级市领导张振川、梅永红、张术平、陈民、刘成文、李长胜、刘森等出席。来自16个国家和地区83个学术研究机构与团体的200名学者与会，就“儒学的价值取向与社会发展”等展开研讨。大会期间揭晓2011年度“孔子文化奖”得主并举行颁奖典礼。

开展“海峡两岸孔子文化交流周”活动。孔子第79代嫡长孙、大成至圣先师孔子协会会长孔垂长率台湾孔子文化交流参访团一行，首次踏上祖先故里的土地，在曲阜参加孔子文化交流周活动。这是自孔子嫡裔离鲁去台60余载，首次返乡的一次具有历史意义的文化交流之旅。举办2011曲阜旅游联谊会、中国孔庙保护协会座谈会、“乔领·宁雪君画展”、高铁生态文化项目签约仪式等。

2012年中国（曲阜）国际孔子文化节

该年孔子文化节的主题是文化圣地，共有家园。由山东省人民政府、文化部、教育部、国家旅游局主办，济宁市人民政府、曲阜市人民政府承办。重点活动有开幕式暨“孔子教育奖”颁奖典礼，第五届世界儒学大会暨“孔子文化节”颁奖典礼，壬辰年祭孔大典、第十一届中国专利高新技术产品博览会等。

6月26日，在孔子文化会展中心举行第十一届中国专利高新技术产品博览会开幕式。全国人大常委会原副委员长何鲁丽宣布开幕，并与国家知识产权局副局长贺化，科学技术部党组成员、科技日报社社长王志学，中国科学院党组成员、秘书长邓麦村，中国工程院党组成员、秘书长白玉良，中共山东省委常委、副省长孙伟，中共济宁市委书记、市人大常委会主任马平昌共同启动开展。大会以“创新·合作·发展”为主题，荟萃国内外高新技术专利产品，展示自主创新丰硕成果。

9月27～29日，在孔子研究院举办第五届世界儒学大会暨2012年度“孔子文化奖”颁奖仪式。12个国家和地区的学术研究机构与团体的100余位学者参加大会。大会期间揭晓2012年度“孔子文化奖”获奖名单。“孔子文化奖”由中央民族大学教授牟钟鉴和韩国成均馆获得。

9月27日晚，在曲阜杏坛剧场举行2012中国（曲阜）国际孔子文化节开幕式暨联合国教科文组织“孔子教育奖”颁奖典礼。山东省副省长孙伟宣布开幕。中国联合国教科文组织全国委员会秘书长杜越、山东省副省长孙伟先后致辞。联合国教科文组织教育计划和发展部负责人戴维·阿乔莱那致辞，并宣读第七届联合国教科文组织“孔子教育奖”获奖名单。中国文联副主席覃志刚、杜越，济宁市委书记马平昌为获奖者颁奖。山东省教育厅副厅长孟庆旭、山东省旅游局副局长窦群向获奖者赠送纪念品。济宁市长梅永红向“孔子友谊奖”获奖者颁奖，曲阜市委书记李长胜向友谊奖获得者赠送纪念品。山东省政府副秘书长张德宽主持。开幕式上举行大型文化演出《富邦之夜·中华家园》，演出通过“中华之魂”“文化同根、文明同源”“和谐盛世”3个篇章依次表达人们对中华家园、世界大家庭的美好祝愿。

9月28日上午，在孔庙举行壬辰年公祭孔子大典。中国文联副主席覃志刚、山东省人大常委会原副主任王渭田、中国联合国教科文组织全国委员会副秘书长秦昌威、台湾新党主席郁慕明、联合国教科文组织总部代表戴维·阿乔莱那、中新友好协会副会长曾繁如、韩国荣州市副市长金镇永、“孔子教育奖”获奖代表、“孔子文化奖”获奖代表、企业代表，济宁、曲阜市委、人大、政府、政协领导依次向孔子像敬献花篮。山东省副省长孙伟恭读祭文。祭文由台湾学者董金裕撰写。济宁市政协主席赵树国主持。

除三大主题活动外，举办孔子文化旅游商品创新设计大赛博览会、海峡两岸企业发展论坛、500强企业走进圣城、“全国书法篆刻作品展”。在济宁市区，举办联合国教科文组织全民教育国际研讨会、经贸文化产业招商推介会、第三届中国健康产业儒商高峰论坛等。

2013年中国（曲阜）国际孔子文化节

该年孔子文化节的主题是文化凝聚正能量，同心共筑中国梦。由山东省人民政府、文化部、教育部、国家旅游局主办，济宁市人民政府、曲阜市人民政府承办。立足于控制规模，做精、做细和着力提升孔子文化内涵的原则，重点活动有开幕式暨“孔子教育奖”颁奖典礼、第六届世界儒学大会暨“孔子文化奖”颁奖典礼、癸巳年祭孔大典三大主题活动和相关系列活动。

9月27～28日，在孔子研究院举办第六届世界儒学大会暨2013年度“孔子文化奖”颁奖典礼，14个国家和地区的60余个儒学团体与机构的120位学者，围绕儒家思想与当代社会建设主题进行研讨。大会期间揭晓2013年度“孔子文化奖”名单并进行颁奖典礼。该届大会修改《世界儒学大会章程》，确定从该届开始，世界儒学大会两年举办一次，“孔子文化奖”两年推选一次。推选范围从孔子儒学研究推广领域扩大到中国传统文化的研究、推广与传播领域，推选获奖名额为个人或机构两名（个）。

9月28日上午，在杏坛剧场举行2013中国（曲阜）国际孔子文化节开幕式暨第八届联合国教科文组织“孔子教育奖”颁奖典礼。全国政协原副主席黄孟复宣布开幕。中国联合国教科文组织全国委员会秘书长杜越致辞。联合国教科文组织代表贝斯塔致辞，并宣布第八届联合国教科文组织“孔子教育奖”获奖名单。山东省副省长孙伟、省政协副主席王乃静、济宁市委书记马平昌为“孔子教育奖”获奖机构代表颁奖，山东省教育厅党组成员孟庆旭、省旅游局副局长于风贵、曲阜市委书记李长胜向获奖者赠送纪念品。济宁市市长梅永红主持。

同日，在曲阜孔庙举行癸巳年祭孔大典。全国政协原副主席黄孟复，山东省委、省人大、省政府、省政协领导，联合国教科文组织官员，韩国驻青岛副领事蔡汉奭、俄罗斯塔甘罗格市副市长奥列格·德米耶夫、韩国荣州市副议长朴赞勋等分别依次向孔子像敬献花篮。山东省副省长孙伟恭读祭文。祭文由清华大学教授彭林撰写。

2013年9月28日，2013中国（曲阜）国际孔子文化节开幕式暨第八届联合国教科文组织“孔子教育奖”颁奖典礼在杏坛剧场举行。

按照中央八项规定和《节庆活动管理办法（试行）》要求，该届孔子文化节坚持把“节俭办节”的原则贯穿始终，取消开幕式大型文艺演出，将原定于9月27日晚举办的孔子文化节开幕式调整到9月28日上午和祭孔大典同日举行，参加开幕式的主要嘉宾在开幕式结束后直接转场参加祭孔大典，压缩活动时间，节约大量资金。此外，在济宁市区和孔子研究院举办联合国教科文组织全民教育国际研讨会，经贸、文化产业招商推介会，走进文化济宁——百景万人自驾游济宁休闲周旅游推介活动，孔子文化节宣传月活动；举办“朝圣之旅——王家新、范迪安、李一书法展”“中国风云人物线光肖像展”，首届国学国医东方圣城论坛，美丽经济与儒家文化论坛等。

2014年中国（曲阜）国际孔子文化节

该年孔子文化节以习近平总书记视察曲阜讲话精神为指针，以“弘扬优秀传统文化，共建文明首善之区”为主题。由山东省人民政府、文化部、教育部、国家旅游局、联合国教科文组织主办，济宁市人民政府、曲阜市人民政府承办。8月13日，全国清理和规范庆典研讨会论坛活动工作领导小组发布《关于需报请党中央、国务院审批的节庆活动项目清理规范的通知》，同意山东省保留举办中国（曲阜）国际孔子文化节（世界儒学大会）节庆活动项目。

该届文化节举办孔子文化节开幕式暨“孔子教育奖”颁奖典礼、甲午年祭孔大典、孔子学院总部体验基地揭牌仪式三大主题活动和相关系列活动。

9月27日晚，在孔子文化会展中心剧场举行2014中国（曲阜）国际孔子文化节开幕式暨第九届联合国教科文组织“孔子教育奖”颁奖典礼。全国政协原副主席孙家正宣布开幕。山东省委常委、宣传部部长孙守刚，教育部副部长郝平先后致辞。联合国教科文组织“孔子教育奖”主任评委拉德万宣读“孔子教育奖”获奖名单并致辞。山东省省长郭树清、教育部副部长郝平向获奖机构代表颁奖。济宁市委书记马平昌、市长梅永红为“孔子友谊奖”获奖者颁奖。开幕式结束后，举行文化惠民优秀节目巡回演出启动仪式，推出一大批富有地方特色的精选节目。

9月28日上午，在曲阜孔庙举行甲午年公祭孔子大典。全国政协原副主席孙家正，山东省省长郭树清，中国孔子基金会会长韩喜凯，山东省委常委、宣传部部长孙守刚，省人大常委会原副主任卢洪、王渭田，省政协原副主席李殿魁，国际儒学联合会会长滕文生，中央统战部原副部长万绍芬，中央电视台台长胡占凡，中国文联副主席覃志刚等依次向孔子像敬献花篮。省长郭树清恭读祭文。祭文由中国人民大学教授张立文撰写。甲午年祭孔大典增加由中小学生、机关事业单位工作人员、工矿企业职工、社区居民代表等组成的诵读方阵，形成万人齐读《论语》经典名句的盛大场面。

同日，在孔子研究院举行孔子学院总部体验基地揭牌仪式。济宁市委书记马平昌主持仪式。国家汉语国际推广领导小组办公室主任许琳致辞并为基地揭牌。孔子学院总部体验基地的设立是贯彻落实习近平总书记重要指示的具体行动，为进一步加强世界孔子学院与孔子故里的合作交流，更好地弘扬和传播中华民族优秀传统文化搭建广阔的平台。新设立的孔子学院总部体验基地落户曲阜，将充分发挥孔子故里、东方文化圣地的资源优势，服务国际汉语推广，讲好中国故事，弘扬中华优秀传统文化的功能和作用。

此外，在济宁市区和孔子研究院，举办联合国教科文组织全民教育国际研讨会、“庆祝新中国成立65周年全国产（行）业文联书法精品展览”、全国知名民营企业家“东方圣城行”暨知名民企助推济宁转调创经贸合作恳谈会、“海峡两岸中国当代名家纪念孔子诞辰2565年书画邀请展暨‘中华未来之星’优秀作品展”，中华诗联名家孔子故里行、孔孟之乡文化产品博览会、第五届中国健康产业儒商峰会、山东骏琪第二届美丽经济与儒家文化论坛、系列文化惠民活动等。

2015年中国（曲阜）国际孔子文化节

该年孔子文化节的主题是弘扬优秀传统文化，建设文明首善之区。由山东省人民政府、文化部、教育部、国家旅游局主办，济宁市人民政府、曲阜市人民政府承办。该届文化节以开幕式暨“孔子教育奖”颁奖典礼、乙未年祭孔大典、第七届世界儒学大会暨“孔子文化奖”颁奖典礼三大主题活动为主体，相继开展相关系列活动。2015年7月，国际孔子文化节获得山东省委外宣办、山东省政府新闻办第十一届山东省对外传播奖优秀外宣项目奖。

9月27日晚，在孔子文化会展中心剧场举行2015中国（曲阜）国际孔子文化节开幕式暨第十届联合国教科文组织“孔子教育奖”颁奖典礼。全国人大常委会副委员长向巴平措宣布开幕。山东省委常委、宣传部部长孙守

2015 年 9 月 28 日，乙未年公祭孔子大典现场。

刚，中国联合国教科文组织全国委员会副秘书长周家贵先后致辞。联合国教科文组织官员戴维·艾乔瑞纳致辞，并宣布“孔子教育奖”获奖名单。山东省人大常委会副主任宋远方和中国联合国教科文组织全国委员会副秘书长周家贵为“孔子教育奖”获奖机构代表颁奖，马平昌、傅明先、李长胜向获奖代表赠送纪念品。开幕式上演出具有浓郁的孔子故里特色、孔子思想文化底蕴丰富的文艺节目。

9 月 27 ~ 29 日，在孔子研究院等地举办第七届世界儒学大会暨 2015 年度“孔子文化奖”颁奖典礼，来自 20 多个国家和地区的儒学研究机构和团体的学者 300 余人参加，大会期间揭晓 2015 年度“孔子文化奖”获奖名单。儒学大会以“儒学思想与当代价值构建”为主题，在来自 20 多个国家的不同文明不同制度的学者之间展开学术研讨和对话。大会期间首次推出儒学研究新成果、策划并举办青年博士论坛，为大会注入新的内容和活力。

9 月 28 日上午，在孔庙举行乙未年公祭孔子大典。祭孔大典创新开庙仪式，由典仪官、唱乐官、赞引官等礼仪人员主持，更符合礼制规范，祭孔大典还邀请社会各界人士组成的观礼方阵进入现场，提高群众参与度。全国政协原副主席张梅颖，山东省委副书记龚正，山东省政协原副主席李德强，九三学社原常务副主席陈抗甫，全国政协副秘书长何丕洁，全国工商联原副主席孙晓华，中国联合国教科文组织全国委员会副秘书长周家贵，国家旅游局综合司副司长熊山华等依次向孔子像敬献花篮。龚正恭读祭文。祭文由清华大学教授钱逊撰写。

在济宁市区和各县市区，举办联合国教科文组织全民教育国际研讨会，“圣地乡村旅游”活动和 2015 年济宁市“儒风乡韵”乡村旅游商品创新设计大赛，中国儒商圣城行，“智慧城市与机器人系统”院士论坛，首届古都任城、先贤任子文化论坛暨先贤任不齐诞辰 2560 周年纪念邮品首发式，第六届中国健康产业儒商峰会，第三届美丽经济与儒家文化论坛，中华诗赋联书画名家孔子故里行，“当代儒家书画作品展”“‘春秋绘事’油画艺术展”，儒家文化与太极养生—孔孟之乡文化产品博览会等。

2015 年 11 月，中国（曲阜）国际孔子文化节在 2015 中国节庆全国交流大会上，与五大连池火山圣水节、泰山国际登山节同获辉煌成就奖（节龄逾三十年）。

2016 年中国（曲阜）国际孔子文化节

该年孔子文化节以“弘扬优秀传统文化，建设文明首善之区”为主题。由山东省人民政府、文化部、教育部、国家旅游局主办，济宁市人民政府、曲阜市人民政府承办。按照提升内涵、扩大宣传、规模适度、务实节俭的原则，先后举办孔子文化节开幕式暨第十一届联合国教科文组织“孔子教育奖”颁奖典礼、丙申年祭孔大典两大主题活动和相关系列活动。

9月27日晚，在孔子文化会展中心剧场举行2016中国（曲阜）国际孔子文化节开幕式暨第十一届联合国教科文组织“孔子教育奖”颁奖典礼。山东省委常委、宣传部部长孙守刚致辞并宣布开幕。国家旅游局副局长魏洪涛、文化部政策法规司司长饶权、中国联合国教科文组织全国委员会副秘书长周家贵、联合国教科文组织驻华代表处代表欧敏行先后致辞。山东省人大常委会副主任宋远方和周家贵、济宁市委书记马平昌为“孔子教育奖”获奖机构代表颁奖，济宁市委副书记、市长傅明先为两名在济宁市经济建设和社会事业发展中做出突出贡献的外国专家代表颁发“孔子友谊奖”；济宁市委副书记刘中会、曲阜市委书记刘东波为“少年孔子奖”获奖代表颁奖。

9月28日上午，在曲阜孔庙举行丙申年祭孔大典。全国政协原副主席张梅颖，山东省委常委、宣传部部长孙守刚，省人大常委会副主任宋远方，省政协副主席郭爱玲，省政协原副主席李殿魁，国家旅游局副局长魏洪涛，光明日报社副总编沈卫星，全国台联副会长杨毅周，中国侨联副主席赵涛，文化部政策法规司司长饶权，联合国教科文组织官员等依次向孔子像敬献花篮。孙守刚恭读祭文。祭文由山东大学教授颜炳罡撰写。

在孔子研究院和济宁市区等地，举办2016世界儒商大会、孔子与世界——全球部分孔子学院院长高峰论坛、2016中国（济宁）国际研学旅行创新发展峰会、联合国教科文组织全民教育国际研讨会、山东社科论坛——儒学与当代诚信体系建设、第三届中华诗赋联书画名家孔子故里行、知名侨领孔子故里行、儒家文化与太极养生等活动。

2017年中国（曲阜）国际孔子文化节

该年孔子文化节以“用儒家文化讲好中国故事”为主题。由山东省人民政府、文化部、教育部、国家旅游局主办，济宁市人民政府、曲阜市人民政府承办。采取政府引导、社会参与、市场运作的模式，按照提升内涵、突出宣传、规模适度、务实节俭的原则，严格遵守中央八项规定要求，举办孔子文化节开幕式暨第十二届联合国教科文组织“孔子教育奖”颁奖典礼、丁酉年祭孔大典、第八届世界儒学大会三大主题活动和联合国教科文组织全民教育国际研讨会、中国研学旅行推广联盟成立大会等相关系列活动。

9月20～21日，在孔子研究院举办第八届世界儒学大会，来自34个

2016年9月27日，2016中国（曲阜）国际孔子文化节开幕式文艺演出。

2017 年 9 月 28 日，丁酉年祭孔大典现场。

国家和地区、100 余个儒学研究机构与学术团体的 600 余名专家学者参加会议。9 月 20 日上午，第八届世界儒学大会在孔子研究院辟雍广场开幕。开幕式前举行音乐会，演绎《尼山圣诞曲》和《孔子颂》。来自 34 个国家和地区、100 余个儒学研究机构与学术团体的 600 余位专家学者及嘉宾参加会议。全国人大常委会副委员长王胜俊，中共山东省委书记、省人大常委会主任刘家义，中国艺术研究院院长连辑，山东大学校长樊丽明、美国哈佛大学燕京学社原社长、北京大学人文高等研究院院长杜维明，孔子第 79 代嫡长孙、至圣孔子基金会会长孔垂长出席大会开幕式并分别致辞。王胜俊、刘家义为获得 2017 年度“儒学研究杰出人物”的台湾东海大学教授蔡仁厚、武汉大学教授郭齐勇颁发纪念牌。山东省委常委、宣传部部长孙守刚主持开幕式。会议为期两天，共同探讨“儒家思想与人类的共同价值”“传统文化传承发展的现代路径”等问题。文化部部长雒树刚出席大会主题论坛并发表主旨演讲。

9 月 27 日晚，在曲阜孔子文化会展中心剧场举行 2017 中国（曲阜）国际孔子文化节开幕式暨“孔子教育奖”颁奖典礼。全国政协副主席王家瑞宣布开幕。山东省省长龚正、国家旅游局副局长魏洪涛、国家文物局副局长刘曙光、中国联合国教科文组织全国委员会副秘书长周家贵分别致辞。联合国教科文组织驻华代表处代表裴伯庸宣读“孔子教育奖”获奖名单并致辞。开幕式上，举行以“家·国·天下”为主题的文艺演出。演出设计匠心独具、高端大气，利用声光电等现代高科技手段，阐释用儒家文化讲好中国故事的主题，将仁、和、孝、礼等诸多元素融会贯通，把修身齐家、治国理政、和合天下的教化作用体现得丰富细腻。开幕式设立第二现场，展示孔维克现场领衔创作的巨幅长卷《孔子周游列国图》，增加开幕式的文化厚重感。

9 月 28 日上午，在孔庙举行丁酉年公祭孔子大典。全国政协副主席王家瑞、国家部委领导、省领导、联合国教科文组织官员、“孔子教育奖”获奖代表、儒学机构代表、济宁、曲阜市领导等依次向孔子像敬献花篮。山东省省长龚正恭读祭文。祭文由中国文联副主席潘鲁生主持撰写。

在曲阜和济宁市区等地，举办中国研学旅游推广联盟成立大会、联合国教科文组织全民教育国际研讨会、海内外知名儒商“东方圣城行”、世界 500 强跨国公司高管“东方圣城行”、两岸台商孔孟故里行、济宁数字创意发展峰会、“为爱行走·首善曲阜”等活动。

第五篇
孔子文化节开幕式　祭孔大典　世界儒学大会

第五篇

孔子文化节开幕式　祭孔大典　世界儒学大会

第一章　孔子文化节开幕式

孔子文化节开幕式是整个孔子文化节活动的重点活动之一，也是孔子文化节活动的一大亮点。历届孔子文化节开幕式备受重视，组织专门班子研究策划，并请高水平的专家给予指导，确保每届孔子文化节开幕式隆重热烈，有强烈的吸引力和感染力。

第一节　举办地点

从1989年到2000年连续12年的孔子文化节开幕式的时间都是在上午8时举行，地点在孔庙大成殿前（其间1994年在曲阜新建体育场举办1届孔子文化节开幕式）。通过多年的实践感觉到，在时间上白天举行开幕式，其大型文艺演出的观赏效果不理想，在地点上在孔庙大成殿前大型集会活动不利于文物的保护，因此建设一个新的大型演艺场所确属必要。2001年9月，大型广场式演艺场所—曲阜杏坛剧场落成，孔子文化节开幕式地点设在杏坛剧场，时间也由上午改为晚上。2001 ~ 2013年，在杏坛剧场举办11届开幕式（2007年曲阜体育场大修改造完成、2008年孔子文化会展中心落成各举办1届）。2014 ~ 2017年，在孔子文化会展中心剧场举办4届开幕式。

第二节　活动议程

1989 ~ 2000年孔子文化节开幕式，于每年9月26日上午举行，地点在孔庙大成殿前（1994年在曲阜新建体育场）。开幕式一般由曲阜市领导主持。主要程序：①主持人介绍出席领导和嘉宾，并宣布孔子文化节开幕；②播放孔子文化节节歌《风雅颂》；③济宁市领导致开幕辞；④省领导讲话；⑤国家部委领导致辞；⑥宣读领导人的贺电、贺信；⑦文艺演出。

2001年及以后的开幕式改在9月26日晚间举行，分别在杏坛剧场、体育场、孔子文化会展中心举行。开幕前由曲阜市领导介绍出席开幕式领导和嘉宾，由济宁市领导（或省领导）主持开幕式。主要议程：①省领导致辞；②国家部委领导致辞；③出席开幕式的最高级别的领导宣布孔子文化节开幕；④文艺演出。

2008年以后，孔子文化节开幕式与“孔子教育奖”颁奖典礼一并举行，议程中增加颁奖程序。开幕前由工作人员介绍出席领导和嘉宾，省领导主持开幕式。主要议程：①省领导致辞；②国家部委领导致辞；③联合国教科文组织官员宣读“孔子教育奖”获奖名单并致辞；④国家、省领导人向“孔子教育奖”获得者颁奖；⑤济宁、曲阜市领导向获奖者赠送纪念品；⑥获奖者发表获奖感言；⑦出席开幕式的最高级别的领导宣布孔子文化节开幕；⑧文艺演出。

1989～2017年出席孔子文化节开幕式领导和贵宾一览表

表 5-1

年 份	姓 名	单 位（职务）
1989	谷 牧	全国政协副主席
	匡亚明	中国孔子基金会会长
	宫达非	外交部原副部长
	郁 文	全国人大常委会委员、中国对外文化交流协会副会长
	王 磊	商业部原部长
	何光玮	国家旅游局副局长
	朱春和	邮电部原副部长
	周干峙	建设部副部长
	姜春云	中共山东省委书记
	赵志浩	中共山东省委副书记、山东省省长
	梁步庭	山东省顾问委员会主任
	李子超	山东省政协主席
	苗枫林	中共山东省委常委、宣传部部长
	肖 寒 卢 洪	山东省人大常委会副主任
	马世忠	山东省副省长
	陆懋曾 孔令仁	山东省政协副主席
	孔德懋	全国政协委员
1990	苏毅然 赵健民	中顾委委员
	赵志浩 李子超 李发荣 苗枫林 李 晔 王润斋 孙恕之 朱奇民 韩邦聚	山东省领导
	赵 林 高克亭 李 瑜 郭长才	山东省级老领导
	宫达非	中国孔子基金会常务副会长
	章 明	外交部原副部长
	杨向奎	中国孔子基金会副会长
	景 峰	中国联合国教科文组织全国委员会官员
	孔令朋	全国政协委员
	孔令仁	山东省政协副主席
	袁晓园	汉字现代化研究会会长

续表

年份	姓名	单位（职务）
1991	刘　毅	国家旅游局局长
	张　琪	国家物价局局长
	李子超　苗枫林　刘　鹏　卢　洪　王润斋 孙恕之　朱永顺　赛　风　张敬焘　朱奇民 韩邦聚	山东省领导
	孔德懋　孔令朋	全国政协委员
	陈香梅	美国知名人士
	史根纳	美国戴维斯市市长
	百崎素弘	日本多久市市长
	早川一夫	日本足利市市长
	竹正平	日本足利市议长
	杨萱庭	著名书法家
	蒋孔阳	著名美学家
1992	赵健民　陈璞如	中顾委委员
	孙　刚	国家旅游局副局长
	孙柏秋	中国红十字总会副会长
	姜春云　梁步庭　李　振　李子超　董凤基 卢　洪　苗枫林　孔令仁　郑伟民	山东省领导
	王成旺　王润斋　朱永顺　孙恕之　李　瑜 秦和珍　王众音	山东省级老领导
	李发荣	中纪委委员
	孔德懋	全国政协委员、孔子后裔
1993	段君毅	中顾委原常委
	赵健民	中顾委原委员
	邓先群	国务院双拥办副主任
	梁步庭	全国政协常委
	范承祚	外交部驻外大使
	贡唐仓·丹贝旺旭	中国佛教协会副会长
	马仲才　董凤基　苗枫林　宋法棠　王裕晏 吴富恒	山东省领导
	秦和珍　李子超　王众音　刘　鹏　刘众前 王润斋　卢　洪　朱奇民　穆　林　韩邦聚	山东省级老领导
	孔令仁	全国妇联副主席
	孔德懋	全国政协委员、孔子后裔

续表

年 份	姓 名	单 位（职务）
1994	李锡铭	全国人大常委会副委员长
	马文瑞	全国政协原副主席
	孙 刚	国家旅游局副局长
	程 飞	外经贸部原副部长
	陆懋曾 宋法棠 苗枫林 翟永溥	山东省领导
	谭启龙 苏毅然 高克亭 秦和珍 王众音 卢 洪 高逢五 周星夫 丁方明 郑伟民 王润斋 马连礼 韩邦聚	山东省级老领导
	孔令仁	全国妇联副主席
	罗德里格斯	墨西哥驻华大使
	郑旼吉	韩国大宇集团会长首席代表
1995	何光暐	国家旅游局副局长
	苗枫林 韩寓群 孔令仁	山东省领导
	谭启龙 赵 林 秦和珍 徐雷健 朱奇民 刘 鹏 周振兴 卢 洪 郑伟民 王润斋 韩邦聚	山东省级老领导
	孔德懋	孔子后裔
1996	宫达非	外交部原副部长
	韩寓群 孔令仁	山东省领导
	朱奇民 马连礼 赵 峰	山东省级老领导
	孔德懋	孔子后裔
1997	韩喜凯 苗枫林	山东省领导
	苏毅然 刘 鹏 朱奇民 王润斋 赵永贵 韩邦聚	山东省级老领导
	格哈特·瑞格拉	奥地利驻华大使
	林德思	瑞典驻华大使
	卡耶儿·马尔松	瑞典法格什市市长
	孔德懋	孔子后裔
	季羡林 罗国杰	著名学者
1998	卢仁法	国家税务总局副局长
	韩喜凯 李文全 孔令仁	山东省领导
	苗枫林 朱奇民 金宝珍 孟庆丰	山东省级老领导
1999	吴官正	中共中央政治局委员、山东省委书记

续表

年份	姓名	单位（职务）
1999	赵志浩　李春亭　韩喜凯　王修智　陈光林　董凤基	山东省领导
	苏毅然　陆懋曾　王众音　苗枫林　朱奇民　韩邦聚　丁方明　郑伟民　王润斋	山东省级老领导
	吴良镛	中国“两院”院士、清华大学教授
	马马迪·贡代	几内亚驻华大使
	古野作太郎	日本驻华大使
	博天豪	奥地利驻华大使
	全鎏洙	韩国驻青岛总领事
	雷　德	世界旅游组织代表
	瓦连京诺维奇	俄罗斯体育旅游部副部长
	蒋　震	香港震雄集团董事长
	黄惠珍	美国杰富利集团董事长
2000	韩喜凯　何法祥　陈抗甫	山东省领导
	苗枫林　郑伟民　韩邦聚	山东省级老领导
	孔德懋	孔子后裔
2001	李铁映	中共中央政治局委员、中国社会科学院院长
	王光英　何鲁丽	全国人大常委会副委员长
	应伊利	全国政协常委
	戴　舟	《求是》杂志社总编
	杨　波	国家计生协会常务副会长
	王　军	国家旅游局局长助理
	武　寅	中国社科院党组成员
	林　山	中国旅游报社社长
	王修智　陈光林　董凤基　林书香　张　敏	山东省领导
	王众音　何法祥　卢　洪　苗枫林　徐学孟　朱奇民　韩邦聚　郑伟民　王成旺　张明友　李养珍	山东省级老领导
2002	曹　志	全国人大常委会副委员长
	罗豪才	全国政协副主席
	张道诚	全国政协副秘书长
	岳宣义	司法部副部长
	佟华龄	中国旅游协会副会长

续表

年份	姓名	单位（职务）
2002	吴明熹	致公党中央副主席
	王大衍	中国科学院院士、工程院院士
	徐至展	全国政协常委、工程院院士
	马建章　陈翰馥　周炳琨	中国工程院院士
	张恭如	中国科学院院士
	村山富市	日本前首相
	万德斯	比利时驻华大使
	阿方索·坎波·索托	哥伦比亚驻华大使
	拉吉布·苏凯里	约旦驻华大使
	玛律塔·拖莱多·奥坎波	秘鲁驻华大使
	墩·帕马威奈	泰国驻华大使
	卫和世	菲律宾驻华大使
	林廷生　莫振奎　张　敏	山东省领导
	梁步庭　陆懋曾　刘　鹏　谭福德　卢　洪 苗枫林　徐建春　郭长才　徐学孟　张敬焘 朱奇民　韩邦聚　马连礼　马长贵　周星夫 周振兴　郑伟民　金宝珍　翟永滓　刘洪仁	山东省级老领导
2003	傅铁山	全国人大常委会副委员长
	沈国舫	中国工程院副院长
	邢胜才	国家知识产权局副局长
	曹学成　王军民　蔡秋芳　王志民	山东省领导
	苏毅然　刘　鹏　何法祥　卢　洪　苗枫林 郭松年　徐建春　严庆清　赵林山　王克玉 王渭田　何宗贵　马连礼　周星夫　周振兴 丁方明　金宝珍　刘洪仁　孙恕之　李养珍	山东省级老领导
	孔德懋	孔子后裔
	曹凤泉	国际儒联秘书长
	吕绍刚	中国孔子基金会副会长
2004	王汉斌	全国人大常委会原副委员长
	曾宪梓	全国人大常委会委员、香港金利来集团董事局主席
	张伟超	全国政协港澳台委员会副主任
	王光谦	全国政协常委、清华大学教授
	顾朝曦	国家旅游局副局长
	王淀佐	中国工程院副院长

续表

年　份	姓　名	单　位（职务）
2004	张　勤	国家知识产权局副局长
	金学洙	联合国副秘书长
	田小刚	中国联合国教科文组织全国委员会秘书长
	陈　立	中国工商银行原行长
	杨采良	中国专利资讯中心主任
	李明先　孙守璞　王军民	山东省领导
	卢　洪　李　晔　苗枫林　郭松年　严庆清 王渭田　周星夫　周振兴　丁方明　郑伟民 金宝珍　刘洪仁　李殿魁　何法祥　张明友 李养珍　李聚馨	山东省级老领导
	孔德墉	孔子后裔、香港益光有限公司董事长
2005	王光英	全国人大常委会原副委员长
	叶选平	全国政协原副主席
	曾宪梓	全国人大常委会委员、香港金利来集团董事局主席
	李春亭	全国人大常委会委员、山东省原省长
	孔令仁	中国孔子基金会副会长
	应伊利	全国妇联常委
	田爱习　曹泽林　费明仪	中华民族文化促进会副主席
	孔昭年	东海舰队原副司令员
	朱凤翰	国家博物馆副馆长
	青岛泰之	联合国教科文组织驻北京办事处代表
	曹凤泉	国际儒联秘书长
	李　靖	华夏文化纽带工程组委会秘书长
	林　山	中国旅游协会常务副会长
	王道玉　张昭福　王志民	山东省领导
	孔德墉	香港中国孔子协会会长
2006	周铁农	全国政协副主席
	王在希	国务院台湾事务办公室副主任
	杜一力	国家旅游局副局长
	林澄枝	中国国民党原副主席
	佟志广	中国世界贸易组织研究会会长
	冯　并	全国政协委员

续表

年 份	姓 名	单 位（职务）
2006	李 靖	华夏文化纽带工程组委会执行委员会常务副主任
	张昭福 周鸿兴	山东省领导
	苗枫林 何宗贵 孔令仁	山东省级老领导
	孔德墉	香港中国孔子协会会长
2007	罗豪才	全国政协副主席
	林兆枢	中国侨联主席
	曾宪梓	全国人大常委会委员、香港金利来集团董事局主席
	周和平	文化部副部长
	李卫红	教育部副部长
	王志发	国家旅游局副局长
	邬贺铨	中国工程院副院长
	顾秉林	清华大学校长
	张 勤	国家知识产权局副局长
	李建国 姜大明 李 群 朱正昌 才利民 王志民	山东省领导
2008	蒋树声	全国人大常委会副委员长
	许嘉璐	全国人大常委会原副委员长
	周和平	文化部副部长
	杜 江	国家旅游局副局长
	孙寿山	国家新闻出版总署副署长
	杨周复	教育部部长助理
	唐闻生	中国侨联顾问
	姜大明 高新亭 李 群 温孚江 王志民	山东省领导
	苏毅然 李 振 陆懋曾 卢 洪 王玉玺 王渭田 李明先 李殿魁	山东省级老领导
	范 曾	著名书画家
	毕斯塔	联合国教科文组织北京办事处代表代办
	杜 越	中国联合国教科文组织全国委员会副秘书长
2009	陈昌智	全国人大常委会副委员长
	常克仁	文化部纪检组原组长
	刘金平	国家旅游局党组成员
	方茂田	中国联合国教科文组织全国委员会秘书长

续表

年份	姓名	单位（职务）
2009	姜大明　时立军	山东省领导
	苏毅然　赵春兰　卢　洪　王渭田	山东省级老领导
	唐　虔	联合国教科文组织副教育助理
	杜　越	中国联合国教科文组织全国委员会副秘书长
	范　曾	著名书画家
2010	陈至立	全国人大常委会副委员长
	许嘉璐	全国人大常委会原副委员长
	李　蒙	全国政协原副主席
	邢贲思	中央党校原副校长
	赵启正	全国政协常委
	刘金平	国家旅游局党组成员
	方茂田	中国联合国教科文组织全国委员会秘书长
	秦绍德	复旦大学党委书记
	高　潮	中国科协技术协会原党组书记
	王天凯	中国纺织工业协会副会长
	邢运明	中国国际友好联络会常务副会长
	刘　伟　刘玉功　王新陆	山东省领导
	赵志浩　卢　洪　王渭田　莫振奎	山东省级老领导
	大豆生田实	日本足利市市长
	金宙荣	韩国荣州市市长
2011	刘　伟　乔延春	山东省领导
	卢　洪　王渭田	山东省级老领导
	刘燕华	国务院参事、科技部原副部长
	杜　越	中国联合国教科文组织全国委员会秘书长
2012	杜　越	中国联合国教科文组织全国委员会秘书长
	覃志刚	中国文联党组副书记、副主席
	孙　伟	中共山东省委常委、副省长
	戴维·阿乔来那	联合国教科文组织教育计划发展部负责人
	卢　洪　王渭田	山东省人大常委会原副主任
	郁慕明	台湾新党主席
2012	金镇永	韩国荣州市副市长

续表

年 份	姓 名	单 位（职务）
2013	黄孟复	全国政协原副主席
	孙 伟	中共山东省委常委、常务副省长
	王乃静	山东省政协副主席、省工商联主席
	卢 洪 王渭田	山东省人大常委会原副主任
	贝斯塔	联合国教科文组织亚太地区办事处代表
	杜 越	中国联合国教科文组织全国委员会秘书长
	蔡汉奭	韩国驻青岛领事馆副总领事
	奥列格·德米耶夫	俄罗斯塔甘罗格市第一副市长
	朴赞勋	韩国荣州市议会副议长
	罗荣基	新加坡新中友好协会交际主任
2014	孙家正	全国政协原副主席、中国文学艺术界联合会主席
	郭树清	中共山东省委副书记、省长
	孙守刚	中共山东省委常委、宣传部部长
	郝 平	教育部副部长
	拉德万	联合国教科文组织孔子教育奖主任评委
	滕文生	国际儒学联合会会长
	万绍芬	中共中央统战部原副部长
	覃志刚	全国政协常委、全国文联副主席
	韩喜凯	中国孔子基金会会长
2015	向巴平措	全国人大常委会副委员长
	梁国扬	全国台联党组书记、副会长
	孙守刚	中共山东省委常委、宣传部部长
	周家贵	中国联合国教科文组织全委会副秘书长
	熊山华	国家旅游局综合司副司长
	曹志斌	中国孔子文化传播促进会会长
	李南征	中国孔子文化传播促进会副会长
	宋远方	山东省人大常委会副主任
	王渭田	山东省人大常委会原副主任
2016	魏洪涛	国家旅游局副局长
	饶 权	文化部政策法规司司长
	周家贵	中国联合国教科文组织全委会副秘书长

续表

年　份	姓　名	单　位（职务）
2016	孙守刚	中共山东省委常委、宣传部部长
	宋远方	山东省人大常委会副主任
	李殿魁	山东省政协原副主席
2017	王家瑞	全国政协副主席
	张鹤田	全国政协委员、济南军区原副司令员、中华儒商研究会顾问
	何虎林	中共中央直属工委原副书记、中华孔子学会儒商会会长
	徐志磊	中国工程物理研究院院士
	魏洪涛	国家旅游局副局长
	刘曙光	国家文物局副局长
	裴伯庸	联合国教科文组织驻华代表处代表
	周家贵	中国联合国教科文组织全委会副秘书长
	龚　正	中共山东省委副书记、省长
	雷建国	山东省政协副主席
	卢　洪　王渭田	山东省人大常委会原副主任

第三节　“孔子教育奖”颁奖

联合国教科文组织“孔子教育奖”，是2004年4月由山东省人民政府、济宁市人民政府，通过中国联合国教科文组织全国委员会向联合国教科文组织申请设立的国际奖项。最初申报为“孔子奖”，联合国教科文组织批准为“孔子教育奖”。这是该组织第一次以中国人名字命名的奖项，也是联合国教科文组织最高级别的奖项，主要奖励世界在全民教育领域，特别是农村教育和扫盲领域、妇女儿童教育领域，取得突出成就的政府机构、非政府组织和具有杰出贡献的个人。

在2004年9月孔子文化节开幕式上，中国联合国教科文组织全国委员会秘书处秘书长田小刚，宣读中国联合国教科文组织全国委员会关于支持济宁市向联合国教科文组织申报设立国际“孔子奖”的决定。同月，“孔子奖”的申报工作进入联合国教科文组织程序。2005年9月，联合国教科文组织第172次执行局会议和第34届大会通过决议，自2006年起，以中国政府名义设立“孔子教育奖”。2006年6月20日，联合国教科文组织宣布：首届“孔子教育奖”分别授予印度拉贾斯坦邦识字和继续教育办公室、摩洛哥教育部，以表彰他们在推进全民教育特别是农村教育和扫盲领域，妇女儿童教育领域所取得的卓越成就。首届“孔子教育奖”颁奖典礼于2006年9月23日17时在孔子六艺城孔子六艺大剧院举行。第二届“孔子教育奖”授予美国“幼儿阅读推广计划”组织和尼日利亚“帮助家庭恢复正常生活和提高能力教育”组织，并于2007年9月27日在孔子研究院举行颁奖典礼。2008年起，联合国教科文组织“孔子教育奖”颁奖典礼与孔子文化节开幕式一并举行。至2017年，“孔子教育奖”颁奖典礼连续举办12届。

2006～2017年孔子教育奖（孔子教育奖荣誉奖）获得者一览表

表5-2

年份	孔子教育奖 获奖机构	孔子教育奖荣誉奖 获奖机构	孔子教育奖荣誉奖获奖 人员
2006	摩洛哥教育部 印度拉贾斯坦邦识字和继续教育部		
2007	美国“幼儿阅读推广计划”组织 尼日利亚“帮助家庭恢复正常生活和提高能力教育”组织		
2008	南非“行动升级项目”扫盲组织 埃塞俄比亚成人教育和非正规教育机构		
2009	阿富汗SERVE机构推行的Pashai语言发展项目 菲律宾阿古市扫盲协调委员会推行的继续教育和终生学习计划	不丹王国教育部开展的非正规和继续教育项目	
2010	尼泊尔非正规教育中心 埃及伊斯梅利亚省“女性推动家庭发展计划”项目	马拉维女性农民联盟（COWFA）妇女土地权计划项目	
2011	美国“读书空间”项目 刚果民主共和国的“共同的阿尔法·乌祖威”项目		巴基斯坦旁遮普邦政府扫盲与非正规教育部门秘书阿拉·巴克什·马利克
2012	不丹成人及高等教育司的“非正规及继续教育计划” 哥伦比亚“让我们进行变革基金”推行的“互动系统计划”	摩洛哥国家教育部扫除文盲办公室	
2013	孟加拉国达卡阿萨尼亚工作队 科特迪瓦知识改善生活组织		
2014	阿尔及利亚扫盲协会 西班牙促进社区发展终身学习学校 南非莫尔泰诺语言与扫盲研究所及国际扫盲研究所		
2015	马达加斯加“青少年校园支持及后续行动协会平台”—马达加斯加青少年校园支持行动 智利“瓦尔帕莱索胡安·卢斯·维韦斯学校”—收监人员扫盲计划 斯洛伐克非政府组织“斯瓦托波尔”—“罗马诺·巴拉多”计划项目		
2016	南非基础教育部“让我们学习”大规模扫盲运动 塞内加尔扫盲与民族语言处“为青壮年文盲提供信息通信技术”国家教育项目 印度非政府组织马拉普兰人民教育机构“以职业技能开发促进可持续发展”项目		
2017	哥伦比亚亚美尼亚市信息通信秘书处 巴基斯坦公民基金会 南非“FunDza扫盲信托”机构		

第四节　孔子文化节开幕式文艺演出

孔子文化节开幕式文艺演出，历来是孔子文化节开幕式的点睛之笔。因此，历届孔子文化节开幕式文艺演出，均注重邀请高水平的专家参与策划创意。

1984 年、1985 年孔子诞辰故里游开幕式由曲阜师范学院艺术系编排演出《仿古乐舞》。在 1986 年孔子诞辰故里游开幕式至 1989 年首届孔子文化节开幕式上，均演出集礼乐歌舞四位一体的大型庙堂艺术仿古《祭孔乐舞》。1990 年，挖掘、整理、编创演出产生于距今 4000 多年的虞舜时期，失传 2000 余年的大型古典乐舞《箫韶乐舞》。《箫韶乐舞》曾有孔子在齐国“闻韶三月，不知肉味”的美誉。1991 年继续演出《箫韶乐舞》。1992 年，在中国艺术研究院、中国歌剧舞剧院、北京大学有关专家、学者指导帮助下，挖掘、编创、演出产生于中国远古年代，居中国“六代乐舞”之首，具有 5000 多年历史，已失传 2000 余年的祭黄乐舞《云门大卷》。1993 年，演出仿古乐舞《圣地乐》。

1994 年，开幕式特聘表演艺术家李默然、中央电视台主持人鞠萍主持，歌唱演员韩延文演唱由乔羽作词、张丕基谱曲的《孔子赞歌》。演出有 6000 余人参加的古老文化与现代文明交相辉映的大型歌舞《圣魂》，通过“友朋情”“大道行”“先师颂”“开放潮”4 场表演，突出孔子文化节的主旨和内涵。同时还举行飞机跳伞、热气球、飞艇、航模、信鸽放飞、彩球升空、军乐表演等活动。

1995 年，演出古今结合、孔子文化与民间艺术融为一体的文艺节目《大成之光》。通过“吉祥迎宾”“孔子赞歌”“武韵”“矍相圃观射”“继往开来”5 个场次的表演，艺术地再现勤劳质朴的孔孟之乡人民在这片古老土地上继承和光大古老历史文化遗产，锐意改革、昂首跨入崭新世纪的时代风貌。

1996 年，演出修改完善后的仿古《祭孔乐舞》。1997 年，演出集传统文化、现代艺术于一体的大型文艺节目《千古孔子》。通过“礼乐迎宾”“杏坛艺韵”“情满人间”“永世流芳”4 场演出，或以优美的古代舞蹈画面，或以典雅凝重的古乐，或以富有时代感的现代舞蹈、演唱，依次表达孔子有朋自远方来不亦乐乎、学而不厌，诲人不倦的思想和孔孟之乡淳朴的民间风情及孔孟之乡人民热情好客的传统美德；展示孔子天下为公、世界大同的理想和追求；颂扬孔子对人类文明所做出的巨大贡献；反映孔孟之乡改革开放、经济腾飞的巨大成就和美好前景。

1998 年，演出仿古《祭孔乐舞》，同时邀请歌唱演员陈俊华、范琳琳、付笛声、任静演唱《孔子赞歌》《祝福你曲阜》等歌曲，为开幕式锦上添花。

1999 年，演出由著名主持人陈铎和著名影星朱琳联袂主持，著名歌唱演员韦唯主唱，以解放军艺术学院、济南军区前卫歌舞团为主要演出阵容的大型歌舞《大哉孔子》。通过“爱”“小康”“善与美的旋律”“六艺道与德的鸣奏”“大道·天与人的交响”“仁”等 5 个章节，以乐、歌、舞、诗的艺术形式，充分展示了孔子“仁爱”“大道之行，天下为公”等思想。

2000 年，由中国歌剧舞剧院演出集礼、乐、歌、舞于一体大型音乐舞蹈节目《金声玉振——孔子礼赞》。由著名演员万山红、孔德成、朱丽群等分别演唱《孔子赞歌》《天作》等歌曲，并通过“楚腰”“踏歌”以及古琴曲

“幽兰”等艺术形式，展示孔子“仁爱”“尚礼”“与民同乐”的丰富思想内涵。

2001年，编创演出大型文化史诗《杏坛圣梦》。撷取《论语》中“学而时习之，不亦说乎”“发乎情，止乎礼”“四海之内皆兄弟”“有朋自远方来不亦乐乎”4句名言，组成4个板块，以优美的音乐歌舞，对孔子思想形象地进行艺术演绎，达到思想性与艺术性的完美结合。

2002年，由中央电视台与曲阜孔子国际旅游股份有限公司联合编创演出大型歌舞《千载神韵唱中华》。歌舞紧扣诚信主题，通过礼赞悠久历史、赞美灿烂文化、歌唱现代文明、挚爱中华家园四大板块，将乐、歌、舞融为一体，吟唱出中华儿女继往开来、奋发向上、创造未来的满腔豪情。该演出以刘欢、殷秀梅等著名歌唱家为主要演出阵容。

2003年，由上海歌舞团演出融历史积淀和时代活力为一体的大型服饰舞蹈史诗《金舞银饰》。以“亘古回音”“琼宫神韵”“市井风情”“游牧生涯”“乐舞生平”“礼仪华彩”6个部分，以历史为主线，以服饰为主题，展现出一幅自古及今绚丽多彩的画卷。演出结束后举行焰火晚会。

2004年，演出由中央电视台《中华情》节目组策划、编创的大型专场文艺晚会。晚会由“学”“诗”“友”“和”等篇章组成，相对应于孔子思想的“修身、齐家、治国、平天下”，主题鲜明，内涵深刻，具有较强的感染力和较高的艺术水准。

2005年，由中国东方歌舞团创意、策划、编排、演出大型文艺晚会。晚会现场朱明瑛、魏金栋、张燕、程志等艺术家同台献艺。

2006年，演出大型文艺晚会《和之韵》。晚会分人和、地和、天和3个篇章，突出“和美、和谐、和平”的时代主题，郁钧剑、李光曦、李谷一、张明敏、黄安、孙楠等艺术家以精湛的艺术和饱满的热情，吟唱出“炎黄子孙共一祖，华夏文化同一脉”这一亘古不变的历史渊源。

2007年，由中央电视台《中华情》栏目编创、演出大型文艺晚会《国风和颂》。晚会分“同根一脉、四海共仰”“杏坛春雨、和而不同”“人文奥运、盛世大同”3个篇章，展示孔子文化的思想内涵，并与喜迎奥运紧密结合在一起，突出时代性、国际性、开放性的鲜明特色。

2008年，演出大型原创剧《孔圣·九章》，以仁、礼乐、孝、义、学、教、天命与修身等为载体和篇章，采用词、乐、歌、舞等形式，在音乐、舞美、服装、传统乐器等方面突出创新思维和科技手段，让人们在赏心悦目的同时，领略孔子思想精华。

2009年，演出大型原创舞剧《孔子》。舞剧运用舞蹈语言表达方式，既有众人群舞，又有人物特写和人性化情节的再现；既有气势恢宏、撼人心魄的大场面，又有人物内心的细腻刻画。舞美设计围绕剧情的发展变化而变化，同时采用高科技手段全景式展现孔子一生历经磨难、矢志不渝、探求济世之道的博大情怀。

2010年，由济宁文艺工作者策划编排演出文艺晚会《杏坛儒风》。晚会分为4个部分：《序》、上篇《大同和乐》、下篇《儒风古韵》和《尾声》。分别以朗诵、吟唱、武术、舞蹈、戏曲、乐器等形式表达人们对美好生活的向往和憧憬，具有浓郁的孔孟之乡地方特色。

2011年，围绕“儒济天下，和宁四方”主题编创演出《大哉孔子》。晚会由序“你是一团遥远的火”、礼乐篇、仁爱篇、大同篇和尾声“千年孔子”5个篇章组成，以音舞诗画表现形式为主，以非物质文化遗产项目、优秀民间艺术表演等本土文化艺术展现形式，打造一台主题鲜明、透着传统文化又充满现代意识的主题晚会。

2012年，本着庄重、热烈、主题突出的原则，举行大型演出《富邦之夜·中华家园》。晚会依次由“中华之魂”“文化同根、文明同源”“和谐盛世”3个篇章组成，通过饰演各个不同角色的人物，对孔子的经典语句进行演绎、回顾、传送，表达对孔子的敬仰，表现对儒家思想的传承和对中华家园、世界大家庭的美好祝愿。

2013年，按照中央八条规定和《节庆活动管理办法（试行）》要求，取消孔子文化节开幕式大型文艺演出，在开幕式暨“孔子教育奖”颁奖典礼结束后，出席开幕式领导嘉宾即转场参加祭孔大典。

2014年，开幕式颁奖典礼后，举行文化惠民优秀节目巡回演出启动仪式，采用歌唱、舞蹈、曲艺等老百姓喜闻乐见的艺术形式，结合济宁非物质文化遗产剧目，演出富有浓郁地方特色的精选节目。

2015年，围绕“弘扬优秀传统文化，建设文明首善之区”主题，开幕式与“孔子教育奖”颁奖典礼、文艺演出巧妙串联、融为一体，围绕“大爱仁德”的主题，编排《大爱仁德》《孔子理政》《尼山的月光》等反映孔子思想的文艺节目，突出弘扬优秀传统文化和儒家思想。

2016年，以孔子思想“和”的理念为主线，对儒家思想以艺术形式进行深刻阐述，在呈现方式、表达内容、节目编排上进行全方位提升，提供一台以“和”为主题的孔孟之乡优秀剧目展演。

2017年，举行以“家·国·天下”为主题的文艺演出，分为“序”“诗礼传家”“四海乘风”“仁和天下”4个部分，演出设计匠心独具、高端大气，利用声光电等现代高科技手段，将仁、和、孝、礼等诸多元素融会贯通，体现修身齐家、治国理政、和合天下的教化作用，阐释用儒家文化讲好中国故事的主题。开幕式设立第二现场，展示孔维克现场领衔创作的巨幅长卷《孔子周游列国图》，增加开幕式的文化厚重感。

第二章　祭孔大典

每年孔子文化节期间，均举行祭祀孔子的活动。2004年以前，系由民间祭祀。自2004年开始，由政府公祭，在每年的9月28日孔子诞辰纪念日举行祭孔大典。

2004年9月28日，曲阜市政府首次公祭孔子。公祭由曲阜市政府分管负责人主持，曲阜市市长恭读祭文，曲阜市人大、市政府、市政协、曲师大、孔子研究院以及市直有关部门负责人，依次向孔子像敬献花篮并行鞠躬礼，乐舞告祭。

2005年，曲阜市与海内外30多家孔庙联手举行全球联合祭孔。2006年，与台北孔庙、台南孔庙同步举行两岸联合祭孔。2007 年之后，升格为由省政府出面祭孔，省领导主持，省领导恭读祭文，主祭人员着正装身披黄色绶带，依次向孔子像敬献花篮行鞠躬礼，乐舞告祭，一直延续到 2017 年。

每年祭孔大典的核心礼制基本不变。为营造氛围，增加庄严肃穆的气氛和出新意、出亮点，每年根据祭孔大典所设计主题在延长时空方面作一些新颖的设计。

第一节　旧时祭孔大典

在古代，祭孔被当作“国之大典”。曲阜是孔子生息长眠的地方，有供奉他塑像的庙宇和埋葬他遗体的墓冢，其祭祀礼仪尤为隆重。孔子的嫡长裔孙是历代皇帝钦封的奉祀官，其主要职责就是岁时祭祀孔子。祭孔有极其完备的祭祀场所、礼乐制度、组织机构、经济基地和服务队伍，世代相沿。

自孔子去世后，他的后代即以故宅为家庙，“藏孔子衣冠琴车书”，岁时奉祀，“至于汉二百余年不绝”，其祭祀环境和规格大体同于民间礼俗。唐代以前，曲阜的孔子庙祀变化不大，仅仅有醴酒稻稷，“牲用犬”，乃是家祭性质。在西汉高祖十二年（公元前 195 年），以太牢祀孔子于阙里，并封孔子九代孙孔腾为“奉祠君”，是皇权国家认同和鼓励孔子祭祀的一种表示。其后，东汉光武帝、明帝、章帝、安帝，北魏孝文帝，唐代高宗、玄宗相继到曲阜祭孔，是帝王尊孔的一种姿态，但没有提高阙里庙祀的规格。自唐玄宗于开元二十七年（公元 739 年）封孔子为“文宣王”之后，阙里庙制、庙祀开始升格。宋代，奉诏祭祀为诸侯礼。至明清代，达到帝王规格。

祭祀孔子的活动主要在孔庙举行。最初每年只有春、秋二祭，后来发展到四时祭祀，即每年的春、夏、秋、冬四季“释奠”祭。四时中又分为四大丁（夏历的二、五、八、十一月的上旬丁日）、四仲丁（即中丁，上列四个月大丁后十天中旬的丁日）、八小祭（清明、端午、六月初一、仲秋、重阳、十月初一、腊八、除夕），后又加元旦、中元、圣诞圣卒尼山祭、梁公林春秋祭、子思书院春秋祭、中兴祖生日祭、张姥姥林春秋祭等，增为二十小祭的“岁时常祭”。再后来又增加每月的朔日（初一）“释菜”祭、每月望日（十五）的“行香”祭，又有重大事件的“告祭”“奠中兴祖祭”“书院释奠祭”“春秋扫墓祭”，甚至还有一年中二十四节气的二十四祭等，都要进行隆重的祭祀典礼，每年的祭祀典礼要举行五六十次。但最重要的是春、秋两大“丁祭”，尤其是“秋丁”之祭更为隆重（清雍正年间改为在孔子诞辰纪念日祭）。

明代以后，尤其是清朝入关之后，祭祀孔子分为“公祭”和“家祭”。“公祭”是衍圣公主持春秋大祭，代表朝廷行礼；“家祭”则是孔氏后人祭祀先祖的常规家礼。另外，皇帝亲来“释奠”，或逢孔子诞辰朝廷派遣钦差前来致祭，谓之“国祭”。但无论何种祭祀，均须遵循严规而行。有时国祭、公祭、家祭以及其他祭祀，适逢同日举办，均须一一如常进行，绝不能相互替代。

孔庙大成殿内受祭者，开始只孔子一人，后来逐渐增加“四配”“十二哲”。东、西两庑则位列孔子的其他弟子及对传播儒家思想作出贡献的先贤、先儒，至民国时达 156 人。大成殿后的寝殿内，奉祀孔子夫人亓官氏；西路殿堂奉祀孔子的父亲叔梁纥、母亲颜征在；东路后部的家庙内，奉祀孔子及夫人、二世祖孔鲤及夫人、三世祖孔伋及夫人、中兴祖孔仁玉及两位夫人；崇圣祠内奉祀孔子上五代祖：肇圣王木金父、裕圣王睾祈父、诒圣王孔防叔、昌圣王孔伯夏、启圣王叔梁纥，以及颜回之父颜无繇、曾参之父曾点、子思之父孔鲤、孟轲之父孟激，还有朱熹之父朱松，程颢、程颐之父程珦，周敦颐之父周辅成，蔡沈之父蔡元定，张载之父张迪等；还有后土祠，整个庙廷受祭者达到 204 人。而在国祭时，还要遣官分别祭祀元圣周公庙、复圣颜回庙，以及远离曲阜城区的梁公林、邹县的孟庙。参加祭孔的人员，原来只限于孔氏直系子孙，后来祭祀礼仪不断升格，与祭人数日益增多。主祭人衍圣公为正献官之外，还有摄献官、分献官、陪祭官、监祭官、典仪官、纠仪官、典乐官、司繖官、司膳官、掌宰官、巡绰官等 103 名，鸣赞相礼生 80 名（后增为 100 名），操琴、吹笙、击鼓、擎旗、舞蹈等乐舞生 120 名，再加上孔府所属各级官员、孔氏族人、四氏学生员等；辛亥革命后各级学校的学生也参加，往往多达千余人。除主祭人（衍圣公或族长）主祭孔子外，在“圣庙执事官”四十员中，三品首领官主祭亓官夫人，四品执事官祭“四配”，五品执事官以下祭“十二哲”、两庑及崇圣祠内各位。大祭从晚上戌时（19 时～21 时）到子时（21 时—凌晨 1 时）才告结束。

祭祀孔子的礼器、祭品、礼仪起初比较简单，用俎、豆盛放一些食品、醴酒。明代之后，笾、豆各十二，牲用“太牢”（牛、羊、猪三牲），乐用“宫悬”，舞用“八佾”，礼行“三献”，祭祀制度等同于祭祀天子的礼乐制度。

孔子位前的祭器，有笾、豆、簠、簋、香盒、帛篚、毛血盘、馔盘、登、铏、太尊、牺尊、象尊、山尊、雷尊、著尊、彝、斝、茅沙池、香鼎、花瓶、香盘、福爵、俎、胙盘、洗、勺、烛台、燔炉、祝文板等。祭品有太羹、和羹、黍、稷、韭菹、芹菹、脾肵、盐、榛、白饼、豚胉、兔醢、醓醢、粱、稻、藁鱼、菱、黑饼、笋菹、菁菹、枣、芡、鱼醢、鹿脯、鹿醢、栗、牛、羊、豕、大烛、小烛、黄酒、香、帛、祝文等。其他受祭者祭器、祭品依等级递减，无祝文。

祭祀所用的祭品极为丰盛，数量可观。一次祭祀要用牛 2 头，猪 26 头，羊 31 只，鹿 5 只（无鹿以羊代），兔 10 只，黍米 1 斗 6 升，稷稻米各 3 斗 8 升，粱米 1 斗 1 升，荞面 2 斤，白面 2 斤，盐砖 22 斤，白盐 4 斤，酒 120 瓶（每瓶 1.75 斤），韭菜 71 斤，青菜 125 斤，芹菜 11 斤，葱 5.2 斤，大笋 10 斤，红枣 148.5 斤，栗子 186 斤，榛仁 17.5 斤，菱米 20 斤，芡实 35 斤，醢鱼 20 斤，大藁鱼 10 尾，白糖 1 斤，花椒半斤，茴香半斤，莳萝 4 两，香油 3 斤，木柴 2330 斤。

各种祭器、祭品的质量、形制及来源均有严格规定。如孔子像前须用整牛、整猪、整羊，均挖空腹脏，带头带足带尾。牛必须是全黑的牛犊，无一根杂毛；猪要纯黑，羊要纯白。其他受祭者，祭品数量均依等级而异。

祭孔时的具体程序，均有严格规定：祭前三日，书写官就恭陈各祝板于孔府大堂内正中，衍圣公具公服北向恭阅毕，由书写官恭安亭内，同香帛一起，由快睹门送入孔庙，恭安于奎文阁下。同时，将各执事官职责书写上榜，悬于庙庭。其中《祝文》为：

□年□月□代孙袭封衍圣公□等敢昭告于至圣先师曰：

惟祖德配天地，道冠古今，删述六经，垂宪万世，兹惟仲春（或仲夏、仲秋、仲冬），谨以牲帛醴齐粢盛庶品式陈明荐。配以复圣颜子、宗圣曾子、述圣三代祖、亚圣孟子。尚飨！

祭孔乐舞的表演场所在大成殿前的露台上。“大成乐”的乐器主要有柷（木制斗状，敲柷开始）、敔（木制虎形，刷敔结束）、大鼓、大钟、特钟、特磬、钟、镈磬、编钟、编磬、登歌钟、登歌磬、琴、瑟、箫、凤箫、洞箫、笙、龙笛、篪、搏拊、埙、鼗鼓、悬鼓、田鼓、楹鼓、足鼓、应鼓等。舞生有的持旌节、麾，大部分人两手持籥和翟。乐章有迎神的《昭平之章》，初献的《宣平之章》，亚献的《秩平之章》，终献的《叙平之章》，撤馔的《懿平之章》，送神、望瘗的《德平之章》，共六部乐章。乐歌每章八句，每句四字，一字一节，典雅悠扬。除迎神、送神、望瘗无舞外，祭祀的“三献”均有舞蹈。舞生分纵八横八排列，共64人，即为“八佾”。“三献”乐舞中，每部又分32节（即32个动作），每节一字一个动作，舞生皆随乐歌节拍，俯仰旋转，舞姿舒缓，庄重肃穆。

祭祀礼仪十分隆重。如“丁祭”场面极其壮观。祭祀仪式从大成门内撞击的360响鼓和180响钟声中开始，整个活动钟鼓齐鸣，八章齐奏，唱礼讴歌，声振数里。《大成殿释奠礼》记载祭孔的主要仪程：

鸣赞（唱礼的司仪）：“乐舞生就位——执事官各司其事——陪祭官就位——分献官就位——”

引赞（引导主祭人进行活动的人）：“就位——”（主祭官等就位于杏坛前）

鸣赞：“瘗毛血——”（将预先供于殿堂各案上的宰杀牛羊猪的毛血于大成殿西北的瘗所内埋掉）

引赞：“诣盥洗所盥手——诣酌奠位——酹酒尊——一跪三叩——”（主祭官洗手、洗酒尊，行叩头礼）

鸣赞：“迎神——举迎神——乐奏《昭平之章》——”（举行迎神仪式）

引赞：“诣盥洗所盥手——升堂——至先师神位前跪——叩头——平身——上香——复位——”（主祭官依次到大成殿及各殿堂进行这些活动，分献官同时在各神位前分别活动）

鸣赞：“三跪九叩——”（主祭及分献官各自在神位前行礼，然后至杏坛前复原位）

鸣赞：“奠帛——行初献礼——乐奏《宣平之章》——”（乐起，举舞）

引赞：“诣盥洗所——盥手洗爵——诣酒樽所——司尊者举幂酌酒——诣至圣先师神位前跪——叩头——平身——献爵——复位——”（主祭与分献官复登堂入室，按唱赞仪程活动，然后复退至杏坛前）

鸣赞：“行亚献礼——乐奏《秩平之章》”（引赞所唱及主祭、分献官活动同“初献”礼，皆有乐、舞。行礼后，退位于杏坛前）

鸣赞：“行终献礼——举终献——乐奏《叙平之章》——”（乐舞起，各项仪礼同初、亚献，行礼后，退位于杏坛前）

鸣赞：“赐福胙——”

引赞：“升堂诣复位——赐酒受福胙——一跪三叩——复位——”（主祭、分献官皆分至各神位前按仪式活动，无乐舞）

鸣赞：“三跪九叩——举彻馔——乐奏《懿平之章》——”（乐起，无舞，司馔生将祭馔撤至瘗所埋掉）

鸣赞：“送神——举送神乐奏——《德平

之章》(乐起，大成门下钟鼓齐鸣，无舞。举行送神仪式)

鸣赞：“三跪九叩——恭捧祝帛诣燎位——”

引赞：“诣王亡位——焚正位——柷一柝，帛一段——复位——”(主祭及分献官皆至大成殿西北的燎所，将祝文祭帛全部焚烧，然后复位至杏坛前)

鸣赞:“礼毕——”(大成门下钟鸣180响，击鼓360响，主祭官衍圣公以下皆退。乐舞生班，应鼓声节拍，退至杏坛下，行一跪三叩头礼而退。次日凌晨分胙肉)

祭祀礼仪程序繁缛、与祭队伍庞大，参与活动的庙、佃、户人数千累万，要预先筹备好几个月。所用各类祭品的原料要远远超过实用数量，还有与祭、服务人员的饮宴，费用浩大。

民国以后，政府祭孔改变旧的规程，由半夜起祭改为早晨七点，由献爵献胙改为献花圈。政府官员多不穿古式祭服，而穿长袍马褂，由跪拜改为行鞠躬礼。主要仪式是：典礼开始；全体肃立；主祭者就位；陪祭者就位；与祭者就位；上香；献花；献爵；读祭文；全体向先师孔子行三鞠躬礼；礼成。参加祭孔者除了各级官员外，还有一些来宾、记者、随从、参观团等，大大减少宗教色彩。

第二节 孔子文化节祭孔大典

传统祭孔是政治教化，是历代统治者基于现实功利的阶级意识，借助孔子精神以求“同民心而出治道也”，反映历代当权者长治久安的意图。民间祭孔则歌颂孔子功德，弘扬孔子精神，洋溢着对先师无限崇敬之情。

现代祭孔是当代社会和人民对孔子的现代解读和再认识。现代公祭举行祭祀仪式，有纪念、缅怀的成分，主要还是关注孔子思想文化的内涵。仪式内容在传承传统祭孔礼制的基础上，是鲜活的、变化的，并随着人们对孔子思想认知的程度而转换。仪式内容及形式绝不陈腐拒变，力求推陈出新、与时俱进。在仪式氛围上，追求庄重肃穆，有利于纪念先哲，有利于人们沉思与反省，寻求主办者和参祭人员与孔子心灵的相通，用孔子智慧化解现实难题，用孔子思想指导人类社会的现在和未来。

孔子文化节的祭孔活动，起源于1984年的“孔子诞辰故里游”活动。1984年，修复孔庙大成殿内的孔子像并举行孔子像瞻仰仪式，以此作为纪念孔子诞辰和孔子诞辰故里游的主要内容。同年，由曲阜师范学院艺术系师生表演仿古乐舞，以此缅怀先师，颂扬孔子对人类文化作出的巨大贡献。1986年，曲阜市文化部门根据《圣门乐志》《圣门礼志》《阙里志》《阙里文献考》等历史资料，并聘请当年曾亲自参加过祭孔的人士为顾问，经过挖掘、整理和再创作，编创演出大型仿古《祭孔乐舞》，作为纪念孔子诞辰的一种艺术表现形式，一直延续许多年。

1989年，孔子诞辰故里游更名为孔子文化节。孔子文化节的开幕式于9月26日举行，9月28日举行孔子诞辰纪念活动。开幕式和孔子诞辰纪念活动成为孔子文化节的两大重头戏。1989～1995年的孔子诞辰纪念活动均由曲阜市领导主持，济宁市领导发表纪念讲话，演出大型庙堂艺术仿古《祭孔乐舞》。

伴随着改革开放的不断深入，许多中外来宾尤其是海外同胞侨胞提出，以这种形式纪念孔子，太单调、参与度低、缺乏真实感。为满足国内外人士，尤其是外宾、海外同胞侨胞祭祀孔子的心愿，决定在孔子文化节期间每日上午8时前和下午5时后，为有祭孔要求的海内外人士，在孔庙大成殿前或孔林孔子墓前安排祭孔活动。祭孔形式尊重个人意愿，并提供祭品、祭器、服装、礼仪乐舞等有偿服务。

1996年，这种形式仍不能满足海内外祭孔者的需求，便将由政府出面的纪念活动改为以民间形式组织的祭孔。这是孔子诞辰纪念活动的一项重大改革，民间祭孔凸显灵活性和真实性。民间祭孔的主要仪式程序是：由主持人简短致辞并宣布祭拜先师孔子活动开始。主祭官（在孔子后裔中推选）在孔庙大成殿前三跪九叩行“三献礼”。礼毕，孔子后裔代表、社会各界人士代表、学生代表、部分外宾和海外同胞侨胞在孔庙大成殿前面向孔子像，行叩头礼或行鞠躬礼，《祭孔乐舞》表演人员伴随着祭拜人员的祭拜活动翩翩起舞、鼓乐齐鸣。祭拜所使用的祭品，如“三牲”（猪、牛、羊）、供果等全使用真品，使纪念活动更加贴近实际、贴近群众，产生良好的社会效应。随后，每年的纪念孔子诞辰活动，内容逐步充实完善，范围逐步扩大。随着时代的发展，在民间祭孔活动中逐渐出现政府官员的身影，曲阜市有关领导上台向孔子像鞠躬，民间祭孔有实质性突破。

到2004年，祭孔活动趋于定型成熟，并不断发展完善。2004年首次由民间祭孔改为政府公祭，各级政府官员到孔庙大成殿前祭孔。政府公祭表现当代人对孔子、对儒学的理解和认知，尊敬与感怀。一方面，对祭孔大典作为非物质文化遗产加以保护、传承、弘扬；一方面结合时代特征在程式、布局、道具、服装、音乐、唱词、祭文、诵读、舞蹈表演等方面进行发展创新，使祭孔大典更加充盈丰满，更能增强中华民族对先哲文化的认同感。孔子为中国教育事业和传播古代文化所作的贡献，可谓“垂教万世”，历代的祭文、唱词字里行间闪烁着孔子其人的伟大形象，光彩照人。现今的祭文和新编唱词对孔子的思想和境界作了新的解读，进一步弘扬儒家文化的社会价值，以及对世界、对整个人类社会的永恒意义。在音乐上，雅乐在古代是国家治定与太平盛世的象征，孔庙雅乐则是以颂扬孔子这位历史文化名人的事绩和功德为内容的，基本格调是合中宽舒、一字一音，充分体现简而无傲、刚而无栗的性格与中正平和的风韵。新编的公祭大典音乐，引入交响乐、合唱乐团等表现形式，产生磅礴大气、震撼人心的艺术效果，从而塑造出孔子庄重而伟大的形象。在舞蹈方面，古代祭孔舞蹈以体现儒家伦理道德观念与礼乐治道思想为立意，其文化风貌之渊源在于远古祖先崇拜歌舞的“图腾意蕴”，其性格特征则来自于孔子德备群圣、功觉生民的至高地位，其基调端庄肃穆、平和善良，旨在体现孔子仁政德治的思想。改编的公祭舞蹈则是在挖掘整理古典《八佾乐舞》的基础上，结合时代特征予以创新，实现文质得宜、美善统一，突出展现孔子的人格魅力及其伟大功绩和中华民族的传统美德，是中国气质、中国气派的完美演绎。

在政府公祭后，仍保留原有的家祭仪式内容，由孔子后裔实施家祭，全景再现原汁原味的传统家祭程序，让人们从中感受古代文化的魅力和领悟古代祭祀的精髓所在。公祭与家祭并举，国人与外宾同祭，启示人们，孔子是曲阜的孔子，是中国的孔子，也是世界的孔子。同时，也使人们认识到，没有传统就没有现代，只有继承传统思想的精华，才能引领现在的人们更好地走向未来，建设现代文明。

第三节　祭孔大典仪式程序

祭孔大典的核心内容是孔庙大成殿前的公祭，主要程序是：①主持人宣布祭孔大典开始；②主祭人员分组向孔子像敬献花篮，乐舞告祭；③省领导恭读祭文；④全体人员向孔子像行鞠躬礼；⑤主持人宣布礼成。为营造祭孔大典庄严肃穆隆重的氛围，作为祭孔大典的前奏，还要举行开城、开庙、祭孔巡游等。

2004～2017年历届祭孔大典主祭人员一览表

表5-3

年份	主祭人	单位（职务）
2004	曲阜市人大、市政府、曲师大、孔子研究院、曲阜文化遗产管理委员会代表	
2005	叶选平	全国政协原副主席
	王光英	全国人大常委会原副委员长
	高占祥	中国文联主席
2006	周铁农	全国政协副主席
	王在希	海峡两岸关系协会副会长
	朱正昌	山东省人大常委会副主任
	周鸿兴	山东省政协副主席
	中国国民党祭孔文化参访团 台湾孔孟学会祭孔参访团 四川五粮液集团代表 孔氏后裔代表 民间祭祀人 中华儒商代表 山东省、济宁市、曲阜市领导 优秀教师代表	
2007	罗豪才	全国政协副主席
	李建国	中共山东省委书记
	姜大明	山东省代省长
	朱正昌	山东省人大常委会副主任
	林兆枢	中华全国归国华侨联合会主席
	曾宪梓	全国人大常委会委员
	周和平	文化部副部长
	李卫红	教育部副部长
	邬贺铨	中国工程院副院长
	王志发	国家旅游局副局长

续表

年份	主祭人	单位（职务）
2007	张　勤	国家知识产权局副局长
	李向玉	澳门特首何厚铧代表
	陈合永	华人华侨代表澳洲西澳中华会馆会长
	克劳德	国外经贸旅游团代表巴黎大区市长协会主席
	慎重睦	韩国观光协会中央会会长
	金亨烈	韩国大邱寿成区区长
	林瑞乐	法国社会科学高等研究院现代中国研究中心主任
	孙守刚　张振川　王润廷　刘景伦	济宁市领导
	朱庆安　刘　森	曲阜市领导
	孔德墉	孔子后裔代表
	李奇茂	台湾文化事务主管部门代表、孔子学会会长
	邱振新	孔府家集团董事长
	胡　玫	影视导演
	于　丹	北京师范大学教授
	潘晓婷	女子九球世界冠军
2008	许嘉璐	全国人大常委会原副委员长
	姜大明	山东省省长
	高新亭	山东省人大常委会副主任
	李　群	中共山东省委常委、宣传部部长
	周和平	文化部副部长
	杜　江	国家旅游局副局长
	伊图梅玲·勒巴莎（“孔子教育奖”获奖机构代表）	南非
	阿里马亚胡·黑卢·格贝（“孔子教育奖”获奖机构代表）	埃塞俄比亚
	武村正义	日本前政要
	马丽·路易斯	瑞典于默奥市民主社会党市委书记
	范　曾	著名书画家
	孔德墉	世界孔子后裔联合会会长
	曾　昱	世界曾氏宗亲联合会副会长
	朱怡聆	山东中烟工业公司副总经理
	孙守刚　张振川	济宁市领导
2008	朱庆安　刘　森	曲阜市领导

续表

年份	主祭人	单位（职务）
2009	陈昌智	全国人大常委会副委员长
	姜大明	山东省省长
	时立军	山东省人大常委会副主任
	常克仁	文化部纪检组原组长
	方茂田	中国联合国教科文组织全国委员会秘书长
	阿布杜·阿哈德·穆拉·默罕默德（“孔子教育奖”获奖机构代表）	阿富汗
	罗勃赞·多尔吉（“孔子教育奖”获奖机构代表）	不丹
	杜维明	美国哈佛大学教授
	范　曾	书画家
	刘　荣	电影《孔子》出品人
	胡　玫	电影《孔子》导演
	孔德墉	世界孔子联谊总会会长
	沈秀美	台湾联福生集团董事长
	陈文龙	台湾联福生集团总经理
	余载贤	韩国驻青岛总领事
	和田慎司	日本小松市市长
	费加宁	俄罗斯塔甘罗市市长
	徐正燉	韩国成均馆大学教授
	孙守刚　张振川　赵树国　祝金焕	济宁市领导
	朱庆安　刘　森　马书轩	曲阜市领导
2010	陈至立	全国人大常委会副委员长
	许嘉璐	全国人大常委会原副委员长
	李　蒙	全国政协原副主席
	刘　伟	山东省政协主席
	刘玉功	山东省人大常委会副主任
	王新陆	山东省政协副主席
	刘金平	国家旅游局党组成员、纪检组长
	方茂田	中国联合国教科文组织全国委员会秘书长
	贾磊磊	中国艺术研究院院长助理
	纳姆提普·阿克索库	联合国教科文组织官员
	羿艾德	世界银行中国蒙古局局长

续表

年份	主祭人	单位（职务）
2010	大豆生田实	日本足利市市长
	金宙荣	韩国荣州市市长
	纪白克·米什拉（联合国教科文组织“孔子教育奖”及荣誉奖获奖代表）	尼泊尔非正规教育中心
	伊哈布·穆罕默德·哈桑（联合国教科文组织“孔子教育奖及荣誉奖”获奖代表）	埃及伊斯梅利亚政府项目代表
	奇坤布索·恩格丝（联合国教科文组织“孔子教育奖及荣誉奖”获奖代表）	马拉维女性农民联盟（COWFA）妇女土地权计划项目协调员
	曹凤泉	国际儒学联合会秘书长
	李夏德	海外孔子学院代表，维也纳大学孔子学院院长
	阿哲·雷周度里（孔子友谊奖获奖代表）	山东圣阳电源股份有限公司技术顾问
	秦绍德	复旦大学校务委员会主任、党委书记
	孔德墉	世界孔子后裔联谊总会会长
	吴　平	复星集团副董事长
	刘西玉	迪尔集团有限公司董事长
	孙守刚　张振川　赵树国　祝金焕	济宁市领导
	朱庆安　刘　森　马书轩	曲阜市领导
2011	刘　伟	山东省政协主席
	乔延春	山东省政协副主席
	卢　洪　王渭田	山东省人大常委会原副主任
	刘燕华	国务院参事、科技部原副部长
	杜　越	中国联合国教科文组织全国委员会秘书长
	贾磊磊	文化部中国艺术研究院院长助理
	李世宏	国家旅游局港澳台司司长
	萨义达·拉曼（联合国教科文组织“孔子教育奖”获奖代表）	联合国教科文组织总部代表
	贾什瑞·阿卡里娅（联合国教科文组织“孔子教育奖”获奖代表）	美国“阅读空间”组织代表
	迪奥达塔·邦吉叶（联合国教科文组织“孔子教育奖”获奖代表）	刚果民主共和国“共同的阿尔法·乌祖威”项目代表
	阿拉·巴克什·马利克	巴基斯坦旁遮普邦政府扫盲和非正规基础教育部门秘书
	徐正墩	国际儒学联合会理事长、韩国成均馆大学校长
	彭　林	清华大学教授
	汤一介	北京大学哲学系教授、中华孔子学会会长
	汤恩佳	世界儒商联合会会长、国际儒学联合会副理事长

续表

年份	主祭人	单位（职务）
2011	曾繁如	新加坡政府智囊团委员、新加坡培拓游轮公司董事局主席
	姚 征	香港捷丰集团董事局主席、中国侨商投资企业协会副会长
	任 鹏	匈牙利华人青年联合会会长
	查理·拉西亚斯	法国米卢斯市友好访问团团长、法国 BEFS 技术工程公司总裁
	张振川 梅永红 赵树国 梁之安	济宁市领导
	吴国平	无锡灵山实业有限责任公司董事长
	陈耀辉	台联电集团冠铨光电（山东）总经理
	李 敦	深圳投资公司副总裁、副总经理
	修涞贵	吉林修正药业集团有限公司董事长
	李长胜 刘 森 马书轩	曲阜市领导
2012	孙 伟	山东省副省长
	覃志刚	中国文联副主席
	王渭田	山东省人大常委会原副主任
	秦昌威	中国联合国教科文组织全国委员会副秘书长
	郁慕明	台湾新党主席
	戴维·阿乔莱那	联合国教科文组织总部代表
	曾繁如	中新友好协会副会长
	金镇永	韩国荣州市副市长
	泽旺·坦丁（联合国教科文组织“孔子教育奖”获奖代表）	不丹代表
	玛利亚·古洛（联合国教科文组织“孔子教育奖”获奖代表）	哥伦比亚“以教育促变革计划”代表
	默克塔尔·哈姆多尼（联合国教科文组织“孔子教育奖”获奖代表）	摩洛哥王国扫盲总局代表
	牟钟鉴	中央民族大学教授
	许福吉	新加坡南洋理工大学孔子学院院长
	董金裕	台湾政治大学教授
	刘梦溪	中国艺术研究院研究员、中央文史研究馆馆员
	崔如琢	旅美著名书画家
	王云华	东方文博城文化发展有限公司总经理
	吴国平	无锡灵山实业有限责任公司董事长

续表

年份	主祭人	单位（职务）
2012	艾　力	美国麦克派尔农产品公司
	余俊雄	3M中国有限公司总裁
	陈山枝	大唐电信科技产业集团副总裁
	马平昌　梅永红　赵树国　陈　民	济宁市领导
	李长胜　杨凤东　郭庆海	曲阜市领导
2013	黄孟复	全国政协原副主席
	孙　伟	山东省常务副省长
	王乃静	山东省政协副主席
	王渭田	山东省人大常委会原副主任
	贝斯塔	联合国教科文组织总部官员
	蔡汉奭	韩国驻青岛领事馆副总领事
	奥列格·德米耶夫	俄罗斯塔甘罗格市第一副市长
	朴赞勋	韩国荣州市议会副议长
	王再兴	香港毅德控股集团董事局主席
	茱莉亚·纳麦恩·杰莱米亚（联合国教科文组织“孔子教育奖”获奖机构代表）	纳米比亚教育部成人教育局
	马克赫勒斯·莱赫曼（联合国教科文组织“孔子教育奖”获奖机构代表）	孟加拉国达卡—阿萨尼亚慈善团
	米克尔·德雷奇·劳隆诺（联合国教科文组织“孔子教育奖”获奖机构代表）	科特迪瓦“知识改善生活”组织
	安乐哲	美国夏威夷大学教授
	李润和	韩国国立安东大学孔子学院院长
	黄小抗	香港嘉里集团中国有限公司董事长
	吴国平	江苏无锡灵山文化旅游集团董事长
	江　旭	汇源集团副总裁
	符海星	康德投资集团副总裁
	葛　群	中青旅控股股份有限公司副总裁
	潘庆林	天津共同高技术有限公司董事长
	马平昌　梅永红　赵树国　陈　民	济宁市领导
	李长胜　杨凤东　郭庆海	曲阜市领导
2014	孙家正	全国政协原副主席
	郭树清	山东省省长
	韩喜凯	孔子基金会会长

续表

年份	主祭人	单位（职务）
2014	孙守刚	中共山东省委常委、宣传部部长
	卢　洪　王渭田	山东省人大常委会原副主任
	李殿魁	山东省政协原副主席
	滕文生	国际儒学联合会会长
	万绍芬	中共中央统战部原副部长
	胡占凡	中央电视台台长
	覃志刚	中国文联副主席
	蒲　通	文化部外联局党委书记
	刘克智	国家旅游局港澳台司司长
	拉德万	联合国教科文组织孔子教育奖主任评委
	梅洛尼·吉内布（联合国教科文组织“孔子教育奖”获奖代表）	阿尔及利亚
	安娜·加西亚·雷娜（联合国教科文组织“孔子教育奖”获奖代表）	西班牙
	莫森亚·菲尼亚斯（联合国教科文组织“孔子教育奖”获奖代表）	南非
	黄胜炫	韩国驻青岛总领事
	和泉聪	日本足利市市长
	穆斯塔法·白洛尔	土耳其黑海地区萨姆松市市长
	何光暐	亚太旅游联合会会长
	吴国平	无锡灵山实业有限责任公司董事长
	马莉莉	惠普软件大中华区战略发展部总经理
	金　越	中央电视台科教频道总监
	布洛夫	俄罗斯科学院教授
	孔　鹏　孔令武	孔氏后裔
	马平昌　梅永红　赵树国　陈　民	济宁市领导
	李长胜　杨凤东　李　玲　孔令玉	曲阜市领导
2015	张梅颖	全国政协原副主席
	龚　正	中共山东省委副书记
	李德强	山东省政协原副主席
	陈抗甫	九三学社中央原常务副主席
	何丕洁	民革中央专职副主席、全国政协副秘书长
	孙晓华	中华全国工商联原副主席

续表

年份	主祭人	单位（职务）
2015	周家贵	中国联合国教科文组织全委会副秘书长
	熊山华	国家旅游局综合司副司长
	瑞歇瑞森（联合国教科文组织“孔子教育奖”获奖代表）	马达加斯加“青少年校园支持及后续行动协会平台”代表
	阿尔瓦雷斯（联合国教科文组织“孔子教育奖”获奖代表）	智利“瓦尔帕莱索胡安·卢斯·维韦斯学校”代表
	玛　坎（联合国教科文组织“孔子教育奖”获奖代表）	斯洛伐克非政府组织“斯瓦托波尔”代表
	谢斯塔·马利克	巴基斯坦国家议员、拉合尔市政府首席代表
	张彧铉	韩国荣州市市长
	琼斯·梅内塞斯	葡萄牙英雄港市市长
	塞勒斯蒂诺·安东尼	莫桑比克太特市市长
	张步青	泰国罗勇省潮州会馆主席
	李玉柱	中华文化交流促进会理事长
	陈　来	清华大学教授
	董金裕	“台湾政治大学”教授
	钱　逊	清华大学教授
	王再兴	毅德控股集团创始主席
	邱　栋	山东如意科技集团总裁
	张丽霞	甲骨文（山东）产业基地副总经理
	马平昌　傅明先　韩　军　丁　颖	济宁市领导
	李长胜　刘东波　李　玲　孔令玉	曲阜市领导
2016	张梅颖	全国政协原副主席
	孙守刚	中共山东省委常委、宣传部部长
	宋远方	山东省人大常委会副主任
	郭爱玲	山东省政协副主席
	李殿魁	山东省政协原副主席
	魏洪涛	国家旅游局副局长
	饶　权	文化部政策法规司司长
	沈卫星	光明日报社副总编辑
	杨毅周	全国台联副会长
	赵　涛	中国侨联副主席、步长制药集团董事长
	耶拿·纳吉	匈牙利巴拉顿福瑞市议会议长

续表

年份	主祭人	单位（职务）
2016	罗伯特·库恩	美国小石城姐妹城市委员会会长
	杨 健	新西兰国会议员
	黄春杰	韩国济州岛旅游联盟协会会长
	王再兴	香港豪德集团董事局主席
	邱馨仪	台湾台北市公私立校长协会副理事长
	王寿松	欧洲温州华人华侨联合会主席
	王学鹏	巴西冀鲁同乡总会会长
	王 力	联合国教科文组织中国全委会官员
	丁格尼·约瑟夫（联合国教科文组织“孔子教育奖”获奖代表）	南非基础教育部“让我们学习”大规模扫盲运动代表
	阿布杜尔·瓦哈布（联合国教科文组织“孔子教育奖”获奖代表）	印度非政府组织马拉普兰人民教育机构“以职业技能开发促进可持续发展”项目代表
	安德烈·马尔格	罗马尼亚前教育部长、孔子学院总部理事、济宁市文化顾问
	马尔塔	意大利米兰孔子学院执行院长
	孔德墉	世界孔子后裔联谊总会会长
	牛廷涛	中国孔子基金会副理事长
	贺 诚	澳门儒学机构代表
	江 南	广东省山东商会会长、广东圣丰集团董事长
	李 斌	上海市山东商会会长、山东省政协港澳台侨和外事委员会副主任
	鲁宏振	江苏省山东商会总会会长、南京大陶路桥建设有限公司总经理
	刘绪刚	浙江省山东商会会长、中资集团有限公司董事长
	李文帅	湖北省山东商会会长、湖北精英盛华信息科技股份有限公司董事长
	王悦来	香港山东商会联合总会名誉会长、日昇纺织有限公司总经理
	高 峰	鲁港企业投融资联合会会长、中泰金融国际有限公司总裁
	吴国平	灵山文化旅游集团有限公司董事长、曲阜尼山文化旅游投资发展有限公司董事长
	马 腾	北京京旅盛宏投资管理有限公司总经理
	马平昌 傅明先 刘成文 周 洪	济宁市领导
	刘东波 彭照辉 李 玲 孔令玉	曲阜市领导
2017	王家瑞	全国政协副主席
	龚 正	山东省省长

续表

年 份	主祭人	单位（职务）
2017	雷建国	山东省政协副主席
	卢　洪	山东省人大常委会原副主任
	魏洪涛	国家旅游局副局长
	刘曙光	国家文物局副局长
	周家贵	中国联合国教科文组织全委会副秘书长
	何虎林	中央直属工委原副书记、中华孔子学会儒商会长
	丁传锡	中国冶金地质总局副局长
	裴伯庸	联合国教科文组织驻华代表处代表
	阿姆娜·瓦希德·哈立德（联合国教科文组织“孔子教育奖”获奖代表）	巴基斯坦公民基金会“妇女和失学儿童扫盲项目”代表
	瓦莱丽·南迪法·塔莎伯尼（联合国教科文组织“孔子教育奖”获奖代表）	南非扫盲信托机构“发展壮大读者和作家群”项目代表
	伊娜·季塔连科	俄罗斯塔甘罗格市市长、市政委员会主席
	马丁·哈姆·瑞德	山东省荣誉公民、澳大利亚阿德莱德大学农业地球和环境科学学院教授
	曾繁如	山东省荣誉公民、曲阜儒学新院院长
	爱哈德·劳	德国文化经济促进会主席
	顾衍时	美国华信银行董事
	郭全涛	山东省政府驻日本经贸代表处首席代表
	陈耀源	泰国出境旅游协会会长
	金朝宁	韩国教育旅行协会副会长
	徐志磊	中国工程院院士
	陶　诚	中国歌剧舞剧院院长
	林孔昇	印尼孔教总会主席
	林存光	中国政法大学教授、泰山学者
	孔繁顺　孔令柱	孔氏后裔代表
	李向前	深圳比克电池有限公司董事长
	韩风琴	广州同天投资管理有限公司董事长
	罗英群	中兴通讯副总裁
	陈远东	西部控股董事局主席
	翟所领	全国台企联常务副会长
	陈　智	香港铜锣湾集团董事局主席
	方秋潮	世界潮商大会会长

续表

年份	主祭人	单位（职务）
2017	李闻海	泰国正大集团副总裁
	吴国平	灵山集团董事长
	蓝　海	鲁能集团公司副总经理
	王艺华　傅明先　石光亮　张继民	济宁市领导
	刘东波　彭照辉　李　玲　孔令玉	曲阜市领导

第四节　祭孔大典仪式程序选介

2004年曲阜市政府首次公祭孔子大典仪式程序

（一）举行开庙仪式（在孔庙金声玉振坊以北至圣时门区间）

1. 场面布置：圣时门紧闭。金声玉振坊两侧置架鼓两面；至圣庙坊与圣时门间，10名长号手列队静立；圣时门台阶下，设一面大铜锣（用于鸣锣开庙）。圣时门外放置2个花篮，圣时门内放置8个花篮（用于领导嘉宾敬献）。圣庙坊下，领导、嘉宾就位观礼。圣庙坊以南至棂星门、金声玉振坊，设祭祀仪仗60人，着红黄清代皇室礼服，大旗招展，列队、夹道；在棂星门内，着清皇室服装的祭孔队伍列队候场；清鞑拉子侍从24人列队候场；孔子后裔祭孔团、孟子后裔祭孔团、颜子后裔祭孔团、曾子后裔祭孔团、教师学生祭孔团、社会各界人士祭孔团、海外华人祭孔团、外宾祭孔团等也在棂星门内列队候场。

2. 开庙仪式程序：会场音乐响起，音乐声中，播音员语：人类要在21世纪生存下去，必须回首2500年前，从孔子那里寻找智慧。在崇尚人文回归、以德治国的今天，天下第一圣人诞辰2555年之日，开庙、祭孔，为的就是走近孔子，亲近孔子，寻找智慧。

主持人就位并宣布："千年礼乐归东鲁，万古衣冠拜素王。千百年来，无论帝王将相，文人墨客，平民百姓，无数个朝拜者来到孔庙，无不文官下轿，武官下马，虔诚朝圣。请各位来宾整理衣冠，庄严肃立，现在开庙。"主持人宣布开庙后，鸣锣三响，架鼓擂响，长号骤起。在神圣的音乐声中，庙门（圣时门）徐徐开启，化装的孔门弟子出现，拱手迎宾。长号队进庙；皇室队伍进庙；侍从队伍进庙；领导嘉宾进庙；社会各界公祭队伍进庙。

（二）祭孔巡游（圣时门——大成门区间）

1. 场面布置：中轴线铺大红地毯，由圣时门直至璧水桥。中轴线两侧20架古筝、20个化装的孔门弟子有序排列。

2. 音乐起，领导嘉宾沿中轴线直至大成门。

（三）祭孔大典（孔庙大成殿前）

1. 场面布置：大成殿主会场悬挂会标"隆重纪念孔子诞辰2555年"。大成殿正门前摆放三牲（整猪、整牛、整羊）等祭品，两侧摆放编钟、编磬、古筝等乐器。仪仗队沿东西两庑长廊行进到大成殿两侧就位，长号队分列大成殿露台两侧就位。

2. 祭孔程序：（1）主持人宣布公祭开始。（2）曲阜市市长宣读祭文。（3）市人大、市政府、市政协领导及社会各界嘉宾依次向孔子像敬献花篮，并行鞠躬礼。（4）圣裔族人家祭：由主祭官鸣赞、引赞就位；古朴典雅的祭孔乐舞表演开始；在祭孔乐舞的伴随下，孔子后裔、颜子后裔、孟子后裔、曾子后裔祭拜先师孔子。（5）礼毕。祭孔活动结束。

2005全球联合祭孔曲阜孔庙祭孔大典仪式程序

（一）序幕

1. 开城：9月28日上午，历史文化名城曲阜。

孔庙神道路上，万仞宫墙下，旌旗摇曳，古灯高悬。

主祭官（相关领导、贵宾）在汽车站大厅休息、等候。

2556名各界代表在万仞宫墙南等候。

8：00，音乐切入，身着祭孔服装的仪仗队伍、表演队伍、迎宾司礼官从万仞宫墙东西两掖门出，沿城墙，分别进入万仞宫墙前指定位置。

古装仪仗队分两列从神道路两侧从北向南渐进，一字排开。

8：05，音乐停，小广场上的鼓阵表演。

重归寂静。

神道路南口两边的80名学生手执“书折”面北候场。

8：10，钟声于空际响起（孔子研究院论语钟和钟楼大钟击响180下）。

男中音响起，祭孔大典开篇解说词穿透时空，娓娓诉来。

8：12，长号仰天而鸣。音乐声中，80名学生从神道路两侧道路分两路行进，领导、嘉宾由中道步行，共同在朝圣的路上走向万仞宫墙。

8：15，领导、嘉宾行至神道路北端空地静立。音乐转换，司礼官面向嘉宾高声宣读迎宾词。

宣布：曲阜明故城，现在开城！

8：18，音乐又起，万仞宫墙大门徐徐洞开。

主祭官等（相关领导、嘉宾）在司礼官等部分演员的导引下走进明故城，瓮城内的过道两侧演员夹道候立，其他演员引导2556名代表从两掖门进入明故城。

2. 开庙：花篮仪仗队在金声玉振坊候场

8：20，主祭官等过金声玉振坊到圣时门前空地，2556名代表在演员的引导下由“德侔天地”“道冠古今”两坊入。背景音乐起。

8：21，主持人宣唱：千年礼乐归东鲁，万古衣冠拜素王。千百年来，无数个朝拜者来到孔庙，追思圣贤，感怀历史，虔诚朝圣。请各位来宾整理衣冠，庄然肃立，现在开庙！

8：22，现场最高领导鸣锣三响。

神圣的音乐声中，圣时门徐徐开启。主祭官等在花篮仪仗队的导引下，祭祀参礼代表在参礼旗的导引下，依次进入孔庙院落。

（二）公祭

祭祀队伍依次穿过圣时门、弘道门、大中门、同文门等诸门、诸院落。七十二名“孔弟子”夹道肃立。

从弘道门（璧水桥）开始，直至大成殿前的行进过程中，主祭官等走中门、中道，其他人等一律走侧门、侧道。

8：45，悠远、深沉的音乐声再次响起。公祭人员、乐舞生等相关人员在大成门前依次按指定位置就位，全体肃立。

鸣赞唱：“主祭官就位！”

鸣赞唱：“启户！”

礼生将殿庑诸门一时俱开，庭燎、门户吊灯俱点。

仪仗队抬花篮引导，主祭官等至杏坛前停下。

8：46，主持人："2005 全球联合祭孔·曲阜孔庙祭孔大典现在开始"。"整理衣冠，浴手！"

主祭官整理衣冠。侍应生手捧托盘上，盘内盛若干白色毛巾，呈送主祭官。

主持人："起乐！奏《诗经·商颂》篇"

唱诗班在大成殿南面第一个台阶前，左右各 40 人，共 80 人，手执书折，随录音吟唱《诗经·商颂·烈祖》

8：50，乐毕，主持人："请（有关领导、代表等若干人）敬献花篮。"仪仗队抬花篮从杏坛两边绕行上大成殿。

献花篮毕。

主持人："向至圣先师三鞠躬"。

9:12，主持人:"起乐！奏《诗经·周颂》篇"

唱诗班随录音吟唱《诗经·周颂·清庙》

9：15，主持人："请曲阜市市长江成宣读祭文！"

侍应生端祭文上，呈市长。

在宣读祭文期间，配以轻盈的古典音乐，用丝竹之音，乐器为古筝和埙。

唱诗班随后同声复读祭文

9：20，主持人："请各位来宾肃立，集体向至圣先师孔子三鞠躬！"

9：22，领导、嘉宾回杏坛内或大成门下就位。

9：25，主持人：乐舞告祭

六个篇章共约 35 ~ 40 分钟乐舞。

10：00，音乐声起。在悠扬古远的音乐声中，唱诗班吟诵《论语·学而》章句全篇。

公祭结束。

2016 丙申年公祭孔子大典仪式程序

（一）体现传统文化与现代社会精神的和谐统一

（1）嘉宾就位（嘉宾在神道路南首肃立就位，佩戴绶带）

（2）经典诵读（嘉宾沿神道路缓步前行，聆听经典）

（3）迎宾开城（嘉宾在万仞宫墙前肃立，开城！）

（二）体现传统文化与艺术形式的和谐统一

（1）开庙仪式（圣时门举行开庙仪式）

（2）迎神入庙（嘉宾在礼生的引领下，在花篮两侧缓步前行）

（3）启户仪式（嘉宾在大成门前整理衣冠庄严肃立）

（4）祭孔大典①乐舞告祭（敬献花篮）②恭读祭文③行鞠躬礼

主持人宣布丙申年公祭孔子大典开始

①分组敬献花篮（国家领导人，部委领导，省领导，济宁市领导，联合国教科文组织官员及孔子教育奖获奖代表，世界儒学大会代表，知名人士和各界代表，曲阜市领导等），乐舞告祭。

②请省领导恭读祭文。

③请全场嘉宾行三鞠躬礼。

主持人宣布丙申年祭孔大典礼成。

相关链接：

"同根一脉两岸祭孔"2006 曲阜孔庙祭孔大典背景资料

一、新闻通稿

万仞宫墙巍峨庄严，神道路上古柏森森；古老的曲阜明故城举行了隆重古雅的开城仪式，缓缓打开了万仞宫墙；肃穆神圣的孔庙内古灯高悬，洋溢着一派浓郁的节日气氛。

9月28日上午，纪念孔子诞辰2557年“2006曲阜孔庙祭孔大典”隆重举行。

曲阜孔庙祭孔大典，是孔子文化节的灵魂，长期以来备受海内外广泛关注。今年是海峡两岸携手同步祭孔，同根同源，血脉相连，共同追忆中华文化先哲。

2006年祭孔大典坚持“传承中华文明，弘扬现代精神”的原则，以“典雅肃穆，庄严神圣”为基调，努力把握“真实性、创新性和艺术性”的完美结合，追求“大气磅礴，震撼人心”的总体效果。祭孔大典不是对传统文化的简单回归和完全复古，而是着眼于展现当代中国人对孔子、对儒家文化的认识和解读，着眼于当代中国人对传统文化思想情感的表达，加入体现时代进步的新文化元素，在传承传统祭孔大典内核的前提下，按现代人的理解加以组织和表述，从形式和内容上进行重大的结构性调整，实现突破、创新、丰富和提升。

1.2006祭孔大典五大创意

（1）同根一脉两岸祭孔。继2005年全球联合祭孔后，2006年将祭孔大典的主题确定为“同根一脉两岸祭孔”。曲阜孔庙和台湾台北、台南孔庙同步进行，时序相连，遥相呼应。这是海峡两岸首次携手共同祭祀中华民族的文化先哲。曲阜孔庙和台北孔庙还互赠祭器，表达同根同源、血脉相连之同胞情。

（2）拓展祭祀空间，营造恢宏场面。祭孔大典活动空间，由过去完全局限在孔庙内，拓展为几个重要节点的空间组合。起点选定在神道路向南延伸的大成桥。这几个空间分别为：孔子诞生地尼山、大成桥到孔庙神道、万仞宫墙和孔庙中轴线暨大成殿。分别在这几大空间举行盛大仪式，将孔庙大成殿祭祀活动推向高潮。

（3）延长神道空间，建设“朝圣大道”。为更好地完成人们时空观念在心理上的转换，更好地在情绪上完成从现代情境到历史氛围的心理铺垫，调动诸多现代艺术表现手段建设一条“朝圣大道”（沂河广场至万仞宫墙），给人以强烈的心理冲击。视觉冲击。“朝圣大道”两旁布满仿古旌旗，组成一个非常壮观的、独立的时空走廊。听觉冲击。运用音乐的表现手段，让恢宏、抒情的音乐声充盈着整条“朝圣大道”空间，同时孔子研究院的钟声和论语碑苑大门阵阵《论语》的诵读声交相呼应，给人以丰富震撼的心理情感体验。

（4）第一次使用仿古马车组成祭孔行进队列。参加祭孔大典的主要领导和嘉宾乘9辆特制的仿古马车，在72面祭祀大旗的护送下，从大成桥踏上“朝圣大道”。动用仿古马车，这在曲阜祭孔大典上还是第一次。

（5）一脉相承的三大仪式。仪式一：尼山取土取水仪式。9月22日上午，曲阜市领导、各界代表200余人，在尼山夫子洞前举行神圣隆重的取土取水仪式。两名男弟子以特制的盛具从夫子洞取出圣土，两名女子以特制的盛具从圣水潭取出圣水，交孔弟子置于高台香案上。曲阜市市长走上夫子洞广场中央的高台，面向东方致辞，阐述圣土圣水的意义，“仁者乐山，智者乐水”的理念，体现对孔子思想的肯定。孔弟子手捧圣土圣水，经尼山孔庙棂星门护送下山。仪式二：迎土迎水仪式。9月28日上午，载有圣土圣水的古马车，在72面祭旗的护送下，从大沂河广场启动，浩浩荡荡踏上“朝圣大道”，向孔庙神道驶来。曲阜市领导和嘉宾等数百人在万仞宫墙下肃立，恭迎圣土圣水。仪式三：敬献“圣土圣水”仪式。

在孔庙大成殿的公祭活动中，将敬献“圣土圣水”作为一个重点仪式，予以强化和突出。

2.2006 祭孔大典三大板块

（1）前奏部分。尼山取土取水仪式、朝圣之路、明故城开城仪式（迎接圣土圣水）。

（2）现代公祭部分。敬献圣土圣水、敬献花篮、诵读祭文、乐舞告祭、论语诵读、成人礼、儒商誓词。

（3）家祭部分。参照传统祭祀文献资料，由孔氏后裔进行家祭。

二、尼山与孔子

1. 尼山与孔子诞生的历史传说

尼山，是孔子的诞生地，位于曲阜城东南 30 公里。尼山原名尼丘山，因孔子名丘，为避圣讳遂改名为尼山。从地质上讲，曲阜境内的山脉都属于泰沂山脉，泰即北面的泰山，沂就是东面的沂山。

古代鲁国原是个多山之地。因此，可以说孔子就诞生在泰沂山脉的怀抱里。孔子是中国历史上一位传奇式的人物。根据《史记》记载，孔子生于春秋时期的鲁襄公二十二年（周灵王二十一年，前 551 年）的夏历八月二十七日，历来为大多数学者所采信。孔子的父亲叔梁纥，是当时的陬邑大夫，是个有名的武士，其先世是商汤后裔，宋国贵族。其母颜征在是鲁国颜家的第三个女儿。

关于孔子的出生，古书上有许多奇异的记载，民间也有许多奇妙的传说。比如后世所绘《圣迹图》中的《尼山致祷》《麒麟玉书》《二龙五老》《钧天降乐》等篇均系古书《祖庭广记》《拾遗记》《梦珍集》而来。这些记载很生动地描述孔子出生前后的一些异象：孔子出生前一天晚上，有两条龙绕室盘旋，同时天上降下五位仙人，颜氏在房中听到天上传来奇妙的音乐声和“天感生圣子，降以和乐”的话。还有孔子出生前曾有只麒麟来到他家，口吐玉书，上写：“水精之子，继衰周而为素王”。颜征在很奇怪，就把绣绂系在麒麟角上，麒麟隔了两夜才离去。民间传说颜征在在尼丘山祈祷之后回归途中突然分娩，遂在山洞旁的一片草地上生下孔子。孔子父亲叔梁纥见孔子长相丑陋：顶如反盂，中低而周高，面有七露（双眼露睟，两耳露轮，鼻露孔，嘴露齿），就把孔子丢在山洞里，扶着颜征在回了家。当时正是八月天的中午，天气炎热。孔子躺在山洞里，热得直喘。这情景被天空中飞翔的一只老鹰发现了，便飞下来落在山洞口的一棵小柏树上，扇动双翅为孔子打起扇来。临近黄昏时，又从山上走下来一只斑斓猛虎，把孔子衔进了山洞，日夜守护喂乳。于是民间就有了“凤生虎养鹰打扇”之说，人们也就把这个山洞叫作“坤灵洞”，俗称“夫子洞”。“坤”是雌性之意，灵即精灵。另外还有像“红草坡”“扳倒井”等与孔子出生有关的传说故事。

2. 尼山孔庙及自然人文景观

尼山层峦叠嶂，洞壑幽深，林木茂密，风景秀丽。尼山孔庙坐落在尼山中峰的东麓山腰，依山势地形而建，前后有五进院落，占地 1100 余亩，殿、堂、庑、门等 81 间。据《曲阜县志》记载：“周显德中，兖守赵某以尼山为孔子发祥之地，始创庙祀”。显德为后周郭威的继承人柴荣和柴宗训的年号（954 年至 960 年），至于赵某是谁，已不可考。尼山孔庙后经历代修葺、重建和扩建，至清代时形成现在的规模。

除尼山孔庙外，尼山还有五老峰、智源溪、坤灵洞、观川亭、中和壑、文德林、白云洞等，世称“尼山八景”。

1958年，曲阜在尼山南面兴建容水1.18亿立方米的尼山水库，将五川之水汇集起来，高峡出平湖。由于曲阜地势呈东北高西南低的特点，所以，曲阜市的饮用水都是尼山水库之水经过30公里的地上地下流渗的，是曲阜的重要水源地，水质相当好。

3.孔子“仁者乐山，智者乐水”的思想

“仁”是孔子思想体系和儒家学说的核心内容，是孔子最为重视的思想范畴。“仁”，从“人”从“二”。从字形结构上看，是指人与人之间的关系。孔子的“仁”就是调整和处理这种人与人之间相互关系的道德原则。“仁者乐山，智者乐水”出自《论语·雍也》，原句是：子曰：知者乐水，仁者乐山。知者动，仁者静。知者乐，仁者寿。”在这里，孔子将“仁”、“智”这两个分属道德和智慧范畴的概念，同反映自然之美的山、水联系起来，既是一种比喻，其实两者之间也有着内在的关系。古鲁国是多山之地，并且大泽纵横，孔子喜好登山，而且喜水：“暮春者，春服既成，浴乎沂，风乎舞雩，咏而归”（《论语·先进》）。孔子通过对山水自然之美的体验，由此而升华联通到对人生、生命的感悟。有智慧的人似流水随势而就，从容淡定；有品质的人则像高山一样巍峨，使人敬仰，一静一动，相辅相成，是人生修身、养性、安身、立命的至高境界。

4.在尼山取水取土的文化意义

（1）从中国地理大势上看，中国东边是古人难以逾越的太平洋，西北横亘着漫漫戈壁，西南则耸立着世界屋脊—帕米尔高原、青藏高原和纵贯边陲的横断山脉。大海、沙漠、高山共同包围着板块状的东亚大陆，使之成为一个与世界相对隔离、封闭独立的系统。而中国古代文明的中心区域就是这个大陆中的一片冲积平原——中原，因此，这就决定了中国文明的气质是内陆形的（与之相对的是欧洲航海民族的“海盗精神”），同时也决定了中国古代先民对土地的崇拜。大地是人类生存的场所，地生五谷，养育万物，有如慈母，故古代有“父天而母地”之说。而河流也是古人自然崇拜的重要对象，原始人类是逐水而居的，水是生命的摇篮。中国古代先民对土和水的自然崇拜昭示着对大自然的敬畏和热爱，也是中国古代“天人合一”思想的渊源，与当今世界所倡导的环境保护理念一脉相承。

（2）尼山的水土养育了中国文化巨人孔子，且孔子一生喜爱山水，尤其是对水更有着文化哲学上的感悟。《论语·子罕》记载孔子在尼山观五川汇流景观时，曾发出“逝者如斯夫，不舍昼夜”的喟叹，感叹光阴如流水，人生短暂，唯江河永恒。《论语·先进》记载孔子与弟子们在春夏之交时到沂水中嬉戏的情景：“浴乎沂，风乎舞雩，咏而归”。由此可见，孔子对水的认识与体验，已上升到一种非常高的文化高度。

综上所述，在祭孔大典时，取尼山之水土，恭献与先师孔子，是要让养育了孔子的故乡山水，永远陪伴在孔子身边，以告慰先师在天之灵，籍此表达后人对孔子人格的尊敬和对其思想的肯定认同。同时亦告知先师，故乡的人民没有忘记列祖与先哲的荣光，没有忘记自己的根系所在。在以开放视野融入全球、积极吸纳异邦文明的同时，仍在传承着中华文明。今之大典，献圣土圣水便是明证。

三、万仞宫墙与孔子

1.“万仞宫墙”的由来

孔庙的正南方，是明清两朝曲阜城的正南门，原名为“仰圣门”，始建于明代正德八年（1513 年），中有瓮城，四面设门。旧时，此门一般不开，只有迎接帝王大驾，迎接圣旨或重大祭祀时才开启。人们现在看到的仰圣门前额上书“万仞宫墙”4 个朱红大字，“万仞宫墙”4 字，是取自《论语·子张》篇中“夫子之墙数仞”的语义。这里有一段故事：

一次，鲁国的大夫叔孙武叔在朝廷上对大夫们说：“孔子弟子端木赐（字子贡）的学问要比他老师强得多”。子贡听了这话，觉得不对，他认为自己的学问是永远也赶不上老师的。于是他就打了个比喻说：“人的学问好比宫墙，我的墙只有肩头高，人们一眼就可以看到墙内的一切。我老师的墙有数仞高，如果不得其门而入，是看不到墙内美景的”。仞是古代的长度单位，周制一仞八尺，汉制一仞七尺。后来人们根据子贡的话，记载到《论语》里。明代嘉靖十七年（1538 年），山东巡抚胡瓒宗到曲阜祭拜孔子，把“数仞”扩大几千倍，书写“宫墙万仞”4 个大字，雕刻成石匾换下正南门上的“仰圣门”匾。

清代的乾隆皇帝（1748 年）亲临曲阜祭孔时，为了表示对孔子的尊崇，自己重题“万仞宫墙”4 字，将前朝胡瓒宗的题匾替换下来，这就是今天人们看到的“万仞宫墙”4 个朱红大字。因此，人们也就顺理成章地将“万仞宫墙”看作是孔子思想高深的象征。

2. 明代中期的“移城卫庙”

曲阜城在历史上曾有 4 次大的变迁。前三座曲阜城分别是西周时的鲁国故城，汉代的鲁城和宋代的仙源县城，最后一次是在明代中期修建。明正德六年（1511 年）二月二十七日，刘六（刘宠）、刘七（刘宸）率领的农民起义军突入阙里孔庙，在庙中喂马，将御书扔进水池中，当晚又烧毁洙泗书院，砸毁祭器，朝野震动。第二年正月农民军再次打到兖州、曲阜一带，惊动朝野上下。明武宗诏令将县治迁回旧鲁城遗址，以孔庙为中心重建新城，“移城卫庙”。自正德八年兴工，至嘉靖元年（1522 年）城成，历时 10 年，耗银 3.58 万两，这就是现在的明曲阜城。明故城是曲阜历史上第一座砖砌城郭，也是最小的一座，周长 4.8 公里，占地面积 1.41 平方公里，加上护城河约 1.64 平方公里，只占周鲁国故城的西南一隅。

3. 重新修复明故城墙

曲阜明故城位于鲁国故城西南隅，始建于 1512 年至 1522 年，是明武宗下令专为护卫孔庙而建设的一座城墙，这在世界城市建筑史上极为罕见。明故城城墙全长 5339 米，宽度底宽约 8 米，上宽 4.5 米，高 9 米。

明故城有 5 座城门：南门仰圣门、北门延恩门、东门秉礼门、西门宗鲁门、东南门崇信门。一直到 20 世纪 70 年代中期，曲阜明故城一直是全国保存最完整的城池之一。到 1978 年，因某些原因整座城墙被拆掉，只部分保留南门、北门和西北、东北两个城角。

2000 年，为进一步保护历史文化名城，保护城内的世界文化遗产，也为了使“孔子故里、东方圣城”的城市形象更加突出，促进第三产业尤其是旅游产业的快速发展，市委、市政府决定恢复建设明故城墙。2001 年年底，山东省政府正式批准可行性研究报告，城墙恢复建设工程正式奠基，拉开整个明故城墙的恢复建设序幕。

2002 年 3 月明故城墙恢复第一期工程动工建设，2003 年 3 月第二期工程动工，2004 年 3 月第三期工程动工，于孔子诞辰 2555 年也就是 2004 年 9 月 26 日孔子文化节前全部竣工，历时 3 年多，投资近亿元。

四、曲阜明故城开城迎宾词

天地洪荒
日出东方
泰沂横空
东夷泱泱
在这里
神农炎帝斫木为耜
收获农业文明的果实
轩辕黄帝举征荒蛮
播下华夏文明的种子
在这里
一介布衣悲悯问苍穹
吸引世界的目光向东方
这就是曲阜孔子的故乡
千百年来
曲阜讲述的不是一个人和一个城市的故事
而是一个人和一个民族的传奇
曲阜传颂的不是被肢解的断章
而是一个思想者的梦想与忧伤
他忧伤为什么凤鸟飞走
不再歌唱
他梦想四海之内皆兄弟
铸剑为犁鲜花开放
曲阜明故城
护卫的不是一座普通的城池
它用简约的《论语》章句
垒筑起中华民族的精神家园
它用飘飘的杏花
酿造中华文明的芳香
万仞宫墙
是孔子思想的象征
从这里走进曲阜
就走进了中国的门槛
从这里走进圣城
就走进了一代哲人的心灵
曲阜的城门
只欢迎仁爱正义和真理通行
曲阜的城门
永远向朋友敞开
曲阜
以开城这种特殊的仪式
表达对四海宾朋的欢迎
让我们相聚在东方圣城
为人类的和平祈祷
让我们从这里开始
踏上寻根朝圣的旅程
曲阜明故城——现在开城！

五、成人礼誓词

公元二〇〇六年九月二十八日，孔子诞辰二千五百五十七年之际，八十弱冠，相聚孔子故里曲阜，肃立大成殿前，面谒先师，行成人之礼。宣誓词曰：

冥冥上苍，正道向善庇佑吾族。
宽重地母，厚德载物哺育吾众。
龙之传人，天命东方。
列祖赐我荣光，苍生降我大责。
今且生如夏花，
莞尔韶华，奕奕容光。
弱冠既加，如之栋梁。
道义不辞，大任始承。
今且生逢盛世，
环球一体，万邦竞驰。
中华复兴，千古一遇。
赤子安在，吾辈既征。
吾将修身，一日不怠。
申大义，慎明志，安于道，达于仁。
忠孝信智，温良恭俭。
完美人格，然后君子。

吾将齐家，一目不怠。

尊老者，爱孤幼，谐邻里，倡新风。

不独己身，博爱兼施。

家国一统，然后君子。

吾将治国平天下，一日不怠。

行天下大道，求天下为公。

不骄不馁，中华气度。

诚信中规，义利兼求。

放眼世界，重振国威。

贡献人类，然后君子。

龙之传人，天命东方。

列祖赐我荣光，

苍生降我大责。

今之明誓，天地为证。

吾祖吾师，实鉴临之。

六、祭孔大典选用的相关唱词

1.《诗经·商颂·烈祖》

嗟嗟烈祖！有秩斯祜。申锡无疆，及尔斯所。既载清酤，赉我思成。亦有和羹，既戒既平。鬷假无言，时靡有争。绥我眉寿，黄耇无疆。约軧错衡，八鸾鸧鸧。以假以享，我受命溥将。自天降康，丰年穰穰。来假来飨，降福无疆。顾予烝尝，汤孙之将！

2.《诗经·周颂·清庙》

於穆清庙，肃雝显相。济济多士，秉文之德。对越在天，骏奔走在庙。不显不承，无射于人斯！

3.新编《祭孔乐舞》唱词

第一篇章　天人合一

天地玄黄，宇宙洪荒。民胞物与，泛爱八方！

生生不已，盛德无疆。天人合一，道谐阴阳！

第二篇章　与时偕行

乾坤不老，日月无殇。泱泱华夏，屹立东方！

元亨利贞，与时行将。继往开来，永新此邦！

第三篇章　万世师表

三代巨典，六经华章。金声玉振，万仞宫墙！

博文约礼，教化其张。尊师重道，斯文永昌！

第四篇章　为政以德

人文化成，礼乐相襄。仁义礼智，至德煌煌！

君子德风，万民慕仰。德主刑辅，纲纪有常！

第五篇章　九州重光

躬逢盛世，国运隆昌。海晏河清，王道弥芳！

一阳来复，九州重光。和平崛起，远迈汉唐！

第六篇章　天下大同

讲信修睦，贤能其当。无争无战，美善斯扬！

修齐治平，三光永光。天下大同，协和万邦！

第五节　祭品　祭器　乐器　服装　绶带等

祭品

三牲，即宰杀后的整猪、整牛、整羊。祭孔用三牲，为祭祀皇帝的最高礼仪——太牢礼。牛在古代属于六牲之一，祭孔大典所用祭牛，要求毛色纯一，一般选择纯黑或纯黄色公牛；体质必须健硕，“博硕肥腯”；牛角大小达到“祭天地之牛角茧栗，宗庙之牛角握”的标准。

羊也是古代六牲之一，一般用来祭祀月神、山神、社稷神、灶神等，与猪组合称为“少牢”用于宗庙祭祀。孔庙祭祀选用雄性白色绵羊，角的大小以均匀、卷成一周为最佳，耳、鼻、尾及四肢不得有破损。

猪同是古代六牲之一，仅次于牛羊，被人们广泛用于各种重要的祭祀活动中。孔庙祭祀选用纯色雄性黑猪，耳大、鼻直、尾及四肢不得有破损。三牲的选择，在孔庙释典礼之前，有涤牲、省牲等程序，来对所选用的三牲进行检查和视验，以最终确定三牲的使用。孔庙祭祀用的猪、牛、羊，一般要在祭祀前夜宰杀，并刮去其身上的体毛，只留头部、尾部和四脚上的体毛不动，然后放置于牲匣内。另外，在太牢之外，孔庙内配享的神位前还需要一定数量的豕首、豕肉（猪头，猪肉一般是用猪的肋脊）放于俎案之上，置于神位前。当地至今还延续有年节时送“礼肉”这一风俗。往年祭孔，三牲摆在大成殿外，2006 年三牲移入殿中，朝向孔子像方向，符合传统程序，契合古代社会的仪习。

孔子像前，所摆放祭品除三牲外还有：太羹一、和羹二，黍稷粱稻、铏盐、藁鱼、枣、栗、榛、菱、芡、鹿脯、白饼、黑饼、糗饵、粉餈、菁菹、韭菹、芹菹、笋菹各一，醓醢、鹿醢、兔醢、鱼醢、脾析、豚舶、饨食、糁食各一，祭酒一尊、献酒三爵，大烛二，小烛四，祝文板一，帛一，等。

启圣位祭品视先师位，惟减太牢一、太羹一。四配位视十二哲，惟添豕首一。从祀位与四配同，惟减豕肉一。

太羹：祭品中的第一道羹食，需要将犊牛洗净后煮汤，待火候一到撇去浮油，汤内不加任何佐料用铜勺盛入登内。

和羹：牛肉煮熟切块，然后用盐、酱、醋、油、芹菜、韭菜拌匀。再用猪腰子切作荔枝状覆盖在拌匀的牛肉上，临祭时用热的淡牛汁浇在上面。

黍、稷、稻、粱：此四道饭依次用黍米、稷米、白粳米、粟米拣过干、圆、洁净的，在滚汤中煮过后捞起，如平常做饭一样。

铏盐：用筛过的洁净白盐在模具中印作虎、山等形状。

藁鱼：用白鱼一尾，以十两至十六两者为佳，宰杀后清洁干净，用少许白盐腌，再晒干备用。临祭时用温水清洗浸酒。

枣：以红枣或胶东阿枣为佳，蒸后去皮。

栗：选大栗子去皮。

榛仁：以色白净者为佳。

菱：用菱米或鲜菱。

芡：一说即鸡头米，一说为洁白的芡实。

鹿脯：用活鹿宰取一斤一块，切成方形。然后以盐、酱、姜、花椒佐之煮熟晒干，临祭时加蒜炒。

白饼：用小麦麪制作，里面用白砂糖为陷印作饼子。另一说以白面与油、蜂蜜和好，擀作饺子皮状，以蜂蜜、榛子、菱角为馅。

黑饼：其他如白饼一样，只是面改用荞麦面。

糗饵：用粳米粉和成面，以栀子水浸过后蒸熟印作饼子。

粉餈：用糯米粉和成面，蒸熟后杵成年糕一样，切成大方块，晾凉后切成小方块。

菁菹、韭菹、芹菹、笋菹：依次用菁菜、韭菜、芹菜、干笋经沸汤煮过，切作长条不加佐料。

醓醢、鹿醢、兔醢、鱼醢：依次用猪脊膂肉、活鹿肉、活兔肉、鱼肉细切作小方块，用香油、盐、葱、花椒、莳萝、茴香拌匀。

脾析：用牛百叶刷去黑皮，切作细条，滚汤淖过用盐酒拌匀。一说淖过后还需用油、盐、酱、醋、葱、姜拌匀并炒至出香味。

豚胉：用猪肩膊上取肉一块，其上抹油、盐、酱、醋、蜂蜜、酒后蒸熟。

糁食：用沸汤将白粳米煮后捞出沥干与切碎的羊肉拌匀。

酒：以窖藏的清酒为佳，临祭时用郁金香煮好。

祭器

孔庙内祭祀孔子，要使用太牢之礼，即在孔子的神位前牲匣内摆放牛、羊、猪三牲。祭祀孔子的祭品与祭器，除三牲外还有供案上摆放的十笾十豆、两簠两簋、两铏一登等礼器，另有一尊和三爵等酒器。

曲阜孔庙大成殿内孔子像前祭品祭器

祭孔乐器

孔庙祭祀大典按雅颂之乐的“钦定”规格奏乐，堪称八音俱全。祭孔时的乐器种类繁多，有些已失去记载，如今无人能奏响。祭祀乐器有大钟鼓、编钟、编磬、凤箫、琴瑟、埙、篪等，各有各的规格，也各有各的摆放位置。大钟，又叫特悬之钟。被悬挂在大成门之右。琴，是中国最古老的弦乐器之一。瑟，身是长方形，木质音箱，二十五弦，每弦有柱。凤箫，即排箫，因竹管并排组合，亦称“比竹”。篪，单管横吹，与横笛相似。笛，古时有五孔，后增加为六孔。搏柎，鼓的一种，乐工以左右两个手同时抚拍。

其中节、麾、柷、敔、籥、翟在乐舞中起着重要作用。节与麾是祭孔乐舞中的“指挥棒”，节领舞生，麾领乐生。麾由麾生所执，升龙向外，降龙向内，每起一曲即举麾，曲终时，偃麾，降龙现。

柷，一曲始，听举麾唱毕，两手举之，先撞底一声，次击左旁一声，再击右旁一声，共三声。敔，每奏一曲之终，听悬鼓声毕，即两手举，先击其首三声，逆栎齿者三声，共六声，以止堂上堂下之乐。籥，形似竹笛，长一尺一寸，三窍，朱饰。翟，以木为之，柄长一尺四寸，朱红色，上刻龙首长五寸，饰以金彩，用雉尾三根，插龙口中。舞生左手执籥，即“左阳”；右手秉翟，是为“右阴”。阳主声（即歌乐），籥在内，使平和顺畅之音乐和歌声保持于内在意境，主意在于修善心；阴主容（指舞蹈），翟在外，通过舞蹈将精英华彩表露出来，主意在于规范人的行为。两者相辅相成，最终立恭敬之实德，成温润之气象。

灯笼

从神道路南端一直到孔庙大成殿的中轴线上，各式“古灯”一字排开。神道路的灯笼为红色，座式，意在迎宾，造气势；孔庙院内的灯笼全为杏黄色，印有“至圣庙”字样，一段院落一种式样，总体给人以静穆但不哀伤的感觉，重在从心底产生对先哲的缅怀之情；大成殿东西两庑的灯笼为72个，象征孔子的七十二得意弟子在默默地陪祀先师。

服装

随着历代对儒学的提倡，释奠礼越来越复杂。佾舞刘宋元嘉初首次提出使用舞队，为”六佾”，即周制诸侯的等级。南齐时正式使用轩悬之乐、六佾之舞。明孝宗弘治十七年，由六佾上升为八佾，笾豆等礼器的数目尽与天子等同，从此释奠礼无比尊崇的规格即正式确立。

祭孔乐舞服饰是华夏服装库中甚为特别的一支。比如在历代祭孔中，祭孔乐舞及仪式程序并无大的变化，但服装却有特别大的变换，元代、明代、清代乐舞生的服装都深深地烙有各朝代的印迹。从2005年起，将原来仿古祭孔表演使用的清代服装改为明代服装，恢复原汁原味的明代祭孔模式。改成明制的原因主要在于，曲阜古城是明故城，曲阜孔庙的现有规模和格局是在明代弘治年间形成的，采用明代风格可与曲阜古城风貌相协调，并有助于打造东方“圣城”的城市品牌，真实再现华夏儿女共同祭孔的盛景，更能引起当今海内外华人的共鸣。

绶带

自2005年全球联合祭孔以来，曲阜孔庙祭孔大典独出机杼，使用“绶带”作为祭孔统一佩饰。绶带为祭孔大典定制，采用曲阜本地特有的布料——鲁锦传统工艺，做工精良。其基本色调为杏黄色，外观给人平和、沉静之感。

2006起，祭孔绶带两梢端分别刺有孔子头像和祭孔专用徽标，徽标图案以象征孔子的“凤鸟”为核心符号，以中国青铜文化元素为底蕴，徽标文案是“公历□□年曲阜孔庙祭孔大典”。参祭人员祭孔时一律项披专用绶带，全场氛围肃穆、凝重，油然而生尊孔、敬孔之心，隆重纪念孔子诞辰，完成虔诚的祭孔朝圣之旅。

2015年起，祭孔绶带原用“凤鸟”徽标图案，更换为孔子文化节专用标识“孔子文化”徽标图案，徽标文案为“□□年祭孔大典曲阜孔庙”；孔子头像下文案为“纪念孔子诞辰□□年”。

第六节　祭孔大典祭文

（2004 ~ 2017年）

2004甲申年祭孔大典祭文

杨佐仁

惟公元2004年9月28日，岁在甲申，节届中秋，先师孔子诞辰2555年，曲阜各界代表、海内外宾朋、孔子后裔，肃立大成殿前，谨以鲜花雅乐，恭祭先师孔子。文曰：

文圣吾祖，恩泽海宇。千古巨人，万世先师。
欣逢盛世，物阜民熙。高岸秀木，惟恐失序。
居安思危，重振纲纪。以德治国，德法兼济。
幸赖圣儒，万代垂仪。道贯古今，德侔天地。
杏坛春晖，泮池桃李。三坟五典，六经古籍。
薪火传承，百代不熄。而今吾辈，见贤思齐。

任重道远，弘扬承继。依仁志道，据德游艺。
仁为己任，见利思义。中和至德，过犹不及。
和协万邦，摒弃暴戾。刚健有为，自强不息。
与时偕进，创新活力。清风遍拂，神州万里。
群情振奋，勃发骐骥。文化名城，通衢如砥。
碧树花团，芬苾争奇。百业兴隆，日新月异。
近悦远来，治平修齐。老养壮用，兆民甘饴。
儒风犹在，先圣故里。慎终追远，奋吾国膂。
继往开来，同德凝聚。东方巨龙，吼啸腾起。
四海擎天，有吾一臂。长鲸吞吐，丹凤鼓翼。
揽月追日，神舟环宇。告慰先祖，盛世在即。
大同世界，四海兄弟。世界和平，假年可期！
伏惟尚飨，为祷为祈！

2005 乙酉年祭孔大典祭文

杨佐仁

惟公元二〇〇五年九月二十八日，岁次乙酉，孔子诞辰两千五百五十六年，曲阜市各界人士、海内外宾朋、孔子后裔，满怀崇敬之情，谨备鲜花雅乐，恭祭我中华先师。其文曰：

海右山东，岱南奎星。垣墙环抱，岸柳梳拢。
玉树攀云，紫叶吟虹。水含苔浦，草铺莺鸣。
歌动八垠，舞牵九瀛。全球祭孔，五州同风。
设奖开坛，薪火传承。春秋绝笔，诗礼趋庭。
植桧葳莛，宅井鸿蒙。高山景行，杏坛筵盈。
文脉緜延，海域再兴。百所学院，有孔命名。
千年儒流，今古汇通。天人合一，与时偕行。
仁者爱人，和而不同。阴阳和谐，执两用中。
和生万物，万物和兴。天道和运，地势和行。
家国和睦，世界和平。圣城曲阜，物阜文丰。
华夏标志，百里新城。政通人和，德道常青。
小康初成，大同在梦。欣逢盛世，强国威风。
宝岛盼归，华夏一统。旭日中天，巨龙飞腾。
鲲犁碧海，鹏登蟾宫。四海翘首，八方叹惊。
继往开来，待我后生！伏惟尚飨！

2006 丙戌年祭孔大典祭文

杨佐仁

岁在丙戌，节届仲秋。先师诞辰，二五五七。曲阜人民，孔子后裔，两岸同胞，四海宾朋，大成殿前，肃穆祭孔。文曰：

洙泗流带，沃野万垄。尼峄滴翠，回峰千重。
白云舒卧，紫霞纵横。红缠杏坛，绿掩碑亭。
古城墉堞，圣庙龙腾。诞圣吉日，鼓乐奏鸣。
嘉卉六醴，果饼三牲。童子俎豆，耄耋礼容。
同根一脉，两岸祭孔。共缅先师，追远慎终。
志道据德，心正意诚。节用爱民，修齐治平。
为政北辰，身正令行。见利思义，后凋寒松。
近悦远来，躬身自省。博文约礼，弘毅任重。
己所不欲，勿施人行。仁义宅居，诚信轫衡。
忠孝首善，礼法持恒。中道不倚，恕道宽容。
以和为贵，华夏一统。乾坤氤氲，和谐化生。
天和雨行，地和物丰。家和事兴，国和人定。
万邦和谐，世界和平。遗训在耳，发聩振聋。
高山仰止，桴海道兴。联合国奖，以孔命名。
亘古首屈，文教巅峰。百所学院，遍及九瀛。
黄发碧目，学在泮宫。五洲四海，章甫诵经。
赞誉远播，天下服膺。故里乡亲，蹈德践行。
幼学长教，老养壮用。诚信工商，让畔桑农。
居如图藻，行掣电风。盛世再现，小康初成。
天枹击鼓，海钹震庭。河山舞姿，日月霓虹。
龙飙鳞爪，凤翥翼翀。魂兮归来，又梦大同。
伏惟尚飨！

2007 丁亥年祭孔大典祭文

杨佐仁

清风送爽，海晏河清。国泰民安，举国欢腾。时逢中华文化先祖孔子诞辰 2558 周年，海内外宾朋，世界各地华人华侨，港澳台同胞，谨备鲜花礼乐，肃立于曲阜孔庙大成殿前，恭祭孔子诞辰。其文曰：

海右山东，岱南奎星。圣诞吉日，鼓乐奏鸣。
黄河讴歌，泰山挺松。飞泉漱液，嘉卉吐红。
日月增光，齐鲁夸荣。西振河源，东澹海瀛。
北动玄土，南耀朱岭。环球华裔，额首隆庆。
侨胞同胞，根连脉通。亚非欧美，百校名孔。
奥林匹克，喜临京城。五洲四海，睹我雄风。
大同非梦，人类有情。圣哲先导，万邦风从。
我辈协力，盛世太平。风发飙扬，矗拂云中。
天地人和，万物繁盛。与时偕进，和谐化生。
天和雨顺，地和物丰。家和事兴，国和人定。
仁者爱人，和而不同。忠孝首善，修齐治平。
为政以德，气正风清。见利思义，躬行自省。
政通人和，德道常青。农工商旅，百业同兴。
教科文卫，人本民生。生态环保，天人一行。
原隰郁茂，畎渎流清。芳草绿堤，粳谷盈丰。
城如蜃楼，货殖纵横。翰墨奋藻，学子书英。
大国崛起，自强不陵。一飞冲天，华夏振兴。
励精图治，众志成城。万代功业，待我后生！
伏惟尚飨！

2008 戊子年祭孔大典祭文

金庸

岁在戊子，节届国庆，时逢中华文化先祖孔子诞辰 2559 年，海内外宾朋，港澳台同胞，世界各地华人华侨，谨备鲜花礼乐，肃立于济宁市曲阜孔庙大成殿前，恭祭夫子诞辰，文曰：

清风送爽，海晏河清。国泰民安，举世欢腾。
北京奥运，万邦风从。五洲四海，睹我雄风。
世界同运，人类一梦。中华崛起，国和人定。
为政以德，气正风清，有教无类，修齐治平。
国之将兴，听命于民，博我以文，删正六经。
述而不作，信而好古，为之不厌，不倦诲人。
今我立国，秉承遗教：忠孝首善，礼法持恒，
中道不倚，和恕宽容，以和为贵，华夏一统，
万邦和谐，世界和平。盛世再现，小康初成。
见利思义，仁为己任，中和至德，自强不息。
生态环保，天人一行。夫子圣教，百代维新。
孜孜不懈，永秉传承。伏惟尚飨！

2009 己丑年祭孔大典祭文

范曾

周室颓隳，礼乐废弛，九州失驭。战伐出于诸侯，列国窥窃神器。

春秋之末，仲尼起于陬邑，感万方之多难，乃驰驱以宣教。冀辅弼于乱世，欲敦厉于黎庶。然则宫寝邃远，王者不悟。有楚狂接舆歌而过之，痛詈凤德之衰，切悲庙堂之殆。往者不谏，来者可追，孔子乃归鲁，不复出游。

述而不作，非谓徒托空言，追往事，思来者，悬明镜而作《春秋》，立极则以昭万代。凤鸟不至，河图不出，忧古道之不彰也；久矣吾不复梦见周公，伤往哲之益远也。遂力倡仁恕中和之道，克己复礼之德。

播雨杏坛，天下士赴之如万类之附麟凤。若颜渊、子路、公冶长、有子、子张、子贡、曾子七十二贤列坐其次，三千学子，相望于道。

仲尼自云：吾少也贱，故多能鄙事。乃谆谆以告诸君子，知任重而道远，期弘毅以自励。世幽昧以炫耀，独好古而敏求。视富贵如浮云，思贤若渴，闻义即徙。不降其志，不辱其身。夫子者，其集微子、箕子、比干之懿德嘉行于一身者也。世人以夫子为木铎，非无由也。颜渊喟然而叹曰："仰之弥高，钻之弥坚，瞻之在前，忽焉在后"，是高弟子之敬仰，亦足为万代所共祀者也。荆玉含宝，幽兰怀馨，此孔学之无尽藏也。

延越百余载，孟子起于邹而倡义，与孔子之倡仁相辅佐。又越三百载，汉武独崇儒术，乃有毛亨、郑玄之辈为之诠，董仲舒之属演其说。再越千二百年，南宋理宗朝濂、洛、关、闽之学，勉心景迹，遂成大观，共祭诸孔庙。更越千载，日月虽迈，诵说犹馨，百川竞乎孔子之门庭，孔学之克守，于今愈胜。孔子学院，遍列全球，蔚为人类文化之奇观。

世变事异，而孔学不衰者，以"仁者爱人""先欲达人"为黾勉天下之襟抱；"己所不欲，勿施于人"则厚望瀛海以高节。唯和衷以共济，讲信而修睦。此足称万国邦交之极则，亦各族和谐之宏观。遗训虽远，践行在迩，岁寒松柏，历千万龄而不凋，其非孔子博怀之远猷，而周瞻之大略欤？

巍巍陵寝，郁郁巨柏，云霄万古，黛色参天。仰瞻烟霞，伏增肃敬，焚香再拜，赋以永祷。

2010 庚寅年祭孔大典祭文

许嘉璐

惟公元 2010 年先师孔圣夫子诞日，谨备时蔬玄酒，雅乐升舞，恭奠于大成殿阶下，肃拜追远，上达夫子暨诸先哲先贤。其辞曰：

吾国文明，渊源何远！洪荒无征，蒙昧万年。
既历三皇，五帝相衔；贤哲冥思，归之鬼天。
吾侪何来？终将何还？何者为福？何者为善？
生应何求？何为圣贤？茫茫长夜，踽踽盘桓。
逮及文武，民听达天。周公制礼，明德尚贤。
享祚八百，维系血缘。尾渐不掉，王室东迁。
霸者问鼎，逐鹿中原。强则陵弱，富者欺寒。
悖逆诈伪，淫佚兴乱。岁岁征伐，竟无义战。
呜呼夫子，生悯人寰。少贱多能，屡经磨练。
复礼兴乐，欲挽狂澜。己立立人，孝弟唯先。
修齐治平，悦迩来远。游说列国，不惧厄难。
杏坛论学，大同是盼。人心驱霾，晨曦乍现。
道虽不行，学统绵绵。与时俱进，巨匠迭见。
孟轲弘发，荀卿敷衍。董生继后，道法兼含。
南北一统，合而有辨。孔贾拘守，昌黎呐喊。
迨宋大兴，如日中天。程朱相续，周张并肩。
出入佛道，孔孟真传。人参天地，敬而自反。
天理良心，理学体完。知行合一，世界峰巅。
沉沉浮浮，倏尔千年。伟哉中华，千劫万艰。
百折不挠，国泰民安。环顾全球，熙攘纷乱。
一如春秋，冲突不断。弱肉强食，贪欲泛滥。
嗟我夫子，所述皆验。文明对话，五洲共愿。
仁恕之道，日益播散。促进和睦，中华奉献。
谨此上达，慰我圣贤。伏惟尚飨！

2011 辛卯年祭孔大典祭文

杨朝明

惟公元 2011 年 9 月 28 日，岁在辛卯，至圣先师孔子诞辰 2562 周年，山东各界人士、港澳台同胞、海内外宾朋，谨备蔬果鲜花，献以乐舞，敬告夫子之圣灵。

煌煌中华，郁郁文明，唐虞稽古，夏商乂宁。

文武周公，天下景从。嗟我夫子，降诞昌平。
少贱鄙事，博学多能。通天之德，旁彻物情，
金声玉振，爰集大成。
乾坤并立，日月代明，阴阳合和，万物蒸蒸。
首出庶物，人为秀灵。礼自外作，乐由心生。
好恶有节，敬德怀刑。言则忠信，行则笃敬。
和而不流，与时偕行！
为政以德，仁爱百姓。举直措枉，尚贤使能。
知民之欲，察民之情，富而后教，德化流行。
远来近悦，万邦咸宁。
大哉夫子，既圣且明，出类拔萃，卓乎独盛。
垂仪立极，百代同宗。三千弟子，惟道是弘。
章句汉唐，义理宋明。远播欧美，泽及亚东，
夫子精华，代代相承。
秋高气爽，玉宇澄清，社会祥和，物阜民丰。
巍巍神州，荡荡德风，仁爱诚信，中华魂灵。
济济多士，众志成城：融古铸今，中西会通，
而今而后，乃昌乃隆。炎黄子孙，祈祥鞠躬：
四海一家，天下大同！
伏惟尚飨！

2012壬辰年祭孔大典祭文

董金裕

惟公元2012年9月28日，欣逢孔圣2563年诞辰纪念，我中华各族群同胞，以及国际嘉宾良朋，缅怀盛德伟业，以虔诚之心、景仰之情，谨备鲜花美果、佾舞雅乐，敬献于孔庙大成殿暨两庑，告祭大成至圣先师与夫诸圣哲贤儒。其辞曰：

天地设位，人在其中。天行刚健，地道宽弘。
品物流形，化育功隆。人禀五常，灵秀所锺。
法天之德，效地之用。赞之参之，与之同功。
唯我夫子，博通世务。上应天时，下顺风土。
远宗尧舜，近法文武。删述六经，以教生徒。
循序而进，孜孜矻矻。成德达材，栽培无数。
仁道思想，众德汇涵。明德亲民，止于至善。
推己及人，是为其方。礼以行之，益加发扬。
华夏文明，赖以发皇。驯致大同，协和万邦。
与时俱进，弥足珍贵。集圣大成，出类拔萃。
其所成就，卓越崔巍。典型既在，吾谁与归。
万民景从，仰承教诲。千秋万世，永蒙遗徽。
恭逢圣诞，我心欢畅。秉持诚意，其喜洋洋。
载歌载舞，俎豆馨香。奉承而进，伏惟尚飨。
护佑生灵，教化其昌。乐道好礼，同沐祯祥。

2013癸巳年祭孔大典祭文

彭林

惟夏历癸巳之年，辛酉之月，日在丁酉，恭逢大成至圣先师孔子诞辰2564年，山东省人民政府敬以释奠大典、鲜花雅乐之奉，祇告圣灵曰：

伟哉夫子，如岳之耸。德尊道隆，海内归宗。
多士肃肃，庙堂雍雍。典祀有常，是仰是崇。
簠簋备列，粢盛隆丰。笾豆蠲洁，三牲肥充。
笙镛和鸣，佾舞称容。神其来格，享此献奉。
生民之初，心智懵懵。彝伦不明，长夜无穷。
尧舜禹汤，文武周公，庠序养贤，开辟鸿蒙。
春秋季世，纪纲失统。忧道不行，木铎警众。
杏坛设教，儒学大弘。倬彼云汉，为章苍穹。
为政以德，北辰是拱。仁孝为本，父子融融。
忠信相交，上下股肱。日升月恒，泮水辟雍。
明德新民，君子之风。性情和达，乃为中庸。
诗礼传家，开我华风。立我烝民，莫非尔功。
立己达人，四海弟兄。修齐治平，天下为公。
文德既修，远方来朋。寅协万邦，和而不同。
弥高弥坚，圣自天纵。照临千秋，为祷为颂。

神州复兴，百年之梦。法古开新，国祚久永。
伏惟尚飨！

2014 甲午年祭孔大典祭文

张立文

惟夏历甲午之岁，恭逢先师孔子诞辰 2565 年，谨以香花酒果，佾舞雅乐，敬奠于夫子暨诸圣哲之灵。其辞曰：

天地何来？人类何生？和实生物，同则不继。
阴阳絪缊，五行相杂。万物化醇，实惟纲纪。
汤武革命，应天顺人。惟德是辅，敬德保民。
水能载覆，民贵君轻。无信不立，去食去兵。
巍巍孔子，圣道昭明。复兴礼乐，挽澜扶倾。
己达达人，博施于民。惟圣之德，万世永馨。
天道刚健，地道柔顺。人道仁义，天下文明。
天文察变，人文化成。诚意正心，修齐治平。
知行合一，推己及人。仁爱民本，诚信正义。
洪惟中华，绍宏文化。道德精髓，至善知止。
势利纷华，不染尤洁。君子九德，进退守正。
礼义为纪，各正性命。经国序民，坤宁乾清。
多重世界，差分融突。和而不同，协和万邦。
和平发展，合作共赢。命运同体，寰宇辉煌。
天人和美，身心和乐。家和则兴，国和则强。
革故鼎新，自强不息。和合世界，幸福永享。
伏惟尚飨！

2015 乙未年祭孔大典祭文

钱逊

惟此乙未仲秋，公历 2015 年 9 月 28 日，乃至圣先师孔子二千五百六十六年诞辰，吾等华夏胞民，谨具鲜卉果蔬，佾舞雅乐，肃祭圣师，恭献此文。

圣师孔子，生于无道之世，力倡雅颂之声。承尧舜禹汤文武之余绪，集礼乐射御书数之大成，设帐授徒，创立儒宗，开百代之圣教，化万民于春风。

圣师之教，垂范至今。以人为本，不语乱神；以德为政，立己立人。兴学杏坛，有教无类；文行忠信，约礼博文。三千弟子，传道四海；泽被天下，十步芳邻。乐群贵和，行己有耻；修齐治平，遍惠人伦。洵为万世之师表，五洲之圣哲，凝华夏之魂魄，涌文明之朝暾。

近世以降，西风东凌。圣师之言犹在，而或成腐儒之虚饰，或遭伪士之凶讦。然礼失诸庙堂，犹可求诸四野，况志士仁人迭起，力挽神州陆沉。圣贤之道，潜而复苏，忠恕之义，普世皆钦。今日华夏，病夫之名已去，而全盛之日未临，诚宜秉传圣训，固本培根，崇德以筑中国梦，旧命而维天下新。乐宾朋来自四海，绘丹青馈于子孙。幸我九州通力，朝野一心，华夏之洪舟，正扬帆破浪而进。

谨以此告，先师圣灵。伏惟尚飨，日升月恒！

2016 丙申年祭孔大典祭文

颜炳罡

惟公元二〇一六年九月二十八，岁在丙申，序在仲秋，值天高气爽、花果飘香时节，山东各界人士、世界各地炎黄子孙、五洲宾朋等齐聚曲阜孔庙大成殿前，以至诚之心，崇敬之情，谨备蔬果，献以佾舞，敬祷于夫子及诸贤哲大儒神位。辞曰：

天地氤氲，燮理阴阳，衮衮华胄，诞育东方。
荜路蓝缕，野居草莽。三皇五帝，始创典章。
吊民伐罪，商汤武王。降至春秋，渐失王纲。

礼坏乐崩，五霸逞强。
大哉夫子，应时而降。宪章文武，道承三皇。
杏坛设教，门开八方。三千弟子，大道阐扬。
退修诗书，六艺始彰，韦编三绝，行囊居床。
人文化成，道始以昌。
以仁释礼，仁礼双彰。为仁由己，无欲则刚。
孝悌忠恕，践仁之方。四勿四毋，克己自强。
内省不疚，无愧俯仰。中庸为德，君子坦荡。
贫而好学，富而礼让。不怨不尤，知命守常。
仁为己任，弘毅担当。杀身成仁，以义为上。
天何言哉？四时行焉，百物生长。
道易天下，何计栖遑？天纵之圣，木铎声响！
为政以德，举贤让良，正己正人，万民所望，
富而后教，礼乐兴邦。宽猛相济，治国有常。
博施济众，百姓安康。和而不同，德化万邦。
四海一家，大同在望。
大哉夫子，万世师表，四海咸仰。
圣哉夫子，辉光日新，千秋传唱。
神哉夫子，明德赫赫，大道荡荡。
敬祷夫子，再现灵光：佑我华夏，保我家邦。
中国梦圆，华族永昌。以
复圣颜子
宗圣曾子
述圣子思子
亚圣孟子及诸大贤哲先儒
伏惟尚飨！

2017丁酉年祭孔大典祭文

潘鲁生

惟公元2017年9月28日，岁在丁酉，时在金秋。值此夫子诞辰之日，各界人士以虔诚之心、崇仰之情，谨以释典大典，祗高于先师之圣灵。其文曰：

煌煌中华，郁郁文明，尧舜禹汤，文武周公。
圣哉夫子，如岳之耸，弘道明德，地纬天经。
祖述宪章，删述六经，杏坛设教，儒学肇兴。
仁义礼智，絜矩中正，推己及人，一以贯通。
西狩获麟，纲纪失统，怨祸构连，饥馑频仍。
千秋荣辱，百代废兴，斗转参横，沐雨栉风。
崇文兴学，开辟鸿蒙，人知所止，福善盈盈。
立我烝民，以理以风，惟此圣道，曷可弗宗？
嗟我夫子，既圣且明，述而识文，作而知情。
垂仪立极，山海麟凤，生民未有，卓乎独盛。
弟子拱辰，后学述宗，章句汉唐，义理宋明。
和合阴阳，物阜民丰，万世师表，天地同功。
荡荡德风，熠熠儒行，仁爱诚信，民族魂灵。
讲信修睦，家国以宁，近悦远来，四方和同。
规矩方圆，人和政通，修齐治平，神州复兴。
敬祷夫子，克鉴斯诚！佑我中华，以昌以隆！
伏惟尚飨！

2004～2017年公祭孔子大典祭文作者简表

表 5-4

年代	姓名	简介
2004	杨佐仁	山东儒商学院院长、教授
2005		
2006		
2007		
2008	金　庸	香港知名武侠小说作家
2009	范　曾	北京大学中国画法研究院院长、著名书画家
2010	许嘉璐	全国人大常委会原副委员长
2011	杨朝明	孔子研究院院长、教授、博士生导师
2012	董金裕	台湾政治大学名誉教授 国际儒学联合会副理事长
2013	彭　林	清华大学教授、博士生导师、国际儒学联合会理事
2014	张立文	中国人民大学教授、博士生导师
2015	钱　逊	清华大学教授、国际儒学联合会副会长
2016	颜炳罡	山东大学儒学高等研究院教授、博士生导师、副院长、国际儒学联合会理事
2017	潘鲁生	中国文联副主席、山东工艺美术学院院长

第七节　春季祭孔大典

祭祀孔子的活动始于孔子去世后的第二年（公元前478年），最初每年只有秋季一次祭祀，至东汉时实行春、秋两祭制，其后又发展到春夏秋冬逢节必祭，但均以春、秋两祭为主。20世纪80年代中期，曲阜作为孔子故里，恢复在祭祀孔子的礼制庙堂孔庙祭孔的活动，尤其是从2004年起，祭孔大典经历由民间祭祀转为政府公祭，由清代模式转为明代模式等诸多重大转变。24年中的祭孔活动都是在孔子诞辰日举办的，属于“秋祭”，而在传统上，必不可少的都是“春”“秋”两大祭，恢复春祭符合传统古制。

按照曲阜当地的风俗，每年清明节，孔氏后裔都要到其家族墓地孔林扫墓，祭拜祖先。每年都有不少海内外的游客，专程在清明节来到曲阜，到孔庙、孔林拜祭孔子，形成“五一”前的一个旅游高峰。2008年是传统节日成为公众法定假期的第一年。曲阜市文物旅游部门决定抓住清明节期间会有众多中外游客到曲阜观光、朝圣的机遇，创新孔子文化旅游产品，丰富清明“小黄金周”游客体验内容，在孔子故里恢复传统的春季祭孔。2008年4月4～6日，曲阜市首次举行春季祭孔大典。至2017年，每年春季清明节期间均举行春季祭孔大典。恢复春季祭孔活动，既是对传统文化的弘扬，又是对祭孔大典这一国家级非物质文化遗产的丰富与完善。

2008 年曲阜市首次春季祭孔大典

2008 年 4 月 6 日，曲阜市首次春季祭孔大典在孔庙举行。省旅游局局长于冲，曲阜市领导朱庆安、刘森、马书轩、孔令玉、杨朝明，香港孔教学院院长汤恩佳，韩国孟子学会会长赵俊河，孔子后裔代表孔德班等敬献花篮。盛大的春季祭孔仪式以《曲阜县志》《圣门礼志》《阙里志》等典籍记载为依据，以清明节孔子后裔孔林扫墓祭祖程式为依托，通过场景布置、音响效果等现代技术手段，颂读祭文等推陈出新的仪式程序，艺术地再现清明时节祭祀孔子的场景。4 月 4 ~ 6 日，每天上午在明故城万仞宫墙举行开城仪式，在孔庙举行祭孔大典，在孔林举行孔子墓祭祀活动。

2009 己丑年曲阜春季祭孔大典

2009 年 4 月 4 日，己丑年曲阜春季祭孔大典在尼山孔庙举行。将祭祀地选在孔子诞生地尼山，意在引导人们追根溯源、缅怀先师，与孔子诞辰在阙里孔庙举行的秋季祭孔大典，形成时间和空间上的有序呼应。北京大学副校长张国有，国家文物局原局长张文斌，联合国教科文组织北京办事处文化遗产保护专员杜晓帆，省旅游局局长于冲，省文物局副局长由少平，曲阜市领导朱庆安、刘森、马书轩、杨凤东等出席。市委副书记、市长刘森恭读祭文，市委常委、副市长杨凤东主持祭孔大典。2009 年曲阜首次将春季祭孔场所选定为孔子诞生地尼山，在尼山孔庙前敬献花篮、恭读祭文，将尘封在古籍中的古老风俗生动地展现在人们面前。祭孔大典后，在尼山书院，举行亚太遗产监测中心、北京大学曲阜教学实践基地、北京大学国学院儒学研修中心正式揭牌仪式。在夫子洞广场首次推出开笔礼仪式，经过正衣冠、朱砂启智、击鼓明志、开笔启蒙、诵《人字赋》等议程，活动在《论语》诵读声中结束。

2010 庚寅年春季祭孔仪式

2010 年 4 月 3 日，庚寅年春季祭孔仪式在尼山孔庙举行，拉开 2010 年中国（曲阜）国际孔子文化节序幕。国家文物局原副局长、中国博物馆学会会长、中国孔庙保护协会名誉会长张柏，北京大学教务部部长方新贵、副部长李文新，国内合作办公室副主任孙基男，文博学院副院长孙华，省旅游局副局长祝利民，省文物局副局长王永波，济宁市委副书记张术平，济宁市旅游局局长颜廷洲，济宁市文物局局长孙美荣，曲阜市委书记、市人大常委会主任朱庆安，市委副书记、市长刘森，市政协主席马书轩，市委常委、副市长杨凤东，市政府党组副书记、市文化遗产党工委书记、管委会主任李维生及孔子后裔代表，曲阜市学生代表

2010 年 4 月 3 日，北京大学学生代表在庚寅年春季祭孔成人礼仪式上宣读《拜孔子读论语学做人》倡议书。

（成人礼学生），北京大学、北京语言大学师生代表，旅行社代表、媒体记者等出席仪式。国家文物局、北京大学领导，省旅游局、文物局领导，济宁、曲阜两级市领导以及孔子后裔代表，北京大学学生代表等依次敬献花篮，表达对先师孔子的敬仰和缅怀。张柏、方新贵、孙基男、孙华、祝利民、王永波、张术平、朱庆安、刘森为参加成人礼仪式的学生集体加冠加笄并颁发成人礼证书。曲阜市委副书记、市长刘森在祭孔仪式上恭读祭文。市委常委、副市长杨凤东主持祭孔大典。庚寅年春季祭孔活动由尼山孔庙祭祀及成人仪式、尼山书院开讲仪式、开笔礼三部分组成。参加成人礼仪式的学生代表发表感言，北京大学学生代表宣读《拜孔子读论语学做人》倡议书。开笔礼在夫子洞广场举行。

2011 辛卯年春季祭孔大典

2011 年 4 月 3 日，辛卯年春季祭孔大典暨 2011 中国（曲阜）国际孔子文化节启动仪式在尼山孔庙大成殿举行。北京大学校务委员会副主任、工会主席岳素兰教授，北京大学校务委员会副主任、博士生导师张国有教授，北京大学文博学院原副院长、博士生导师孙华教授，北京大学化学家杨德胜教授，北京大学文化产业研究院动漫中心主任邓丽丽教授，北京大学研究生院副院长刘明利，北京工业大学建筑与城市规划设计学院党委书记、博士生导师、鲁国故城考古遗址公园规划主要负责人杨昌鸣教授，中国书画艺术研究会常务理事、中国壁画家协会会员、著名山水画画家、雕塑家崔小立；上海古籍出版社社长王兴康，副总编吕健，吉林省长春市人大常委会主任、长春市孔子研究会名誉会长祝业精；曲阜市委书记、市人大常委会主任李长胜，市委副书记、市长刘森，市政协主席马书轩，北京语言大学留学生代表，天津国学馆师生代表，中国孔庙保护协会会员单位代表，中国及山东省书法家协会嘉宾，孔子后裔代表，省内重点旅行社及高铁沿线城市旅行社代表，新华社、中新社、《大众日报》等新闻媒体记者共 300 人出席春祭大典。2011 年春季尼山祭孔主要包括尼山孔庙祭孔大典、尼山书院“文化之旅 · 书香尼山”文化活动启动仪式、夫子洞广场开笔礼仪式、2011 曲阜旅游联谊会、中国孔庙保护协会座谈会等五大活动。通过五大活动，拉开 2011 中国（曲阜）国际孔子文化节活动帷幕。

这是自春季祭孔活动恢复以来，第四次在清明之际祭祀孔子。曲阜市政府党组副书记、市文化遗产党工委书记、管委会主任李维生主持祭孔大典。曲阜市委副书记、市长刘森恭读祭文。300 名嘉宾和孔子后裔代表在司礼官的导引下，集体向孔子像行三鞠躬礼。祭孔仪式后，在尼山书院启动“文化之旅 · 书香尼山”文化活动，来自省内的 8 位著名书法家现场书写《论语》名句。书法家撰写的书法作品现场捐赠给曲阜孔府文物档案馆收藏。“文化之旅 · 书香尼山”文化活动，是曲阜新推出的文化旅游体验项目，也是 2011 年春季曲阜尼山祭孔系列文化活动的一个亮点。每年不定期邀请海内外知名书画家、文化学者、作家等文化界、艺术界、史学界等专家学者，到孔子诞生地尼山或挥毫泼墨或举行专题讲座或进行其他文化主题活动，其作品将由孔府文物档案馆收藏。“习礼尚贤 · 明德笃行”辛卯年学童启蒙开笔礼仪式在尼山夫子洞前举行。经过正衣冠、朱砂启智“开天眼”、击鼓鸣志、启蒙描红、坤灵洞许愿程序后，学童启智开笔礼仪式在《三字经》经典语句的诵读声中结束。

2012 壬辰年春季祭孔大典

2012 年 4 月 3 日，壬辰年春季祭孔大典在孔子诞生地曲阜尼山举行。以孔子第 79 代嫡长孙孔垂长为主祭的海内外孔子后裔，北京大学部分师生和中国孔庙保护协会、山东省旅行社协会、王献唐研究会的领导及嘉宾，曲阜市领导李长胜、杨凤东、郭庆海等和各界游客，登上尼山孔庙依次向至圣先师敬献花篮，行鞠躬礼。这是孔子嫡传后裔离开曲阜 60 多年后首次在清明节回乡祭祖。来自北京大学、台湾大学的师生到祭孔现场，感悟先师思想。曲阜市委副书记、市长杨凤东恭读祭文。曲阜市政府党组副书记、市文化遗产党工委书记、管委会主任李维生主持大典。 祭孔大典后，在尼山夫子洞广场，举行壬辰年学童启蒙开笔礼仪式，祭孔现场为孩子们举行开笔礼，进行正衣冠、拜师、朱砂启智、击鼓明志、启蒙描红、坤灵洞许愿等六项议程。

2012 年 4 月 3 日，壬辰年学童启蒙开笔礼仪式在尼山夫子洞广场举行。

2013 癸巳年曲阜尼山春季祭孔大典

2013 年 4 月 2 日，癸巳年曲阜尼山春季祭孔大典在尼山孔庙举行。中国哲学史学会副会长、中国现代哲学史研究会会长、中国人民大学教授、儒学专家宋志明，全国百强旅行社、重要客源地旅行社协会、省内重点旅行社，曲阜市领导李长胜、杨凤东、郭庆海等，山东孔府家酒业集团、联想控股丰联集团孔府家销售公司的领导及嘉宾，新华社、中新社、《大众日报》等新闻媒体记者共 400 人出席春祭大典。世界孔子后裔联谊总会秘书长、中国孔庙保护协会会长、曲阜孔子博物院院长孔德平主持祭孔大典。参加祭孔大典的领导嘉宾依次敬献花篮，曲阜市委副书记、市长杨凤东恭读祭文，参礼嘉宾集体向至圣先师行三鞠躬礼。祭孔仪式后，“文化中国 · 书香尼山”明伦堂讲学活动在尼山书院举行。中国人民大学教授、儒学专家宋志明为参加祭孔大典的来宾作《儒学与中华民族精神的培育》专题讲座。“习礼尚贤 · 明德笃行”—癸巳年学童启蒙开笔礼仪式启动。主要包括正衣冠、拜师、朱砂启智、击鼓明志、启蒙描红和夫子洞许愿等 6 项议程。

2013 年 4 月 2 日，中国人民大学教授、儒学专家宋志明为参加癸巳年曲阜尼山春季祭孔大典的来宾作《儒学与中华民族精神的培育》专题讲座。

2014 甲午年尼山春季祭孔大典

2014 年 4 月 2 ~ 3 日，甲午年尼山春季祭孔大典暨曲阜孔庙中华成人礼启动仪式在尼山孔庙举行。2014 年活动的主要内容有 10 项：

2014 年 4 月 2 日，甲午年尼山春季祭孔大典尼山书院礼仪表演。

尼山春季祭孔大典、曲阜孔庙中华成人礼启动仪式、孔府演艺项目启动仪式、孔子修学游座谈会、尼山孔庙景区孔子六艺文化体验、开笔礼仪式、梅庆吉“朝圣之旅—沿着孔子足迹”摄影展及讲座等。4 月 2 日 9 时，甲午年尼山春季祭孔大典在尼山孔庙举行。曲阜市领导李长胜、杨凤东、李玲、孔令玉等；天津文庙博物馆等部分中国孔庙保护协会副会长单位，中国教育学会、英才教育集团，中国民俗学会、广东南湖国际旅游集团、湖北海外旅游集团、山东嘉华国际旅行社，山东省旅行社协会、青岛市旅行社协会的负责人；重要客源地重点旅行社、教育局、学校代表；新华社、中新社、《中国旅游报》《大众日报》、山东电视台、新华网、人民网、新浪网等媒体记者出席春祭大典。曲阜市委副书记、市长杨凤东恭读祭文；参礼嘉宾集体向至圣先师行三鞠躬礼。祭孔仪式后，参礼嘉宾在尼山孔庙启圣王殿和启圣王寝殿参观梅庆吉“朝圣之旅—沿着孔子足迹”摄影展；到尼山书院西侧体验孔子六艺文化。为丰富尼山景区观瞻内容，增加景区参与、互动体验项目，曲阜市文物局围绕孔子修学需求，以六艺为主题，在尼山书院西侧设置礼、乐、书三大功能区，打造景区内的常规修学游设施，成为春季祭孔活动的亮点。尼山书院活动结束后，领导和嘉宾在夫子洞前，参加“习礼尚贤·明德笃行”——甲午年学童启蒙开笔礼仪式。主要有正衣冠、拜师、朱砂启智、击鼓明志、启蒙描红、坤灵洞许愿 6 项议程。

2015 乙未年曲阜尼山春季祭孔大典

2015 年 4 月 3 日，乙未年曲阜尼山春季祭孔大典在尼山孔庙大成殿举行。曲阜市领导李长胜、刘东波、李玲、孔令玉等；长沙市、浏阳市、南京市高淳区、福建省长泰县等地的领导、嘉宾；浙江省嘉兴市山东商会、香港五洲国际旅游投资公司、四川恒信旅游公司、北京地球村环境教育中心等企业的来宾代表；重要客源地重点旅行社、教育局、学校代表；新

2015 年 4 月 3 日，曲阜市委副书记、市长刘东波在乙未年曲阜尼山春季祭孔大典上恭读祭文。

华社、中新社、中央电视台、新浪网、《中国旅游报》等媒体记者参加春祭大典。曲阜市委副书记、市长刘东波恭读祭文。所有参礼嘉宾集体向至圣先师行鞠躬礼。祭孔仪式后，参礼嘉宾在尼山书院前参加以“百姓写《论语》—仁”为主题的“文化中国·书香尼山”文化活动；在夫子洞前，参加“习礼尚贤·明德笃行”—乙未年学童启蒙开笔礼仪式。

2016 丙申年春季祭孔大典

2016 年 4 月 2 日，丙申年春季祭孔大典在尼山孔庙举行。200 多名各界代表、孔子 79 代嫡长孙孔垂长一行及台北孔庙佾舞文化交流团 60 人。参加祭孔仪式，由孔子第 79 代嫡长孙孔垂长担任主祭官。国家文物局副局长宋新潮，济宁、曲阜两级市领导李长胜、吴霁雯、刘东波、李玲、孔令玉等，依次向至圣先师敬献花篮，行鞠躬礼。曲阜市委副书记、市长刘东波恭读祭文。曲阜市政协主席孔令玉主持祭祀大典。所有参礼嘉宾集体向至圣先师行三鞠躬礼。祭孔大典后，参礼嘉宾从尼山孔庙西侧步行，穿过由“礼、孝、悌、忠、恕”展示牌组成的走廊，到尼山书院前观赏“礼乐”表演，至夫子洞广场，参加“习礼尚贤·明德笃行”丙申年学童启蒙开笔礼仪式。主要有正衣冠、拜师、朱砂启智、击鼓明志、启蒙描红和夫子洞许愿 6 项议程。

2017 丁酉年曲阜春季祭孔大典

2017 年 4 月 2 日，丁酉年曲阜春季祭孔大典在尼山孔庙举行。大典分为走进尼山、追思先哲、敬仰圣贤、弘扬经典四大内容。

孔子第 79 代嫡长孙孔垂长、中国国民党副主席陈镇湘参加祭礼。世界孔子后裔联谊总会副会长、曲阜市政协主席孔令玉主持祭祀大典。孔子第 79 代嫡长孙孔垂长担任主祭官，代表所有祭祀者向尼山孔庙内孔子塑像敬香、行礼。中国国民党副主席陈镇湘等海峡两岸社会各界人士，曲阜市领导刘东波、彭照辉、李玲、孔令玉、山桂岭等，依次向至圣先师孔子像敬献花篮，并行三鞠躬礼。曲阜市委副书记、市长彭照辉恭读祭文。祭祀仪式后，在夫子洞广场进行丁酉年学童启蒙开笔礼，主要有正衣冠、拜师、朱砂启智、击鼓明志、启蒙描红、坤灵洞许愿 6 项议程。

2017 年 4 月 2 日，丁酉年曲阜春季祭孔大典在曲阜尼山举行，曲阜市委副书记、市长彭照辉恭读祭文。

第三章　世界儒学大会

孔子研究院是唯一经国务院批准设立的儒学研究专门机构，集学术研究、文化交流传播、文献收藏、人才培养、博物展览五大功能于一体。其中，学术研究、文化交流传播是其重要职能，鉴于此，2007 年 9 月，由中国艺术研究院、山东省文化厅、济宁市人民政府、孔子研究院邀请 12 个国家和地区的 55 家儒学研究机构的专家学者举行世界儒学大会发起国际会议，通过《世界儒学大会发起宣言》和《世界儒学大会章程》，并决定将世界儒学大会秘书处设在孔子研究院。2008 ~ 2013 年，世界儒学大会每年在孔子文化节举办期间举行，并成为孔子文化节的三大主题活动之一。2013 年以后改为每两年举行一次，至 2017 年连续举办 8 届。

世界儒学大会是在孔子诞辰之际，在孔子故里（孔子研究院）由文化部和山东省人民政府主办的世界性儒学盛会，旨在传承和弘扬中华优秀传统文化，搭建一个国际化的儒学研究与交流的高端平台，推动国际儒学研究与交流，探讨儒学的价值与意义，鼓励跨地域、跨学科、跨行业的儒学研究，加强海内外专家学者、儒学研究机构（团体）的密切往来，增进不同文明之间的对话与交流，促进人类社会和平、和谐、发展。世界儒学大会融国际性的文化论坛、高规格的学术盛会和权威性的政府行为于一体，倾力创建儒学研究、交流、合作的国际化平台，这是世界范围内儒学研究领域中一大盛事。

第一节　世界儒学大会发起国际会议

2007 年 9 月 27 日，世界儒学大会发起国际会议在孔子研究院举行，来自日本、韩国、美国、法国、新加坡、马来西亚等国家，以及中国港澳台等地区的 97 位专家学者出席会议，代表海内外 55 家儒学研究机构。

发起国际会议由文化部、山东省人民政府主办，中国艺术研究院、山东省文化厅、济宁市人民政府、孔子研究院承办。会议举行盛大的开幕式和儒学研讨会。研讨会上中国人民大学孔子研究院院长张立文教授、美国夏威夷大学成中英教授、中国艺术研究院刘梦溪教授、韩国成均馆馆长崔根德的代表崔瑛甲、韩国国学振兴院院长沈宇永和孔子研究院副院长孔祥林研究员分别围绕世界儒学大会主旨演讲。

世界儒学大会发起国际会议经过反复酝酿、讨论、修改、征求意见，最终审议并通过《世界儒学大会发起宣言》和《世界儒学大会章程》。与会代表充分肯定发起世界儒学大会的重要意义和积极作用，并指出召开世界儒学大会对在全世界范围内增进不同文化之间的交流具有深远历史影响。

第二节　第一届世界儒学大会

2008 年 9 月 27 日，第一届世界儒学大会在孔子研究院开幕。大会由文化部、山东省人民政府主办，中国艺术研究院、山东省文化厅、济宁市人民政府、中国孔子基金会、孔子研究院共同承办。

全国人大常委会原副委员长许嘉璐，文化部副部长周和平，山东省人大常委会原副主任李明先，中国艺术研究院院长、中国非物质文化遗产保护中心主任王文章，山东省文化厅厅长杜昌文，中国孔子基金会副秘书长林先众，济宁市领导孙守刚、张振川、赵树国、祝金焕、陈民、周洪、姜化铸等出席开幕式。

韩国、新加坡、马来西亚、美国、法国、英国、比利时、丹麦、澳大利亚等国家，以及中国大陆和中国港澳台地区的86个儒学研究机构的172位专家学者，海内外100多家新闻单位的记者及各界人士出席会议。

大会决定在位于孔子故里的孔子研究院设立世界儒学大会秘书处，并举行世界儒学大会秘书处授牌仪式，由文化部副部长周和平授牌。

大会主席团执行主席俞荣根主持与会嘉宾代表主题演讲。中国的范曾、刘梦溪，澳大利亚的李瑞智，比利时的戴卡琳，丹麦的安德森等5位著名学者围绕世界儒学大会发表演讲。与会代表围绕儒学的当代意义、儒学的普世价值、世界文化体系中的儒学研究、儒学研究与文化核心价值观建构、儒学研究与和谐文化建设五个议题进行分组学术研讨。

第一届世界儒学大会为期3天，在学术研讨之余参观考察孔子出生地尼山以及孔府、孔庙、孔林；参加中国（曲阜）国际孔子文化节开幕式，观看《孔圣·九章》大型乐舞演出；参加2008年祭孔大典。大会取得丰硕成果，并将其成果编纂为《第一届世界儒学大会学术论文集》，由文化艺术出版社出版。

第三节　第二届世界儒学大会暨2009年度“孔子文化奖”颁奖

2009年9月27～29日，第二届世界儒学大会在孔子研究院举行。该届世界儒学大会由文化部、山东省人民政府主办，中国艺术研究院、山东省文化厅、济宁市人民政府、中国孔子基金会、国际儒学联合会、孔子研究院联合承办。大会举行开幕式。文化部纪检组原组长常克仁，济宁市委书记、市人大常委会主任孙守刚先后致辞，山东省文化厅厅长亢清泉主持。中国著名书画家范曾，美国哈佛大学儒学专家杜维明，美国夏威夷大学儒学专家成中英，中国艺术研究院院长助理、文化战略发展研究中心主任贾磊磊，中国孔子基金会秘书长梁国典，国际儒学联合会理事长、韩国成均馆大学总长徐正畩，济宁市委副书记、市长张振川出席开幕式并在主席台就座。济宁市政协主席赵树国，济宁市委副书记张术平，济宁市人大常委会第一副主任祝金焕，济宁市委常委、秘书长陈民等出席。

日本、韩国、以色列、西班牙、斯洛伐克、美国、巴西、澳大利亚等国家，以及中国大陆和中国港澳台地区的97个儒学研究机构的300多位儒学专家学者参加会议。著名学者杜维明、成中英、梁承武、范曾等分别作大会主题演讲。与会代表围绕多元文化语境下儒学的传承与发展、儒学与经济发展、儒学与当代艺术创作等议题分为3个小组进行学术讨论。第二届世界儒学大会设立2009年度“孔子文化奖”（Confucius Cultural Award），旨在鼓励世界范围内的儒学研究者、机构或非政府组织，站在时代的高度，深入发掘研究孔子思想文化精髓，加快儒学研究成果的不断创新，加强儒学研究成果的国际交流，推动儒家文化的传承和普及，促进人类社会的和谐发展、文明进步。该届儒学大会在充分评议候选者的学术成就及主要贡献的基础上，采用差额选举的形式，对候选者进行无记名投票，评选出2009年度“孔子文化奖”获奖学者和机构分别是美国哈佛大学燕京学社社长杜维明和中国孔子基金会。于9月27日，在孔子文化节开幕式上举行颁奖典礼。

第四节　第三届世界儒学大会暨2010年度“孔子文化奖”颁奖

2010年9月27～29日，第三届世界儒学大会在孔子研究院举行。该届儒学大会由文化部、山东省人民政府主办，中国艺术研究院、山东省文化厅、国际儒学联合会、中国孔子基金会、济宁市人民政府、孔子研究院承办。大会举行开幕式。全国人大常委会原副委员长许嘉璐，山东省人大常委会原副主任莫振奎，北京师范大学党委书记刘川生，济宁市委书记、市人大常委会主任孙守刚，山东省文化厅厅长亢清泉，济宁市政协主席赵树国，济宁市委副书记张术平，济宁市委常委、秘书长陈民，济宁市人大常委会副主任梁之安等出席开幕式。

全国政协原副主席叶选平为第三届世界儒学大会开幕发来贺信。文化部副部长、中国艺术研究院院长王文章特地为该次大会的召开发来致辞。该届世界儒学大会秉承以往各届的宗旨，营造思想独立、对话平等的学术氛围，鼓励跨学科、跨行业的儒学研究，既关注儒学的理论价值，又将儒学研究与现实社会中的具体问题紧密结合，开拓儒学研究的现实意义。来自中国大陆和中国港澳台地区，以及日本、韩国、新加坡、英国、德国、奥地利、丹麦、乌克兰、爱尔兰、美国、巴西、澳大利亚等国家，86个儒学研究机构与学术团体的200位儒学专家学者，围绕儒学思想的时代发展与国际传播、儒学与美学、儒学与伦理学、儒家与文化多元化发展等议题进行深入研讨与广泛对话。

该届儒学大会揭晓2010年度“孔子文化奖”。获奖者分别是山东大学儒学研究中心主任庞朴和国际儒学联合会。于9月27日，在孔子文化节开幕式上举行颁奖典礼。

第五节　第四届世界儒学大会暨2011年度“孔子文化奖”颁奖

2011年9月27日，第四届世界儒学大会暨2011年度“孔子文化奖”颁奖典礼在孔子研究院举行。该届大会由文化部、山东省人民政府联合主办，中国艺术研究院、山东省文化厅、中国孔子基金会、国际儒学联合会、济宁市人民政府、孔子研究院共同承办。大会举行开幕式。文化部原副部长赵维绥，济宁市委书记、市人大常委会主任张振川，济宁市委副书记、市长梅永红，山东省政府副秘书长司安民，省委宣传部副部长、省文化厅党组书记徐向红，济宁市委副书记张术平，省文化厅副厅长李国琳，济宁市委常委、秘书长陈民，济宁市委常委、宣传部部长刘成文出席开幕式。

大会期间，韩国、日本、新加坡、乌克兰、美国、德国、巴西、澳大利亚等国家，以及中国大陆和中国港澳台地区的83个儒学研究机构与团体的200位专家学者，围绕儒学的价值取向和社会发展、儒学创新与当代文化建设、儒家思想及其普世价值、道德礼仪与人文教化等议题进行深入探讨与广泛对话。收到研究儒学的论文 100 余篇。

大会开幕式上揭晓 2011 年度“孔子文化奖”评奖结果，该年度“孔子文化奖”获得者分别是北京大学教授汤一介和香港孔教学院院长汤恩佳。

第六节　第五届世界儒学大会暨 2012 年度“孔子文化奖”颁奖

2012 年 9 月 27 日，第五届世界儒学大会暨 2012 年度孔子文化奖颁奖典礼在孔子研究院举行。该届世界儒学大会由文化部、山东省政府联合主办，中国艺术研究院、山东省文化厅、济宁市政府、山东大学儒学高等研究院、中国孔子基金会、国际儒学联合会、孔子研究院共同承办。大会举行开幕式。文化部副部长、中国艺术研究院院长王文章，山东省副省长张超超，济宁市委书记、市人大常委会主任马平昌分别致辞。文化部公共文化服务司司长于群，山东省委宣传部副部长、省文化厅厅长徐向红，省政府办公厅副巡视员姜文艺，中国艺术研究院院长助理、文化发展战略研究中心主任贾磊磊，省文化厅副厅长李国琳，山东大学儒学高等研究院、中国孔子基金会、国际儒学联合会的负责人；济宁市人大常委会第一副主任陈民，济宁市委常委、秘书长刘成文，济宁市委常委、宣传部部长王次忠等出席。

来自美国、澳大利亚、奥地利、韩国、新加坡、越南等国家，以及中国内地和中国港澳台地区的 100 余位儒学研究专家参加大会。该届世界儒学大会以“儒家思想的当代意义”为主题。围绕儒家伦理与市场伦理、中华元典与现代文明、儒学与国民教育等重大现实议题进行深入研讨和广泛对话。

开幕式上举行 2012 年度“孔子文化奖”颁奖典礼。2012 年度“孔子文化奖”获奖者中央民族大学教授牟钟鉴和韩国成均馆的代表发表获奖感言。

第七节　第六届世界儒学大会暨 2013 年度“孔子文化奖”颁奖

2013 年 9 月 27 ~ 28 日，第六届世界儒学大会暨 2013 年度“孔子文化奖”颁奖典礼在孔子研究院举行。该届大会由文化部、山东省人民政府主办，中国艺术研究院、山东省文化厅、山东大学儒学高等研究院、中国孔子基金会、国际儒学联合会、济宁市人民政府、孔子研究院等共同承办。

大会举行开幕式。济宁市委书记、市人大常委会主任马平昌，中国艺术研究院常务副院长王能宪分别致辞。山东省政府副秘书长李娥，中国艺术研究院副院长贾磊磊，山东省文化厅副厅长李国琳，中国孔子基金会副秘书长武卫华，济宁市委副书记、市长梅永红，济宁市委常委、秘书长刘成文，济宁市副市长吴霁雯，国际儒学联合会秘书长牛喜平，中央民族大学教授牟钟鉴，香港孔教学院院长汤恩佳等出席大会开幕式。开幕式上，孔子研究院院长、世界儒学大会执行秘书长杨朝明代表承办单位作主旨演讲；为 2013 年度“孔子文化奖”获奖者李学勤、安乐哲颁奖。

来自中国内地和中国台湾、香港地区以及日本、韩国、越南、印度尼西亚、马来西亚、以色列、澳大利亚、英国、爱尔兰、俄罗斯、美国等国家，60 个儒学研究机构与学术团体的 120 位专家学者，围绕“儒家思想与当代社会建设”主题，对儒家思想与生态文明、儒家伦理与道德教育、礼乐传统与社会礼仪、儒家思想与文化传播四个议题进行深入研讨与广泛对话。

会议讨论、通过新修订的《世界儒学大会章程》。根据新的章程，从该届会议开始，世界儒学大会将由以往一年一届改为两年举办一届，“孔子文化奖”也将每两年评选一次。

该届儒学大会揭晓 2013 年度“孔子文化奖”，获奖者分别是清华大学教授李学勤和美国夏威夷大学教授安乐哲。

第八节 第七届世界儒学大会暨 2015 年度“孔子文化奖”颁奖

2015 年 9 月 27 日，第七届世界儒学大会暨 2015 年度“孔子文化奖”颁奖典礼在孔子研究院举行。由文化部、山东省人民政府联合主办，中国艺术研究院、山东省文化厅、山东大学儒学高等研究院、中国孔子基金会、国际儒学联合会、济宁市人民政府和孔子研究院共同承办。

大会举行开幕式。全国人大常委会副委员长向巴平措，山东省委常委、宣传部部长孙守刚，山东省人大常委会副主任宋远方，中国艺术研究院副院长贾磊磊，山东省人民政府副秘书长李娥，山东省委宣传部副部长、省文化厅厅长徐向红，省文化厅副厅长李国琳，中国孔子基金会副理事长牛廷涛，济宁市委书记、市人大常委会主任马平昌，济宁市委常委、宣传部部长李昌文，济宁市人大常委会副主任商建设，济宁市副市长吴霁雯，孔子研究院党委书记李大友，孔子研究院院长杨朝明等出席。

全国人大常委会副委员长向巴平措为 2015 年度“孔子文化奖”获得者陈来、董金裕颁奖。山东省委常委、宣传部部长孙守刚，济宁市委书记、市人大常委会主任马平昌分别致辞。开幕式上，中国艺术研究院副院长贾磊磊代表承办单位作主旨演讲。山东大学教授王学典、孔子研究院院长杨朝明发布儒学新成果。该届大会秉承以往各届大会的一贯宗旨，营造思想独立、平等对话的学术氛围，邀请国内外知名学者、儒学团体和机构参会，鼓励跨地域、跨学科、跨行业的儒学研究，既关注儒学的基础理论研究，更将儒学研究与当今社会价值建构紧密结合，探讨儒家思想在当代社会价值建构中的意义和作用。美国、德国、俄罗斯、马其顿、埃及、澳大利亚、新加坡、韩国、日本、马来西亚、越南、蒙古等国家，以及中国内地和中国港台地区的 150 多位代表，根据“儒家思想与当代价值建构”的主题，围绕儒家思想的当代哲学使命、儒学与国家文化软实力建构、礼乐文化与社会道德、儒家思想与公共文化空间 4 个议题，进行深入研讨与广泛对话。

清华大学教授张岂之，北京大学人文讲席教授、国际哲学学院副院长、美国艺术与科学院院士、2009 年度“孔子文化奖”获得者杜维明，中央民族大学教授、国际儒学联合会副会长、2012 年度“孔子文化奖”获得者牟钟鉴，澳大利亚邦德大学教授、国际儒学联合会副会长李瑞智作为参会代表，在大会开幕式上分别发表主题演讲。

2015 年度“孔子文化奖”的获奖者为清华大学教授陈来、台湾政治大学教授董金裕。

此外，世界儒学大会首次出现来自马其

顿、埃及、蒙古等国家的参会学者。

该届大会首次集中推出一批儒学研究新成果。除大会学术论文集外，还推出《世界儒学发展报告（2014 ~ 2015）》《“孔子文化奖”学术精粹丛书》（1 ~ 6 卷）《“春秋讲坛”学术讲演录》等学术成果。其中，组织专家学者，对近两年海内外儒学研究的最新成果进行统计和研究，编辑出版《世界儒学发展报告（2014 ~ 2015）》。从 2013 年开始，孔子研究院、世界儒学大会秘书处启动《“孔子文化奖”学术精粹丛书》编写工作，首批出版 6 卷，分别为《杜维明卷》《庞朴卷》《汤一介卷》《牟钟鉴卷》《李学勤卷》《安乐哲卷》，每卷 35 万字左右。丛书内容以“孔子文化奖”获奖学者关于“孔子儒学、中国传统文化”的研究成果为核心，精选、汇集其中最为重要的学术观点，每卷自成体系，以全面展示获奖学者的突出成就。该丛书由华夏出版社出版。

“春秋讲坛”是由孔子研究院、世界儒学大会秘书处联合主办的一个公益性国学推广平台，2015 年被正式列入世界儒学大会的常态化活动，自当年 5 月启动以来，先后邀请鲍鹏山、彭林、郭齐勇、刘建华等学者登坛开讲，孔子研究院和世界儒学大会秘书处将其中学术水平较高、听众反响强烈的讲座汇集成册，编辑出版《孔子文化与中国道路——“春秋讲坛”学术讲演录》。

该届大会还策划举办青年博士论坛。大会秘书处通过世界儒学大会官方网站及微信公众平台发布《第七届世界儒学大会青年学者参会论文征集公告》，收到投稿 90 余篇，作者来自北京大学、清华大学、中国人民大学、复旦大学、浙江大学、中山大学、山东大学、曲阜师范大学、“台湾大学”、台湾政治大学、韩国国立首尔大学、新加坡南洋理工大学、日本爱知工业大学等海内外高校和孔子学院总部“新汉学计划”汉学博士或在读博士生。大会秘书处成立专家评审小组，对论文进行评选，有 40 位青年博士脱颖而出，被正式邀请前来参会，并在大会的分会场孟子故里邹城市举办“青年博士论坛”。这些青年学者的与会，给世界儒学大会注入青春和活力，也为青年学者提供开阔视野、与学术大师亲密接触的良好平台。

会议期间，分别举办“儒学夜话”“中日韩青年儒学之旅”活动。大会开幕当天，适逢中秋佳节，组织与会代表赏月、品茶，轻松地对话交流，丰富儒学大会的活动形式。依托孔子研究院孔子学院总部体验基地，邀请中日韩三国青年儒学爱好者 20 人，以“文化交融、彼此欣赏”为主题，举办中日韩青年儒学体验之旅活动，加强三国青年之间的儒学文化交流与对话。

第九节　第八届世界儒学大会暨 2017 年度“世界儒学研究杰出人物”授牌

2017 年 9 月 20 日上午，第八届世界儒学大会在孔子研究院辟雍广场开幕。大会由文化部、山东省人民政府主办，中国艺术研究院、山东省文化厅、山东大学、中国哲学史学会、国际儒学联合会、中国孔子基金会、济宁市人民政府、孔子研究院共同承办。

开幕式前举行音乐会，来自山东大学艺术学院和山东省歌舞剧院的表演团队为嘉宾演绎《尼山圣诞曲》和《孔子颂》。音乐会后，伴随着历届世界儒学大会的视频回放，现场播放世界儒学大会会歌暨孔子研究院院歌《文明足迹》。

全国人大常委会副委员长王胜俊，山东省委书记、省人大常委会主任刘家义，中国艺术研究院院长连辑，山东大学校长樊丽明，美国哈佛大学燕京学社原社长、北京大学人文高等研究院院长杜维明，孔子第79代嫡长孙、中华大成至圣先师孔子协会会长、至圣孔子基金会会长孔垂长出席大会开幕式并分别致辞。山东省委常委、宣传部部长孙守刚主持大会开幕式。山东省人大常委会副主任柏继民，全国政协常委王新陆，济宁、曲阜两级市领导王艺华、石光亮、李昌文、李长胜、吴霁雯、刘东波、彭照辉、李玲、孔令玉、山桂岭等出席开幕式。

根据国家有关规定，从该届大会开始，取消“孔子文化奖”推选活动，并将其调整为“世界儒学研究杰出人物”评选。大会开幕式上举行2017年度“世界儒学研究杰出人物”授牌仪式，根据《世界儒学研究杰出人物推选章程》，经世界儒学研究杰出人物推选委员会评选，台湾东海大学教授蔡仁厚、武汉大学教授郭齐勇获评“2017年度世界儒学研究杰出人物”。王胜俊、刘家义为蔡仁厚、郭齐勇颁发纪念牌。

该届大会以“儒家思想与人类命运共同体”为主题，下设5个分议题：儒家话语下的宗教与信仰、儒家伦理与人类的共同价值、儒家思想与个体价值、礼乐文明与当代社会的价值重构、传统文化传承发展的现代路径。分别举行主题演讲、圆桌论坛、专题论坛等活动。文化部部长雒树刚出席大会主题论坛并发表主旨演讲。

会议期间，来自五大洲30多个国家和地区的300位国内外儒学研究专家，围绕“儒家思想与人类命运共同体”的主题，进行学术交流和研讨。开幕式之后，在孔子研究院儒学会堂举行2015 ~ 2017儒学研究十大热点发布及大会主题演讲，清华大学国学院院长陈来教授主持。英国牛津大学现代史教授大卫·普里斯特兰发表题为《儒家思想、社会主义与共产主义》的学术演讲。美国哈佛大学亚洲中心资深研究员、北京大学人文高等研究院院长杜维明教授发表题为《精神人文主义：一方正在涌现的全球性论域》的学术演讲。中国艺术研究院刘梦溪研究员发表题为《六经的价值论理是中国文化贡献给人类的普世价值》的学术演讲。山东大学贝淡宁教授发表题为《贤能政治：人类共同价值观还是中国特色》的学术演讲。

该届大会于9月27 ~ 28日在孔子研究院举办“第八届世界儒学大会青年博士论坛”，20个国家和地区的80多位中外青年博士展开4场学术对话，邀请10名中外著名学者担任论坛导师，与青年学者现场交流。青年博士论坛以“儒家信仰、礼乐文明与社会治理”为主题，安排儒学夜话、学术演讲和研讨等环节，并参加祭孔大典等活动，为青年博士提供学术交流的机会。

2009～2017年历届“孔子文化奖”、世界儒学研究杰出人物获奖机构人员一览表

表5-5

年　度	获奖奖项	获奖机构	获奖人员
2009	孔子文化奖	中国孔子基金会	杜维明（美国哈佛大学燕京学社社长）
2010	孔子文化奖	国际儒学联合会	庞　朴（山东大学儒学研究中心主任）
2011	孔子文化奖		汤一介（北京大学教授） 汤恩佳（香港孔教学院院长）
2012	孔子文化奖	韩国成均馆	牟钟鉴（中央民族大学教授）
2013	孔子文化奖		李学勤（清华大学教授） 安乐哲（美国夏威夷大学教授）
2015	孔子文化奖		陈　来（清华大学教授） 董金裕（台湾政治大学教授）
2017	世界儒学研究杰出人物		蔡仁厚（台湾东海大学教授） 郭齐勇（武汉大学教授）

第六篇
仿古乐舞与文化展演活动

第六篇
仿古乐舞与文化展演活动

第一章　仿古乐舞

1986 年，曲阜市文化部门查阅大量历史资料，挖掘、整理、编排中国古代祭祀孔子的大型庙堂艺术——仿古《祭孔乐舞》，并于 1986 年国际孔子诞辰故里游开幕式上演出。1988 年，曲阜市文化部门根据历史史料，经过 3 年多的挖掘、整理和再创作，于 1990 年完成被孔子誉为“尽美矣，又尽善矣”的大型古典乐舞——仿古《箫韶乐舞》，并于 1990 年孔子文化节开幕式上演出。1991 年，为宣传轩辕黄帝诞生于曲阜、光大炎黄文化，在国家级艺术部门专家的指导帮助下，完成古典乐舞《云门大卷》的挖掘、整理、编创，并于 1992 年孔子文化节开幕式上演出。

第一节　《祭孔乐舞》

挖掘整理编排

仿古《祭孔乐舞》，是由曲阜市文化部门根据《圣门乐志》《圣门礼志》《阙里志》《阙里文献考》等历史资料，聘请以前亲身参加过祭孔的人士为顾问，以曲阜市剧团为演出主体，经过挖掘、整理、排练而成的。祭祀礼仪庄严肃穆，配以舞蹈、古乐，寄托后人对孔子的无上尊崇。

祭孔乐舞

演出内容

仿古《祭孔乐舞》，是历届孔子文化节献演的一台有着近 2000 年历史、独具特色的大型庙堂祭祀乐舞。

孔子卒后第二年，他的后代即以其生前“所居之堂”为庙，“岁时奉祀”，这是最初对孔子的一种祭祀活动。汉高祖刘邦于高祖十二年（公元前 195 年）过鲁时，首先用太牢（最高的祭天大礼）祭祀孔子。孔子先后被历代统治者封谥为“褒成宣尼公”“先师尼父”“先圣”“太师”“文宣王”“至圣文宣王”“大成至圣文宣王”“至圣先师”“大成至圣先师”等。随着孔子地位的不断提高，祭孔便成为历代统治者在祭天、祭地、祭日月、祭鬼神以外又一项最隆重的祀典。

《祭孔乐舞》演奏地点在孔庙大成殿前的露台上，整个礼仪程序是：由鸣鼓开始，举行

“三献礼”，乐生演奏六篇乐章。“三献礼”是初献、亚献和终献；六篇乐章是一举迎神乐奏“昭平之章”，二举初献乐奏“宣平之章”，三举亚献乐奏“秩平之章”，四举终献乐奏“叙平之章”，五举撤馔乐奏“懿平之章”，六举送神乐奏“德平之章”。每部乐章开始，先击柷三下，同时执麾幡者举升龙之幡；每部乐章结束时，再举降龙之幡，刷敔的执事生连击敔三下，刷三下。随着乐章的节拍，舞生有的持节，大部分人两手分持籥和翟，表演“六佾舞”或“八佾舞”。每一个舞姿唱一个字，舞蹈独特、典雅、优美。在演奏乐舞的同时，主祭官先在杏坛前跪拜，行三跪九叩礼，献香、献酒，再由引赞生和执纱灯、提炉的“正身”引导主祭官从大成殿露台东旁转至大成殿内祭拜，再行三跪九叩礼，献香、献帛、献酒，并由读祝官跪叩宣读祝文。此谓“初献礼”。亚献、终献，除不再读祝文外，其他礼仪与初献相同。最后，举送神乐章，由主祭官行三跪九叩礼之后，将香帛等送至焚帛池祭拜焚烧，然后回杏坛前复位，整个祭奠活动结束。

“八佾舞”是中国古代规格最高的祭祀舞蹈，是中华传统礼教的重要组成部分，也是对“礼”的最好诠释。

八佾舞：亦作“八溢”，亦作“八羽”。古代天子用的一种乐舞。佾，舞列，纵横都是八人，共六十四人。《论语·八佾》：“孔子谓季氏，八佾舞於庭，是可忍也，孰不可忍也！”朱熹集注：“佾，舞列也；天子八，诸侯六，大夫四，士二。”《汉书·礼乐志二》：“千童罗舞成八溢。”颜师古注：“溢与佾同。佾，列也。”南朝宋王韶之《开封府君歌》：“堂献六瑚，庭舞八羽。”唐杨炯《盂兰盆赋》：“铿九韶，撞六律；歌千人，舞八佾。”

八佾舞的舞者身着古代制式礼服，一组32人（男）手执盾、戚，另一组亦为32人（女）手执雉翟、龠。从动作层面上来看，古代八佾舞均依照舞谱进行表演，动作庄严齐一，节奏平稳，无快慢之分，是纯礼仪的祭祀舞蹈。使用的乐器多为古代传承，如编磬、编钟、胡琴、笛子等。

第二节 《箫韶乐舞》

挖掘整理编排

《韶》乐失传已2000余年。为弘扬祖国优秀民族文化，曲阜市文化部门自1988年开始，经过3年多的艰苦工作，查阅大量古代文献资料，本着复古与创新相结合的精神和既保持《韶》乐的古风又赋予现实新意的原则，挖掘、整理、编创出仿古《箫韶乐舞》脚本，并请教于中国舞蹈家协会主席吴晓邦，中国文化书院导师、北京大学中文系教授阴法鲁，中国艺术研究院舞蹈研究所研究员、中国舞蹈家协会主席团委员董锡玖，中国艺术研究院舞蹈研究所副所长、副研究员刘峻骧，中国艺术研究院音乐研究所所长、副研究员乔建中，中国艺术研究院舞蹈研究所副研究员傅兆先，中国歌剧舞剧院编导傅宇，中国音乐家协会山东分会副主席、山东省艺术馆研究馆员魏占河等专家、学者，得到专家的指导、支持。一致认为：《箫韶乐舞》填补中国文艺领域的一项空白，意义重大，是继《丝路花雨》《仿唐乐舞》之后推出的又一走向世界的古典乐舞，对于继承和弘扬祖国优秀民族文化、繁荣艺术事业、推动中外文化交流、促进中国特色社会主义文化的建设有着积极的现实意义。

演出内容

大型古典乐舞《箫韶乐舞》，于1990年国际孔子文化节首次向中外人士献演。

《箫韶乐舞》，又称《韶简乐舞》，简称《韶》。据《书经·益稷》等古文献记载，《箫韶乐舞》系距今4000余年前中国上古时期“五帝”之一的虞舜与其司法官皋陶合作歌词，乐官夔配曲、编舞合成。后经西周时期加工整理，更加规范完美，定为祭祀“四望”（即四方之神）的典范乐舞，广为流传。《箫韶乐舞》，是乐、歌、舞三位一体的综合艺术形式。其主题思想是倡导团结祥和，励精图治，创业兴邦，体现“乐与政通”之本源。

其乐体属大雅，“八音”（即金、石、丝、竹、土、匏、革、木）齐全。演奏时所用的古乐器有：金音之属的编钟、特钟；石音之属的编磬、特磬；丝音之属的古琴、古瑟；竹音之属的箫、笛、管、凤箫；土音之属的埙；匏音之属的笙、竽；革音之属的各种鼓类；木音之属的柷、敔等。

《韶》的演奏十分考究，“八音克谐，无相夺伦”。乐章演奏以击柷开始，节奏均匀稳重，声音质朴无华；继之，播鼗三通；再继之，击特钟一声，是为“金声”之始理；顿时，众乐齐发，声音和谐，音色优美，节奏舒缓。乐章结束时，击特磬以收官，是为“玉振”之始理。全乐结束，又以栎敔除音，是为“合止柷敔”。

《韶》的歌词有三章九句，共37个字，故又称“九歌”。首章歌词是：“股肱喜哉，元首起哉，百工熙哉。”第二章歌词是：“元首明哉，股肱良哉，庶事康哉。”第三章歌词是：“元首丛脞哉，股肱惰哉，万事堕哉。”整个歌词的中心思想是倡导君圣臣贤，君明臣良，君臣相戒相勉，相克相谐，谨守法度。只有这样，才能和睦兴事，治定功成；否则，就会诸事废坏。

《箫韶乐舞》的舞蹈别具一格。舞者有手持凤箫而舞的人，也有化装成各种鸟形和兽形的“鸟”和“兽”，随着乐节跄跄而舞。“凤箫舞”，躬谦揖让，俯仰屈伸，古朴典雅，端庄优美；“鸟舞”，婀娜多姿，展现着阴柔之美；“兽舞”，粗犷雄健，充满阳刚之气。当《韶》乐演奏到三章“九成”时，“凤凰”飞来，翩翩起舞，舞容辉煌，轻柔别致，把整个乐舞的气氛推向高潮，呈现和睦团结、吉祥如意的景象。

仿古《箫韶乐舞》

《箫韶乐舞》古朴典雅，雄浑豪放，气势雄大，意境深邃，在历史上有着极高的评价。公元前544年，吴国公子季札于鲁（今山东曲阜）观乐，称赞《韶》乐“德至矣哉，大矣！如天之无不帱也，如地之无不载也！”公元前516年，孔子于齐国都城（今山东临淄）“闻《韶》三月不知肉味”，赞叹《韶》乐“尽美矣，又尽善矣！”《箫韶乐舞》于西周初期即传入曲阜。

第三节 《云门大卷乐舞》

挖掘整理编排

《云门大卷乐舞》已失传2000余年。据《史记·正义》记载，曲阜是轩辕黄帝的诞生地。1991年，为光大炎黄文化，在中国艺术研究院、北京大学、中国歌剧舞剧院等单位专家学者的指导帮助下，曲阜市文化部门本着复古与创新相结合、既保持《云门》的古风又赋予现实新意的原则，经过艰苦工作，挖掘、整理、编创出仿古《云门大卷乐舞》。这是国际孔子文化节继仿古《祭孔乐舞》、仿古《箫韶乐舞》之后推出的又一走向世界的古典乐舞，填补中国文艺领域的一项空白。中外有识之士认为《云门大卷乐舞》独具匠心，阵容大，粗犷而优美，它不仅为孔子文化节增添光彩，也为中国的优秀民族文化赢得赞誉。《云门大卷乐舞》的重新面世是个历史性贡献，对于宣传黄帝诞生于曲阜、光大炎黄文化，具有积极意义。

演出内容

《云门大卷乐舞》又名《云门大章》，简称《云门》。它产生于中国远古年代轩辕黄帝时期，距今有5000余年的历史，居中国古代“六代乐舞”（即《云门》《大咸》《大韶》《大夏》《大濩》《大武》）之首。《云门大卷乐舞》主要是颂扬黄帝平定天下、开愚启蒙、建业兴邦、祚福万民的丰功伟绩，蕴含着返朴归真的深刻哲理。自西周始，《云门大卷》乐舞被定制为祭祀轩辕黄帝等“天神”的专用乐舞。经过挖掘、整理和再创作的仿古《云门大卷乐舞》共设3个乐章：《云雷寰宇》，表现混沌初开，文明初起；《经天纬地》，表现黄帝战蚩尤于涿鹿，战炎帝于阪泉，平定天下，歌颂升平；《祥云现河水清》，表现黄帝发明生计，造福于民。音乐本着古人之意，运用古今乐器结合演奏，模拟自然界种种声音，音调有强有弱，象征文治武功的盛衰变化；清奇或浑厚，表现阴阳二气之调和；长短柔刚结合，展示自然和谐、日月普照。整个音乐不拘守固定的声律，有高亢，有宛转，以求符合大自然的节律，被誉为“天乐”。舞蹈原始古拙，内涵深邃。画面变化多端，有战阵场面，有劳作画卷。男舞粗犷豪放，刚健质朴，充满阳刚之气；女舞轻柔流畅，具有阴柔之美。

第二章 重要文化演出活动

除开幕式大型文艺演出外，为丰富孔子文化节活动内容、活跃节日气氛、增强市民参与度，曲阜市注重开展孔子文化节期间的文化节目演出活动。举办专场文艺演出、专场音乐会、景点文艺演出、街面性群众文艺演出、广场文艺演出、中华文化经典诵读活动等。

第一节 文艺演出

演出内容

1986年，举办南京艺术学院副教授蔡敬民专场音乐晚会。1989年，由济南军区前卫歌舞团、山东省话剧团、曲阜市剧团分别演出大型舞乐诗《大同梦》、话剧《布衣孔子》等。由济南军区前卫歌舞团编创演出的大型舞乐诗《大同梦》，撷取孔子思想中关于美好的大同社会的构想，通过男耕女织、红花绿树和云飞鹤舞、鼓乐齐鸣的画面，展现的是一个遨游于梦中、浪漫热情、神采飞扬的崭新的孔子形象。1993年，连续在孔庙大成殿前轮换公演仿古《箫韶乐舞》和仿古《祭孔乐舞》。邀请俄罗斯时装歌舞团在曲阜剧院进行专场演出。1995年，举办由曲阜、邹城、兖州、梁山、嘉祥、济宁市中区和兖州矿务局组团参加的大型民间艺术串街表演。表演代表孔孟之乡民俗风情的龙舞、狮舞、阴阳板、武术、花棍、鼓子秧歌、唢呐、芯子等。举办杂技表演、古鲁民俗风情表演、民间艺人街头演唱以及古乐舞表演、古鲁婚俗表演等。1996年，举办旨在弘扬中国传统戏曲艺术的戏曲一条街活动和济宁市“天幕杯”中青年演员戏曲大赛。由中国艺术研究院音乐研究所与曲阜师范大学联合举办中国传统音乐会第九届年会。1997年，举办旨在体现孔孟之乡文化艺术特色、民俗风情的民间艺术串街表演，仿古《祭孔乐舞》表演，戏剧定点演出和戏曲两条街活动。演出新编历史剧、豫剧《风雨行宫》。1998年，组织“三孔啤酒之夜”“金塔王之夜”两台专场文艺晚会。举办以“祭孔乐舞方队”“孔子周游列国表演方队”为主体的文艺串街表演；组织戏曲两条街、戏曲定点演出等街头群众性文化活动；在六艺城孔子六艺大剧院演出《孔子六艺乐舞》。1999年，演出大型新编历史剧《孔尚任》；在文物旅游景点举办定点文艺演出。2000年，举办专场文艺晚会，戏曲定点演出和景点文艺演出。2001年，在孔子文化节开幕式上，首次编创、演出大型文化史诗《杏坛圣梦》，之后，在孔子文化节期间作为丰富孔子文化节和曲阜旅游晚间活动的一项重要内容长期演出。举办专场文艺晚会，演出新编历史剧《桃花扇》；由大连旅顺特技飞车表演团举行摩托车特技表演；举办广场文化演出和千人民间文艺表演。2001 ~ 2011年，分别在曲阜市鼓楼广场、信合广场、贵宾楼广场、华联广场、邮电广场、圣都广场、沂河广场，同时举行群众性广场文艺演出。由曲阜市文化部门组织8支演出队伍表演京剧、豫

1995年9月26日，民间艺术表演在鼓楼大街举行。

剧、山东梆子、现代歌舞等。2003年，举办杨钰莹专场演唱会、广场文艺演出、景点文艺演出等。2009年9月28日，由韩国成均馆大学编创的大型舞蹈剧《孔子》在孔子文化会展中心剧场上演。舞蹈剧《孔子》以人类永恒的老师为主题，分为诞生、学问、艰辛、临终、复活5个章节，通过释奠佾舞的形式表达孔子的人生和看待他的现代人的心理，向世人展示孔子思想生命力为何如此强盛，教给人们如何看待孔子对学习和社会的态度，引导人们更好地了解和学习孔子及其思想。

第二节　大型广场乐舞《杏坛圣梦》

2001年，为推动“三孔”旅游，曲阜市邀请全国一流的编剧、导演、舞美、灯光、音响艺术家，历时一年，十易其稿，推出以孔子文化为主体的鸿篇巨制《杏坛圣梦》。《杏坛圣梦》为大型广场乐舞，2001年9月在曲阜杏坛剧场首演，开创江北大型广场式主题旅游文化演艺先河。曾作为2001中国曲阜国际孔子文化节开幕式主题晚会，2002年被山东省旅游局评为“齐鲁新十景”。

《杏坛圣梦》，选取《论语》中的“学而时习之，不亦说乎”“发乎情，止乎礼”“四海之内皆兄弟”“有朋自远方来，不亦乐乎”四句名言作为剧情主体脉络，300名演员参与演出，是对孔子学说思想的一次实验性娱乐演绎，艺术性地展示儒学从先秦至现代的价值演进，娱乐性地演绎孔子文化的思想精华。该剧以广场艺术为定位，着重舞蹈场面的铺陈与安排，突出综艺性舞台技能的综合展现。在服饰艺术、灯光艺术的变化烘托中，丰富而鲜明地强化寓教于乐的目的。

2005年，曲阜市新增投资500余万元，对《杏坛圣梦》进行全新改版。4月19日，大型广场乐舞《杏坛圣梦》在曲阜市举行2005版首演式。承担2005全球联合祭孔的演艺任务。截至2005年底，接待海内外游客300余万人次；2005年实现演出收入243万元。曾赴韩国等地进行商业演出。《杏坛圣梦》自2001年上演以来，很大程度上改变曲阜旅游“白天看庙，晚上睡觉”的局面。《杏坛圣梦》的上演有效拉动曲阜过夜游的发展，带动旅游经济全面繁荣，实现良好的经济效益。曲阜市每年都投资对该项目进行完善和提高。2006年，《杏坛圣梦》在山东省文博会上演出。2009年4月27日晚，作为第十九届书博会曲阜分会场的一个项目，《杏坛圣梦》在杏坛剧场演出。

相关链接：

《杏坛圣梦》剧情梗概

《杏坛圣梦》于2001年首演，以后每年的4月到10月每天晚八时，在杏坛剧场演出。演出团体是孔子文化艺术团。

创意

泰山之麓、洙泗之滨，古柏森森、杏花飘飘的一角，是儒家学派创始人孔子设坛施教的地方。杏坛，是孔子阐明人类理想境界的讲坛，是春风桃李、化育万民的圣地。千百年来，无数个朝拜者来到这里，追随着孔夫子，追随着这位伟大的思想家、教育家的悠悠古思——杏坛圣梦。

序幕

古代的文明圣火已经点燃，仿佛是在遥远而又神秘的空间中，现场数千名观众与孔子开始对话，远古的意境深邃神秘。

第一幕

学而时习之，不亦说乎

打开孔子的言论集《论语》，开篇第一句话就是："学而时习之，不亦说乎？"人非生而知之，人都要学；学，就要时习之。"学而时习之，不亦说乎"成为博大精深的华夏文化得以发展的永恒动力。春秋的百家争鸣，盛唐的诗歌礼乐，宋代的莘莘学子，明清的琴棋书画，令人目不暇接的恢宏场面，演绎了人类通过学习从愚昧走向文明。

第二幕

发乎情，止乎礼

礼，即是谦谦君子、窈窕淑女的个人风貌，又是人际关系的协调机制。"发乎情，止乎礼"是智慧早熟的中国人的稳定性格，也是中华民族"乐感文化"的综合品位，它像一条无形的准绳，宽容地衡量着不同人们的情感巨浪，理性山峰。这一幕是世界各民族舞蹈的集锦。酣畅的情感令人震撼，先秦的诗经风韵，唐代的胡旋舞曲，民间的浣纱舞，从不同的角度展示了人类情感的撞击。但是，在这种淋漓尽致的碰撞中，人类始终面对着圣人的召唤。

第三幕

四海之内皆兄弟

2000多年前的中国，早已全面预演了人类战争的诸多基本法则；打打停停，和战交替，血流成河，民不聊生。这一幕，战争与和平的较量，野蛮与文明的抗衡淋漓尽致。孔子发出了"仁者爱人""四海之内皆兄弟"的微弱呼声；这个充满痛苦、同情而又真诚的呼声，自古至今回荡在一切有良知人们的心中。当"四海之内皆兄弟"犹如天籁之音飘来的时候，人们收起了长剑，而让整个世界成了鲜花的海洋。

第四幕

有朋自远方来，不亦乐乎

华夏文化是地球上延续数千年的大文化之一。她那恢宏包容的气度，她那承前融会的理念，最生动地表现在孔子那平和睿智的笑容之中。

有朋自远方来，不亦乐乎。多民族、多国籍的舞蹈，阿拉伯人的骆驼队，印度的大象，希腊人远航的帆船，五洲四海的朋友，来到了神州大地，孔子的故乡！

第三节　中华文化经典诵读

中华古诗文朗诵工程是中国青少年发展基金会继推出希望工程后推出的又一项跨世纪工程，旨在继承中华文化优秀传统，提高少年儿童道德文化修养，弘扬民族精神。曲阜市作为全国历史文化名城和儒家文化发祥地，自古就有"十万人家尽读书"的良好传统。中华文化诵读活动走在前列，曲阜市将诵读活动作为孔子文化节重要内容列入其中。

主要诵读活动

2001年9月28日，祭孔仪式上策划设计朗读孔子名言、颂扬孔子功德内容，由中小学生组成方阵，在孔庙大成殿露台上齐声诵读《论语》和颂扬孔子功德的诗文，首开孔子文化节诵读活动之先河。

2002年9月18～20日，华夏文化纽带工程组委会、《中国文化报》《中国教育报》在曲阜孔子研究院等地联合举办首届华人中华文化经典诵读友谊赛，来自包括台湾、香港在内的中国19个地区的2000余名华人，同台吟诵中华经典传世之作。为此，全国人大常委会副委员长王光英撰写题为《增强海内外华人文

2006 年 7 月 11 日，首届孔子修学旅游节中华文化经典诵读。

神的新内容。

2004 年 9 月 29 日，举行古诗文经典诵读汇报表演。曲阜市杏坛中学、实验中学、实验小学、书院街小学、田家炳小学、旧县小学、曲师大附小、曲师附小师生 3000 余人参加活动。参加演出的学校师生分别以齐诵、情景剧、舞蹈、诗配舞等形式进行诵读表演。

化认同感》的署名文章，对诵读活动给予高度评价。9 月，在曲阜正南门万仞宫墙前举行孔子文化节“口诵经典文章、手写漂亮汉字”活动启动仪式，中国硬笔书法协会主席庞中华以及山东枣庄、泰安、聊城、邹城、滕州、阳谷和河北定州等地区的各界来宾参加。曲阜市 2000 余名中小学师生现场进行硬笔书写《论语》表演。活动以提高中小学生的硬笔书法水平为切入点，以开展普及硬笔书法教育为主旨，把写硬笔书法和学习传统文化结合起来，使学生做到口诵经典文章、手写漂亮汉字，培养学生欣赏美和创造美的能力，全面提高中小学生的道德、文化、身体、心理、审美等方面的综合素质。9 月 28 日，在孔庙大成殿前举行《少儿科普三字经》诵读活动。来自中国、日本、马来西亚、加拿大、瑞士等国家的各界人士 2000 余人参加诵读活动。曲阜市 100 余名小学生现场诵读《少儿科普三字经》。《少儿科普三字经》由北京作家刘亚伟创作。该书继承传统的《三字经》言简意赅、节奏明快、朗朗上口等特点，赋予其普及科学知识、科学精

2009 年，己丑年祭孔大典以发源于孔子诞生地尼山的大沂河迎宾为序曲，在大成路沿途 3 公里组织万名中小学生和教师方队齐声朗诵《论语》名句，在孔庙内吟唱《论语》经典。此后至 2017 年每年的祭孔大典活动均根据所设计的主题，作为祭孔大典的序曲，安排不同规模的诵读方阵，在主祭人员行进道路两侧诵读《论语》。

2014 年，甲午年公祭孔子大典在原来学生诵读的基础上，增加机关事业单位工作人员、工矿企业职工和社区居民代表组成的诵读方阵，形成万人齐诵《论语》经典名句的盛大场面。

相关链接：

2001 年 9 月 28 日祭孔仪式上朗读孔子名言、颂扬孔子功德文字稿

一、朗读孔子名言

领读：

尊敬的各位领导，尊敬的各位来宾：

今天是我国古代伟大的思想家、政治家、教育家孔子两千五百五十二年诞辰。孔子及儒家思想学说是中国传统文化的主流，对中华民

族的发展，对人类文明的进步，有着不可磨灭的贡献。其精华至今仍闪耀着夺目的光芒。

请听：

仁德篇

孔子说：

合读：

“克己复礼为仁。一日克己复礼，天下归仁焉。”

领读：

这就是说，社会是由一个个具体的人共同组成的，这就要求每个人能克制私欲，遵守礼节，而不以邻为壑，侵犯他人，也就是说，人生于世上，应时时处处想着“仁”的准则。一旦人人都做到克己复礼，则天下事事都能合乎“仁”了。

孔子说：

合读：

“夫仁者，己欲立而立人，己欲达而达人。”

领读：

意思是，作为一个仁者，自己要在社会上站得住，也应帮助别人站得住；自己要通达事理并进而取得事业上的成功，也应帮助别人通达事理、事业有成。

孔子说：

合读：

“己所不欲，勿施于人。”

领读：

这就是说，自己不想做的或不想要的，也不要强加给别人。

孔子说：

合读：

“饭疏食，饮水，曲肱而枕之，乐亦在其中矣。不义而富且贵，于我如浮云。”

领读：

意思是，德行是崇高的，在它的光芒之下，即使远离美酒佳馔，就淡菜、凉水而食，曲臂为枕而眠，心的快乐也伴随而来。这是我们应当追求的高尚的快乐。如果道德败坏了，趣味也必然会趋于堕落，此时，“不以其道得之”的富贵荣华与天空中忽聚忽散的浮云何异呢？与自身又有什么相关呢？

修身篇。

孔子说：

合读：

“三人行，必有我师焉。择其善者而从之，其不善者而改之。”

领读：

这就是说，一个人能达成高尚的修养，其间必是无所不学，而且没有固定的老师的。三人同处，我是其中一个，其余二人或是善的，或是恶的，或是既有善处又有恶处，我只要择他们的善处而欣然以从，对不善处反省自身以修正，这样，他们便都已成为我行为参照的老师了。

孔子说：

合读：“见利思义，见危授命，久要不忘平生之言，亦可以为成人矣”。

领读：

意思是，看到利益便想想该不该得，为了正义，遇到危险，便肯付出生命，经过长久的贫困日子都不忘记往日的诺言，也就算作差强人意了。

孔子说：

合读：

“富与贵，是人之所欲也；不以其道得之，不处也。贫与贱，是人之所恶也；不以其道得之，不去也。君子去仁，恶乎成名？君子无终食之间违仁，造次必于是，颠沛必于是。”

领读：

这就是说，发大财，做大官，这是一般人所盼望的。财富、地位来到了，但不是由正当方法而得，那么，君子不会垂青于它们。贫穷、低贱，这是一般人所厌恶的。如果能够抛掉它们却不是由正当方法，那么，君子宁肯仍为低贱、贫境所困。一旦抛弃了仁德，好的名声由何而成就呢？君子是虽在一饭之顷间也不肯与仁德相违背的，即使在仓促匆忙之际，亦必与仁德同在，在颠沛流离之时，亦必与仁德同在。

治学篇。

孔子说：

合读：

“有教无类。”

领读：

意思是，人人都可以接受教育，没有贫富贵贱的等级差别。

孔子说：

合读：

“学而不厌，诲人不倦，何有于我哉。”

领读：

这就是说，努力学习而不厌烦，教导别人而不厌倦。因为将自已生平所学尽传他人，引来的不是知识的流失而是人格的完整。

孔子说：

合读：

“温故而知新，可以为师矣。”

领读：

意思是，温旧的知识能从中体会出新的东西，许多新体会、新见解，是在对已掌握知识的重温中自然而然地产生出来的。这样就可以做老师了。

孔子说：

合读：

“敏而好学，不耻下问，是以谓之文也。”

领读：

这就是说，聪敏灵活，爱好学问，又谦虚下问，不以为耻，对这种人便可以冠之为“文”字来作他的标记。

孔子说：

合读：

“学而时习之，不亦说（悦）乎！”

领读：

意思是，学到了知识，然后按时去温习它，心中自然能深切了解，永久不忘，同化于身。这真是人世间的一大美事啊！

孔子说：

合读：

“学而不思则罔，思而不学则殆。”

领读：

这就是说，只读书不思考，就会茫然无得；只思考不读书，就会精神怠倦，思路闭塞。可知，学与思，二者是不可偏废的啊！

孔子说：

合读：

“知之为知之，不知为不知，是知也。”

领读：

意思是，对于知识，懂得就是懂得，如果不懂得，则与其夸大胡说，不如诚实地说：我不知道。这才是聪明、智巧之举，也恰是真正获取知识的态度。

从政篇。

孔子说：

合读：

“为政以德，譬如北辰居其所而众星共之。”

领读：

这就是说，用道德来治理国政，自己便会像北极星一般，别的星辰都环绕它的位置而运行。

孔子说：

合读：

“其身正，不令则行，其身不正，虽令不从。”

领读：

意思是，在上的能正己作为表率，在下的便能不令而自从；如果自己不正，那就虽有令亦无人从之。

孔子说：

合读：

“先有司，赦小过，举贤才。”

领读：

这就是说，一个人有志于政治，要做到有成绩，首要的是要努力工作，时时处处起带头作用，不计较别人的小过失，及时提拔优秀人才。做到这三个方面，可以说，取得好政绩的前提就具备了。

二、诗朗诵《孔子赞歌—活在众生之间》

领诵：

孔子德行高洁，学问渊博，他“学而不厌”，删诗书，定礼乐，整理典籍，集三代文化之大成；他“诲人不倦”，创开办私学之先河；他学思结合，锻造出独具特色的思想体系，创造了影响深远的儒家学说，成为儒家学派的创始人和奠基者。孔子及儒家思想学说早已越出中国国界，成为整个东方文化的重要标志和世界历史文化中的重要遗产，在国际上有着广泛而深刻的影响。

孔子被国际社会誉为“世界古代十大思想家之首”，深受仰慕和敬重。

请欣赏诗朗诵：《孔子赞歌——活在众生之间》。作者乔羽。

百年千年万年，昨天今天明天。

合诵：

百年千年万年，昨天今天明天。

多少亭台楼阁早已化作瓦砾一片，

多少功名利禄早已化作过眼云烟。

领诵：你仍旧是你，

合诵：你仍旧是你，你是一位善解人意的朋友。

领诵：你仍旧是你，

合诵：你仍旧是你，永远活在众生之间，活在众生

之间。

领诵：百年千年万年，昨天今天明天。

合诵：百年千年万年，昨天今天明天。

多少乱世英雄总想把你打翻在地，

多少在位君主却爱把你捧上九天。

领诵：你仍旧是你，

合诵：你仍旧是你，你是一位通情达理的长者。

领诵：你仍旧是你，

合诵：你仍旧是你，永远活在众生之间，活在众生之间。

领诵：百年千年万年，昨天今天明天。

合诵：百年千年万年，昨天今天明天。

多少通都大邑仍在汲取你的智慧，多少穷乡僻壤仍在温习你的语言。

领诵：你仍旧是你，

合诵：你仍旧是你，你是一位循循善诱的师长。

领诵：你仍旧是你，

合诵：你仍旧是你，永远活在众生之间，活在众生之间。

三、诗朗诵《风雅颂》

领诵：请欣赏诗朗诵：《风雅颂》。作者张红曙、严玉树。

一生蓬车烟尘里，漂泊人寰披风雨

合诵：剖心做明烛，治学路崎岖，

领诵：仰天唤道德，激昂话伦理。

合诵：啊，千古师表本是人间平贫一布衣。

领诵：一生蓬车烟尘里，世代纷争扬与弃。

合诵：娓娓诉仁爱，浩浩颂礼义，

领诵：弦歌唱大道，诗书评六艺，

合诵：啊，万世儒学论天说地万邦探新意。

万世儒学论天说地万邦探新意。

四、诗朗诵：《金声玉振——孔子礼赞》

领诵：请欣赏诗朗诵：《金声玉振——孔子礼赞》。作者中国歌剧舞剧院。

从古到今，从东方到西方，

有多少帝王公卿，有多少圣哲贤人，

像历史的烟尘，像一颗颗流星，

消失得无影无踪，消失在茫茫宇宙中。

合诵：只有你啊，孔子，只有你啊，孔子

一个布衣百姓，一介贫寒书生，

一切以人为本，一生为民奔走，

留下了千秋万代名，赢得了天下人的心。

啊！

高山啊仰止，

玉振啊金声！

领诵：你与天地同老，

你将万古长新！

合诵：你与天地同老，

你将万古长新！

第三章　文化展览活动

作为以弘扬民族传统文化为主旨的孔子文化节，举办富有历史性、纪念性、知识性、艺术性的各类文化艺术展览，也是其活动的一个重要组成部分。自1985年举办孔府珍藏历代名人画展开始，历届孔子文化节均重视开展各项文化展览活动，通过各项展览宣传孔子及其思想学说，展示孔子故里的艺术特色和悠久的历史文化。

第一节　历届孔子文化节主要展览

1985年，举办孔府珍藏历代名人画展。1987年，在孔庙诗礼堂和寝殿分别举办“全国名人书画展”“孔孟之乡书画展”，在崇圣轩举办著名画家、孟子七十三代孙孟蒙书画展销会。1988年，举办“孔子圣迹展”和“三皇五帝与曲阜展”两项大型展览。

1989年，举办“大理石刻仿汉画像孔子事迹展览”“孔子生平事迹展览”“孔林——世界上延时最久的家族墓地展览”“三皇五帝与曲阜展览”“孔府珍贵文物展览”“孔子文化大全书展”“孔子故里艺术展暨国际书画名家精英笔会肇始作品展”“孔子家乡国际旅游摄影大奖赛作品展”等8项展览。“大理石刻仿汉画像孔子事迹展览”“孔子生平事迹展览”，以仿汉画像的艺术风格及石刻技艺，通过文字、照片、画面或灯光艺术手段，介绍展示孔子生平的主要事迹及其思想学说。“孔子文化大全书展”展出研究孔子和儒家学说的巨集文献，是宣传、学习、研究、弘扬中国传统文化的珍贵资料。“孔府珍贵文物展览”“孔林——世界上延时最久的家族墓地展览”，分别展出众多稀世珍宝文物，介绍孔林史及其概况、名人墓、孔林石刻艺术等。“孔子家乡国际旅游摄影大奖赛作品展”，以60幅中外摄影大师的艺术佳作，展示孔子故里的悠久历史文化、乡土风情。“孔子故里艺术展暨国际书画名家精英笔会肇始作品展”，展出具有古代鲁文化特色的传统木雕艺术、石刻艺术、特种工艺品、泥塑艺术、琉璃瓦艺术、地毯壁毯艺术、圣府花烛艺术、民间艺术、曲阜风光摄影艺术和书画艺术等。

1990年，举办“中国孔孟文化摄影展”“孔子文化大全书展”“国际书画名家笔会作品暨台湾书画名家作品展”。“中国孔孟文化摄影展”，运用摄影艺术手段，以中国孔孟历史文化遗产、名胜古迹、民俗风情、民间艺术和孔孟之乡的经济文化概貌为内容，以1700余幅摄影艺术作品，全面、系统、形象地展示中华民族优秀传统文化的发展史和伟大成果。“孔子文化大全书展”展出《孔子文化大全》及教育、科技、文艺、旅游、美术等外向型图书200余种。“国际书画名家笔会作品暨台湾书画名家作品展”，展出日本、新加坡及中国香港、中国台湾和内地著名书画家的作品500余幅。

1991年，举办“孔子七十二贤弟子画像石刻展”“清帝御赐珍品——孔尚任讲经堂展览”“三皇五帝与曲阜展览”“中日书画名家作品联展”“孔孟之乡摄影展”“孔子文化书展”等6项展览。

1992年，举办“曲阜历代名人画像展”“中日书画名家作品联展”“党和国家领导人视察曲阜暨外国元首访问曲阜照片档案展览”“中日书法交流友好展”“白扇书道会展”“种谷扇舟书法艺术展”“珍贵文物展览”。

1993年，举办“中日书画名家作品联展暨孔子及其七十二贤弟子木雕群像展”“国内著名书画家作品邀请展”“孔维克画展”等。

1994年，举办“孔子生平事迹展览”“新中国成立45周年曲阜辉煌成就展”“中日书法交流展暨国内著名书画家作品邀请展”等10项展览。

1995年，举办“清戏剧作家孔尚任生平事迹展”“’95名人名家书画大展”“孔孟之乡青年摄影艺术展”等。

1996年，举办“中日友好书画联展”“曲阜市城市之光青年摄影展”“山东省（曲阜）第六届兰花暨颂兰书画展”“首届‘富士杯’曲阜国际孔子文化节摄影艺术大奖赛暨展览”。“曲阜市城市之光青年摄影展”，以“爱我名城、建设曲阜”为主题，精选出的100余幅作品既有领导决策城建规划的历史资料，也有城市整体面貌、居民生活环境的真实写照，集中反映曲阜撤县建市10年中城乡建设取得的成就，参展作品用画面语言记录日新月异的曲阜城乡面貌。

1997年，举办“喜迎十五大孔子故里书画精品展”“上海著名传统国画家孙仲威画展暨兰花奇石展”“指画画家宫溪廉画展”“孔维克书画展”“王明远书法艺术展”。“喜迎十五大孔子故里书画精品展”采用征稿与组稿相结合的形式，征集曲阜市书画家及济宁、兖州、邹城等地书画家作品200余幅。参展作品中既有老一代名家的书画作品，又有活跃在当代书坛画苑的中青年书画家作品。参展作品书体画风风神荟萃，真、草、隶、篆诸体皆备，山水、花鸟、虫、鱼、兽争奇斗艳。

1998年，举办“山东省著名书法家作品邀请展”“于希宁、孙墨龙、尹毅巡回画展”“吴泽浩画展”“王学仲、张永敬、陈玉圃画展”“孔子嫡裔图、孔门圣贤图组画展”“曲阜市书画兰花奇石展”“三孔百米长卷画展”等；在论语碑苑举办大型《孔子圣迹》灯展。“于希宁、孙墨龙、尹毅巡回画展”，展出三位画家精品之作80余幅。于希宁、孙墨龙、尹毅是活跃在山东画坛及中外画坛的老中青三代画家，是山东画界的代表人物。于希宁是中国画艺术大师，美术教育家，是20世纪中国画史上的半工半简花鸟画的杰出代表之一。孙墨龙是德艺双馨的著名画家，花鸟画作品构意清新，寄情感，重品格，尚意境，是国务院艺术成就政府津贴奖获得者。尹毅是国家一级美术师，其现代水墨画作品技法独特，艺术效果崭新。

1999年，举办“大哉孔子展”“孔府文物精品展”“中日名人书画大展”“竹刻论语长卷展”“奇石大展”“纪念孔子2550年诞辰书画大展暨杏坛新苗杯全国少儿书画大赛”“古今名人书画展”“颜景新、丁辉雕刻艺术展”“王学仲书画艺术展”“欧洲石版彩印回顾展”等展览。

2000年，举办“大哉孔子展”“孔府文物精品展”“名人字画与古今艺术品展览”“孔子及七十二贤巨幅蜡染画展”“浙江衢州书画作品展”“孙传仁国画摄影艺术作品展”“杭州西泠书画院作品展”等展览。

2001年，举办“党和国家领导人及外国政要在曲阜照片展”“回眸曲阜——孔祥民摄影艺术展”“王家斗毛体书法暨济宁市老年书画研究会书画作品联展”“圣迹图展及世界孔庙照片展”“金四书展览”“全国书法名家作品展”“新论语——舒安书法作品展”。“王家斗毛体书法暨济宁市老年书画研究会书画作品联展”，由王家斗毛体书法和济宁市老年书画两部分组成。王家斗在几十年临摹毛泽东书法的基础上，经过长期努力，完成《毛泽东选集》（1～4卷）、“毛泽东诗词集”仿毛体手抄本两部力作，并由文化艺术出版社出版发行。该次展出王家斗书写的60米长卷和数十幅作品。济宁市老年书画研究会从300名会员中精选

1999年9月26日，“大哉孔子”展览在孔子研究院举行。

出百幅书画作品，其中有潘奇终生收集的“万寿”部分遗作及被授予“民间艺术功勋艺人”称号的靳云昌创作并载入吉尼斯大全的“万寿长城图”。

2002年，举办“日照市书画作品展”“杜平甫画展”“李震及子佑明书画展”“全国书画名家精品展”。由济宁市文化局、孔子研究院、曲阜市政府、曲阜市政协联合主办的“全国名家书画精品展”，展出来自中国、日本著名书画家的绘画、书法、篆刻作品300余幅。作品从不同侧面描绘中国特别是鲁西南地区的风土人情，用书法篆刻艺术展示儒家经典名句以及历代文人题咏孔孟之乡的诗词歌赋，具有鲜明的民族特色、时代特色和孔孟之乡人文特色。

2003年，举办“孔府近代礼品展”“大型当代书画作品展”“鲁风书画十人展”“山东省中国人物、山水、花鸟画家邀请展”“海峡两岸书画名家作品展”“文化巨人孔子巡回展”“大哉孔子展”。“大哉孔子展”分为济世化民的一生、博大精深的思想、源远流长的学派、化及世界的影响四个部分，分别介绍孔子的生平、思想、儒学的发展和在海外的影响。采用声光电等现代手段，利用图片、文物、实物、书法、绘画等展品，通过家事、志学、设教、从政、周游列国、著述展示孔子的一生；通过哲学思想、政治思想、伦理思想、教育思想展示孔子思想的精髓。“孔府近代礼品展”，展出民国时期礼品151件，有瓷器、玻璃器、金属器、漆器，有陈列品、实用品，分别产自中国、英国、德国、美国，其中以孔德成婚礼时的礼品最具特色。孔子研究院与北京清华民族画院联合举办的“大型当代书画作品展”，展出舒同、黄胄、吴冠中、娄师白、溥杰、刘炳森、戴泽、韩光熙、王迎春、石林等当代著名书画家作品300余幅，真草、隶、篆、工笔写意，手法独特，形态各异。

2004年，举办首届“韩国安东美术作品展”“‘孔子杯’全国当代书画家作品邀请展”“纪念孔子诞辰2555年儒家文化书画展”“绘事后素——齐鲁名家翰墨精华展”“儒雅风韵四人书画展”“白光书法篆刻艺术展”“亚圣后裔孟凡书画展”。“白光书法篆刻艺术展”，展出白光作品60余幅。“绘事后素——齐鲁名家翰墨精华展”，展出山东书画家秦胜洲、于太昌、单应桂、刘志钰、王传贺作品200余幅。

2005年，举办“‘大成杯’数码摄影展”“和谐风——纪念孔子诞辰2556年曲阜书画名家作品邀请展”“儒风——纪念孔子诞辰2556年全国书画作品大展”“放情山水——李雨阳画展”“纪念曾子诞辰2510年全国书画大奖赛展”及孔子故里博物馆城内系列展览等。

2006年，举办“旅游商品创新设计大赛精品展览”“‘孔子杯’山东省收藏家协会藏品展览”“中国状元文化博物展”“‘走近孔子’国际摄影大赛作品展”“巧圣鲁班文化展”“孔子后裔书画展”“齐鲁‘三人行’书画展”等。

2007年，举办“海峡两岸书画名家祭孔交流展”“儒家文化国际视觉设计大展”“第三届‘走近孔子’国际摄影大展”“孔子与世界·艺术中国书画慈善大展”“儒文化艺术精品展”“高润森书画艺术展”“名家书画奇石展”等。首届“儒家文化国际视觉设计大展”以“走近孔子感受中国”为主题，收到海内外参赛作品1862件，其中国外及中国港澳台地区作品106件，评出金奖4件、银奖4件、铜奖5件，评委奖43件，入围奖211件。大展在国内首次通过视觉艺术设计的方式表达和诠释孔子及思想文化，为利用现代文化符号理解、传播传统文化开辟新空间。

2008年，举办"'走近孔子'国际摄影大展"，孔子书画艺术（产业）博览会暨展销。2009年，举办全国政协系统书画邀请展。2011年，举办"乔领·宁雪君画展"。

2012年，举办孔子文化旅游商品创新设计大赛博览会暨展览、"全国书法篆刻作品展"。在孔子研究院举办"'孔子艺术奖'全国书法篆刻作品展"。该届展览作品征集启动于2011年12月20日，截至2012年8月31日，收到来自全国各省市、自治区、直辖市及海外书法作品1.35万件。中国书法家协会评审委员会最终评选出301件作品参加展览。

2013年，举办"朝圣之旅——王家新、范迪安、李一书法展""中国风云人物线光肖像展""儒山圣水书画展""文化圣地·美丽曲阜摄影大赛""儒家文化奇石展"等。

2014年，举办"庆祝新中国成立65周年全国产（行）业文联书法精品展览""海峡两岸中国当代名家纪念孔子诞辰2565年书画邀请展暨'中华未来之星'优秀作品展""中华诗联名家孔子故里行""孔孟之乡文化产品博览会"等。

2015年，举办"中华诗赋联书画名家·孔子故里行""当代儒家书画作品展""'春秋绘事'油画艺术展""儒家文化与太极养生——孔孟之乡文化产品博览会"等。

2016年，举办"第三届中华诗赋联书画名家孔子故里行""儒本圣源——书画名家邀请展""第二届'春秋绘事'油画艺术展""湖山寻梦书画艺术展"等。

第二节　大型展览

孔府珍藏历代名人画展

1985年10月11日，孔府珍藏历代名人画首度公开展览。展出的字画珍品，是孔府"珍宝馆"众多珍宝中的一个类别，是孔府珍藏字画的极少一部分。在书画作品中，有些是一代名家的真迹。在绘画珍品中，有元代大书画家赵孟頫的《孔子像》和《三圣图》。《孔子像》长1.26米，宽1.02米，彩绘半身，长眉大目，嘴露二齿，五绺长髯，身着宽衣便服，两手在袖内交于胸前，露出修长的左手拇指，形态威严端庄。《三圣图》画高1.43米，宽0.76米，图中绘三圣：孔子、颜回、曾参，三人的衣服皱纹是用一部《论语》的句子组成。衣纹置于放大镜下，便能看到密密麻麻的蝇头小楷。明代无名氏画的《圣迹图》极为珍贵，共36幅，比石刻《圣迹图》更清晰可观。有明代吕纪的鹰石、周之冕的竹石，清代郑板桥的竹兰、黄慎的人物、罗聘的山水等。孔子64代孙、衍圣公孔繁灏夫人毕景桓绘画的16幅《蝴蝶册》和12幅《花篮册》，展现孔子后裔的日常生活和精神世界。毕氏，清代中期著名学者、湖广总督毕沅的孙女，绘制的《蝴蝶册》中有100余种蝴蝶，个个色彩鲜艳，婀娜多姿，晶翅透明，宛如真蝶。

全国名人书画展

1987年8月30日，全国名人书画展在孔庙诗礼堂举办，全国人大常委会副委员长周谷城为书画展剪彩。诗礼堂是为纪念孔子教育儿子孔鲤"学诗""学礼"于孔子故宅修建的一处建筑。展出的200幅作品，是从全国24个省、市、自治区以及中国香港地区，美国等国家的500余件作品中精选出来的。作品流派纷呈，风格各异，从不同角度、不同侧面反映和褒扬孔子的思想或实践活动。书画大师沙孟海、中青年书法家刘承阃，曲阜书法名人蒋开征、徐寿嶂等均有作品呈现。

孔子圣迹展

1988年10月7日，举办《孔子圣迹展》。《孔子圣迹展》是在孔庙奎文阁及其两侧的东西“斋宿”中布设的，通过刻石、展板，绘画、文字，展示出孔子的生平经历、思想学说及其弟子后学的传承建树。

孔子的生平及业绩，载于古代经典史传，为普及传播，古人一直努力将其图式化、形象化。自汉代始，人们就不断将孔子的形象刻之于石，图之以壁，或者绘画于纸帛。早期所见多是孔子及其弟子的肖像，很少有故事性。明代正统九年（1444年），监察御史张楷依据《史记·孔子世家》中的史事，参照《论语》《孟子》等记载，把孔子一生中的29件大事辑成《圣迹图》一套，开创以连环画形式传播孔子及儒家思想的先河。弘治十年（1497年），何廷瑞等人又增加数事，并重新刊刻。万历十九年（1591年），山东巡按御史何出光倡议，将孔庙中散存的木刻《圣迹图》改为石刻，并筹款四千缗，建造圣迹殿加以保存，孔庙寝殿之后的圣迹殿拔地而起。圣迹殿陈列石刻圣迹图120幅，历经数百年，多数模糊不清，难以观看。该次孔子圣迹展新镌刻的《圣迹图》构图精炼，造型完美，生动传神，开展以后观者如堵，流连忘返。奎文阁落架大修竣工，上万个构件经过精心测绘、严密标号，然后进行拆卸、更新和组装，再予以雕镂和彩绘，修旧如旧。重新镌刻的《圣迹图》布展于奎文阁，愈彰文脉儒韵。

“三皇五帝与曲阜”展览

1988年，“三皇五帝与曲阜”展览布展于曲阜城东4公里处的少昊陵，展览以大量图片和出土文物追寻远古传说中三皇五帝在曲阜活动的踪迹，既显现出曲阜在孔子以前的古老历史，又显现出曲阜自生民之初至孔子时代再到现代一脉相承的悠久文化传统，曲阜作为华夏文化发祥地的地位清晰呈现于世。该项展览拓展孔子诞辰纪念活动的视野和领域，使得曲阜各类文化旅游资源获得新的生命与活力，为此后文化旅游资源的整合与开发利用开启思路，奠定基础。

纪念孔子诞辰2555年儒家文化书画展

2004年9月26日，为纪念孔子诞辰2555年，由中国孔子基金会、山东三箭置业集团有限公司、山东七星置业有限公司联袂举办的儒家文化书画展，征集海内外书画名家作品300余幅，于2004中国曲阜国际孔子文化节期间，先后在济南和曲阜孔子研究院展出。作品有书法、山水、人物、花鸟、鱼虫、工笔、写意，从不同的角度、用不同的形式阐释儒家文化对中国历史的发展所作出的贡献。

海内外许多书画艺术家，挥毫泼墨，点染丹青，以艺术的视角参悟儒家文化精义，以形象的手法表现和诠释先哲思想内涵。其中既有王学仲、冯其庸、许麟庐、孙其峰、沈鹏、张伟平、范曾、崔子范、童中焘、蒋维崧、欧阳中石、魏启后等名家，也有何加林、张捷、张谷旻等艺术新秀。数百幅书画作品，体裁不同、题材多样、手法多元，内涵丰富，意境高远，彰显先哲孔子思想之博大精深，昭示儒家文化之源远流长，展现中国传统文化之深厚底蕴和独特魅力，很好地体现该次书画展的意旨。

夫妻好商量
夫妻好商量

第七篇
儒学研究与文化交流

第七篇
儒学研究与文化交流

第一章 孔子生平

孔子，春秋时期伟大的思想家、教育家，儒家学派的创始人，后世尊其为“至圣”。他继承中国古代优秀的思想文化传统，建立一个以仁为中心内容、以礼为表现形式、以中庸为思想方法、以大同为远大理想的思想体系。他的思想不仅支配中国2000多年的封建时代，而且也在东亚乃至全世界产生重大影响，其中某些思想在今天仍有其积极的现实意义。《论语》一书是现存的研究孔子思想学说的主要依据。

第一节 圣人降生

孔子的祖先是商天子，周武王推翻商朝后，封商纣王之子武庚为宋公，奉祀殷商先人。武庚因叛乱被周公姬旦（以下简称周公）杀死，周公封商纣王之兄微子启为宋公，后建立宋国。由微子启经微仲衍、宋公稽、丁公申，四传至湣公共。湣公长子弗父何让国于其弟鲋祀。孔子的第十代祖先弗父何开始成为宋国的世卿，孔子先祖遂由诸侯家转为公卿之家。七代祖正考父曾辅佐宋戴公、武公、宣公，久为上卿，而且爱好文献，与周朝太师共同整理《商颂》十二篇（现有五篇保留在《诗经》中）。正考父的儿子孔父嘉，本名嘉，字孔父，继任大司马，按周礼制，大夫“五世亲尽，别为公侯”，故其后代以孔为氏。孔父嘉在宋国内乱中被杀，其子木金父逃难至鲁国（孔氏为鲁国人自此始），卿位始失，下降为士。孔子曾祖父防叔曾任鲁防邑宰。父亲叔梁纥是春秋时期著名将领，人品出众，博学多才，力大善战，屡立战功，为鲁国陬邑大夫，与鲁国著名将领狄虒弥、孟氏家臣秦堇父合称“鲁国三虎将”。叔梁纥先娶施氏，生九女，小妾生子孟皮，因有足疾，不能做继承人。叔梁纥向鲁国颜氏求婚，娶颜氏三女儿颜征在。鲁襄公二十二年（公元前551年），孔子生于鲁国陬邑昌平乡，名“丘”，字仲尼，从姓为孔氏。

第二节 立志于学

孔子3岁时，父亲叔梁纥卒，葬于防山，今曲阜东25里处有墓地名梁公林。不久，孔子随母亲迁到鲁国都城居住。年幼的孔子非常热爱学习，观看过一次郊祭会，做游戏时就模仿摆上祭祀用的礼器，扮演主祭人的模样行事，磕头行礼。因为叔梁纥曾任过陬邑大夫，少年孔子入官办学校读书。孔子从少年时期就立志发奋学习，自称“吾十有五而志于学”。自幼家境贫寒，地位低下，十几岁时就在季氏手下放牧牛羊，因尽心尽力，所牧养的牲畜茁壮，数量增多。孔子大约17岁时，母亲去世，遂将父母合葬在防山的北面。19岁时与宋国的亓官氏结婚，20岁生子，鲁国国君昭公派人送来鲤鱼祝贺。孔子为感谢国君的赏赐，给儿子取名为孔鲤，字伯鱼。鲁昭公十年（公元前532年），孔子20岁，担任季孙氏的委吏，也就是管理仓库进出账目的小官，孔子做事认真，称量、算数、记账都很准确，慢慢有了好名声。鲁昭公十一年（公元前 531 年），孔子 21 岁改作乘田吏，管理畜牧。孔子说：“吾少也贱，故多能鄙事。”艰难困苦的生活磨炼了孔子，也造就了孔子。

孔子一生都在发奋学习。孔子虚心好学，从不放过任何学习的机会。他说：“三人行，必有我师焉”“见贤而思齐焉，见不贤而内自省焉也。”孔子学无常师，曾向鲁国乐师师襄学习弹琴，向郯子请教过古代的官制，向苌弘学习音乐，向老子请教周代礼制。

鲁昭公十七年（公元前 525 年），郯国国君郯子到鲁国访问，鲁国执政大夫叔孙昭子问起少昊以鸟名作为官名的问题，郯子讲了黄帝、炎帝、共工、太昊、少昊的官制。孔子专门去向郯子请教询问少昊官制，了解许多古代的历史传说。鲁昭公十九年（公元前 523 年），孔子 29 岁到卫国，学琴于师襄。一连十数天反复练习一支乐曲，直至领悟出作曲者为周文王方才停止，师襄子对孔子说：“您真是圣人呀，此曲正是《文王操》呀！”

孔子在东都洛邑考察期间，拜访著名的博学者、音乐大师苌弘，向他请教乐理。苌弘说，“丘有圣人之表，言称先王，躬履谦让，洽闻强记，博物不穷，抑亦圣人之兴者乎？”孔子闻之说：“吾岂敢哉？亦好礼乐者也。”

孔子专门向老子李聃请教周代礼制。老子曾任柱下史、守藏史，为周王室管理文典的史官，熟悉周代的礼仪制度。孔子在东都洛邑考察期间，拜访老子，阅读和抄录周王室收藏的一批重要文书典籍。以后还多次拜会老子，得到许多有益的教诲。他参观周王室太庙，凡事都要追根问底，不厌其烦地向太庙执事者请教有关周礼及典章文物的知识。

鲁昭公二十年（公元前 522 年），孔子 30 岁，齐景公和宰相晏婴来到鲁国，问孔子秦穆公称霸的原因。孔子说秦国志向远大，行为中正，能重用有才能的奴隶百里奚管理国家，故能称霸，统治天下都有可能。齐景公很赞同孔子选拔重用贤人的观点。孔子自述“三十而立”，他谦虚好学，博学广识，名声远播，社会上多以圣人称之，打下立足社会和一生事业的基础。

鲁国的文化为孔子学习提供优越的条件。鲁国在古代是东方文化的中心之一。西周初年，鲁国成为周公的封地。周公辅佐武王消灭商朝，辅佐成王平定天下，制礼作乐，制定周代的国家制度。周公死后，为褒奖周公，成王命鲁国郊祭周公，特许使用天子礼乐，这是周朝首都镐京以外唯一可以使用天子礼乐的诸侯国。春秋时期，礼崩乐坏，只有鲁国还保存丰富的古代文化。鲁襄公二十九年（公元前 544 年），吴国公子季札出使鲁国，请求观看周代乐舞，鲁国乐工演奏《周南》《召南》《邶风》《小雅》《大雅》《颂》等《诗经》记载的乐歌，表演文王乐舞《象莭》《南籥》，武王乐舞《大乐》，商汤乐舞《韶濩》，夏禹乐舞《大夏》，虞舜乐舞《韶箾》等乐舞，叹为观止。鲁昭公二年（公元前 540 年），晋国韩宣子到鲁国，“观书于太史氏，见易象与鲁春秋”，不禁赞叹“周礼尽在鲁矣！”

第三节 杏坛设教

孔子自述“三十而立，四十而不惑，五十而知天命，六十而耳顺，七十而从心所欲，不逾矩”（《论语·为政》），描述自己学习和成长过程中的不同境界。孔子大约从30岁开始首创私学，传习“六艺”，有教无类，将教育对象扩大到平民和贱民子弟。如颜路、曾点、子路、伯牛等是较早的一批弟子。相传孔子弟子三千，贤者七十二人。

鲁昭公二十四年（公元前518年），孔子34岁，鲁国执政大夫司空孟僖子病重，临死前交代两个儿子要向孔子学习礼仪。后来，其子孟懿子和南宫敬叔兄弟学礼于孔子，这是孔子收徒的最早记载。孔子与南宫敬叔适周，向老子问礼，观周朝文物制度。孔子问乐于苌弘。孔子从周京洛邑返回鲁国，投奔他门下的弟子逐渐增多。

鲁昭公二十五年（公元前517年），孔子35岁，鲁国发生“斗鸡之变”。鲁昭公率师讨伐季平子，季平子与孟孙氏、叔孙氏三家共攻昭公，昭公兵败，逃奔齐国。孔子随同鲁昭公去齐国，道经泰山，发出“苛政猛于虎”的感叹。鲁昭公二十六年（公元前516年），孔子36岁，在齐国。齐景公问政于孔子，孔子以“君君、臣臣、父父、子子”“政在节财”回答，获得齐景公赏识，欲以尼谿之田封孔子，被晏婴阻拦。孔子在齐国待了不到两年，一边寻找从政机会，一边学习齐国文化。在齐闻《韶》乐，如醉如痴，三月不知肉味。鲁昭公二十七年（公元前515年），齐国大夫们担心国君重用孔子会危及他们的利益，欲加害孔子，孔子由齐返鲁。

孔子回到鲁国，仍然边学边教。鲁昭公二十七年（公元前515年），吴国公子季札在出使齐国的回国途中，长子死在靠近鲁国的瀛、博之间，孔子知道季札熟悉礼制，就带领弟子们专程前往观看。孔子认为季札处理丧事是很合乎礼制的。

孔子非常重视现场教育，他带领弟子们到鲁桓公庙参观，看到欹器。孔子对弟子们说，欹器内没有水的时候是歪的，水刚好在中间的时候是正的，水超过中间就会翻过来。弟子们用水一试果然这样，孔子借此教育弟子们行事要不偏不倚，过之而不及，满招损，谦受益，不要自满。

40岁左右是孔子致力于教育发展的兴盛期。孔子自述“四十而不惑”。孔子42岁时，鲁定公当政，季孙氏僭越公室大臣们，掌握祭祀、征伐等国家政事，孔子看不惯这种礼崩乐坏的局面，不求做官，专心修诗书，定礼乐，集中精力从事教育，教育思想、教育方法日益成熟。弟子越来越多，办学规模越来越大，著名弟子颜回、闵子骞、冉求、子贡、冉雍等人大约都是这期间投入孔子门下。

第四节 从政治鲁

鲁定公九年（公元前501年），孔子51岁，被任命为鲁国的中都宰，即现济宁汶上的行政长官。孔子上任以后，制定一系列养生送死的礼节，按照年龄分配食物，按照身体强弱分配工作。实行一年后，男女别途，路不拾遗，夜不闭户，各地纷纷仿效。

鲁定公见孔子的治理很有成效，第二年任命孔子为鲁国司空，主管鲁国的工程建设和手工业。孔子区分土地的特性，按照土地特性种植不同的农作物，各种农作物都生长得很好。

孔子从政后，极力维护国君的权威。“斗鸡之变”后，鲁昭公被赶到齐国，7年后客死在国外。当时季平子当权，将鲁昭公埋葬在鲁国国君墓道之南。孔子派人在昭公墓外开挖一条沟，将昭公墓和历代鲁公的墓连在一起。孔子对季平子的儿子季桓子解释说："将国君葬在历代国君墓地外虽然贬低了国君，但是也彰显了自己的罪过，这是不符合礼制的。现在将鲁昭公墓归入历代国君的墓地就可以遮掩您父亲不合臣道的行为。"不久，孔子升任鲁国的大司寇，主管鲁国的刑法，摄相事。

鲁定公十年（公元前500年）春天，齐鲁两国和好。夏天，两国国君在两国交界的夹谷举行结盟仪式。孔子以司寇身份兼办会盟时的礼仪事务，建议鲁定公"有文事者必有武备，有武事者必有文备"，事先安排军队，挫败齐国劫持鲁定公的企图。齐景公感到很惭愧，回国后归还过去侵占的鲁国郓、汶阳和龟阴的土地，表示道歉。取得这次外交上的胜利，孔子在国内的地位更加巩固。为实现强化鲁国国君权力、削弱专权大夫势力的理想，他提出"堕三都"的计划。鲁定公十二年（公元前498年），成功拆除叔孙氏的郈邑、季孙氏的费邑，虽然拆除孟孙氏的成邑受到抵制，但仍削弱了卿大夫及其家臣的势力，增强王室的力量。

孔子参与国政不久，鲁国得到较好的治理。"粥羔豚者弗饰贾，男女行者别于途，途不拾遗。四方之客至乎邑者不求有司，皆予之以归。"（《史记. 孔子世家》）但这引起齐国恐慌，齐国君臣决定用计离间孔子和鲁国君臣的关系，便送去80名美女、120匹马到鲁国。鲁国的主政者季桓子和鲁定公君臣迷恋歌舞，多日不理朝政，怠于政事。孔子愤然离开鲁国。

第五节　周游列国

鲁定公十三年（公元前497年）的春天，孔子匆忙离开鲁国到卫国，住在弟子子路妻子的哥哥颜浊邹家。孔子受到卫灵公的礼遇。但卫灵公对孔子的治国主张没有兴趣，对孔子养而不用。十月，孔子受谗言之害，离开卫国，前往陈国。路经匡地，被围困，后被卫国宁武子解救，又返回卫都，居住卫国大夫蘧伯玉家。鲁定公十四年（公元前496年），孔子在卫国，见卫灵公夫人南子。卫灵公与夫人南子同车，而让孔子在后车跟随，招摇过市，孔子以为可耻。卫灵公怠政不用孔子。鲁哀公二年（公元前493年），卫灵公问阵于孔子，孔子婉言拒绝。孔子离卫欲去晋国，行至黄河，听说晋国赵简子杀了两个贤人，又返回卫国。不久离卫如曹，途经宋国，宋司马桓魋伐树警告，孔子微服逃至郑国，由郑赴陈。鲁哀公三年（公元前492年），孔子60岁，在陈国。同年秋，季桓子后悔未重用孔子使鲁国丧失强盛的机会，遗言其子季康子请回孔子，但因公之鱼的阻拦，只召回冉求。鲁哀公四年（公元前491年），孔子离陈往蔡。鲁哀公五年（公元前490年），孔子返回陈国。鲁哀公六年（公元前489年），孔子与弟子在陈蔡之间被困绝粮，后被楚人相救。楚王欲重用孔子，将以书社之地封给孔子，因令尹子西反对而作罢。孔子由楚返卫。孔子见叶公，叶公问政，孔子以"近者悦远者来"作答。公元前488年至公元前485年，孔子在卫。鲁哀公十年（公元前485年），孔子67岁，夫人亓官氏卒。鲁哀公十一年（公元前484年），孔子68岁。春，齐师伐鲁，弟子冉有统率鲁师与齐战，获胜。季康子问冉有的军事才能从何而来？冉有答曰："学之于孔子。"季康子派人以币迎回孔子。

孔子55岁周游列国，68岁时返回鲁国，在外奔波14年，历经磨难，先后到过卫、曹、宋、陈、蔡、楚等大小近10个国家，到处宣传自己的政治主张，寻找施展政治才能的机会，但没有一个国君肯采用他的主张、给他一个实现自己政治抱负的机会。

第六节 著书立说

季康子派人接回孔子，可能有重用他的想法，但是在田赋改革上却没有得到孔子的支持。鲁国不再用孔子，孔子已无求仕之心。他将晚年的精力全都放在整理古代文献和教育弟子上。

春秋时期，礼崩乐坏，历史文献遭到很大破坏，许多文献均散失。孔子开始创办私学时就发现这个问题，有感于教材不足，就对古代文献进行整理，编纂教材。周游列国期间，孔子也曾进行古代文献的整理工作，归来后集中精力，对古代文献进行全面系统的整理，后人将他整理古代文献的工作称之为删《诗》《书》、订《礼》《乐》、系《周易》、作《春秋》。

《诗》原来是人们在劳动中口头创作的民歌，孔子对原来官方保存的3000余首诗歌进行加工整理，将流传下来的《诗》删减至305首。经孔子整理过的《诗》，后人称之为《诗经》，分为《国风》《雅》《颂》三部分。《诗经》经过孔子有目的地整理，注入孔子的政治理念，成为儒家的重要经典。

《书》又称《尚书》，相传有100篇，按照时代顺序分为《虞书》《夏书》《商书》《周书》四部分。《尚书》中的文体有典、谟、誓、诰等。典是载于长大简册上的记事，谟是记载谋划之事的文章，誓是誓师之词，诰是告示、告诫之词。

《礼》的本意就是祭祀的礼仪，是原始社会人们日常生活中产生的一些风俗习惯，到商代时逐渐发展为规范人们祭祀等行为的准则。周公在殷商之礼的基础上，结合本族的风俗习惯，制礼作乐，将礼从宗教领域扩大到社会政治领域。周礼是社会秩序的基础和核心，孔子推崇周礼，对周礼进行全面整理。

《乐经》久已不传。孔子评价《关雎》是“乐而不淫，哀而不伤”，评价《韶简》是“尽善尽美”，《大武》是“尽美而不尽善”（《论语·八佾》）。孔子具有很高的音乐创作能力，现存的琴曲《猗兰操》据说出自孔子之手。孔子说“吾自卫返鲁，然后乐正”，对《乐》加以整理，教授学生。

孔子作《易传》的说法，最早见于《史记》。孔子不仅作过《易传》，而且还传授给弟子商瞿，商瞿以后弟子师承有序，至司马迁时师承关系仍历历可数。《论语》记载，孔子说：加我数年，五十以学《易》，可以无大过矣。（《论语·述而》）孔子学习《易经》非常认真刻苦，连穿编《易经》竹简的牛皮条都翻断多次。

《春秋》是中国第一部编年史，记载鲁隐公元年（公元前722年）至鲁哀公十四年（公元前481年）间242年的历史，因此这段时间也被称作春秋时期。孔子根据鲁国的史记，整理编修《春秋》。孔子整理历代文献，为继承和发展中国古代文化作出贡献。

鲁哀公十六年（公元前479年）四月，孔子病重，子贡前来看望，孔子长叹一声唱起歌“泰山颓兮！梁柱折兮！哲人萎兮！”夏历的二月十一日，孔子去世，享年73岁。死后葬于鲁城北泗上。

第二章　孔子思想

孔子自幼敏而好学，学无常师，不耻下问，一生如饥似渴地追求知识，成为知识渊博、多才多艺的文化巨人。他以济世化民为己任，积极入世，干预社会，改造社会，提出“天下为公”的大同世界理想和“刑仁讲让”的小康社会近期目标。他主张仁政德治，提倡教化，反对苛政。孔子兴学设教，对传统思想文化进行整理发展，创立博大精深的儒家思想体系，成为伟大的思想家、政治家、教育家。

孔子确实如孟子所说是“集古圣先贤之大成”，他既是已往历史上学问思想的集大成者，又是一个新的思想体系的开创者。宋代以来，世人称“天不生仲尼，万古如长夜”。宋人米芾《孔子赞》：“孔子孔子，大哉孔子。孔子之前，既无孔子；孔子之后，再无孔子。孔子孔子，大哉孔子！”孔子所创立的儒家思想体系内容广博，包括哲学、政治学、伦理学、教育学、经济学、史学、文艺学、军事学等众多思想领域。孔子思想博大精深，曾经是中国2000多年封建社会的思想基础和精神支柱，它既是统治者治国安民的理论基础，也是平民百姓修身立世的行为准则，对中国社会的各个方面都产生深远的影响。

第一节　政治思想

孔子为重整社会秩序，针对当时的社会现实，通过考察古代政治制度的兴废、社会的治乱和国家兴亡的历史，从“仁”的人本哲学思想出发，以怀古的方式憧憬未来，提出大同世界和小康社会两个不同层次的政治理想。为实现自己的政治理想，孔子提出建设理想社会的政治主张。

大同世界是孔子的最高理想，远期的目标。“大道之行也，天下为公，选贤与能，讲信修睦，故人不独亲其亲，不独子其子，使老有所终，壮有所用，幼有所长，鳏寡孤独废疾者皆有所养。男有分，女有归。货，恶其弃于地也，不必藏于已；力，恶其不出于身也，不必为已。是故谋闭而不兴，盗窃乱贼而不作，故外户不闭，是谓大同。”（《礼记·礼运》）

大同社会，天下为人民所共有，选举德才兼备的贤人来治理，人们讲究信用，和睦相处，不只亲爱自己的亲人，抚养自己的子女，而且使所有的老年人都得到赡养，成年人都能施展自己的才能，儿童都能得到抚养，鳏夫、寡妇、孤独者、残疾人都能得到照顾；男子都有自己的职责，女子都能适时嫁人；人们厌恶财富被浪费但并不攫为已有，厌恶有力气不用但不为自己谋利；阴谋诡计被遏制，盗贼和乱贼无法出现，夜不闭户。这是孔子憧憬的古代理想社会，是他政治理想的最高境界。

小康社会是孔子较低的政治理想，近期的目标。“今大道既隐，天下为家，各亲其亲，各子其子，货力为已；大人世及以为礼，城沟池以为固，礼义以为纪，以正君臣，以笃父子，以睦兄弟，以和夫妇，以设制度，以立田里，以贤勇知，以功为已。故谋用是作，而兵由此起，禹、汤、文、武、成王、周公由此其选也。此六君子者，未有不谨于礼者也，以著其义，以考其信，著有过，刑仁讲让，示民有常。如有不由此者，在执者去，众以为殃。是谓小康。”（《礼记·礼运》）

小康社会的基本特点是，天下变成私人的天下，人们只亲爱自己的亲人，只抚养自己的子女，财富、力气都为自己；官位世袭，与这种贵贱不等相适应，制定一系列的典章制度、伦理道德，以端正君臣关系，加深父子亲情，和睦兄弟，和顺夫妻，划分田地，尊敬勇敢聪明的人。这种社会显然没有“大同”世界那样完美，权谋施展，战争兴起，但社会有序，以礼表彰道义，成全信用，揭露过失，树立仁爱，提倡谦让，指示人们遵守法规，可以称为小康社会。小康社会实际上描述私有制产生后的理想的阶级社会的盛世，也是他近期的奋斗目标。

为改变社会失序的局面，实现自己的政治理想，孔子提出建设理想社会的政治主张，其要点是维护统一，推行仁政，实行德治，爱民富民，选用贤才。

孔子在《春秋》中维护大一统，尊崇周天子，笔诛乱臣贼子，所以孟子说“孔子成《春秋》而乱臣贼子惧”。尊王实际上就是维护大一统，孔子大一统的思想对中华民族的巩固统一作出重要贡献。

孔子主张仁者爱人，爱人的思想表现在政治上就是要实行德治，推行仁政，薄赋敛，轻徭役，厚施与，省刑罚。孔子非常重视道德，主张依据道德处理政事，进而形成系统的德治思想：“为政以德，譬如北辰，居其所而众星拱之。”“道之以政，齐之以刑，民免而无耻。”“道之以德，齐之以礼，有耻且格。”（《论语·为政》）“宽以济猛，猛以济宽，政是以和。”孔子主张德治法治并重，提倡进行教化，赞同用严厉作为宽大的补救，但反对严刑峻法，对人民要减少刑律处罚。

“苛政猛于虎也”，孔子反对残暴的政治和对民苛征暴敛压榨百姓，提倡爱民富民，主要表现在薄赋敛、省劳役、“使民以时”“使民也义”“养民也惠”。孔子主张“施取其厚，事举其中，敛从其薄”，减少向人民征收的赋税，少派人民去从事不必要的国家建设，使用劳役要不误农时，使用劳役要合乎道义，使用劳役要做人民愿意做的事，要多给人民好处。孔子强调以人为本，反对当时的奴隶殉葬，连制成陶俑殉葬，也愤怒地说“始作俑者，其无后乎！”因为它亵渎了人的尊严。在孔子整理的《尚书》中早有“民惟邦本，本固邦宁”的说法。孔子强调对民的教化，教育弟子对民“富之”“教之”。他首先考虑的是改善人民的生活，让人民富裕起来，在人民富裕起来后，还要对人民进行教育，提高人民的文化素质。这也体现孔子爱人的思想，孔子是一位具有民本思想的政治家。

孔子强调文武之政，布在方策，为政在人。孔子特别强调贤人的重要，提出要“举贤才”，选拔有能力的人来执政。在选拔人才上，孔子主张选用平民出身的人才，孔子的主张打破任人唯亲的传统。

第二节　伦理思想

伦理思想是孔子思想的重要组成部分，孔子的哲学也是“道德哲学”。“仁”是孔子思想的核心、基础，也是孔子伦理思想的核心、基础。孔子以“仁”作为最高道德理想和道德准则，在“仁者爱人”原则的指导下，对传统的伦理思想既继承又有所发展，形成一套完整的伦理思想体系。

孔子伦理思想内容丰富广泛，包括仁、义、礼、智、信、忠、孝、恕、温、良、恭、俭、让、宽、敏、惠、廉、耻、勇、直、悌等众多道德条目。

“仁”是孔子思想体系的核心，在伦理学的意义上用来表示人的最高道德品质。后人将“仁”和“义”“礼”“智”“信”合称为“五常”，是孔子伦理思想中最为重要的道德内容。孔子明确提出“仁”即“爱人”（《论语·颜渊》），“仁”包括恭敬、宽厚、诚实、勤敏、慈惠五种美德。包括平日仪态端正，工作严肃认真，对别人忠心诚意；包括结交品德高尚的人；包括明大义，不拘泥于小节小信；包括刚强、果断、质朴、说话谨慎四种品质。仁德最主要的内容是己欲立而立人，己欲达而达人，己所不欲，勿施于人，是一种深刻的人文主义和人道主义思想，是孔子思想最为可贵的内容之一。

“义”的伦理学的意义就是合理、道义。孔子十分推崇“义”“君子喻于义，小人喻于利（《论语·里仁》），“不义而富且贵，于我如浮云”。作为具有理想人格的君子应该懂得义，以义为贵，以义为原则，一切行动都要考虑是否合乎义，不能做有害于义的事情。孔子提倡义，但并不否认利，强调“见利思义”，当义与利冲突时，孔子主张取义舍利；当利合乎义时，孔子并不排斥利，“义然后取”，只要合乎义，利是应该要的。总的来看，孔子主张以义来节制求利的欲望。

“礼”是实现“仁”的手段。为重整社会秩序，孔子想用“礼”的形式来拨乱反正，利用传统的“礼”的号召力，加进自己的思想，将其改造为密切伦理关系、调整人际关系、改善社会关系的工具。“仁”是“礼”的目的。“克己复礼为仁。一日克己复礼，天下归仁焉。”克己复礼，就个人而言，就是克制个人私欲，恢复周朝的礼乐秩序，目的就是培养自己的仁德；就诸侯而言就是克制各国的扩张贪欲，遵从周朝的礼乐制度、大一统的秩序，天下恢复仁政。孔子非常强调“礼”的作用。在治国上，“道之以政，齐之以刑，民免而无耻；道之以德，齐之以礼，有耻且格。”《论语·为政》在政治上，“君使臣以礼”“臣事君尽礼”。统治者要依礼行事，“上好礼，则民莫敢不敬”（《论语·子路》）。在修身上，孔子教育儿子“不学诗，无以言”，“不知礼，无以立”；教育弟子“君子博学于文，约之以礼”，在学习上兴于《诗》，立于礼，成于乐。要求人们用礼立身处世，在家庭中，生养死葬和祭祀都要循礼而行，生活中“非礼勿视，非礼勿听，非礼勿言，非礼勿动”，“礼”成为人们一切言行的准则。

“智”在《论语》中作“知”，有聪明、明智、智慧、智谋、知识等意义。伦理学中的“知”的意义重点在明智。孔子说“仁者不忧，知者不惑，勇者不惧”，“知、仁、勇三者，天下之达德也”，知者为君子之道。在《中庸》中，孔子将“智”纳入其道德规范体系中，并推其为通行天下的品德。孔子论述的“智”，一是实事求是，“知之为知之，不知为不知，是知也”；二是要通权变，“邦有道则知，邦无道则愚”，就是要人在政治黑暗时保全自己，不与社会同流合污，不助纣为虐。

“信”就是说人要言行如一，诚实无欺，守信用，这是“信”的伦理学意义。在伦理道德中，孔子把“信”当成进行道德修养以完善人格的主要内容之一。“信则人任焉”，诚实守信就能得到别人的信任。孔子把“信”看作“礼”的根本之一，是做人的根本，立身处世的原则，“人而无信，不知其可也”，“言必信，行必果”。自己诚实守信才能得到别人的相信。孔子将朋友的信任作为自己的志向之一，“老者安之，朋友信之，少者怀之”（《论语·公冶长》)。“信”不仅是社会伦理、人际关系的准则，还是政治伦理、为政治国的准则。“自古皆有死，民无信不立”（《论语·颜渊》)，为政治国，守信比足食、足兵还重要。治理国家要严守信用，“道千乘之国，敬事而信”（《论语·学而》)“上好信，则民莫敢不用情（《论语·子路》)，统治者讲信用，老百姓就不会不尽自己的本分。

“忠”是孔子伦理道德的一个重要原则，涉及从政、事君、治民、交友、处世、修养等问题，大都属于处理人际关系的范围，最为突出的是交友、治民、事君三大类。“忠”在朋友关系中指待人接物要尽心竭力，真诚专一。“与人忠”被孔子当作人的最高道德品质“仁”的重要内容，一再教育弟子“主忠信”,“言忠信”，“言思忠”，一直被孔子当作交友的基本原则。在官民关系中，“孝慈，则忠”，统治者孝敬父母、慈爱幼小，人民自然就会尽心竭力。对为政者，孔子说：“居之无倦，行之以忠”，在位做官不要懈怠，执行政令要尽心竭力。在君臣关系上，“君使臣以礼，臣事君以忠。”，“臣事君以忠”以“君使臣以礼”为前提，不是盲目的“忠”。国君只有依礼使用臣子，臣子才能忠心地服事君主，这是孔子提出的君臣关系的准则。如果国君不依礼使用臣子，臣子应该怎么办？“以道事君，不可则止”（《论语·先进》)，用道义奉事君主，如果行不通就辞职不干。

孔子给“忠”增加利他的含义，使忠君从利民、利公、利国、利君的单纯政治伦理范围扩大到利他的社会伦理范围，“忠”不再仅仅是处理人与集体关系的准则，还成为处理人与人关系的准则。

“孝”为社会的最高道德规范和道德准则。汉代以来，历代王朝也都提倡以孝治天下。要做到“孝”，就必须使自己的一言一行合乎社会规范和法度，“孝”不仅是家庭伦理，还是社会伦理。弟子子游问“孝”，孔子告诉他：“今之孝者，是谓能养。至于犬马，皆能有养，不敬，何以别乎？”（《论语·为政》)，子女孝顺父母不能仅仅满足于能够供养，如果不心存敬爱，那与养狗养马有什么区别呢？要报答父母的养育之恩就必须心存孝敬，只有发自内心的敬爱才是真正的孝。孝顺必须合乎礼法，必须心存敬爱，必须和颜悦色，行事做人必须不让父母担忧，通过自己的孝行影响社会，改善社会风气。在他的影响下，弟子曾参将孝提高到“仁之本”的高度。

“恭敬”是传统的伦理道德之一。孔子非常注意容貌举止，“貌思恭”，容貌举止庄严和顺，“恭”不仅是个人的举止问题，而且还是道德问题。平日容貌端庄，对工作严肃认真、对别人忠心耿耿，一起被孔子当作最高的道德规范——仁德的内容。任何一个人都应该对人恭敬，但不是越恭敬越好，容貌举止恭顺得合乎礼仪才能免遭耻辱。“敬”的内容除了与恭相同的端庄恭谨外，还有尊敬、尊重和慎重、严肃认真等含义。所以“敬”包括三方面的内容：对工作、事业的慎重，严肃认真；对他人的尊敬；居家行事的端庄恭谨。“事思敬”“执事敬”“行笃敬”“敬事而信”，对父母要敬，对国君要敬，对朋友要敬，做事忠厚严肃，行礼要敬，治民要“居敬而行简”，态度要严肃认真，处理事情要简易，不烦民，不扰民。

“中庸”是孔子哲学的基础和最高的道德准则，是为人处世的普遍原则。孔子提倡中庸之道，主张执两用中，反对过与不及，提倡和而不同，这是孔子在研究历史和实际观察中将逻辑思维与形象思维相结合，经过多方面对事物发展变化基本原因的分析、综合得出的方法论。“中庸”就是恰当地处理问题的正确的、不能变易的原则。“中庸之为德也，其至矣乎！民鲜久矣”（《论语·雍也》），把“中庸”当成最高的道德。孔子“中庸”方法论的特点是承认矛盾，调和矛盾，使矛盾的两方面统一和谐，在具体的使用上是不论处理任何事情都要把握一个合适的度，要把矛盾的诸方面处理得恰到好处。毛泽东对此称赞说：“孔子的中庸观念是孔子的一大发现，一大功绩，是哲学的重要范畴，值得很好地解释一番。”

第三节　教育思想

孔子是中国历史上第一个伟大的教育家，他首先创办私学，将教育从官府推向民间；他提倡有教无类，广收门徒，弟子三千，贤人七十二，培养一大批德才兼备的政治人才；他一生从事教育，诲人不倦，在长期的教学实践中积累丰富的教育经验，创造出科学的教育方法和教育方式，创立完整的教育理论，为继承、发展和传播古代文化做出重大贡献。孔子的教育主张、教育目的、教育方法，直到今天仍然有借鉴意义。

孔子主张“有教无类”，不论富贵贫贱，人人都应该接受教育，人人都有受教育的权利。“有教无类”打破贵族阶级对教育和文化知识的垄断。首创私学，将教育扩大到民间，将受教育的对象扩大到平民和奴隶子弟。“有教无类”充分表现孔子思想的人民性和民主性，是孔子“泛爱众，而亲仁”（《论语·学而》）仁爱思想的具体实践。“有教无类”的主张是中国教育史上的创举，为中国开创文化下移和教育普及的道路。

孔子兴办教育，主要是“以诗书礼乐”教之，传习六艺，其目的“学而优则仕”。孔子鼓励学生努力学习，“不患无位，患所以立”，不必担心没有官做，只去考虑学好做官所需要的知识本领就行了。目的就是培养能推行仁政德治，实现自己政治主张的治国人才，以及“上事君以忠、下使民以惠”的贤臣，进而实现小康社会，创造天下为公的大同世界。孔子培养的一批弟子，大多或早或迟地参加了政治活动。孔子在世时，就已经有冉求、子路、子游、子贡、宓子贱等人走上政治舞台，孔子去世后，弟子们“散游诸侯，大者为师傅卿相，小者友教士大夫”。虽然其政治目的比较强，但其有教无类的思想，开平民教育之先河，提升平民脱颖而出的能力；“学而优则仕”这一教育目的，重视选用平民出身的人才，有利于推行贤人政治，改良社会政治，打破不学而仕的世袭制，为平民从政开辟道路。

孔子在长期的教学实践中，采用灵活多样的教学方式，因材施教，教学相长，循序渐进，循循善诱，举一反三，不悱不启，创造一系列教育方法，为后人留下一份宝贵的遗产。在学习方法上，孔子学无常师，敏而好学，“学而不思则罔，思而不学则殆”“学而时习之”“温故而知新”“三人行必有我师”“见贤思齐”等论述，体现孔子学思结合、温故知新、不耻下问、举一反三等学习方法，对于指导现在的教育教学仍具有非常强的生命力。

第三章　孔子基金会

中国孔子基金会是由中共曲阜县委、曲阜县人民政府发起，在全国政协主席邓颖超的关怀下，经中共中央批准成立的全国性群众学术团体。1984 年 9 月 22 日成立，秘书处设在曲阜县孔府内。1989 年中国孔子基金会秘书处迁往北京，1996 年经中央批准迁至济南，在曲阜孔府一直设有办事处。

其最初任务是发掘和研究与孔子有关的文史资料，保护和维修与孔子有关的文物古迹，建设和管理好孔子故乡，致力振兴中华，实现四化。宗旨是团结与组织学术界广泛开展对孔子、儒学的研究，弘扬祖国传统文化，加强国际学术文化交流，促进经济和精神文明建设。其基金主要用于 5 个方面：建立孔子研究中心；建立孔子博物馆；发掘、整理、研究、出版有关孔子的文献资料，进行学术交流；保护和维修与孔子有关的文物古迹；奖励对孔子研究有特殊贡献的学者。

第一节　组织建设

1984 年 9 月 22 日（农历八月二十七日，孔子诞辰），中国孔子基金会在曲阜成立。由中共中央书记处书记、国务委员谷牧担任名誉会长，南京大学名誉校长匡亚明担任会长。中国教育学研究会理事长张健，全国政协委员孔德懋、孔令朋，山东省政协副主席余修，山东大学顾问、教授吴富恒，山东省政协副主席孔令仁，济宁市政协副主席王力生，曲阜师范学院副院长程汉邦，曲阜师范学院孔子研究所所长刘蔚华，曲阜县政协副主席翟盛奎、曲阜县文管会主任孔祥林等任副会长；翟盛奎兼任秘书长。理事会下设一室两部，即办公室和研究规划部、联络接待部，办理各项事务。基金会会址设在山东省曲阜县孔府内。

1984 年 9 月 23 日 9 时，山东省旅游局和曲阜县政府在孔府饭店举行中外记者招待会，宣布“中国孔子基金会”成立，公布中国孔子基金会公告和章程。9 月 24 日，中共中央办公厅致电山东省委：“9 月 22 日电悉。中央同意以民间名义成立孔子基金会和谷牧任名誉会长、匡亚明任会长。副会长和理事人选由省委决定”。9 月 26 日下午，会长匡亚明在孔府忠恕堂主持召开第一次会长会议，会议通过《中国孔子基金会公告》和《中国孔子基金会章程》，举行中外记者招待会。

1985 年 10 月 11 日，召开第二次理事会，对机构成员进行调整，理事增加到 65 人。聘请全国人大常委会副委员长周谷城为首席名誉顾问，全国政协副主席王光英，国学大师、全国政协常委、北京大学教授冯友兰，全国政协副主席刘靖基，全国人大常委会副委员长荣毅仁，全国政协常委、中国社会科学院历史研究所原所长侯外庐，中共山东省委书记梁步庭，国学大师、爱国民主人士、国家宪法修改委员会委员梁漱溟，全国人大常委会委员楚图南为名誉顾问，山东省政协副主席孔令仁，农工民主党中央常委、上海市委副主委孔令朋，全国

1984年9月22日，中国孔子基金会在曲阜成立。

政协委员孔德懋，著名先秦史专家、南开大学教授王玉哲，中共曲阜县委书记刘福田，山东省政协主席李子超，中国哲学史专家、复旦大学教授严北溟，中国哲学史研究室主任辛冠洁，山东大学顾问、教授吴富恒，中国社会科学院历史研究所秦汉史研究室、清史研究室主任杨向奎，中国教育学会常务副会长、教育学研究会会长张健，中国哲学史学会会长张岱年，吉林大学教授金景芳，中共中央纪律检查委员会教育室主任张黎群，曲阜师范学院副院长程汉邦为副会长；刘福田兼任秘书长，翟胜奎改任第一副秘书长。成立学术委员会、基金委员会、孔子故里文物研究委员会和《孔子研究》编辑部。

1996年，孔子基金会迁至济南，由全国政协原副主席谷牧担任名誉会长，中共山东省委书记、省人大常委会主任赵志浩任会长，刘蔚华任专职副会长，山东经济学院副书记、副院长刘示范任秘书长，设立秘书处、办公室、学术委员会、基金委员会和曲阜办事处、北京联络处。

1999年10月，召开第三届理事会，由全国政协原副主席谷牧担任名誉会长，山东省政协主席韩喜凯任会长，中共山东省委常委、宣传部部长陈光林任常务副会长，山东省政协文史委副主任张树骅任秘书长。

2004年12月，召开第四届理事会，改为理事制，不设会长，由山东省人大常委会原主任韩喜凯任理事长，山东省政协文史委副主任张树骅任秘书长，2006年12月改由《大众日报》副总编辑梁国典任秘书长。

2009年3月，召开第五届理事会，恢复会长，山东省人大常委会原主任韩喜凯任会长，山东省人大常委会副主任、山东大学党委书记朱正昌任常务副会长，《大众日报》副总编辑梁国典任理事长兼秘书长。

第二节　学术活动（故里游、文化节期间）

1984年9月22 ~ 26日，在首届孔子诞辰故里游期间，中国教育学会、山东省教育学会和曲阜师范学院孔子研究所共同举办为期5天的孔子教育思想学术讨论会。会议有全国26个省、市、自治区的116名专家、学者参加，收到学术论文97篇。专家们对孔子的教育思想以及哲学、政治思想进行深入探讨。

1987年8月31日至9月4日，中国孔子基金会与新加坡东亚哲学研究所在曲阜市联合举办儒学国际学术讨论会。国务委员谷牧、全国人大常委会副委员长周谷城，新加坡第一副总理吴庆瑞、第二副总理王鼎昌，来自12个国家和地区及国内的130余位学者参加会议。

1989年10月7～10日，中国孔子基金会与联合国教科文组织联合先后在北京、曲阜两地举办孔子诞辰2540周年纪念与学术讨论会，20余个国家和地区学者出席，会议第一次邀请中国台湾学者参加，联合国教科文组织总干事泰勒出席会议并致辞。中共中央总书记江泽民会见学者代表。

1991年10月11～14日，中国孔子基金会在曲阜市主办海峡两岸首次儒学学术讨论会，并就加强两岸学者儒学研究与合作交换意见。

1994年10月5～8日，中国孔子基金会在北京市主办孔子诞辰2545纪念暨国际学术讨论会,20余个国家和地区的300名学者与会。中共中央政治局常委李瑞环、国务院副总理李岚清出席会议并讲话，会议正式成立由孔子基金会联合国内外学术机构团体发起的国际儒学联合会。

1999年10月7～12日，中国孔子基金会与国际儒学联合会、联合国教科文组织联合在北京市、曲阜市主办孔子2550诞辰纪念暨儒学与21世纪人类社会和平与发展国际学术研讨会。

2004年10月，中国孔子基金会与国际儒学联合会共同在北京、曲阜主办孔子诞辰2555纪念暨国际学术讨论会。

2008年起，中国孔子基金会连续与中国艺术研究院、山东省文化厅等共同承办由文化部和山东省人民政府共同在曲阜市主办的历届世界儒学大会。

2009年9月23～29日，中国孔子基金会与国际儒学联合会、联合国教科文组织共同在北京市主办纪念孔子诞辰2560周年国际学术研讨会。

2014年9月23～29日，中国孔子基金会与国际儒学联合会共同在北京主办纪念孔子诞辰2565周年国际学术研讨会，国家主席习近平出席并讲话。

第四章　孔子学术会堂

孔子学术会堂，是1989年按照国务院副总理吴学谦的指示精神和中共山东省委、省政府主要领导提出的孔子文化节要有高层次学术活动的意见，于1990年9月孔子文化节期间，在中共山东省委常委、宣传部部长苗枫林主持下，在曲阜创立的。主旨是以发挥曲阜的历史文化优势，借孔子文化节嘉宾荟萃的良机，按照“小规模、高水平、大影响”和“百花齐放、百家争鸣”的方针，研讨交流孔子及儒家思想文化，以增强中华民族血缘同宗、文化同源的共识和为现代社会发展服务而创立的一个高水平的学术讲坛。

第一节　成立

孔子学术会堂设首席主持人1人，主持人若干人。首席主持人由苗枫林担任，主持人由李金山（曲阜师范大学原纪委书记、教授）、孔祥林（孔子研究院原副院长、教授）担任。讲学活动具体事宜由曲阜市孔子文化节办公室操作筹办。孔子学术会堂设在孔府内，最初在孔府西路忠恕堂，后迁移到孔府文物档案馆东厢。堂内设置为仿古制式，古色古香，淡雅别致，以求遵从古制，再现当年孔子杏坛讲学之风貌。

孔子学术会堂于每年孔子文化节活动期间（9 月 26 日或 27 日），邀请两名海内外研究孔子、儒学造诣高、影响大的著名专家、学者或社会活动家登坛讲学，作孔子及儒家思想学术报告。组织研究孔子及儒家思想的专家学者到堂听讲，并进行学术交流与研讨。孔子学术会堂讲学开始前，先由主持人向听讲者介绍讲学人的简历及其主要成就。讲学活动结束后，收取讲学人讲稿，并连同讲学录音一同作为重要资料存入孔子学术会堂档案。孔子学术会堂邀请的讲学人员不限国别没有报酬，只在学堂壁上为讲学人悬一肖像瓷盘和赠送一件代表孔子故乡特色的纪念品，以资纪念并作为象征性答谢。

第二节　活动与成果

从 1990 年孔子学术会堂举行首次孔子及儒家思想学术报告会开始，到 2009 年停办共连续举办 20 场学术报告会（每场两人），先后邀请40位专家学者作40场学术报告。1990年，中国孔子基金会副会长杨向奎，全国政协特邀委员、中国汉字现代化研究会会长袁晓园分别作题为《孔子的思想与中国传统文化》《中国传统文化》的学术报告。1991 年，美国总统府学者委员会主任委员、美国共和党少数民族裔全国委员会主席、中国旅游协会海外名誉顾问陈香梅作《孔子其人》，复旦大学教授、著名美学家蒋孔阳作《孔子的美学思想》的学术报告。1992 年，中国社会科学院学部委员、中国历史研究所所长、中国先秦史学会会长、研究员李学勤作《轩辕黄帝与曲阜》，西北大学校长、教授、中国孔子基金会副会长张岂之作《孔子及儒家思想与现代文明》的学术报告。1993 年，中国人民大学教授、中国孔子基金会理事张立文，清华大学教授钱逊分别作《孔子精髓与现代文明》《中国传统的道德精神》的学术报告。1994 年，中国人民大学教授葛荣晋、中央民族大学教授牟钟鉴分别作《儒家智慧与造就一代儒商》《儒家人性论的综合考察与新人性论的构想》的学术报告。1995 年，北京大学哲学系主任叶朗、孔子学术会堂首席主持人苗枫林分别作《儒家美学对

1990 年 9 月 26 日，首次孔子及儒家思想学术报告会在孔府忠恕堂举行。

当代的启示》《孔子人才观及其对中国的影响》的学术报告。1996年，山东大学传统文化研究所教授丁冠之，山东社科院儒学研究所所长赵宗正分别作《对儒家伦理学说的几点认识》《大程在儒学中的地位》的学术报告。1997年，中国人民大学副校长、中国伦理学会会长、博士生导师罗国杰，北京大学教授、学贯中西的学界泰斗季羡林分别作《中国伦理学》《孔子与东方文化》的学术报告。1998年，由南京大学教授周继旨、闫韬分别作《关于儒学的历史地位与未来前途的展望》《顺应潮流：儒家思想的重要原则》的学术报告。1999年，韩国著名学者赵骏河，曲阜师范大学教授李金山分别作《未来十年孔子思想》《孔子思想的核心问题》《哲学家孔子与孔子的哲学》的学术报告。2000年，中国社会科学院研究员庞朴、孔子博物院院长孔祥林分别作《楚国早期儒家思想》《世界各国的孔庙及孔子在世界的影响》的学术报告。2001年，美国哈佛大学教授杜维明、重庆社会科学院院长俞荣根分别作《孔子文化的价值》《文明对话与儒学创新》的学术报告。2002年，韩国儒教学术院院长崔根德，台湾政治大学中文系教授、文学院院长董金裕分别作《〈论语〉中孔子的经济思想》《孔门的诚信之教》的学术报告。2003年，吉林大学古籍研究所教授吕绍纲，北京大学中国文化书院院长王守常分别作《中和与道统》《古之兵柄本出儒术》的学术报告。2004年，香港孔教学院院长汤恩佳博士，台湾佛光大学校长龚鹏程分别作《发展孔教儒学是国家的当务之急》《生活中的儒学》的学术报告。2005年，中国社会科学院教授朱凤瀚，山东大学教授蔡德贵作《从西周之德到孔子之德》《儒学面临的困境及出路》的学术报告。2006年，孔子学术会堂举行孔子书院成立典礼暨孔子及儒家思想学术报告会，孔子书院顾问刘启林、刘庆俄分别作学术报告。2007年，美国夏威夷大学哲学系教授成中英，中国周易学会会长山东大学教授刘大钧分别作《儒学伦理的全球化与人类持续发展》《周易浅述》学术报告。2008年，澳大利亚学者李瑞智，重庆西南政法大学教授蒋庆分别作《儒学的当代意义》《复兴儒学的两大传统》学术报告。2009年，北京大学儒学研究中心主任、全国中国哲学史学会会长陈来，北京师范大学教授周桂钿分别作《孔子礼的思想及其现代意义》《儒家民本观》学术报告。2009年，在孔子学术会堂举行学术活动20年之际，因孔子文化节另一学术活动世界儒学大会成立并展开学术活动等，孔子学术会

2008年9月28日，儒风泰山—孔子及儒家思想学术报告会在孔子学术会堂举行。

堂停办。

2000年，根据孔子学术会堂首席主持人苗枫林提出的十年一总结、十年一回顾的意见，孔子学术会堂确定出版《孔子学术会堂讲学录》。2000年9月26日，孔子文化节开幕当日，凝聚着孔子学术会堂创办10年中20位海内外专家学者心血和智慧，代表当今世界孔子及儒家思想研究最新学术观点和研究成果的大型论文集《孔子与世界——孔子学术会堂讲学录》（1990～1999）出版并举行首发式。《孔子学术会堂讲学录》是一部在当时国内儒学研究领域水平最高的论文集之一。

相关链接：

一、陈香梅参加孔子文化节

应孔子文化节主办者之邀，中国旅游协会海外名誉顾问、美国知名人士陈香梅于1991年9月25日到曲阜，出席文化节开幕式，并在孔子学术会堂作题为《孔子其人》的学术报告。

被称为“华裔女杰”的陈香梅，时任美国总统府学者委员会主任委员、美国共和党少数民族裔全国委员会主席。

9月26日上午，参加完孔子文化节开幕式的陈香梅到孔子学术会堂（孔府忠恕堂）作题为《孔子其人》的学术报告。

陈香梅少年时期就受到中华传统文化的熏陶，受孔子及儒家思想的教育，对孔子及其思想颇有研究，她说：“孔子是一位社会关怀者，是一位非常有远见的哲人，在东西方享有极高的声誉；孔子及其学说是中国传统文化的象征，他的许多见解至今仍有现实意义，应发扬光大，并向全世界推广开去。”陈香梅赞扬孔子积极入世的精神和伟大的人格力量，认为：人们常讲孔夫子是圣人，但他不完全是圣人，他也有常人的习惯，是一个有血有肉有感情的人。上千年来孔子作为“圣人”被神化，研究者们应该把他平民化，恢复其本来面目，这样才能更好地把他的思想学说发扬光大。

讲学结束后，陈香梅即兴赋诗二首：

曲阜山青鲁水情，孔门幸有读书声。四海归来真气壮，修身治国天下平。

论语诗书孔圣贤，一代宗师别有天。春秋几度风华在，文采日新不虚传。

1991年9月26日，美国总统府学者委员会主任委员、美国共和党少数民族裔全国委员会主席陈香梅，在孔子学术会堂作《孔子其人》学术报告。

二、季羡林到孔子学术会堂讲学

1997年8月，孔子学术会堂确定邀请中国人民大学原副校长、著名伦理学家罗国杰和国学大师、学界泰斗季羡林前来讲学。考虑到季羡林年事已高，仅发邀请书和电话联系不太合适，便决定由孔子学术会堂主持人李金山和孔子文化节办公室邹何生、朱黎明赴京邀请。

季羡林住在北大燕园的一座普通楼房里，家里十分简朴。据说，由于他藏书甚多，居室容纳不下，前不久，北京大学又在住处近邻为他调剂一套房子，两套房子的茶几上、桌子上、床上都摆放着很多的书籍，简直就是一个书的世界、书的海洋。

1997 年 10 月 7 日，国学大师季羡林在阙里宾舍国际会议厅作《孔子与东方文化》学术报告。

季羡林当时已是 86 岁高龄，并且刚做完眼角膜手术。当听说来访者是孔子家乡的山东老乡时，他显得特别高兴，欣然允诺。

10 月 7 日，季羡林如邀而至，同行的有助手李玉洁、秘书高鸿博士。学术报告会开始前，季羡林首先向曲阜师范大学、曲阜市人民政府赠送自己的著作。曲阜师范大学原纪委书记李金山、曲阜市副市长赵元山分别代表曲师大和曲阜市政府接受捐赠。考虑到他在国际国内的声望，慕名前来的听讲者一定非常多，孔子学术会堂肯定容纳不下，于是主持者决定将讲学会场移到阙里宾舍国际会议厅。讲学那天，宽敞的国际会议厅仍然没有容纳下前来听讲的人们，走道上、邻厅里，到处挤满人。尽管人员很多，但整个会场安静而有秩序。在赠书仪式结束后，季羡林作题为《孔子与东方文化》的学术报告。季羡林阐述孔子与东方文化的关系，指出孔子思想学说是中国乃至世界上最优秀的文化遗产之一，尤其是儒家思想中“天人合一”的观点，主张人与大自然要做朋友，对于现在保护自然生态环境有着极其重要的现实意义，按照这种观点处理人与自然的关系，有利于造福当代惠及子孙；对于中外文化交流，他倡导互融，即在“拿来主义”的同时还应提倡“送去主义”，让西方社会更多地了解我们，这样才能达到互融；对于爱国主义教育，他强调进行爱国主义教育要把道理说教与现实的乡土教育相结合。季羡林预言：“21 世纪东方文化将在世界再领风骚。”他独到的见解，精辟的阐述，切中时弊的分析，使听讲者受益匪浅，会场内外掌声不断。报告会结束后，许多人争相与季羡林合影或签名留念。

季羡林生活简朴，学术会堂接待他的房间内仅备些西红柿和生花生米。他谢绝宴请，仅吃便餐。10 月 8 日上午，季羡林离开曲阜前往故乡聊城，在通过黄河大桥时，因为堵车，错过午饭时间，他便随手拿起曲阜赠送的当地特产咸煎饼吃起来，并分送随行人员同吃，在场人员无不感动。

三、杜维明教授曲阜行

杜维明，美国哈佛大学教授。一直从事中国传统文化的研究与传播，成为致力于东西方文化交流的世界知名学者。

杜维明先后在中国大陆和台湾接受初等、中等和高等教育，打下较为坚深的中国传统文化基础，后在美国取得博士学位并在哈佛大学长时期从事研究工作，又具有较为宽泛的西方文化功底，这种多元的文化积累和文化环境，为他成为第三代新儒家的领军人物提供条件。20世纪80年代初，他的著作、演说昭示，其基本理论是儒学主流论和儒学复兴论。他曾经表述过这样一个思想，说由于科学技术的进步，人类已遨游太空，登上月球，回首这颗小小的地球，承载着近60亿人口，再不能互相残杀，人类要和平共处，和谐相处，按照孔子“和为贵”的思想，建立一个理想的大同世界。杜维明教授这一时期的学术思想、言论，引起学术界的极大震动，在东西方儒学研究领域刮起一阵“杜维明旋风”。

杜维明的学术思想，在以后的十几年中不断有所演变，趋同于“文化多元化”，这与他的学术研究实践，多方接触、吸纳东西方文化不无关系。“我是以多元文化背景来反思‘现代精神与儒家传统’这个课题的……决不提倡独尊儒术”。他趋同“综合创新说”，取代“儒学复兴”和“全盘西化”。在20世纪末至21世纪初，他的学术研究方向、注意力集中在东西方交流、碰撞、融合方面，著书立说，为此奔波，走在东西方文化交流、研究领域的前沿，又使学术界刮目相看。在政界和国际社会组织一些有影响的头面人物中，亦对杜维明教授致力于东西方文化交流、融合，建设人类和谐社会的努力给予很高评价。

杜维明教授是应当时在美国考察学习的曲阜市副市长许可之邀，于2001年9月27日下午2时到孔子学术会堂讲学的。由于航班延误，9月27日上午到达济南机场，到曲阜已是中午12点30分。杜教授匆忙进餐，稍事准备，14时准时出现在孔子学术会堂的讲台上。杜维明在孔子学术会堂演讲的题目是《文明对话与儒学创新》，这是他学术上的又一次升华，他把近几年来辛勤耕耘收获的果实，撒在孔子故里这片沃土上。他不仅是书斋里的一位学贯中西的学者，也是一位周游列国从事东西方文化交流、构建和谐社会的文化使者。

2001年9月27日，美国哈佛大学教授杜维明在阙里宾舍国际会议厅作学术报告。

第五章　尼山世界文明论坛

尼山世界文明论坛，简称“尼山论坛”，是由全国人大常委会原副委员长许嘉璐倡议发起，以孔子诞生地尼山命名，以开展世界不同文明对话为主题，以维护世界文化多样性、促进世界文化交流为目的，以学术性、民间性、开放性为特色的国际平台。尼山世界文明论坛双数年在中国山东举办，单数年在世界各地举办，法定举办日确定为5月21日（联合国“世界文化多样性促进对话与发展日”），永久会址地为尼山圣源书院，秘书处设于济南。尼山世界文明论坛是世界上第一个以世界不同文明对话为主旨、把永久会址设在儒家文明发源地的世界文明论坛，也是第一个由中国人主办的世界文明论坛。

第一节　论坛开设

论坛开设背景

“文明对话”是当今世界和谐发展的一股清流。1998年，伊朗总统哈塔米向联合国建议把2001年确定为“文明对话年”，获得联合国大会一致通过。之后，不同文明之间的对话，包括不同信仰、不同宗教之间的平等对话，在全球广泛展开。2001年11月，联合国教科文组织第31届会议通过《世界文化多样性宣言》，主张将文化多样性作为一种有生命力、因而能不断发展的财富加以保护。2005年，西班牙和土耳其两国政府发起成立“不同文明联盟”，得到联合国的有力支持。2007年4月，新任联合国秘书长潘基文任命葡萄牙前总统桑帕约出任文明联盟高级代表，负责领导其执行和实施工作。2008年1月，“不同文明联盟”首届国际论坛在西班牙马德里举行，来自各国政府、基金会、国际组织、民间社会、媒体和工商界的人士齐聚一堂，共同探讨如何弥合不同国家和文化之间的分歧，并为推动跨文化交流建立伙伴关系。中国积极倡导在亚欧会议框架下开展文化与文明对话交流，并于2003年主办亚欧会议进程中的第一届文化与文明会议。2007年，亚欧会议不同信仰间对话会议又在中国南京举行。英国前首相布莱尔建立和启动一个“信仰基金会”，他认为，在全球化时代，最重要的是让不同信仰、不同文化的人增进了解、和平共处、相互尊重。不同文明和信仰间开展对话正在呈现出一种加速度之势，成为世界各国人民更为崇高的追求。

“包容开放”是促进国际和平的必由之路。不同文明间的沟通和理解有助于消弭冲突、歧视和战争，不同文明和文化在差异中是可以和平共存、和谐共存的，这一点正为越来越多的人所接受和认同。过去的发展已经表明，文化和人群的自我闭锁可以产生十分可怕的后果，甚至引起反感和不满。这种反感和不满一旦积累到某种程度，并与其他因素相结合，就容易导向极端主义或极端行为。在马德里举行的世界对话大会，会议的主题是“不同宗教和文化开展对话，实现世界和平与稳定”。会议发表的《马德里声明》建议联合国尽快召开一次推动世界所有宗教、文明和文化对话的特别会议，以推动重建具有不同文化和信仰的人民之间的互信，化解隔阂。历史经验表明，在人类文明交流的过程中，不仅需要克服自然的屏障和隔阂，而且需要超越思想的障碍和束缚，更需要克服形形色色的偏见和误解。意识形态、社会制度、发展模式的差异不应成为人类文明交流的障碍，更不能成为相互对抗的理由。世界的多样性，文明和文化的差异不应是世界冲突的根源，而应是世界交流与合作的动力与起点。不同宗教和文化加强对话、增进对彼此的了解，是缓解乃至解决矛盾和冲突的必由之路。加强文明对话，必将增进人类大家庭的团结和睦。

“儒家文化”是参与世界文明对话的重要力量。以儒家思想为重要代表的中华文化是参与世界文明对话的重要力量。和平、发展与合作已成为世界各国人民的理想追求。源于儒家思想的和谐观作为中华民族独特的文化精神和生存智慧，其合理的思想内核为当今世界的和平、发展、合作提供可供借鉴的精神资源，具有重要的时代价值。它不仅为追求人与人之间、不同社会阶层之间以及人与自然之间的相互和谐提供智慧，还为追求民族与民族、国与国之间的相互和谐提供智慧。当今世界，人们日益认识到和平发展的重要性，认识到和平对于世界发展的重要意义。中国传统的和谐观为这一世界共识提供有益的历史注脚和资源支持，具有十分独特的作用。英国哲学家罗素在《中国问题》一书中推崇道：“中国至高无上的伦理品质中的一些东西，现代世界极为需要。”这些品质“若能被全世界采纳，地球上肯定会比现在有更多的欢乐、祥和。”传统和谐观所倡导的“和为贵”的价值取向和讲信修睦的相处原则，充分体现对于和谐、秩序、仁爱的向往和追求。人们在努力维护和实现世界和平、发展与合作的进程中，坚持以儒家文化为基点，深入开展不同文明之间的对话，充分发挥儒家文化注重以民为本，尊重人的尊严和价值；注重自强不息，不断革故鼎新；注重社会和谐，强调团结互助；注重亲仁善邻，讲求和睦相处等独特作用，有利于把传统的和谐观转化为和平共处、相互尊重、兼爱宽容等基本准则，有助于民族与民族之间、国家与国家之间的和谐，从而有力地推进和谐世界的建设，使人类更加和睦幸福，世界更加丰富多彩。

许嘉璐提出开设世界文明论坛

2008 年 4 月，全国人大常委会原副委员长、中华文化标志城专家咨询委员会主任许嘉璐倡议，为弘扬中华民族优秀传统文化，充分展示中华文化开放性、多元性、包容性和追求和谐的理念主张，促进中华文化与世界文化的交流对话，增进各国人民之间在文化上的相互理解、相互尊重，推进建设和谐世界，根据联合国教科文组织《世界文化多样性宣言》《不同文明对话全球议程及其行动纲领》，以及中国政府落实相关文件的精神，中华文化标志城专家咨询委员会第一次工作会议提出，以弘扬中华文化、促进中外文化交流、推动建设和谐世界为目的，以学术性与民间性、国际性与开放性相结合为特色的国际文化学术交流活动，以开展世界不同文明对话为主题，创办尼山论坛，作为中华文化标志城内涵建设的重要内容。

尼山论坛坚持“各美其美，美人之美，美美与共，世界大同”的理念，面向世界，面向未来，开展不同文明的互动和交流，维护世界文化的多样性，增进各国人民之间在文化上的相互理解、相互尊重、和睦相处和共同发展。

2008 年 9 月，尼山论坛国际筹备会议在济宁召开，就论坛意义、宗旨、名称等形成一致共识。

2009 年 6 月，中华文化标志城专家咨询委员会第二次工作会议审议通过《首届尼山论坛实施意见》，其间许嘉璐等领导出席“尼山圣源书院”奠基仪式。11 月，许嘉璐在山东大学调研期间，就办好首届尼山论坛提出具体要求。

2010 年 1 月至 2 月，组委会秘书处负责人受许嘉璐主席委托，分别到有关部委和有关单位汇报尼山论坛筹备工作情况。2 月 7 日，尼山论坛筹备会议在北京召开，就组建尼山论坛组委会等重要事项形成一致意见。2 月 23 日，李长春、刘云山在许嘉璐提交的关于尼山论坛的报告上作出重要批示，充分肯定尼山论坛的重要意义，对办好论坛提出期望和要求。3 月中旬，中央有关部门负责人分别听取尼山论坛筹备情况汇报，并就贯彻落实中央领导批示精神，筹办好首届尼山论坛提出重要指导意见。3 月 15 日，尼山世界文明论坛组委会第一次工作会议在北京召开，会议通过尼山论坛组织架构，确定首届尼山论坛于 2010 年 9 月 26 ~ 27 日在山东曲阜举办，讨论安排首届论坛的人员邀请、学术研究、宣传报道、会务保障等筹备事项。

论坛徽标、会旗、碑

尼山世界文明论坛采用“五彩祥云”徽标。“五朵祥云”代表“世界五大洲”。“五种色彩”代表“文化多样性”。“五朵彩云”组成玉璧轮廓，代表“和而不同”。“五彩祥云”首尾相连，寓意文明对话与交流。整个图案寓意人类文明多样性的“和而不同”与丰富多彩的“和谐世界”。

尼山世界文明论坛徽标

尼山世界文明论坛会旗是尼山论坛会徽“五彩祥云”与联合国会旗底色蓝色的结合，寓意世界文明对话为联合国首倡和推动，中国履行支持联合国开展世界文明对话的庄严承诺，体现一种世界精神。

尼山世界文明论坛会旗

尼山世界文明论坛碑由尼山论坛组委会主席许嘉璐撰文，中国著名书法艺术家欧阳中石手书。碑长 9.6 米，高 1.5 米，坐落于尼山圣源书院。许嘉璐的撰文彰显“和而不同”的宽广襟怀和深厚儒雅的文史底蕴；欧阳中石的书法俊朗飘逸，古朴华美，两人联袂创作碑文堪称珠联璧合。

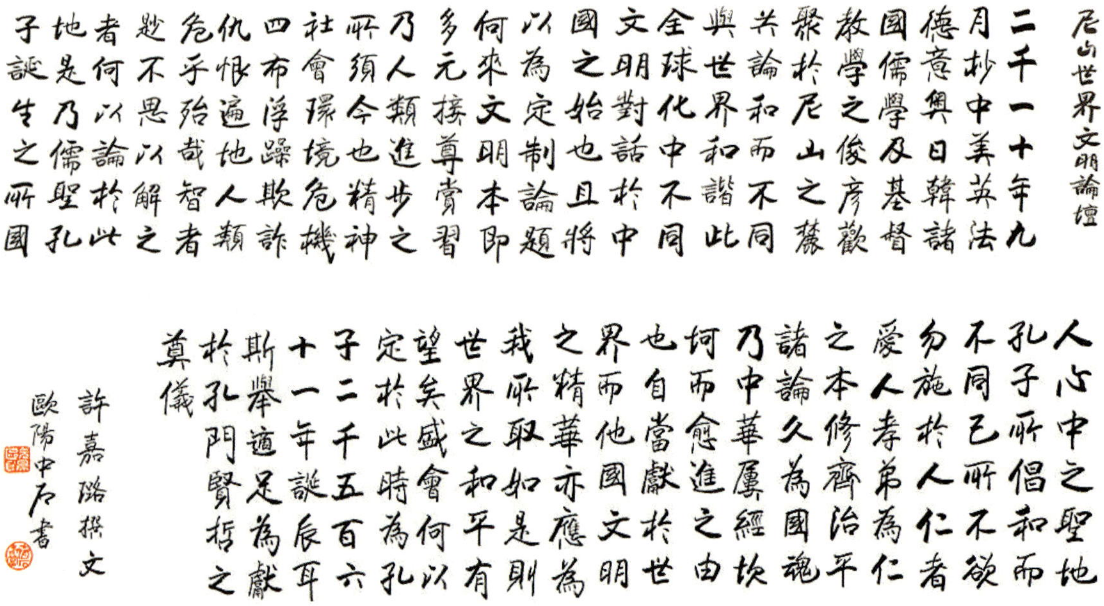

尼山世界文明论坛碑文内容

第二节　第一届尼山世界文明论坛

筹备历程

成立首届尼山世界文明论坛筹备工作协调小组。2010年4月1日，中共山东省委书记、省人大常委会主任姜异康，中共山东省委副书记、省长姜大明对尼山论坛作出批示，要求认真贯彻落实中央领导重要批示精神，精心筹办首届尼山论坛。中共山东省委常委、宣传部部长李群就做好各项筹备工作提出明确要求。4月，山东省成立首届尼山论坛筹备工作协调指导小组。

“尼山讲堂”举办。2010年4月21日，全国人大常委会原副委员长、尼山论坛组委会主席、山东大学儒学高等研究院院长许嘉璐，山东省省长姜大明出席山东大学儒学高等研究院成立大会，并为“中华文化标志城理论研究基地”揭牌。会议通报“尼山论坛”的有关信息，许嘉璐在“尼山讲堂”学术报告会上作题为《小学与儒学》讲座，首届尼山论坛学术预热活动启动。

召开尼山论坛组委会秘书处第一次工作会议。2010年4月26～30日，尼山论坛组委会秘书处在论坛举办地尼山开展调研，并召开尼山论坛组委会秘书处第一次工作会议。5月7日，山东省有关领导听取尼山论坛筹备工作情况汇报，提出指导性意见。

开通尼山论坛官方网站。2010年5月17日，尼山论坛组委会、光明日报社在北京召开庆祝联合国世界文明对话日高层座谈会暨尼山论坛官方网站开通仪式。许嘉璐、邢贲思、赵启正、叶小文、胡占凡、汝信、吴建民、张小安、张岂之、李学勤、张立文、牟钟鉴等领导和专家出席。

召开尼山世界文明论坛专题座谈会。2010年7月24日，尼山论坛组委会、光明日报社在北京召开尼山世界文明论坛专题座谈会。许嘉璐主持座谈会，来自美国、英国、荷兰、比利时、以色列、波黑等国家的十几位著名学者参加座谈会。7月26日至9月13日，尼山论坛组委会、光明日报社主办的“尼山论坛”专栏刊出5期专栏文章，引起专家学者和读者的关注和好评。

召开尼山论坛筹备会议和国内学者座谈会。2010年8月23～24日，许嘉璐在北京先后主持召开尼山论坛筹备会议和国内学者座谈会。邢贲思、赵启正、叶小文、汝信、吴建民、陈来、黄星原以及十几所高校和社科机构的专家学者出席会议。

出版发行首册《世界和平对话日：来自中国的声音》。2010年8月25日，许嘉璐主编、尼山论坛组委会秘书处编辑、五洲传播出版社出版的“尼山论坛文库”首册《世界和平对话日：来自中国的声音》出版发行。

举行首届尼山世界文明论坛新闻发布会。2010年8月26日，尼山论坛组委会在国务院新闻办公室新闻发布厅举行首届尼山世界文明论坛新闻发布会。尼山论坛组委会副主席赵启正、叶小文、吴建民就不同文明对话交流、尼山论坛等问题答中外记者问。黄星原主持发布会，徐向红致发布辞。92家海内外媒体、108位中外媒体记者，其中22位国外及港澳台媒体记者参加新闻发布会，反响强烈。《光明日报》以《尼山对话：聆听世界多元声音》为题发表发布会答问录。

2010年5月至9月中旬，尼山论坛学术预热和前期宣传系列活动，尤其是新闻发布会的举行，引起国内外广泛关注和积极影响，“尼山论坛”“尼山”的品牌知名度空前提高，社会影响力日益增强，为首届尼山论坛的开幕营造良好舆论氛围。

开幕式

2010年9月26日，由尼山论坛组委会、山东大学等单位主办，山东大学儒学高等研究院等单位承办的首届尼山世界文明论坛在济宁泗水尼山圣源书院开幕。该届论坛是一届学术性与民间性、国际性与开放性相结合的国际文化学术交流活动。论坛面向世界，面向未来，开展儒家文明与基督教文明对话，为维护世界文化的多样性，增进各国人民在文化上的相互理解、相互尊重、和睦相处和共同发展作出努力。论坛的举办是履行中国对联合国首倡世界文明对话的承诺，是发挥中华文化在世界文明发展中的重要作用、促进世界不同文明的相互理解和交流合作、推动人类和平与发展的尝试。全国人大常委会原副委员长、尼山论坛组委会主席许嘉璐宣布论坛开幕。国际展览局名誉主席、欧洲科学院副院长、尼山论坛组委会副主席吴建民主持开幕式。联合国原副秘书长、中国联合国协会会长、尼山论坛组委会副主席陈健在开幕式上宣读法国前总统希拉克、联合国副秘书长沙祖康的贺信。联合国教科文组织总干事伊琳娜·博科娃给论坛发来贺信，印度尼西亚前总统梅加瓦蒂、匈牙利前总理迈杰希等嘉宾出席开幕式并致辞。中共山东省委常委、宣传部部长李群，山东省政协副主席王志民，组委会副主席邢贲思、赵启正、叶小文、邢运明、吴建民、刘川生、徐显明、刘长乐、许琳等及来自13个国家和地区的75位专家学者，共170多人出席。

活动内容

9月25日下午，举行新闻通报会；9月25日晚，举行政府招待宴会；9月26日上午，举行开幕式暨首场高端对话；9月26日上午至27日下午，举行3场高端对话，3场高端会谈，4场学术分会，1场电视论坛，2场学者访谈；9月27日下午，举行闭幕式，通过

《尼山——人类和谐宣言》；9月27日晚，邀请与会专家学者出席孔子文化节开幕式；9月28日上午，与会专家学者参加和观摩祭孔大典，参观孔庙、孔府、孔林。

首届尼山论坛开展儒家文明与基督教文明的对话，主题是“和而不同与和谐世界”，口号是“和谐·仁爱·诚信·包容”。

围绕4个话题，来自欧洲、美洲、亚洲等国家和地区的70余位专家学者，展开多种形式的文化交流。4个话题分别是：社会责任问题。探讨儒家文明与基督教社会责任的内涵和当代社会价值，分析为构建和谐世界不同文明应该担负的共同而有区别的责任。社会信用问题。探讨诚信意识和社会信用的伦理渊源、本质内涵及其当代社会价值，分析培育全人类共同的信用价值取向和建立全世界共同遵循的信用标准、目标措施等。包容多样问题。探讨尊重差异、包容多样的伦理渊源和现实意义，提出维护世界文化的多样性，增进各国人民之间在文化上的相互理解、相互尊重的思路和措施。和谐共融问题。儒家文明与基督教文明既有差异性也有共同性，在全球化时代两大文明之间需要加强沟通和了解，在新的基点上建立起彼此相互尊重欣赏而又和睦通融的新型文明关系。该次对话将为儒家文明与基督教文明携手共建新型世界文明关系作出努力。

闭幕式

2010年9月27日下午，举行闭幕式，全国人大常委会原副委员长、尼山论坛组委会主席许嘉璐致闭幕辞。在闭幕式上，来自美国、中国的学者分别用英文和中文宣读《尼山——人类和谐宣言》。《尼山——人类和谐宣言》仅294字，却体现尼山论坛“和而不同，和谐世界”的主题，体现儒家与世界各大文明共同具有的仁爱、包容、礼让、诚信等美德，相互理解、相互尊重、会通融合、和睦相处的精神，也反映身处各种危机之中的世界人民共同的呼求与期盼。这是世界第一个以人类和谐为主题的宣言，是首届尼山论坛的重要成果，将对推动不同文明对话交流、建设和谐世界产生重要影响。

《尼山——人类和谐宣言》

2010年9月27日，中国古代伟大的思想家、教育家孔子诞辰2561周年之际，我们重温2500年前那个需要智者并产生智者的时代的人类智慧，藉尼山世界文明论坛，共同发出和谐宣言：

怀着对人类现实命运的忧伤，

怀着对人类共同未来的焦虑，

面对战争、杀戮、冲突的残酷现实，

面对日趋恶化的地球生存环境，

人类的灵魂感受到了前所未有的孤独和恐慌。

汲取2500多年来人类精神导师们的伟大智慧，

我们倡导和谐，

我们倡导仁爱，

我们倡导宽容，

我们倡导礼让，

我们倡导信义，

我们倡导己所不欲，勿施于人，

我们倡导民胞物与，天人合一，

我们倡导各美其美，美美与共，

我们倡导四海之内，皆兄妹也，

我们倡导和谐世界，和而不同。

为了建设一个和谐的世界，

为了守护一个共同的地球，

我们呼吁理解尊重，化解积怨；

我们呼吁对话交流，避免冲突；

我们呼吁节俭低碳，呵护家园；

我们呼吁团结合作，共创未来。

我们祈愿——

我们的倡导和呼吁能够得到全世界的响应！

我们祈愿——

我们的倡导和呼吁能够变成全人类的共同行动！

第三节 第二届尼山世界文明论坛

“文明对话纪事鼎”揭幕及论坛开幕式

2012年5月21日8时40分，“文明对话纪事鼎”揭幕仪式暨“为多样性和包容性做一件事”尼山发起仪式在尼山书院和谐广场举行。该鼎以微笑人面与和平鸽的形象表现“真、善、美”，传达尼山论坛开展文明对话、促进多元文明和谐融通的主旨。随后举行开幕式。

2012年5月21日，第二届尼山世界文明论坛在济宁泗水尼山圣源书院开幕。适逢联合国“世界文化多样性促进对话与发展日”10周年。来自国内外的嘉宾、思想家、教育家、艺术家、世界文明古国代表及各界人士云集尼山，举行联合国“世界文化多样性促进对话与发展日”10周年庆祝活动。

全国人大常委会原副委员长、尼山世界文明论坛组委会主席许嘉璐，中共山东省委副书记、省长姜大明，墨西哥前总统福克斯，联合国教科文组织助理总干事汉斯·道维勒，联合国文明联盟高级顾问克里斯托弗·贝斯，全国政协常委、外事委员会主任赵启正，全国政协常委、中央社会主义学院第一书记叶小文，国家创新与发展战略研究会常务副会长吴建民，文化部副部长、国家文物局局长励小捷，中共山东省委常委、宣传部部长孙守刚出席，山东大学校长徐显明主持论坛，省政府秘书长蒿峰参加活动。山东省省长姜大明、墨西哥前总统福克斯、联合国教科文组织助理总干事道维勒、联合国文明联盟高级顾问贝斯先后致辞。

论坛主题及活动内容

主题、分论题与套开活动主题。以“和而不同与和谐世界：信仰·道德·尊重·友爱”为主题，有4个分论题：不同文化的信仰的相异与相同；传统伦理对当今世界的意义；不同文明对话与当前人类的危机；不同宗教对人类之爱。两个套开活动主题。世界青年博士生论坛，主题是“青年对世界文明走向和谐的责任”；文明古国文化遗产保护与促进文明对话国际合作研讨会，主题是“文明古国的合作与文明责任”。

学术研讨与场外活动分组进行。5月21日举行15场学术研讨。分别以“文明对话的意义与价值”“如何认识中国”“不同的信仰，相同

2012年5月21日，第二届尼山世界文明论坛开幕式举行。

的指向—人类文明的新航标在哪里”为主题的3场高端学术对话，以“儒家传统与生态之道”为主题的周凯专题演讲，《世界文明对话（2002～2012）研究报告》国际研讨会，以“文明对话与世界新的人文思潮”为主题的回顾十年文明对话学术全会，文明古国文化遗产保护与促进文明对话国际研讨会，分别以“比较视野下的文化、宗教问题”与“现代视野下的孔子——人类和谐的东方智慧”为主题的两节博士生论坛（开幕），吴建民和曹洪欣两场专题学术演讲，尼山论坛组委会与联合国教科文组织工作会谈，分别以“孔子与耶稣·信仰与道德——以多种文化视角透视”“孔子与苏格拉底——东西文明对话”为主题的两场文明学者对话。

5月21日举行4项现场活动。“十年文明对话书展”，“文明对话纪事鼎”揭幕，论坛开幕式，国家大遗址保护曲阜片区暨山东省文物保护88项重点工程开工仪式。

5月22日举行25场学术研讨。叶小文专题演讲，台湾嘉宾出席博士生论坛，尼山论坛组委会与联合国文明联盟工作会议，以“文明古国的合作与文明责任”为主题的文明古国电视论坛，分别以“传统通往现代之可能”与“文明传统与文明对话”为主题的两节博士生论坛、企业家论坛，以“文化边际的冲突与融合”为主题的学术研讨会，以“儒家传统与文明对话”为主题的研讨会，以“各美其美与美人之美——文明的自信与包容”为主题的研讨会，以“儒家与基督教理论同与异”为主题的研讨会，以“传统的传承与转型”为主题的研讨会，以“儒家传统的反思”为主题的研讨会，尼山论坛秘书长与北京论坛秘书长见面会，以“美美与共与天下大同——文明的主体性与多样性”为主题的研讨会，以“对话视野下的东亚儒学发展”为主题的研讨会，以“文明对话与民族主义”为主题的研讨会，以“文明对话的展开方式”为主题的研讨会，以“文明的反省与文明转型”为主题的研讨会，以“哲学思想与文明发展”为主题的研讨会，研讨并通过《青年人走向文明对话前台倡议书》的两节博士生论坛，以“回眸与展望：来自尼山的声音”为主题的凤凰卫视电视论坛，以“书院精神与文明对话”为主题的著名专家会讲。

5月22日举行两项现场活动。博士生《论语》诵读活动，上海交响乐团“尼山之春”小提琴音乐会。

5月23日举行学术研讨。以“儒家思想与跨文明对话”为主题的展望未来十年世界文明对话学术全会。

来自世界20余个国家的200余位专家学者齐聚孔子诞生地，举行全体会议、分会、对话和讲座54场，除论坛嘉宾和学者，列席、旁听人员1.11万人次。

闭幕式

5月23日上午，第二届尼山世界文明论坛闭幕式在济宁圣都国际会议中心举行。全国人大常委会原副委员长、尼山论坛组委会主席许嘉璐致闭幕辞。中国国际友好联络会常务副会长、尼山论坛组委会副主席邢运明主持闭幕式。联合国文明联盟高级顾问克里斯托弗·贝斯，全国政协常委、外事委员会主任、国务院新闻办公室原主任、尼山论坛组委会副主席赵启正，全国政协常委、中国佛教协会副会长、尼山论坛组委会副主席学诚，山东省副省长张建国，山东省人大常委会原副主任莫振奎，山东省政府副秘书长司安民，济宁市市长梅永红，以及尼山论坛组委会常务理事、指导单位、主办单位、承办单位的领导，山东省及济宁市的有关领导，海内外专家学者和博士生代表出席闭幕式。闭幕式上，山东省政府副秘书长司安民宣读《文化遗产保护与促进文明对话尼山共识》，美国博士生浩志德和中国博士生胡晓凤分别用英文和中文宣读《青年人走向世界文明对话前台倡议书》。

该次论坛内容与形式创新实现3个“首次”：首次展示文明对话的群众性和学术下移的魅力；首次举办世界青年博士生论坛，倡导青年人走向世界文明对话的前台；首次举办世界文明古国文化遗产保护与促进文明对话国际会议，倡导古文明国家在世界文明对话中发挥重要作用。大会之外增设分论坛、对话会和报告会，实现会场分散，人员分流，各论题“开放性”与“专业性”并举。会议上，出台《文化遗产保护与促进文明对话尼山共识》《青年人走向世界文明对话前台倡议书》。

第四节 第三届尼山世界文明论坛

开幕式

2014年5月21日，第三届尼山世界文明论坛在山东大学圣昆仑音乐厅开幕，这也是2010年尼山论坛举办以来首次将举办地移至大学校园。该届论坛的主题是“不同信仰下的人类共同伦理”。全国人大常委会原副委员长、尼山论坛组委会主席许嘉璐出席并宣布论坛开幕。中国外交学会副会长、党组书记卢树民主持开幕式。中共山东省委常委、宣传部部长孙守刚，联合国文明联盟前高级顾问克里斯托弗·贝斯，中华宗教文化交流协会会长王作安，中共贵州省委副书记李军，山东大学校长张荣等致辞，联合国教科文组织战略事务特别顾问徐波宣读联合国教科文组织助理总干事汉斯·道维勒致辞。尼山论坛组委会副主席，来自国内和世界17个国家、地区的嘉宾及专家学者出席开幕式。

活动论题及活动内容

以“不同信仰下的人类共同伦理”为主题，有4个分论题：全球化背景下的人类共同伦理诉求；多元文化背景下建构人类共同伦理的可能性与现实性；人类共同伦理的本质与内涵；儒家伦理与人类共同伦理。

套开活动主题——第二届世界青年博士生论坛，主题是“文明对话与伦理意识”，分论题是“不同文明视域下的伦理根源”“儒家传统伦理与现代性”。

5月20～22日，举行3场明湖高端对话、6场圆桌对话、2场主题演讲、7场学术讲座、1场国际合作会议、1场中韩对话、1场尼山书院活动和2场音乐会。

闭幕式

5月23日上午，第三届尼山世界文明论坛闭幕式在山东大学举行，全国人大常委会原副委员长、尼山论坛组委会主席许嘉璐，中共

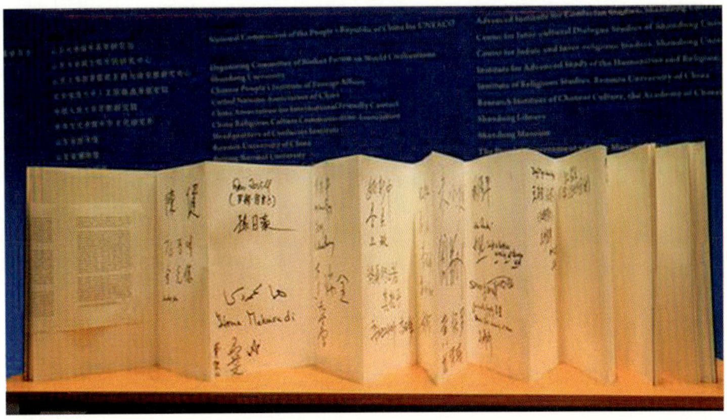

在第三届尼山世界文明论坛闭幕式上，与会学者签署《在文明对话中培养人类福祉之责任意识尼山协定》。

山东省委常委、宣传部部长孙守刚，联合国协会会长、尼山论坛组委会副主席卢树民，联合国原副秘书长、尼山论坛组委会副主席陈健，山东省政府副秘书长李娥，出席第三届尼山论坛的国内外嘉宾和专家学者，尼山论坛组委会与会常务理事、秘书长、副秘书长等 300 余人出席闭幕式。山东大学校长张荣主持闭幕式，尼山论坛组委会副主席赵启正代表尼山论坛组委会作闭幕总结演讲。中国台湾慈济大学教授林安梧，美国夏威夷大学教授安乐哲，分别用中文和英文宣读《在文明对话中培养人类福祉之责任意识尼山协定》。

该届论坛在对话内容上改革创新。论坛增加往届并未涉及的中韩对话和女性圆桌交流会议，分别以“儒学之与中韩人文纽带”和“文明对话中的女性角色——女性在世界文明对话中的独特作用”为主题展开交流；举办以“企业家的伦理担当”为主题企业家论坛活动。

论坛通过《在文明对话中培养人类福祉之责任意识尼山协定》，就“文明对话中培养人类福祉之责任意识”呼吁和倡议关注人类和地球未来的每个人、每个组织，培养一种共同责任意识，彼此加强合作。

第五节　第四届尼山世界文明论坛

开幕式

2016 年 11 月 15 日，第四届尼山世界文明论坛在孔子故里曲阜举办。第四届尼山世界文明论坛以“传统文化与生态文明”为主题，展开传统文化与生态文明的对话，发出“迈向绿色·简约的人类生活”的声音。全国人大常委会原副委员长、尼山论坛组委会主席许嘉璐宣布论坛开幕。全国政协文史与学习委员会副主任、尼山论坛组委会副主席叶小文，中共中央宣传部原副部长王世明，北京师范大学党委书记、尼山论坛组委会副主席、尼山世界女性论坛主席刘川生，联合国教科文组织原副总干事汉斯·道维勒等出席开幕式；中共山东省委常委、宣传部部长孙守刚，中国人民外交学会党组书记、中国联合国协会会长、尼山论坛组委会副主席卢树民，中共济宁市委书记、市人大常委会主任马平昌等分别致辞；山东大学校长、尼山论坛组委会副主席张荣主持开幕式。联合国妇女论坛前执委会主席侣海林宣读联合国妇女署副署长普瑞的贺信。济宁、曲阜两级市领导李昌文、李长胜、刘东波、彭照辉、山桂岭等出席开幕式。开幕式后，与会嘉宾和学者欣赏“地球·母亲·家园”大型交响音乐会。

主题演讲

该届论坛邀请中外嘉宾、学者 260 余人，收到论文 91 篇。其中外国嘉宾、学者 39 人，分别来自联合国等国际组织，以及美国、俄罗斯、德国、法国、英国、意大利、加拿大、比利时、印度、泰国、新加坡、日本、韩国、蒙古国、奥地利、哥伦比亚等 20 个国家和地区。国内嘉宾、学者 225 人，分别来自台港澳及国内大学、科研机构等各领域。既有儒释道 3 家的代表，也有基督教、天主教、伊斯兰教，甚至巴哈伊教、东正教、摩门教的代表，更加体现文化与文明的多元代表性。特邀代表两家：中国国际交流协会、中国国际文化交流中心。举行 3 场大型主题演讲、10 场圆桌对话等 40 余场学术活动。大型主题演讲是以“不同文明中的生态智慧”为主题的演讲；以“生态文明与人类简约生活”为主题的演讲；以“生态文明与人类永续发展”

为主题的演讲。

尼山世界女性论坛开坛暨尼山母爱书院揭幕

2016年11月16日，尼山世界女性论坛开坛暨尼山母爱书院揭幕仪式在曲阜举行。该论坛在尼山书院酒店举办，并将尼山书院酒店定为“尼山世界女性论坛永久会址”。来自国内外的80余名优秀女性代表，围绕“女性与人类可持续发展”这一主题，就性别平等与可持续发展、女性与健康生活方式、女性与社会公益、女性与文化传承等分论题展开不同文明间的对话、交流。其间，与会嘉宾共同为“尼山世界女性论坛碑”揭幕并同植“世界女性五洲常青树”。联合国秘书长潘基文夫人柳淳泽、联合国妇女署副署长普瑞等分别就女性论坛的召开发来贺信表示赞赏和祝贺。

2016年11月16日，首届尼山世界女性论坛在曲阜举办。

女性与人类可持续发展论坛，举行大小活动14场次，包括4场学术对话、4场书院讲课、1场关爱女童活动、1场学术小结，还有共同种植“五洲女性常青树”“美与生活”文化沙龙等配套活动。与会各界代表总计82人，加上志愿者及母爱书院学生，120人次参与女性论坛的各项活动。尼山母爱书院院长、尼山世界女性论坛执行主席张银俊表示，在孔子故乡设置世界女性论坛，把女性引入跨文明对话交流领域，这在全世界都具有很大的震动性，显示出对女性的重视达到一个新的高度。

闭幕式

2016年11月17日，第四届尼山世界文明论坛在曲阜举行闭幕式。

该届论坛内容上首次举行以女性为主题的分论坛，着力探讨性别平等、女性与文化传承等方面议题；形式上采取大会演讲和圆桌对话等多种方式，促进与会者进行广泛、深入的交流，促进就建设人类命运共同体形成多元文明共识。论坛通过《人类简约生活宣言》和《世界女性尼山共识》；推出《世界女性公益发展研究报告》。

第六章　文化学术交流

文化与学术交流是孔子文化节活动的一项重要内容，为弘扬民族优秀传统文化促进中外文化交流，在1984年孔子诞辰故里游期间，中国教育学会等举行为期5天的孔子教育思想学术讨论会。随着办节实践，孔子文化节作为文化与学术交流与研讨的一个重要平台，其意义和作用日益显现，由此在每年策划创意孔子文化节活动中，也注重增加文化学术交流活动的分量。作为孔子文化节三大主题活动之一的世界儒学大会以及孔子学术会堂、尼山文明论坛等均属文化学术交流的范畴。此章主要记述孔子文化节期间举办的其他文化学术交流活动。

第一节　孔子诞辰纪念与学术讨论会

孔子诞辰 2540 年纪念与学术讨论会

1989 年 10 月 7 日上午，中国孔子基金会和联合国教科文组织在北京和曲阜共同举办的孔子诞辰 2540 年纪念与学术讨论会，在北京开幕。五大洲 20 余个国家和地区的 300 余名专家、学者参加会议。国务院副总理吴学谦、全国政协副主席胡绳等出席会议，山东省省长赵志浩应邀在主席台就座。

全国政协副主席、中国孔子基金会名誉会长谷牧在开幕式上讲话。他指出，孔子、儒家学派的思想学说，在中国历史上发挥过巨大的积极作用，在东亚地区也产生过深刻的影响。中国人民正在为实现社会主义现代化，为建设繁荣富强的社会主义国家而努力工作。为实现这一目标，就必须建设与发展自己的新文化。这个社会主义新文化，应当是民族的、爱国的、科学的和民主的。建设和发展这样的新文化，需要继承、改造我们原有的民族传统文化，同时要大胆而又有选择地吸收和消化外来的先进文化，并使二者融会贯通，融为一体。

开幕式上，联合国教科文组织总干事代表泰勒，新加坡原第一副总理、东亚哲学研究所董事长吴庆瑞，香港中华总商会会长霍英东，苏联科学院通讯院士费德林以及美国、日本、联邦德国等著名人士先后致辞，他们一致赞扬孔子对中国和世界文化所作出的贡献，认为，孔子不仅属于历史，也属于当代；不仅属于中国，也属于世界。开幕式后，举行以“孔子儒家思想的历史地位和对现代社会的影响”为题的学术讨论会。会议收到论文 200 余篇。

8 日下午，中共中央总书记江泽民在北京饭店会见参加会议的部分来宾和海峡两岸的代表，对讨论会的召开表示祝贺，对各位朋友参加这次讨论会表示感谢。江泽民指出：“孔子思想是我国珍贵的文化遗产，对孔子思想中一切好的东西，我们都要很好地继承学习。但是由于时代的局限，孔子思想中也有一些不合时宜的东西。总之，对孔子思想，我们要取其精华，去其糟粕，教育我们的后代很好地发扬民族的优良传统。”

9 日，会议移至曲阜继续进行，与会学者专家参加孔子文化节活动。下午，山东省领导姜春云、赵志浩、陆懋曾、苗枫林、马世忠等会见并宴请与会中外学者。10 日下午会议在曲阜闭幕。

纪念孔子 2550 诞辰暨儒学与 21 世纪人类社会和平与发展国际儒学研讨会

1999年10月7 ~ 14日，中国孔子基金会、国际儒联和联合国教科文组织联合在北京和曲阜两地举办纪念孔子 2550 年诞辰暨儒学与 21 世纪人类社会和平与发展国际儒学研讨会（北京开幕，曲阜闭幕）。有来自十几个国家和地区的 400 余位专家、学者参加。中共中央政治局委员、国务委员罗干出席会议，中共中央政治局常委、全国政协主席李瑞环接见与会专家、学者。国际儒联常务副会长宫达非发表主旨讲话，他指出，“在世纪交替千年递嬗之际，我们研究2500年前的孔子学说以及传统儒学精华，这绝不是要复古，也不是仅仅要发一点思古之幽情，而是由于中国文化，特别是儒家文化，在解决当今世界的和平、发展、环境、人际关系等问题上，有着许多理念可以提供给人们富有智慧性的启迪。”曲阜市委副书记赵元山、孔子文化节办公室主任孟凡亮出席会议并组织在曲阜的活动。

纪念孔子诞辰2560年国际学术研讨会

2009年9月23～29日，中国孔子基金会、国际儒联、联合国教科文组织联合在北京召开纪念孔子诞辰2560年国际学术研讨会，全国政协主席贾庆林出席并讲话，这一大型国际性的高规格学术会议作为2009中国（曲阜）国际孔子文化节系列活动之一，邀请中共济宁市委副书记张术平、济宁市孔子文化节办公室主任潘献华、曲阜市市长刘森参加会议。

第二节　东亚文化论坛

2002东亚文化论坛开幕式

2002年9月26日上午，2002年东亚文化论坛开幕式在曲阜阙里宾舍举行。由济宁市政府主办，济宁市文化局、济宁市外事办公室、曲阜市政府承办。日本、比利时、哥伦比亚、约旦、秘鲁、泰国、菲律宾、韩国、俄罗斯、法国、马来西亚、瑞典等国家的驻华大使、官员，以及中国港澳台地区专家学者100余人参加。山东省副省长林廷生、日本前首相村山富市、泰国驻华大使敦·帕马威奈、俄罗斯文化首席参赞托米欣分别致辞。济宁市市长周齐主持。

论坛围绕儒家文化与“诚信”主题，开展广泛深入的学术和文化交流，从不同角度阐释了儒家文化与诚信理念的有机联系与统一。

首届“经学国际学术高端论坛”

2015年12月10～11日，由曲阜师范大学、台北“中研院”和山东大学“儒家文明协同创新中心”共同承办的首届“经学国际学术高端论坛”在曲阜师范大学召开。来自新加坡、韩国等地以及国内各高校的专家、学者60余人参会，收到海内外学术论文60余篇100余万字，内容涉及经学通论、经学文献概说、专人或专经的经学成就和阐释等多个研究领域。论坛为期2天，海内外专家学者围绕大会议题以分组讨论、青年论坛等形式进行交流和探讨。

10日上午，举行大会开幕式，由孔子文化研究院傅永聚教授主持。曲阜师范大学戚万学教授，台北“中研院”林庆彰研究员、新加坡国立大学教授劳悦强先后致辞，亚利桑那州

2015年12月10～11日，首届经学国际学术高端论坛在曲阜师范大学举办。

立大学教授田浩发来视频致辞。开幕式上，台北“中研院”蒋秋华研究员代表台北“中研院”向曲阜师范大学捐赠经学研究的文献资料、书籍，并对论坛的成功举办表示祝贺。

在大会主题报告中，西北师范大学赵逵夫教授、四川大学舒大刚教授、扬州大学钱宗武教授分别围绕“诗的采集与《诗经》的成书”“儒家经典体系”“经学的消解与回归”作演讲。随后的分组报告，分8组进行，青年论坛于11日下午举行，诸位学者针对论坛主题分别作报告，引起与会学者热烈的讨论与回应，达到论坛“以文会友、以友辅仁”的目标。在闭幕式上，华东师范大学朱杰人教授指出；“本次论坛带来学术的交流、思想的融会，取得丰硕的成果，对于推动经学、儒学的研究与传统文化的发展具有重要的现实意义。”大会最后进行“经学数字化成果推介会”。

“六经”是中华文化之根，“六经”之学是中华文化之魂，是儒学的核心。首届“经学国际学术高端论坛”以曲阜师范大学、台北“中研院”和山东大学经学学术交流与合作为框架，广邀海内外在经学研究领域卓有成就的专家、学者，打造一个致力于中华传统文化创造性转换与创新性发展的高端学术交流平台。该次论坛的举行，对学界、社会都产生一定影响，有利于学界经学研究的深入，并对经学传承、发展有重大的推动作用，进而对华夏文化的绵延不绝、社会环境的和谐稳定产生重大的现实意义，同时为经学在世界的传播贡献力量。

东亚儒学研讨暨“一带一路”儒家文明创新联盟成立大会

2017年11月25～26日，曲阜师范大学孔子文化研究院主办的“东亚儒学研讨暨‘一带一路’儒家文明创新联盟成立大会”在曲阜举办。参加大会的学者、专家170余位，分别来自韩国、日本、德国、新加坡、马来西亚、印度尼西亚、越南、缅甸等国家以及国内40余所高等院校和研究单位，会议收到论文140余篇。大会的主题是围绕东亚儒学探讨儒学发展与未来，推动儒学传承与创新；依托“一带一路”共建儒学研究与传播平台，加深不同文明间的交流互鉴，使之为区域文明发展和构建人类命运共同体作出新的贡献。

东亚儒学研讨暨“一带一路”儒家文明创新联盟成立大会历时2天，会议分为开幕式、主旨报告和分组讨论3个主要部分。开幕式由曲阜师范大学孔子文化研究院院长、国学院院长马士远主持。曲阜师范大学副校长夏云杰，全国哲学社会科学规划办公室原副主任、上海交通大学人文学院院长杨庆存，中国孔子基金会副理事长刘廷善，韩国成均馆大学儒教文化创新研究所所长金圣基，日本岩手大学平泉文化研究所主任薮敏裕先后致辞，韩国儒教学会总务理事元勇準代表会长李哲承致辞。主旨报告阶段，杨庆存为主持人，金圣基教授、黄金泉教授、廖肇羽教授分别作报告。分组讨论阶段，170余位专家学者分为4组5场，针对大会主题及自身研究方向进行深入研讨。

会议期间成立“一带一路”儒家文明创新联盟，联盟由曲阜师范大学孔子文化研究院发起，韩国成均馆大学儒教哲学文化创新研究所、日本岩手大学平泉文化研究中心、韩国儒教学会、马来西亚拉曼大学中华研究院、印度尼西亚总统大学、新加坡南洋理工大学孔子学院、塔里木大学西域文化研究院、石河子大学文学艺术学院等作为创始单位。各联盟单位围绕互聘教授（研究员）、共同举办学术会议、合作开展学术研究、联合出版学术著作、联合培养学生、共同承办国际人文培训等开展合作。

夏云杰、杨庆存为联盟揭牌。孔子文化研究院院长马士远、印度尼西亚总统大学校长 Jony O. Haryanto、韩国儒教学会总务理事元勇準、塔里木大学西域文化研究院院长廖肇羽、韩国成均馆大学儒教文化创新研究所所长金圣基、新加坡南洋理工大学孔子学院院长梁秉赋、日本岩手大学平泉文化研究中心主任薮敏裕、马来西亚拉曼大学中华研究院副院长郑文泉、石河子大学文学艺术学院副院长王晓鹃，共同为联盟成立剪彩。

联盟召开首届理事会，推选孔子文化研究院院长马士远担任联盟主席，孔子文化研究院副院长刘彬任联盟秘书长，韩国成均馆大学儒教哲学文化创新研究所所长金圣基、韩国儒教学会会长李哲承担任常务副主席，印度尼西亚总统大学校长 Jony O. Haryanto、新加坡南洋理工大学孔子学院院长梁秉赋、中国塔里木大学西域文化研究院院长廖肇羽、日本岩手大学平泉文化研究中心主任薮敏裕、中国石河子大学文学艺术学院副院长王晓鹃、马来西亚拉曼大学中华研究院院长张晓威担任副主席，韩国成均馆大学儒教哲学文化创新研究所安承宇等 8 人担任联盟副秘书长，总部常设曲阜师范大学。

东亚儒学研讨暨“一带一路”儒家文明创新联盟成立大会召开，恰逢中共中央总书记习近平曲阜讲话四周年之际，取得良好的学术效果，引起学界和社会的很大反响。《人民日报》、新华网、凤凰网、中宏网、齐鲁网等都在第一时间进行报道。大会对于传播儒学、彰显儒学时代价值、推动儒学在新时代新条件下创新发展，产生极大的促进作用。儒家文明创新联盟的成立在国际上产生良好反响，德国莱比锡大学海音希教授率先加入，欧洲一些大学和研究单位和个人也提出加入意向。联盟为促进儒家文明与世界其他文明的交流提供平台，更好地促进儒家文明在世界的传播，是增进友谊、深化合作的新起点，必将为儒学的传承与创新作出贡献。

第三节　孔子文化周（法国巴黎）

2010 年 9 月 6 ~ 10 日，在法国巴黎联合国教科文组织总部，由文化部、教育部、山东省人民政府、联合国教科文组织联合举办孔子文化周活动。主要内容有：举办“孔子图书图片资料展”“世界孔庙文化展”“孔府文物展”“孔子《论语》主题书画艺术展”、孔子思想文化学术演讲会、放映孔子和《论语》题材的影视作品、演出儒家文化主题剧目、中国工艺文化展示等。

孔子文化周的举办得到联合国教科文组织的支持，受到其他国家代表的密切关注，在法国各界引起强烈反响。法国前总理拉法兰、法国政府官员、联合国教科文组织官员及各国驻联合国教科文组织代表使节参加孔子文化周开幕式和相关活动。不少参加孔子文化周的人士表示，通过参加孔子文化周，加深对孔子文化节和儒家文化的了解，希望能够到孔子故里寻访圣人足迹，拜谒孔子，亲身体验博大精深的孔子文化。在联合国教科文组织总部举办的孔子文化周，是孔子文化节首次把活动办出国门，走向国际。

第四节 海峡两岸孔子文化交流周

2006年9月下旬，由孔子研究院、曲阜市政府、齐鲁书社、山东画报社和台湾台南孔庙协会联合在台湾台南孔庙举办《大哉孔子展》及文化学术交流活动。9月26日，在曲阜杏坛剧场举行孔子文化节暨“两岸孔子文化交流周”大型活动开幕式，中国国民党派出祭孔文化参访团参加。开幕式上，海峡两岸关系协会副会长王在希、国家旅游局副局长杜一力、中国国民党祭孔文化参访团团长林澄枝、山东省副省长张昭福分别致辞。

9月28日，曲阜孔庙和台湾台北孔庙、台南孔庙共同进行祭孔，时序相连、遥相呼应。中国国民党派出祭孔文化参访团专程到曲阜参加祭孔大典，参访团由中国国民党中央评议委员会主席团主席、中国国民党原副主席林澄枝，中国国民党副主席章仁香，中国国民党中央常委潘维刚，台湾东吴大学校长刘兆玄等12人组成。在曲阜孔庙祭孔大典上，林澄枝受中国国民党主席马英九委托，向曲阜市赠送台北孔庙珍藏的祭器复制品。来自台湾阿里山的原住居民代表从阿里山日月潭采取的故乡泥土，与曲阜九龙山的故土相汇，成为支持建设中华文化标志城首期项目《中华故土地图》的第一捧土。与此同时，台北孔庙祭孔大典由中国国民党主席、台北市市长马英九担任正献官。济宁、曲阜市派出的赴台祭孔参访团向台北孔庙赠送商周时期青铜祭器复制品和明清彩绘孔子像。

2011年7月，在台湾举办孔子文化交流周活动，以扩大文化交流、深化经贸合作、推动重点项目为主旨，主要内容有“孔子文化图片展”、世界文庙文化节、文艺演出、鲁台经贸文化论坛等。8月，在曲阜举办孔子文化交流周活动，孔子第79代嫡长孙、大成至圣先师孔子协会会长孔垂长率台湾孔子文化交流参访团，到曲阜参加2011中国（曲阜）国际孔子文化节说明会暨儒学研究学术交流活动，及参观、访问、纪念等活动。

相关链接：

拳拳圣裔心依依圣地情——孔垂长故里行纪实

在古代伟大思想家、教育家孔子诞辰纪念日即将来临之际，应国际孔子文化节济宁执委会和曲阜市政府的邀请，2011年8月10日，孔子第79代嫡长孙、大成至圣先师孔子协会会长孔垂长率台湾孔子文化交流参访团到曲阜，开启一次具有历史意义的返乡之旅、寻根之旅、文化交流之旅。

8月10日下午，孔垂长一行抵达济南机场。济宁市、曲阜市有关方面负责人到机场迎接。10日17时，孔垂长一行刚一下车，就受到家乡人民的热情欢迎。中共济宁市委书记、市人大常委会主任张振川，在中共济宁市委副书记张术平，中共济宁市委常委、秘书长陈民，中共曲阜市委书记、市人大常委会主任李长胜，中共曲阜市委副书记、市长刘森等陪同下，在阙里宾舍会见孔垂长一行。张振川说，由孔子创立的儒家思想和儒家文化，穿越时空，超越国界，成为东方文化的重要标志和世界文化宝库中的珍贵遗产，儒家文化标示性建筑孔庙、孔林、孔府被列为世界文化遗产。自1984年起，连续举办27年的国际孔子文化节，对纪念先哲、弘扬儒家文化、加强文化交流起到积极的促进作用。大成至圣先师孔子协会通过出版孔子思想研究著作，举办孔子论坛、学术会议等活动，致力于向世界传播推广儒家思想，推动世界文明进步。希望通过此次文化交流活动，进一步增进友谊，促进两岸文化交流与合作。孔垂长非常感谢济宁市的盛情邀请和热情款待，表示希望把孔子儒家思想的和谐、和平推广到全世界，让世界不再有战争及人祸。会见后，张振川在阙里宾舍举行欢迎晚宴。

寻根问祖是孔垂长此行的主要目的之一。8月11日早晨，孔垂长一行怀着虔敬的心情，由神道路步入孔庙，在大成殿举行祭祖活动。伴随着祭孔音乐，孔垂长一行在祭祀官的主持下，整理衣冠，行礼敬祭。这是孔垂长首次跨过海峡，在其祖先故里正式拜谒。上午，孔垂长一行满怀敬意地游历万仞宫墙，参观孔庙和孔府。下午，孔垂长一行先后来到孔林和梁公林，向先祖陵冢敬献花篮，行鞠躬礼。然后，在中共济宁市委副书记、孔子文化节济宁执委会常务副主任张术平的陪同下来到孔子诞生地尼山。孔垂长率家人与参访团成员参观尼山书院，游览尼山风光，并在尼山夫子洞旁植纪念楷树一棵，表达追思之情。时有“垂长返乡植楷记”云：阙里大宗嫡裔离鲁甲子有余，传至垂长，幸于公元二〇一一年八月十一日亲登祖庙拜谒行礼，感慨万千者也。拜圣林、祭先祖，肃裳鞠躬；瞻梁公、仰圣源，血脉皈依。得故乡父老热忱相迎，久志如愿，大有感激之情也。今于先祖降诞坤灵之侧，效子贡植桧结庐，聆听祖训，再念儒宗，谨表心绪矣。

8月11日晚，中共济宁市委副书记、市长梅永红在中共济宁市委副书记张术平等陪同下，会见并在曲阜杏坛宾馆宴请孔垂长一行。宴会后，孔垂长一行在中共曲阜市委副书记、市长刘森和济宁市有关部门领导的陪同下到杏坛剧场，观看阐述孔子一生经历和光辉思想的大型历史舞剧《孔子》。

8月12日上午，由中共济宁市委副书记张术平陪同，孔垂长一行到孔子研究院参观访问，到学术会堂出席2011中国（曲阜）国际孔子文化节说明会暨儒学研究学术交流活动。孔垂长发表致辞，他表示，作为孔子嫡传后裔，了解到孔子文化备受推崇，得到世界各地政要学者的强烈关注和响应，倍感荣幸。曲阜是先祖孔子诞生和生活的地方，被称为“东方圣城”，此次回归故里，内心的激动溢于言表。大成至圣先师孔子协会将以此次文化交流活动为起点，广泛地与大陆各孔子文化研究机构加强交流与合作，特别是将先祖的故乡作为学习和交流的重要地方，共同推进孔子思想与文化的研究与发扬。在随后举行的学术交流会上，孔子研究院院长杨朝明教授、台湾大学文学院前院长叶国良教授、台湾东吴大学图书馆馆长丁原基教授和山东大学曾振宇教授分别作关于儒家思想研究的报告，交流学术研究的成果和心得。

8月12日下午，孔垂长一行在张术平的陪同下到曲阜师范学校和孔府档案馆进行参观访问，并欣然受聘为曲阜师范学校名誉校长。在参观校园内孔德成“百年树人”题词碑时，孔垂长望着祖父那熟悉的字体，在碑前驻足良久。当晚，中共曲阜市委、市政府在御书房举行招待宴会，宴请孔垂长一行。中共曲阜市委书记、市人大常委会主任李长胜，中共曲阜市委副书记、市长刘森等参加宴会。

8月13日上午，孔垂长一行来到孔子文化园，先后参观园区和国学堂，然后举行孔垂长题词碑刻揭幕仪式。仪式上孔垂长与张术平一同为“圣德百源”碑揭幕。离开文化园，孔垂长一行乘车参观曲阜市容市貌和孔府家集团。13时，孔垂长一行结束为期3天的行程，踏上回程。济宁市、曲阜市的有关领导到车站送行。

孔垂长此行，意义深远而重大。主要体现在：

增强两岸炎黄子孙的文化认同感。孔垂长的这次返乡之旅，是孔子嫡裔传人60多年来首次踏上故乡的土地，是两岸文化交流史上新的里程碑。通过祭拜孔子、参观遗迹、学术交流，参访团成员一致表示儒家文化是中华儿女共同的精神财富，具有很强的亲和力和感召力，在两岸中华儿女心中始终有着强烈的共鸣。

开启两岸孔子文化交流的新起点。孔子创立的儒家思想和儒家文化，是东方文化的重要标志和世界文化宝库中的珍贵遗产。孔垂长发起成立的大成至圣先师孔子协会，是以发扬孔子思想为宗旨，通过出版孔子思想研究著作，举办各国学者参加的孔子论坛、学术会议等活动，致力于向世界传播推广儒家思想，推动世界文明进步。孔垂长此行明确表示，将积极与济宁曲阜开展儒学领域的交流合作，扩大孔子思想的积极影响，促进两岸文化的交流。

架设两岸经济文化交流的新桥梁。孔垂长此行在海峡两岸引起高度关注，起到搭建新的文化交流沟通平台的积极作用，建起一条有效增进两岸民众感情与联系、密切两岸文化往来的新通道。

第五节 赴加拿大对外交流活动

1998年11月7～15日，应加拿大北美孔子文化节办事处主任、美加国际孔子文化节筹委会主任、多伦多《优雅》出版社长李信杏邀请，经组织批准，中共曲阜市委副书记赵元山、孔子文化节办公室主任孟凡亮、翻译邢继君赴加拿大参加第二届国际孔子文化节等有关活动，并进行友好访问和考察。本着“宣传曲阜、增进友谊、加强交流、争取合作”的原则开展工作，经过共同努力，取得明显成效。

美加国际孔子文化节突出宣传曲阜

美加国际孔子文化节于当地时间11月8日9时在北美洲华人开办的最大的“太古金王朝”商场举办，历时12个小时。1万余人次观看孔子文化节。文化节会场设在商场一楼中心大厅。主席台正中悬挂着3幅孔子画像，其中一幅长3米多、宽2米的是加方一位教师画的，另2幅是曲阜赠送的孔子行教像。画像两侧贴着“天人合一、共生共荣”的对联。主席台前面悬挂着“国际孔子文化节开幕”的会标。主席台两侧张贴着曲阜市领导和有关人士“孔子家乡旅游、全人类的追求”等6幅题词。会场上摆放着10块十几平方米文图并茂的宣传孔子及曲阜的展板，还展出《孔子故里》《孔府、孔庙、孔林》《曲阜》《中国曲阜国际孔子文化节》《孔子研究院》等画册和《曲阜导游图》《圣迹图》、大小版本的《论语》、孔子像等多种宣传品。会场设有2个大电视机，反复播放16集电视片《孔子和他的故事》及《曲阜国际孔子文化节》等录像带。美加孔子文化节分3个阶段进行。第一阶段是9时至17时30分，主要是播放有关孔子和曲阜旅游的电视片，一些歌手穿插演唱中外歌曲，观看展板和宣传资料。第二阶段是17时30分至19时，主要是宣读贺信、各方讲话、为文化节办事处开张剪彩、进行“枫叶龙”表演。在这一阶段中，山东省旅游局、曲阜市、孔子研究院、孔子学会、曲阜国际旅行社、阙里宾舍等单位和个人的贺信全部全文宣读，中共曲阜市委副书记赵元山在会上讲话（并配英语翻译）。加拿大国家资深议员、国家多元文化部原部长海德仕在会上宣读加拿大总督的贺信。安大略省和多伦多市政府议员及李信杏分别讲话。中国驻多伦多总领事馆的4位领事参加活动；项晓炜文化领事代表总领事周兴宝讲话，贺信和讲话都一致高度评价孔子和举办这一活动的意义，并表示为弘扬孔子文化和发展中加友谊与交流而努力。赵元山、孟凡亮和项晓炜与加方有关人士为北美孔子文化节办事处开张剪彩，并为“枫叶龙”点睛。第三阶段为宴会，从19时至21时结束，与参加活动的其他主要人员共进晚餐，相互交谈情况，进一步增进了解。

就举办孔子文化节和成立办事处一事，李信杏和她丈夫温世达讲述，她俩的祖籍一个是福建，一个是广东，分别在新加坡和香港出生长大，后移居加拿大，从小都读过孔子的书，受过儒家文化的教育，对孔子及儒家思想有深厚的感情。海外华人需要一个精神支柱，要有一种思想来统一人们的思想，凝聚华人的心。他们感到只有孔子思想才能起到这种作用。同时他们还认为，通过办节来宣传孔子、宣传曲阜，能够增进华人对中国的了解，有利于发展与中国尤其是曲阜的交流与合作。

记者对宣传孔子兴趣浓厚

11月13日10时，在多伦多市武龙大酒店举行记者招待会，《星岛日报》《世界日报》《明报》等新闻单位的记者和几位学校校长参加。会上赵元山向与会人员谈对此次孔子文化节和成立办事处重要意义的认识，介绍孔子及孔子故里的情况，表达愿与加拿大尤其是多伦多市进行多方面交流与合作的愿望和诚意。回答记者们提出的有关问题。与会记者表示一定多宣传孔子、宣传曲阜，为弘扬民族优秀文化作出自己的贡献，并希望能有机会到曲阜观光考察。

梅平大使对开展中加文化交流合作表示支持

11月12日14时，在加拿大首都渥太华中国驻加拿大使馆赵元山一行拜会到任不久的梅平大使。梅大使是安徽人，妻子是山东文登人。赵元山等向大使汇报此次访加的目的、在加活动情况、已取得的成果以及曲阜的情况。梅平大使说，孔子的思想和儒家文化能凝聚华人的思想，增强华人的团结和对祖国的向心力，有利于提高华人的地位和国家的地位。办孔子文化节是一件很有意义的事情，使馆将支持曲阜努力做好。

共同弘扬孔子文化发展曲阜旅游

发展曲阜旅游，是该次访加主要成果之一。对此，双方都以积极的态度多次进行商谈，并形成如下意见：1.1999年由加方组团到曲阜市旅游，最迟孔子文化节期间来。由曲阜市国旅提供线路和报价等。2. 北美孔子文化节办事处同时作为曲阜市孔子文化节办公室设在加拿大的办事机构，并由曲阜市再提供一些有关曲阜文物旅游资源、交通食宿情况及曲阜市经贸方面的合作项目和有关政策等，充实加强办事处的宣传和观瞻内容。3. 加方文化节办事处创办《孔子学报》刊物，为不定期刊物，但至少每季度出一期；第一期在1999年春节前出版。同时在他们现有刊物《优雅》杂志和《名人杂志》上开辟专栏，用于宣传孔子及曲阜。4. 由加方邀请或由曲阜市派出一个小型的孔子文化展览团或孔子文化演出团赴加展出或演出，进一步加大对孔子和曲阜的宣传。5. 由加方伍龙光负责在澳大利亚筹办一个孔子文化节办事机构，开展在澳国的宣传和组团工作。6. 加方 1999 年继续办好第三届国际孔子文化节，规模和水平都要超过 1998 年。7. 加方在多伦多市区树立一尊孔子像，作为永久性纪念物，扩大孔子在加影响。

第六节 《祭孔乐舞》赴香港演出

2007 年 10 月孔子文化节活动结束后，曲阜市组织 200 余人的祭孔队伍赴香港参加"庆祝香港回归 10 周年暨孔子诞辰 2558 年"系列活动。曲阜市代表将采集于孔子诞辰地尼山的圣土、圣水送交香港代表，祭孔队伍献演《祭孔乐舞》。香港政府官员、宗教界领袖、各界知名人士和各国驻港领事及其他群众 4 万人观看祭孔表演，香港无线电视台进行实况转播。

第七节 孔子后裔联谊会

曲阜孔子后裔联谊会于 2006 年 4 月 8 日在曲阜正式成立，孔令玉当选为会长，孔德平当选为常务副会长兼秘书长。曲阜孔子后裔联谊会的宗旨是团结曲阜孔子后裔，加强联系，扩大交流，促进合作，为弘扬优秀传统文化和孔子思想精华，为促进社会和谐发展、统一祖国，为振兴中华和世界和平服务。至 2017 年，曲阜孔子后裔联谊会组织不断健全、活动日益频繁，以孔氏亲情、乡情、友情为纽带，广泛联络曲阜孔子后裔，加强交流合作，服务社会，在维系孔氏后裔宗族情感、促进曲阜经济社会发展、传承弘扬儒家文化方面发挥重要作用。

开展春秋家祭活动

祭祀孔子的活动始于孔子去世后的第二年（公元前 478 年），最初每年只有秋季一次祭祀，至东汉时实行春、秋两祭制，其后又发展到春夏秋冬逢节必祭，但均以春、秋两祭为主。曲阜孔子后裔联谊会每年清明节期间在孔林举行家祭活动，按照祭奠先祖"必丰、必洁、必诚、必敬"的礼仪要求，以传统与现代相结合的祭祀仪式，表达对先祖追念之情。在每年孔子文化节期间，9 月 28 日在曲阜孔庙组织孔子后裔纪念孔子诞辰祭祀活动，此项活动已成为文化节重要活动之一，与祭孔大典、孔子教育奖、世界儒学大会一起成为国际孔子文化节的重要组成部分。

9 月 28 日曲阜孔庙家祭：2006 ~ 2009 年每年孔子文化节期间，曲阜孔子后裔联谊会组织曲阜孔氏族人代表参加曲阜孔庙祭孔大典。2010 年 9 月 28 日，孔子文化节祭孔大典首次包括政府公祭和孔子后裔家祭两个部分。公祭仪式结束之后，来自全国各地的 300 余名孔子后裔代表举行孔子后裔家祭仪式。从 2010 年开始，孔子后裔家祭每年都会在公祭后举行。2017 年 9 月 28 日，丁酉年孔子后裔纪念先祖诞辰 2568 年家祭大典在曲阜孔庙大成殿举行。曲阜、北京、上海、天津、河北、河南、山西、广东、浙江、山东、台湾等地孔子后裔代表，颜子、曾子、孟子、端木赐、公冶长后裔代表，以及曲阜中医药学校、山东儒源文化集团、曲阜孔子文化学院、曲阜孔子学苑师生代表等 400 余人齐聚曲阜孔庙，共同缅怀祭祀先祖先师孔子。

清明孔林家祭：孔林春季祭孔仪式恢复于 2008 年。2008 年 4 月 5 日，曲阜孔子后裔联谊会组织成员与曲阜各乡镇（街道）孔氏代表300人在孔林祭祖。从2008年开始，每年清明节，曲阜孔子后裔联谊会都会组织孔氏族人在孔林举行家祭仪式。2015年4月5日，来自世界各地的孔子后裔400人汇聚孔林，举行家祭活动。由中国中央电视台、英国雄狮公司、中国国际电视总公司和大众报业集团联合组成的大型纪录片《孔子》摄制组对现场进行全程拍摄。

促进海峡两岸孔子后裔联谊交流

曲阜孔子后裔联谊会以祭祖大典、文化交流等活动为内容，加强与台湾孔子后裔的交流，带动两岸同胞的多方面交流，不断增强海内外孔子后裔的家族情感、民族情感与中华文化认同，增强中华文化凝聚力。2006年9月28日，同根一脉·两岸联合祭孔大典活动举行，该活动以曲阜孔庙、台北孔庙祭孔为主，与台南等地孔庙祭孔联动，共同向世人展现两岸人民对孔子、对儒家思想的尊崇。

2011年8月，孔子第79代嫡长孙、大成至圣先师孔子协会会长孔垂长率台湾孔子文化交流参访团回乡祭祖。这是自孔德成举家赴台后60多年来孔子嫡传后裔第一次回乡祭祖。2012年清明节期间，孔垂长专程从台湾回到故乡曲阜参加在尼山举行的春季祭孔大典，并率曲阜、河北、河南、浙江、江苏、山东、上海、北京、安徽、辽宁、广西、台湾等地300名孔子后裔在孔林举行家祭。2016年4月2日，孔垂长作为主祭官参加丙申年尼山春季祭孔大典。4月3日，孔垂长特别邀请台北市孔庙雅乐舞团在曲阜孔庙举行祭孔乐舞展演。4月4日，孔垂长带领400余名海内外孔子后裔，在祖茔孔林举行丙申年清明孔子后裔释奠仪式。2017年4月2日，丁酉年春季祭孔大典在曲阜尼山举行，孔垂长担任主祭官。4月3日，丁酉清明孔子后裔释奠仪式在孔林举行。孔垂长一行及世界孔子后裔联谊总会代表、曲阜孔子后裔联谊会成员，以及来自北京、天津、山东、山西、河北、河南、江苏、安徽、湖北、广东、广西、贵州、甘肃、新疆、台湾等地的孔子后裔400余人，齐聚祖茔孔林，共同祭奠先祖。

2017年5月19日，曲阜孔子后裔联谊会接待台湾孔子后裔代表、台北大安区谷风里里长孔宪娟一行6人到曲阜参访交流。

做好家谱续修，增强宗亲凝聚力

2500多年来，孔氏后裔遍布世界各地，家谱成为联系世界孔子后裔的纽带和桥梁。2006年曲阜孔子后裔联谊会成立后，将续谱作为一项重要工作，支持配合孔德墉主持的第五次孔子世家谱续修工作，圆满完成曲阜地区孔子后裔的谱表登记等工作，并积极协助外地

2009年9月24日，《孔子世家谱》续修颁谱典礼在孔庙大成殿前举行。

孔氏后裔修谱。

2009年9月24日，历时10余年、投资1000万元、接续民国谱、新增族人达200万人的孔子世家谱续修颁谱典礼在曲阜孔庙大成殿举行。海内外嘉宾、各省市孔子后裔1200人参加盛典。该次续修共登记140万人，加上民国谱56万人，全谱200万人。《孔子世家谱》第五次续修见证孔子家族的变迁，增强华夏民族“血缘同宗、文化同源”的向心力和凝聚力。新家谱对研究儒家学说及人口学、社会学、教育学等方面都具有重要的价值，成为联系全球孔子后裔的重要纽带。

2012年10月，孔子世家谱常态化续修工作协会成立，协会秘书处设在曲阜。曲阜孔子后裔联谊会与该机构做好对接，全面准确地收集整理孔子后人信息，推进家谱续修工作实现常态化。

协助世界孔子后裔联谊会开展工作

曲阜孔子后裔联谊会积极支持世界孔子后裔联谊总会工作，贯彻执行总会各项工作安排，做好总会的各项活动筹备和各地宗亲到曲阜的接待服务工作，受到孔德墉会长和各地宗亲好评。

2014年9月19～21日，由世界孔子后裔联谊总会主办、曲阜孔子后裔联谊会协办的世界孔子后裔联谊总会2014年代表大会在曲阜召开，来自全国21个省市28家孔子后裔联谊会的180余位代表齐聚曲阜畅叙宗族亲情。会议期间，世界孔子后裔联谊总会、孔子世家谱常态化续修工作协会在曲阜揭牌。

2016年6月至2017年12月，曲阜孔子后裔联谊会先后协助世界孔子后裔联谊总会会长孔德墉，在曲阜举办中华诗礼家风学术研讨会暨中华孔子学会孔子后裔儒学促进会成立大会、中华孔子学会孔子后裔儒学促进会第一届常务理事会第三次会议、第一届理事会第二次全体会议暨会员代表大会。

发挥纽带桥梁作用，扩大交流合作

为到曲阜的各地族人寻根访祖做好后勤服务工作，并积极参加各地纪念圣祖孔子的活动。自2006年成立起，曲阜孔子后裔联谊会每年参与承担孔子文化节与会的孔子后裔的邀请接待工作。与海内外的孔子后裔及时沟通、制定详细接待方案等。2006年9月，曲阜孔子后裔联谊会应邀赴江苏省高淳县参加江苏高淳孔子文化研究协会暨孔子后裔联谊会成立大会。2010年3月27日，应邀参加在上海文庙举行的首次上海孔子后裔家祭活动。2010年9月24日，接待韩国曲阜孔氏大宗会副会长孔大植一行到曲阜开展文化交流。2011年4月21日，韩国孔氏大宗会副会长孔大植带领韩国乌山市华城阙里祠30余名孔子后裔代表，在曲阜举行《华城阙里祠志》捐赠仪式。2012年7月25日，接待上海市孔子后裔联谊会“重走孔子周游列国之路”活动。2016年3月，韩国曲阜孔氏大宗会会长孔大植带领8位韩国后裔代表与中国孔子后裔族人在曲阜共祭先祖孔子，同续孔子家谱血亲。2016年9月10日，接待菲律宾孔子后裔孔松吉家族一行10余人到曲阜寻根祭祖。2016年10月，接待新加坡南洋孔教会郭文龙会长、新加坡孔子后裔联谊会会长孔繁樑一行到曲阜开展“孔孟文化之旅”。2017年9月16日，应邀参加河南济源三河文庙开庙活动。2017年10月16日，参加广东省孔子儒学文化促进会成立大会暨纪念孔子诞辰2568年活动。2017年11月2日，赴北京看望孔德懋会长，祝贺百岁寿辰。

为有志于回乡兴业办学的族人牵线搭桥，提供平台。2007年9月28日，纪念至圣先师孔子诞辰2558年之际，由上海孔子后裔联谊会会长孔众与曲阜孔子后裔联谊会、曲阜市慈善协会、曲阜市文物局、曲阜市民政局、曲阜市教育局共同发起成立尼山孔子教育基金，基金以尼山命名，每年出资10万元重点资助、奖励家庭贫困、品学兼优的中小学生以及长期扎根农村贫困地区辛勤执教的优秀教师。2009年，孔众在继续颁发尼山教育基金的基础上，又募集资金100万元专项用于资助尼山中学建设。孔子尼山教育基金的设立和颁发，充分表达孔氏族人关注家乡发展的深情厚谊和厚德普施的家族遗风，为贫困学子提供受教育机会，有力促进曲阜教育事业的发展。2013年6月30日，孔林信息化管理系统建设捐赠仪式在孔子学术会堂举行。孔子第75代孙、华安富投资控股集团董事长孔祥海出资50万元，专项资助曲阜孔林信息化管理系统建设，该次捐资活动，大大加快孔林信息化管理系统项目的实施进程，提高孔林文物保护和墓葬管理的科技化水平。2014年8月，在广州举办“孔子故里走进广州孔氏恳亲联谊会”，组织广东省企业界、文化界、教育培训界的孔氏宗亲深入座谈，充分调动孔子后裔回报家乡、投资曲阜的积极性。广东省各地的孔子后裔企业家代表踊跃参会，表达孔子后裔回报家乡、投资曲阜的共同愿望。

第八节 其他主要学术交流活动

1984年，中国教育学会、山东省教育学会和曲阜师范学院孔子研究所共同举办为期5天的孔子教育思想学术讨论会。会议有全国26个省、市、自治区的116名专家、学者参加，收到学术论文97篇。专家们对孔子的教育思想以及哲学、政治思想进行深入探讨。

1991年10月6～9日，由中国教育国际交流协会山东分会、中国国际联络协会山东分会、山东国际文化交流中心、山东人民对外友好协会、曲阜师范大学联合在曲阜师范大学孔子研究所举办国际孔子儒学与现代社会文明学术讨论会。

1994年9月，人民日报社和韩国东亚日报社在曲阜联合举办孔子思想与二十一世纪国际学术研讨会。

1995年9月25～27日，由曲阜师范大学、韩国庆熙大学联合在曲阜师范大学主办21世纪社会伦理道德国际学术讨论会。来自韩国、日本、美国等国家和中国台湾、中国澳门地区及内地专家学者80余人参会。韩国庆熙大学教授赵永植、北京大学教授叶朗等13位学者在会上宣读论文。与会学者紧密联系社会实际和现代文明建设，就共同关心的社会伦理道德，如何处理新形势下精神文化与物质文明之间的关系进行探讨。

1999年9月9日上午，在北京人民大会堂东大厅，由文化部、教育部、中国社会科学院举办纪念孔子诞辰2550年座谈会。中共中央政治局常委、国务院副总理李岚清，全国政协原副主席谷牧，教育部部长陈至立，国务院副秘书长刘奇葆，以及教育界学术界知名专家学者300余人出席座谈会。座谈会由文化部部长孙家正主持，中共中央政治局委员、中国社会科学院院长李铁映在会上讲话。北京大学教授楼宇烈、山东社科联主席刘蔚华，南京大学教授陈效鸿，中国社科院研究员卢钟锋，北京师范大学教授晁福林分别从孔子及其学说在国内外的影响、儒学人文精神、孔子的政治思想、道德伦理思想、教学思想作专题发言。曲阜市市长谷传祥、孔子文化节办公室主任孟凡亮应邀出席座谈会，并将曲阜市准备的古装《论语》和宣传曲阜、宣传孔子文化节的VCD片送交会议秘书组，分别赠送与会人员。

2001年9月20～21日，在阙里宾舍举办首届世界华商文化论坛。

2002年9月26日，在阙里宾舍举办东亚文化论坛。由济宁市政府主办，曲阜市政府等承办。山东省副省长林廷生，日本前首相村山富市、泰国驻华大使敦·帕马威奈、俄罗斯文化首席参赞托米欣，比利时、哥伦比亚、约旦、秘鲁、泰国、菲律宾、韩国、俄罗斯、法国、马来西亚、瑞典等国家的驻华使节、官员，以及中国港澳台地区的专家、学者100余人参加。与会海内外专家学者围绕儒家文化与诚信主题开展学术和文化交流。

2003年9月27日，由文化部、上海交通大学国家文化产业创新与发展研究基地、济宁市政府联合在曲阜贵宾楼举办文化产业发展论坛。国内著名科研院所、高等院校的专家、学者，著名文化企业总裁，中央、省各大媒体记者、文化部门领导应邀参加。专家、学者在论坛上各抒己见，高度评价济宁文化产业战略计划，坦率指出不足之处。认为历史文化资源不仅是一种人文资源、经济资源，也是一种可重复开发和消费的绿色资源，积极开发历史文化资源，加快发展文化产业，有利于调整和优化经济结构，实现产业升级。济宁作为以儒家思想为核心的华夏轴心文明诞生地，应把儒家文化作为产业核心竞争力来抓，凸现孔子故里是中华文明的精神之都、教化之都，把东方圣城塑造成华夏文明的精神家园。学者们还针对济宁文化产业发展提出具体计划和方案。

2004年9月26～27日，举办“世界思想家巅峰论坛”。由中国经济体制改革研究会、欧美同学会和孔子文化节组委会主办，先后在孔子研究院和曲阜师范大学举行。来自国内和美国、德国、法国等14个国家和国际组织的专家、学者出席论坛。论坛主题为新价值、新论语。中外专家学者就和平与发展、东西瞻望、中美关系、世界经济走向、传统价值如何回归、怎样超越功利和贪婪、东西方价值如何互补、教育的迷途等一系列关系人类命运和前途的重大课题进行演讲和讨论。3000名来宾和曲阜师范大学师生现场听取演讲和参与对话。

2005年9月29日，在阙里宾舍举办欧亚城乡合作计划——曲阜历史文化名城保护与发展国际论坛。“两院”院士吴良镛，中国建设部规划司司长唐凯，国家历史文化名城保护专家委员会秘书长王景慧，山东省建设厅领导，法国雷恩市市长，西班牙圣地亚哥市议员等中外城市建设、城市规划、旅游发展方面的领导专家100余人参加。会上宣读欧亚城乡合作计划——雷恩项目简介，雷恩、曲阜、圣地亚哥三市合作计划，并就曲阜历史文化名城保护与发展问题进行研讨。1992年，欧盟亚洲城市开展一项名为亚洲城乡合作计划的城市发展项目，并于2004年6月批准法国雷恩市组织申请的曲阜历史文化名城的可持续发展和文化旅游的促进项目。该项目于2005年1月正式启动，2007年12月结束，旨在通过对曲阜的建筑、历史和自然遗产开展全方位调查，建立详尽的地理信息系统，制定曲阜遗产保护规划和实施细则，发展曲阜文化旅游，提高遗产价值，并选取一处象征性建筑作为示范工程，以增进曲阜与海内外城市的经验交流，达到促进曲阜城市可持续发展、历史建筑保护和旅游业发展的目的。

2006年9月，举办全国中学校长“中华传统美德”论坛。

第七章　百姓儒学

孔子文化节的举办，促进曲阜各项事业的发展和优秀传统文化的弘扬。曲阜作为孔子故里儒家文化的发祥地，传统美德教育更应该走在全国前列。2012年以来，尤其是2013年习近平总书记视察曲阜，提出建设东方圣城·首善之区的殷切期望之后，曲阜顺应时势，全面深入地开展百姓儒学教育，实施百姓儒学工程，建立孔子学堂，配备儒学讲师，开展教育培训，组织引导全民参与。推动“乐和家园”建设，创办百姓儒学节，举办一系列“百姓设计、百姓组织、百姓参与、百姓评判”的活动，形成全民学儒学、讲儒学、用儒学的局面。

第一节　百姓儒学工程

2012年以来，曲阜市以弘扬优秀传统文化特别是优秀儒家文化为己任，创新实施“百姓儒学”工程。

建立孔子学堂，村村学儒学。村村建立孔子学堂。在全市405个村（社区）按照“孔子学堂门牌、孔子学堂章程、儒学讲师公示、培训计划公开”的“四个一”标准，创新设立孔子学堂。村村配备儒学讲师。成立包括驻曲高校和国学机构专业教师及老党员、老干部、老军人、老模范、老教师“五老人员”和国学爱好者为主的675人儒学讲师队伍，儒学讲师运用通俗易懂的语言和耳熟能详的小故事保证教学接地气、有人气。开展教育培训。编印《论语孝道读本》《论语精粹》等地方教材，突出儒家传统美德和社会主义核心价值观教育，突出孝敬老人、关爱子女、和睦邻里现实主题，根据各村居的实际编排课程表。各孔子学堂每月至少进行一次儒学培训，截至2017年，全市累计培训3600余场，受众人数200余万人次，形成儒学无处不在、无处不有的景象。

培育家风家训，户户倡儒学。开展家风家训征集活动。依托曲阜独有的历史文化资源优势，开展“孔子故里好家风”家风家训征集展示，先后征集干部群众“家规家训”1200余条，“家风故事”160余篇，亲情感恩“家信家书”180余封，择取其中500余件优秀作品汇编成《孔子故里好家风系列作品集》，挖掘整理具有儒学文化特色“冷板凳”“戒贪图”“探汤示警”等孔子后裔家风家训故事汇编成《中华传统家风集萃》。组织家风家训进农户活动。组织书法家到农村写家训送家训20余次，将1万余幅装裱的家训送到农户，带动更多的家庭传承传统文化、传承家风家训。

组织全民参与，人人践儒学。常年开展“咏诵经典”活动。以“全民诵经典，争做道德人”为主题，常年在全市开展“《论语》六进工程”，常态化组织“万人诵经典”和《论语》背诵比赛活动，建设“《论语》一条街”“孝德墙”1700余处。编印《走进圣城感悟经典》《儒学经典300句》系列丛书，作为中小学校传统文化教育读本；完善提升“背《论语》免费游三孔”等活动。

第二节 “乐和家园”建设

2014年开始，曲阜市试点建设“乐和家园”，探索传统文化与社会治理相结合的新模式，取得初步成效。新华社、《光明日报》《农村大众》等多家媒体对此进行多次深度报道。2016年5月，周公庙社区“乐和家园”建设被中宣部确定为全国100个基层思想政治工作先进典型。

“乐和家园”按照党支部+“一站”+“两会”+“三院”+“六艺”的运行管理模式进行建设。即：以村“两委”为主导，以社工站为技术支撑，以互助会和联席会为交流平台，以文化大院、乐和书院和百姓庭院为活动阵地，以“耕、读、居、养、礼、乐”新六艺为主要活动内容。始终坚持试点先行、掌握规律、把握方法，坚持“党委领导、政府主导、村民主体、社会参与”，在鲁城街道、书院街道、石门山镇、吴村镇、姚村镇、尼山镇6个镇街20个村（社区）进行试点，初步形成“乐和家园”建设的曲阜模式。

搭建“一站两会”平台，健全组织。组建社工站。至2017年，全市有4个社工站，作为在行政村设立开展社会工作的平台。社工是社工站在村开展“乐和家园”建设的主力军，招募培育一支45人的社工队伍，常态化在村（社区）开展国学传承、社会工作等文化服务活动。成立“两会”。互助会由村民小组长、优秀党员、热心群众代表、德高望重的乡贤等共同组成，主要开展农村环境保护、矛盾化解、文体活动、孤寡老人照顾、留守儿童关爱等活动，是对村两委工作的有效补充。联席会通过协商建立“三事分流”责任模式，即“大事政府办、小事村社办、私事自己办”的工作机制。推选“乐和”代表。全市推选“乐和”代表500余人，平时联系7～8户居民，开展志愿服务。现形成以一站为技术核心，以两会成员为服务支撑，辐射带动胡同、街巷小组长和群众代表的人员架构和工作格局。

完善“乐和三院”阵地，营造氛围。“乐和三院”建设主要是以曲阜市设立在各村的百姓大舞台、孔子学堂、农家书屋、留守儿童活动站等多种现有资源为基础，文化大院作为公共空间，主要用于互助会开会、组织举办大型活动。乐和书院作为村级的学习空间，主要用于村民学习礼乐文化、开展道德教育、孩子辅导功课、进行非物质文化遗产体验等。百姓庭院作为群众日常生活空间，通过百姓庭院内悬挂治家格言、家风家训，引领人们知礼向善并在家庭成员中传承。形成以文化大院、乐和书院为主阵地，文化符号和文化元素向百姓庭院分支延伸，三院相互呼应、相互补充的局面。

开展“新六艺”活动，暖聚人心。社工围绕“耕、读、居、养、礼、乐”组织开展六艺活动。耕，即收集乡村农具、建立食育工坊，努力把农耕技艺和乡村记忆留在乡村。读，即利用孔子学堂，开展亲子共读、《论语》经典诵读活动，让“礼运大同篇”《孝经》等传统的经典成为妇孺老少能诵会唱的“流行曲”。居，即在周公庙、书院村和梨园村等村（社区）引进手工布贴画、手工皂制作等实用技艺，拓宽村民致富渠道。养，即开设养生课程，教授村民学习乐和操，养成科学健康的生活习惯。礼，即重点倡导以村规民约和家规家训为主要内容的礼制规范。重拾开笔礼、祭祀礼、生日礼等传统礼仪。乐，即建设乡村小剧场，举行大型剧场演出 20 余场，通过短剧表演、唱歌跳舞进行道德和文明教育。

第三节 百姓儒学节

举办“百姓儒学节”，是曲阜落细、落小、落实习近平总书记系列重要讲话精神的责任所要，是建设“彬彬有礼道德城市”和“东方圣城·首善之区”的使命所系，也是广大群众培育践行社会主义核心价值观的现实所需。从 2014 年起，曲阜市连续 4 年于 10 月 26 日至 11 月 26 日举办“百姓儒学节”，每年集中一个月的时间，围绕“全民学儒学百姓好活法”“儒学让百姓更幸福”“喜庆十九大，儒韵满圣城”等主题，举行一系列“百姓设计、百姓组织、百姓参与、百姓评判”的活动。4 年中，超过 9 万人次进行经典诵读，25 万人次参与朝圣祭孔，49 万人次参加文明礼仪大培训，50 余万人次融入百姓大舞台惠民展演，100 余项市级层面活动和 1000 余项群众性活动相继展开。一系列主旨鲜明、亮点纷呈、契合实际的精品活动，让圣城处处“彬彬有礼”，让市民争做“谦谦君子”，让群众乐享发展成果。实践证明，百姓儒学工程让儒学从庙堂之上走入寻常百姓，促成全民学儒学、讲儒学、用儒学的生动局面；让社会主义核心价值观内化于心、外化于形，提升市民的道德修养和生活品质；更让儒家文化蕴含的道德力量成为推动经济社会发展的一剂良方，为加快建设“东方圣城·首善之区”提供有力保障。

曲阜市第一届“百姓儒学节”

2014 年 10 月 26 日至 11 月 26 日，为曲阜市第一届百姓儒学节。10 月 25 日，曲阜市召开创建全国文明城市暨首届“百姓儒学节”动员大会，市领导李长胜、李玲、孔令玉、赵永和等出席。

围绕“全民学儒学，百姓好活法”主题，按照“百姓设计、百姓组织、百姓参与、百姓评判”的原则，广泛开展“百姓朝圣”活动、“论语进万家”活动、“儒韵民风”活动、“师生节”活动、“圣城书香”活动、“邻里一家亲”活动、“传统瑰宝”活动、“儒雅诚信百姓”活动、“美丽圣城”活动、“圣贤之光”《论语》咏诵会，取得明显效果。真正实现百姓唱主角、群众当主体，把“百姓儒学节”办成百姓

2014 年 10 月 26 日，曲阜市首届“百姓儒学节”朝圣祭孔大典活动现场。

喜闻乐见、全民立德修身、社会和谐进步的节日，使“百姓儒学节”成为曲阜老百姓自己的节日，让每一个曲阜人成为一个弘扬传统文化的人、一个践行社会主义核心价值观的人、一个有道德的好人。

11 月 26 日晚，习近平总书记视察曲阜一周年之际，曲阜市“圣贤之光”孔子故里《论语》咏诵会在新体育馆举办，纪念习近平总书记视察曲阜一周年，充分展示曲阜继承弘扬儒家优秀传统文化和首届“百姓儒学节”的丰硕成果。市领导李长胜、刘东波、李玲、孔令玉、赵永和等及全市各级各界 2000 余人共同参加活动。咏诵会上，表彰“曲阜新乡贤”“孔子故里百佳书香门第”“十佳儒学讲师”“十佳儒商”“曲阜好人”等先模人物。

咏诵会以《论语》核心思想为主线，以“勤善公和”为主题，分为开篇、尚勤、向善、为公、致和、尾声六个章节，来自省朗诵协会的表演艺术家和东宏公司产业工人、社区居民、曲阜师范大学学生、中医药学校学生、实验小学学生等，分别表演《圣贤之光》《论语》原文咏诵、诵读《论语》经典名句和《四德歌》《孔子说》《勤兴大业》《善行天下》《天下为公》《和风万里》《天道酬勤》《大爱夕阳红》《火焰与火焰的交锋》《情满天地》《我的百姓我的村》等精彩节目。最后，全场观众齐诵论语，在《德行天下》的歌声中，咏诵会圆满结束。

曲阜市第二届“百姓儒学节”

2015 年 10 月 25 日上午，曲阜市第二届“百姓儒学节”在孔子文化会展中心广场开幕。济宁市委常委，曲阜市委书记、市人大常委会主任李长胜参加开幕式并讲话。李玲、孔令玉、赵永和等市领导参加开幕式。第二届“百姓儒学节”以“儒学让百姓生活更幸福”为主题，以践行拓展儒学“六艺”为关键，立足开放性、国际化，坚持“百姓设计、百姓组织、百姓参与、百姓评判”和市场化运作的原则，开展十大系列主题活动，即十万百姓大朝圣、全民礼仪大培训、百姓舞台大展演、全民健身大竞技、职工技能大比武、魅力曲阜大展览、百姓儒学大论坛、国际文化大交流、经典篇章大诵读、圣城楷模大评选；打造三大精品节日，即乐和邻里节、中华师生节、儒乡美食节；连续办好百项市级层面活动、千项群众性活动，把儒学融入百姓生活的方方面面，实现“天天去朝圣、天天诵经典、天天游慢城、天天看演出、天天品美食”，让曲阜百姓人人参与、人人享受、人人体验和感悟文化盛宴，让百姓更有获得感和幸福感。举行拔河、自行车、马拉

2014 年 11 月 26 日晚，曲阜市“圣贤之光”孔子故里《论语》咏诵会在新体育馆举办。

松、书画展、摄影展等活动；1.5万余人参与职工技能大比武，邀请韩国、巴基斯坦、俄罗斯等11个国家，亚非欧305人在曲阜参加朝圣、集体背《论语》、体验特色民俗、表演本国民族特色节目；举办村村邻里百家宴、邻里水饺宴，村村照“全家福”，设立“蓼河儒乡美食一条街”，组织“吃客总动员”美食嘉年华，举办慢城美食节暨乡村小吃博览会等。开幕式上宣布：自2016年1月1日起，“三孔”景区向全国教师免费开放。

11月26日，全市第二届“百姓儒学节”闭幕式在孔子文化会展中心举行。世界孔子后裔联谊总会会长孔德墉，浙江工商大学中国饮食文化研究所所长赵荣光，无锡灵山文化旅游集团有限公司董事长、总经理吴国平，中宣部《党建》杂志社社长刘汉俊，上海开放大学中文系教授鲍鹏山，孔裔国际教育集团董事局主席孔令涛等嘉宾；曲阜市领导李长胜、刘东波、李玲、孔令玉等市级领导和驻曲单位的负责人出席闭幕式。济宁市委常委，曲阜市委书记、市人大常委会主任李长胜分别为孔德墉、赵荣光、吴国平、刘汉俊、鲍鹏山、孔令涛颁发“曲阜荣誉市民”证书。几位嘉宾分别发表获得荣誉市民的感言。市领导为第二届百姓儒学节“优秀组织单位”市文广新局、市住建局、市文物局、市教体局、市文化产业园、市妇联、鲁城街道、吴村镇、陵城镇、息陬镇、市三孔旅游服务公司、国宾馆代表颁发奖牌。百姓代表分别颁发儒学节期间评选出的“圣城楷模”“十佳儒学讲师”“孔子故里十佳孝星标兵”奖项。吴村镇、石门山镇、住建局的百姓代表分别在闭幕式上谈百姓儒学节的感受。全市各镇街党（工）委、各市直党委、各企业党委的代表方队以及社会各界代表1500余人参加闭幕式。

曲阜市第三届“百姓儒学节”

2016年10月26日至11月26日，曲阜市第三届“百姓儒学节”举办。10月26日上午，曲阜市第三届“百姓儒学节”启动仪式在万仞宫墙前举行。市领导刘东波、彭照辉、李玲、孔令玉、山桂岭等及各市直部门单位、各镇街、有关企业负责人以及社区居民代表、志愿者代表等500余人参加活动。全市精心组织六大系列主题活动，即全民学礼大朝圣行动、全民经典大诵读行动、全民文化大展演行动、全民儒学大交流行动、魅力曲阜大展示行动、非遗技能大比武行动，实现“儒学让百姓更幸福”的目标。儒学节期间，举行孔庙朝圣、文明礼仪知识培训、经典诵读活动；750名青少年接受“中华成人礼”的洗礼；“我喜爱的儒家经典”征文活动；2万余人参与“儒雅市民”才艺展示大赛；9名劳模向30余家企业员工作报告；九仙山山地马拉松比赛；石门山登山节；非遗论坛实现曲阜的非遗传承人与全国的非遗保护组织面对面交流等。

11月16日，由曲阜市经信局、人社局、中小企业公共服务中心联合举办的曲阜市第三届百姓儒学节“大众创业·万众创新”成果展在孔子文化会展中心启动。为进一步激发创业活力、创新能力，彰显创业成果，市经信局发挥市全民创业工程指挥部办公室的作用，组织12个镇街、7家骨干企业在孔子文化会展中心举办第三届百姓儒学节“大众创业·万众创新”成果展。成果展通过实物展览、展牌和宣传单的形式，将2016年在济宁民营经济发展大会上受表彰的先进单位和个人，各镇街、企业近年来涌现出的创业先进人物、创业示范园区（基地），以及取得的创业创新先进经验、优秀成果，出台的创业创新政策展现在市民面前，进一步彰显全市全民创业创新成果，激发全市人民的创业热情和创新意识。

曲阜市第四届“百姓儒学节”

2017年10月30日，曲阜市第四届“百姓儒学节”启动仪式在万仞宫墙前举行。市领导刘东波、彭照辉、李玲、孔令玉等及各镇街、市直部门单位、有关企业负责人以及社区居民代表、志愿者代表等参加活动。第四届“百姓儒学节”以“喜庆十九大，儒韵满圣城”为主题，坚持百姓设计、百姓组织、百姓参与、百姓评判，体现精品、精湛、精细的理念，组织开展喜庆十九大讲圣城故事、学礼朝圣儒雅圣城、儒乡风情魅力圣城、和谐曲阜活力圣城四大主题20个系列活动，让市民在喜闻乐见的形式中深刻领会十九大精神，推进全民学儒学用儒学工程建设。百姓朝圣、经典诵读、文艺汇演、邻里饺子宴等十余项经典活动好评如潮，“德耀圣城·最美曲阜人”“十佳儒学讲师”“厚道儒商”等一批先进典型竞相涌现。11月26日，曲阜市在孔子文化会展中心举行纪念习近平总书记视察曲阜四周年暨第四届“百姓儒学节”表彰大会，市领导刘东波、彭照辉、李玲、孔令玉、山桂岭等及来自曲阜社会各界的志愿者、网民、群众代表及领导干部1000余人参加活动，“德耀圣城·最美曲阜人”“十佳儒学讲师”“厚德儒商·十佳中小微企业”“首批乡村文明示范村”等一批先进典型受到表彰。会议号召全市上下以党的十九大精神为指引，进一步坚定文化自信、增强文化自觉，深入实施“百姓儒学”工程，全力打造弘扬优秀传统文化的“曲阜实践”，切实当好中国先进文化的积极引领者和践行者，当好中华优秀传统文化的忠实传承者和弘扬者，努力在弘扬优秀传统文化、建设道德文化首善之区上迈出更大步伐、实现更大突破，为加快建设“东方圣城·首善之区”作出新的更大贡献。

2017年11月26日，纪念习近平总书记视察曲阜四周年暨第四届“百姓儒学节”表彰大会在孔子文化会展中心举行。

百姓儒学节自2014年首次举办以来，至2017年连续举办4届，一系列主旨鲜明、亮点纷呈、契合实际的精品活动，让圣城处处“彬彬有礼”，让市民争做“谦谦君子”，让群众乐享发展成果，在全市形成全民学儒学、讲儒学、用儒学的生动场景。

第八篇　旅游活动

第八篇　旅游活动

第一章 专题、专线旅游

1984年，曲阜县委、县政府决定举办国际孔子诞辰故里游活动，其初衷是通过举办孔子诞辰故里游活动，扩大对孔子故里人文资源、旅游资源的宣传，吸引中外游客到曲阜旅游，推动曲阜旅游业发展。专项旅游活动和专题旅游活动发端于孔子文化节（孔子诞辰故里游），开展此项活动一方面丰富孔子文化节的活动内容，增强游客对活动的参与性，激发游览兴趣，另一方面通过孔子文化节这一平台宣传曲阜旅游，为旅游业发展铺平道路。基于这种设想，孔子文化节的组织者策划、创意，组织开发各项专题和专项旅游活动，并作为曲阜旅游的黄金项目常年开展。活动实践证明，此类活动均能引起游客参与活动的兴趣，又与孔子文化节活动相辅相成、相得益彰。

第一节 “天下第一家”孔府美食旅游

“天下第一家”——孔府美食旅游，是中国曲阜国际孔子文化节推出的一项靠精美而又独具特色的孔府菜、孔府糕点、孔府酒以飨中外旅游者的专项美食文化旅游。

孔府菜是中国八大著名菜系之一“鲁菜”中的佼佼者，为中国三大官府菜之一，秉承孔子“食不厌精，脍不厌细”的饮食理念，浸润千年儒家文化，出于地方，名于官方，传于民间，融宫廷美食、贵族饮食、地方饮食、民间饮食于一体。每道菜都有悠久的历史典故，寓意深远。资料记载，孔子的嫡系后裔“衍圣公”，经常接待前来祭孔朝圣的帝王、大臣，经常进京朝见皇帝，拜访勋戚贵臣。通过联姻、交友等方式，加强与各地贵族官僚的联系，有许多机会接触南北方的名菜佳肴。“衍圣公府”内历来有许多专业厨师，师徒相传，代代相继。“衍圣公府”崇高的地位，使他们有机会学习和仿效各种贵族菜、宫廷菜。经过多年的辛勤劳动，细心揣摩，不断创新，制作出包括孔府菜、孔府糕点、孔府酒在内的孔府宴。孔府宴以“三精四美”著称于世。“三精四美”即：精良的原料、精美的造型、精湛的烹饪艺术，味美、色美、形美、盛器美，且具有清、淡、素、雅、鲜、嫩、纯等特点。孔府宴讲究“色、香、味、形、器”，还讲究一个“意”字，即各种菜肴、食品、酒类均加上一些文雅脱俗、吉祥如意，又突出该食品主要特点的名称，如“玉带虾仁”“一品豆腐”“诗礼银杏”“吉祥如意”“万寿无疆”等。孔府宴在过去，根据宴请对象的不同，分为迎宾宴、寿宴、花宴、喜庆宴、家常宴五种。

迎宾宴是迎圣驾、款待王公大臣等高级人员所设的宴席。宴席规格较高，席面上有山珍海味，如“琼浆燕菜”“熊掌扒牛腱”“御笔猴头”等。其中最华贵的是清代的满汉全席，是专门招待皇帝和钦差大臣的盛宴，一席宴有404件造型各异的锡制餐具，须上196道名菜佳肴。如满族的全羊烧烤、汉族的驼蹄、熊掌等。除“满汉全席”外，还有“全羊席”“鱼翅席”“海参席”和四大件、三大件的席面。寿宴是为衍圣公及夫人、公子、小姐以及至亲等主要成员生辰设立的庆祝宴会，寿宴上的名菜佳肴非常精美，餐具讲究，陈设雅致。菜肴名称也各有寓意，如“福寿绵长”“寿惊鸭羡”“长寿鱼”等。其中“一品寿桃”是孔府寿宴中的第一珍肴。花宴是衍圣公和公子的婚礼及小姐出嫁时所设的宴席。席间空出“喜”字，席中心有“双喜”形高盘。菜肴名称也贴切雅致，如“桃花虾仁”“鸳鸯鸡”“凤凰鱼翅”“带子上朝”等。喜庆宴，凡孔府内受封、袭封、得子等喜庆之事，都要办宴祝贺。这种宴席面上往往突出喜庆气氛，其菜名多美好、吉祥之意，如“鸡里炸”“阳关三叠”“四喜丸子”等。家常宴是孔府自己接待亲友所用的宴席，菜品也常常随季节而变换。

孔府宴中的孔府菜，用料讲究，山珍海味、瓜果菜蔬，均要求品味鲜美，制作精细，烹饪精湛，风味独特。制作孔府菜的厨师在做好传统名菜的基础上，又有创新，制作出“清蒸鲑鱼”“水晶鸡丝”等品类，进一步发展和丰富孔府菜。

孔府糕点按照制作工艺，分酥皮点、蜜糖点、大米点等。糕点用料讲究，制作精细，色、香、味、形俱佳。特点是：香、脆、酥、甜。现在的孔府糕点，在继承传统工艺的基础上又有所创新，花色齐全，质量胜过当年。

孔府宴所用之酒，历史悠久，源远流长。现在的曲阜孔府家集团，以精选高粱为主要原料，继承发展孔府酿酒秘方和孔府酒坊的老五甑混蒸工艺，酒品具有无色透明、窖香浓郁、绵软回甜、余味悠长、醇厚甘洌的特点，1988年获首届中国食品博览会金奖。该集团有陈年窖池7200余座，年产优质粮食酒2万吨，优质基酒储存3.5万吨。构成“国礼”“朋自远方”“德”“府藏”“陶”五大系列产品，形成高、中、低档齐全，低、中、高度兼有的产品架构。所有产品均在省优以上水平，其中曲阜特曲曾连获两届部优产品称号，孔府家酒曾获国家银质奖，跻身于中国优质名酒行列。孔府家酒是集原孔府酒坊秘不外传的独特工艺和现代科技于一身的传统历史名酒，以孔府家酒为“龙头”的孔府酒系列产品，远销东南亚及欧美的20个国家和地区。

20世纪80年代起，曲阜陆续推出寿、喜、家宴等孔府三大宴，每年慕名而来的中外游客不计其数，形成人气日渐旺盛的孔府美食旅游。21世纪，通过孔府菜发展论坛、孔府菜美食节及其大赛等活动，将孔府菜及其美食旅游推向更高层次。2005年7月9～10日，在曲阜阙里宾舍举办首届中国孔府菜发展论坛暨孔府菜认证活动，110余人参加，征集孔府菜研究发展论文17篇，4位专家学者从历史的角度、文化的深层对孔府菜的发展作了发言。2010年4月24日，济宁20家餐饮企业成立孔府菜发展联盟，联手发展并在国内外推广“韦编三绝”“三思而行”“带子上朝”等众多孔府菜。2010年9月18日，由府藏孔府家酒冠名赞助，山东省烹饪协会、山东省旅游饭店协会、济宁市人民政府主办的2010首届“府藏孔府家酒”杯中国（曲阜）孔府菜美食节在曲阜举行，100余家参展单位、1000余名全国大型知名酒店代表参会。2017年9月23日，2017第五届中国（曲阜）孔府菜美食节暨孔府菜大赛在曲阜举办，来自贵州、济南、德州、济宁和曲阜等地的酒店和厨师代表参加。评选出“中国孔府菜主题宴席奖”、孔府菜烹饪大师、孔府菜烹饪名师及孔府菜“十佳”菜品。

第二节 孔子家乡修学旅游

孔子家乡修学旅游是一项内容丰富、形式多样、参与性极强的专题旅游项目，始创于1987年。尤其是始于2006年举办的首届曲阜孔子修学旅游节，更将此项旅游活动推向全世界。该旅游节作为中国第一个修学旅游节和第一个以儒家文化为主题的修学节庆活动，至2013年连续举办8届，吸引来自美、德、法、韩、日、新加坡等17个国家和地区的30余万名师生到曲阜朝圣修学。

该项活动对国外来宾有着极强的吸引力，被作为旅游精品项目保留下来，常年举办。修学旅游采取授课、游览、实习相结合的方法，以使修学旅游者了解中国古代文化及其对世界文明发展所作出的贡献。修学旅游时间由几天到十几天不等。修学旅游活动内容，根据修学团队和游客的需求，开发一批既有文化内涵又具有较强参与性、互动性、趣味性的修学项目，相继推出成人礼、经典诵读、孔庙祭拜、孔庙祈福、开笔礼等修学产品。在孔子六艺城、孔子研究院、儒源儒家文化体验基地、儒学会馆等修学游基地学习中医、中药、针灸、烹饪、书法、篆刻、绘画、太极拳、民乐、古琴、楷雕以及参观工艺品制作，参与礼、乐、射、御、书、数等孔子六艺技能活动，体验中国传统文化的魅力。修学旅游还扩展到圣地乡村，修学者可参与体验砖瓦制作、牛耕作、摊煎饼、包水饺、吃年夜饭等活动，体验独具特色的鲁国民风民俗。2009年“三孔”景区接待修学旅游的团队65个，5000人；2010年接待修学团队63个，6000余人；2011年接待修学团队87个，9000余人；2012年接待修学团队158个。2014年，全球孔子学苑总部体验基地落户曲阜，全世界到曲阜修学体验的团队、人员更多。2015年，曲阜市为继续深化修学旅游，完善提升中华成人礼、“背《论语》免费游三孔”和景区演艺项目，加强与国家汉语国际推广领导小组办公室和海外孔子学院的合作，进一步拓展海外修学旅游市场。研究制定《曲阜修学游基地管理办法》，完善修学旅游基础设施，推出一批精品线路和课程，形成修学旅游的“曲阜范本”，打造儒学文化研修高地。

孔子修学旅游

1989年首届孔子文化节期间，来自美国和加拿大的修学旅游团队，到达曲阜后即换上中国古代的学士服，戴上古代的学士帽，参加孔子家乡修学旅游活动。听课、游览、观赏仿古乐舞，学习的内容包括孔子的生平及哲学思想、中国的历史及民族传统习俗、中国的音乐及中国的医学、中国的书法绘画及中国的烹饪。

加拿大华裔林美珍在画家高天祥的教导下，成功临摹一幅秀竹图。美国人菲罗·高英在书法家郝萃芙手把手的指导下，写出“孔子”两个大字。在烹饪授课室，习惯西餐的修学者品尝到中国传统的鲁菜风味、色香味俱全的孔府菜。修学者们选学的中医针灸、中国武术，到农家作客学习推碾、摊煎饼等，都使他们领略中国文化的博大和中国民俗的独特。

在修学即将结束时，他们来到孔子墓前（或尼山孔庙），行鞠躬礼，领取结业证书，完成修学旅游活动。独具特色的孔子家乡修学旅游，满足修学者求知、求新、求奇、求美、求乐的精神需求，给修学者带来回味和乐趣。

第三节　古典婚俗旅游

古典婚俗旅游是孔子文化节又一具有典型的古鲁文化特色的专题旅游项目，始于1987年。古典婚俗旅游可以使中外来宾和游客观赏到按照古代鲁国习俗举行的送亲、迎亲和合卺大礼，还可以为中外宾客提供古典结婚礼仪服务。为再现孔府乃至孔子故乡的古典婚俗，经过广泛的调查研究和挖掘整理，孔子文化节特意设立这一专题旅游项目——古典婚俗旅游，该项活动删繁就简又不失传统特色，为中外游客创造一个体验中国传统婚俗情趣的良好机会和场所。1989年首届孔子文化节期间，曲阜市14对青年先后在“天下第一家”——孔府举行婚礼。

古典婚俗旅游的“新娘家”设在阙里宾舍（1994年后的孔子文化节期间设在孔子六艺城）。花轿迎亲队伍出“天下第一家”——孔府大门后，右拐进钟楼街，再左拐进阙里街，至阙里宾舍正门前落轿，新郎将新娘抱入花轿，花轿起程，穿过鼓楼街返回孔府。按照过去的习俗，花轿队伍每至拐弯处，必击锣六响，鸣号六声，唢呐乐器愈加激昂。迎亲的花轿便在乐声中，徐徐走向新房。新房设在孔府西路的一幢古宅里（原孔府西路孔府饭店，1994年后设在孔子六艺城）。古宅由三堂组成，东堂是父母居室，西堂是洞房，洞房里的桌、椅、床以及桌头、椅披、桌披等都是清代的器物。中堂正面悬挂一幅“囍”字，一副对联，上书：“东壁图书西园翰墨，南华秋水北苑春山。”是仿孔德成结婚时所书。另有一对鸳鸯，四只蝴蝶，均为仿古制品。这种典型的古代新房构造与布置，给婚礼带来一种古朴而又浓重的喜庆气氛和色彩，婚礼也因此而独具魅力。

古典婚俗旅游

新娘的花轿一落地，先要用苘杆“燎轿”，前燎三圈，后燎三圈，执事人员曰：燎燎前，燎燎后，来年生个小小小（儿子的意思）。依照传统礼仪，新郎新娘拜堂处设在新房东堂窗前。拜堂时，新娘站在新郎的左边，旧时这是新娘终生能够站到丈夫上首的唯一一次机会。新人和着司仪的号令：“一拜天地、二拜高堂、夫妻对拜。”三拜堂后，新郎用簇花红绸带牵引新娘进入洞房，再用秤杆挑开盖头红布，共饮交杯酒，婚礼仪式即近尾声。

1987 年，日本北条学君与薮内孝江首次在“天下第一家”——孔府，按这种中国古代的传统礼仪举行古典婚礼。1993 年，日本东京大阪的一对青年恋人石井胜久和宫本里美，又慕名专程前来按照中国古典的结婚仪式，在孔府拜堂成亲。

1991 年，世界旅游组织特别顾问拉瓦特观赏古典婚俗旅游表演后，到“洞房”向“新郎新娘”了解孔子故乡婚俗礼仪情况，颇有感受地说：“这项活动乡土气息浓，很有发展前途。”

1999 年 8 月 11 日，来自美国纽约大学的登山教练托马斯和在中国任教的历史教师苏姗，在孔子六艺大剧院按中国传统习俗举行结婚典礼，曲阜市市长谷传祥致贺辞，市旅游局局长孔祥金宣读证婚词，这是景区首次筹办民俗婚礼活动，是孔子文化节古典婚俗旅游的延续。

第四节　仿古射箭旅游

1986 年孔子诞辰故里游期间，围绕孔子的“六艺”（礼、乐、射、御、书、数），旅游部门挖掘开发仿古射箭旅游和乘坐或自驾仿古马车游览名胜古迹两项专题旅游项目。

仿古射箭旅游最初的射箭场地设在孔林，后移至孔府后花园门外的旧时校场。1993 年，围绕孔子六艺兴建的大型游乐场所孔子六艺城落成，仿古射箭场所遂移至孔子六艺城射厅。参与该项活动的中外游客可以身着古装，挽弓搭箭，领略古人骑马远征、驰骋疆场、保家戍边的豪壮情怀。

1989 年首届孔子文化节期间，仿古射箭旅游射箭场地设在孔府后花园后门外。来自新加坡的“东南亚摄影学会”理事兼出版组主任陈更生、75 岁的日本神户华侨总会名誉会长李万之、来自海滨城市青岛的一群姑娘们、一大批来自欧洲的客人，纷纷穿上仿古武士服，登上射箭台，挽弓搭箭，面对着绘有野兔、老虎等形象的箭靶，奋力开弓。射箭台下一片呐

仿古射箭旅游

喊助威声，场面令人难忘。

仿古射箭旅游，因其具有独特的传统文化特色和广泛的群众参与性而倍受中外游客青睐、喜爱，也因其独具魅力而常办不衰。

第五节　孔子研学游

孔子研学游是曲阜市主推的一项以游相伴、以学为主的旅游产品，是集知识性、参与性、体验性和教育性为一体的旅游体验性活动。

曲阜研学旅游起源于20世纪80年代日韩和欧美等国外修学团队到曲阜参观交流，当时处于景区观瞻和被动接待的阶段。90年代末，随着国民经济发展和国内旅游的逐渐兴起，暑期学生研学旅行成为重要分支，研学旅游市场逐渐凸显。2006年，曲阜市顺势推出第一届孔子修学旅游节，得到社会广泛响应。2016年，曲阜将孔子修学旅游节正式更名为曲阜孔子研学旅游节，成为中国第一个研学旅游的专题性节庆活动。至2017年，曲阜市累计接待研学旅游团队21万个，参加研学游客超过500万人，研学旅游的时间由3 ~ 5天延长到21天。2017年，曲阜发展研学旅游接待旅行社40家，星级饭店9家，经济型连锁酒店30余家；各类儒学机构异军突起，儒源儒家文化体验基地、孔子文化学院、“吃亏是福”孔子学苑、孔子杏坛书院、颜翰博府、翰林书院、书香曲阜等一大批儒学机构加入到孔子研学旅游的活动中，直接带动就业8万余人。

围绕研学游，曲阜市推出开笔礼、成人礼、拜师礼、取圣土圣水仪式及晨钟暮鼓、开城仪式、祭孔展演、孔府戏台、孔子礼仪课堂等产品和活动。为深入挖掘鲁文化中礼乐表演精髓，着力打造儒家文化演艺品牌，编排《杏坛圣梦》《孔子舞剧》《祭孔乐舞》《鲁国古乐》《尼山祭孔、取土取水仪式》《六艺乐舞》《孔庙成人礼》等演艺节目。2013年5月，创新推出“背《论语》免费游三孔”活动，受到游客和市场广泛认可。2016年，曲阜市获首批中国研学旅游目的地称号，成为全国首批10个、山东省唯一入选城市，曲阜“三孔”景区同时获得“全国研学旅游示范基地”称号，也是全国首批20家、山东省唯一一家入选单位。

依托独特的文化资源优势，曲阜市推出丰富多彩的孔子研学游线路产品。孔子研学游线路既涵盖世界文化遗产孔庙、孔府和孔林，也包括国家AAAA级景区尼山孔庙及书院、孔子六艺城、孔子故里园、石门山景区等13家A级景区和儒源儒家文化体验基地、孔子文化学院、孔子研究院、颜翰博府等儒学机构。参与孔子研学游既可以体验到独具特色的鲁国

孔子研学游

民俗民风，中国古代婚礼，学习中医、中药、针灸、烹饪、书法、绘画、太极拳、民乐、楷雕、剪纸，又可以到圣地乡村，参与砖瓦制作、牛耕、摊煎饼、包水饺等农家乐活动。

研学游产品涵盖参观游览、课堂学习、场景体验、游戏参与、生活体验五个层次，还将“食宿行游购娱”旅游六要素完美地融合到旅游线路中，在丰富旅游产品内涵的同时拉长旅游产业链条。研学旅游以主题化、知识化、场景化、生活化、游戏化为导向，真正做到让静态文化动起来、古老的文化活起来。游客在曲阜有所玩、有所学、有所感、有所悟、有所乐，实现由“游玩”到“游学”再到“游悟”的转变，真正感受到文化的力量、享受到旅游及文化体验的愉悦。

2013 年 11 月，中共中央总书记习近平视察曲阜。中共中央办公厅、国务院办公厅联合印发《关于实施中华优秀传统文化传承发展工程的意见》，教育部、国家旅游局等 11 部门联合印发《关于推进中小学生研学旅行的意见》，曲阜研学旅游持续升温。到曲阜的研学团队及学员接待量持续创新高，“游曲阜、知天下”品牌知名度越来越高，以“曲阜朝圣行、儒家文化深度体验游、游圣地习六艺、寻根问祖、民俗体验”等“五大产品”及“孔子文化节、研学旅游节”“两大品牌”为体系的研学旅游产品，为打造著名国际研学旅游目的地和“东方圣城·首善之区”奠定基础。

第六节　乡村旅游

2010 年后，曲阜市以项目建设为支撑，以文化国际慢城打造为突破，以百姓儒学为核心，以“圣地人家”品牌建设为抓手，全面推进以尼山镇、吴村镇、石门山镇 3 个旅游乡镇为重点的乡村旅游发展，推进旅游厕所建设，实施项目建设、服务提升、要素整合、精品培育四大工程，为旅游全域化建设提供动力。2017 年 3 月，曲阜市获“全省生态文明乡村建设先进市”称号。全市乡村旅游年接待游客 100 余万人次，占到曲阜旅游接待总人次的 30% 以上。

规划

2015 年，曲阜市聘请国际知名规划设计公司——北京土人设计编制《曲阜市乡村旅游发展总体规划》《曲阜文化国际慢城总体规划》，按照“慢是根、儒是魂”的思路，以田园风光为背景，以村庄改造为基础，以百姓儒学为核心，以房东经济为基本形态，以九仙山、石门山为重点，构建慢生态、慢文化、慢出行、慢生活四大系统，建设具有浓厚儒家文化特色的田园牧歌式曲阜文化国际慢城。

发展措施与成效

“国际慢城”建设。本着当代精品、未来遗产的理念，借助文化国际慢城体系的打造，将石门山、九仙山区域乡村绿道、乡村旅游景点、休闲农庄串联成一体，重点提升乡村旅游服务质量，形成布局合理、要素齐全、主题鲜明的乡村旅游发展格局。

项目建设。以加快乡村旅游项目建设为重点，不断推进乡村旅游要素优化升级，持续丰富乡村旅游业态，打造旅游发展新引擎。依托国家森林公园石门山、九仙山、尼山和孔子湖国家级湿地公园，立足生态特色、产业特色、乡村特色，围绕“圣地乡村游”“圣地人家”建设，不断完善乡村旅游基础设施和服务体系，丰富乡村旅游体验内容。至 2016 年底，成功创建山东省旅游强乡镇 8 个、省级旅游特色村23个，山东省自驾游示范点2个，全国农业旅游示范点1个、山东省级农业旅游示范点13个、山东省休闲农业与乡村旅游示范点2个，好客人家星级农家乐29个、省级精品采摘园30个以及山东省特色景观旅游名镇1家，被评为全国休闲农业与乡村旅游示范县，乡村旅游成为全市旅游新的亮点和增长点。2017年，仅吴村镇规划建设农家乐、民宿经济60余家，年接待乡村游游客10余万人次，村民收入年均增长10%以上。该镇葫芦套村最早创办农家乐的村民孔红，当年年收入10万元以上。

特色品牌建设。将乡村旅游线路纳入曲阜“二日游”，充分发挥乡村旅游景区、旅行社的促销主体作用，促进旅游资源整合。积极推荐旅游乡镇、特色村参加省、市乡村旅游示范乡镇、示范村和示范经营单位评选活动，强化品牌塑造和宣传推广。策划推出“圣地乡村过大年”主题活动，提升“圣地人家”品牌的知名度和影响力。持续举办曲阜文化国际慢城风筝节、九仙山三月三庙会、石门山登山节等特色节庆活动，形成持续不断的节庆效应。

引导成立旅游合作社。曲阜市在乡村旅游资源丰富的石门山镇、吴村镇、尼山镇积极宣传《农民专业合作社法》《山东省农民专业合作社条例》，结合各镇实际，按照入社自愿的原则，成立雄鹰农业旅游合作社、凤凰山农家乐旅游合作社、石门山圣境休闲旅游合作社等旅游合作社，助推乡村游和美丽乡村建设。至2017年这些旅游合作社上联多家旅行社，下联各景区、旅游村、果园、采摘园、农业观光点，带动乡村旅游发展。

产业结构升级。曲阜市通过高效服务注册登记一批农产品精深加工、农业生态观光、农产品物流、农业休闲旅游、农业示范园区建设等项目，促成投资百亿元的山东重点旅游项目尼山圣境、投资16亿元的“吃亏是福”孔子学苑项目、万亩孔府生态旅游文化茶园、青岛光伏农业大棚、梨园水库鲟鱼生态养殖场等19个项目签约落地。借助尼山圣境项目辐射带动作用，协助举办尼山文化旅游促销招商大会，引进生态度假、休闲娱乐、文化旅游、休闲农庄、乡村俱乐部、酒店宾馆、汽车露营、康体养生、会议会展和餐饮美食等10类旅游项目。对接多个乡村旅游示范点，引导当地农民投资“房东经济”、庄园经济、农民专业合作社、家庭农场，创办家庭旅馆、农家乐餐馆、停车广场等乡村旅游配套产业。帮助推进旅游开发市场化运作，各乡村旅游示范点均组建旅游开发公司，对农家乐实行星级管理，与具备较强实力的旅行社建立合作关系，游客接待量增幅达到60%以上。

商标战略实施。曲阜市主动实施商标广告战略，引导相关经营者申请注册商标，指导规模较大的乡村旅游企业争创著名、知名商标，通过广告宣传进一步提高曲阜乡村游的知名度和市场竞争力。至2017年，全市注册“北山大枣”“曲阜香稻”“曲阜熏豆腐”等地理标志证明商标，“吴村”烧鸡、“九仙山”葡萄、“孔府”鲜果、“尼山”蔬菜、“尼山”旅游工艺品等300件农字号商标。指导有关镇街在网络、电视等发布乡村游风光广告宣传片，在沿104国道曲阜段设置一批大型户外广告，有效提升当地景区、景点的知名度。以“圣地人家”品牌建设全面推进尼山镇、吴村镇、石门山镇3个旅游乡镇的乡村旅游发展，促使该3个镇相继获“好客山东”最美乡村称号。

第二章 孔子文化节旅游联谊活动

1984年，初创孔子诞辰故里游时即以开展旅游活动为主，以此宣传曲阜旅游，招徕八方游客。随着活动的常年开展，充实增添许多其他方面的活动，但在整个孔子文化节活动中，旅游仍占很重要的分量。在策划创意每年的活动中，注重推出新的旅游路线、旅游景点，开展形式新颖的旅游活动。注重与国内外旅游商社的交流联谊，整合旅游资源，实现资源共享、客源共有。

第一节 重点旅游与联谊活动

1984年至1988年孔子诞辰故里游期间，重点推出仿古射箭、乘坐或驾驭仿古马车游览名胜古迹、古典婚俗旅游、孔子家乡修学旅游等专题旅游活动，开展曲阜文物旅游景点旅游。

1992年，举办儒学圣地孔子文化游、古鲁文化游、“天下第一家”——孔府美食旅游等项目。新推出曲阜城郊、曲阜—邹城、曲阜—济宁市中区—济宁郊区—嘉祥、曲阜—梁山等4条旅游专线。

1995年9月25～28日，举办为期4天的旅游联谊会，来自北京、上海、南京、西安、山东等十几家一类旅行社的代表及马来西亚旅行商等40余人参会。其间，与会代表参加孔子文化节系列活动，对“三孔”、六艺城、孟府、孟庙、峄山及曲阜邹城旅游资源和旅游服务设施情况进行考察。举办联谊活动的主旨是增进旅行社团之间的友谊，加强合作与交流，吸引更多的海内外游客前来孔孟之乡游览观光。

1997年，新增尼山泛舟垂钓旅游、石门山探幽揽胜旅游、济宁市重要景点旅游等项目。

1998年，举办千人共祭孔活动，孔子故里农家民俗游、孔子故里—水浒之乡专线旅游活动，新增“一山两汉三孔”和“山水圣人游”两条黄金旅游线路；开发汉魏碑刻陈列馆、九龙山汉墓复原陈列等文物旅游景点。

1999年，开展孔子家乡修学旅游、孔子周游列国旅游、曲阜祭孔游、齐鲁山水圣人游、书法之旅、学生祭拜祖师旅游、海内外孔子后裔故乡朝圣旅游、孔子故里古典婚俗旅游等多项专题旅游活动；组织“游齐鲁大地，看山水圣人”旅游展示咨询活动和全国“百家旅行社采线”活动。

2000年，除保留传统的孔子家乡修学旅游、书法碑刻旅游、周游列国旅游、美食旅游、民俗风情旅游、寻根朝敬旅游、孔庙拜师游、孔府敬老游、孔林朝圣游等活动外，又推出“孔夫子之路”专题旅游项目。

2001年9月26～27日，由中国旅游报社、山东省旅游局、济宁市人民政府共同在曲阜科技城会展中心举办孔子文化节旅游热线推介会暨旅游商品博览会。来自全国主要旅游城市和重点景区的旅游企业界人士参与。博览会历时2天，推出参与活动城市的拳头旅游产品、黄金旅游线路和特色旅游商品，开展展示、交易、线路推介以及参观交流和业务洽谈活动。全国人大常委会副委员长王光英，全国政协委员应伊利，国际儒联常务副会长杨波，国家旅游局局长助理王军，山东省人大常委会副主任董凤基，中国旅游报社社长林山，俄罗斯旅游协会总裁先科维奇以及山东省旅游局，济宁、曲阜两级市领导出席博览会开幕式。

2001 年，举办洛阳旅游推介会，旨在增进曲阜、洛阳两地的旅游交往与合作。曲阜、洛阳两地有许多共同点，同为首批历史文化名城，旅游业是经济主导产业。两地经济具有极大的互补性，有着交流合作的广阔前景。洛阳旅游推介会凭借孔子文化节这一平台，有效地宣传洛阳的旅游资源。

2002 年 9 月 27 ~ 28 日，由中国旅游报社、山东省旅游局、济宁市政府共同在曲阜科技城会展中心举办孔子文化节旅游热线推介会暨旅游商品博览会。来自日本、哥伦比亚、韩国、俄罗斯、秘鲁、约旦、菲律宾、法国、瑞典、马来西亚等十几个国家的外宾及国内 6 个省、30 个城市的 247 家旅游管理部门和旅游企业参与。博览会将参与城市的旅游拳头产品、黄金旅游线路和特色旅游商品进行集中展示，并开展交流和旅游洽谈，达成合作协议、合同 100 余份。全国人大常委会副委员长曹志，日本前首相村山富市，俄罗斯俄中俱乐部主席孜汉·萨·塞基，中国旅游协会副会长佟华龄，山东省人大常委会副主任莫振奎等出席开幕式。

2002 年，新增“三孔、两城、四山”旅游（即：游览孔庙、孔府、孔林、明故城、黄帝城、尼山、石门山、九龙山、九仙山）和曲阜—济宁运河文化游，曲阜—邹城孔孟文化游，曲阜—梁山东文西武游，曲阜—汶山佛教文化游，微山湖风光游。

2003 年，举办全国百强旅行社论坛及旅游热线推介会，邀请北京、上海、大连等 15 个城市的百强旅行社代表及各地研发旅游的专家、学者 100 余人参加。与会人员考察孔孟之乡的旅游资源，并就实现资源共享、客源互通、共同发展与繁荣等议题，进行交流与探讨。签订旅游合作协议 230 项。

2004 年，国家旅游局将世界旅游日中国主会场系列庆祝活动安排在曲阜与孔子文化节一并举行。其间先后举办圣地之旅首游式、明故城开城仪式、齐鲁文化旅游博览会、国际武术邀请赛，推出中外酒瓶文化展，孔府家工业旅游，九仙山农业观光游等一系列活动。圣地之旅首游式邀请北京、上海、广东等 12 个省、市、自治区的 100 余家旅行社负责人参加，与会代表到曲阜、邹城、嘉祥等地进行旅游线路考察，对圣地之旅文化旅游线路给予很高评价，同时达成旅游合作意向 100 余份，建立长期合作关系。在明古城墙上举办的齐鲁文化博览会，推介和展示孔孟之乡丰富的旅游产品，表演各种文艺节目，以文化旅游套餐的形式，把儒家文化和古鲁文明展现在中外游客面前，吸引众多的中外游客。

2005 年 9 月 24 日，由山东省旅游局、济宁市政府主办孔孟之乡国际目的地营销暨旅游项目推介会在杏坛宾馆举行。来自北京、上海、江苏、广东、海南等 15 个省、市重点旅行社的总经理，济宁市有关县市区分管副县市区长、旅游局长，重点旅游项目负责人、旅行社负责人 200 人参加。通过推介洽谈，签订重点旅游项目合作意向书 5 项，旅游合作协议 8 项。

2006年，在孔子商贸城举办文化旅游商品博览会暨旅游商品创新设计大赛。来自广东、上海、江苏、浙江、山西、河南及山东省内各地市的200余家企业参加。设展台300余个，选送6000余件参赛产品。产品涉及旅游纪念品、工艺品、金石玉器、民间艺术品、雕刻、食品、旅游高科技产品等。评出特别奖1名，金奖2名，银奖3名，铜奖6名，优秀奖10名。

2007年，孔子文化节迎北京奥运、游孔孟之乡旅游推介会，有来自北京、上海、南京、昆明、大连、济南、青岛、泰安、日照等城市和日、韩、俄、美、法等境外城市的80余个国内外旅行社代表参加。达成合作协议100余份。

2008年，孔子与旅游论坛邀请中国社会科学院、北京第二外语学院、复旦大学、首旅集团、曲阜师范大学、孔子研究院和专业机构的专家学者及旅游界、新闻界人士参加。11位专家学者发表主题演讲，目的是解读先哲、传播文化，寻求孔子思想与现代旅游发展的结合点，在孔子思想中汲取营养，探寻出路，推动现代旅游业又好又快发展。

2012年，孔子文化旅游商品创新设计大赛暨博览会，招徕北京、云南、福建、新疆等省、市和山东各地市旅游界和民间艺术团体参展参赛，收到参赛作品700余件，民间手工艺制作大师参评人员45人。大赛产生金奖3名、银奖6名、铜奖10名、优秀奖30名、民间手工艺制作大师5名。博览会设室内外展台200余个，参展商300余家，展示商品实物作品类和旅游商品包装设计、广告类10余个种类，产品地域性强、特色鲜明。

第二节 中国（济宁）国际研学旅游创新发展峰会

2016年9月27日，由山东省旅游发展委员会、济宁市人民政府、中国旅游报社共同主办，济宁市旅游发展委员会承办的2016中国（济宁）国际研学旅游创新发展峰会在曲阜举行。国家旅游局副局长魏洪涛、国际司副司长陈东，山东省旅游发展委员会副主任岳滨，中共济宁市委副书记、市长傅明先，济宁市政府秘书长杜昌华，中共曲阜市委书记刘东波，济宁市旅游发展委员会主任杨凤东，国内知名研学旅游专家学者，来自美国、韩国等国家和中国香港、中国台湾地区的儒学研究专家、国际和地区组织、旅游主管部门、教育学术界、旅游企业代表100余人参加。

该次峰会作为2016中国（曲阜）国际孔子文化节重要组成部分，以“研学旅游创新发展”为主题，旨在推动中国研学旅游发展，充分展示济宁研学旅游的发展成果，构建国际化旅游合作平台，推动济宁旅游转型升级，促进旅游经济快速健康发展。峰会期间，发布《中国（济宁）国际研学旅游创新发展峰会曲阜宣言》《中国（济宁）研学旅游示范基地标准（试行）》，并举行《跟着孔子去游学》启动仪式。会上，济宁市旅游委与北京第二外国语学院、韩国济州岛旅游联盟协会与济宁市旅游行业协会、香港永安旅游有限公司与曲阜孔子文化学院分别签署战略合作协议。

第三节　中国研学旅游推广联盟成立大会

2017年9月27日，中国研学旅游推广联盟成立大会在曲阜香格里拉酒店举行。国家旅游局副局长魏洪涛以及山东、北京、天津、上海、江苏、浙江、福建、河南、广东、陕西10个省、市旅游部门负责人、全国部分研学旅游基地代表和韩国、泰国等海外研学旅游机构及旅行商代表等500余名中外嘉宾出席成立大会。魏洪涛在致辞中说，研学旅游对青年学生了解基本国情、增长见识、陶冶情操等十分重要。国家旅游局积极推进研学旅游市场发展，先后公布包括曲阜在内的首批10个“中国研学旅游目的地”和包括“三孔”景区在内的20个“全国研学旅游示范基地”，联合教育部等11个部门印发《关于推进中小学生研学旅行的意见》。研学旅游作为一种新的旅游业态呈现出良好的发展态势，成为青少年拓展视野、丰富知识，加深与自然和文化亲近感，增强对集体生活方式和社会公共道德体验的重要途径。魏洪涛表示，山东是儒文化的发祥地，有着发展研学旅游得天独厚的条件，该次山东联合北京、上海等9个省、市发起成立中国研学旅游推广联盟，对推动中国研学旅游新业态发展意义重大。希望参会嘉宾充分利用中国研学旅游推广联盟这一平台，开发推广中国研学旅游产品，塑造宣传中国研学旅游品牌，发展壮大中国研学旅游市场。会后与会领导及嘉宾到尼山圣境在建项目进行实地参观考察。

2017年9月27日，中国研学旅游推广联盟成立大会在曲阜举行。

第三章　旅游景点景区

曲阜历史悠久，文化灿烂，具有5000多年文明史，是国务院首批命名的全国24个历史文化名城之一，拥有悠久的历史文化及大量珍贵的地上地下文物。至2017年，全市有文物保护单位208处，其中国家级11处，省级56处，在这众多文物古迹中有1994年被联合国教科文组织列入“世界文化遗产名录”的“三孔”，有轩辕黄帝诞生地曲阜寿丘等。曲阜不仅人文景观丰富，自然景观也颇具魅力，有孔子诞生地尼山、国家森林公园石门山等。曲阜以这些丰富的人文景观、自然风光为依托，举办孔子文化节，发展各项文化旅游事业。

第一节 三孔

孔庙

孔庙，又称至圣庙，位于曲阜城区的中心，是中国祀孔庙堂中建造年代最早、规模最大的一座。

孔庙南北长1130米，东西最宽处168米，占地面积14公顷。共九进院落，前三进为引导性庭院，第四进以后的庭院建筑雄伟，气势壮观，是孔庙祭祀活动的主要场所。现存殿、堂、亭、门、坊等104座，466间，建筑面积1.6万余平方米，分别建于金、元、明、清诸朝及民国时期。庙内碑刻林立，存有唐、宋、金、元、明、清历代碑刻1500余通。主要有记事碑、圣旨碑、题名碑等，还有一部分是新中国成立后为保护文物移入孔庙的，如汉画像石、玉虹楼法帖等，是历史、文化、书法等研究的珍品。孔庙1961年被国务院公布为第一批全国重点文物保护单位，1994年被联合国教科文组织列入世界文化遗产名录，2007年被国家旅游局评为首批全国AAAAA级旅游景区。

金声玉振坊 位于孔庙棂星门之前，明嘉靖十七年（1538年）建。高5.6米，阔13.5米，石质，三间四柱三楼冲天柱式。柱呈八棱体，底用石鼓夹抱，柱头仰莲座，顶置圆雕蹲兽。额枋明间稍高，阴刻“金声玉振”四字，两稍间平钑镌刻云龙图案。坊上覆整石刻成的瓦垄形屋盖，悬山顶，有脊无吻。

棂星门 建于明永乐十三年（1415年），原为木质结构，清乾隆十九年（1754年）改建为石质。高10.34米，宽13米，三间四柱冲天柱式。圆柱两节，底以石鼓夹抱，两节相交处以石戗柱斜撑，柱头刻云罐，分立四天王像。额枋明间两层，下层阴刻清高宗题“棂星门”三字，两端浮雕云鹤。稍间一层，浅浮雕绦环花纹、二龙戏珠及云鹤。

孔庙十三碑亭

德侔天地及道冠古今坊 孔庙的第一道侧门。明永乐十三年（1415年）建，清雍正七年（1729年）重修。坊木质，三间四柱五楼，黄琉璃瓦顶，高7.6米，阔9.43米。明间庑殿顶，斗拱十三踩，两稍间歇山顶，斗拱九踩，明稍之间有小屋顶，斗拱五踩。柱下夹杆石上圆雕石狮、天禄，形象古拙，风格粗放。

圣时门 明代孔庙的第一道大门，明永乐十三年（1415 年）始建，弘治十二年（1499 年）扩建。砖木结构，阔 23.03 米，深 11 米，高 12.09 米。中 3 间发券为拱门，五踩重昂斗拱，单檐歇山顶，灰瓦绿琉璃剪边。门下有 1.15 米高的台基，前后陛石均浮雕云龙戏珠，云形简单，线条流畅。

弘道门 始建于明洪武十年（1377 年），3 间，当时是孔庙的正门。弘治十七年（1504 年）修建时，改为 5 间，清代又重修。高 9.92 米，长 17.28 米，宽 8.96 米，面阔 5 间，进深 2 间，3 门，单檐歇山顶，灰瓦绿边，七檩三柱分心式木架，檐下施五彩重昂斗拱。梁枋肥宽，平板枋高狭，均呈清代特点，只有外檐八角石柱部分，当是明代遗物。

大中门 始建年代不详，金代已存，应为宋元时期孔庙的正门，明弘治年间重修，清代重建。该门原名“中和门”，后改为“大中门”，面阔 5 间。门高 9.42 米，长 20.44 米，宽 7.49 米，单檐悬山顶，绿琉璃瓦覆顶，五檩三柱分心式木架，檐下、脊檩下均施一斗三升斗拱。

同文门 清代初期该门称“参同门”，雍正八年（1730 年）改为现名。5 间 3 门，单檐黄瓦歇山顶，七檩三柱分心式木架。高 10.62 米，宽 16.9 米，深 9.34 米。脊檩下施一斗二升交麻叶斗拱，檐下施五踩重昂斗拱。因宋代孔庙大门为显赫的 16 戟门，与其相连接的为木质栅栏式墙体，后期的扩建中，墙体被拆，独存此门，故该门四周不与墙垣相接，是独立的大门。

奎文阁 位于同文门后，系收藏帝王所赠书籍、字画之处。始建于北宋初年，为 5 间重檐，金代改为三檐，明弘治时扩为 7 间三檐，清光绪三十四年（1908 年）改覆黄琉璃瓦。阁高 24.35 米，阔 30.1 米，深 17.62 米，歇山黄琉璃瓦顶，施四层斗拱。阁内部上下两层，中还夹有暗层，木构架为层叠式，上层柱立于下层的斗拱之上。下层南 1 间为廊，后 4 间为阁身。外用 24 根八棱石柱，内用 22 根木柱。1985 年落架大修，外檐新绘旋子小点金彩画，内檐仍保留明时的旧彩画。

十三碑亭 碑亭南八北五，形式大同小异，重檐歇山，黄琉璃瓦顶，平面呈方形，3 间见方，明间开敞，稍间砌墙。南排中间两座分别建于元至元五年（1268 年）和元大德六年（1302 年）。元代碑亭两侧的两座建于金明昌六年（1195 年），是孔庙现存最早的古建筑之一，其他 9 座均系清代建筑。亭内保存唐、宋、金、元、明、清及民国时期所立石碑 57 通，由汉文、蒙古文、满文等文字刻成。碑文大多是历代皇帝对孔子追谥加封和有关祭祀、修庙的记录。亭内最早的两通石碑放置在南排东起第六亭的金代碑亭内，分别立于唐高宗乾封元年（666 年）和唐玄宗开元七年（719 年）。

大成门 为正殿的大门，始建于宋代，3 间。元大德六年（1302 年）扩为 5 间。明弘治、清雍正年间两次火后重建。门屋高 13.53 米，扩 24.68 米，深 11.2 米。5 间 3 门，七檩三柱分心式木架，单檐黄瓦歇山顶。檐下用五踩重昂镏金斗拱，金龙合玺彩画。擎檐石柱前后各六，中二柱深浮雕二龙戏珠，云朵线条流畅，龙猪咀，为明弘治遗物，其余为八棱石柱，减地平镌小幅云龙。门下台基高 1.65 米，石须弥座，束腰卷草和圭脚云纹，前后陛石浅浮雕云龙山水。

杏坛 在大成门至大成殿的甬道中间，是为纪念孔子讲学建造的纪念物。宋代立坛，金代建亭，明隆庆三年（1569 年）改为重檐。亭每面 3 间，11.05 米见方，高 12.05 米。中柱为八棱石柱，檐柱为八棱木柱，金柱为粗大的圆木柱。亭盖十字结脊，四面悬山，重檐黄瓦。上下檐均为五踩重昂斗拱，平身科两攒，均有天花。坛基两层，上层有石栏，南面的八根栏柱下有石雕螭首。

大成殿　因尊崇孔子集先贤先圣之大成而名，是孔庙的主体建筑，在庙中最高、最大，规格超群。始建于宋天僖二年（1018 年），现存为清雍正二年（1724 年）火灾后重建。殿高 24.8 米，阔 45.69 米，深 24.85 米。殿立于 2.1 米的台基上，前与月台，后与寝殿相连。殿基为须弥座，两层栏柱，上层为火焰宝珠顶，下层为重层覆莲瓣顶，柱有圆雕螭首外探。殿面阔 9 间，进深 5 间，重檐黄瓦歇山顶，金龙和玺彩画。柱架结构简洁整齐，有外、中、里三圈柱列。外围为 28 根石檐柱，高近 6 米，承下檐斗拱及围廊天花。前檐下的 10 根深浮雕石柱，每柱有二龙上下对翔，争戏宝珠，龙周遍刻云朵，柱下端刻山石波涛，是中国稀有的石刻艺术品。余下 18 根为八棱水磨石柱，每面浅雕 9 条团龙，每柱 72 条，总计 1296 条。中圈为 16 根木金柱，高约 15 米，承上檐斗拱及殿中的外槽天花。内圈也为 16 根金柱，高约 18 米，承殿中的内槽天花。殿内正中为斗八藻井，内额枋及小额枋间为一斗六升斗拱，枋上以七踩品字斗拱承托天花。殿外下檐用七踩单翘重昂斗拱，上檐用九踩单翘三昂斗拱，平身科明间四攒，次、稍间三攒，下檐尽间一攒。斗拱用材很大，斗口平均 12.5 厘米，超过北京故宫太和殿 9 厘米的斗口。殿内正中木制神龛内为孔子坐像，高 3.35 米。龛上施十三踩斗拱，龛前为垂莲柱罩，柱雕降龙。其前面有 4 个神龛，再外还有 6 对神龛，供奉四配十二哲。殿内还悬有清朝历代皇帝所题的匾额、对联等。

东西庑　位于大成殿的两侧，原供奉孔子弟子及历代先贤先儒 156 人。东西两庑从祀的先贤先儒原为画像，金时改为塑像，明成化年间扩修孔庙时一律改为木制牌位，供奉在神龛内。现东西两庑为 1998 年恢复陈列。东西各 40 间，长 170 米。北端 11 间，面阔 3.94 米，南端 28 间，面阔 3.65 米，中有腰门一间，面阔 4.38 米，进深均为 7.94 米。七檩四柱前后廊式木架，前为廊，施一斗二升交麻叶斗拱，雅五墨彩画，绿琉璃瓦覆顶，黄瓦剪边。

寝殿　在大成殿后，祀孔子夫人亓官氏的大殿。始建于宋代，重建于清雍正年间。殿基高 2.06 米，南面为须弥座，两层石栏，其他三面无栏。殿面阔 7 间 33.44 米，深 4 间 17.86 米，殿高约 20 米。四周回廊下有 22 根八棱石檐柱，满镌减地平钑小幅凤凰牡丹图案。殿身木架三柱分心，在殿中心正脊下纵向加一列中柱。重檐九脊，黄瓦歇山顶，龙凤和玺彩画。上檐斗拱为七踩单翘重昂，下檐为五踩重昂，平身科明间四攒，次、稍间三攒，下檐尽间一攒。

圣迹殿　孔庙中轴线上的最后一座建筑，明万历二十年（1592 年）为保存《圣迹图》而建。高 12.55 米，面阔 5 间 30.69 米，深 3 间 10.12 米，单檐绿瓦歇山顶，大点金彩画，七檩四柱前后廊式木架。五踩单翘重昂斗拱，平身科明间六攒，次、稍间四攒。殿内存反映孔子一生主要事迹的石刻《圣迹图》120 幅。

诗礼堂　后世为纪念孔子教育儿子孔鲤学诗学礼的地方，辟建此堂。堂位于东路大门——承圣门内，为明弘治年间重建，清嘉庆二十一年（1816 年）拆卸维修。阔 5 间 23.88

米，深三间 13.3 米。木架为九檩前后廊式，单檐悬山顶，绿瓦紫心。前檐下用一斗二升交麻叶斗拱，彩画雅伍墨，檐下点金。

崇圣祠 位于东路第二进院内。明弘治十七年（1504 年）始建，为孔氏家庙。清雍正二年（1724 年），改为祭祀孔子上五世先人的崇圣祠。阔 22．92 米，深 11．49 米，单檐绿瓦庑殿顶，旋子大点金彩画。檐下五踩重昂斗拱，平身科明、次间四攒，稍间两攒。木架为九檩四柱前后廊式，前廊用单步梁，后廊用双步梁，前、后檐柱至金柱分别深 1.95 米、3.26 米，后廊内安置神龛。前檐下的中二石柱，高浮雕蟠龙，龙嘴猪形，颈细，线条流畅，构图和谐，呈现明代特点。其余四石柱减地平钑牡丹等花卉。

孔府

孔府，本名“衍圣公府”，是在宋元时期的“袭封宅”基础上扩建而来的，是孔子后世嫡裔子孙世代居住的官邸。“衍圣公”是北宋至和二年（1055 年）宋仁宗赐给孔子第四十六代孙孔宗愿的封号，这一封号子孙相继，整整承袭 32 代，历经宋、金、元、明、清、民国 880 余年。“府”一般意义上是指官署，即官宅合一的衙署。它历经数个朝代近千年而不衰，这在中国历史上是独一无二的。

孔府主体院落创建于明洪武十年（1377 年），其后不断添置完善，建筑规模逐渐扩大，最高峰时占地比现存要大许多，包括喜房（现阙里宾舍）、养马场（现颜庙前至棋盘街）。占地面积 7 公顷，有楼轩厅堂 560 余间，九进院落，分东、西、中三路：东路俗称“东学”，主要建筑有报本堂、祧庙、九如堂、一贯堂、慕恩堂等；西路为衍圣公读书、学诗学礼、燕居吟咏和会客之所，俗称“西学”，有忠恕堂、安怀堂、南北花厅等建筑；中路是孔府的主体部分，前为官衙，设三堂六厅，后为内宅，有前上房、前堂楼、后堂楼、配楼、后六间等，最后为花园。它是集官衙、宅院、家庙三位为一体的典型的封建贵族式建筑群。孔府 1961 年被国务院公布为第一批全国重点文物保护单位，1994 年 12 月被联合国教科文组织列入世界文化遗产名录，2007 年被国家旅游局评为首批全国 AAAAA 级旅游景区，2010 年被中纪委监察部命名为全国廉政教育基地。

孔府鸟瞰

大门 3 间，高 7.95 米，阔 14.36 米，深 9.67 米。五檩三柱分心式木架，檐下用一斗二升交麻叶斗拱，平身科二攒，灰瓦悬山顶。明间上悬“圣府”竖匾，左右抱柱悬对联。

重光门 二门内的牌楼式影壁门，是孔府的仪门。明弘治十六年（1503年）始建，高5.53米，阔6.24米，深2.03米。灰瓦悬山顶，三檩单柱分心式木架，檐下用一斗二升交麻叶斗拱，明间平身科二攒，次间一攒，以横梁斗拱承托脊檩。中间辟门，门上悬明世宗亲颁“恩赐重光”横匾，前后有8个倒垂的木雕花蕾。

大堂　原名作圣堂，是衍圣公迎接皇帝钦差、宣读圣旨、举行袭封大典等重大活动的地方。祭祀孔子前举行祝版、香盒、献帛恭送仪式及发榜仪式也在这里举行。5间，高10.5米，阔28.65米，深16.12米。九檩四柱前后廊式木架，灰瓦悬山顶，檐下用一斗二升交麻叶斗拱，平身科二攒。后有穿堂与二堂连接，穿堂5间，六檩抬梁式木架，灰瓦卷棚顶。

二堂　也叫后厅，是当年衍圣公会见四品以上官员的地方，也是替朝廷选拔礼、乐童的场所。5间，高9.13米，阔19米，深7米。七檩四柱前后廊式木架，灰瓦悬山顶。

三堂　也叫退厅，是衍圣公处理家族内务和处罚府内仆役的场所。5间，高8.59米，阔27.42米，深11.8米。七梁四柱前后廊式木架，前出廊，灰瓦悬山顶。

前上房　位于内宅门内，是衍圣公举行婚丧嫁娶、祝寿等家庭重大事宜的地方。7间，高8.12米，阔30.68米，深11.73米。七梁四柱前后廊式木架，前出廊，灰瓦悬山顶。

前后堂楼　现存为清光绪十一年（1885年）火后重建。前堂楼是孔子第七十六代孙衍圣公孔令贻曾经居住过的，后堂楼是孔德成和夫人孙琪芳当年的住所。均为7间2层，七檩四柱前后廊式木架，前出廊，灰瓦悬山顶。前楼高11.65米，深11.3米，阔30.96米。后楼高12.89米，深11.88米，阔31.23米。

红萼轩　位于孔府西路，是衍圣公读书、写字、作画之处，室内装修精细，以格扇分隔空间。5间，高11.5米，长21.07米，宽10.23米。七檩四柱前后廊式木架，灰瓦硬山顶，前出廊。轩前有露台，对面为照壁，西有厢房5间，东厢借用大堂西厢的一部分。

忠恕堂　位于红萼轩后，为西学的主房，是衍圣公学习会客的地方，曾是七十二代孙衍圣公孔宪培学礼学诗之处。5间，阔21.07米，深10.23米。七檩四柱前后廊式木架，灰瓦悬山顶，檐下用五踩重昂斗拱，平身科四攒。堂后接抱厦，3间，五檩抬梁式木架，灰瓦卷棚顶。清康熙时期所建。

安怀堂　为西学的第三进院，原是衍圣公“燕居吟咏”之处。5间，高8.85米，长20.3米，宽9.1米，系清代建筑。七檩四柱前后廊式木架，灰瓦硬山顶，不出廊。明间设格扇门，次稍间置低矮槛墙，上设灯笼框支摘窗，明间后也开格扇门，次稍间墙上开槛窗。

花厅　位于花园中部偏北处。花园建于明代，厅为民国时期建筑。3间，东侧耳室2间，七檩四柱前后廊式木架，前出廊。高7.66米，阔11.97米，深8.15米。前连一南北向长廊，四间，灰瓦卷棚顶，三面出廊，周绕以水泥栏杆。

孔林

孔林是孔子及其后裔的家族墓地。自孔子死后与妻子合葬于泗上，弟子们筑坟植树，为孔林之始。孔子以后，其子孙围绕孔子墓接冢而葬，经过2000多年70多代的不断延续拓展，逐渐形成面积广大的孔氏家族专用墓地。林内坟冢累累，碑石如林，古木参天，是中国乃至世界上规模最大、持续最长、保存最完整的家族墓葬群之一，也是一座少有的人造园林。

孔子墓

孔林占地面积近200公顷，有孔子及其历代子孙的墓葬10万余座。汉、宋、明、清、民国墓碑5828通，其中含有赵孟頫、李东阳、黄养正、严嵩、翁方纲、何绍基、阮元、康有为等人题写的碑文；石翁仲、石马、石兽、望柱等石仪184个；民国晚期之前栽植的树木4.2万株；门、坊、享殿、碑亭等20余座。

孔林内墓冢累累，碑碣如林，石仪成群，古木参天，地上地下文物遗存丰富。林内既可考春秋之葬、证秦汉之墓，又是研究中国东方墓葬制度发展的沿革以及古代政治、经济、文化、风俗、书法艺术的博物馆，具有极高的历史文化价值。孔林1961年被国务院公布为第一批全国重点文物保护单位，1994年被联合国教科文组织列入世界文化遗产名录，2007年被国家旅游局评为首批全国AAAAA级旅游景区，

万古长春坊 位于曲城北门与孔林之间的神道中部。建于明万历二十二年（1594年），清雍正十年（1732年）重修。坊石质，六柱五间五楼，庑殿顶。柱方形抹棱，中二柱雕云龙，柱下以抱鼓石相夹，石上蹲幼狮。明间坊额中间刻“万古长春”四字，旁雕二龙戏珠，次间雕双凤朝阳，稍间雕行龙。坊东西各有碑亭1座，均为明万历年间建。

至圣林坊 神道北端，大林门之前有木坊3间，四柱三楼绿瓦顶。柱以石鼓夹抱，南北施戗柱。明间施二翘三昂十一踩斗拱，平身科六攒，次间用一翘双昂七踩斗拱，平身科二攒。明间透雕云龙花板，中刻“至圣林”三字。坊始建于明中期，清康熙年间重修。

大林门 至圣林坊后，两侧出八字墙。门3间，五檩三柱分心式木架，绿瓦悬山顶，长12.23米，深6.95米。次间下有1.2米高的台基，周围以木栏，明间为车辆人马来往通道。门始建于元至顺年间，明崇祯、清康熙年间重修。

二林门 以甬道与大林门相接，元代建林墙时，这里是一道神门。明弘治七年（1494年）于其上架楼，清雍正十年（1732年）重修。门为上下两层，下层为砖砌拱形门，门洞上额横钳石匾上，篆刻“至圣林”三字。上层为砖铺平台，四周有手扶围墙，中建观楼。楼为木架结构，长21.8米，深10.89米，六梁五檩，重檐绿瓦歇山顶，周围回廊，廊柱施鼓礅柱础，明间前后均有格扇门，次间置棂窗。

洙水桥与洙水桥坊 位于林门西北，孔子墓轴线的前端。洙水桥的始建年代不详，明弘治七年（1494年）增以栏杆。桥长6.6米，宽25.24米，桥为高拱圆券，下以石砌，上用砖

券，桥两端透雕石栏花板。坊为四柱三间冲天柱式石坊，四柱均为八角形，顶立蹲兽，明间石坊上雕“洙水桥”三字，次间减地平钑二龙戏珠。坊为明嘉靖二年（1523年）建，清雍正十年（1732年）重修，1951年更换两次间的额枋与石柱。

思堂 洙水桥北偏东的一进三合院，是祭孔时的斋戒更衣处，故习称“更衣厅”。始建年代不详，金大定二十五年（1185年）修思堂碑尚存，明永乐二十年（1422年）、明万历二十二年（1594年）及清康熙时重修。现思堂大厅为5间，六梁七檩十六柱木架，灰瓦悬山顶，前出廊。长14.3米，深10.19米。额坊下雀替短厚，上无扁坊，下用方砌铺坊，当为清代建筑。

享殿 位于孔子墓前，始建于明弘治七年（1494年），明万历二十二年（1594年）重修，清雍正九年（1731年）重修时易黄瓦。殿5间，长24.18米，深13.18米，九檩黄瓦歇山顶，前出廊。施双昂五踩斗拱，平身科每间二攒，平板枋小于额枋。

驻跸亭 共3座，均为清代建筑。自南向北依次为：乾隆驻跸亭，长6.5米，宽5.54米，内立乾隆御碑1通。四柱攒尖黄琉璃瓦顶，檐下施一斗二升交麻叶斗拱，四攒。康熙驻跸亭，长6.45米，宽6.5米，黄瓦歇山顶，施一斗二升交麻叶斗拱，每间两攒。宋真宗驻跸亭，长5.61米，宽5.53米，黄瓦歇山顶，施一斗二升交麻叶斗拱，每间两攒，内立宋真宗驻跸亭碑1通。

孔子墓 鲁哀公十六年（前479年），孔子在鲁国去世后葬于鲁城北泗上。据《阙里文献考》记载，当时孔子的墓“茔不过百亩，封不过三垅，祠、宇不过三间”，后经历代恢扩，日就宏丽。今孔子墓封土东西30米，南北28米，高5米，似一隆起的马背，故称“马鬣封”。墓前石碑2通，前碑篆书“大成至圣文宣王墓”，碑阴正书“奉政大夫修正庶尹礼部郎中赐食三品禄直文渊阁永嘉黄养正书”，为孔子五十九代孙袭封衍圣公孔彦缙所立；后碑篆书“宣圣墓”，为孔子五十一代孙袭封衍圣公孔元措所立。

孔鲤墓 孔鲤，字伯鱼。《史记·孔子世家》载：孔子年十九娶宋人亓官氏为妻，婚后年余得子。鲁昭公念孔子系“以勇力闻于诸侯”的叔梁纥之后，又以知书达礼小有名气，派人送来鲤鱼以贺喜。孔子倍感“荣君之贶”，故给儿子取名曰“鲤”，字伯鱼。孔鲤墓位于孔子墓前东侧约5米处，封土东西18米，南北23米，高3米，是一座大型坟冢。碑前立石碑2通，前碑正书“泗水侯墓”，有石供案、石香炉和砖砌拜台，为孔子五十九代孙袭封衍圣公孔彦缙立；后碑篆书“二世祖墓”，为孔子五十一代孙袭封衍圣公孔元措立。

孔伋墓 孔伋，字子思，孔鲤之子，约生于周敬王三十七年（约前483年），卒于周威烈王二十四年（前402年），是战国时期著名的思想家，儒家学派的重要代表人物之一，人称“述圣”。孔伋墓位于孔子墓南约20米处的高土台上，封土东西18米，南北21米，高4米，是一座大型墓冢。墓前立石碑2通，前碑正书“沂国述圣公墓”，为孔子五十九代孙袭封衍圣公孔彦缙立；后碑篆书“三世祖墓”，为孔子五十一代孙袭封衍圣公孔元措立。碑前有明代石供案和清代雍正十年刻制的石鼎等物。拜台前有翁仲一对，东西相对面而立，造型生动、古朴淳厚，为北宋宣和年间雕刻，清雍正年间由享殿前移到此处。

第二节　寿丘景区

寿丘，位于曲阜城东4公里的旧县村东北，古史记载为中华民族始祖黄帝的诞生地。宋大中祥符五年（1012年）闰十月，宋真宗以始祖黄帝生于寿丘之故，下诏改曲阜县名为仙源县，属袭庆府（后改兖州府）。诏建景灵宫于寿丘，以奉祀黄帝。景灵宫规模宏大，有殿、堂、亭、庑等1320楹，并在宫中立巨碑4通。元代末年，曲阜景灵宫被废。遗址上残存巨碑2通，东为“万人愁”碑，上无字；西为“庆寿”碑，上刻“庆寿”两字，字高1米多，为元代燕山老人补刻。

少昊姓己，名挚，因“能修太昊之法”，“以金德王天下”，是中国传说古代五帝之一，据传少昊在位84年，卒时百岁，葬于云阳山。明初，朝廷下诏各地以先帝陵墓画图上报核实，钦定于曲阜祭祀少昊。故于景灵宫废墟上圈定寿丘、少昊墓始成少昊陵。少昊陵院为景灵宫后部。院内现有享殿、两庑、门坊等古建筑17间，明清石碑20余通，古树390余株。少昊的陵墓位于寿丘北30步，是继寿丘陵后的大墓冢。寿丘为方底，底大上小，底边长28.5米，上边长11米，坡高15米，呈棱台形。

1985年景灵宫遗址被公布为济宁市文物保护单位，2013年被公布为山东省文物保护单位。2013年景灵宫碑被公布为全国重点文物保护单位。

寿丘神道　位于旧县村东327国道北侧，道旁树立“黄帝诞生处”石碑1通。折而北行，迎面是1座石坊，坊额刻有“寿丘”2个隶书大字。穿过石坊，便是长达780米、宽20米的神道，中经1座拱形石桥。神道尽头，便是“寿丘标志区”的大门。

寿丘大门　门3间，灰瓦歇山顶，“八”字红墙，宋代风格。门外为“寿丘”标志石坊，门内为照壁。入门是1处宽阔的院落，南北长180余米，东西宽114米，周围筑以围墙。宽阔的院内，正中一泓碧水，四岸垂柳，景色宜人。

少昊陵

宋代巨碑　院内池塘两边，2通修复后的宋代巨碑隔水池并峙，东西相望。池东之碑即“无字碑”，俗称“万人愁”碑，1991年9月修复。碑首高5.8米，宽4.42米，厚1.2米；碑身高7.1米，宽3.72米，厚1.2米；龟趺高2.8米，座高0.75米，碑通高16.45米。池西碑即“庆寿”碑，1992年9月修复。碑首高5.7米，宽4.45米，厚1米；碑身高7.15米，宽3.65米，厚1米。

景灵宫遗址　寿丘标志区北即是景灵宫遗址区，南北长155米，东西宽288米。地面尚有巨石数块以及元代龟趺等遗存。经考古探测，地下仍遗存有砖砌、夯土地面和众多建筑柱础等石构件。

少昊陵神道　明代初年，少昊陵因寿丘北30步有少昊墓，故将景灵宫遗址的后部改建成神道，长203米，宽12米。神道北头，耸立1座石坊，四楹三间，建于高台基之上。坊额阴镌“少昊陵”3个填红大字。

少昊陵大门　3间，碧瓦单檐歇山式，朱红大门6扇。门左右两侧有深红墙垣，绕陵园一周，东西宽90米，南北长231米。

少昊陵享殿　5间，单檐碧瓦歇山式顶，前厦后坐，六梁十八柱，檐下饰以五彩斗拱。东西各列3间配殿，皆雕梁画栋，丹壁生辉。正殿内上悬雕龙蓝地金书“金德贻祥”匾额，匾下团龙巾金神龛一尊，内供木主牌位，金书“少昊金天氏神位”，匾额、木主皆为清代乾隆皇帝御题。

叠石寿丘　平台底大上小，由形状相同的一块块长方形石块一层层砌垒而成梯形，俗称“万石山”。台顶建有石室，高2.6米，清乾隆年间改为庑殿顶，上覆黄琉璃瓦，饰五脊六神兽，内供汉白玉雕刻神像一尊。原为供奉黄帝白石像，清代以后被误认为是少昊坐像。

少昊陵墓　石砌寿丘后，是一座高大缓坡的土山，世称“云阳山”。《曲阜县志》曰:“云阳山，在曲阜。邑人谓今陵后一丘为云阳山。”这里就是少昊的陵墓，墓前有石碑、石供桌，石碑上书“少昊陵”3个大字，系著名书法家王学仲题字。

第三节　尼山孔庙

位于曲阜城东南30公里的尼山上。五代后周显德年间始建庙宇，宋庆历三年（1043年）重建夫子殿、讲堂、学舍等，金明昌五年（1194年）大修，布局基本同于现存规模，但金末塌毁，元至元四年（1338年）重建。其后多次重修，清道光二十六年（1846年）大修。新中国成立后多次维修，1975年全面大修。1977年公布为山东省文物保护单位，2006年公布为全国重点文物保护单位

尼山建筑群前为庙，后为书院，各成院落。庙占地约1.6公顷，有殿、堂、祠、亭等81间，建筑面积约1700平方米。该庙分为东、中、西三区。中区有前后两院，前为大成殿，后为寝殿。东区有讲堂，土地祠，西区南有启圣殿及寝殿，东南部与中区相接处有毓圣侯祠。书院占地约660平方米，有正房、两厢各3间。

棂星门　为尼山孔庙正门，建于清道光二十七年（1847年），三间四柱冲天柱式石坊。柱为八棱体，以石鼓夹抱，上镌云朵，柱首莲花座，中二柱饰圆雕石狮，侧二柱饰花瓶。额枋单层，明间阴刻“棂星门”三字。

大成殿　尼山孔庙的主体建筑，是祭祀孔子的主要场所。5间，阔18.57米，深10.57米，单檐黄瓦歇山顶，四柱前后廊式木架，前出廊。檐柱为八棱体石柱，遍镌减地平级小幅云龙。檐下用五踩重昂斗拱，平身科明次间两攒，为清道光年间建筑。

启圣王殿　祭祀孔子父亲叔梁纥的殿堂，因叔梁纥于元至顺元年（1330年）被加赠为“启圣王”而得名。此殿是尼山孔庙的起始源

尼山孔庙棂星门

头，始于北魏时期，原为叔梁纥庙，也叫尼丘山祠，五代后周显德年间（954 ~ 959 年），兖州太守赵候因尼山为孔子发祥地而始建孔子庙。扩建时，改为专祀叔梁纥的大殿。后经历代重修，现存为清初建筑。殿 5 间，阔 15.45 米，深 8.53 米，单檐绿瓦歇山顶，四柱前后廊式木架，前为廊，无斗拱。

启圣王寝殿 祭祀孔子母亲颜征在的专祠。宋大中祥符元年（1008 年），颜征在被追封为“鲁国夫人”，与齐国公同殿祭祀。庆历八年（1048 年），四十五代孙孔彦辅受旨监修祖庙，奏准“迁于后殿奉安”，始有专祠，3 间，单檐。元至顺元年，颜征在被追封为“启圣王夫人”，改称“启圣王夫人殿”。明天顺四年（1460 年），殿圮毁，六十一代孙袭封衍圣公孔弘绪仿启圣王殿重建，“五间，高一丈七尺，广袤称是，穿心有廊，以通前后，歇山转角，规模壮丽。”明弘治十七年庙工后，寝殿 3 间，曾移过，不知何时移建于今处。清雍正二年（1724 年）免于火灾，重修时没有更换大构件，只揭瓦彩画，枋桁大木为雅伍墨，斗拱烟琢墨。今存建筑与清雍正时记载相同，灰瓦绿边单檐歇山顶，七檩四柱前后廊式木架，檐下施五踩重昂斗拱。

毓圣侯祠 北宋皇佑三年（1051 年）封尼山山神为毓圣侯，建专祠祭祀，后多次修葺，清道光时重建。祠 3 间，阔 10.67 米，深 7.5 米，灰瓦单檐硬山顶，七檩四柱前后廊式木架，前出廊，无斗拱。

书院 正房 3 间，阔 10.09 米，深 6.24 米。七檩四柱前后廊式木架，前出廊，单檐灰瓦硬山顶，无斗拱。

第四节　国际文化慢城

曲阜市委、市政府于 2015 年年初作出建设国际慢城的部署，将其列为年度“一号工程”，启动申报和建设工作。6 月，在意大利慢城总部国际大会上，曲阜从全球 100 余个申请的城市中脱颖而出，正式成为联盟会员，是亚洲唯一通过审核的城市，成为中国第三个国际慢城、第一个文化国际慢城。6 月 30 日，国际慢城总部秘书长皮艾尔·乔治一行到曲阜进行实地考察，对曲阜慢城建设给予充分肯定和高度评价。

曲阜文化国际慢城涵盖吴村镇、石门山镇北部山区，总面积 50 平方公里。秉承“慢是根、儒是魂”的思路，以全域旅游为统领，以百姓儒学为核心，以田园风光为背景，以村庄改造为基础，以房东经济为基本形态，以农民增收为最终目标，高标准推进慢城建设。以九仙山、石门山为重点，以交通为纽带，打造慢生态、慢生活、慢旅游、慢交通四大系统，形成集文化旅游、生态体验、慢活休闲、创意产业于一体的彰显儒家文化特色的中国第一个文化国际慢城，也是继江苏南京高淳桠溪国际慢城与广州梅州雁洋国际慢城之后的中国第三个国际慢城，构建从“三孔”拜孔到尼山“学孔”再到慢城“儒客”的儒家文化深度旅游新格局。

曲阜文化国际慢城建设，实施仙河治理、绿化亮化、村庄改造、慢道建设、慢系统打造等“八大工程”，打造独具儒家文化氛围的宜居宜业宜游环境。2016 年，国际慢城进入大建设、大发展的新阶段，主要进行仙河滨河大道和韦庄水库景观打造、慢客服务中心建设、四季花海、文化国际慢城管理运营工作，慢城主题项目提升、民俗文化产业打造和提升六大重点工程；招商引资工作；宣传推介三大板块工作，各项工程项目建设顺利，完成投资 6 亿元。2017 年，主要进行韦庄水库仙河花海景区打造、葫芦套民俗村民宿改造、招商引资、慢城宣传推介工作；继续开展“四季花海”打造，加强花海花卉的管护，加大花卉种植面积，形成慢城花海景观；加快推进鹿业观光园、玫瑰园、牡丹园、博物馆、石门小镇等项目建设；积极探索慢城投资发展公司的运营工作。2017 年各项工作稳步推进，仙河花海景区、小木屋民宿、葫芦套民宿、慢客驿站顺利运营，完成投资 1 亿元，游客接待量突破 50 万人次，实现旅游收入 1 亿元，有效带动农民增收致富，成为曲阜旅游新亮点。

第五节 尼山圣境

尼山圣境位于曲阜东南 25 公里处、尼山省级文化旅游度假区内，一期项目建成运行于 2015 年，是依托山东省、济宁市和曲阜市政府传统文化创新大平台，引入开发无锡灵山胜境的成熟模式和经验，与曲阜尼山省级文化旅游度假区管理委员会合力打造的一个省级重点文化旅游项目。该项目以创建“中华优秀传统文化体验基地”为根本使命，以打造“文化修贤度假胜地”为总体定位，以建设“世界级人文旅游目的地”为总体目标，以“明礼生活方式”为主题，是一处集文化体验、修学启智、生态旅游、休闲度假于一体的综合性文化载

尼山圣境诸子百花谷

体。尼山圣境总规划占地35.76平方公里，计划总投资100亿元，总规划布局“一环五区”：环湖主题文化游憩带、儒学圣殿瞻礼区、国际游学营地区、山水书院修贤区、生态农业耕读体验区、国际文化旅居社区。尼山圣境分三期实施，一期为核心景区，规划范围8平方公里，主要建设孔子像、大学堂、耕读书院、景区集散中心、配套服务区（含尼山书院酒店）等，是一个完整的儒文化主题体验区；二期主要建设贤林书院、仁山书院、全球孔子学院联盟基地、环湖生态休憩带等；三期主要包括尼山创意产业园、尼山国际艺术中心等。

文化交流

2015年10月16～18日，由曲阜市人民政府主办、尼山文化旅游投资发展有限公司（以下简称尼山文旅公司）承办的以“夫礼之初，始诸饮食”为主题的2015·曲阜第五届亚洲食学论坛在曲阜举行。在尼山书院酒店举行“汉代官场食礼”筵式仪式，复原并体验汉代传统定食。此次传统定食体验活动是未来中华食礼馆展示“汉代官场食礼”筵式模式的简略版，也是尼山圣境传承优秀传统文化、倡导明礼生活方式、展陈与体验中华食礼文化的一项重要内容。

2016年8月26～29日，与北京大学文化资源研究中心联合主办的“中国首届国学院院长高峰会”在尼山圣境召开。国内外知名大学国学院院长、民间著名国学院长等50余名专家学者齐聚圣地，共襄国学发展、斯文重建盛举。会议期间，由北京大学文化资源研究中心、中国音乐学院雅乐团复原的古代雅乐《六小舞》在尼山书院酒店进行全球首演，与会学者、嘉宾及媒体记者观看演出。

2016年11月15～17日，尼山圣境承办以“传统文化与生态文明——迈向绿色·简约的人类生活”为主题的第四届尼山世界文明论坛。其中，首届尼山世界女性论坛在尼山书院酒店——尼山世界女性论坛永久会址举办。来自20多个国家和地区的260余位专家学者受邀与会，全国人大常委会原副委员长、尼山论坛组委会主席许嘉璐出席会议并作闭幕演讲。

2017年4月1～2日，与至圣孔子基金会、孔子研究院联合发起“传统文化与现代教育”中华传统文化与两岸社会发展研讨会，孔子第79代嫡长孙孔垂长、中国国民党副主席陈镇湘等300位海峡两岸各界人士参会。

2017年9月19～21日，由文化部、山东省人民政府主办，以“儒家思想与人类命运共同体”为主题的第八届世界儒学大会在曲阜孔子研究院举行，尼山文旅公司部分承办第八届世界儒学大会，受到各级领导和嘉宾好评。9月27日，第八届世界儒学大会青年博士论坛召开，尼山圣境作为唯一协办单位完成会务保障工作。

文化体验

2016年8月4日，由国家汉语国际推广领导小组办公室暨孔子学院总部、济宁市人民政府主办，孔子研究院、尼山文旅公司承办的“第十五届‘汉语桥’世界大学生中文比赛观摩营曲阜行”活动在尼山圣境举行，来自106个国家的127名观摩营成员现场观摩“乡射礼”复原展示，并进行深度体验。

2017年8月19日，尼山文旅公司联合摩拜山东在尼山举办“骑着摩拜去膜拜”朝圣之旅活动，100余名社会各界人士参加，42家媒体单位报名参与现场体验与报道，媒体曝光量达千万人次。

2017年9月23日，由尼山文旅公司与中国灵山公益慈善促进会、灵山慈善基金会共同主办的“为爱行走·首善曲阜”大型徒步公益活动在尼山举行，成为2017年国际孔子文化节的亮点之一。

2017年11月18日，尼山文旅公司策划组织“俄罗斯‘金砖五国——传统世界’社会组织文化考察团曲阜行”活动。

合作签约

2015年3月26日，尼山文旅公司与孔子研究院签订战略合作框架协议。

2017年4月2日，尼山文旅公司分别与无锡灵山慈善基金会和至圣孔子基金会签订战略合作框架性协议。

2017年9月28日，“文旅深度融合讲好中国故事”座谈会暨中国歌剧舞剧院、东方影业有限公司与尼山文旅公司战略合作签约仪式在尼山书院酒店召开。

2017年11月5日，尼山文旅公司参加曲阜（上海）重点项目签约仪式，与曲阜市政府就下一步合作开发建设鲁源小镇达成意向并签订战略合作框架协议。

2017年12月15日，尼山文旅公司与沃尔德集团正式签署“尼山圣境—沃尔德海外推广项目”战略合作协议，双方将通过山东省旅发委海外营销中心等旅游推介渠道，把尼山圣境推广到国际市场，提升品牌知名度和影响力。

2017年12月29日，尼山文旅公司与曲阜师范大学在尼山书院酒店燕乐堂举行全面深化合作签约仪式，双方签署《全面深化合作协议》《导学项目协议》《教学实践基地协议》，将在国学培训等领域展开战略合作。

第六节 其他景点景区

国家AAAA风景名胜区——石门山绿色休闲风景区

石门山位于曲阜城东北25公里处，因山形似蟠龙之状，故有“龙门山”之称。这里风景优美，云蒸霞蔚，又有“云山”“云亭山”之谓；又因两山对峙如石门，故俗称“石门山”，石门山主峰卧虎顶海拔406.2米。1985年，石门寺建筑群被公布为济宁市文物保护单位；1992年被国务院批准为国家森林公园；1999年，济宁市人民政府将面积6.75平方公里的范围划为石门山地质地貌景观保护区；曲阜市人民政府为进一步加大保护力度，将7.36平方公里的范围划为曲阜市级保护区，使保护区面积达到14.11平方公里。2006年，被公布为山东省文物保护单位。

国家AAA风景名胜区——颜庙

颜庙又名“复圣庙”，位于曲阜明故城北门内东侧，原陋巷故址处，是祭祀孔子的弟子颜回的庙宇。颜庙现存规模为南北五进院落，全庙共有元、明、清建筑殿、堂、亭、库、门、坊等24座159间，金、元、明、清碑刻53通。1977年被公布为山东省文物保护单位，2002年被公布为全国重点文物保护单位，2007年作为“三孔世界遗产扩展项目”列入国家世界遗产预备名单。

国家AAA风景名胜区——周公庙

周公庙是祭祀中国西周初期伟大的思想家、政治家周公的庙宇，位于曲阜城东北1公里处的高阜之上。周公庙历经宋、金、元、明、清代6次增修扩建，形成现在的规模。庙庭占地5公顷，四周红墙环绕，内分四进院落，有殿、堂、庑、亭、门、坊 57 间，历代古碑 30 余通。1977 年被公布为山东省文物保护单位，2013 年公布为第七批全国重点文物保护单位。

国家 AAA 风景名胜区——九仙山景区

九仙山位于曲阜城北部，距城 18 公里，山的西、北与宁阳县毗邻，东与石门山遥遥相对，最高峰凤凰山海拔 548.1 米，九仙山海拔 460 米。九仙山区域总面积 21.39 平方公里。以碧霞祠为代表的 40 多处名胜古迹和造化神奇的自然景观，散布于青山秀水之间，成为鲁南泰、峄之间的又一座名山，素有“小泰山”之称。2001 年九仙山古建筑群被列为济宁市文物保护单位，2006 年被公布为山东省文物保护单位。

国家 AAA 风景名胜区——蓼河十里儒家文化旅游景观带

蓼河十里儒家文化旅游景观带工程，位于曲阜市中轴线大成路一侧，孔子大道以南，以儒家“五常”“五德”为主题，沿线建设十大主题园区，打造成为与明故城（三孔）景区南北遥相呼应的儒家文化旅游景区，形成集旅游休闲、文化教育、科普展示等多项功能为一体的带状综合体。工程分为两期建设。一期工程主要是蓼河下游人工湖综合治理工程，包括蓼河引水工程、人工湖工程、东 104 国道蓼河桥加宽工程、景观桥工程、喷泉水幕电影工程、橡胶坝工程、蓼河治理下游延伸工程及景观工程等。其中，根据儒家“五常”文化，分别建设礼、仁、义、智、信等五大儒家文化主题公园，是集文化体验、生态休闲、特色商业、娱乐购物为一体的综合性生态景观。二期工程规划目标为发扬孔子与曲阜文化，建设“温、良、恭、俭、让”5 个儒家文化主题园，以旅游商业与“文化教育”为主要功能，建设商业建筑群与专业性博物馆群，融合自然与儒家文化景观，形成集旅游休闲、文化教育、科普展示等多项功能为一体的带状城市综合体。

国家 AAA 风景名胜区——银府生态文化园

银府生态文化园位于曲阜市陵城镇，是集科普文化教育、观光休闲为一体的，具有优美的园林景观和丰富的科学文化内涵的综合型植物园，园区植入现代参与式绿色养生娱乐文化项目，将农场种植、民俗文化等特色慢生活项目融入园中，以打造“欢乐森林，天然氧吧”为目标，最终实现“丛林生活，健康快乐”的功能性可持续发展模式。工程分两期建设打造。一期工程打造北方特色植物园区。主题园有梅园、竹园、桂园、千年红园、枇杷园、樟园、茶花园、枣园、海棠园、宅角园、樱桃园、榴园、楷树园、百树园等。建设圣水湖湿地休闲区、成人温室游泳池、水上乐园、林下儿童乐园、迷你动物园、迷你鸟园、迷你家庭农场、迷你手工陶吧、绿植迷宫、现代智能农业展示区、传统农业文化展示区、有机水果采摘区、有机四季蔬菜采摘区。二期工程将建设汽车露营地、帐篷露营区、木屋客房服务中心、阳光绿色餐厅、自助烧烤区、林下美食街、户外拓展基地、儿童树屋木屋服务区、儿童捉泥鳅小鱼小虾比赛区、儿童跑马场、森林幼儿园、乡村绿色仓储式超市等。

国家 AAA 风景名胜区——葫芦套民俗风景区

葫芦套民俗风景区位于吴村镇北部，由龙山慢城生态园、葫芦套民俗村、会泉峪民俗村、芦斗寺庙群组成，着力打造集农家乐、民俗游、景观游与野外生存、拓展训练、水上乐园等功能于一体的旅游区，集中发展具有儒风特色的乡村旅游。龙山慢城公园借助美丽乡村及文化国际慢城建设的有利契机，以“葫芦文化”为依托，深挖“福禄寿”传统民俗资源，大力整合龙山风景区、葫芦套民俗风情体验区、粮船石滨水慢步休闲区。葫芦套村坐落于“龙山”南首，三面环山，一面临水。村庄区域面积200公顷，有农家院落75个，历史文化悠久，民风民俗独特。葫芦套依托村内不同年代的民居老院，全力打造集旅游观光、休闲体验为一体的民俗文化村。会泉峪民俗村源于清道光年间，位于九仙山景区东南部，原名王林，因村后有泉，群泉会集，在打造民俗村的过程中更名“会泉峪”。会泉峪突出乡息古韵，通过聚焦历史文化典故，打造经典汇集地、民俗体验区、生态休闲处、乡野寻梦园。同时充分挖掘深厚的历史人文资源，重点实施传统历史文化的发掘，整理出黄帝拜祭、曹刿论战、和圣高风、孔子劝和、吴起仕鲁、呼延屯兵等十大经典历史故事，实施传统文化教育，集中发展具有儒风特色的乡村旅游。芦斗寺位于会泉峪西北部，三面环山，仙雾缭绕，为洗脱尘俗、修心养性之佳处，因其形如漏斗，故此得名。芦斗寺兴于李唐，盛于宋明，延于明清，香火不断。及至清末，千余年沧桑，寺院倾颓，已是残墙断壁，现已全面恢复。89岁高龄的全国十大高僧之一上隆下善大和尚圆寂于此。

国家AAA风景名胜区——山东儒源儒家文化体验基地

儒源儒家文化体验基地位于曲阜市岐黄街，建成于2012年，集学、游于一体，着重在动态实践中领悟儒家文化精髓，各式体验教学融合六艺、贯穿八德，将传统文化以最通俗易懂的方式展现给每一位学员。儒源儒家文化体验基地推出成熟的短期修学游线路，以少儿入泮礼、成童礼为主的国学体验游；以琴棋书画茶艺学习为主的修学游；以孝亲感恩课程为主的亲子游；以书法交流等为主的文化寻根之旅等。依托曲阜东高铁站的交通优势，吸引众多高铁线城市的组团客流。

国家AAA风景名胜区——慢城仙河花海生态园

慢城仙河花海生态乐园景区位于曲阜文化国际慢城核心区，建成开业于2017年8月。结合打造曲阜文化国际慢城的重要节点和机遇，立足实际、准确定位，确定以“花海”为主题，突出参与性、娱乐性，以休闲、体验为重点的乡村旅游为发展方向，以丰富的本土资源为优势，精心打造生态观光体验旅游景区，多层次打造仙河花海独具特色的生态旅游业。景区内有广阔的水面和70公顷各色鲜花。按照“一园十区”的规划布局，设立迎宾广场区、儿童迷宫区、水上拓展区、竹园区、水上游乐区、垂钓区、休闲沙滩区、“十二星座”木屋别墅群、花海景观区、爱情主题湖心岛十大园区，推出大型恒温大棚、室内水上漂流、海洋戏珠、丛林冒险、迷你驾校、生态餐厅等旅游项目。以山、水、田、村四要素为生态格局，打造曲阜国际文化慢城交通枢纽、游客集散中心，形成观光、游玩、休闲、度假、购物、餐饮、住宿为一体的一站式游客之家，园区内各个项目的打造，极大地丰富仙河花海的生态旅游内容。

第四章　旅游纪念品

伴随着改革开放的不断深入、孔子文化节（孔子诞辰故里游）的常年举办，到曲阜旅游的客人与日俱增。为满足中外游客购置当地旅游特色商品的需求，曲阜市加快旅游特色产品的研发步伐，开发出一系列“孔字号”旅游纪念品，传统的工艺品如：被誉为“曲阜三宝”的碑帖、楷雕、尼山砚，得到较好的传承和发展。

第一节　发展规模

曲阜市旅游纪念品以孔子文化系列产品生产规模较大，并占有绝大部分的旅游纪念品销售市场，大致占全市旅游纪念品销售总量的80%。在社会效益方面，曲阜生产旅游纪念品的企业明显增多，仅如意雕刻厂家近百家，礼品式曲阜煎饼生产的作坊几十家，全市从事旅游纪念品销售的就业人员5000人之多。其中，曲阜金龙阁、三孔旅游服务公司经过近10年的发展，成为全省重要的旅游商品开发基地，金龙阁被山东省旅游委授予全省首家旅游商品“六真店”“山东省特色旅游购物店十佳品牌”称号。

第二节　地方特色

曲阜市开发的旅游纪念品主要有文物复仿制品、土特产品、旅游生活用品等。其中，传统特色纪念品最著名的有“碑帖、楷雕、尼山砚”，被誉为“曲阜三宝”。曲阜存有西汉以来的历代碑刻1万余通，号称“曲阜碑林”，是中国三大碑林之一，书法精品数不胜数。曲阜碑帖不仅是文人墨客临摹的范本，还是进贡皇帝的贡品。曲阜碑帖的种类繁多，以汉魏北朝碑刻为主，尤以礼器碑、史晨碑、乙瑛碑、孔宙碑、张猛龙碑和贾使君碑等碑帖最为著名，此外还有历代著名书法家题写的原碑精拓本。曲阜楷雕已有2400多年的历史，传统产品主要是寿杖、如意、孔子像等。尼山砚因其石料取材于孔子出生地尼山而得名，以简朴大方见长，“不方不圆，固其自然，固差胜于雕镌。”尼山砚作为鲁砚的主要品种，曾多次参加全国文房四宝展览。除“曲阜三宝”外，曲阜土特产还有孔府家酒、香稻、曲阜黑芝麻板、曲阜煎饼、孔府糕点等。香稻产于曲阜逵泉一带，米色白中略有青绿，质地细腻透明，煮熟的粘细油韧，香气四溢，向有“一家煮饭十家香”之誉。

2010年后，曲阜市将乡村旅游发展作为工作重心之一，以“圣地乡村游”品牌建设为抓手，以尼山镇、吴村镇、石门山镇乡村旅游发展为突破，形成大发展、快发展、优质发展的良好态势，在旅游纪念品方面，石门山镇有“石门山牌”草莓、马铃薯，“孔府牌”鲜枣、樱桃；吴村镇有“圣佳果品”牌枣、核桃等。

第三节　创新研发

2010年以来，曲阜开发出一系列“孔字

号”的旅游纪念品，传统工艺品得到较好继承和发展。至 2017 年，曲阜楷雕发展到上百个品种，包括人物、花鸟、走兽、器皿等，许多作品被日本、韩国、美国等国家和地区的友人收藏。围绕孔子像和《论语》的设计制作，开发一系列独具匠心的旅游产品，其中孔子像有木雕孔子像、玉雕孔子像、石雕孔子像、铜质孔子像、金箔孔子像等。研制出仿真古装版、金版、竹简等多种版本《论语》。三孔旅游服务公司积极开发具有自主知识产权的文化产品，依靠自主研发、广泛对外合作嫁接，逐步开发制作 300 余种旅游纪念品和 20 余种文物复、仿制品，包括铜体活字印刷《论语》《郑板桥手书论语真迹》《张仲亭手书论语》《孔子七十二圣贤刻石》《孔府纯银如意》、丝绸圣迹图、织锦孔子像、缂丝字画、玉瓷盖碗、水晶摆件、曲阜三宝、高仿馆藏玉璧、欧卡技术高仿《三圣图》及纯金、纯银孔子纪念章、红木工艺品、商周十供、《福》《寿》《囍》苏绣挂轴等系列，对外承接礼品的开发、设计、制作，满足全国各个阶层对儒家文化相关产品的需要，填补曲阜具有儒家特色系列旅游商品的空白，得到国内外游客好评。

在全国及全省的旅游商品比赛上，曲阜有多件产品获国家金奖、山东省金奖，一批产品获银奖、优秀奖。其中，“横版英汉对照版《论语》”被评为山东省 2006 年度唯一标志性旅游商品。2010 年，三孔旅游服务公司设计的水晶孔子像被评为“2010 品牌山东最具特色旅游商品”。2013 年，在精品砚评选活动中，“梅花桩尼山砚”获银奖；“好客山东”全国桃木旅游商品创新设计大赛，参赛木雕作品获 7 项大奖。2014 年，第十二届山东省旅游商品创新设计大赛，参赛作品获得金奖、银奖、铜奖以及优秀奖等 15 个奖项；“好客山东”全国桃木旅游商品创新设计大赛，参赛木雕作品获 10 项大奖。2015 年，第十三届山东省旅游商品创新设计大赛，参赛作品获得 10 个奖项；“好客山东”全国桃木旅游商品创新设计大赛暨全国桃文化旅游商品评展活动，参赛木雕作品获 13 项大奖。2016 年，首届山东省新品牌旅游商品评选暨第十四届山东省旅游商品创新设计大赛，获得 6 个奖项；“好客山东”全国桃木旅游商品创新设计大赛，参赛木雕作品获 9 项大奖。2017 年，第十五届山东省旅游商品创新设计大赛，获得 6 个奖项；中国特色旅游商品大赛，参赛作品获得金奖、铜奖；第五届中原旅游商品博览会精品大赛，获得金奖、银奖、铜奖及优秀奖 4 个奖项；金龙阁“孔子像”、三孔旅游服务公司“楷雕、碑帖、尼山砚”获得首批“山东好礼·一城一品”旅游商品——标志性品牌商品。

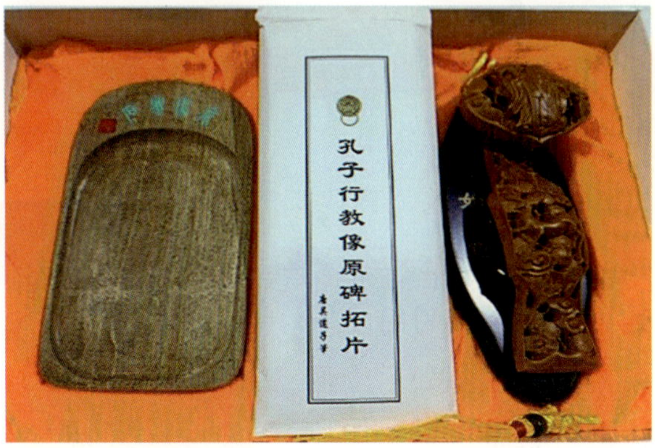

在 2017 第五届中原旅游商品博览会精品大赛评选中，曲阜市参赛作品“曲阜三宝”获得金奖。

至 2017 年，曲阜市有 9 人被评为“山东省民间手工艺制作大师”，金龙阁、三孔旅游服务公司被命名为“山东省旅游商品研发基地”。

第五章　美食特产

秉承孔子“食不厌精、脍不厌细”的饮食理念，加上“衍圣公府”的地位，使之有许多机会接触全国各地的名贵菜肴。“衍圣公府”内配备许多专业厨师，师徒相传，代代相继，不断创新，制作出包括孔府菜、孔府糕点、孔府酒在内的孔府美食。新中国成立后，孔府美食进入民间，得以发扬光大。改革开放以后，曲阜更加重视传统美食的传承和发展，使曲阜美食在继承传统的基础上，有了较快发展。

第一节　曲阜美食

孔府宴

曲阜餐饮文化有着悠久历史，而且与儒家文化有着密不可分的关系。孔府菜，是鲁菜三大组成部分之一，还是典型的官府菜，形成著名的孔府宴。它最大的特点是文化底蕴深厚，几乎每道菜都有其典故，且风味独特。孔府宴是历代衍圣公接待贵宾，袭爵上任，祭日、寿辰、婚丧时特备的高级宴席，流传至今，孔府宴逐渐汇集全国各地之精华，成为鲁菜一个重要组成部分。孔府菜的原料有名贵的驼蹄、熊掌等；也有地方特产，像微山湖的鱼虾等，都是孔府菜中的常用料。孔府宴分五大宴：寿宴主要是为庆祝衍圣公及家眷的生日而设，宴席上的佳肴非常精美，菜肴名称也各有寓意，流传至今的主要有福寿绵长、长寿鱼、一品寿桃等。花宴是衍圣公的公子迎娶或小姐出嫁时所设的宴席。孔府一向联姻高门，花宴自然高贵体面。这类宴席特别突出“喜”字，菜肴名称也贴切雅致，流传至今的有：鸳鸯鸡、凤凰鱼翅、带子上朝等。喜宴即凡孔府内获封、袭、得子等喜庆之事，都要办宴祝贺。这种宴席面上往往突出喜庆气氛，菜名多美好、吉祥之意。流传至今的菜品有：鸡里炸、四喜丸子等。迎宾宴是迎圣驾，款待王公大臣等所设的高级宴席。这种宴席的规格最高，席面上多有山珍海味，其中最华贵的就是清代的满汉全席。家常宴是孔府自己接待亲友所用的宴席，菜品也常常随季节而变换。孔府内除内厨、外厨外，还有自设的小厨房，烹

孔府菜

调各自的饭菜。2004 年 9 月，日本东京电视台记者团 30 余人到曲阜交流儒家文化，提出品尝“孔府宴”，省级非物质文化遗产项目孔府菜烹饪技艺代表性传承人彭文瑜主理早餐标准 20000 元一桌共 4 桌，中餐、晚餐标准 40000 元一桌共 6 桌的高档孔府菜燕菜席，受到日本客人的高度评价。

孔府糕点

孔府糕点是曲阜源远流长、世代相传的一种独具风味糕点。按照定例或遇有喜庆大典，孔府每年几次向皇宫进贡的贡物和贺礼中，常有孔府糕点。孔府糕点讲究现烤现吃，求其色、香、形俱佳，分外用和内用两大类。

孔府外用糕点主要用于进贡、馈赠、恩赏。以“枣煎饼”和“缠香酥”为主。“枣煎饼”是选用上好红枣、芝麻、小米精工制成，用金属“长方听”密封，外加装饰。其特点是香甜酥脆。“缠香酥”的特点是制作精巧，形薄如纸，香脆可口。

孔府内用糕点又分应时糕点、常年糕点、到门糕点、宴席糕点、节用糕点等。应时糕点有桂花饼、藤花饼、荷花饼、菊花饼、薄荷饼等，是在各种花卉盛开季节精工制作的。如桂花饼，在桂花喷香时，采集花瓣处理后，配以青红丝等为馅，用上好豆粉、蛋精为皮，候火过油即成。外酥脆，内香软，桂花鲜艳如故，令人赏心悦目。应时糕点还有春秋时令的萝卜饼，夏令的绿豆糕、栗子糕、凉糕，冬令的小水晶包、豆沙包、火腿烧饼。这类糕点，根据季节变化而随时制作。如绿豆糕点、解暑清心，凉爽可口，适宜夏季食用。此种绿豆糕点是将绿豆煮后去皮，配以各种解暑清凉的佐料，最后用各种水果形的特制模具造型而成的。常年糕点有大酥合、菊花酥、百合酥、麻团、黄糕（各式蛋糕）等。到门糕点，顾名思义，即客人到门之后，宴席之前上的糕点，有“梢梅”“一口盅”“棉花桃”等。这类糕点以制作精巧，形象逼真，色彩优美著称。节用糕点有各种馅的元宵和火腿、冬菜、海米馅的月饼，尤以孔府“巧果”为最佳。它品种繁多，造型优美，工艺精细。巧果糕点是用传统模具制成的，花色图案十分丰富：有吉祥的孔雀、展翅的小鸟、小石榴、小花篮、仙桃、金鱼、寿字、福字等，每块糕点图案精巧美观，形象逼真动人，不仅味美可口，又可观赏，十分惹人喜爱。

孔府各式各样的糕点都配以各式各样的汤。如绿豆糕配山楂汤，各类酥糕点配有桂圆汤、莲子汤、百合汤、杏仁羹，火腿烧饼、鱼翅饺子，则配有紫菜汤、口蘑汤、银耳汤等。

曲阜煎饼

煎饼是汉族主食，起源甚早。从原料上看，有小麦煎饼、玉米煎饼、米面煎饼、豆面煎饼、高粱面煎饼，还有地瓜面煎饼等。煎饼制作一种是将玉米面粉或其他杂粮等做成团状（地瓜面需滤出一定糖分）在热鏊子上滚烙而成；一种是将小麦粉、玉米面粉或其他杂粮等调成糊状放入平锅内摊烙而成。曲阜煎饼则是通过以上程序后，再把馅料放煎饼上在热鏊子上叠烙而成。馅料可以根据口味制作，主要有葱香、花生、芝麻、麻辣味等，谓之“咸煎饼”。曲阜“咸煎饼”皮薄馅多，香酥可口，营养丰富，可以储存久放，即取即食。有的人家在制作煎饼时，用时鲜蔬菜或肉类做馅料烙制即食，鲜美可口，曲阜人谓之“菜煎饼”。曲阜煎饼因曲阜旅游日兴而随之成为一种旅游名吃，并深受中外游客喜爱。“咸煎饼”“菜煎饼”也成为曲阜饭店酒楼必备面食之一。进入

21世纪初，煎饼制作已经成为曲阜一项产业，著名品牌有孔府家饼、张姥姥、酥客斯等。

熏豆腐

熏豆腐是曲阜传统名吃，也是孔府菜特色佳肴之一。制作方法是先将白豆腐（用膏豆腐），切成长宽5～6厘米、厚1厘米方块，放在铁箆子上，下面用松、柏、梨、枣、苹果木锯末、谷糠熏烤至棕黄色即成。豆腐表面呈棕黄色，表层结实，里面细白鲜嫩，吃起来带有浓郁的木香或谷糠香味，熏豆腐可凉拌，可炖煮，也可切成薄片或细条，加鲜辣椒或蒜薹炒制。曲阜农贸集市上，常设有熏豆腐锅，把熏豆腐与肉块放入，加水、整个辣椒、茴香、花椒、桂皮等佐料炖煮，即成“五香油辣熏豆腐”。

第二节　孔府菜

孔府菜，是孔子的嫡系后裔历代“衍圣公”在接待皇帝，向皇帝、皇太后进贡、欢宴钦差大臣、达官贵戚和举行喜宴、寿宴及日常生活的家宴中，遵循孔子“食不厌精，脍不厌细”的遗训，由孔府历代名厨精心创制，特别强调名雅、味中、器美、技繁的内涵特色，逐渐形成的一种具有独特风味的典型官府菜，是中国烹饪文化宝库中的瑰宝，是鲁菜中的一个重要流派。礼仪庄重，等级分明。菜式上、席面款式上要求十分严格。各种宴席的席面，菜点丰盛，搭配讲究，主菜、大件菜、配伍菜都有一定的程式。孔府在历史上最高规格的“满汉全席”要上菜196道，仅餐具就有404件。其次是燕菜席、鱼翅席、海参席和“双四”（四白烤、四红烤）、一品锅等，依不同季节变换时令佳肴。而宴饮的享用者，根据其身份和地位入室归座，等级分明。选料广泛，用料讲究。孔府的饮食烹饮，有优裕的物质基础，丰富众多的食品原料，使得孔府内外厨师可以优中选优，精中取精，并且一料多用，变换无穷。做工精细，讲究盛器。善于调味，技法全面。孔府烹饪非常讲究，点心一般分为两大类，一类是供衍圣公府的主人们食用的，数量较少。另一种是外用点心，主要是用于进贡、馈赠、恩赏。孔府食用糕点时还要配用各式各样的汤。孔府菜肴的制作讲究精美，重于调味，工于火候。因菜设器，按席配套，食器相映，多态多姿，点缀席面，富丽堂皇。命名讲究，寓意深刻。孔府菜的命名极为讲究，寓意深远。有些系沿用传统名称，有的取名古朴典雅，富有诗意，有的菜点则是管家、厨师投其所好，因人因事而名。

孔府菜经典菜单

根据各酒店孔府菜品受欢迎程度、营养搭配、传统菜品和创新菜品相结合等情况，精选出传统菜品六道、创新菜品四道、传统汤品一道，相互结合，推出四菜一汤、六菜一汤、八菜一汤、十菜一汤标准菜单，在各酒店进行全方位展示，在宴席和零点中重点推介，全面营造孔府菜宣传氛围。

传统孔府菜：烤花揽鳜鱼　带子上朝
一品豆腐　阳关三叠
诗礼银杏　玉带虾仁

创新孔府菜：圣书香　麒麟御书
鲁壁藏书　尼山踏青

传统汤：孔门三套汤

四菜一汤菜单：孔门三套汤　带子上朝
一品豆腐　诗礼银杏
麒麟御书

六菜一汤菜单：增加圣书香　玉带虾仁

八菜一汤菜单：增加阳关三叠
尼山踏青
十菜一汤菜单：增加烤花揽鳜鱼
鲁壁藏书

菜品简介

三套汤 是孔门官府菜制汤中的绝技，它是以新鲜动物肉、骨为原料煮出毛汤后，经三次反复吊制才能制成，故名三套汤。三套汤的工序复杂，制作精细，下料实，味道足，是鲁菜乃至整个中国菜系中制汤最完美的典范，非门里厨师，绝不懂其内里做法。此汤即用鸡肉滋味，而将鸡肉弃之不用，味醇而浓厚，喝一口，终生难忘。

烤花揽鳜鱼 把炮制干净的鳜鱼调味、造型后，网油，再包面饼，把鱼包封严密，放在铁钩上，下用木炭火两面烤熟，其鲜味不失，色白而嫩。食者知其味，不知其法，曾是孔府秘不外传的名菜制法。此菜味道特鲜，白中泛红，佐以姜末、香醋，尤胜一筹。由于鳜鱼谐“贵余”之音，喻富贵有余之意，所以历代孔府每逢喜庆宴会，鳜鱼佳肴必登席。

一品豆腐 是孔府的一道传统菜，原是选用孔府“豆腐户”所制的13厘米见方的整块豆腐，将豆腐片去上皮作盖，中间挖洞填入10多种配料烹制而成，口味鲜香，营养丰富。此菜以蒸法烹调，可保持豆腐的原始风味，最能发挥清肺热和胃气，并有延年益寿之效用，不论男女老少皆宜食用，因明清时孔子嫡系后裔贵为一品大员，故得此名。

带子上朝 又名“百子肉”。清光绪二十年（1894年），76代衍圣公孔令贻为慈禧太后祝寿后返回曲阜，族长摆宴接待，内厨为颂扬孔氏家族的殊荣，特以五花猪肉内嵌莲子制作此菜，取名为“带子上朝”，寓意为孔府辈辈做官，代代上朝，永为官府门第，世袭爵位不断，寓意新颖，深得孔令贻的赏识。此菜功于火候，肉香与莲子香融为一体，酥软香甜、烂而不糜、脆而不腻、入口即化，深为人们所称道。

阳关三叠 此菜系鸡蛋薄饼、鸡脯肉泥、青菜叶三层重叠煎制而成，外焦里嫩，鲜香适口，这是孔府厨师受唐代大诗人王维的一首“西出阳关无故人”的启发而制作。此菜多用于饯行宴会，以表达主人对友人的依依离别之情。

诗礼银杏 此菜是一道传统孔府菜，成菜色如琥珀，清新淡鲜，酥烂甘馥，柔韧筋道，十分宜人，可解酒止咳，是孔府宴中的独具特色的菜。孔子教子孔鲤学诗礼曰：“不学诗，无以言，不学礼，无以立”。五十三代“衍圣公”孔治建“诗礼堂”以资纪念，堂前植两株银杏树，此菜主料银杏即取之于此树，故名。

圣书香 此菜是由银鳕鱼、玉米粒、银杏小火慢煨至酥烂而成。宋初赵普说“半部《论语》治天下”，意为孔圣人所著《论语》之博大精深，固称圣书。现如今新创此菜，以《论语》的形式做成，用冬瓜雕得成书的形状，内装各种精美食物，封面上刻“论语乡党篇”。旁置菜肴制成的毛笔和笔架，令人一面食用，一面品味《论语》的哲理，学习孔子的思想。

鲁壁藏书 秦始皇当年焚书坑儒时，孔子第九代孙孔鲋，将一些儒家经典书籍，藏于孔子故宅的墙壁中，使这些经典得以完整地保存下来，史称“鲁壁藏书”；此菜用白面烙的单饼卷炸制的腌肉和小葱，做成书卷（书筒）形状的菜肴，配以瓜果雕刻成鲁壁，取名为“鲁壁藏书”。

尼山踏青 新派孔府特色菜之一，将青豆花生剁碎成米粒状和蛋液拌匀，入锅中炒香，加清汤煨熟，把蒸透的干贝放上即可，此菜清香可口、口味鲜咸、肉质细嫩、味道鲜美。孔子77代孙孔德成年幼时经常随其奶妈于春季青菜上市时回尼山踏青游玩，其奶妈为其用青豆作为原料烹制的一道菜，现在还有“此菜烧三遍，给肉都不换”的说法。

麒麟御书 选用淡水鲈鱼切断腌制后，放入八成热油锅中炸制而成，因形似麒麟，得名麒麟御书。据《名山藏》记载：“孔子将生，有麒麟吐玉书于阙里（山东曲阜），圣母以绣系麟之角。”不久孔子就降生。以后便有“麒麟送子”之说，并且有更多“麒麟送子”的吉祥图案流传，“麒麟御书”“麒麟送子”也成为祝颂之辞，喻意早得贵子。

玉带虾仁 除去虾的头、尾肘，虾腰留一壳环炒制而成，色泽艳丽，虾仁软嫩，味鲜咸，营养丰富。孔氏后裔官居一品，上朝时腰系玉带，虾腰环恰似玉带，令人食时，体会孔府主人经常玉带缠身，荣华富贵的情景。

孔府菜传承推广活动

为做好挖掘传承孔府菜，重现孔府菜风采，曲阜市做了大量工作。2005年7月9～10日，在曲阜阙里宾舍举办首届中国孔府菜发展论坛暨孔府菜认证活动，110余人参加。2010年4月24日，济宁20家餐饮企业成立孔府菜发展联盟，联手发展并在国内外推广“韦编三绝”“三思而行”“带子上朝”等众多孔府菜。2010年9月18日，举办首届“府藏孔府家酒”杯中国（曲阜）孔府菜美食节。2015年10月17日，第五届亚洲食学论坛在曲阜开幕。来自亚欧美三大洲15个国家和地区的200余名食学专家集聚孔子故里，共同探讨餐桌礼仪、餐饮文明、传统美食等话题，展示孔府菜的表现形式和内容。论坛上，山东省质监局授予曲阜市餐饮业协会“孔府菜标准化委员会”会牌，搭建了孔府饮食文化申报世界文化遗产的技术平台。2017年，曲阜市旅游局召开全市孔府菜发展座谈会，市文化产业园、市人社局、各星级酒店孔府菜大厨、孔府菜传承人等20余人参加。联合济宁餐饮协会、儒家花园酒店举办2017中国孔府菜高峰论坛暨孔府菜美食节活动，邀请省、市餐饮协会专家，鲁菜、孔府菜大师研讨孔府菜传承与发展方向，制作展示孔府寿宴、孔府喜宴、孔府迎宾宴等传统、创新宴席、菜品。20余名孔府菜中青年厨师参加孔府菜烹饪比赛，展示带子上朝、诗礼银杏、一卵孵双凤等孔府菜的制作技艺，评选出孔府菜“十佳”菜品。15名大厨分别获得孔府菜烹饪大师、孔府菜名师称号。邀请非物质文化遗产传承人孔府菜烹饪大师彭文瑜、张仰金进行孔府菜传统名菜、创新菜现场教学培训。市旅游局推行孔府菜进酒店行动，制作精品孔府菜制作指南彩页，下发各星级酒店，规范、普及、推广正宗孔府菜。

第九篇　经科贸活动

第十届中国专利高新技术产品博览会
The 10th China Patent and High-Tech Products Expo
开幕
Opening

第九篇　经科贸活动

第一章　经贸活动

1984～1985年，孔子诞辰故里游活动以综合性文化旅游活动为主。自1986年孔子诞辰故里游开始，每年的孔子诞辰故里游和孔子文化节都要设计举办一些经贸活动，以体现"文化搭台，经贸唱戏"。经贸活动主要有产品展销、订货，经贸业务洽谈、投资合作，技术推广，引进资金、技术、人才等。

第一节　商贸活动

1986年9月26日至10月5日，首次举办大型物资展销会、旅游产品展销会、经济技术洽谈会、文房四宝及名人书画展销会等经贸项目。

1987年10月，举办经济技术洽谈会；济宁市名优特新产品展销会；全国名优体育用品展销会；服装、鞋帽、精制糕点、名茶名酒、广州纽扣、名优轻工产品、出口产品、文房四宝、名人书画、旅游用品、工艺品等各类产品展销会；孔子故里技术成果交流交易会；在曲阜市物资公司举办各类汽车展销会和化轻、金属、木材、燃料、建材等物资订货洽谈会。

1988年10月，举办经济技术洽谈会，物资交流展销会，商业、旅游产品展销订货会等，有20余个省、市数百家厂商1500余人次与会。

1989年9月25～30日，举办全省名优特产品、旅游纪念品、工艺品展销会。

1990年9月26日至10月10日，举办对外经济技术洽谈会、华东11省市大型物资交易会、曲阜市外贸出口产品暨二轻产品展销会、曲阜市"八五"期间技改项目论证会。其中，华东11省市物资交流大会，有来自北京、上海、河北、河南、江苏、天津、山西、安徽等省市30余个地区的100余家单位参加。到会2000人。大会历时4天，参加交流的商品有汽车、木材、钢材等10余个部类、200余个品种，成交额3亿余元，现货成交额6000万元。

1991年，举办对外经贸洽谈会、地产品物资交易会、名优特新出口产品展销会、旅游

1997年9月25日，在孔府商城举办旅游商品、旅游业务交易会。

商品展销会、曲阜市技改基建项目论证会、曲阜市科技成果交易会等。

1992 年，举办对外经贸洽谈会、地产品展销会、物资交易会、新技术新产品交易会、人才市场、融资活动、曲阜市重点技改及基建项目论证会、企业产品订货会、用户座谈会等。其中，由山东省物资局、淮海物资经济协作开发区联合举办的孔子文化节物资交易大会，2000 余人在为期 3 天的物资交易会上进行现货、期货交易，组织项目洽谈和物资串换。交易的主要物资有钢铁、煤炭、汽车、化工产品等 5 大类 1000 余个品种。投放价值 20 亿元的物资品种，总成交额 5.5 亿元。国家科委成果办公室、中国科技情报研究所等与曲阜市联合举办的’92 孔子文化节新技术新产品交易会，吸引航天部、中国科学院、山东省科学院、山东工业大学及河北、江苏、安徽、黑龙江、河南等许多高科技单位的专家教授携带科研成果参加交易，提供现代新科技项目 9886 项，计 1.2 万条，展出样品 200 余件，发送技术资料 5 万余份，签订技术合同、协议、意向 482 项。对外经贸洽谈会，济宁市 13 个企业与来自美国、加拿大、法国、德国、俄罗斯、日本、韩国、泰国等国家和中国香港、中国台湾地区的客商进行经贸科技洽谈，接触洽谈对外经济合作项目 130 余项，签订合同、协议、意向 75 项，达成总投资额 1.42 亿美元，其中引进外资 6300 万美元。

1993 年 9 月 26 日至 10 月 10 日，举办山东省首届高校青年师生实用科技发明大赛暨成果交易会，对外经济贸易恳谈会，企业产品订货会、用户洽谈会，曲阜市技改基建项目论证会，友好城市旅游业务恳谈会，工业精品博览会，物资交易会，科技新成果交易会和人才交流活动等 10 余项经科贸活动。其中首届高校青年师生实用科技发明大赛暨成果交易会，有全省 42 所高校的 500 余名师生申报的 530 余项最新成果进行展示交易，全省 100 余家企业、部门的 2000 余人参观展示，并对所需求的项目进行咨询洽谈。展示会上签订各种成果转让、合作开发合同、协议 2550 项。对外经济贸易恳谈会，邀请客商 200 余人（其中外商 30 人），推出对外合作项目 31 项，制作招标沙盘 6 个，招商展板 18 块。接触洽谈对外合作项目 40 余个。签订合同 6 项，总投资额 3158 万美元，签订协议、意向 12 项，总投资额 9045 万美元。

1994 年 9 月 26 日至 10 月 10 日，首次举办鲁西、鲁南区域性大型经贸洽谈活动；举办曲阜市出口产品展示会，重点项目恳谈会，对外招商引资恳谈会，名优新产品展销会，外商投资信息发布会，经贸技术交流大会，物资交易会等。其中，经山东省委、省政府批准，首次举办的鲁西、鲁南区域性大型经贸洽谈活动，有 3 个突出特点：辐射面广，综合性强，以临沂、菏泽、枣庄、泰安、济宁为中心，面向山东，辐射苏、豫、皖、沪、陕等省；与会客商范围广，人数多、层次高，来自 36 个国家和地区的客商 1200 余人参加洽谈会。日本伊藤忠株式会社、韩国大宇、美国伊顿公司等多家大财团均派代表到会；一批大型项目相继签约，利用外资、外贸出口成交额和签订的合同、协议、意向总额 15.67 亿元，是办节十一年中经济效益最好的一年。

1995 年 9 月 26 日至 10 月 10 日，开展’95 孔子文化节对外经贸洽谈会，科技成果发布会，出口商品展销会，曲阜市“九五”经济发展规划研讨暨重点项目论证会等经济活动。

其中’95曲阜对外经贸洽谈会，美国、德国、爱尔兰、罗马尼亚等国家及中国香港、中国台湾地区的代表和曲阜各大企业的厂长经理120余人参加。推出包括电子机械、纺织、建材、食品、酿造、房地产开发、旅游娱乐文物景点开发等招商引资项目40余个，涉及领域广泛，项目针对性强。签订合同2项，总投资554万美元；协议9项，总投资3661万美元。由山东省经贸委与济宁市政府主办，香港大马集团、香港中国置业集团、美国伊顿公司、马来西亚常青集团协办的’95孔子文化节对外经贸洽谈会，来自波兰、美国、泰国、韩国、捷克等20余个国家和地区的382位代表参加，推出对外合作项目100余条，签订合同、协议、意向62项，总投资额1.88亿美元。

1996年9月22日起，举行曲阜市重点项目论证会、对外经贸洽谈会、科技协作交流会、企业产品订货会等。其中，对外经贸洽谈会，有来自10余个国家和地区的40余位海外客商参加，推出曲阜市对外招商项目29个。通过洽谈，签订合资合同2项，总投资额1380万元。签订合资独资意向4份，总投资额1.45亿元。

1997年9月26日起，举办产业结构调整暨重点项目汇报会，对外经贸合作洽谈会、科技协作交流会，旅游商品、旅游业务交易会，跨国集团经营管理模式介绍会等。

1998年9月26日起，举办工业经济发展规划暨重点项目汇报会，科技项目发布会，’98孔子文化节经贸恳谈会，产品订货洽谈会等。其中，’98孔子文化节经贸恳谈会，邀请美国、韩国、俄罗斯、新西兰、塔吉克斯坦等国家和中国澳港台地区96名客商，以及曲阜市有关部门和企业的负责人共计200余人参加洽谈，推出重点招商项目25个。经过接触和洽谈，签订合作、合资协议6项，总投资1060万美元。

1999年9月26日起，举办’99孔子文化节项目论证推介会，孔子文化节新技术、新产品展谈会，’99孔子文化节经贸洽谈会，企业产品订货会、销售用户座谈会等。其中孔子文化节新技术新产品展谈会，来自全国10个省市的88个高等院校、科研院所、高新技术企业、科技开发服务中介组织的200余名专家、学者和科技人员作为发布方参加，总参会人数2600余人次。展出新产品100余种，高科技项目1000余项，发布高院科技成果信息2000余项，签订技术合作意向、协议、合同154项。’99孔子文化节经贸洽谈会，有来自美国、英国、日本、俄罗斯、瑞士、奥地利、新加坡、加拿大等国家和中国港澳台地区的海内外客商205人参加。签订合同4项，总投资额6810万元；签订合作意向3项，总投资额9.6亿元；签订贸易合同2项。

2000年9月21日起，由中国专利信息中心、山东省知识产权局与济宁、曲阜两级市政府联合举办2000中国曲阜国际孔子文化节中国专利高新技术产品博览会；举办对外经贸洽谈会和中国曲阜招商月活动以及企业产品推介会、用户座谈会等。

2001年9月21日起，举办中国专利高新技术产品博览会，中国旅游热线推介会暨旅游商品博览会，对外经贸洽谈会，香港、台湾及美籍华人企业家投资项目恳谈会。其中，香港、台湾及美籍华人企业家投资项目恳谈会，推出14个重点招商项目，涵盖旅游、化工、纺织、医药、食品、机电等行业，呈现出科技含量高、经济效益好、投资回报快、民营企业项目多的特点，引起项目投资考察团的极大兴趣。考察团成员根据各自情况与曲阜的对口企业进行对接洽谈，并达成部分合作意向。

2002年9月23日起，举办第三届中国专利高新技术产品博览会、旅游热线推介暨旅游商品博览会、鲁台（济宁）经贸合作交流恳谈会、第七届世界颜氏宗亲联谊大会暨经科贸合作推介洽谈会。其中，鲁台（济宁）经贸合作交流恳谈会，济宁市12个县市区的代表本着互惠互利、优势互补、长期合作、共同发展的原则，与与会台商就共同关心和感兴趣的涉及旅游、轻纺、电子及化工医药等60多个重点合作项目进行洽谈，签订合作文本18项。第七届颜氏宗亲联谊经贸合作推介洽谈会，组织曲阜34家企业负责人与来自新加坡、马来西亚、菲律宾、美国、澳大利亚等国家及中国香港、中国台湾地区的颜氏宗亲中企业界人士进行联谊、交流和项目洽谈，达成合作协议、意向9项。

2003年9月22日起，举办中国CEO孔子故里行、山东省第二届教育用品展示会、第五届国际儒商大会、第四届中国专利高新技术产品博览会、“走进孔孟之乡”全国百强旅行社论坛暨旅游热线推介会等。

2004年9月21日起，举办第五届中国专利高新技术产品博览会、孔孟颜曾圣裔恳亲联谊暨经贸洽谈会、中外知名企业联谊暨经贸恳谈会等。孔孟颜曾圣裔恳亲联谊暨经贸洽谈会，是孔子文化节首次举办的圣人后裔寻根祭祖、共叙乡情的联谊活动。来自美国、韩国、日本、新加坡、马来西亚等国家和中国香港、中国台湾地区的圣裔代表300人参加。分别在曲阜、邹城、嘉祥举办寻根祭祖、联谊和经贸洽谈活动。9月27日在曲阜召开的孔孟颜曾圣裔恳亲联谊大会上，展示孔子第77代嫡长孙孔德成为联谊大会亲笔题写的“通家累世”4个大字，成立孔孟颜曾圣裔联谊会，通过《联谊会章程》。聘请孔德成、曾宪梓为名誉会长，推选孔德墉（香港）、孟祥居（济宁）、颜荣源（新加坡）、曾文仲（香港）为会长，孔德墉担任首次轮值执行会长。此次活动中，四姓圣裔签订投资意向协议11个，总投资13.441亿元，其中外方投资2.89亿元。

2005年9月21日起，举办第六届中国专利高新技术产品博览会、第二届中外企业高层论坛暨经贸合作恳谈会、2005孔子文化节对外经贸合作洽谈会、全国六城市台协会济宁经贸合作恳谈会、孔孟之乡国际旅游目的地营销暨项目推介会、孔颜圣裔联谊经贸恳谈会、欧亚城乡合作计划——曲阜历史文化名城保护与发展国际论坛、曲阜重点项目开工竣工仪式和曲阜市招商引资项目签约仪式等。

2006年9月20日起，举办文化旅游商品博览会暨旅游商品创新设计大赛，中国曲阜现代物流业发展高峰论坛，孔颜圣裔联谊暨经贸恳谈会，曲阜历史文化名城保护与发展国际学术研讨会，招商项目签约、开工、竣工仪式，第七届中国专利高新技术产品博览会，中国（济宁）现代生态农业特色产品及乡村旅游国际博览会、人才交流大会，第三届中外企业高层论坛暨经贸合作恳谈会，“孔子杯”山东收藏家协会首届藏品交流会等。其中，9月26日在曲阜孔子古玩城举办“孔子杯”山东收藏家协会首届藏品交流会，由曲阜市人民政府、山东省收藏家协会主办。设摊位500余个，汇聚一大批极富收藏价值的精刻工艺品、艺术品、书画作品、天然藏品和青铜器、玉器、陶瓷等古今藏品，档次高，规模大。活动为期

2012 年 9 月 27 日，曲阜海峡两岸企业发展论坛举行。

10 天，其间举行收藏品拍卖会、书画家现场作画演示、收藏品展示和交易及济南市图书公司优秀图书展销活动。

2007 年 9 月 26 日起，举办第八届中国专利高新技术产品博览会，“台商孔子故里行”，2007 中国（济宁）现代农业国际博览会，侨商台商经贸合作洽谈，“迎北京奥运、游孔孟之乡”国际旅游推介会等。

2008 年 9 月 22 日起，举办第九届中国专利高新技术产品博览会，举行项目集中签约和落地项目开工、开业仪式。9 月 26 ~ 28 日，曲阜孔子文化商品交易会暨山东省收藏家协会藏品展览交流会在曲阜商贸城举办，由曲阜市政府、山东省收藏家协会主办。摊位总数 800 余个，汇聚一大批极富收藏价值的精刻工艺品、艺术品、书画作品、天然藏品和青铜器、玉器、陶瓷等古今藏品，参会人员 2 万余人次。

2012 年 9 月 27 日起，举办孔子文化旅游商品创新设计大赛博览会、海峡两岸企业发展论坛、“500 强企业走进圣城”活动等。

2013 ~ 2017 年，主要经济活动主办地迁往济宁，曲阜根据济宁市要求组织参加。

第二节　招商活动

2012 ~ 2014 年孔子文化节期间，曲阜市连续主办 3 届海峡两岸企业发展论坛，论坛的成功举办促进曲台两地企业的深入合资合作，为曲阜市经济发展和两岸交流合作作出贡献。

第一届海峡两岸企业发展论坛

2012 年 9 月 27 日，曲阜海峡两岸企业发展论坛在曲阜举行。台湾新党主席郁慕明，国家和省台办领导，济宁、曲阜两级市领导等出席活动。郁慕明在致辞中说，儒家思想泽被后世、影响深远。孔子故里文化底蕴深厚、旅游资源丰富、发展环境良好。曲阜海峡两岸企业发展论坛以“一脉相承、共谋发展”为主题，为文化搭台、经贸唱戏，提供文化交流与经贸合作的平台，希望台湾的朋友们在走进圣城、感悟孔子的同时，能够进一步深入研究对接曲阜的产业发展政策，加强经贸交流合作，创造互利双赢的局面，携手发展共荣，同创美好未来。山东省台办副主任张民忠对论坛的举办表示祝贺。济宁市委副书记崔洪刚代表济宁市委、市政府向与会领导、嘉宾和台湾同胞表示欢迎。曲阜市委书记、市人大常委会主任李长胜在致辞中说，曲阜是伟大的思想家、教育家、儒家学派创始人孔子的故乡，是著名的历史文化名城和文化旅游胜地。曲阜成功创建省级台湾工业园，已经实现“七通一平”，为台资企业入驻发展搭建平台。曲阜海峡两岸企业发展论坛，是增进友谊、加强交流、寻求合作、共谋发展的重要平台，也是曲阜市“请进来、走出去”招商理念的一次成功实践。真诚期待与会嘉宾围绕主题畅所欲言，为曲阜发展建言献策。希望各位企业家选择曲阜、投资曲阜。曲阜市委常委、副市长刘继芳主持论坛活动。台利康有限公司董事长王龄娇、中国“吃亏是福”总裁俱乐部创始人朱正耀、远东集团副总裁游开勤、曲阜金皇活塞有限公司总经理孔祥芬等嘉宾分别发言，阐述对专业、行业、区域和国际间发展与交流的见解和合作建议。出席论坛的领导和嘉宾参观曲阜城市环境和台湾工业园，并就曲阜市主导产业合作项目及台湾工业园建设进行分组洽谈。

该次曲阜海峡两岸企业发展论坛以“一脉相承 共谋发展”为主题，坚持“高起点定位、高境界筹划、高标准落实”原则，以突破对台招商为重点，以宣传推介产业优势、加强两岸交流、促进互补互惠、实现合作共赢为目的，充分发挥台湾工业园平台优势，将台湾地区新材料、新能源、新信息等高新技术产业作为主要招引方向，积极拓展对台招商领域，进一步推动曲阜市与台湾地区经贸文化交流，推进台湾工业园建设。

第二届海峡两岸企业发展论坛

2013 年 7 月 27 日，第二届海峡两岸企业发展论坛在曲阜市开幕。商务部、国台办、山东省台办、山东省商务厅、济宁市台办领导，曲阜市领导与来自台塑集团、鼎丰国际科技控股公司、永和食品（中国）公司等 80 余家知名企业和行业协会的嘉宾出席活动。商务部台港澳司副司长孙兆麟、济宁市台办主任张德泮在致辞中向各位嘉宾表示欢迎并致以问候，对论坛的成功举行表示祝贺。

曲阜市市长杨凤东作《一脉相承，共同发展，携手打造台资集聚新高地》的开幕辞。他说，自 2012 年 9 月成功举办首届海峡两岸企业发展论坛以来，曲台两地企业的合资合作不断深入，为地方经济发展和两岸交流合作作出贡献。曲阜孔庙成功创建为国家级海峡两岸交流基地，为进一步深化两地交流合作奠定基础、提供平台。省级台湾工业园实现“七通一平”，已有 10 余个项目入园建设，形成台资聚集发展的良好效应。诚恳邀请更多的台湾企业来曲投资发展、建功立业。曲阜市副市长马刚主持论坛活动。台湾区域经济与人力资源发展协会理事长施正屏、台塑集团北京办事处主任卢忠明、中华发展促进会副秘书长贾超为、山东圣阳电源股份有限公司董事长宋斌等嘉宾分别作主题演讲，阐述对两岸产业发展特点、合作空间的见解与建议。出席论坛的领导和嘉宾参观曲阜投资大环境，并就项目合作事宜进行分组洽谈。在该次论坛活动中，SMD 表面贴装器件生产、养生保健饮品等 8 个项目签订协议，合同金额 26.8 亿元，项目的落地、建设、投产，对于加快曲阜市经济转型和产业升级具有重要意义。

第三届海峡两岸企业发展论坛

2014 年 7 月 26 ~ 27 日，第三届海峡两岸企业发展论坛暨电子信息项目恳谈会在曲阜举行。经过深入对接洽谈，有 10 个项目成功签约，总投资额 29 亿元。这些项目分别是高山湾农业科技有限公司现代农业高新技术示范区项目、东莞台协会长安分会台湾电子元件项目、无锡禹兵冷却设备有限公司密闭式冷却塔项目、台湾志庆工业股份有限公司自行车配件项目、长宜生物科技有限公司交通设施项目、甫林电子集团电子元件项目、甫林电子集团汽车线束加工项目、北京华电卓越科技有限公司环保设备项目、广东得胜电子实业有限公司电子元件项目、香港惠民国际庆丰行有限公司汽车配件产业园项目。

其他重要招商活动

2000 年 9 月，举行对外经贸洽谈会和中国曲阜国际招商月活动。根据国家、省、济宁市出台的一系列鼓励外贸事业发展的重大优惠政策措施，曲阜市精心整理，编印《对外经贸优惠政策汇编》，使中外客商更清楚地了解政策措施。精心筛选项目 35 个，根据项目大小、科技含量，分别编印《重点对外招商项目》《中小企业对外招商项目》。印制投资指南、开发区简介等介绍曲阜市投资环境、合作优惠政策的宣传材料，向外商进行全面深入的介绍。活动中与来自美国、加拿大、韩国、哥伦比亚、新西兰、奥地利等国家和中国台湾、中国香港地区的 60 多名客商进行对口洽谈，签订合资协议、意向 12 个，总投资 1.32 亿美元，其中外方投资 8580 万美元；新批外商独资项目 1 个，总投资 200 万元。

2012 年 9 月，“ 500 强企业走进圣城”活动邀请大唐电信科技、国信证券、无锡灵山等 21 家世界 500 强企业、35 家国内 500 强企业代表 170 人参加。

第二章　中国专利高新技术产品博览会

中国专利高新技术产品博览会，由国家知识产权局、中国科学院、中国工程院、山东省人民政府主办，中国专利信息中心、山东省科技厅、山东省知识产权局、济宁市政府承办，济宁市科学技术局、济宁市知识产权局和曲阜市人民政府具体承办。第一届中国专利高新技术产品博览会于 2000 年 9 月 21 日举办，2000 ~ 2008 年每年举办一届，2010 年举办一届，至 2012 年举办 11 届专博会。2012 年后因清理规范庆典论坛活动而取消。

第一节　首届中国专利高新技术产品博览会

第一届中国专利高新技术产品博览会于

2000 年 9 月 21 ~ 23 日，第一届中国专利高新技术产品博览会在曲阜科技城举行。

2000年9月21～23日在曲阜科技城举行。科技部秘书长林泉，煤炭工业部原副部长、中国工程院院士范维唐，中国工程院院士王思敬、顾心怿，山东省人大常委会副主任王道玉，山东省副省长陈延明，山东省政协副主席李殿魁等领导和专家出席开幕式。全国人大常委会副委员长王光英，全国政协副主席、中国工程院院长宋健分别为大会发来贺电、贺词。来自北京、上海、天津、陕西、湖北、安徽、河南、河北、山东等20余个省、市、自治区，200余家高校、科研院所和技术服务组织、专利技术持有者单位500余名专家、教授和科研人员参会参展。大会设置国际标准摊位314个，增设临时摊位87个，展示发布专利科技成果信息1.3万余项，专利高新技术产品2000余种，邀请专家、教授和科研人员720名，参会洽谈咨询、购买技术的3.1万人次。大会达成技术合同协议1014项，其中正式签订技术合同251项，建立长期技术合作关系43对，达成技术转让意向协议720项，技术合同成交额7800万元。

第二节　第二届中国专利高新技术产品博览会

第二届中国专利高新技术产品博览会于2001年9月21～23日在曲阜科技城举行。全国人大常委会副委员长田纪云电话祝贺，全国人大常委会副委员长、中国科协主席周光召为大会题写会名；清华大学校长、“两院”院士王大中发来贺信。全国人大常委会副委员长何鲁丽，科技部副部长黄齐陶，山东省人大常委会副主任王克玉，山东省副省长林书香，清华大学副校长孙继铭等领导和专家出席开幕式。大会筛选30项成交技术合同、协议举行签字仪式。14所重点高校、科研单位通过多媒体技术向大会发布科技成果信息500余项，济宁市12个县市区、市直各部门和周边地区300余人参加会议，收集各类技术信息1200条。曲阜市与高校、科研院所、专利技术持有人达成技术合同、协议297项，技术合同成交额9600万元。达成技术合作意向800余项。全市引进各类人才1554人，其中研究生14名。

第三节　第三届中国专利高新技术产品博览会

第三届中国专利高新技术产品博览会于2002年9月23～25日在曲阜科技城举行。该届博览会邀请268家高校、科研院所和技术服务组织，600余名专家、教授、科研人员和专利技术持有者参会参展。大会设有国际标准摊位300个，参会参展科技成果1.4万项，展示专利、高新技术产品2000余种。全国政协副主席宋健致电祝贺。科技部、国家知识产权局、中国专利信息中心、清华大学、西安交通大学负责人，山东省人大常委会副主任何宗贵等领导和专家出席开幕式。曲阜市与高校、科研院所、专利技术持有人达成技术合同、协议302项，其中签订正式技术合同190项，技术合作协议112项，技术合同成交额8000余万元，建立长期技术合作关系48对。

第四节　第四届中国专利高新技术产品博览会

第四届中国专利高新技术产品博览会于

2003年9月22～24日在曲阜孔子研究院举行。中国工程院副院长沈国舫，山东省副省长王军民，国家知识产权局副局长邢胜才等领导和中国工程院院士刘更另、范云六、刘耕陶、李京文、张子仪、潘健生、黄尚廉、束怀瑞等来宾出席开幕式。全省16个地市人民政府及科技、知识产权和经济主管部门负责人应邀参加大会。各县市区、市直有关部门组成20个参会代表团，由县市区委书记或县市区长、市直有关部门主要负责人带队参加大会。有200余所高等院校、科研单位，200余个高新技术企业，100余位专利发明人及美国、加拿大、法国、瑞士、韩国等海外人士1620人参展参会。大会设10个展区、350个展位、展出面积1万平方米，成交项目、技术合同395项，项目投资总额106亿元，技术合同成交额27.8亿元，建立技术合作关系154对，招聘人才2630人。曲阜市在该届博览会成交项目、技术合同320余项，项目投资总额93.7亿元，技术合同成交额27.2亿元，建立技术合作关系82对，招聘人才2630人。达成项目、技术等合作意向470项。

2004年9月21～23日，第五届中国专利高新技术产品博览会举行。

第五节　第五届中国专利高新技术产品博览会

第五届中国专利高新技术产品博览会于2004年9月21～23日在曲阜科技城举行。联合国副秘书长金学洙和夫人，中国工程院副院长王淀佐，山东省副省长王军民，国家知识产权局副局长张勤，联合国亚太经济与社会委员会司长宣增培，联合国亚太农业工程与机械中心副主任常平，中国专利信息中心主任杨采良，中国工程院院士于德泉、王玉明、艾兴、李伯虎、杨胜利、陈清如、郭予元、谢克昌等领导和专家出席开幕式。山东省16个地市人民政府、科技部门、经济部门负责人应邀参加大会。济宁市各县市区、市直有关部门组成20个参会代表团，由县市区委书记或县市区长、市直有关部门负责人带队参加大会。大会设三大展区、450个展位，展出面积1.5万平方米。有500余家高等院校、科研单位、高新技术企业，100余位专利发明人及美国、加拿大、英国、韩国、新加坡等海外人士1500余人参展。该届博览会成交项目、技术合同324项，项目投资总额101亿元，技术成交额3.68亿元，建立技术合作关系74对，招聘人才1500余人；达成项目、技术等合作意向150

项；签订投资额亿元以上的项目 17 个，5000 万元至 1 亿元的项目 18 个。

第六节　第六届中国专利高新技术产品博览会

第六届中国专利高新技术产品博览会于 2005 年 9 月 21 ～ 23 日在曲阜孔子研究院举行。国家知识产权局原局长王景川，中国工程院副院长邬贺铨，山东省副省长王军民及孟加拉国卫生部官员阿卡特侯赛因，泰国专家查达，俄罗斯专家卡波夫等出席开幕式。国内 500 余家高等院校、科研单位、高新技术企业、专利发明人及美国、俄罗斯、印度、孟加拉等海外人士参加会议。大会组织参展科技成果 1.2 万余项，专利、高新技术产品 2000 余个。成交项目、技术合同 295 项，项目投资总额 109.6 亿元，技术合同成交额 4.9 亿元，建立技术合作关系 72 对。

第七节　第七届中国专利高新技术产品博览会

第七届中国专利高新技术产品博览会于 2006 年 9 月 20 ～ 22 日在曲阜科技城举行。科技部副部长尚勇，中国工程院常务副院长潘云鹤，国家知识产权局副局长贺化，山东省副省长王军民等领导和专家出席开幕式。国内 500 余所高等院校、科研单位、高新技术企业、专利持有人和美国环境动力公司、澳大利亚昆士兰科技大学以及北美、西欧、俄罗斯和海外医药科技考察团等海外人士参加会议。大会组织参展专利高新技术成果 1.6 万项，专利高新技术产品 3000 余个。大会成交项目、技术合同 285 项，项目投资额 89 亿元，技术成交额 3.7 亿元。

第八节　第八届中国专利高新技术产品博览会

第八届中国专利高新技术产品博览会于 2007 年 9 月 28 ～ 30 日在曲阜科技城举行。中共山东省委书记李建国、代省长姜大明，中国工程院副院长邬贺铨，国家知识产权局副局长张勤等领导和专家出席开幕式。中国科学院、中国工程院、清华大学、北京大学、同济大学、浙江大学、西安交通大学、中国农业大学、中国矿业大学、山东大学等 600 余所高等院校、科研单位、高新技术企业、科技中介机构、专利持有人和北美、西欧等海外人士参会参展。该届博览会设置国际标准展位 560 个，其中特装 35 个，展出面积 1.5 万平方米，较往届增加展览面积 2000 余平方米，增设展位 110 个、特装 12 个。大会成交项目、技术合同 304 项，项目投资额 98 亿元，技术成交额 3.1 亿元。

第九节　第九届中国专利高新技术产品博览会

第九届中国专利高新技术产品博览会于 2008 年 9 月 22 ～ 24 日在曲阜孔子文化会展中心举行。国家知识产权局副局长张勤、中国工程院副院长旭日干、中国科学院院士郑守仪、中国工程院院士李京文，山东省副省长王随莲等领导和专家出席大会；来自全国各地高校、科研院所、高新技术企业、专利持有人以及海外代表团专家与济宁市各县市区、市直部

2008年9月22～24日，第九届中国专利高新技术产品博览会在孔子文化会展中心举行。

门、企业和社会各界人士参加大会，对接洽谈。博览会展示专利、高新技术成果1.7万余项，曲阜市签订技术合同21项，项目技术成交额1790万元，投资额3.9亿元。

第十节　第十届中国专利高新技术产品博览会

第十届中国专利高新技术产品博览会于2010年6月23～25日在孔子文化会展中心举办。全国政协原副主席张怀西、国家知识产权局局长田力普、中国工程院副院长旭日干、中国科学院秘书长邓麦村、山东省副省长李兆前、山东省政协原副主席周鸿兴等出席开幕式。中国工程院、中国科学院部分院士，来自全国科研院所、高等院校的专家、教授及专利持有人；省直有关部门和省内部分市负责人；济宁市各县市区委书记、县市区长、分管副县市区长，市、县各有关部门、事业单位主要负责人1400余人参展参会。该次专博会展出展位1200个。专博会期间成交技术项目316项，项目投资额216.9亿元，技术成交额5.1亿元；金融机构向45个项目发放贷款，金额30.24亿元；有1251人达成就业意向，其中博士38人、硕士266人。

第十一节　第十一届中国专利高新技术产品博览会

第十一届中国专利高新技术产品博览会于2012年6月26日在曲阜孔子文化会展中心开幕。全国人大常委会原副委员长何鲁丽宣布

2012年6月26日，第十一届中国专利高新技术产品博览会在孔子文化会展中心举行。

第十一届中国专利高新技术产品博览会开幕，并与国家知识产权局副局长贺化，科学技术部党组成员、科技日报社社长王志学，中国科学院党组成员、秘书长邓麦村，中国工程院党组成员、秘书长白玉良，中共山东省委常委、副省长孙伟，中共济宁市委书记、市人大常委会主任马平昌共同启动开展。济宁市委副书记、市长梅永红主持开幕式。济宁、曲阜两级市领导赵树国、崔洪刚、刘成文、周洪、王次忠、李建华、佘春明、殷允岭、张继民、吴霁雯、李长胜、杨凤东、李丽、褚福梅等出席开幕式。

大会以“创新·合作·发展”为主题，荟萃国内外高新技术专利产品，展示自主创新丰硕成果。展区设置国际标准展位600个，特装形式展位42个。展出国家科技奖励成果、国家“千人计划”部分专家科技成果和中国科学院、清华大学、浙江大学等高校科研院所最新科技成果；并设立人才招聘、科技金融展区和技术交易洽谈区等。420家参展单位，1300余名专家、教授和专利持有人，中科院系统12个科研院所、60余所高校，携带8000余项最新科技成果参展参会。该次专博会成交技术项目和技术合作协议348项，项目投资额218.4亿元，技术成交额12.2亿元；引进国家“千人计划”专家1名，初步达成就业意向3255人次；14家银行机构与企业签订贷款意向协议，总金额5.9亿元。

第十篇　节会保障

第十篇　节会保障

为迎接孔子文化节的到来，向中外嘉宾展示东方圣城的独特魅力，曲阜市以举办孔子文化节为契机，全面推进城市环境的大整治和市民素质的大提升。一方面长远规划，加大城市基础建设的投入，完善节庆设施，在硬件建设上逐步达到国家规定的各项标准。一方面集中力量对市容市貌进行综合治理和环境卫生的强化管理，加大管理力度并逐步建立长效机制。此外，大力整顿市场秩序，组织公安、工商、物价、交通、旅游、综合执法等部门对各类市场，特别是旅游市场进行专项治理整顿，依法严厉打击各种不法行为，优化市场环境和旅游景区环境。结合“平安曲阜”创建活动，深入开展“打黑除恶”严打斗争和社会治安秩序专项整治活动，为文化节的举办创造良好的治安秩序。同时坚持安全第一的原则，构筑多层次、立体化防控安保体系，制定完善各类安保方案和应急预案，对开幕式、祭孔大典等重点活动制定严格的安保措施，加大安全生产、供电安全及饮食、医疗卫生安全保障力度，实现 34 年办节“零事故”。

第一章　安全保障

孔子文化节期间来宾人数多、范围广，确保重大活动、重要场所的安全保卫、安全监管、信访维稳、水电供应等各个环节不出现任何问题，是每年节会保障工作的重中之重。至 2017 年，每次节会活动组织周密细致、安全有序，实现举办大型活动的零故障。

第一节　安保工作

工作机构

曲阜市成立孔子文化节安全保卫组，组长由市公安局局长担任，成员单位主要有市公安局、安全局、安监局等，成员单位主要负责人任副组长。根据各自的工作职责开展工作。

保障措施

每次孔子文化节举办前，曲阜市均制定《孔子文化节安全保卫工作实施方案与细则》，对开幕式、祭孔大典、世界儒学大会等主要活动场所及接待宾馆进行安全检查和监督，合理安排警务用车和消防车辆，科学规划各类车辆停放，做好交通指挥、疏导与保障工作，制定突发事件的应急预案，做到安全保卫万无一失。2004 年，由济宁市主办以后，在济宁市安保工作总体安排部署下，曲阜市按照济宁要求开展各项安保工作。在曲阜市委、市政府和济宁市公安局的统一领导下，曲阜市公安局成立安全保卫工作指挥部，由局长任执行总指挥，政委任执行副总指挥，其他局班子成员任执行指挥。整个活动实行统一领导、统一指挥、划区负责、分片包段，严密部署，齐抓共管，确保开幕式及文化节期间各项活动的顺利进行。其中对在孔子文化会展中心举办的开幕式分五道防线展开警力部署，明确任务分工，分场地安全检查组、现场防爆安全检查组交通管理及路线警卫组、剧场外围警戒组、第三道防线警戒安检组、第四道防线剧场入口秩序维护组、剧场内部警卫组、防爆消防安全检查组、机动组、驻地保卫组、警务保障组分头

祭孔大典安检通道

开展各项安保工作。各组提高思想认识，狠抓措施落实，文明执勤，严明纪律，做到令行禁止，树立良好形象，确保安保工作万无一失。

第二节 安全监管

组织机构

每年孔子文化节举办期间恰逢中秋节、国庆节和秋收农忙季节。曲阜市全面加强这一时期安全生产工作的监督监察和生产安全事故的应急救援。曲阜市安监局成立由主要负责人任组长、分管负责人任副组长、各科室科长为成员的孔子文化节专项督查组，明确职责分工、压实监管责任，定期组织召开工作会议，分析研判安全生产形势，安排部署节日期间安全生产重点工作。文化节期间，局主要负责人带队深入各旅游景区和活动场馆现场检查设施设备的安全状况，全面贯彻落实上级对安全生产工作的部署和要求，进一步强化措施，切实做好节日期间的安全生产工作。市安全生产应急救援指挥中心作为市安监局下属事业单位，自组建伊始每年都在孔子文化节期间，联合市应急办、消防大队等单位在孔子文化会展中心、“三孔”景区组织开展应急演练活动。截至2017年，累计组织开展500余场次，切实提高节日期间的应急逃生技能和自救互救能力。加强节日期间值班制度，实行领导24小时带班值班制度和零报告制度，及时掌握安全生产动态，每天向安委办值班室报告当天安全生产情况。确保信息上下联络畅通，并做好交接班的登记工作，全力维护安全稳定的社会环境。

决策部署

狠抓企业安全生产责任制落实，进一步强化企业安全生产承诺、约谈、事故企业“黑名单”、事故现场分析会、企业领导班子成员作业现场带班等制度。严格要求各生产经营单位主要负责人亲自部署，强化企业各级各类人员的安全责任管理，把安全责任层层落实到每个环节、每个岗位和每个职工，做到分级负责，确保突出重点、职责明确、任务明确、责任到人、工作到位，针对节日期间安全生产工作的特点，查找存在的薄弱环节和漏洞，做好特殊时期的安全生产工作。开展节前和节中安全大检查活动，组织安监、公安、交通、住建、质监、旅游、文化等部门组成孔子文化节专项督查组，累计派出300余人次，不间断地对孔子文化会展中心、“三孔”景区等重要活动场所开展安全生产大检查，加大监管力度，促进节日期间的安全生产工作。继续保持“打非”（即打击非法行为）工作的高压态势，巩固“打非”工作成果，推进“打非”工作向纵深开展并逐步纳入经常化、规范化和制度化轨道，重点加强对道路交通、烟花爆竹、文物旅游、建筑、消防及公共娱乐场所等文化节期间关键行业领域的安全生产专项整治工作，对在“打非”过程中发现的安全隐患，采取针对性措施，集中整治，督促企业经常性开展安全隐患排查，切实推动重大隐患和事故查处挂牌督办制度等落实到位。强化安全生产诚信监管。把安全生产情况纳入曲阜市诚信体系建设，实行“黑名单”制度，建立企业守信激励与失信惩戒管理机制，在项目审批、银行贷款和评先评优等方面优先支持或推荐安全生产标准化达标单位；把发生安全生产事故、重大隐患未及时整改、非法违法生产经营等不良信息记录，纳入企业安全生产诚信“黑名单”，并在媒体上公开曝光。

宣传教育、培训

宣传引导。通过市安监局微信公众号“曲阜安监”“曲阜安监宣传”，及时向社会发布安监工作动态，宣传安全生产知识技能和安全生产法律法规。在曲阜电视台、《今日曲阜》等开辟专栏专刊，及时刊发安全生产新闻，报道安全生产工作动态，曝光安全生产违法违规行为。组成“安全宣讲团”进企业、校园、社区等开展安全宣传40多场。全市安全生产信息平台发送安全警示信息3.2万条。

安全生产全员教育培训。2017年，为全面提升人们的安全素质和安全技能，在孔子文化会展中心建设市级层面集安全教育培训、事故警示教育、安全体验于一体的高标准的综合教育体验基地，为市民、企业提供一个多方式、多层次、多方位的安全教育平台。严格落实从业人员先培训后上岗制度，以新安全生产法为重点，开展全市安全监管人员和企业安全员的全员培训工作，累计培训4万余人次。全市所有企业均设立安全生产警示教育日，全面加强企业安全文化建设。

专项行动与排查整治

安全生产专项行动。围绕孔子文化节期间的重点行业领域、重点部位和重点内容，相继开展“安全隐患大整治百日行动”“大快严集中行动”“安全生产攻坚治理”等专项行动，建立周调度、双重督办等制度，严格落实“四个一律”“五个一批”等执法措施，深入排查、铁腕整治，打击非法生产经营行为。重点行业排查整治。加强校车、校园领域安全检查，组

2017年9月17日，曲阜市安全检查组检查祭孔看台搭建工作。

织3个检查组对全市110余所中小学进行全面检查，对检查出的安全隐患，均落实整改措施。强化建筑施工领域的安全检查，对所有在建、完工项目工程质量全面进行复核，确保工程安全。开展道路交通领域安全检查，严格依法查处各种交通违法行为，最大限度减少交通事故的发生。加强危化品领域安全检查。组织有关部门人员和专家，对全市32家化工和危化品生产企业进行一次拉网式集中检查，及时排查消除各类安全隐患。突出文物旅游的安全，重点检查文物旅游景区古建筑、消防、游乐设施、旅游车船、星级饭店等安全管理情况，确保文物旅游安全。双重预防机制建设。将风险防控和隐患整改双重预防机制建设作为文物旅游和文化产业领域重点工作进行推进，明确督导检查和执法内容，制定月度工作计划，持续进行跟踪督查，确保企业生产安全。

社会面管控

采取有力措施，加大对节日期间重点时段和关键节点的安全监管力度，做到工作早部署、隐患早治理、事故早防范。要求各镇街、各单位、各企业及时组织开展好重点时段安全生产检查和督查工作，强化措施，督促各生产经营单位做好节日放假、停产复产的安全检修和保障工作，严格执行复产验收制度，严防各类事故反弹，坚决遏制重特大事故发生。在信息资源、监督执法及突发事件抢险救援等环节，加强部门之间的协作配合，强化联动机制，形成监管合力，确保各项工作协调有序，同时，建立节日期间生产安全事故的预测和预警机制，制定和完善有针对性的事故应急救援预案，有效组织事故的施救。

第三节　电力安全保障

为确保历年孔子文化节活动期间电力保障万无一失，曲阜市坚持“安全第一、预防为主、综合治理”的方针，按照保人身、保电网、保设备、保稳定的原则，周密制定孔子文化节电力保障方案。成立孔子文化节现场保电领导小组及工作小组，按照“谁主管，谁负责”的原则，对各保电成员单位进行职责分工。2010年，市供电公司成立孔子文化节系列活动电力保障领导小组，设立保电办公室以及电网保电、现场保电两个工作小组。营销部、生技部协同各有关单位编制《孔子文化节现场保电方案及事故应急处理预案》《孔子文化节电网保电方案及事故应急处理预案》，明确保电工作的安全、技术和组织措施。2017年，市供电公司成立以总经理、党委书记为组长及各专业部门为成员的孔子文化节现场保电领导小组及工作小组，按照“谁主管，谁负责”的原则，对各保电成员单位职责分工进行细化，周密制定保电方案。

领导小组

负责制定并组织实施孔子文化节电力保障总体工作方案，检查、指导电力保障工作；组织活动场馆外部电网以及配电设施的安全检查，督促有关单位对相关变电站、输配电线路、配电设施进行定期巡检、特殊巡检，及时发现、消除运行障碍；对孔子文化节有关场馆安全用电进行监督、指导，对有关活动场馆方用电安全隐患整改情况进行监督。

工作小组

负责向领导小组汇报保电工作，做好电力保障工作；承办和处理保电日常工作，遇有需领导小组协调解决的问题，可提请召开领导小组会议。

职责分工

按照“谁主管，谁负责”的原则，保电期间，供电系统各相关单位履职尽责，巡视、值守、监督到位。

办公室负责保电期间社会舆情控制，信息发布。安全监察质量部负责保电期间安全生产隐患排查管理工作和电网应急事件的设备抢修、电网恢复等安全监督管理工作。营销部负责现场保电抢修统一组织；负责牵头制定电力保障工作方案，组织召开协调工作会议，督导落实保电工作措施，协调停电事件应急情况下的供电恢复和用电服务工作；组织有关人员对用户单位用电管理进行业务指导，提前对涉保酒店、宾馆配电室进行安全检查，针对重要用户单位在电力设施管理中存在的问题，下发隐患整改通知书，并与用电单位签订《安全用电责任书》，明确双方产权分界点及电力保障工作职责，指导客户完善事故应急处理预案，制定应急电源车接入方案。运维检修部负责电网保电抢修检修统一组织；负责组织保电期间的电网设备巡视盯防保障工作，负责保电期间突发事件的应急抢修组织工作；做好事故预想和危险点分析，制定切合实际的处置预案；组织编制变电站主设备故障应急处置预案，并进行演练，负责应急发电车的统一调配。电力调度控制中心负责保电期间涉及变电站全接线、全保护运行，合理安排涉及变电站运行方式。乡镇供电所管理部负责保电期间后勤保障工作及督导供电所保电人员的组织工作。城区供电所、小雪供电所负责孔庙及孔子研究院、孔子文化会展中心等保电工作的具体实施；负责落实涉保单位用电保障工作措施，保电期间安排人员配合值守。华能电力安装有限公司负责保电现场应急抢修机动队伍组建工作，保电期间机动队伍成员由工作小组统一调配。输电运维班负责制定并落实保电期间涉保输电线路防护措施，组织开展设备特巡、夜巡等工作，负责处理保电期间发生的设备故障、异常等各类线路事故。配电运维班负责保电范围内配网设施的电力保障、巡视检查。配电抢修班负责保电范围内配网设施的电力保障和隐患消除。负责处理保电期间发生的设备故障、异常等各类线路事故。变电运维班负责组织落实重要变电站值班巡视、隐患排查以及重要变电站全停、主设备故障等应急事件的处理和恢复工作。在孔子文化节活动期间对变电站进行红外测温、巡视检查。变电检修班负责提供应急电源车支援，做好保电现场应急电源车的接入准备工作，并安排人员现场值守。配网

保障孔子文化节电力供应

抢修指挥班负责城区配网故障研判，并负责配网故障抢修指挥，供电期间加强值班力量。信通运检班负责落实重要变电站网络通信，隐患排查和治理，确保通信网络正常。

重点保障活动

1984 ~ 1989 年，文化节保电活动主要涉及孔庙，市供电公司线路工区组织工作人员全过程巡视孔庙供电线路，专人在孔庙蹲守，确保可靠供电。

1990 ~ 2000 年，孔子文化节期间文化活动陆续增多，市供电公司主动与地方政府进行沟通交流，及时了解各活动场所的具体安排和用电需求，制定周密的保电方案和应急预案，组织相关部门工作人员到各保电地点进行现场查勘，及时对相关线路、配网设备进行巡视检查，确保孔子文化节各项活动顺利进行。

2001 ~ 2017 年，孔子文化节系列活动分别在杏坛剧场、孔庙、尼山圣源书院、孔子研究院以及孔子文化会展中心举行，保电活动繁多且地点分散。市供电公司开展文化节专项隐患排查治理工作，对重要活动场所的外部输、变、配电设施进行全面安全检查并下达《用电检查工作单》13 份、《用电检查结果通知书》8 份，消除安全隐患 8 处；对重要场馆内部电气设备管理进行督查指导，建立用电安全技术档案，与有关用户签订《孔子文化节电力保障安全责任书》6 份。出动保电队员 455 人次，发电车 18 台次，巡视设备上百次，成功完成保电任务。

2013 年，孔子文化节保电活动辖区内主要有 4 个变电站，110 千伏的薛村变、苗孔变和 35 千伏的大同变、南泉变，以及 12 条输变电线路，涉及孔庙、孔子研究院、杏坛剧场等多处场所。市供电公司提前启动保电应急预案，由国网山东省电力公司统一调配 UPS 飞轮储能应急发电车在内的 5 辆发电车严阵以待，实现“无缝隙”持续供电，配置 60 余名电力工作人员现场值守，多次联合上级电网调控中心开展应急演练，反复排查整治、优化方案，确保电网坚强、电力供应可靠。

2015 年，市供电公司开展孔子文化节前检查，对备品备件、燃油设备、应急电源车、小型发电机、应急照明灯及其他保电设备进行检查，重点检查用户配电室、高低压设备、电缆分接箱的运行状况，并针对薄弱环节制定应对措施。组织检查组到涉及的孔子文化会展中心、曲阜市文物局（孔府变）、孔子研究院（东方儒家花园变）等保电现场进行安全用电检查，发现安全隐患 14 处，下达《用电检查结果通知书》8 份，公司对发现的问题实行“销号”处理，确保现场保电零差错。

2017 年，孔子文化节保电活动涉及 9 座变电站及 35 条输配电线路，涉及孔庙、孔子研究院、孔子文化会展中心等多处场所。市供电公司提前组织输、变、配 3 个专业运维人员对保电相关变电站、线路等开展“地毯式”巡视，利用红外热成像仪开展设备测温，保证及时发现并消除各类安全隐患 12 处。主动与政府部门沟通，上报《关于在孔子文化节期间供电线路附近暂停施工作业的请示》，并联合相关部门对线路防护区内的违规建筑和树障进行清理。走访保电重点客户，及时掌握客户用电需求，对客户备用电源、UPS 电源、自备发电机的切换等情况开展全面细致检查，对发现的问题安排专人督促、协助客户进行整改，确保电网安全稳定运行，实现保电万无一失。

第四节　信访稳定

组织机构

自2004年将信访稳定工作纳入孔子文化节安全保卫工作范围。为做好历届孔子文化节期间的信访稳定工作，曲阜市信访局均成立由局长任组长、副局长任副组长，局科室有关负责人及各镇街信访办主任为成员的安保领导小组，孔子文化节期间的信访安保工作部署落实到位。

决策部署

2004～2017年，每年节前均制定印发《中国（曲阜）国际孔子文化节期间重大活动现场信访安保方案》，提前召开孔子文化节全体安保人员会议，分析形势、讲明利害、部署工作，提升全体安保工作人员的责任心和紧迫感。重点抓好社会不安定因素大排查，及早发现、妥善处置各种苗头性问题；密切关注有关动态，及时制定相应的工作措施，落实专门力量，靠上做工作，把问题和矛盾化解在基层。

证件管理、培训

加强孔子文化节信访安保任务工作人员的管理、培训工作，每次安保动员会议中，均将安保维稳证件逐一发放至工作人员手中，严格控制证件发放范围，从证件关把牢安全关。每次动员会议后，均单独召开安保维稳培训会议，将值班时间、值班路段、重点关口等逐一讲明，将存在的全市重点信访人员逐一给全体信访安保人员梳理出来，并着重介绍在安保值班工作中的巡查方式方法、处置突发情况的应急措施等，切实提升全体人员的安保维稳工作能力。

重大活动现场安保

2004～2017年，在孔子文化节活动中，信访安保组重点围绕孔子文化节开幕式暨“联合国教科文组织孔子教育奖”颁奖典礼现场和祭孔大典现场两大活动开展工作。孔子文化节开幕式暨“联合国教科文组织孔子教育奖”颁奖典礼现场，将人员力量分成8个小组，分布在8个重点关口，即：大成桥南红绿灯路口、东门南红绿灯路口、东大门（1号门）、中心剧场入口正门、贵宾1号通道、贵宾2号通道、会展中心北门、会展中心西门（2号门），每组均布置2～3名工作人员把守。祭孔大典现场，将人员力量分成7个小组，分布在7个重点关口，即：神道路南首西侧、神道路南首东侧、万仞宫墙小广场东侧、万仞宫墙小广场西侧、鼓楼西孔府检票口、西华门两侧、万仞宫墙城门两侧，每组均布置2～3名工作人员把守。值班人员主要负责外围现场巡查工作，发现重点信访人，第一时间询问、第一时间劝返、第一时间上报组长，坚决将所有苗头隐患在第一时间发现、第一时间处置，全力避免发生任何有影响问题。至2017年，在孔子文化节活动中，未发生一起影响全市对外形象的问题。

社会面管控

积极排查矛盾，源头预防到位。为超前发现矛盾纠纷、风险隐患，每年孔子文化节前，市信访局组织全市各级信访部门对矛盾纠纷开展不间断排查。全市上下坚持边排查、边化解的原则，随时开展矛盾纠纷排查化解活动，镇街干部、村“两委”成员全部深入一线，对重点领域进行全面排查，建立台账，逐一明确责任、拿出措施、靠上解决，真正把问题化解在基层、消除在萌芽状态，切实防范任何影响孔子文化节活动正常开展的各类突发事件。一线接待群众，接访处置到位。每年孔子文化节期间，市信访局均加大接访力度和密度，市、镇两级信访部门坚持双休日正常上班接访来访群众，每天一名市级领导坐镇信访局，每天一名镇级领导坐镇信访办，一线接访、一线化解。各级领导干部对信访工作的主动参与，极大提升信访问题的处置力度，将一大批矛盾纠纷消化在当地。每年孔子文化节期间，各级各部门全面加强值班力量，认真落实领导带班、24小时值班制度，随时处置突发问题；启动“零报告”工作机制，每天9时、15时前各镇街党委、各部门报送各类情报信息，重大紧急信息随时发现、随时报送，做到“有事报情况、无事报平安”。

第二章　接待服务

每年孔子文化节活动方案出台后，根据方案确定的活动内容，确定邀请客人名单并发出邀请。根据邀请客人的数量、层次，安排接待场所，并着手对接待场所进行改造，强化软件服务和硬件设施建设。客人抵曲报到后即安排联络人员、青年志愿者靠上服务，最大限度地满足客人参加活动的需求。

第一节　工作机构及责任分工

从1984年孔子诞辰故里游开始，每年均成立接待组负责整个孔子文化节活动的重要客人的邀请和接待。接待组组长开始由曲阜接待处处长担任，接待处职能转换后，改由曲阜市委办公室主任（前期为秘书长）或分管行政接待的副主任（副秘书长）担任，成员单位主要有市委办公室、市人大办公室、市政府办公室、市政协办公室、市外侨办、市台办、团市委、市卫计局、市食药监局、市文物局、市旅游局、市发改局、市招商办、市商务局等。

主要职责是：制定接待工作方案，做好相关接待工作；督导、检查各接待宾馆的“软”“硬”件建设，提供良好接待环境；做好医务保障及防疫、消杀、药监、食品卫生安全检查；做好接待礼仪人员、联络服务人员（青年志愿者）、导游人员的选拔、培训和组织使用；负责文化节期间车辆集中抽调和安排使用；负责参加孔子文化节活动外宾的接待和组织。

第二节　来宾接待

孔子文化节邀请客人的范围包括：中共中央和国家领导人，国家部委领导，山东省领导，外国驻华使节，国内外知名人士，孔子后裔（孔子后裔主要指在国内外有影响力的孔德懋、孔德墉、孔令仁、孔垂长等人）、孔子学术会堂讲学者、曲阜市友好城市领导，在曲阜挂职或工作过后到外地任职的县级以上领导、原籍曲阜现在外地工作担任重要领导职务的领导（一般要求在部级以上）和各大媒体新闻记者等。邀请上述客人由曲阜市文化节办公室会同接待组研究提出孔子文化节邀请客人的建议名单，报请曲阜市委、市政府研究确定后邀请。党和国家领导人请山东省委、省政府出面帮助邀请，国家部委领导、山东省领导及其他方面客人由曲阜市直接邀请。对于孔子文化节期间，曲阜市各部门各单位自行单独举办活动，按照谁的客人谁邀请、谁接待、谁负责的原则，由组织活动的部门单位自理，包括邀请接待食宿安排、参观游览、赠送纪念品等。各部门各单位邀请的具有一定规格的领导和贵宾需提前报曲阜市孔子文化节办公室和接待组，以便统筹安排。由接待组负责根据发出邀请书回执和复电、复函统计参加孔子文化节客人的人数，确定客人抵曲时间，统筹安排接站、食宿、领导看望、宴请、参加活动及赠送纪念品等事宜。2004 年济宁市成立孔子文化节办公室，党和国家领导人、国家部委领导、山东省领导以及重要媒体记者、知名人士由济宁市统一邀请接待，主要接待地点由曲阜迁往济宁，曲阜市仅负责邀请曲阜市单独举办活动的客人和其他方面的客人。其中，曲阜市邀请的重要贵宾如级别高、影响大、实力强的客人和“孔子号”客人（即孔子后裔和孔子学术会堂讲学者），经审核纳入济宁市接待范围，接待场所由济宁市统筹调配。

曲阜市在主导筹办孔子文化节期间，根据应邀客人的参会情况，提前确定参加孔子文化节客人住宿宾馆，并对接待场所进行全面安全检查，包括水电设施、消防、食品安全等，发现问题及时整改。统一组织对接待服务人员的培训，保证服务规范、周到。

调配车辆，做好来宾接站工作。按照各级领导和中外来宾的行程计划，邀请书回执和复函、复电预定的抵曲日期、时间、车次、航班，准时无误地做好接站工作。在来宾下榻的各有关宾馆配备 1 ~ 2 名联络员，负责接待、安排来宾食宿、组织来宾参加各项活动。

由接待组统一印制来宾登记簿，来宾抵曲报到时，由联络员及时进行登记，内容包括：来宾姓名、性别、单位、职务、住宿宾馆、房间号、电话号、参加活动的主要项目，离曲返程时间、车次、航班次等。外宾和海外同胞侨胞，要注明国家和地区的名称。来宾报到登记后，由联络员负责将登记簿送交接待组和孔子文化节办公室，经接待组负责人审阅签字后，分别呈送来宾参加活动所需的相关证件、纪念品和各种材料等，按时组织来宾参加活动。

第三节 车辆运输保障及票务

1989 ~ 2003 年每年孔子文化节前夕，根据应邀参加孔子文化节客人的回执，汇总需要抽调的车辆数。由曲阜市接待组组长视客人抵达曲阜的人数情况，提前召集市直各部门、各企事业单位负责人会议，集中抽调车辆，分配到客人住宿宾馆，以保证客人参加活动用车。如果抽调车辆不能满足需求，还采取租赁或到其他县市区借调。

由曲阜市孔子文化节办公室负责印制孔子文化节重大活动如开幕式、祭孔大典入场券，祭孔大典绶带，工作人员证，车辆通行证，记者采访证以及参加活动的主要嘉宾的贵宾证等。按照领导审定的票证分配方案进行分发。

2004 年济宁市成立孔子文化节办公室后，各项接待职能逐渐转至济宁市孔子文化节办公室。曲阜市转入配合，仅负责邀请接待参加曲阜市单独举办活动的客人。

第四节　志愿者服务

自2008年起，共青团曲阜市委参与组织、筹划中国（曲阜）国际孔子文化节青年志愿服务工作。共青团曲阜市委将每年的孔子文化节志愿服务工作作为全年重点工作，由主要领导督导落实。成立由主要领导任组长的文化节志愿服务工作领导小组，驻地各高校、各大志愿服务团体作为成员单位，加大工作力度，强化责任意识。

自2008年承担孔子文化节志愿服务相关工作以来，共青团曲阜市委于每年9月初面向社会印发文化节志愿服务活动实施方案和招募启事，营造积极参与的良好氛围。根据实际工作安排，在报名的志愿者中，按照“从严与从优”的原则，集中选拔高素质、勇于担当、责任心强的优秀志愿者，从源头上保证志愿者队伍的整体素质和服务水平。邀请市文物旅游局有关专家就曲阜市情市貌、历史文化、名胜古迹等知识进行专题辅导，邀请礼仪老师对志愿者进行志愿服务礼仪、普通话、形体塑造等方面的培训，并参加重要活动彩排演练，使志愿者对服务工作内容有针对性了解。通过严格选拔、系统培训，先后安排青年志愿者1.3万人次，圆满完成历届文化节开幕式、祭孔大典、世界儒学大会等各项活动的志愿服务工作。

2014年9月28日，团市委开展中国（曲阜）国际孔子文化节志愿服务活动。

在志愿服务工作中，志愿者统一服装、统一标识、统一管理，秉承“奉献、友爱、互助、进步”的志愿者精神，高质量完成各项服务工作，向来自世界各国的嘉宾和游客展示圣城曲阜的青春风采。2017年，曲阜团市委组织曲阜师范大学、济宁学院以及齐鲁理工学院等高校470名青年志愿者服务于第八届世界儒学大会、孔子文化节开幕式以及丁酉年祭孔大典，其中200名青年志愿者服务于第八届世界儒学大会、30名青年志愿者服务于全国首届教师祭孔大典、240名青年志愿者分别以礼生和志愿者的身份参加祭孔大典演出和服务。济宁学院组织100余名音乐系志愿者参与文化节期间的演出活动，600余名初等教育学院志愿者参与诵读活动。

第三章　医疗卫生、食品安全保障

每年孔子文化节期间，在医疗卫生、食品安全保障方面，曲阜市加大工作力度，成立医疗卫生保障工作领导小组和突发公共卫生事件应急工作领导小组，提前介入排查隐患，对公共场所卫生、食品卫生进行严格监督，对大型活动场所和文化节接待场所安排专门医护人员、医护车辆全天候服务，同时抓好各类疾病的预防、管控工作，为孔子文化节活动提供医疗卫生、食品安全保障。

第一节　卫生监督

医疗卫生保障工作领导小组

为做好文化节期间医疗卫生保障工作，每年按照《中国（曲阜）国际孔子文化节活动方案》，制订《国际孔子文化节医疗卫生保障工作方案》。曲阜市卫计局成立以主要负责人任组长、分管负责人任副组长及各医疗卫生单位负责人为成员的医疗卫生保障工作领导小组，设立医疗卫生保障办公室，主要职责是负责孔子文化节期间全市医疗卫生保障工作的指挥调度、组织协调和监督检查，做到组织到位、任务到位、措施到位，确保医疗卫生保障工作任务圆满完成。

突发公共卫生事件应急工作领导小组

2003 年，国务院颁布实施《突发公共卫生事件应急条例》。2004 年，曲阜市卫生局成立以主要负责人任组长、分管领导任副组长及各医疗卫生单位负责人为成员的突发公共卫生事件应急工作领导小组，设立卫生应急办公室，制定卫生应急工作制度，明确责任领导、具体负责人和责任科室。文化节活动期间，实行 24 小时卫生应急值班工作制度，夜间和周末实行专人值班和领导听班；制定卫生应急联络手册，建立卫生应急网络。各医疗卫生单位均成立相应组织，制定卫生应急预案，明确专人负责，配备卫生应急装备，确保一旦出现突发公共卫生事件，能够协调联动，快速、灵敏、有序、有效地应对。

公共场所卫生监督

1985 ~ 2007 年，曲阜县（市）卫生防疫站对城乡公共场所从业人员进行健康查体和卫生知识培训工作，做好孔子文化节期间的公共场所安全。2007 年，开展以住宿业为重点的公共场所卫生监督量化分级管理，加大公共场所卫生监督执法工作力度，公共场所单位特别是住宿单位的消毒间、布草间、清洁工具等设施明显提高；开展游泳场所、公共场所集中空调通风系统和重点区域内的公共场所的专项整治工作。2017 年，继续加大公共场所卫生监督执法工作力度，保障孔子文化节期间人民群众公共卫生安全。

第二节　医疗救护

重点活动与定点宾馆医疗救护

孔子文化节期间的重大活动（文化节开幕式、祭孔大典、世界儒学大会、尼山世界文明论坛、文博会开幕式等）现场各安排1部救护车，配备医生、护士各1名现场待命。定点接待宾馆每处派驻医生、护士各1名，为领导和客人提供24小时医疗保障服务。

定点医院医疗救护

曲阜市人民医院、曲阜市中医院作为定点医疗单位，完善服务设施，落实门诊急救和医疗备用床位，指定急救车辆和医务人员，实行昼夜值班，进一步畅通急救绿色通道，一旦发生重大传染病疫情和食物中毒等突发公共卫生事件，迅速开展医疗救治，市第二人民医院、尼山中心卫生院协助配合做好医疗救护工作。

第三节　疾病控制

曲阜市（县）坚持预防为主、防治结合、分类管理、依靠科学、依靠群众的方针，开展手足口病、甲型H1N1流感、艾滋病、结核病、人禽流感、乙肝等重点传染病防控工作，进一步规范传染病疫情信息报告与管理，确保不发生重点传染病暴发流行，确保文化节期间各项活动顺利开展。

疫情监管网络

1985年以后，曲阜县形成县、乡（镇）、村三级疫情报告网络。医疗机构按规定时间上报传染病报告卡（未实行报告卡以前为发病数），县防疫站按统一表格进行旬报、月报、年报报告。这种医疗机构—县级卫生防疫站—地市级卫生防疫站的手工报告方式，一直沿用到1997年。1998年，曲阜市卫生防疫站实现县级传染病疫情网络报告。2002年，实现国—省—市—县四级联网。同年，乡镇卫生院以上的公立医疗机构全部实现传染病疫情报告网络化。2015年，曲阜市有传染病疫情网络直报单位20家，每单位均有至少1名专职人员，专职负责疫情的收集、审核和报告。每年进行1次传染病漏报调查，传染病漏报率控制在1%以下，确保不发生重点传染病暴发流行。

重点活动保障

为保障孔子文化节期间重大活动（文化节开幕式、祭孔大典、尼山论坛、文博会开幕式等）顺利开展，快速、有序、高效应对出现的突发公共卫生应急事件，曲阜市制定一系列应急预案并组织市相关医疗卫生单位开展模拟应急演练、医疗急救演练等工作演练。

2003年4月，制订《曲阜市传染性非典型肺炎控制应急处理预案》，组织曲阜市人民医院、疾控中心及部分镇街卫生院等单位开展传染性非典型肺炎应急模拟演练活动。2004年、2005年，制订《曲阜市卫生系统鼠疫控制应急预案》《曲阜市卫生系统人感染高致病性禽流感应急处理预案（试行）》《曲阜市群体性不明原因应急处置预案（试行）》等系列文件。组织市疾控中心开展以针对人感染高致病性禽流感病人的核实诊断、救治、疫情报告、消毒隔离、应急处理等为重点的应急演练。2009～2010年，制订《曲阜市手足口病防控工作应急预案》《手足口病等肠道传染病防治应急预案》《曲阜市甲型H1N1流感防控应急处理预案》《甲型H1N1流感疫情防控应急预案》《曲阜市重大食品安全事故应急预案》《曲阜市食物中毒突发事件应急处置预案》《卫生系统救灾防病预案》《曲阜市流行性腮腺炎防治工作应急预案》等系列文件，修订完善《突发公共卫生事件应急预案》《突发性公共卫生事件处理方案》《高致病性禽流感应急处置预案》《防范高致病性禽流感人间传播应急预案》等系列文件。2010年5～6月，分别组织曲阜市人民医院、市疾控中心及部分镇街卫生院等单位开展手足口病医疗救治及疫点消毒流调和甲型 H1N1 流感医疗救治模拟演练。2012 年，制订《曲阜市突发公共卫生事件健康教育应急预案》等系列文件。2013 年 4 月，制订《曲阜市人感染 H7N9 禽流感应急处置预案（试行）》。组织市疾控中心、市人民医院及各镇街卫生院开展人感染 H7N9 禽流感应急处置演练。2014 年 1 月、11 月，分别组织市人民医院、市中医院及部分镇街卫生院等单位开展全市道路交通事故应急救援演练和埃博拉出血热应急实战演练。同年 12 月，修订完善《曲阜市地震灾害医疗卫生救援应急预案》。2015 年 6 月，制订《曲阜市中东呼吸综合征医疗救治工作预案（试行）》等系列文件。2016 年修订《曲阜市突发公共卫生事件应急预案》《曲阜市突发公共事件医疗卫生救援应急预案》《曲阜市防治传染性非典型肺炎应急预案》《曲阜市突发化学中毒事故医疗卫生救援应急预案》《曲阜市核与放射事故医学应急处置预案》等文件。2005 ~ 2017 年，孔子文化节医疗保障派出车辆 32 车次，医疗保障人员 156 人次，确保各项活动顺利开展。

第四节　食品安全监管

为确保中国（曲阜）国际孔子文化节餐饮服务食品安全，加强食品安全保障工作的组织领导，曲阜市组织召开专题会议，成立餐饮食品安全监管工作领导小组，制定保障工作方案，实行驻会保障方式，进一步明确责任，全面贯彻餐饮服务执法责任制，落实措施，实行包区域包点的办法，将监管责任明确落实到人、到岗、到单位。后期济宁市主办孔子文化节后，在济宁市范围内加大食品、药品的安全监督管理力度。

提前介入，排查隐患。组织执法人员提前对承担餐饮接待任务的酒店进行食品安全检查，重点对供餐食谱、从业人员健康管理、索证索票及进货查验、餐饮具清洗消毒、食品加工制作管理、食品留样、食品添加剂管理等食品安全关键控制点进行全面检查，找出食品安全隐患，提出整改意见，责令餐饮单位限期改正。2007 年，为确保孔子文化节、“十一”黄金周期间的食品卫生安全，市卫生监督所将全所卫生监督执法人员分成 4 组，对旅游景区周边的餐饮和公共场所单位进行卫生监督执法检查，及时下达现场监督意见书，对拒不整改或条件达不到标准要求的单位令其停业整顿，下达监督意见书 60 份，停业整顿 5 家。

2009 年，结合全市开展的城乡环境综合整治工作，开展旅游景区周边中小餐饮单位、夜市摊点专项整治工作，保障孔子文化节期间食品安全。

2010 年孔子文化节期间，曲阜市出动执法人员 300 余人次、车辆 50 余台次，检查餐饮服务单位和涉药企业 206 家，下达监督意见书 120 份，保障人民群众和中外游客的饮食用药安全。2017 年孔子文化节期间，济宁市出动执法人员 1400 余人次，监督检查各类食品经营单位 983 家次，为孔子文化节的顺利举办创造优良氛围。

强化培训，完善应急。加强接待餐饮服务单位从业人员培训，重点讲解原料采购把关、食品加工关键环节注意事项、生熟分开、饭菜留样、餐饮具清洗消毒、食物中毒报告等方面的知识，以及现场监督检查存在的问题等，提高餐饮服务从业人员的责任意识和安全意识，确保从业人员业务能力满足文化节食品安全需求。要求落实好对餐饮服务食品安全事故的应急处理措施，一旦发生餐饮服务食品安全事故，第一时间向曲阜市食品药品监督管理局驻会工作小组报告，严格按照《孔子文化节食品安全保障工作应急预案》做好应急处置工作。

提前抽检，加大快检。针对提供的菜谱，对重点食品原料提前开展监督抽检。利用快检快筛检测手段实施技术监管，及时对重大活动采购的重点食品及其原料进行抽样检验，及时发现加工制作过程中可能存在的安全隐患，对存在食品安全隐患的菜式及食材，建议及时予以更换，性质严重的予以立案处理。2010年孔子文化节期间，曲阜市抽验食品47份。2017年孔子文化节期间，济宁市查处各类涉食违法案件18起。

强化责任，全程监督。与餐饮接待单位签订承诺书，明确餐饮服务食品安全管理各项责任和事项。与接待单位负责人进行约谈，重点提醒在各环节中应注意的问题，对提供的食谱提出审查意见。在每个定点接待酒店派驻2名执法人员驻点监督，对食品加工制作重点环节进行动态监督，有效防范系统性风险的发生，切实保障重大活动顺利进行。

第四章　大环境建设

1984 ~ 2017年，曲阜市在城市规划、基础设施改造、环境优化方面均以举办孔子文化节为契机，在环境综合治理、重点工程建设、交通运输管理等方面，加大工作力度，使曲阜的市容市貌每年都有新变化，每年都有新改观，逐步实现天蓝、水清、路平、灯明，环境美，秩序好，服务热情周到，为客人的到来提供良好环境。

第一节　环境综合治理

机构组织

1984 ~ 1989年孔子诞辰故里游和首届孔子文化节，曲阜县（市）每年明确1名县（市）分管领导主抓城市建设和大环境治理。1990年，孔子文化节组委会增设环境组。1993 ~ 2006年，更名为社会“三优”（即：创造优美环境、建立优良秩序、提供优质服务）组。2007年以后，更名为“环境优化组”。重要举办年份组长由市级分管领导担任，一般年份组长由市住建局局长担任，成员单位有：住建局、城市管理行政执法局、交通运输局、农业局、旅游局、环保局、市场监管局、爱卫会办公室等。

基础设施改造暨重点工程建设

1985年，投资1400万元建设曲阜第一家星级宾馆阙里宾舍。1989年9月，历时1年3个月完成五马祠街的建设工程，并在此举办孔子文化节的重要经贸活动“全省名优产品、旅游纪念品展销会”。1990年，重点对春秋路、有朋路、西关市场、仓庚路、西门大街道路进行拓宽改造，铺设沥青路面3万余平方米，完成排水设施2000余米，安装照明线路5000余米，路灯220盏。重新修复明故城南、北城楼和城墙。

1991 ~ 2000 年，完成五马祠街配套工程和后作商业街的开发工程、孔府档案馆建设工程、孔子六艺城建设工程、小沂河治理工程、体育中心建设工程、论语碑苑建设工程、孔府商城工程、城区道路建设工程、科技城一期建设工程等。2001 ~ 2017 年，完成杏坛剧场工程建设、明故城恢复工程建设、孔子研究院工程建设、体育公园建设、新大成桥建设、游客服务中心建设、孔子文化会展中心建设等。在城市基础设施建设方面，2009 年完成对大同路、舞雩台路、春秋路、东 104 国道、逵泉路、延恩路、永安街的全面维修，切割维修道路 5000 平方米，维修排水 3500 米，人行道 4 万平方米，维修路灯 4600 盏，变压器 26 座，更换线路 1500 米，投资 300 万元。

绿化、净化、亮化、美化

绿化　1989 ~ 2017 年，每年的孔子文化节前夕，7 月份开始对市区的花草绿篱进行修剪整理，补植树苗增加绿化面积。其中，1996 年新增绿化面积 5.94 万平方米。2009 年，增栽黑松、大叶女贞、五角枫、栾树、银杏、碧桃、樱花等各类乔木 1600 余株，栽植百日红、紫荆、竹子、龙柏、蜀桧、金叶女贞、红叶小波、丰花月季等灌木 31.72 万株，种植草花 27.35 万株，种植草坪 1.7 万平方米，增加绿化面积 1 万余平方米。严把进苗规格关、栽植质量关、浇水及时，确保苗木成活率。

净化　除日常的环卫工作外，从 1984 ~ 2017 年，每年的 9 月初即组织力量集中对卫生死角、城乡接合部进行全面卫生清理，组织机关事业单位干部职工分片包干净理卫生。其中 1996 年机关干部出义工 1000 余个，清理随意堆积垃圾 60 余立方米，杂草 40 余立方米。投资 3 万余元对公厕进行维修，对垃圾箱进行维修更换。2001 年实施秸秆禁烧制度，与各镇街签订包保合同，加强督导检查发现一起处理一起，有效保证空气清新。2013 年年底，曲阜市创建国家卫生城市，分设 16 个战区，集中力量突击卫生城市的创建，并建立长效机制。

亮化　实施城市光明工程，从 1989 年首届孔子文化节开始，按照总体规划每年安装维修几条路的路灯，其中 1992 年安装 5 条路的路灯；1994 年安装 9 条路的路灯，全长 14290 米，新上变压器 6 台，建变压器楼 5 座，安装路灯 429 组；1995 年架设大成路、逵泉路、孔孟新道曲阜城区段路灯；1996 年架设路灯、河灯 266 盏；1997 年架设路灯 320 盏，全长 1.8 万米；2002 年，除对原有的路灯和建筑物灯饰进行全面检修外，又在 327 国道曲阜城区段安装华灯，重点部位安装泛光灯、礼花灯等；2003 ~ 2017 年，凡有新建小区、企业，路灯安装均配套跟上。

美化　1984 ~ 2017 年每年的孔子文化节（孔子诞辰故里游）活动前夕，9 月初开始对城区主要街道建筑和临街墙壁进行整容修面，清理违章建筑和违规搭建，清除更换不规范门牌匾额。为烘托节日气氛，1989 年孔子文化节期间在市区主要街道摆放鲜花，制作花卉植物造型。鲜花的摆放由 1989 年摆放 3 万盆，以后逐年增加，至 2017 年达到 40 万盆。悬挂过街联、迎宾旗、道旗等，以营造节日气氛。

第二节　交通运输管理

工作机构

1989 年起，每年成立由曲阜市交通局主要负责人任组长、分管领导任副组长、各单位负责人为成员的“曲阜市交通运输系统孔子文化节领导小组”，明确职责分工，狠抓工作落实，强力优化交通运输环境。在文化节期间全市大环境整治工作中，市交运局为“环境优化组”成员单位，主动履行职责，在交通运输基础设施改造、交通旅游秩序整治工作中发挥应有作用。

基础设施改造

日东高速泗水连接线工程 2007年开工建设，2008年建成通车，连接尼山景区与日东高速，为孔子文化节期间游客赴尼山朝圣打开新通道。

曲阜汽车新站工程 2008年开工建设，2009年竣工投入使用，按国家一级站标准建设，可日始发班车580余班次、过路班车180余班次、日发送旅客8000余人次，确保孔子文化节期间旅客的安全运输。

孔子大道工程 2010年9月1日开工建设，2011年4月30日全线贯通，按一级公路标准并结合城市主干路要求设计，西起五福路，向东与104国道平面交叉后经小雪街道、息陬镇至京沪高铁曲阜东站，全长7.9公里，使高铁站与曲阜城区有效连接，孔子文化节期间游客大幅增长。

东西104国道改造工程 2013年5月开工建设，9月竣工通车，西段长9.44公里，东段长9.11公里，完成道路施工后，又同步实施路沿石、路灯、绿化等配套工程，为当年孔子文化节顺利开展提供良好交通保障。

城乡公交一体化工程 2008年，按照“市、镇、村”三级公交网络规划，曲阜市全力建设“布局合理、网络畅通、便捷高效、安全舒适、社会认可、公众受益”的城乡公交一体化服务体系。2013年实现“村村通公交车”，2014年实行65周岁以上老年人免费乘公交政策，2016年在全省率先实施城乡公交一元制票价，推行“背论语免费乘公交”政策。2017年，全市有公交车314辆，开通公交线路47条，通车总里程1192千米。在孔子文化节期间，公交作为重要的运输工具，圆满完成旅客运输任务。

共享单车工程 2017年5月19日，曲阜市政府与北京摩拜科技有限公司签订战略合作协议，在济宁14个县、市、区率先引进运营1万辆摩拜共享单车，城区设置168个停放点，为参加孔子文化节的游客提供短途运输工具。

交通旅游秩序整治

孔子文化节期间，曲阜市交通运输局积极履行职责，强化工作措施，配合相关部门开展交通旅游秩序整治活动，全力打造和谐旅游环境。开展集中整治活动。开展客运出租行业管理提升集中整治活动，2017年抽调35名执法人员、6部执法车辆，组成3个联合执法队伍，专职24小时查处出租车违法违规行为。大力宣传培训。印发《致出租车驾驶员的一封信》，发送“文明出行”短信，全体出租车驾驶员签订优质服务承诺书。对所有出租车驾驶员分批培训、考核，考核不合格的一律停运，合格后再上岗。创新管理制度。2017年制定《曲阜市出租汽车文明经营三十条规定》，实施驾驶员注册、服务监督卡、记分和等级评定制度，分别从人员准入、车卡限制、日常考核、分级奖惩等方面强化管理。实施退出机制。对违法违规一次的出租车顶格处罚，停运培训7天后考试合格再上岗；二次再犯的注销从业资格证，列入“黑名单”，一年内不得在曲阜市从事出租车营运工作。严打“不打表”行为。

出租车内张贴“举报投诉电话、不打表可拒付车费”等警示标语；高铁站、汽车站、景区周边等重要区域设立6处检查点，逐辆严格检查，发现不打表行为立即查扣；全系统职工每月乘坐1～2次出租车进行暗访，发现不打表的立即固定证据查处；与质监部门联合执法，严查私改计价器行为。强化公司管理责任。加强出租车公司考核，对累计有5次违法违规车辆记录的公司，核减1辆新增出租车指标。执法人员将处罚后的出租车，移交给公司再给予停运处理，停运不到期擅自上路营运的，停运加罚7天，并追究所属公司及监管人责任。加强社会监督。聘请社会监督员，召开网民座谈会，向乘客发放征求意见函，开通“出租汽车管理微信群”，开展市民随手拍活动，鼓励大家举报出租车不规范、不文明行为，形成全社会共同治理的高压态势。领导包保联系车辆。每个局党委成员、单位负责人都分别包保联系一定数量的出租车，做到日常化教育、人性化帮扶、网格化监管。谁包保的车辆出现违法违规行为，就由谁约谈、教育、整改。包保成绩一周一排名、一月一评比。推进诚信建设。设立诚信红黑榜，对违法违规车辆及驾驶员在新闻媒体上曝光，违法信息输入个人诚信记录，同时传送至所属镇街、村（社区）进行属地教育管理。打造“圣城儒雅出租”品牌。积极宣传行业内拾金不昧、敬业爱岗、见义勇为等好人好事，树好先进典型；每年评选出一批“党员出租车”“文明示范车”“诚信出租车”，给予挂牌表彰。

附　录

附　录

一、贺电 贺信 题词

全国政协副主席谷牧致’90孔子文化节贺信

山东国际孔子文化节组委会：

欣悉山东国际孔子文化节最近将于孔子故里、历史文化名城曲阜隆重举行，甚感高兴。

我由于在京已有工作安排脱不了身，无法前往参加这个盛会，谨此致函表示热烈祝贺。愿孔子文化节取得圆满成功！

谷 牧

一九九〇年九月二十日

全国政协副主席谷牧题词

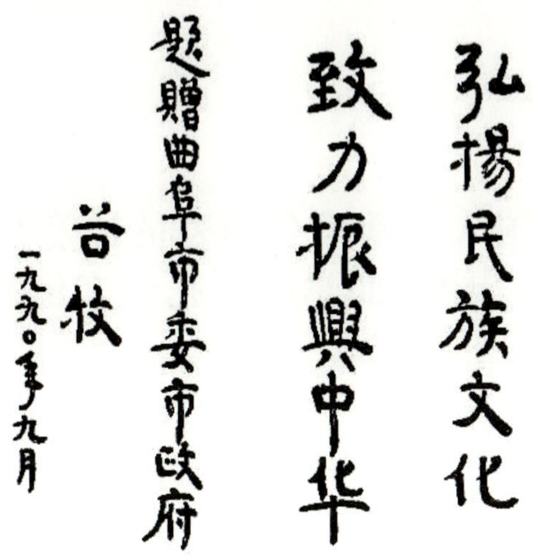

中共中央政治局常委、书记处书记李瑞环致’92孔子文化节贺信

山东省济宁市委、市政府：

欣悉’92国际孔子文化节开幕暨孔府档案馆落成，我谨表祝贺。

孔子是中国古代伟大的思想家、教育家，他所创建的儒家学说，是中国传统文化的最重要内容，对中国社会发展和世界文明进步产生过巨大影响，对当前我们进行现代化建设特别是思想道德建设仍有积极意义。我们应当通过卓有成效的工作，进一步保护和继承孔子文化遗产，吸取孔子思想精华，把民族优秀文化传统和改革开放事业很好地结合起来，为实现中华民族的伟大复兴做出贡献。

祝'92 国际孔子文化节圆满成功！

李瑞环

一九九二年九月二十三日

中国孔子基金会会长匡亚明致'92 国际孔子文化节贺信

孔子文化节组委会：

举办"国际孔子文化节"，对纪念孔子在人类文化方面作出的杰出贡献，弘扬中国优秀文化，增进中外合作交流和友谊，促进山东和曲阜"两个文明"的建设，都有重要意义，我一直热切地关注着在改革、开放形势下的曲阜人民取得的每一个进步，并感到由衷的高兴。我因事不能前去参加此次隆重的文化节，失却了与老友新朋畅叙友谊的机会，深以为憾。但我相信，文化节热烈、欢快的气氛必将长存于人们的记忆之中。

遥祝国际孔子文化节圆满成功。

匡亚明

一九九二年九月二十四日

全国人大常委会副委员长姜春云
致 2002 中国曲阜国际孔子文化节贺信

2002 年中国曲阜国际孔子文化节组委会：

欣悉 2002 中国曲阜国际孔子文化节今天开幕，我还有其他公务不能应邀出席，谨致信热烈祝贺，并向前来参加文化节的中外各界人士表示诚挚的问候！

先进文化是人类文明进步的结晶，是经济社会发展的重要源泉。发展社会主义文化，必须继承和发扬一切优秀的文明成果，并充分体现时代精神和创新精神，增强感召力。山东济宁是举世闻名的伟大思想家、政治家、教育家孔子的故乡、儒家学说的发祥地，历史上曾有过几次大的文化辉煌期，留下了始祖文化、孔孟文化、水浒文化、运河文化等丰厚遗产，奠定了济宁在中国乃至世界文化版图中的重要地位。

举办中国曲阜国际孔子文化节，是贯彻江泽民总书记"三个代表"重要思想、充分发挥济宁文化底蕴丰厚及文化资源丰富的优势，进一步发扬光大以儒家学说为代表的中国优秀传统文化的一项具有重要现实意义和深远影响的国际性庆典活动。我真诚希望你们，按照"三个代表"的要求，以举办中国曲阜国际孔子文化节为契机，大力弘扬中华民族优秀传统文化，坚持与时俱进，为中国先进文化的建设，为促进改革开放和经济的持续快速发展，为推动人类文明进步，做出积极的贡献。

祝 2002 中国曲阜国际孔子文化节圆满成功！

姜春云

二〇〇二年九月二十六日

中共中央政治局原常委、国务院原副总理李岚清致 2004 中国曲阜国际孔子文化节贺电

热烈庆贺 2004 年中国曲阜国际孔子文化节开幕并祝文化节办得圆满成功！

李岚清

二〇〇四年九月二十六日

全国人大常委会副委员长许嘉璐致 2004 中国曲阜国际孔子文化节贺信

中国曲阜国际孔子文化节组委会：

欣悉 2004 中国曲阜国际孔子文化节暨世界旅游日中国主会场庆祝活动今天开幕，谨致电表示热烈的祝贺，并向莅临盛会的中外嘉宾致以诚挚的问候！

先进文化是人类文明进步的结晶，是经济社会发展的重要源泉。孔子是中国古代著名的思想家、政治家、教育家，他开创的儒家学说已超越时代和国界的局限，成为全人类共有的宝贵财富。济宁作为孔孟之乡，历经历史上数次大的文化辉煌期的积淀，留下了丰厚的孔孟文化遗产，奠定了在中国乃至世界文化版图中的重要地位。

举办中国曲阜国际孔子文化节，是充分发挥济宁文化底蕴丰厚及文化旅游资源丰富的优势，发扬光大以儒家学说为代表的中国优秀传统文化的一项具有重要意义与深远影响的国际性庆典活动。真诚希望你们，以举办中国曲阜国际孔子文化节为契机，紧紧抓住建设“中华文化标志城”的历史机遇，大力弘扬中华民族优秀文化，为中国先进文化建设，为推动人类文明进步，做出积极的贡献。

祝 2004 中国曲阜国际孔子文化节暨世界旅游日中国主会场庆祝活动圆满成功！

许嘉璐

二〇〇四年九月二十六日

全国政协原副主席谷牧
致 2004 中国曲阜国际孔子文化节贺信

2004 中国曲阜国际孔子文化节组委会：

欣悉 2004 中国曲阜国际孔子文化节暨世界旅游日庆祝活动在孔子故里隆重举行，谨表示热烈祝贺。

2500 多年来，孔子思想和他所创立的儒家学说在我国历史上具有深远的影响，孔子思想中的许多理念至今对人类文化发展和社会进步仍具有重要的积极作用。希望你们以此为契机，大力弘扬中华传统优秀文化，为促进文化、经济繁荣和社会全面进步作出积极贡献。

祝 2004 中国曲阜国际孔子文化节暨世界旅游日庆祝活动圆满成功！

谷　牧

二〇〇四年九月二十日

二、重要文件选载

曲阜市人大常委会
关于审议市政府“关于举办孔子文化节的议案”的决定

（1989 年 7 月 14 日通过）

曲阜市第十一届人民代表大会常务委员会第十八次会议，审议了市人民政府关于孔子文化节的议案。

会议决定，从今年起，每年的公历 9 月 28 日（孔子诞辰），定为孔子文化节。孔子文化节期间的有关活动、起止时间，规模、形式等，由市政府根据情况确定。以上决定，由市政府认真组织实施。

国家旅游局
关于举办'92 中国友好观光年寻根朝敬之旅首游式的通知

（1992 年 8 月 8 日）

山东、湖南、陕西、河南、江苏省旅游局，国旅、中旅、青旅三总社：

寻根朝敬之旅是国家旅游局在'92 中国友好观光年中重点推出的十四条专项旅游线路之一，首游式是观光年的重要大型活动，对宣传这条专线，宣传观光年，具有重要意义。望各方面积极配合，认真搞好。现就有关问题通知如下：

一、此项活动名称为'92 中国友好观光年寻根朝敬之旅首游式；定于 1992 年 9 月 26 ~ 28 日在山东曲阜举行。

二、首游式由国家旅游局、山东省旅游局主办，济宁市、曲阜市人民政府、国旅总社、中旅总社、青旅总社承办。

三、这次首游式与'92 中国曲阜国际孔子文化节相结合，活动内容应突出寻根朝敬的特色。请尽力多邀请海外旅行商、记者和旅游者参加。

四、为全面宣传这条专线，请湖南、陕西、河南、江苏省旅游局派局或景点的代表 1 ~ 2 人出席，并提供相关宣传品；国旅、中旅、青旅总社派代表出席。具体事宜请与山东省旅游局联系。

五、应加强宣传工作。邀请地方和部分中央对外新闻单位记者采访这次活动，请提供方便；在首游式上散发有关宣传品。

六、此次首游式国家旅游局拨款 2 万元。

联合国教育科学文化组织
《保护世界文化和自然遗产公约》——三孔列入世界文化遗产名录

世界遗产委员会已将曲阜孔庙、孔林和孔府列入世界遗产名录。列入此名录是对该处文化或自然遗产所具有的突出的、普遍性价值的认可。基于全人类共同的利益，需要人们去珍惜和爱护。

列入日期：1994 年 12 月 17 日

联合国教科文组织总干事马约尔

山东省人民政府
关于'95 中国曲阜国际孔子文化节活动方案的批复

（1995 年 8 月 14 日）

济宁市人民政府：

你市《关于举办'95 中国曲阜国际孔子文化节活动方案的报告》（济政〔1995〕33 号）收悉。经研究，现批复如下：

原则同意《'95 中国曲阜国际孔子文化节活动方案》。'95 中国曲阜国际孔子文化节，是全国民俗风情游活动的重点项目，也是国家旅游局已经确认的定型旅游产品。要本着突出重点、体现特色、求实务实、勤俭办节，坚持旅游与经济和文化结合的精神，以促进对外开放，推动两个文明的建设。要切实加强领导，精心组织，认真实施，努力把'95 中国曲阜国际孔子文化节在过去的基础上办得更好。有关事项请会同省旅游局研究落实。

国家旅游局关于同意与山东省人民政府联合举办
2001 中国曲阜国际孔子文化节的复函

（2001 年 8 月 1 日）

山东省人民政府办公厅：

贵单位鲁政字〔2001〕210 号文收悉。经研究，我局同意作为“2001 年中国曲阜国际孔子文化节”主办单位。

国家旅游局关于中国曲阜国际孔子文化节有关事宜的复函

（2002 年 8 月 14 日）

山东省人民政府：

贵省 7 月 17 日致我局的《关于商请联合主办中国曲阜国际孔子文化节》的函（鲁政字〔2002〕292 号）收悉。

经研究，我局同意从今年起每年与贵省人民政府联合主办中国曲阜国际孔子文化节。

国务院关于公布第一批国家级非物质文化遗产名录的通知

（2006年5月20日）

各省、自治区、直辖市人民政府，国务院各部委、各直属机构：

国务院批准文化部确定的第一批国家级非物质文化遗产名录（共计518项），现予公布。

祭孔大典列入国务院公布的第一批国家级非物质文化遗产名录（编号IX—35）

全国清理和规范庆典研讨会论坛活动工作领导小组关于需报请党中央、国务院审批的节庆活动项目清理规范的通知

（国清组函〔2014〕46号）

中共山东省委、山东省人民政府：

按照《节庆活动管理办法（试行）》（中办发〔2012〕18号）和《中共中央办公厅 国务院办公厅关于开展节庆论坛展会摸底普查和规范工作的通知》（中办发电〔2013〕26号）精神，全国清理和规范庆典研讨会论坛活动工作领导小组对全国节庆论坛展会开展了摸底普查和规范工作。在各地区、各部门的共同努力下，清理工作取得阶段性成果。经专家组评审，全国清理和规范庆典研讨会论坛活动工作领导小组审议，并报请党中央、国务院审批，同意你省保留举办以下节庆活动项目：

1、中国（曲阜）国际孔子文化节（世界儒学大会）；

2、中国国际航空体育节。

请按照本通知所列名单组织开展相关节庆活动。在举办活动时，应不断提高市场化运作水平，逐步减少政府财政投入，按照中央八项规定要求，严格控制活动规模，加强经费监管，接受社会监督，简化接待工作，改进新闻报道。在每项节庆活动结束后3个月内向领导小组报送活动总结报告。每年2月底前将上一年度本省节庆活动管理的工作总结书面报领导小组。

你省所报的与其他部门或省（区、市）联合举办的节庆活动项目，根据“所在地”原则，只批复给一个主要的主办单位。

特此通知。

全国清理和规范庆典研讨会论坛活动工作领导小组

2014年8月13日

三、重要节会方案

首届孔子文化节活动方案（节选）
——1989年7月10日山东省人民政府办公厅印发

一、名称：孔子文化节。

二、指导思想：以纪念孔子、弘扬民族文化为主题，纪念活动同文化交流、旅游观光、经济合作密切结合，推动对外宣传、对外友好、对外开放以及其他涉外工作。

三、规模、时间：活动规模，根据今年的客源实际，将本着隆重、简朴、实效的方针，设立必要的、力所能及的、效益显著的活动项目，以控制适度规模。时间安排，考虑到今后将每年举办这一活动，为便于对外宣传招徕，增加游客活动容量，拟定于九月二十六日至十月十日，历时十五天。鉴于今年的特殊情况，对内根据实际需要，时间可控制在十天以内。

四、主要活动：

（一）九月二十六日上午九时，在孔庙大成殿前举行开幕式。由曲阜市市长宣布文化节开幕，致简短欢迎辞。请前卫歌舞团演奏《洙泗操》，表演仿古《祭孔乐舞》（开幕式活动控制在一个半小时以内）。

（二）举办纪念展览。围绕孔子诞辰纪念，组织举办具有文化特色、长期保留、且有门票收入的八个展览，包括“孔子生平事迹展览”“孔府珍贵文物展览”“孔林——世界上延时最久的家族墓地展览”“孔子圣迹灯箱片展览”“孔子家乡国际旅游摄影大奖赛作品展览”“大理石刻仿汉画像孔子圣迹图展览”“孔子文化大全书展”“孔子故里艺术展览”。为丰富游览内容，在加强安全保卫措施的前提下，文化节期间，对外开放孔府内的全部展室。

（三）组织文化旅游活动。1. 在孔庙大成殿前举行仿古《祭孔乐舞》表演，八月上旬在大成殿前开始排演。2. 为满足海外客人在孔庙祭孔的要求，可为祭孔者提供各类有偿性服务（包括古装、祭品、乐舞礼仪等）。时间安排在孔庙向一般游客开放前的一小时。3. 根据商业性演出的办法，邀请前卫歌舞团演出大型歌舞诗《大同梦》，省话剧团演出《孔子》，曲阜剧团演出大型古装戏《齐鲁会盟》，济宁市歌舞团演出歌舞，曲阜市组织其他民间文艺演出等。4. 举办孔子“六艺”（礼、乐、射、御、书、数）活动。（1）在孔府后空地举办仿古射箭，射箭者可着古装，售票服务，射中有奖。（2）乘坐或驾驭仿古马车，游览名胜古迹，计时收费。（3）古典婚俗旅游，游客可观赏仿古结婚仪式，也可为外宾提供古典结婚仪式服务。（4）举办首届“至圣奖国际书画大赛”。（5）举办孔孟之乡民俗旅游活动。（6）举办“孔子家乡修学旅游”活动。5. 组织民间工艺表演、销售活动。由省二轻厅会同曲阜市政府研究具体方案，组织一批有较高知名度的工艺师前往表演并兼营产品销售。6. 九月二十八日，在孔庙大成殿前举行孔子纪念邮票发行仪式。

（四）组织经济贸易洽谈会。重点推销济宁市及鲁西南地区产品，洽谈该地区有关经济技术合作项目。

一九九〇年孔子文化节活动总体方案（节选）
——1990 年 7 月 13 日山东省人民政府办公厅印发

一、指导思想和宗旨：以纪念孔子诞辰、弘扬民族文化为主题，纪念活动同文化交流、旅游观光、经济技术合作密切结合，达到纪念先哲、交流文化、发展旅游、促进开放、增进友谊、繁荣经济之目的。本届孔子文化节活动，坚持“隆重、简朴、实效”的方针，以面向国内外、增进国际交往、开发国际旅游为主，努力扩大国外客源，减少内宾人数，突出国际性活动特点。

二、时间：一九九〇年九月二十六日开始，十月十日结束，历时十五天。

三、主要活动内容：本届孔子文化节除保留原有的一些为中外宾客赞赏的活动项目外，适当增加一些新的、有特色的，特别是对外宾有吸引力的活动项目。

（一）九月二十六日上午九时，在孔庙大成殿前举行开幕式。由曲阜市市长主持，奏《孔子文化节节歌》；请省领导致开幕词；请党和国家领导人讲话；由曲阜市剧团演出仿古《祭孔乐舞》和大型古典《箫韶》乐舞。开幕式控制在一个半小时之内。

（二）九月二十七日在复圣庙（即颜庙）举行颜子像揭幕仪式暨“颜子研究会”成立大会；“中国孔孟文化摄影展暨《孔子文化大全》书展”“国际书画名家笔会作品展”、全省旅游产品工艺品展销会暨民间工艺表演揭幕剪彩仪式。

（三）九月二十八日上午九时在孔庙大成殿前举行孔子诞辰日纪念活动。

（四）举办纪念性展览

1.“中国孔孟文化摄影展暨《孔子文化大全》书展”。摄影展将以三百五十幅大幅彩照，全面、系统、艺术、真实地再现举世瞩目的中国曲阜孔庙、孔府、孔林，孔府珍藏，曲阜碑林，邹县孟庙、孟府、孟林等宏伟的中国古代建筑艺术和文物古迹；孔子圣迹图；大型仿古《祭孔乐舞》；首届孔子文化节盛况；孔孟之乡的风土人情、经济文化、旅游风光等，配以生动翔实的文字介绍，图文并茂。同时展销部分图片、书画作品、民间工艺品、孔孟书籍及宣传品等。此项展览由中国东方国际摄影艺术基金会举办。文化节期间在曲阜举行首展式。“《孔子文化大全》书展”将展出作为儒学精华荟萃的《孔子文化大全》和教育、科技、文艺、旅游、美术、少儿读物等一千二百余种，门类齐全，内容丰富，以展示齐鲁文化的博大精深和山东出版事业的繁荣昌盛。

2.“国际书画名家笔会作品展”。将展出中外书画名家作品二百多幅。同时，继续开放去年举办的“大理石刻仿汉画像孔子事迹展览”“孔子生平事迹灯箱展”“孔林—世界上延时最久的家族墓地展览”“孔府珍贵文物展览”。

（五）举办丰富多彩的文化旅游活动

1. 孔子家乡修学旅游。以孔子及其思想影响、中国历史、中国民俗、中国民乐、中国书法绘画、中国武术、中国医学、中国烹饪、中国妇女和老年人生活等为主要修学内容，采取授课、游览、实习相结合的方法，使修学旅游者了解中国古代的灿烂文化及其对世界文明发展所作出的贡献，了解中国现代发生的深刻变化，展现社会主义中国的新风貌。

2. 古典婚俗旅游。按古代孔氏婚礼习俗，举行送亲、迎亲和妙趣横生的合卺大礼。除举办观赏性婚俗旅游活动外，还可以为乐于在孔子故乡圣人家举行婚礼的外宾，提供中国式的古典婚礼仪式服务。

3. 孔子故里民俗旅游。民俗旅游点设在曲阜镇仓巷街，旅游点将以古朴的环境，浓郁的乡土气息，独特的农家生活习俗和礼仪，再现孔子故里劳动人民的淳朴风貌。同时，设有斗羊、斗鸡等民间娱乐项目。

4. 仿古射箭旅游。参加此项目活动的旅游者，可身着古装，挽弓射箭，命中有奖。

5. 乘坐仿古马车游览名胜古迹。

6. 举办精彩的文艺演出活动。（1）在孔庙大成殿前表演大型庙堂艺术仿古《祭孔乐舞》和已失传两千余年，首次挖掘编排的融乐舞歌于一体的大型古典《箫韶》乐舞。上述两项表演，从八月上旬开始在孔庙大成殿前排演。（2）由济南军区前卫歌舞团演出大型舞乐诗《大同梦》和《洙泗操》。（3）由济宁市杂技团演出精彩杂技。

（六）建立“孔子学术会堂”，举办“孔子及儒家思想学术报告会”。孔子学术会堂设在孔府忠恕堂，忠恕堂须适当布置。举办国际性孔子及儒家思想学术报告会，聘请中外著名专家学者作学术报告，每次听取学术报告的中外人士限在二十至三十人。“孔子学术会堂”是国际性高层次的学术论坛，作学术报告和听取学术报告者应有较高的声望。

（七）举办中外经济技术洽谈和文化旅游产品工艺品展销会。请省经贸委、经委牵头组织全省大中城市有关企业、科研单位并邀请部分外商参加，开展全省性的对外经济贸易技术洽谈活动。请省二轻厅牵头，组织全省性的文化旅游产品、民间工艺品展销会。

纪念孔子诞辰2550年暨’99中国曲阜国际孔子文化节活动总体方案（节选）

（1999年8月26日）

一、名称：孔子2550年诞辰纪念活动暨’99中国曲阜国际孔子文化节。

二、主办单位：国家旅游局、山东省人民政府。

三、承办单位：山东省旅游局、济宁市人民政府、曲阜市人民政府。

四、时间、地点：1999 年 9 月 26 日至 10 月 10 日在孔子故乡曲阜和济宁举行。

五、指导思想：以党的十五大精神和江泽民、李鹏关于“建设文化名城，繁荣曲阜经济”“汲取孔子思想精华，弘扬民族优秀文化”的题词精神为指针，坚持辩证唯物主义和历史唯物主义的观点，通过开展多领域、多形式、丰富多彩、意义深刻的系列活动，努力把纪念活动和孔子文化节办成规格高、水平高、规模大、影响大、实效多、实事多的国际性纪念盛典，以达到纪念先哲、交流文化、发展旅游、扩大开放、繁荣经济、增进友谊之目的。

六、主要活动

（一）文化节开幕式

1. 时间：9 月 26 日上午 9 时。

2. 地点：孔庙大成殿前。

3. 主要内容：（1）领导人讲话；（2）大型文艺表演。开幕式活动的总体安排和文艺演出由济宁市负责，曲阜市配合。

（二）纪念活动

1.9 月中旬在北京人民大会堂东大厅举办纪念孔子诞辰 2550 年座谈会。由文化部、教育部、社科院联合主办，中央领导人出席并讲话。

2. 在《人民日报》《求是》《光明日报》《大众日报》分别发表孔子诞辰 2550 年纪念文章。

3.9 月上中旬在曲阜举行纪念孔子诞辰 2550 年大会，市主要领导发表讲话。

4.9 月 28 日（孔子诞辰纪念日）上午 9 时，在孔庙大成殿前举行祭孔及表演活动。组织孔子后裔代表、各界人士代表、学生代表、外宾和海外同胞侨胞祭拜先师孔子。

（三）学术活动

1、10 月 7 ~ 14 日，国际儒联、中国孔子基金会和联合国教科文组织在北京和曲阜两地举办“纪念孔子 2550 年诞辰暨国际儒学研讨会”。北京开幕，曲阜闭幕，中央领导人出席并讲话。

2、9 月 25 ~ 28 日在济宁举办“国际儒商研讨会”。由济宁市政府、省外经贸委、省社科院和中华孔子学会联合主办。其间会议代表到曲阜活动。

3、9 月 26 日下午，在曲阜孔子学术会堂举行孔子及儒家思想学术报告会。

（四）文化活动

1. 表演活动。①开幕式演出歌舞《大哉孔子》；②文化节期间在孔庙大成殿前演出仿古《祭孔乐舞》；③ 9 月 26 日在城区进行“千人”民间艺术表演；④ 9 月 25 日和 26 日晚在曲阜剧院演出大型新编历史剧《孔尚任》和新排改编历史剧《桃花扇》；⑤ 9 月 25 日至 28 日在城区主要街道举办戏曲定点演出；⑥在孔子六艺城、华夏文化城及阙里宾舍等景点、饭店举办定点文艺演出。

2. 展览活动。①在孔子研究院举办“曲阜文物精品展和大型“孔子纪念展览”；②在孔府商城举办“纪念孔子诞辰 2550 年书画大展”；③在市文化馆举办“中日名人书画大展”；④在圣都商城由山东奇石协会举办“奇石大展”；⑤其他书画及雕刻展览等。

3. 书法活动。组织书法爱好者书写“百米千联长卷”。

4. 发行活动。①纪念孔子诞辰2550年邮品首发式；②纪念孔子诞辰2550年金穗卡首发式。

（五）旅游活动

1. 孔子家乡修学旅游。主要学习中国绘画书法、武术、古典音乐、中医针灸、孔府烹饪以及考察体验曲阜民俗，参观孔子研究院。在孔庙杏坛前举行开学典礼，在尼山夫子洞前举行结业仪式。

2. 孔子周游列国旅游。主要参观“三孔”、孔子六艺城，参加孔子周游列国摹拟表演活动，观赏仿古《祭孔乐舞》。

3. 曲阜祭孔游。主要游览“三孔”、尼山夫子洞、孔子六艺城，观赏仿古《祭孔乐舞》、祭拜先师孔子等。

4. 齐鲁山水圣人游。主要游览济南、泰安、曲阜等地景点。

5. 书法之旅。主要欣赏曲阜古今碑刻，参观汉魏碑刻馆、论语碑苑和楹联书法，进行书法交流，举办书法联展等活动。

6. 学生祭拜祖师旅游。

7. 海内外孔子后裔故乡朝圣旅游。

（六）经贸活动

举办多种形式的经贸科技交流合作活动，具体活动另案制定。

七、宣传促销

（一）请中央电视台、山东电视台等联合向世界现场直播’99孔子文化节开幕式。由济宁市委宣传部和曲阜市负责衔接。

（二）请中央电视台和国内部分省级电视台记者采访报道孔子诞辰纪念活动，由济宁市外宣办、旅游局负责。

（三）8月中旬在北京人民大会堂召开新闻发布会。由济宁市委宣传部负责。

（四）制作《孔子2550年诞辰纪念活动》VCD光盘和《孔子2550年诞辰专题纪念画册》。由济宁市和曲阜市旅游局负责。

（五）拍摄和播放《天下第一家》《圣府风云》（又名《孔府故事》）《话说曲阜》（又名《圣人孔子》）等电视剧。由曲阜市和有关电视剧制作单位负责。

（六）撰写新闻通稿，在中央和省级报刊、电台、电视台，特别是对外新闻媒体刊播，以吸引更多的中外来宾参加活动，由济宁市和曲阜市负责。

（七）赴京、津、沪等大城市和昆明全国旅游交易会及国外专题宣传促销。由济宁市和曲阜市旅游局负责。

（八）采取多种形式开展在国内外的宣传促销，重点放在招徕客人上，争取游客人数有较大增长。由济宁市和曲阜市旅游局负责。

（九）9月25日在曲阜举行一次孔子文化节新闻发布会。由济宁市委宣传部负责。

（十）9月26日上午在曲阜鼓楼北街由省、济南、泰安、济宁、曲阜等地旅行社举办“旅游宣传一条街”活动。由济宁市旅游局负责。

2004 中国曲阜国际孔子文化节暨世界旅游日中国主会场庆祝活动工作方案（节选）

（2004 年 9 月 11 日）

2004 中国曲阜国际孔子文化节，于 2004 年 9 月 26 日至 10 月 1 0 日在曲阜市举办。由国家旅游局、山东省人民政府主办，山东省旅游局、济宁市人民政府、曲阜市人民政府承办。按照济宁市《2004 中国曲阜国际孔子文化节总体方案》要求，结合我市实际情况，特制定如下方案。

一、指导思想

今年是孔子诞辰 2555 年，世界旅游日中国主会场庆祝活动将与孔子文化节开幕式一起举行，又恰逢中央领导对建设“中华文化标志城”作出重要批示，联合国教科文组织作出设立国际“孔子奖”的决定。在这样的背景下，举办好本届国际孔子文化节，具有十分重大而深远的意义。

本届孔子文化节的指导思想是，以党的十六大精神和“三个代表”重要思想为指导，把弘扬优秀传统文化与发展现代文化结合起来，突出“纪念先哲，承扬文明，促进开放，创新发展”主题。以举办文化活动为主体，以发展科经贸、旅游为重点，广泛开展对外交流与合作。坚持政府主导、企业承办、群众广泛参与的原则，大力推进市场化运作，切实把孔子文化节办成国际性的文化、旅游盛典。

二、主要活动

（一）文化旅游活动：1.9 月 26 日晚，在曲阜杏坛剧场举行 2004 中国曲阜国际孔子文化节暨世界旅游日中国主会场庆祝活动开幕式。开幕式上，拟请联合国教科文组织官员宣布设立国际“孔子奖”的决定，文化部领导宣读胡锦涛总书记关于建设“中华文化标志城”的重要批示。同时举办大型专场文艺晚会及焰火晚会。由济宁市旅游局、文化局、供销社、曲阜市人民政府、北京时代同赢广告有限公司承办。2.9 月 25 日，在曲阜贵宾楼举办“中华文化标志城”宣传活动。由华夏文化纽带工程组委会、济宁市人民政府主办，济宁市中华文化标志城筹建领导小组办公室、市文化局、曲阜市人民政府、曲阜新区承办。3.9 月 27 日上午，在曲阜市金三孔宾馆举行孔、孟、颜、曾圣裔恳亲联谊大会，邀请港台和海外孔、孟、颜、曾圣裔参加。由济宁市委统战部、市委台办、市外办、市旅游局、市侨联、曲阜市人民政府、邹城市人民政府、嘉祥县人民政府、北京蓝狮集团主办。9 月 26 日、27 日下午至 28 日，由曲阜市孔氏、颜氏宗亲寻根祭圣活动组组织孔氏、颜氏宗亲开展活动。4.9 月 27 日，在孔子研究院等举办“世界思想家巅峰论坛——当代大师的新论语”。邀请世界著名思想家、文化学者进行演讲和相互对话，组织国内 500 名各界人士与高校大学生现场听讲。由济宁市委宣传部、济宁市教育局和曲阜市人民政府、曲阜师范大学、孔子研究院、北京蓝狮集团主办。5.9 月 27 ~ 28 日，举办 2004 世界旅游日中国主会场系列庆祝活动（举办明故城开城仪式、齐鲁文化旅游博览会和国际儒学文化交流会及体育活动等）。

由山东省中国旅行社、济宁市旅游局、曲阜市人民政府、曲阜师范大学等单位主办。6.9月27日上午9时，在孔子学术会堂举行孔子及儒家思想学术报告会。由文物局、孔子学术会堂、孔子文化节办公室承办。7.9月28日上午9时，在孔庙大成殿前举办孔子诞辰2555年大型纪念活动。由曲阜市人民政府主办。8.文化节期间举办文艺演出活动、系列书画展览和象棋争霸赛等文化艺术活动。由文化局、文联承办。9.9月29日上午9时，在杏坛剧场举办“古诗文诵读”活动。由团市委、教育局、孔子旅游集团承办。

（二）科经贸活动：1、9月21～23日，在曲阜科技城会展中心举办第五届中国专利高新技术产品博览会和中国工程院院士与济宁市人民政府第三次合作会议。由国家知识产权局、中国工程院、山东省人民政府主办，中国专利信息中心、山东省科技厅、山东省知识产权局、济宁市人民政府承办，济宁市科技局、市知识产权局、市人事局和曲阜市人民政府等单位具体承办。2、9月25日，在曲阜供电宾馆举办中外知名大企业联谊及经贸恳谈会，邀请部分世界500强及其他国内外知名大企业开展联谊和科经贸活动。由清华科技园建设有限公司、济宁市人民政府主办，曲阜新区、济宁市经贸委、外经贸局、科技局、济宁市政府驻京联络处、招商局承办。3、9月26～28日，在济宁圣地酒店举办济宁市海外联谊会及经贸恳谈活动。由济宁市委统战部、台办、侨联、政协港澳台侨委会、外经贸局、外办主办。4、9月27日，在济宁香港大厦举行国际孔子文化节对外经贸项目签字仪式。组织各县市和市直各部门、单位、企业对外经贸合作项目集中签约，由济宁市外经贸局承办。5、除积极参与与济宁市统一组织的科经贸活动外，孔子文化节期间曲阜市有关单位和企业自行单独组织一系列对外招商和科经贸洽谈与儒商报告会等经济活动。

三、工作任务与要求

（一）认真做好宣传推介工作。今年孔子文化节主要采取以下形式宣传推介：一是网络推介。设立国际孔子文化节网站（www. e—kongzi. com），建立网上邀请和报名系统；选择几个重点知名网站，将孔子文化节主要活动项目、内容与网站链接。二是电视推介。在中央电视台、省级电视台和海外、境外电视媒体，通过各种形式进行宣传推介。三是报刊推介。选择国内外重要报刊媒体，将孔子文化节活动内容、活动项目进行广泛宣传。四是派出专门团组到国外、境外进行宣传推介，吸引更多的国外来宾参加孔子文化节。五是各媒体要开辟专栏，对孔子文化节活动进行系统宣传。

（二）着力做好招商引资工作。各级各单位要按照济宁市《2004国际孔子文化节招商引资工作方案》的要求，成立专门工作班子或招商团组，明确一名领导具体负责，抓紧制定出招商引资的具体实施方案。要认真做好招商引资的前期运作工作，把功夫下在会前，积极开展对口联络，选对招商目标，做好重要客商的邀请，有的放矢地开展项目对接洽谈活动，确保招商引资工作落到实处。

（三）大力推进市场化运作。今年孔子文化节举办的各类文化、旅游活动，原则上要由文化公司、广告公司、旅游公司等企业承办；举办的科经贸活动也要通过市场运作的办法解决活动经费，减轻财政负担。各级各单位要积极引导和鼓励企业承揽各大活动，让更多的企业成为办节主体，增强社会和群众的广泛参与意识，从而促进人流、物流、信息流的形成，使孔子文化节真正成为世界品牌，成为曲阜市一个新的经济增长点。

（四）切实做好接待和安全保卫工作。按照“谁的客人谁邀请、谁接待、谁负责”和统一协调安排、分别接待的原则，统筹安排好客人的食宿。要坚持勤俭办节的原则，周到细致地做好接待工作。对承接文化节活动的宾馆、酒店，要逐一拉出单子，加强设施改造，完善服务功能，搞好服务人员的培训，切实提高服务质量和水平。认真做好各项活动和来宾的安全保卫工作，加强对活动场地和驻地宾馆的安全设施检查，做好各种防范工作，坚决杜绝一切事故的发生，为孔子文化节的顺利进行创造良好的社会治安环境。

（五）加强基础设施建设和环境整治工作。各级各单位要以举办文化节为契机，下大力气搞好基础建设和环境整治。要把活动场所建设、设施改造和环境整治列入重要议事日程，加大工作力度，定期检查调度，切实解决城市脏、乱、差问题，以节庆活动促进城市环境改善和管理水平的提高。

（六）切实抓好秸秆的禁烧工作。切实抓好“三秋”期间的秸秆禁烧工作，组织专门人员加大巡查力度，发现问题及时严肃处理，以确保文化节期间空气清新，大气环境符合国家规定的标准。

四、加强组织领导

为切实加强对活动的组织领导，确保各项工作落到实处，在济宁市2004国际孔子文化节组织委员会的统一领导下，成立曲阜市2004中国曲阜国际孔子文化节暨世界旅游日庆典活动筹备工作领导小组，全面负责孔子文化节的各项筹备组织工作。

2005全球联合祭孔曲阜祭孔大典实施细则（节选）

（2005年9月16日）

为确保全球联合祭孔曲阜孔庙主会场祭孔大典的圆满成功，万无一失，特制定本实施细则。

一、主要程序安排

（一）序幕

1、开城：

9月28日上午，历史文化名城曲阜。

孔庙神道路上，万仞宫墙下，旌旗摇曳，古灯高悬。

主祭官（相关领导、贵宾，约100人）在汽车站大厅休息、等候（7：40前到位）。

2556名各界代表在万仞宫墙南等候（7：20前到位）。

8：00，音乐切入，身着祭孔服装的仪仗队伍、表演队伍、迎宾司礼官从万仞宫墙东西两掖门出，沿城墙，分别进入万仞宫墙前指定位置。

古装仪仗队分两列从神道路两侧从北向南渐进，一字排开。

8：05，音乐停，小广场上的鼓阵表演（5 分钟）。

重归寂静。

神道路南口两边的 80 名学生手执“书折”面北候场。

（7：50 前到位）

8：10，钟声于空际响起（孔子研究院论语钟和钟楼大钟击响 180 下）。

男中音响起，祭孔大典开篇解说词穿透时空，娓娓诉来。

8：12，长号仰天而鸣。音乐声中，80 名学生从神道路两侧道路分两路行进，领导、嘉宾由中道步行，共同在朝圣的路上走向万仞宫墙。

8：15，领导、嘉宾行至神道路北端空地静立。音乐转换，司礼官面向嘉宾高声宣读迎宾词。

宣布：曲阜明故城，现在开城！

8：18，音乐又起，万仞宫墙大门徐徐洞开。

主祭官等（相关领导、嘉宾）在司礼官等部分演员的导引下走进明故城（瓮城内的过道两侧早有演员夹道侯立），其他演员引导 2556 名代表从两掖门进入明故城。

2、开庙：

花篮仪仗队在金声玉振坊候场（7：40 前到位）

8：20，主祭官等（相关领导、嘉宾）过金声玉振坊到圣时门前空地，2556 名代表在演员的引导下由“德侔天地”“道冠古今”两坊入。背景音乐起。

8:21，主持人宣唱：千年礼乐归东鲁，万古衣冠拜素王。千百年来，无数个朝拜者来到孔庙，追风圣贤，感怀历史，虔诚朝圣。请各位来宾整理衣冠，庄然肃立，现在开庙！

8：22，现场最高领导鸣锣三响。

神圣的音乐声中，圣时门徐徐开启。主祭官等（相关领导、嘉宾）在花篮仪仗队的导引下，祭祀参礼代表在参礼旗的导引下，依次进入孔庙院落。

（二）公祭

祭祀队伍依次穿过圣时门、弘道门、大中门、同文门等诸门、诸院落。72 名“孔弟子”夹道肃立（所有代表行至大成门后，孔弟子全部经圣时门撤出孔庙）。

从弘道门（璧水桥）开始，直至大成殿前的行进过程中，主祭官等（相关领导、嘉宾）走中门、中道，其他人等一律走侧门、侧道。

8：45，悠远、深沉的音乐声再次响起。公祭人员、乐舞生等相关人员在大成门前依次按指定位置就位，全体肃立。

鸣赞唱：“主祭官就位！”

鸣赞唱：“启户！”

礼生将殿庑诸门一时俱开，庭燎、门户吊灯俱点。

仪仗队抬花篮引导，主祭官等（相关领导、嘉宾）至杏坛前停下。

8：46，主持人："2005 全球联合祭孔·曲阜孔庙祭孔大典现在开始"。"整理衣冠，浴手！"

主祭官整理衣冠。侍应生手捧托盘上，盘内盛若干白色毛巾，呈送主祭官。

主持人："起乐！奏《诗经·商颂》篇"

唱诗班在大成殿南面第一个台阶前，左右各 40 人，共 80 人，手执书折，随录音吟唱《诗经·商颂·烈祖》

8：50，乐毕，主持人："请（有关领导、代表等若干人）敬献花篮。"仪仗队抬花篮从杏坛两边绕行上大成殿。

献花篮毕。

主持人："向至圣先师三鞠躬"。

9：12，主持人："起乐！奏《诗经·周颂》篇"

唱诗班随录音吟唱《诗经·周颂·清庙》

9：15，主持人："请曲阜市市长江成宣读祭文！"

侍应生端祭文上，呈市长。

在宣读祭文期间，配以轻盈的古典音乐，用丝竹之音，乐器为古筝和埙。

唱诗班随后同声复读祭文。

9：20，主持人："请各位来宾肃立，集体向至圣先师孔子三鞠躬！"

9：22，领导、嘉宾回杏坛内或大成门下就位。

9：25，主持人：乐舞告祭

6 个篇章共约 35 ~ 40 分钟乐舞。

10：00，音乐声起。在悠扬古远的音乐声中，唱诗班吟诵《论语·学而》章句全篇。

公祭结束。

央视直播结束。

（三）家祭

10：30，正献官以下俱立大成门外，司香、捧帛者在正献官北侍立，鸣赞生立于殿陛之上，执事生员、礼乐生俱公服立阶下。

击晋鼓（鼓楼击鼓 360 下）鸣赞唱："启户！"

祭孔程序及祭品、祭器制作与摆放、礼仪要求等均按《中国历代孔庙雅乐》《圣门礼志》进行。

11：30，全部活动结束。

二、环境布置

祭孔大典环境布置涉及神道路、明故城墙、孔庙 3 个区域。

（一）旌旗：1、在孔庙神道路两侧灯杆悬挂旌旗 10 面（以 2005 全球联合祭孔标志为主图案）；2、万仞宫墙瓮城南、北侧俱设置彩旗共 200 面。

（二）地毯：1、神道路中道铺设红地毯；2、大成门至杏坛中路铺设红地毯；3、大成殿自台阶至大成殿中门铺设红地毯。

（三）会标：1、在孔庙大成殿前悬挂会标："2005 全球联合祭孔曲阜孔庙祭孔大典"（中英文）；2、大成殿月台上树立匾（形制、文字内容依往年体例）

（四）灯笼：1、立式灯笼：神道路中道 36 个（红色）；圣时门至弘道门中道 26 个，弘道门至大中门中道 14 个，大中门至同文门 8 个，同文门至奎文阁 6 个，奎文阁至大成门 6 个，大成门至杏坛 8 个（杏黄色）；2、悬挂式灯笼：万仞宫墙瓮城南、北侧俱悬挂仿古串灯共 100 串；东西两庑走廊上共悬挂 72 个；弘道门、大中门、同文门、大成门各 4 个；3、除城墙上灯笼外，其余每灯俱有"至圣庙"字样（黑色）。

（五）栏杆（围栏）：1、大成殿栏杆结绸结；2、圣时门、大成门、大成殿台阶的围栏等物俱撤掉，大成殿龙柱围栏撤掉；3、大成门院落内用栏杆进行分区，让演员与观众各安其位。

（六）其他：1、大成殿月台南侧栏杆处放置阶梯架，供四层唱诗班演员站位；2、三牲、祭品等各就各位。

2015 中国（曲阜）国际孔子文化节实施方案（节选）

今年是孔子诞辰 2566 年，将举办第 32 届中国（曲阜）国际孔子文化节。按照《2015 中国（曲阜）国际孔子文化节总体方案》的要求，为切实办好本届文化节，制订如下实施方案。

一、指导思想

认真贯彻落实习近平总书记视察山东视察济宁重要讲话精神，深刻领会习近平总书记在出席纪念孔子诞辰 2565 年国际学术研讨会暨国际儒学联合会第五届会员大会开幕式上的重要讲话精神，以"弘扬优秀传统文化，建设文明首善之区"为主题，采取政府引导、社会参与、市场运作的模式，按照提升内涵、扩大宣传、规模适度、务实节俭的原则，开展丰富多彩的文化、旅游、经贸活动，彰显国际性，突出群众性，切实把孔子文化节办成对外有影响力、对内群众广泛参与的经典文化品牌。

二、主题活动

（一）2015 中国（曲阜）国际孔子文化节开幕式暨第十届"联合国教科文组织孔子教育奖"颁奖典礼

1．时间：9 月 26 日晚

2．地点：孔子文化会展中心剧场

3．主办单位：山东省人民政府、文化部、教育部、国家旅游局、联合国教科文组织

4．承办单位：济宁市人民政府、曲阜市人民政府

5．主要议程：（1）主办单位领导致辞；（2）领导宣布孔子文化节开幕；（3）联合国教科文

组织官员致辞，宣读第十届“联合国教科文组织孔子教育奖”获奖名单；（4）向获奖代表颁奖，向获奖代表赠送孔子像；（5）获奖代表发表感言。

（二）乙未年祭孔大典

1. 时间：9月28日上午

2. 地点：曲阜孔庙

3. 主办单位：山东省人民政府、文化部、教育部、国家旅游局

4. 承办单位：济宁市人民政府、曲阜市人民政府

5. 活动流程：（1）嘉宾由神道路南首集结，缓步向孔庙大成殿行进；（2）万仞宫墙前举行一个简短开城门仪式；（3）举行开庙、启户仪式；（4）嘉宾至孔庙大成殿前肃穆站立，省领导主持大典仪式；（5）领导和贵宾代表分别向孔子像敬献花篮，乐舞告祭；（6）山东省领导恭读祭文；（7）全体人员向孔子像行鞠躬礼；（8）主持人宣布乙未年祭孔大典礼成。

（三）第七届世界儒学大会暨2015年度“孔子文化奖”颁奖典礼

1. 时间：9月27 ~ 29日

2. 地点：济宁圣都国际会议中心、孔子研究院

3. 主办单位：文化部、山东省人民政府

4. 承办单位：中国艺术研究院、山东省文化厅、山东大学儒学高等研究院、中国孔子基金会、国际儒学联合会、济宁市人民政府、孔子研究院

5. 大会主要内容:（1）第七届世界儒学大会开幕式暨2015年度“孔子文化奖”颁奖典礼;（2）举办大会学术演讲、分组学术研讨及儒学专家、中外青年博士等多层次学术对话论坛；（3）举办“东亚文化之都”中日韩青年儒学之旅活动;（4）发布《世界儒学创新发展报告（2014 ~ 2015）》，发布《孔子文化奖学术精粹丛书（首批1 ~ 6卷）》，推广宣传全球最前沿儒学研究成果；（5）参加第32届孔子文化节开幕式、乙未年祭孔大典；（6）第七届世界儒学大会闭幕式。

（四）山东省政府欢迎会

1. 时间：9月26日晚

2. 地点：济宁圣都国际会议中心

3. 主办单位：山东省政府

4. 承办单位：济宁市政府

5. 会议议程：（1）济宁市领导主持；（2）山东省领导致辞；（3）主持人宣布欢迎会结束。

三、相关系列活动

（一）联合国教科文组织全民教育国际研讨会

1. 时间：9月25 ~ 28日

2. 地点：济宁圣都国际会议中心

3. 主办单位：教育部、山东省人民政府

4. 承办单位：中国联合国教科文组织全国委员会、济宁市人民政府

5．会议内容：邀请国际、国内教育界知名人士和相关领导，参加全民教育国际研讨活动，交流全民教育工作经验，探讨全民教育发展问题，参观考察济宁市部分学校。

（二）“圣地乡村旅行”活动和2015济宁市“儒风乡韵”乡村旅游商品创新设计大赛

1．时间：6～9月

2．地点：济宁及各县（市、区）

3．主办、承办单位：市旅游局

4．活动内容：以“建设美丽乡村，实现乡村旅游新突破”为目标，7月至9月与中国旅游报社联合开展“圣地乡村旅行”活动，举办圣地乡村旅行成果展，全面展示圣地乡村行活动成果。6月至9月举办济宁市“儒风乡韵”乡村旅游商品创新设计大赛。9月19日举办乡村旅游商品创新设计大赛颁奖典礼暨《2015美丽中国行济宁篇》首发式。

（三）中国儒商圣城行

1．时间：9月26～28日

2．地点：济宁圣都国际会议中心

3．主办单位：全国工商联、中国企业家联合会

4．承办单位：济宁市人民政府

5．活动内容：邀请海内外具有一定影响力的儒商赤子、知名企业家，举办儒商联谊和论坛，举行“中国儒商圣城行”活动暨世界儒商大会筹备会开幕仪式，考察对接洽谈新兴产业项目。

（四）“智慧城市与机器人系统”院士论坛

1．时间：9月27日

2．地点：济宁圣都国际会议中心

3．主办单位：市科技局、市经济和信息化委、济宁高新区管委会

4．承办单位：济宁中科先进技术研究院有限公司

5．论坛内容：邀请国内相关领域院士、专家进行学术交流，以“智慧城市与机器人系统”为主题，探讨智慧城市与机器人系统的发展现状与趋势，增进我市工业转型升级的研究与应用。

（五）首届古都任城·先贤任子文化论坛暨先贤任不齐诞辰2560周年纪念邮品首发式

1．时间：9月25日

2．地点：济宁黄淮宾馆

3．主办单位：中国孔子基金会

4．承办单位：中国孔子基金会世家文化研究中心、中国邮政集团济宁分公司、济宁市圣地儒学收藏文化研发交流中心

5．活动内容：以“弘扬传统文化，传播儒家学说，塑造文化任城”为活动宗旨，邀请全国知名儒学专家、国家部委有关任氏后裔代表、海内外任氏后裔工商界、文化界实业家代表约40人，举行文化论坛和邮票首发式。

（六）第六届中国健康产业儒商峰会

1. 时间：9月26～28日

2. 地点：济宁万达嘉华大酒店

3. 主办单位：中国医药企业管理协会、中华社会文化发展基金会

4. 承办单位：中华儒商文化发展基金会、山东济宁医药商会、北京中和堂健康科技有限公司

5. 会议内容：邀请健康产业儒商、专家学者等汇聚孔子圣城，以“仁”为主题，举办儒商仁爱·孔子儒商奖颁奖盛典；以“智”为主题，举办儒商智慧·第六届中国儒商论坛；以“信”为主题，举办儒商信诚·政企对接项目会等活动。

（七）第三届美丽经济与儒家文化论坛

1. 时间：9月26～28日

2. 地点：济宁万达嘉华酒店

3. 主办单位：市妇联、济宁市美业联合会

4. 承办单位：山东骏琪美容连锁机构

5. 论坛内容：邀请国内健康美容与化妆品领域企业代表、行业协会组织、行业外著名品牌企业、知名媒体负责人，举办美丽经济与儒家文化论坛，同时举办骏琪明星演唱会。

（八）中华诗赋联书画名家·孔子故里行

1. 时间：9月24～29日

2. 地点：济宁七星假日酒店（火炬路）

3. 主办单位：中国楹联协会、中国楹联教育杂志社、中国碑赋文化工程院、市文广新局、市文联、济宁市儒家文化与企业发展协会

4. 承办单位：济宁市兴唐诗书画研究院

5. 活动内容：邀请全国各地诗赋联书画名家社团代表及知名人士，举办中华诗赋联名家·孔子故里行开幕式暨诗歌朗诵鉴赏会，圣地诗赋联论坛，“大哉孔子”诗赋联书画颁奖典礼，游览孔孟之乡感受运河文化。

（九）当代儒家书画作品展

1. 时间：9月24日至10月5日

2. 地点：济宁市金宇美术馆

3. 主办单位：市文联

4. 承办单位：济宁海峡两岸书画艺术交流中心

5. 展览内容：邀请中国国家画院名誉院长龙瑞，中国国家画院副院长曾来德，中国书协副主席言恭达，中国书法出版社社长、中国书法报社社长兼总编李世俊以及台湾著名书画家交流团等书画家参加展览。

（十）“春秋绘事”油画艺术展

1. 时间：9月27～30日

2．地点：济宁市博物馆

3．主办单位：市文广新局、市文联、济宁市美术家协会

4．承办单位：济宁市美术家协会油画艺术委员会

5．展览内容：邀请省内及全国知名作者参与，作品以油画的形式展现儒家文化和孔子思想，举办“春秋绘事”油画展。

（十一）儒家文化与太极养生

1．时间：8 月 16 ～ 29 日

2．地点：济宁体育馆

3．主办单位：市体育局、济宁市体育总会

4．协办单位：济宁杨氏太极拳协会

5．活动内容：以“弘扬优秀传统文化，推进全民健身”为宗旨，进行太极拳、太极扇、太极刀、太极剑表演，举办太极拳与全民健身大讲堂。

（十二）孔孟之乡文化产品博览会

1．时间：9 月 26 日至 10 月 5 日

2．地点：济宁金宇家居城

3．主办单位：济宁日报社、山东金宇商贸有限公司、济宁市文化产业商会、济宁市动漫协会、济宁家具协会、济宁市奇石协会

4．承办单位：济宁日报社、东方圣城网

5．活动内容：邀请全国各地著名参展商举办茶文化，工艺礼品文化，珠宝玉石文化，红木家具文化，古钱币文化、汉画像石拓片文化，动漫、影视业，教育培训产业，图书出版发行行业等文化产品展销活动，评选出我市“优秀传统文化产品”精品。

（十三）首届“孔子杯”全国棋艺大成赛

1．时间：8 月 20 日至 9 月 23 日

2．地点：曲阜市国铁大酒店

3．主办单位：济宁市体育总会、曲阜市体育活动中心、曲阜市棋牌协会

4．承办单位：曲阜中华传统文化促进会、曲阜市陶然棋院

5．活动内容：拟邀请国家体育总局棋牌管理中心领导、国内棋艺界著名专家、大师和全国各地知名棋手，举办首届“孔子杯”全国围棋、象棋、国际象棋大成赛。

（十四）系列文化惠民活动

1．时间：8 月中旬至 10 月底

2．地点：各县（市、区）

3．承办单位：市文广新局、济宁演艺集团

4．主要活动：（1）举办 2015 济宁市文化惠民文艺精品巡演活动。在市运河文化广场“市民大舞台”、各县（市、区）城区文化广场组织专业院团、优秀业余群众文化团队进行文艺精品汇

演。同时，市里组织部分新创音乐、曲艺、舞蹈精品节目进行巡演，鼓励各县（市、区）、各镇（街）、各村（居）组织自办群众文艺团队交流巡演。（2）以全市各级图书馆“尼山书院”为主阵地，广泛开展国学普及、经典讲座、传统礼仪培养等活动，并举行“走近孔子”儒学季全市青少年经典颂读大赛。（3）举办“济宁市第三届全民广场舞大赛”。以市、县、乡、村四级联动的方式举办全市广场舞汇演，9月份举行初赛，10月份举办全市广场舞汇演。（4）广泛开展镇、村“乡村儒学”普及活动。依托各镇（街）、村（居）“乡村儒学讲堂”，充分利用各种形式开展授课和其他儒学传播活动，培育文明乡风。（5）集中开展“送戏下乡”活动。在孔子文化节、国庆节期间，组织市直各专业艺术表演团体、各县（市、区）专业艺术表演团体和农村庄户剧团深入到农村特别是山区、湖区、滩区集中演出，使每村每户都能感受到节庆气氛。（6）利用遍布城乡的“市民大舞台”“百姓大舞台”广泛开展文化惠民展演。组织全市民间艺术展演队伍在城乡街道举行舞龙、舞狮、腰鼓等民间艺术展演活动；组织全市庄户剧团、业余群众文化队伍在“市民大舞台”“百姓大舞台”开展文艺汇演，充分展示我市民间艺术，形成城乡共同欢度孔子文化节的氛围。

四、相关工作。包括邀请、接待、宣传推介作、安全保障以及环境整治等工作 。

五、组织机构。山东省人民政府、文化部、教育部、国家旅游局联合组成中国（曲阜）国际孔子文化节组委会，负责活动的协调和指导。济宁市成立中国（曲阜）国际孔子文化节执委会，负责筹备和组织实施，下设办公室，与市孔子文化节办公室合署办公，负责日常工作。文化节活动筹备期间，成立指挥部，集中办公，全面负责活动的组织实施。

2017中国（曲阜）国际孔子文化节实施方案（节选）

今年是孔子诞辰2568年，将举办第34届中国（曲阜）国际孔子文化节。按照《2017中国（曲阜）国际孔子文化节总体方案》的要求，为切实办好本届文化节，制订如下实施方案。

一、指导思想

深入贯彻习近平总书记视察山东视察济宁重要讲话精神，认真落实省第十一次党代会关于传承发展优秀传统文化的决策部署，以“用儒家文化讲好中国故事”为主题，按照提升内涵、扩大宣传、规模适度、务实节俭的原则，开展丰富多彩的文化、旅游、科技、经贸等活动，彰显国际性，突出群众性，把孔子文化节办成对外有影响力、对内群众广泛参与的经典文化品牌，推动道德文化首善之区建设，喜迎党的十九大胜利召开。

二、主要活动

（一）2017中国（曲阜）国际孔子文化节开幕式暨第十二届“联合国教科文组织孔子教育奖”颁奖典礼

1.时间：9月27日晚

2. 地点：曲阜孔子文化会展中心剧场

3. 主办单位：山东省人民政府、文化部、教育部、国家旅游局

4. 承办单位：济宁市人民政府、曲阜市人民政府

5. 主要议程：

（1）主办单位领导致辞；（2）联合国教科文组织官员致辞，宣读“联合国教科文组织孔子教育奖”获奖名单，向获奖代表颁奖并赠送孔子像，获奖代表发表获奖感言；（3）宣布“少年孔子奖”（国际中学生儒学辩论大会获奖个人和集体）获奖名单，向获奖代表颁奖并赠送孔子像；（4）领导宣布孔子文化节开幕。

（二）丁酉年祭孔大典

1. 时间：9 月 28 日上午

2. 地点：曲阜孔庙

3. 主办单位：山东省人民政府、文化部、教育部、国家旅游局

4. 承办单位：济宁市人民政府、曲阜市人民政府

5. 活动流程：（1）嘉宾在神道路南首集结，沿神道路向孔庙大成殿行进；（2）在万仞宫墙前举行开城仪式；（3）在圣时门前举行开庙仪式；（4）举行启户仪式；（5）至孔庙大成殿前肃穆站立，省领导主持祭孔大典；（6）领导和贵宾代表分别向孔子像敬献花篮，乐舞告祭；（7）省领导恭读祭文；（8）全体人员向孔子像行鞠躬礼；（9）主持人宣布丁酉年祭孔大典礼成。

（三）第八届世界儒学大会暨 2017 年度“孔子文化奖”颁奖典礼

1. 时间：9 月 20 ~ 21 日

2. 地点：山东大学中心校区、曲阜市

3. 主办单位：文化部、山东省人民政府

4. 承办单位：中国艺术研究院、山东省文化厅、山东大学儒学高等研究院、中国哲学史学会、国际儒学联合会、中国孔子基金会、济宁市政府、孔子研究院

5. 活动内容：（1）第八届世界儒学大会开幕式暨 2017 年度“孔子文化奖”颁奖典礼；（2）大会学术演讲和分组学术研讨；（3）学术总结；（4）大会闭幕式。

（四）第八届世界儒学大会青年博士论坛

1. 时间：9 月 27 ~ 28 日

2. 地点：曲阜孔子研究院

3. 主办单位：文化部、山东省人民政府

4. 承办单位：济宁市人民政府、孔子研究院

5. 内容：拟邀请山东省文化厅、山东大学领导，孔子文化奖获奖者及著名专家学者，海内外约 20 个国家和地区、约 60 个研究和推广机构的青年博士代表，孔子学院院长，主要媒体负责人及社会知名人士等 120 余人参加会议。会议以“儒家信仰、礼乐文明与社会治理”为主题，将举行世界儒学大会青年博士论坛开幕式，围绕“儒家信仰的特质、礼乐文明与历代中国、儒家智慧

与礼仪之邦重塑、中华礼乐与人类共同价值”四个议题开展学术演讲研讨和儒学夜话暨论坛学术总结等活动，为全球中青年学者构建国际化的儒学研究与交流高端平台，在世界儒学传播中掌握话语权。

（五）中国研学旅游推广联盟成立大会

1. 时间：9 月 26 ~ 28 日

2. 地点：曲阜香格里拉酒店

3. 指导：国家旅游局、山东省人民政府

4. 主办单位：山东省旅游发展委员会、济宁市人民政府

5. 活动内容：拟邀请国家旅游局、山东省人民政府及省旅游发展委领导，海外主要客源市场旅游及教育行政部门有关负责人，海外学校、研学机构有关负责人，海外旅行商代表，国内有关省市旅发委有关代表，全国研学旅游目的地旅游部门主要负责人，国内旅行商首批代表，媒体记者代表，约 380 人参加。同时组织济宁市重点高校负责人、孔子研究院、孟子研究院、政德教育基地及其他济宁市重点研学旅游基地负责人，各县（市、区）政府、旅游局主要负责人，重点旅行社、景区负责人，约 90 人参加。会议规模共约 500 人。大会主题为“走进孔子，感悟中国”，分为开幕式、中国研学旅游推广联盟成立仪式、中外旅行商走进山东踩线启动仪式、资源及项目推介、签约仪式、实地考察等活动。

（六）联合国教科文组织全民教育国际研讨会

1. 时间：9 月 25 ~ 28 日

2. 地点：济宁圣都国际会议中心

3. 主办单位：教育部、山东省人民政府

4. 承办单位：中国联合国教科文组织全国委员会、济宁市人民政府

5. 内容：邀请联合国教科文组织官员、中国联合国教科文组织全委会领导、山东省教育厅领导、“孔子教育奖”获奖代表、全民教育国际知名专家及学者代表和济宁本地全民教育专家、省市“名师名校长”等 100 余人参加全民教育国际研讨活动。会议以“孔子思想与全民教育”为主题，交流全民教育工作经验，探讨全民教育发展问题，参观考察济宁市部分学校。

（七）海内外知名儒商东方圣城行

1. 时间：9 月 27 ~ 28 日

2. 地点：济宁圣都国际会议中心

3. 主办单位：济宁市人民政府

4. 承办单位：市投资促进局

5. 协办：中国孔子基金会、世界潮商联盟、中华孔子学会儒商文化研究会、山东省贸促会、山东国际传播集团

6. 内容：邀请中央和国家有关部委领导，有关商会协会和知名研究机构代表，海内外知名企业家代表约 120 人参加。市直有关部门、各县市区有关负责人，市重点企业代表等约 100 人参加

活动。通过举办经济合作恳谈会、项目专题对接和组织嘉宾进行投资考察，促进我市新旧动能转换，经济社会发展。

（八）世界500强跨国公司高管“东方圣城行”

1. 时间：9月26 ~ 28日

2. 地点：济宁圣都国际会议中心

3. 主办单位：济宁市人民政府

4. 承办单位：市商务局

5. 活动内容：将邀请新接触洽谈和已在我市投资落地的世界500强高管，山东省人民政府驻美、德、新、日、韩、港经贸代表处首席代表及客商，我市与“一带一路”沿线签约国家嘉宾，共约60人参加。同时，组织我市各县市区政府、商务局负责人，30家有对外合资合作需求的我市重点企业代表参加。活动将组织嘉宾考察济宁市城市规划建设和产业投资项目；举办世界500强跨国公司高管“东方圣城行”恳谈会，向嘉宾推介我市重点产业合作项目，与会嘉宾进行恳谈交流、对接洽谈，并聘请部分企业家为济宁市境外商务顾问。

（九）两岸台商孔孟故里行

1. 时间：9月27 ~ 29日

2. 地点：曲阜阙里宾舍

3. 主办单位：山东省委台办、济宁市人民政府

4. 承办单位：市委台办、市投资促进局、济宁市台湾同胞投资企业协会

5. 活动内容：拟邀请全国台湾同胞投资企业协会联谊会、山东省台办领导，部分市台湾同胞投资企业协会负责人，岛内和大陆的知名台商，约50人参加。同时组织我市有关县市区、企业代表参加。以“两岸一家亲”为理念，以打造“孔孟缘鲁台情”对台工作品牌为出发点，举办启动式、项目签约、考察洽谈和“两岸特色小镇建设合作探讨”专题讲座等活动，以促进我市与台湾之间的经贸合作交流。

（十）济宁数字创意发展峰会

1. 时间：9月27 ~ 28日

2. 地点：济宁香港大厦

3. 主办单位：中国创新设计产业战略联盟、济宁市人民政府

4. 承办单位：济宁市科技局、山东省创新设计研究院

5. 活动内容：拟邀请中国工程院原常务副院长、中国工程院院士潘云鹤，中国工程物理研究所原总设计师、中国工程院院士徐志雷，国内创意设计机构和知名大学艺术设计学院的院长、教授，以及投资界和文化界代表参加活动，共谋科技与文化交融发展的路径、文化产业发展的新模式、新产品、新业态。峰会以“创新设计引领数字文化产业发展”为主题，将采取闭门研讨和开放峰会相结合的方式进行。闭门研讨会将专门针对济宁市相关文化资源禀赋展开研讨，为济宁市文化产业发展献计献策；开放峰会将举办专家主旨演讲和专题圆桌论坛。

（十一）2017中国（曲阜）国际孔子文化节新闻发布会

1. 时间：9月上旬

2. 地点：济南

3. 会议议程：（1）领导致发布辞，发布2017中国（曲阜）国际孔子文化节筹备及活动情况；（2）答记者问。

4. 责任单位：市委宣传部、市孔子文化节办公室

（十二）山东省政府欢迎会

1. 时间：9月27日晚

2. 地点：济宁圣都国际会议中心

3. 主办单位：山东省人民政府

4. 承办单位：济宁市人民政府

5. 会议议程：（1）市领导主持；（2）省领导致辞；（3）主持人宣布欢迎会结束。

四、重要讲话、致辞

全国政协副主席谷牧
在首届孔子文化节开幕式上的讲话

（1989年9月26日）

各位来宾，女士们，先生们：

值此孔子诞辰2540周年之际，由山东省人民政府举办的丰富多彩的首届孔子文化节，在孔子故里、历史文化名城曲阜开幕了。我有幸出席这个盛大的开幕式，感到由衷的高兴。

孔子开掘了中国传统文化的长河，他那深邃、博大的学说，曾对中国传统文化的发展产生过广泛而久远的影响。举办孔子文化节，这是一件弘扬民族文化、促进中外交流的盛事，是一项很重要、很有意义的活动。在今天，我们纪念、研究孔子，不但是要重现孔子精华文化之光，更主要的是要在孔子文化浇灌过的中国大地上再发掘、再创造，开出社会主义新文化之花，结出社会主义现代化之果。

不久，中国孔子基金会与联合国教科文组织联合举办的纪念孔子诞辰2540周年国际学术讨论会就要在北京开幕。我相信，今天在这里举行的孔子文化节和不久在北京开展的活动，都将会为进一步发扬民族优秀传统文化，促进社会主义精神文明建设做出积极的贡献。

祝首届孔子文化节圆满成功，祝朋友们愉快！

联合国教科文组织项目部官员景峰宣读联合国教科文组织驻华代表泰勒博士为'90孔子文化节开幕式的致辞

（1990年9月26日）

山东省省长赵志浩先生，济宁市市长韩寓群先生，曲阜市市长房立泉先生，主席先生，女士们、先生们：

一年之前，我们在北京通过国际学术讨论会举行了孔子诞生2540周年纪念活动，今年，为继承这一传统，山东省人民政府在曲阜举办第二届孔子文化节。作为联合国教科文组织驻华代表，我极其愉快地向你们转达联合国教科文组织对第二届孔子文化节最良好的祝愿。文化节活动使我们缅怀圣人，他的哲学思想、价值观念对广大的亚洲地区及世界的文化和命运产生了深远的影响。

在孔子诞辰2541周年之际，我们都应回想一下他的哲学思想中跟我们现代社会密切相关的方面。这包括：家庭的价值观，对人类同胞的尊重与忍让以及教育、自我约束和思想的自由交流无论对个人还是社会的重要意义。

让我们大家都牢记这些观念，不仅是在每年文化节期间，而且应该终生牢记。

国家旅游局局长刘毅在山东孔子文化节开幕式上的讲话

（1991年9月26日）

尊敬的各位来宾、尊敬的各位同志：

今天，大家在孔子的故乡曲阜聚会，庆祝第三届山东国际孔子文化节的开幕，我代表国家旅游局表示热烈的祝贺。

孔子是中国历史上伟大的思想家、教育家和儒家学派的创始人。两千多年来，孔子及儒家思想不仅对中国古代的哲学、政治、经济、文化、教育以及社会生活、风俗习惯产生了深远的影响，成为中国传统文化的重要组成部分，而且早已越出国界，成为世界历史文化宝库中的重要遗产。孔子已成为举世公认的历史文化名人，享有崇高的声誉，深受世界人民的仰慕和敬重。今年是孔子诞辰2542年，山东举办第三届国际孔子文化节，必将对孔子学说的研究和旅游事业的发展进一步起到促进作用。

各位朋友，曲阜这个美丽的小城市，坐落在幽静的翠柏绿柳之中，孔庙、孔府、孔林融为一体，各项祭孔活动别开生面，它是一个很有魅力的旅游胜地，热情好客的齐鲁人，欢迎海外朋友多来、常来！

山东省省长李春亭
在'99中国曲阜国际孔子文化节开幕式上的致辞

（1999年9月26日）

各位来宾，女士们、先生们：

今天，山东省人民政府和国家旅游局在中国古代伟大的思想家、政治家、教育家孔子的故里、著名历史文化名城——曲阜共同主办，'99中国曲阜国际孔子文化节，并以此作为纪念先师孔子2550年诞辰的一项重要活动。

现在，我代表中共山东省委、山东省人民政府，对各位宾朋的光临表示热烈的欢迎！

山东是孔子的故乡，儒家学说的发祥地。孔子开拓了中国传统文化的先河，他那博大精深的学说，对中华民族的繁荣昌盛，对人类社会的文明进步，作出了不可磨灭的贡献。我们纪念孔子，就是要汲取其思想精华，弘扬民族优秀文化，增进国际交流合作与友谊，为当今世界的和平与发展，为人类的共同繁荣和进步，作出积极的贡献。

朋友们，山东是一个历史悠久、文化灿烂、古迹众多的文化大省，也是一个地理位置优越、旅游资源丰富、交通便捷、经济发达、社会进步、投资环境良好的沿海经济大省。我们热情欢迎中外各界人士来山东观光旅游和考察，开展经贸、科技、文化、旅游等多领域、多形式的交流与合作。

祝'99中国曲阜国际孔子文化节圆满成功！

祝各位来宾在山东生活愉快，合作顺利！

韩国安东市市长金晖东
在首届韩中美术作品曲阜展上的致辞

（2004年9月24日晚）

炎热夏天过去了，随之来临的是我们盼望已久的丰收的季节，在2004中国曲阜国际孔子文化节举办地，举行首届韩、中美术作品曲阜展，在此，表示诚挚的祝贺。

在中国山东省人民政府举办的2004中国曲阜国际孔子文化节到来之际，安东市的美术家们，希望这次活动能够奠定儒教文化在两国之间的交流合作，而且通过这次交流介绍我们安东的陶山书院、河回村、凤停寺和安东国际假面舞节等各种文化遗产，让中国人了解韩国的优秀文化。

21世纪是文化的时代，文化力量将来可能会成为国际社会的重要的竞争力量，尤其美术是衡量一个国家文化发展的尺度，美术文化的昌盛会使人们的生活更加润泽。

通过这次韩、中美术作品曲阜展，我市美术家的极富热情创造性的作品，能够不断增进我们之间的理解，成为固定韩中人民公有的美术活动。

对为了这次展览活动辛勤劳动的安东美术协会有关人士以及为这次展览提供美术作品的艺术家表示诚挚的谢意。

全国政协港澳台委员会副主任张伟超
在2004中国曲阜国际孔子文化节开幕式上传达
胡锦涛总书记对建设“中华文化标志城”的重要批示精神

（2004年9月26日）

2004年3月22日，中共中央总书记、国家主席胡锦涛同志在一份《关于在山东省济宁市建设“中华文化标志城”以增强中华民族文化凝聚力的建议报告》上做了重要批示。主要批示精神是，弘扬中华民族优秀传统文化是一件具有深远历史意义的大事。有关工程建设，应着眼长远，统筹规划，量力而行，精心实施。

中国联合国教科文组织全国委员会秘书长田小刚致辞并通报
向联合国教科文组织申报“孔子奖”的情况

（2004年9月26日晚）

各位领导，各位嘉宾，同志们，朋友们：

首先请允许我代表中国联合国教科文组织全国委员会对2004中国曲阜国际孔子文化节暨世界旅游日中国主会场庆祝活动的开幕表示热烈的祝贺。

孔子是我国古代最伟大的思想家、教育家。他创立的儒家思想、文化不仅对中国社会发展产生了广泛而深远的影响，而且对世界文明进步也产生了积极的促进作用。它已超越时代和国界，成为全人类共同的宝贵精神财富。今天，我们来自世界各地的炎黄子孙怀着十分崇敬的心情，隆重纪念这位伟大先哲诞辰2555年，就是希望继续弘扬中华民族优秀传统文化，促进世界范围内文明间的对话与交流，使人类睦邻友好，共同发展。

今年四月，山东省人民政府、济宁市人民政府正式向我委提出在联合国教科文组织设立“孔子奖”的申办报告，这是我国第一次以中国人的名义向联合国机构申办设奖。中国联合国教科文组织全国委员会由衷地感谢山东省和济宁市政府和人民做出的这项具有重要意义的决定，全力支持该奖项的申报工作。我们目前得到教科文组织的反馈信息是积极的。我高兴地告诉大家，“孔子奖”的申报工作已经进入联合国教科文组织的程序。

儒家思想是孔子为我们留下的弥足珍贵的精神财富，孔府孔庙孔林是我国列入世界文化和自然遗产名录的30处遗产之一。保护好这些具有全球“突出普遍价值”的物质与非物质遗产并使之永续利用，是我们当代人义不容辞的责任和崇高的使命。

最后，我预祝2004中国曲阜国际孔子文化节暨世界旅游日中国主会场庆祝活动取得圆满成功，愿“三孔”世界遗产得到更好的保护，盼儒家思想永远造福人类，望“孔子奖”早日申报成功。

国家旅游局副局长顾朝曦
在2004世界旅游日中国主会场庆祝活动暨
中国曲阜国际孔子文化节开幕式上的致辞

（2004年9月26日晚）

尊敬的各位嘉宾，女士们，先生们：

晚上好！

九月的曲阜，秋风送爽，硕果飘香。在这花好月圆的夜晚，2004世界旅游日中国主会场庆祝活动暨中国曲阜国际孔子文化节隆重开幕了。我谨代表国家旅游局，对此次庆祝活动和孔子文化节的举办表示热烈祝贺！对海内外嘉宾的光临表示热烈欢迎！对为筹备工作付出了辛劳的同仁们表示衷心的感谢！

旅游是引领时尚和潮流的崭新生活方式，旅游业是关联度高、综合性强、带动作用大的朝阳产业。加快发展旅游业，已成为世界各国政府的共识，受到广泛的重视。改革开放以来，特别是近几年，我国旅游业在改革开放的浪潮中获得了快速发展，不断实现新突破，完成新跨越，中国旅游业正在由世界旅游大国向着世界旅游强国的目标迅跑。

山东是经济强省，也是旅游大省。济宁市文化旅游资源非常丰厚。此次济宁市政府积极争取世界旅游日中国主会场活动在济宁曲阜主办，并将之与曲阜国际孔子文化节相结合，进一步打造“孔子旅游”这个世界级的品牌，这一活动的成功举办，必将进一步提高济宁旅游的知名度，促进中国与世界各国的旅游文化交流。我相信，在山东省人民政府的正确指导下，山东和济宁的旅游业一定会有一个突飞猛进的发展，我们旅游业的明天一定会更加美好。

祝 2004 世界旅游日中国主会场庆祝活动暨中国曲阜国际孔子文化节取得圆满成功！祝各位朋友中秋快乐！

谢谢大家。

教育部副部长章新胜
在首届联合国教科文组织“孔子教育奖”颁奖典礼上的致辞

（2006 年 9 月 23 日）

各位领导，各位来宾，女士们、先生们：

九月的古城曲阜，秋高气爽，丹桂飘香。联合国教科文组织、中华人民共和国教育部、山东省人民政府，在孔子故里隆重举行首届联合国教科文组织“孔子教育奖”颁奖典礼。我代表中华人民共和国教育部，对莅临颁奖典礼的联合国教科文组织官员和海内外嘉宾表示诚挚欢迎！对首届“孔子教育奖”获得者表示热烈祝贺！

2005 年 9 月，联合国教科文组织第 172 次执行局会议和第 34 届大会通过决议，自 2006 年起以中国政府名义设立“孔子教育奖”。今年 6 月 20 日联合国教科文组织宣布：首届“孔子教育奖”，分别授予印度拉贾斯坦邦识字和继续教育办公室、摩洛哥教育部，以表彰他们在推进全民教育特别是农村教育和扫盲领域、妇女儿童教育领域所取得的卓越成就。

“孔子教育奖”作为首次以中国人名字命名的国际大奖，不仅体现了联合国教科文组织推进“全民教育计划”和“提高能力的扫盲行动”的一贯宗旨，也更彰显出孔子所倡导的“有教无类”全民教育思想。此项大奖的设立评选，必将对弘扬中华民族优秀传统文化、推动世界各民族教育事业发展、增进各国人民之间的友谊、扩大经济文化等方面的合作与交流、发挥重要作用、产生深远影响。设立“孔子教育奖”，山东省人民政府、济宁市人民政府做了许多有益的工作，对他们热心全球教育事业、推进孔子及中华民族教育思想走向世界，并引导人类教育迈上更高境界做出的贡献，在此一并表示感谢！

首届“孔子教育奖”颁奖典礼成功举行，标志着联合国教科文组织和中国政府推进教育事业发展和合作有了良好开端。我们将一如既往与联合国教科文组织和各国教育机构进行更广泛的合作与交流，推进中国乃至世界各国教育事业更好更快发展，为世界文明、合作和发展做出新的更大贡献。

祝本届“孔子教育奖”颁奖典礼圆满成功！祝各位来宾身体健康，万事如意！

谢谢大家。

摩洛哥国务秘书阿尼斯・毕鲁
在首届联合国教科文组织“孔子教育奖”颁奖典礼上的致辞

（2006 年 9 月 23 日）

女士们、先生们：

请允许我感谢中国政府捐赠设立“孔子教育奖”，并邀请我们获奖者实地考察中国扫盲教育情况。感谢山东、济南市对我们的盛情款待。还要感谢联合国教科文组织与世界各方合作，努力致力于使人们打碎无知、不识字的枷锁，使世界变得更美好。

“孔子教育奖”不光鼓励在发展教育作出卓越贡献的机构和个人，它还具有深远的历史意义。在国际社会面临对和平的挑战甚至是威胁的时期，回顾历史上我们文化伟人的智慧和象征，是唤醒那些不再关心人类历史辉煌时期的伦理和价值人们的最好的方式。

孔子是一个伟大的思想家，他确定了做人的五个基本准则，就是仁义、正义、友善、智慧和忠诚。伦理的丢失是所有混乱和邪恶的根源。在当今动乱的社会再次追忆孔子是很有意义的。中国政府和孔子的故乡山东省济宁市捐赠设立的奖项很有意义。我们感谢这个行动，另外，在我们本民族文化中可汲取孔子的思想和智慧，以及促进人类繁荣所起的作用。我们需要这种智慧，我们不同的文化的共存就是很好的例子。我们将始终忠实于孔子对价值的理念。

由于全球化，我们不能再容忍我们的民族还有文盲存在。不仅是因为全球化的基础是使得经济腾飞，人与物的流通科学技术，而且允许文盲的存在就是允许他们被排斥在社会进步之外。而他们应是进步的主人和受益者。因此，接受教育不是像其他一样只是享受一种权利，它是享受一切权利的基础。目前，世界上还有七亿七千一百万文盲，一亿三百万适龄儿童没有入学，不能享受这最基本的权利。同时，我们也看到文盲总是与赤贫和被排斥密不可分的，因此我们要继续努力。教育应被视为给予青年和成年人必要的能力和态度，使其能够溶入越来越复杂的家庭、职业和社会中去。

女士们、先生们：中国设立“孔子教育奖”的重要性是不能用几句话就清楚说出它在促进扫盲工作质的提高的重要性。它的影响我认为是怎么估计也不会过高的。在这里用任何表达方式都不能体现出我和我的同事，以及联合国教科文组织会员国对中国政府设立此奖和对我们的盛情款待的最诚挚的谢意。我们也要感谢联合国教科文组织，感谢在总干事松蒲晃一郎的领导下，为教育、文化、科学和消除国与国之间在这些领域的差距所做的不懈的努力。

中国国民党前副主席林澄枝
在2006中国曲阜国际孔子文化节暨
两岸孔子文化交流周开幕式上的致辞

（2006年9月26日）

大会主席、来自世界各地的贵宾、济宁市的各级领导、各位好朋友们：大家晚安！

这次受邀来参加国际孔子文化节，觉得非常荣幸。尤其难得的是陪同我一起来参与盛会的几位朋友都是中国国民党在台湾政坛、民间社团或是艺术界的顶尖人物。在座也许知道，这一段时日的台湾，政局有些动荡，许多政治人物不便远行，否则会有更多本党国会议员亲自来参与今年曲阜的祭孔大典。对所有中华儿女来说，孔子是我们心目中最尊崇的圣人，他集其大成的儒家思想早已在我们炎黄子孙，甚至多数亚洲人的身体里流动了两千多年，我们的言行思维无不受其影响。今天有幸亲自来访孔子故里，亲身祭拜行礼致敬，这种心情与感受比起宗教徒朝拜其圣城有过之而无不及。

各位乡亲父老兄弟姐妹们，我们同样是中国人，大陆和台湾却因为种种政治因素而分隔一个世纪以上。但是你们也许不知道，在台湾、甚至于散居海外的华人，往往更重视中华传统文化的传承，对于伦理礼仪的遵守、传统道德的坚持，有你们难以想象的一面。就以祭孔大典来说，号称“全台首学”的台南孔庙始建于明郑永历十九年，台北市孔庙亦始建于清光绪五年，其他各县市也都有文、武庙的建置，除了日本据台的某一段时期曾加以毁坏之外，每年九月二十八日孔子诞辰纪念日，地方士绅都会出钱出力修葺祭孔，而对于仪节都依循古礼，庄严肃穆十分讲究。当然，祭祀不在乎其仪式，它所代表的是文化的传承与发扬。台湾各县市祭孔，正表示中华文化早已在台湾深耕厚植。这次文化节的主题是两岸文化交流，我相信海峡两岸虽然分隔已久，但唇齿相依、血脉相通，尤其在文化上有许多值得相互学习的地方。今天，绝大多数的海内外同胞都在祈盼两岸和平共荣，如果我们想早日实现这个愿景，只有不断增进两岸的了解，加强两岸的合作，目前除了经济的互利外，最重要的还是教育与文化的交流，惟有如此，才能促进中华民族的长久和平与繁荣兴盛。

最后，我要代表中国国民党感谢主办单位的邀请与盛情接待，谢谢你们。祝福国际孔子文化节圆满成功，所有的嘉宾朋友健康快乐！

华夏文化纽带工程组委会执委会常务副主任李靖在2006中国曲阜国际孔子文化节暨两岸孔子文化交流周开幕式上的致辞

（2006年9月26日）

参加孔子文化节的首长、嘉宾与海内外朋友们：

中国曲阜国际孔子文化节举办以来，大力弘扬了我国的优秀传统文化，在海内外产生了重大的辐射力和影响力，使孔子文化节本身成为了海内外华人与国际友人联谊的最重要的文化平台，成为我们领略圣地风采、加强合作交流、增进感情交往的盛会。作为孔子文化节主办单位之一的华夏文化纽带工程组委会，特向本届孔子文化节的成功举办表示由衷的祝贺！向在座的各位领导、各位来宾由衷地表示祝福！今年孔子文化节最重要的活动之一是在国内首次举办了“两岸孔子文化交流周”活动。曲阜是儒家文化发源地。儒家文化在台湾有着深厚的民众基础。两地开展以孔子文化为主题的文化交流活动，对于促进海峡两岸的民间交往和合作共识具有重要意义。为积极支持和参与这项活动，由华夏文化纽带工程组委会主办2006年两岸重点文化交流项目——《中华故土地图》推广5周年纪念活动汇土仪式也选在曲阜举行。为深切表达两岸同胞加强交往的热望，台湾9位原住民同胞专程从日月潭地区把家乡的泥土带来，愿与中华文化标志城选址地九龙山区的泥土相汇合，以祈福两岸骨肉同胞共有一个美好的未来。今天晚上9位台湾原住民同胞将给大家表演一个独特的节目，在祭孔大典仪式上还将举行隆重的两岸汇土仪式。5年前，海峡两岸的政治家共同倡导举办《中华故土地图》推广活动。钱其琛先生为之题词:“根在华夏情系故土，连战先生为之题词：“同根同源血脉相连华夏故土心手相连”。

《中华故土地图》推广活动的深刻主旨是弘扬儒家倡导的“积土成山，汇土成地”的中华传统美德。将《中华故土地图》推广活动的汇土仪式引入孔子文化节，不仅弘扬了中华文化的团结合力精神，而且深刻地纪念了伟大先哲孔子。在“两岸孔子文化交流周”期间，海峡两岸将隆重举办汇土仪式，并共同倡议在山东省济宁市的“中华文化标志城”区域内建立以《中华故土地图》为核心内容的己任坛，以体现儒家文化倡导的以天下为己任的精神，以此拉开全国取土汇土的序幕。我们相信，这一举措，必将得到海峡两岸同胞和海外华人的响应和支持。

本着这种良好的心愿，我们祝愿中国曲阜国际孔子文化节圆满成功！祝愿“海峡两岸孔子文化交流周”圆满成功！祝愿所有参加这次盛会的首长和嘉宾身体健康、万事如意！

中共山东省委副书记、山东省代省长姜大明
在2007中国（曲阜）国际孔子文化节开幕式上的致辞

（2007年9月27日）

尊敬的罗豪才副主席，各位领导、各位来宾，女士们、先生们：

金秋时节，2007中国（曲阜）国际孔子文化节在这里隆重开幕了。我代表中共山东省委、山东省人民政府，向光临盛会的各位领导、各位来宾，表示热烈的欢迎和衷心的感谢！

山东是孔子故乡，儒家文化发祥地。孔子所创立的儒家思想和儒家文化，是中国传统文化中最完整、最深刻、最普及、感染力最强、凝聚力最大的思想体系，不仅塑造了中华民族的基本性格特征，而且超越时代和国界，成为整个东方文化的重要标志和世界文化宝库的重要遗产。今天，我们在这里隆重纪念孔子诞辰2558周年，就是要追忆和汲取先人思想精华，弘扬优秀传统文化，进一步增强海内外中华儿女的文化认同感和民族自信心，推进和谐社会、和谐世界建设。

2007中国（曲阜）国际孔子文化节，以“走近孔子、喜迎奥运、同根一脉、共建和谐”为主题，将隆重举办走近孔子——华人华侨相聚孔子故里、两岸孔子文化交流周、世界华人华侨同祭孔子、第二届联合国教科文组织“孔子教育奖”颁奖、亚太地区全民教育工作会议、世界儒学大会、中国专利高新技术产品博览会等一系列活动，通过祭孔盛典这一平台，弘扬中国传统文化，联系世界华侨华人，促进经济文化交流，为全面推进中国特色社会主义建设做出更大的贡献。

女士们、先生们，山东是一个历史悠久、文化灿烂、古迹众多的文化大省，也是一个地理位置优越、旅游资源丰富、交通便捷、经济发达、社会进步、投资环境良好的沿海经济大省。我们热忱欢迎中外各界人士来山东观光、考察，开展多领域、多形式的交流与合作。山东永远欢迎你们！

最后，祝2007中国（曲阜）国际孔子文化节圆满成功！

文化部副部长周和平
在2007中国（曲阜）国际孔子文化节开幕式上的致辞

（2007年9月27日）

各位领导、各位来宾，女士们、先生们：

在惠风和畅、硕果飘香的金秋时节，2007中国（曲阜）国际孔子文化节在东方圣城山东曲阜隆重开幕了。中国（曲阜）国际孔子文化节举办以来，在山东省委、省政府的领导下，在海内

外产生了广泛影响，对传承中华优秀传统文化，促进经济社会协调发展和社会主义和谐社会建设，发挥了积极作用。在此，我谨代表中华人民共和国文化部表示热烈祝贺！

齐鲁大地历史悠久，人杰地灵，两千多年前，孔子就诞生在这片土地上。在中华民族五千年悠久历史长河中，孔子所创始的儒家思想，成为中华文明的重要组成部分，养育和影响了伟大的中华民族，并远播宇内，对世界文明产生了重要影响，成为全人类共同的精神财富。孔子作为中国传统文化的杰出代表，既是中国儒家文化的先哲和圣人，也是具有世界影响的伟大思想家。今天，我们纪念孔子，缅怀先哲，追思伟人，意义深远。

当前，我国正在全面建设小康社会。推进文化建设与经济建设、政治建设、社会建设和谐发展是摆在我们面前的重要历史任务。灿烂的中国传统文化是我们建设社会主义先进文化的根基。继承和弘扬中华民族优秀传统文化，对于建设社会主义先进文化，构建社会主义核心价值观，培育民族精神，促进社会主义和谐社会建设，具有重要意义。今天，我们以举办文化节的形式纪念孔子，就是要继承、发展和弘扬孔子所创立的灿烂的儒家文化和道德精神，建设有中国特色的、民族的、科学的、大众的社会主义文化。就是要充分发挥中华传统文化的纽带作用，增强海内外华人的文化认同感和民族自信心，为实现中华民族的伟大复兴做出积极贡献；就是要扩大中华传统文化的影响，继续为全人类的文明进步做出贡献。

司马迁曾用“高山仰止，景行行止，虽不能至，然心向往之”赞美孔子；颜渊曾用“仰之弥高，钻之弥坚，瞻之在前，忽焉在后”的话怀念先师。虽然时光飞逝，星移斗转，但这些话仍然如此真切感人。孔子将他博大精深的思想，受人仰慕的道德风范、品行操守和精神品格永远留给后人。

最后，祝 2007 中国（曲阜）国际孔子文化节圆满成功！

谢谢大家！

国家旅游局副局长王志发
在 2007 中国（曲阜）国际孔子文化节开幕式上的致辞

（2007 年 9 月 27 日）

各位领导、各位来宾，女士们、先生们，朋友们：

大家晚上好！今天，恰逢第 28 个世界旅游日，我们在中国优秀旅游城市济宁市曲阜，隆重举行 2007 中国（曲阜）国际孔子文化节开幕式。我谨代表国家旅游局，对本次活动的成功举办表示热烈祝贺！对全国 6 0 0 0 万旅游从业人员和正在中国各地旅游的海内外朋友致以诚挚问候！

中国是世界文明古国，是文化大国。以孔子为代表的博大精深的儒家文化，构成了中华民族传统文化的坚实基础，对人类文明的进步与发展做出了杰出贡献，随着中华民族伟大复兴的渐进和我国经济社会的快速发展，以孔子学院为标志的中国文化品牌日益显示出勃勃生机，成为世界了解认识中国的重要桥梁，中华文化在全球的影响不断增强。

中国也是一个刚刚崛起的世界旅游大国。经过改革开放以来短短3 0年的发展，中国旅游从小到大，从弱到强，现在已经成为全球第四大入境旅游接待国，并将在2015年成为全球第一大入境旅游目的地。中国旅游之所以能够迅速做大，其中一个重要原因，就是我国历史文化厚重。文化成为旅游的灵魂，旅游成为文化的载体。旅游因文化而彰显魅力，文化因旅游而更具活力。在中国，山川田野、大城小镇，都有着诉说不尽的故事，散发着无以抗拒的文化魅力。游在中国，既可承天地之灵气、接山水之精华，亦可通古今之变迁、赏文化之瑰丽，让生活更美好、使世界更和谐。

我们衷心希望，通过连续举办孔子文化节，更好地弘扬中华民族传统文化，让中华文明进一步走向世界，让中国旅游为构建和谐社会、和谐世界做出更大的贡献。

最后，祝文化节圆满成功！祝各位朋友

身体健康、旅游愉快！

谢谢大家！

中国侨联主席林兆枢
在2007中国（曲阜）国际孔子文化节开幕式上的致辞

（2007年9月27日）

各位嘉宾、各位朋友、女士们、先生们：

晚上好！

金秋时节，2007中国（曲阜）国际孔子文化节隆重开幕了。借此机会，我代表中华全国归国华侨联合会，对中国（曲阜）国际孔子文化节的举办表示热烈祝贺！对海内外嘉宾的光临表示热烈欢迎！

世界华人华侨是一家，亲情血浓于水。多年来，广大归侨侨眷和海外侨胞心系祖国、情系桑梓，时刻关心和支持祖国各项事业的发展，成为推进中国改革开放和现代化建设的重要力量。在中华民族伟大复兴过程中，中华民族的传统文化发挥了凝聚和认同的重要作用，尤其是孔子创立的儒家文化，在漫长的岁月中经过历代思想家、哲学家、政治家的阐发与完善，逐渐积淀成为中华民族的精神、性格和气质中不可替代的文化传统，并且深深地融汇于全球华人的精神血液之中。这种特有的文化基因对重塑中华民族的伟大民族精神、促进祖国和平统一发挥着不可替代的作用。承载着厚重文化传统的国际孔子文化节，为海内外华侨华人加强联系与交往，促进文化交流与发展搭建了一个很好的平台。文化节期间，以“走近孔子、喜迎奥运、同根一脉、共建和谐”

为主题，以弘扬中华优秀传统文化为重点，将举办世界华人华侨相聚孔子故里、世界华人华侨同祭孔等一系列活动，推动全球华人华侨进一步增强文化认同感和民族自信心，更好地服务国家文化战略，推动和谐社会、和谐世界建设。让我们携起手来，以中华文化为纽带，倡导和谐、和平、合作的理念，为推动祖国现代化建设、完成祖国统一大业、弘扬中华民族优秀文化、促进中国人民同世界各国人民的友好事业做出新贡献。

各位朋友，各位来宾，中华全国归国华侨联合会作为党和政府联系广大归侨侨眷和海外侨胞的桥梁和纽带，将一如既往地竭诚为侨服务，为归侨、侨眷和海外侨胞多办实事、办好事，努力凝聚侨心、汇集侨智、发挥侨力，使侨联真正成为归侨、侨眷和海外侨胞之家。

最后，预祝 2007 中国（曲阜）国际孔子文化节圆满成功！

南非“行动升级项目”组织伊图梅玲·勒巴莎在 2008 中国（曲阜）国际孔子文化节开幕式暨第三届联合国教科文组织“孔子教育奖”颁奖典礼上的致辞

（2008 年 9 月 27 日）

尊敬的蒋树声、许嘉璐阁下，尊敬的各位来宾，尊敬的与会者：

我来自南非夸祖卢 - 纳塔尔省。所代表的“行动升级”组织建立在南非德班市，是一个非政府扫盲组织，有着 42 年的历史，组织旨在通过提高成人识字水平来促进当地社会的变革与发展。

我们要向中国政府以及中国人民传达这样一条讯息：我们对能够荣获 2008 年联合国教科文组织“孔子教育奖”感到非常自豪，我们也非常感谢中国捐助该奖项。此刻，能在中国、在孔子的故乡接受这个奖，我们尤其感到自豪。这提醒我们要记住这位世界上伟大的思想家。他的教学强调个人品德和为政以德、和谐的社会关系、公平和真诚，其教育思想得到广泛认同。

孔子的思想几乎全部围绕“仁”而展开。“仁”即能“同情”或“关爱他人”，我们在科瓦尼贝拉的工作亦受此思想的影响。我们关心每一个成人学习者，我们与孔子的思想一脉相承。“如果你喜欢你所做的事情，你就不会为其所累。”在“行动升级”组织里，我们享受着我们所做的一切。

“行动升级”的背后有近 5000 名男女识字学习者，他们中的大部分是妇女，也有很多女童，年龄在二十至四十之间，他们或许是家庭唯一的支柱，很多妇女来自单亲家庭。当有些人得知能到识字班学习时，他们甚至激动地流下了眼泪。

“行动升级”组织提供了一个广泛的扫盲计划，主要帮助妇女和儿童掌握读写技能、谋生技能，帮助他们处理诸如家庭保健、艾滋病毒和艾滋病、霍乱、家庭营养等影响他们生活的地方性问题。每个扫盲教育工作者首先提出一个供讨论的话题并告知学习者，例如，怎样照顾重病患者，随后讨论行动计划，接下来的扫盲工作便基于此而展开。通过这种方式，我们便能赋予妇女权利并增长他们对健康及艾滋病的知识，提高其对家庭保健及艾滋病防护的意识。我们帮助学习者种植粮食，帮助他们获得干净的水，从而提高他们的生活技能。

我们培训扫盲教育工作者，为他们以及学习者编写教育及学习材料。我们在农村开设课堂，并对其他扫盲计划提供帮助。同时，我们还协助政府推广扫盲班。

我们关心每一位成人学习者，这就意味着从识字、基础健康知识、食品安全、水供给、增加收入方面来说，我们的教育工作者和学习者能得到我们所能组织的最好教育。我们会继续努力，我们能感到你们在背后给予我们的支持。

联合国教科文组织授予的此奖项使得“行动升级”组织能够将更多扫盲学习者培养成艾滋病家庭护理提供者，将更多社区群众培养成扫盲教育工作者和预防艾滋病教育工作者，“升级行动”组织将支持扫盲教育工作者招收和教育更多的成人学习者，将为贫困学生提供更多的雨水收集装置，将帮助当地人民改善其粮食安全状况。此外，我们还打算开设一个“行动升级”网站！

在中国获得的这个奖项是对“行动升级”扫盲与健康工作的巨大支持，该奖项给了我们极大的鼓舞。我们非常感谢你们对扫盲工作的关心和鼓励，我们将继续尽最后努力改善人们的生活。

韩国大邱广域市寿城区区厅长李晋勋
在2011中国（曲阜）国际孔子文化节开幕式暨
“孔子教育奖”颁奖典礼上的致辞

（2011 年 9 月 27 日）

各位来宾，女士们、先生们：

在美丽的金秋时节，大韩民国大邱广域市寿城区友好城市代表团，受济宁市政府邀请，荣幸参加2011中国（曲阜）国际孔子文化节。借此机会，我代表寿城区人民，对2011中国（曲阜）国际孔子文化节的举办表示热烈的祝贺！向勤劳智慧的济宁人民致以美好的祝愿！

孔子是中国古代伟大的思想家、教育家，也是举世公认的世界文化巨人。儒家思想不仅是中国传统文化的主干，也深深影响了包括韩国在内的东亚国家，韩国把孔子尊为“万师之表”，并每年举行纪念孔子的“释典大祭”，孔子的名字在韩国家喻户晓。时至今日儒家思想在韩国仍占据重要地位，孔子“为国尽忠，敬信节用，爱民如子，人伦之中，忠孝为本”的思想深深影响了韩国民众，成为国家发展和人生道路的精神能源。

作为寿城区的友好城市，济宁在寿城区乃至大邱广域市有很高的知名度。济宁是儒家文化的发源地，历史悠久，文脉兴盛，先贤辈出，是世界儒学研究交流和传播中心；济宁有丰富的资源、丰饶的物产和发达的产业，是实力很强的工业城市；济宁山川秀美，民风淳厚，古迹众多，是寿城区重要的旅游目的地城市。在济宁市政府的领导下，勤劳智慧的济宁人民励精图治、奋发创业，取得了令人羡慕的成就。寿城区是大邱广域市的行政、金融、教育中心，也是世界知名的文化、体育、旅游城市，有发达的文化旅游体育产业，曾经参与承办2002年世界杯足球赛、2003年世界大学生运动会和2011年世界田径锦标赛，每年都举办特色文化旅游活动。这次受邀参加国际孔子文化节，必将有很大收获，为我们推进文化旅游业发展提供有益借鉴。寿丘区和济宁市缔结友好城市以来，已经开展了十多次文化、教育、医疗、体育互访交流活动，合作交流不断加强，感情友谊日益加深。真诚欢迎济宁市的各级领导、各界朋友到寿城考察观光，合作交流，携手共创两市更加美好的明天。

最后，祝2011中国（曲阜）国际孔子文化节圆满成功！祝济宁人民幸福安康！

全国人大常委会副委员长王胜俊
在第八届世界儒学大会开幕式上的致辞

（2017年9月20日）

各位嘉宾，各位专家学者，女士们，先生们，朋友们：

上午好！

在即将迎来中国古代伟大的思想家、教育家孔子诞辰2568周年之际，很高兴与各位相聚于孔子故乡曲阜。在此，谨向第八届世界儒学大会的召开表示热烈的祝贺！向出席大会的各国专家和嘉宾表示诚挚的欢迎！

2500多年前，与释迦牟尼、苏格拉底、柏拉图、亚里士多德等世界著名思想家几乎同时期的孔子，就诞生在这片土地上。孔子幼年丧父，家境贫寒，一生颠沛流离，历经艰辛而不改其志，践行着追求真善美和理想社会、“知其不可而为之”的政治抱负，这种矢志不渝的精神品质深深激励着后世学子。孔子所创立的儒家学说，以及在此基础上发展起来的儒家思想，对中华文明产生了深刻影响，是中国传统文化的重要组成部分。一代又一代先哲鸿儒沿着孔子的思想和足迹，百折不挠、自强不息，革故鼎新、经世致用，使儒学思想薪火相传，贯穿古今、影响中外，不仅在亚洲对东方文化产生影响，而且西传欧美，得到伏尔泰、霍尔巴赫、孟德斯鸠、卢梭、狄德罗等思想家的赞誉，为人类文明进步作出了重大贡献。

在新的历史时期，以习近平同志为核心的党中央高度重视包括儒家思想在内的中华优秀传统文化的创造性转化、创新性发展。2013年11月26日，习近平总书记视察曲阜，在这里主持召开座谈会并发表重要讲话，提出要加强孔子及儒学思想研究和传播体系建设。之后，习近平总书记围绕弘扬中华优秀传统文化、开展世界文明交流互鉴、共建人类命运共同体等，多次发表重要讲话。这充分展现了我们党、国家、民族对中华文化的坚定自信和对世界文明发展的大国担当，在世界儒学界、汉学界引起了强烈的反响。越来越多的海外儒学研究机构、国际知名文化学者、汉学家积极响应、热切参与儒学研究与传播，在世界范围掀起了儒学热。

儒家思想博大精深、气象万千，极大丰富了世界文明的宝库。在长期的历史实践中，儒家思想同中华民族形成和发展过程中所产生的其他思想文化一道，记载了中华民族自古以来在建设家园的奋斗中开展的精神活动、进行的理性思维、创造的文化成果，反映了中华民族的精神追求，是中华民族生生不息、发展壮大的重要滋养。儒家思想重视人的价值，强调人的道德修为，提出了“修齐治平”“仁义礼智信”等自我修为标准；儒家思想注重协调人与人之间的关系，规范社会发展秩序，强调“仁者爱人”“推己及人”“己所不欲勿施于人”等亲和友善思想和“民惟邦本”“以和邦国”等社会治理理念；儒家思想强调“经世致用”“兼济天下”，有“明明德于天下”的崇高抱负，有“士不可以不弘毅，任重而道远”的责任担当，彰显着强烈的家国情怀；儒家思想倡导不同思想文化间求同存异、共存共荣，提出了“和而不同”“兼收并蓄”等思想主张。儒家的这些思想和中国历史上存在的其他流派的思想，推动形成了讲仁爱、重民本、守诚信、崇正义、尚和合、求大同的中华传统文化核心思想理念，构成中华民族最基本的文化基因，潜移默化影响着中华儿女的行为方式。

女士们，先生们，朋友们!

儒家思想传承千年，时至今日仍然历久弥新，闪耀着灿烂的光芒，展现着鲜活的生命力。作为中国优秀传统文化的忠实继承者和弘扬者，我们始终坚持古为今用、以古鉴今，积极推动包括儒家思想在内的中华优秀传统文化创造性转化、创新性发展，进一步拓展和丰富传统文化内涵，坚定文化自信，筑牢中华民族自强不息、团结奋进的思想基础；我们始终坚持从儒家思想等优秀传统文化中汲取思想精华，把“民本”“重义”“贵和”等理念融入国家、社会、公民的价值要求，涵养社会核心价值理念，形成奋发向上、崇德向善的强大力量；我们始终坚持从儒家思想等优秀传统文化中学习治国理政智慧，借鉴吸收其丰富的哲学思想、人文精神、教化思想、道德理念，为推进国家治理体系和治理能力建设提供有益启示，推动各项事业全面发展。

女士们，先生们，朋友们!

当前，面对世界经济的复杂形势和局部战争频发、贫富差距扩大、生态环境变化、资源能源短缺等突出问题，任何国家都不可能独善其身。应对人类共同挑战，构建人类命运共同体，理应从包括儒家文化在内的人类创造的一切文明成果中吸纳有益成分，在各种文明的交流互鉴中获得破解难题的智慧和方法。这次大会的主题是“儒家思想与人类命运共同体”，以促进和而不同、兼收并蓄的文明交流为宗旨，通过研讨交流，深入发掘儒家思想的现实意义和时代价值，探讨合作共赢、共同发展的人类命运共同体理念，意义重大，影响深远。在此，有四点想法，与大家交流。

第一，历史是延续的，要在传承创新中更好引领未来。儒家文化主张革故鼎新、与时俱进，正所谓“苟日新，日日新，又日新”，彰显了中华民族深沉的民族禀赋。不忘历史才能开辟未来，善于继承才能善于创新。只有坚持从历史走向未来，从延续民族文化血脉中开拓前进，才能做好今天的事业。让我们不断深化包括中华优秀传统文化在内的世界各民族优秀思想文化的挖掘阐发和传播交流，古为今用，推陈出新，更好地认识世界、认识社会、认识自己，共同开辟全球可持续发展的崭新境界。

第二，文明是多彩的，要在交流互鉴中更好促进融合。2500多年前，孔子老子对话，直接推动了儒家、道家的思想碰撞交流；其后，佛教文化等外来文化的传入，儒释道不同学派和文化相互吸收和交融，充实了中华文化的丰富内容，充分体现了中国文化的融合包容精神。世界如此丰富，是因为各种文明交相辉映；历史长河奔腾不息，是因为各种文明相互激荡。当今世界，各国各民族利益交融、兴衰相伴、安危与共，人类生活在同一个地球村，生活在历史和现实交汇的同一个时空，越来越成为你中有我、我中有你的命运共同体。加强文化交流、促进文明互鉴，是让世界变得更加美丽、各国人民生活得更加美好的必由之路。让我们推动跨国界、跨时空、跨文明的交流互鉴，促进各国民众相互理解和包容、相互支持和帮助，彼此尊重，取长补短，兼收并蓄，共同绘就人类文明美好画卷。

第三，和平是珍贵的，要在友好交往中精心呵护。中华民族历来是爱好和平的民族。中华文化崇尚和合、和谐，“以和为贵”“与人为善”“亲仁善邻”“协和万邦”等理念深深植根于中国人的精神中，深深体现在中国人的行为上，是中华民族与世界各国人民友好相处的基本价值取向，也是我国处理国际关系的基本理念。当今世界并不太平，一些国家和地区依然深陷炮声硝烟之中。让我们携起手来，消除隔阂分歧，摒弃矛盾对立，同舟共济，风雨同行，共谋和平、共护和平、共享和平。

第四，发展是一体的，要在共建共赢中实现共同繁荣。天下为公、世界大同是千百年来中国人民不懈奋斗的理想和信念，也是中华优秀传统文化对人类社会发展规律的先行探索。中国的发展，离不开世界；中国的发展，必将给世界带来更多机遇。我们坚定不移奉行互利共赢的开放战略，提出“一带一路”倡议，倡导丝路精神，给世界发展注入强大动力。让我们跨越不同社会制度和发展模式，求同存异，共谋发展，更好地实现世界共同繁荣。

女士们，先生们，朋友们！

世界儒学大会凝聚着中外双方的深切期望，有赖于大家的共同培育。真诚希望各国专家学者在切磋交流的基础上互学互鉴，一如既往地大力支持世界儒学大会，大力推进儒家思想创造性转化、创新性发展，为构建人类命运共同体和推动人类文明进步贡献精神力量！

预祝大会圆满成功！衷心祝愿各位朋友身体健康，家庭幸福，万事如意！

谢谢大家！

中共山东省委书记、省人大常委会主任刘家义在第八届世界儒学大会开幕式上的致辞

（2017 年 9 月 20 日）

尊敬的副委员长，各位专家学者，女士们，先生们：

大家上午好！

2500 多年前，中国伟大的思想家孔子曾说，“有朋自远方来，不亦乐乎”！他的出生地就是我们今天所在的这座古城——山东曲阜。在即将迎来孔子诞辰 2568 周年之际，来自全球各地的杰出学者及儒学专家，齐聚孔子故里，参加第八届世界儒学大会暨 2017 年度世界儒学杰出人物颁奖典礼，这是中国文化界的一件大事，也是国际儒学界为之瞩目的一次盛会。在此，我代表山东省委、省政府和 9900 多万山东人民，向会议的召开表示热烈祝贺，向出席会议的各位嘉宾表示诚挚欢迎，向长期致力于儒学研究和传播的各界人士致以崇高敬意！

山东是中华文明的重要发祥地和儒家文化的发源地。中国历史上最有影响的一大批思想家，如孔子、孟子、孙子、墨子、庄子、管子等，都先后出生于此，或曾在这里著书立说，开创了百家争鸣、兼容并蓄的学术先河。儒家创始人，被誉为“天之木铎”的孔子，主张“克己复礼为仁”“己所不欲勿施于人”，倡导“温良恭俭让”、“礼之用，和为贵”，强调“为政以德”，经由历代儒者不断阐发，培育了“仁者爱人”的人本观念，凝练成“民为邦本，本固邦宁”的治国理念，汇聚为“观乎人文，以化成天下”的人文追求。这些宝贵思想，同中华民族形成和发展过程中所产生的其他思想文化一道，是中华民族生生不息、发展壮大的重要滋养，对中华文明乃至人类文明进步作出了重要贡献。

女士们，先生们，朋友们！

中共十八大以来，以习近平同志为核心的中共中央高度重视以儒学为代表的中华优秀传统文化的传承和发展。2013 年 11 月，习近平总书记视察山东时专程到曲阜指导工作，在孔子研究院主持座谈会并发表重要讲话，要求加强孔子及儒家思想研究和传播体系建设，引导人们更加全面客观地认识历史的中国、当代的中国。之后，习近平总书记在国内外不同场合，围绕弘扬中华优秀传统文化、开展世界文明交流互鉴、共建人类命运共同体等，多次发表重要讲话，充分展现了我们党、国家、民族对中华文化的坚定自信和对世界文明发展的大国担当，在国际儒学界、汉学界引起了强烈反响，为我们在新的历史条件下进一步弘扬中华优秀传统文化、推动儒学研究和传播提供了根本遵循。

山东省委、省政府深入学习贯彻习近平总书记系列重要讲话和视察山东重要讲话、重要指示批示精神，以强烈的责任意识和使命担当，深入实施中华优秀传统文化传承发展工程，用好齐鲁文化资源丰富的优势，加强对中华优秀传统文化的挖掘阐发，为做好山东各项工作提供了强大精神力量。在国家有关部委大力支持和各方面共同努力下，曲阜优秀传统文化传承发展示范区上升

为国家文化战略工程，孔子学院总部体验基地、孔子博物馆、尼山圣境相继建成，儒学基础研究重大工程、全球汉籍合璧工程、中华优秀传统文化动漫工程等取得重大成果，文化保护传承更富活力；乡村儒学和社区儒学推进计划深入实施，9200多所儒学讲堂走进乡村社区，1300余家“孔子学堂”遍布大江南北，齐鲁文化普及教育、传承弘扬更加深入人心；乡村文明行动、社会文明风尚行动、“四德工程”等全面推进，城乡面貌、公民素质和文明水平全面提升；尼山世界文明论坛、世界儒学大会成为国际性文明对话和学术交流的高端品牌，27家海外“尼山书屋”在欧洲、美洲的15个国家落地，“山东文化年”“孔子文化周”“孔子文化节”等活动在海外顺利举办，齐鲁文化国际影响日益广泛深远。

知古方能鉴今。今天，世界各地专家学者以“儒家思想与人类命运共同体”为主题，共同探讨“儒家话语下的宗教与信仰”“儒家伦理与人类的共同价值”“传统文化传承发展的现代路径”等重大现实问题，必将对推动形成合作共赢、共同发展的人类命运共同体理念，建设人类共同精神家园作出积极贡献，也必将对推动齐鲁文化走出去，推动山东经济文化强省建设开拓新局面起到重要作用。

女士们，先生们，朋友们！

“富有之谓大业，日新之谓盛德”。文化繁荣则国家兴盛，思想丰富则民族日新。山东文脉绵长、底蕴深厚，在儒学研究阐发、传播交流方面拥有得天独厚优势，形成了良好的工作基础。我们将牢记习近平总书记的嘱托和要求，着力推动以儒家思想为代表的优秀传统文化创造性转化和创新性发展，推动传统文化凸显现代意义、体现现代价值、形成现代认同，进一步坚定文化自信。我们将全力构建世界儒学研究及传播高端平台，努力打造融国际儒学研究中心、成果发布中心、学术交流中心、高端人才培养中心、儒家文化体验中心为一体的开放式平台，构建儒学研究传播的高端殿堂，引领世界儒学发展方向。我们将大力推动中华优秀传统文化融入社会主义核心价值体系建设，继续从儒家思想中充分汲取道德营养，扎实推进美德山东、文明山东、诚信山东建设，用齐鲁文化的优秀成果化人育人。我们将始终坚持社会主义先进文化前进方向，把优秀传统文化与革命红色基因结合起来，大力弘扬沂蒙精神，在齐鲁大地形成健康向上的精神风貌、文明风尚、人文氛围。我们将进一步加强文化交流互鉴，推动齐鲁文化走出去，讲好中国故事、山东故事，展现中华文明之美，展示中国精神、中国智慧、中国方案，为打造人类命运共同体作出贡献。

女士们、先生们、朋友们！

以儒家思想为代表的中华优秀传统文化，是历史贡献给今天中国的思想文化遗产，更是中国贡献给世界的宝贵精神财富。我们将强化使命担当，不断增强文化自信和价值观自信，一如既往地支持办好世界儒学大会，与海内外各界人士加强交流合作，努力使我省在孔子及儒家思想研究传播体系建设中走在前列，在推动中华文化繁荣兴盛、实现“两个一百年”奋斗目标进程中展现山东作为、作出更大贡献。

最后，祝第八届世界儒学大会圆满成功！祝各位领导、嘉宾和专家学者在山东期间身体安康，生活愉快！

谢谢大家！

孔子第79代嫡长孙、至圣孔子基金会会长孔垂长
在第八届世界儒学大会开幕式上的致辞

（2017年9月20日）

尊敬的各位专家先进、各位领导、各位儒学同道、各位来宾：

大家早上好！

垂长自六年多前第一次返乡祭祖，就对世界儒学大会这一儒学界的顶级盛会有了很多了解，后来也荣幸地接到参会邀请，只是因前几年会期正值台北祭孔大典，垂长一直不克分身成行。今年适逢会期调整，承蒙组委会的邀请和山东大学的玉成，垂长才有缘参加本届世界儒学大会，有幸聆听硕学鸿儒论道，感受当世儒学盛况，在此谨向各主办单位和各位嘉宾致以衷心感谢和崇高敬意。

今年大会的主题是"儒家思想与人类命运共同体"，我觉得这有很强的现实意义，有着两千多年历史的儒家文化之于现代社会的多元文化，更是应该"美美与共、天下大同"。在儒家理想的大同世界，礼乐文化是其重要标志和主要手段。垂长想借这次机会简单地谈谈对礼乐文化的点滴认识和我们开展礼乐活动的一些实践与规划，以请在座的各位先进不吝指导。

众所周知，礼乐思想在儒家文化中占有突出的重要地位。除了《礼记》、《乐经》等经典专著，在其他儒家典籍中也不乏对礼乐的阐述，孔子把礼乐与"仁"这一儒家思想的核心概念紧密关联："人而不仁如礼何？人而不仁如乐何？""克己复礼为仁。一日克己复礼，天下归仁焉"。从这一高度出发，孔子也把礼乐作为其教学实践和思想体系的最重要内容。在儒家文化的语境中，礼乐教化成为个人修为提升、社会和谐进步的主要手段，这也成就了数千年绵延不断的中华传统文化，同时给世界留下了中华民族"礼仪之邦"的传世美誉。而且，从中国几千年历史看，即使化外之地的少数民族通过军事手段在中原建立了政权，以儒家思想为代表的中华传统文化也没有像世界上其他三个古文明一样被消灭或替代，结果是新的社会也被具有强大生命力和包容性的儒家文化所同化，中华文化也在历次碰撞中得到淬炼和发展。然而，一百多年前，当建立在人与自然对立基础上的西方近代工业文明强势敲开了中国大门时，引起很多人对中华传统文化的质疑，甚至一度全盘否定中华传统文化，进而引起个人价值和社会规范的混乱，造成礼乐缺失、道德失范，不仅社会风气江河日下，国人的海外形象也多被诟病。随着过度工业化带来的环境问题和极端个人取向带来的社会问题日益严重，以及世界范围内的宗教、种族、文化的冲突不断发生，以主张"和而不同"的儒家文化来解决工业文明带来的副作用，不仅成为大多数中国人的共识，也得到国际社会越来越广泛地认同。《礼记·乐记》有载："乐者，天地之和也；礼者，天地之序也。和故百物皆化，序故群物皆别"，由此可见，礼乐教化正是对症之方。

当下中国大陆，随着经济的蓬勃发展，民族自信心不断增强，儒学迎来了难得的复兴机遇，

礼乐文化也在人民的精神生活和社会的文化建设中占有越来越重要的地位。但由于百多年的文化断层甚至礼崩乐坏，很多儒家礼乐失去了传承，致使包括释典礼等重要儒家礼乐活动在社会上也是乱象纷呈、莫衷一是。在保留礼乐的文化精髓前提下，将传统儒家礼乐依循“大乐必易，大礼必简”的原则进行创新，再注入时代元素，适应如今快节奏生活的现代社会，才能使传统文化焕发新的生命力，才能广泛地推广普及，在增强民众仪式感和文化自信心的同时，起到潜移默化地教化作用。

通过释典礼等礼乐活动奉祀先祖孔子，是历代孔子嫡长子孙的终身职责。很多代衍圣公虽身居孔府仍心怀天下，在恪尽己责做好奉祀先祖孔子和历代古圣先贤的同时，也把推行礼乐教化作为孔子道统传承应尽的社会义务，先祖父孔德成先生更是毕生投身于礼制的研究教学和儒家文化的推广。垂长自2009年台北祭孔大典正式接任奉祀孔子的传承以来，虽自知才疏学浅，但身负社会职责和家族使命，丝毫不敢懈怠，承蒙海峡两岸很多专家、领导和社会贤达的支持帮助，先后发起成立了台北的“中华大成至圣先师孔子协会”和大陆的至圣孔子基金会，以此为平台弘扬中华传统文化和开展两岸文化交流，特别是最近一年来，我们更是把至圣孔子基金会的主要工作方向调整到礼乐和教育方面。今年四月初，至圣孔子基金会首倡发起并联合孔子研究院和尼山圣境共同举办了中华传统文化与两岸社会发展研讨会，以“传统文化与现代教育”为主题，得到了社会各界的热情关注和积极肯定，其中的儒家礼仪展演等礼乐节目丰富了研讨会的内容和形式，获得了广泛的认同。在儒家礼乐传承创新方面，应一些民间机构和社会人士的吁求，我们中华大成至圣先师孔子协会和至圣孔子基金会从去年开始，与台湾大学文学院儒礼方面的专家和青年学生合作，对传统的成人礼等普通儒礼进行了创新尝试，并规划今后通过基金会参与的有关活动进行推介，让民众特别是青年学生通过儒礼参与和体验，加深对中华传统文化的自觉，增强对民族文化的自信，培育对社会责任的担当。

虽然这次是受邀而来，但垂长每次到了曲阜都是回到了家，而且垂长还忝居孔子研究院永久荣誉院长之位，所以，在此也冒昧地以半个东道主的身份，对拨冗莅临世界儒学大会的各位儒学大德、各位领导、各位同道表示热忱的欢迎和衷心的感谢，也祝愿本届大会因您的到来会更加圆满。

谢谢！

文化部部长雒树刚
在第八届世界儒学大会上的主旨演讲

（2017年9月21日）

尊敬的孙守刚部长、樊丽明校长，各位嘉宾，各位专家学者，女士们，先生们，朋友们：

很高兴参加这次大会。世界儒学大会已先后举办七届，在主办方和参加历届大会的各方人士的共同努力下，逐渐成为国际儒学研究与交流的重要平台，为传承弘扬中华优秀传统文化、推动不同文化之间对话交流发挥了积极作用。本次会议聚焦“儒家思想与人类命运”主题，探讨挖掘儒家思想当代价值，造福人类世界共同命运，很有现实针对性。借此机会，我谈三个方面的意见。

一、全面认识儒家文化的重要地位和独特价值

习近平主席提出，一个国家、一个民族的强盛，总是以文化兴盛为支撑的，中华民族伟大复兴需要以中华文化发展繁荣为条件。在5000多年文明发展中孕育的中华优秀传统文化，在党和人民伟大斗争中孕育的革命文化和社会主义先进文化，积淀着中华民族最深层的精神追求，代表着中华民族独特的精神标识，是走向中华民族伟大复兴道路上最基本、最深沉、最持久的力量。这些论述，充分肯定了中华优秀传统文化的历史地位和当代价值。孔子创立的儒家学说以及在此基础上形成的儒家文化，是中华传统文化的重要组成部分，具有独特优势和价值。

儒家文化开放包容，具有极强的生命力。儒家文化始终坚持经世致用原则，关怀人们的生命、世间的生活，关注社会的教化、国家的治理，对形成和丰富中华民族精神、对推动中国社会发展进步发挥了十分重要的作用。在中华文化发展进程中，儒家文化与其他文化既对立又统一，既相互竞争又相互借鉴，始终处于和而不同的局面中，并在交融交互中不断兼容并蓄、实现新的发展，有着超强的自我更新、自我超越能力，因而具有长久的生命力。

儒家文化源远流长，是中华文明形成并延续发展的重要支撑。中华传统文化，尤其是作为其核心的思想文化的形成和发展，大体经历了先秦百家争鸣、两汉经学兴盛、魏晋玄学流行、隋唐儒释道并立、宋明理学心学发展等历史时期。儒家文化同中华民族形成和发展过程中所产生的其他思想文化一道，记载了中华民族自古以来在建设家园的奋斗中开展的精神活动、进行的理性思维、创造的文化成果，反映了中华民族的精神追求，是中华民族生生不息、发展壮大的重要滋养。

儒家文化思想精深，具有划时代的价值。儒家学说中的天人合一、天下为公、自强不息、厚德载物、民为邦本、为政以德、革故鼎新、与时俱进、经世致用、知行合一、仁者爱人、以德立人、以诚待人、讲信修睦、求同存异、和而不同等思想集中代表了中华优秀传统文化的思想品格，蕴含着丰富哲学思想、人文精神、教化思想、道德理念，是两千多年来中国社会治理、人们生产生活的经验积累，能够为当代中国治国理政、道德建设和人们认识世界、改造世界，以及解决当代人类面临的共同难题提供有益启迪。

我还要强调一下，包括儒家文化在内的传统文化在形成和发展过程中，不可避免会受到当时人们认识水平、时代条件、社会制度的局限性的制约和影响，也不可避免会存在陈旧过时或已成为糟粕性的东西。这就要求我们在学习、研究、应用儒家文化时坚持古为今用、推陈出新，不能全盘照套照用，要结合新的实践和时代要求进行正确取舍，对儒家文化中适合于调理社会关系和鼓励人们向上向善的内容加以继承和发扬，挖掘其新的价值、赋予其新的涵义。

二、着力建设中华优秀传统文化传承体系

在中国，优秀传统文化包含三方面内容：核心思想理念、中华传统美德、中华人文精神。核心思想理念是指中华民族和中国人民在修齐治平、尊时守位、知常达变、开物成务、建功立业过程中培育和形成的基本思想理念，如革故鼎新、与时俱进的思想，脚踏实地、实事求是的思想，惠民利民、安民富民的思想，道法自然、天人合一的思想等。中华传统美德是指中华优秀传统文化蕴含着丰富的道德理念和规范，如天下兴亡、匹夫有责的担当意识，精忠报国、振兴中华的爱国情怀，崇德向善、见贤思齐的社会风尚，孝悌忠信、礼义廉耻的荣辱观念。中华人文精神是指中华优秀传统文化积淀着多样、珍贵的精神财富，如求同存异、和而不同的处世方法，文以载道、以文化人的教化思想，形神兼备、情景交融的美学追求，俭约自守、中和泰和的生活理念等。传承发展中华优秀传统文化，就要紧紧抓住核心思想理念、中华传统美德、中华人文精神这些内容不跑偏。

中国政府历来高度重视中华优秀传统文化的传承弘扬。特别是近年来，以习近平同志为核心的党中央将其提升到前所未有的战略高度。习近平主席多次就传承弘扬中华优秀传统文化发表重要讲话。中国政府不断完善以《文物保护法》《非物质文化遗产法》为核心的法律法规体系，制定了《关于实施中华优秀传统文化传承发展工程的意见》等政策性文件。多年来，我们牢牢把握社会主义先进文化前进方向，坚持以人民为中心的工作导向，坚持创造性转化和创新性发展，坚持交流互鉴、开放包容，坚持统筹协调、形成合力，积极推动中华优秀传统文化保护传承体系建设，开展了一系列富有成效的工作。

第一，梳理传统文化资源。我们分别开展了文物、非物质文化遗产、古籍、美术馆藏品、地方戏曲剧种等文化资源普查，进一步理清了文化遗产家底。截至目前，共登记不可移动文物 76 万多处，国有可移动文物 1.08 亿件（套），非物质文化遗产资源 87 万项，古籍普查登记数据 232 万多条。在普查过程中，建设了文化资源数据库并将数据逐步向社会开放。在梳理的基础上，我们加大了对传统文化资源的研究阐释，深入梳理、研究、阐述中华优秀传统文化的历史渊源、发展脉络、基本走向，推出了一批研究成果。

第二，明确重点保护对象。中国在文物和非物质文化遗产领域已经形成国家、省、市、县四级保护体系。目前，已公布的全国重点文物保护单位 4296 家，国家历史文化名城 132 座，历史文化名镇名村 528 个，历史文化街区 30 个；国家级非物质文化遗产代表性项目 1372 项，认定的国家级非物质文化遗产项目代表性传承人近 2000 人。此外，公布了国家珍贵古籍 12000 部、全国古籍重点保护单位 180 家。我们还积极申报联合国教科文组织相关遗产名录。目前，中国共有世界遗产 52 项，总数位列世界第二，中国列入非物质文化遗产相关名录的项目 39 项，总数居世界第一。

第三，保护传承文化遗产。我们不断加大文物保护力度，努力推动文物保护由抢救性保护为主向抢救性保护与预防性保护并重转变，由注重文物本体保护向文物本体与周边环境、文化生态的整体保护转变。实施了一大批文物保护重点工程，加强了大遗址、传统村落保护，有效改善了文物保护状况。馆藏文物修复和古籍保护全面推开。以防火、防盗、防止城镇化建设中的破坏为重点，全面加强了文物安全工作。

在非物质文化遗产方面，我们逐步树立了在提高中保护、走进现代生活、见人见物见生活等工作理念。实施非物质文化遗产记录工程，对年事已高的国家级非遗代表性项目代表性传承人开展了抢救性记录。针对非物质文化遗产传承人群组织开展研修研习培训，以提高传承能力，增强传承后劲。制定并实施《中国传统工艺振兴计划》，推动传统工艺在现代生活中得到新的广泛应用。注重整体性保护，设立了21个国家级文化生态保护实验区。一大批代表性非遗项目得到有效保护，传承人社会地位不断提高。实施了戏曲振兴工程，推动戏曲保护与传承。

第四，加大教育传播力度。公众参与是优秀传统文化传承发展的关键。我们坚持校内与校外相结合，综合运用各类载体，创新表达方式，大力彰显中华文化魅力。一是推动中华优秀传统文化融入学校教育。在遵循学生认知规律和教育教学规律的前提下，将优秀传统文化全方位融入思想道德教育、艺术体育教育、文化知识教育、社会实践教育各环节，贯穿于启蒙教育、基础教育、职业教育、高等教育、继续教育各领域。二是将优秀传统文化传承发展纳入现代公共文化服务体系。鼓励和引导博物馆、图书馆、美术馆和文化馆（站）等依托优秀传统文化资源，加强挖掘阐释和主题策划，推出了一批精品展览，并向社会免费或优惠开放。2016年，中国4100多个博物馆举办展览3万多个，开展约11万次专题教育活动，参观人数约9亿人次。三是探索常态化、专业化、全媒体遗产传播体系。报刊、广播电视、网站等各类媒体推出了一批传承弘扬中华优秀传统文化的专栏、专题节目。四是组织开展重大宣传展示活动。依托国际博物馆日、文化和自然遗产日、春节等民族传统节日，组织开展丰富多彩的宣传展示展演活动。

第五，推动创造性转化创新性发展。我们坚持古为今用、以古鉴今，努力推动优秀传统文化创造性转化创新性发展，使之与现实文化相融相通。一是以优秀传统文化滋养文艺创作。实施国家舞台艺术精品创作扶持工程、网络文艺创作传播计划等一系列重大工程，鼓励和引导文艺工作者深入挖掘优秀传统文化的当代价值，以舞台艺术、美术、影视、动漫、网络剧等多种形式推出了一批优秀作品。二是推进文化文物单位文化创意产品开发。选择150多家博物馆、美术馆、图书馆作为试点单位，这些单位依托文化遗产资源推出了一批艺术性与实用性有机统一、适应现代生活需求的文创产品。三是推动传统文化资源与相关产业融合发展。推动各地依托文化遗产资源发展旅游、传统工艺、创意设计等特色产业。四是推动优秀传统文化融入生产生活。通过建设特色文化小镇和村庄、保护发展中华老字号、实施传统节日振兴工程，让公众在日常生产生活中接受优秀传统文化熏陶。

第六，推动中外文化交流互鉴。近年来，我们持续加强对外文化交流合作，创新人文交流方式，丰富文化交流内容，不断提高文化交流水平。一是深化政府间交流互动。我国与150多个国家和地区签署了文化合作协定，广泛开展文物、非遗等领域交流，如与哈萨克斯坦、吉尔吉斯斯坦联合申报丝绸之路项目成功列入世界遗产名录，与蒙古联合申报蒙古族长调民歌成功列入联合国教科文组织非物质文化遗产名录。二是推进与“一带一路”沿线国家的交流合作。建设文化遗产长廊，成立丝绸之路国际剧院联盟、博物馆联盟，艺术节、图书馆、美术馆联盟的建设也在推进中，举办敦煌国际文化博览会、丝绸之路国际艺术节、海上丝绸之路国际艺术节等品牌活动，积极推进文物保护援外工程。三是密切与国际组织的合作。积极参加联合国教科文组织相关会议，参与国际文化公约相关工作，合办中国成都国际非物质文化遗产节。深度参与亚欧会议、金砖国家等多边合作机制框架下的活动，最近举办了金砖国家文化部长会议、金砖国家文化艺术节，有力地配合了外交大局。四是加强海外文化窗口建设。目前，中国已建成30个海外中国文化中心，500多个孔子学院，使海外公众有了近距离领略中华文化独特魅力的平台。

下一步，我们将进一步构建中华优秀传统文化传承体系，加强文化遗产保护，推动优秀传统文化研究阐发、普及教育、保护传承、创新发展、传播交流等方面协同推进并取得重要成果，不断增强中华优秀传统文化的生命力和影响力，努力创造中华文化新辉煌。

三、充分发挥儒家文化在中外文化交流中的独特作用

习近平主席提出，文明因交流而多彩，文明因互鉴而丰富。推进人类各种文明交流交融，是推动人类文明进步和世界和平发展的重要动力，是让世界变得更加美丽、各国人民生活得更加美好的必由之路。要通过文化交流，让中华文明同世界各国人民创造的丰富多彩的文明一道，为人类提供正确的精神指引和强大的精神动力。这是中国对待文明交流互鉴的基本态度，也是时代赋予包括儒家文化在内的中华文化的神圣使命。

我认为，可从以下几个方面发挥儒家文化在对外文化交流中的积极作用：

一是以儒家文化为重要内容展示中华文化魅力。文以载道，文以化人。要认识今天的中国、今天的中国人，就要深入了解中国的文化血脉，准确把握滋养中国人的文化土壤。中国历史上，儒家文化曾在思想文化领域长期处于主导地位，成为人们日用而不觉的文化基因。研究儒家文化，是认识中国人的民族特性、认识当今中国人精神世界历史来由的一个重要途径。通过开展儒家文化国际交流，可以让更多外国友人认识、了解、研究和接受儒家文化，进而了解中国文化、了解中国人、了解中国。

二是以儒家文化为纽带促进世界各国民心相通。国之交在于民相亲，民相亲在于心相通。民心相通是发展文化交流合作最有效的途径之一。儒家文化源于中国，已走向世界，成为人类文明的一部分，得到越来越多人的认同。通过开展儒家文化交流，人们能够开展思想层面的对话，在互动中产生共鸣，拉近距离。特别是一些国家与中国同属于儒家文化圈，有着更多的共同点，可以开展更深层次的对话。

三是以儒家“和合”文化推动人类命运共同体建设。当今世界，和平与发展仍然是主题，但人类同样也面临着许多难题，需要各国人民携手并进、共同解决，形成你中有我、我中有你的命运共同体。儒家文化给出了一条有效路径。因为儒家文化的一个重要特征就是崇尚“和合”，主张人与人之间、国与国之间的和平、和谐、和睦，坚持“以和为贵”“和而不同”的格局，追求“致中和，天地位焉，万物育焉”的境界，秉持“天下为公”“万物和谐”“万国咸宁”的理念，讲究“执其两端而用其中”的方法论，这一特征与建立人类命运共同体的理念十分契合，应着力予以阐发，为其提供思想理论支撑。

以上是我的一些看法，与大家交流。最后预祝大会圆满成功！谢谢大家！

五、新闻报道选载

孔子像修复

新华社济南 1984 年 9 月 22 日电（记者　朱文志） 中国古代伟大教育家、思想家孔子及其弟子和孔子思想继承者等 17 尊塑像，经过修复于昨天孔子诞辰 2535 周年之际，正式揭幕供中外游人瞻仰。

曲阜县县长徐庆刚主持了有中外来宾参加的揭幕式。

孔子及其弟子、继承人的塑像原矗立在曲阜孔庙的大成殿内，在“文化大革命”十年浩劫中被毁坏。为了使这些珍贵文物复原陈列，国家拨专款于 1983 年 2 月动工，至 1984 年 8 月底竣工。

修复后的孔子像身高 3.3 米，以王制彩妆冠冕：头戴 12 旒之冕，身着 12 章之服，手执镇圭，脚登云履，正襟危坐于庄严肃穆的大成殿内，双目炯炯有神，直视前上方，仿佛正在给学生讲经书。

孔子像两侧的“四配”“十二哲”等 16 尊塑像，皆为九旒冠冕、熏衣玄裳、手执躬圭、双目平视、神态安详，好像在静听孔子讲经。

金碧辉煌的大成殿内，还悬挂着七块御匾，每块长 5.6 米，宽 2.8 米，四周精工雕刻着龙凤呈祥等贴金图案。匾上的“万世师表”“斯文在兹”等贴金大字，皆为康熙、乾隆、嘉庆、咸丰、光绪等皇帝御笔亲书。

恢复后的孔子像及其他塑像仿清雍正八年孔子像用内脱胎法塑成。有关专家认为，现在的塑像面部有肌肉感，超过了原塑水平。

一个当代西方人眼里的孔子

新华社（记者　朱文志）“孔子虽然生活在 2000 多年前，但在当代西方人眼里仍具吸引力，能给我们以启迪。”

这是来自瑞士的胜雅律先生在日前举行的孔子诞辰 2540 周年纪念和学术讨论会上发表的观点。他是瑞士比较法研究所中国法律问题专家、哲学博士、法学博士，现任德国佛莱堡大学终身汉语教授。他对中国古代伟大的思想家、教育家孔子表示了极大兴趣，并对儒学进行了潜心研究。

胜雅律博士说：“在西方人眼里，孔子可以说是中国传统文化的代表和象征。毫无疑问，他在西方舆论中是最有名气的中国人。”

孔子的很多学说在中国已形成格言，如 ：“见贤思齐”“人无远虑，必有近忧”“小不忍则乱大谋”“岁寒然后知松柏之后凋”等等。胜雅律博士说 ：“像这样的格言与警句，只要把它恰当地翻译成西方语言，西方人肯定很容易接受，能够体会到它的哲理并多多少少付诸实践。”

胜雅律博士非常赞赏孔子“见利思义”“不义而富且贵，于我如浮云”的思想。他说，如果我们抽掉它的具体历史含义，并赋予它以当代新思想的话，“义”可以理解成保护人类在内的大自然 ；“不义而富且贵”，可以理解为不顾大自然而得来的富贵。他说，孔子“钓而不纲，弋不射宿”，意味着在开发大自然方面，极有分寸，不贪多，这恰好是当代西方人可以并且应当向孔子学习的。

胜雅律博士说，孔子的遗产包括着丰富的精神食粮。在对待自己方面，孔子提出“君子求诸己”“君子病无能”；对别人则“己所不欲，勿施于人”“听其言而观其行”；在交友、选才、教育方面，孔子留下来的语录更多，一个当代西方人可以找到各种各样的“知识可乐”，很有现实意义。此外，孔子的求知态度、平易近人和以礼待人的作风、人道主义、和平思想等，对当代西方人来说都是可贵的。

胜雅律博士在论文中引用了孔子这样一句话 ：“不患人之不己知，患不知人也。”他认为当代西方人也应该“患不知人”。他说，西方人应当以“四海之内皆兄弟”的基本思想，为实现一个精神上的“大同世界”而努力。

胜雅律博士在论文中也评价了孔子不勇于向大自然索取财富、轻视自然科学、轻视经商的思想。他认为受孔子思想潜移默化影响达 2000 多年的中国人，在提高生产力方面缺乏西方人那种进取性和拼搏精神，在生活上安于低标准，一切容易满足。他对当代中国人对孔子这些学说提出批评表示理解。同时，他还认为，西方人应当从孔子那里学到一些限制那种无限、无度的进取精神的东西，不然就会给自然造成破坏，陷入“不义”。

孔子被列为世界十大文化名人之首，他的学说是 16 世纪传入西方的。

（1989 年新华社供海外报纸专稿）

孔府文物档案馆日前在曲阜落成

新华社济南 1992 年 9 月 30 日电（记者　朱文志） 中国第一座私家档案馆日前在孔子故乡——山东曲阜落成。

这座档案馆坐落在曲阜市孔府东路，钢筋混凝土框架结构，青砖为墙、灰瓦覆顶，与孔府古建筑群浑然一体。建筑面积 3960 平方米，由库房、展厅、研究中心等组成。具有中央调节温度、干湿度设备和中央监视、监控、灭火、防雷等现代化保护、防范功能。馆内研究中心配有激光摄影、翻拍洗印、除尘去酸、理化试验、超声波检测、电子显微镜等现代化设备，为学者研究创造了条件。

孔子嫡孙恪守“诗礼”传家的祖训，潜心攻读诗书，注重收集礼器法物，从而在孔府汇集了大量的珍贵文物，尤以“商周十供”“元明衣冠”“衍圣公夫妇肖像”“孔府档案”等著称。孔府现有近30万件文物，是中国保存最完整、持续时间最长、内容最丰富的私家档案。

山东电视台将向海内外现场直播
中国曲阜国际孔子文化节开幕式

本报济南讯　今年是孔子诞辰2550周年，曲阜将举办国际孔子文化节活动，引起了海内外华人的广泛关注。为此，山东电视台将向海内外现场直播’99中国曲阜国际孔子文化节开幕式，同时中央电视台国际频道将于开幕式当天下午向世界播出实况录像。

这次直播是我省今年电视对外宣传的重头戏，山东电视台组织了各方面的专家，对直播方案进行了多次论证。此次直播采取主持人、事先制作好的主题性专题和开幕式现场穿插的方式，极大地丰富了直播节目的信息量。

（原载1999年9月22日《大众日报》）

中国大规模纪念孔子诞辰2550年

新华社北京电（记者　董学清　温闽）今年9月，是中国伟大的思想家、哲学家、教育家孔子诞辰2550年。中国以前所未有的重视程度，大规模开展纪念活动。

9月9日，文化部、教育部和中国社会科学院联合在北京人民大会堂举办了纪念孔子诞辰2550年座谈会。这是中国官方部门首次出面举办孔子纪念活动。

中共中央政治局常委、国务院副总理李岚清出席了座谈会。

中共中央政治局委员、中国社会科学院院长李铁映在会上发表了讲话。他说，纪念中国古代伟大的思想家、哲学家、教育家孔子诞辰2550周年，是世纪之交我国学术界的又一盛事。

李铁映说，诞生于中国土地上的孔子，是人类文化和文明史上一位罕见的伟人和巨人。他开创了“儒家”这一中国历史上重要的思想文化派别，《论语》更是成为中国思想文化发展中最重要、影响最大的典籍之一。孔子创立了以“仁学”为核心的哲学与伦理政治学说。孔子的思想理论成为民族精神的重要因素。

李铁映强调指出，中华民族是一个具有悠久历史传统的民族，中华文明也是人类社会发展中唯一没有中断的古老文明。历史证明，没有文化上的独立与繁荣，就没有国家民族的兴旺与昌盛；而没有文化的继承，也就没有文化的创新与发展。我们民族在历史发展的长河中经历了那么多的内忧外患，却能够奋发有为，自强不息，不断地探索稳定与发展的新途径，并始终表现出很强的凝聚力，应当说以孔子和儒家学说为主要代表的文化传统在其中发挥了非常积极的作用。

李铁映指出，以孔子和儒家学说为主要代表的传统文化是一个非常复杂的复合体，我们在研究中必须以马克思主义的唯物史观为指导，采取历史的、分析的态度，坚持“批判继承”原则。研究中要面向新时代、新问题，面向社会主义新文化建设的实际。

李铁映说，五千年的文明，丰厚的文化遗产，是我们民族宝贵的资源与优势。一个既善于总结自己优秀的文化传统，而又肯于吸收全人类文明成果的民族，才是最有前途、最有希望的。在把我国早日建成为有中国特色的社会主义强国这一伟大历史进程中，建设民族的、科学的、大众的社会主义新文化，是历史赋予我们的伟大任务和神圣使命。让我们满怀庄严而崇高的历史责任感，迎接中华民族振兴与发展的新世纪。

北京大学哲学系教授楼宇烈、山东省社会科学联合会刘蔚华教授、南京大学中国思想家研究中心陈效鸿教授、中国社会科学院历史研究所卢钟峰研究员、北京师范大学历史系晁福林教授分别从孔子及其学说在国内外的影响、儒学的人文精神、孔子的政治思想、道德伦理思想、教育思想方面作了专题发言。

专家学者们认为，孔子作为中国历史上伟大的思想家、教育家，其思想及其学说在国际上，特别是在海内外华人社会、知识界、学术界，具有广泛的影响。孔子思想及其学说所包涵的许多积极因素和丰富的文化内涵，不仅属于中华民族，而且属于全人类。

中国孔子基金会常务副会长、国际儒学联合会常务副理事长刘蔚华教授介绍说，10 月份，中国孔子基金会和国际儒联还将在北京和曲阜两地举行孔子诞辰 2550 年纪念大会以及国际儒学讨论会。

在孔子故里曲阜，此次世纪之交的孔子诞辰纪念活动也规模空前。自从 1984 年起，曲阜就开始举办一年一度的国际孔子文化节，至今，曲阜国际孔子文化节已连续举办了 15 届。今年的文化节，由 9 月 26 日在孔庙大成殿前举行的盛况空前的开幕式拉开帷幕。中央电视台以及山东省等多家地方电视台首次向海内外进行实况转播。

据悉，今年将有 5000 人参加在孔子故里举行的大型庆典。规模之大，规格之高，活动内容之多，是近年来没有的。

国际孔子文化节期间，具有世界水平的孔子研究院也将在曲阜落成。这座恢宏壮丽的孔子研究院，占地 9.5 公顷，建筑面积 36000 平方米，建成后不仅成为一座充分显示中国传统文化特色的孔子博物馆，用来收藏、整理、汇编古今中外浩如烟海的关于孔子及儒学的文献资料，而且是一个进行学术研究、交流和集会的重要场所。

孔子博物院院长孔祥林介绍说，孔子研究院落成之际，将举办《大哉孔子》大型展览，全面介绍孔子生平、思想学说、儒学发展及在海外的影响，展览面积达 2000 平方米，规模之大前所未有。

今年是中华人民共和国成立五十周年，又逢 20 世纪行将结束、新世纪将到来之际，中国大规模纪念孔子诞辰，意味深长。

山东大学博士生导师孔范今教授说："在新旧世纪交替之际，我们的经济发展和文化环境都达到了相当的水平。现在是对中华民族传统文化以及它在现实社会中的作用，进行理性剖析的时候了。"

刘蔚华教授说，大规模纪念孔子诞辰2550周年，是时代的需要。对于弘扬中华民族优秀文化传统，振奋民族精神，增强中华民族的凝聚力，具有重要意义。

（原载《外向经济导报》1999年9月28日头版头条）

曲阜人希望台湾的孔子后裔回故乡看看

本报讯（记者　董学清　报道）今年9月是孔子2550周年的诞辰，山东曲阜届时将举行盛况空前的大型庆典和纪念活动。孔子故里人向记者表示，希望在台湾的2000多名孔子后裔能回故里，看一看故乡的新变化，共同纪念先祖。

孔子第75代孙、孔子博物院院长孔祥林说，目前，曲阜的文物保护进入了历史最好时期。孔庙、孔府、孔林等均实现了计算机管理，对这些地方的古木名树也都建立了档案，进行分类保护。

孔祥林对1995年在台湾与末代衍圣公孔德成的会面仍记忆犹新。当时，孔祥林作为"孔子故乡四千年文物展"代表团成员，赴台参加开幕式，给孔德成先生捎去了家乡的孔府家酒和楷木如意，祝他吉祥如意。德成先生很是高兴，让他转达对家乡父老乡亲的问候。

近年来，文化名城曲阜市的经济及社会各项事业迅猛发展，社会安定，民风淳朴。

"在孔子诞辰2550周年之际，德成先生能回家乡看看，该有多好！"孔祥林说。

（原载1999年9月28日《外向经济导报》）

儒家经典　传世珍藏
中国推出首部金版《论语》

新华社北京电　在古代思想家、哲学家、教育家孔子诞辰2550周年之际，中国推出首部金版《论语》。金版《论语》在海内外限量发行2550套。

中国孔子基金会、国际儒学联合会、联合国教科文组织、新华出版社及曲阜孔子博物院联合推出了这部纯金古籍珍藏版《论语》。

金版《论语》共20面，重30余克。它采用了中国科技人员最新研制的金纸印刷术，金纸的黄金纯度达99.9%以上，既能使彩色图像直接融于黄金之上，又能保留金纸原有的风采，具有抗氧化、抗变色、防潮防蛀等特性，即使存放万年也不必顾虑会发生传统纸张书籍的变霉和虫咬。

这部金版《论语》中汇集了众多文化名人的手迹，其中包括：孔子第 77 代嫡孙在台湾的孔德成先生，在祖国大陆的孔德懋的墨迹，当代文化大师赵朴初、台湾孔孟学会理事长陈立夫的墨宝，以及启功、沈鹏等书法名家的书法精品。此外，书里还镶嵌有一枚金光闪闪的孔子像章。

金版《论语》的最后部分，还收录了《易传》《礼记》中孔子关于“自强不息”“厚德载物”“天下为公”的著名论断，作为孔子的理论归宿。

《论语》是对孔子生前行教时言论与行事的实录，历代为《论语》倾注心力进行注释和论述的学者，逾数百家，形成了代表儒学精神的主干——孔学。《论语》是集中体现孔子思想的儒家经典，也是世界上完整辑录哲人言行最古老的文献之一。

（原载 1999 年 9 月 28 日《外向经济导报》）

扮靓名城迎嘉宾
——“孔子文化节”前夕曲阜见闻

《大众日报》（刘一山　张明哲）今年中国曲阜国际孔子文化节前夕，孔子故里到处洋溢着节日的喜庆气氛。为把盛会办得隆重热烈，勤劳好客的曲阜人，正紧锣密鼓地做好每一项准备工作。

巡警忙着学外语

为迎接今年的孔子文化节，曲阜巡警大队邀请曲阜国际旅行社的同志们对巡警进行了外语培训。前去采访时，看到衣着整洁的巡警们正端坐在临时教室里，聚精会神地聆听着讲解。Turn left（向左拐），Turn right（向右拐），G0 a-head（向前走），每一个字母、每一个发音，队员们都认真地记、认真地练。目前，90%以上的巡警能用简单的英语与外宾交流，还有的巡警掌握了简单的日、韩口语。8 月下旬，一对来曲阜旅游的美国夫妇，不慎把手提包落在出租车上。包内有第二天回国的机票、护照及所有的现金，由于语言不通，急得团团转。正在这时，市巡警大队巡警徐伟巡逻至此，便主动向前，用英语询问了事情的原委，并很快帮客人找回了丢失的物品，美国客人连声道谢。

崇德守法尚文明

“在内宾面前我代表曲阜，在外宾面前我代表中国”正在成为曲阜市民的共识。为以崭新的姿态迎接孔子文化节，近来，曲阜市开展了声势浩大的“崇德守法，美在曲阜”活动，建文明城、做文明事、当文明人，成为人们的时尚。曲阜大酒店服务员孔敏打扫房间时发现了一个钱包，根据登记，查出丢失钱包的客人是上海的华永保先生，酒店立即与已抵济南的华先生取得联系。华先生拿到钱包时，激动地说：“还是曲阜人道德风格高。”据悉，目前，曲阜正在组织工商、城管、旅游、交通、卫生等职能部门，开展旅游市场专项整治活动，为文化节创造优良的秩序。

青年志愿者在行动

“弘扬曲阜传统文化，树立旅游城市良好形象，青年人应走在前列”，这是曲阜市青年志愿者提出的响亮口号。在文化节将要到来之际，“青年志愿者”向全市广大团员青年发出了“建美好家园，做文明青年，为‘两节’添彩”的活动倡议。发放宣传单20000余份，建成“志愿者绿地”150余块，到孔子研究院、论语碑苑、杏坛剧场等重点文化景区清理建筑垃圾120多吨。截至目前，为文化节服务的志愿者服务队达590个，青年志愿者人数达1.5万人，建立青年志愿者责任区180处。

“有朋自远方来不亦乐乎”，古城曲阜正在敞开怀抱，迎接中外宾朋的到来。

（原载2001年9月11日《大众日报》）

曲阜国际孔子文化节“变脸”

新华网山东频道济南9月27日电（记者　董学清）一年一度的中国曲阜国际孔子文化节在新世纪的第一年有了新面孔。2001中国曲阜国际孔子文化节26日晚上在孔子故里山东省曲阜市新落成的杏坛剧场开幕。

新落成的杏坛剧场占地1万平方米，建筑设计为先秦风格，以曲阜人文特有的石阙为主要艺术元素，辅以石刻、图腾、文字符号，极富文化内涵和历史空间厚重感。

开幕式上，上演了新编大型乐舞《杏坛圣梦》。该剧是对孔子学说思想的一次实验性娱乐演绎。这部被称之为“东方文化史诗”的大戏，别出心裁地选取了孔子的四句名言，组成演出的四大板块。一是“学而时习之，不亦乐乎”，二是“发乎情，止乎礼”，三是“四海之内皆兄弟”，四是“有朋自远方来，不亦乐乎”。

据介绍，今年的国际孔子文化节活动内容丰富，精彩纷呈。有孔子家乡修学游、寻根朝敬游、孔庙拜师游、中国国际古琴音乐会、《党和国家领导人暨外国政要在曲阜》摄影展，以及经贸洽谈等系列活动，到10月10日结束。

从1984年开始，孔子故里曲阜市创办了“孔子故里游”活动，后经国家旅游局和山东省人民政府批准，改为“中国曲阜国际孔子文化节”。孔子文化节是一项融纪念活动、文化活动、旅游活动、学术活动、经贸活动于一体的大型国际性旅游节庆活动，已被国家旅游局确定为国家级“中国旅游节庆精选”之一。

相会在孔子故里

《大众日报》（记者　吴洪斌）金秋时节，丹桂飘香。9月28日，是2001中国曲阜国际孔子文化节的第三天，这里迎来一批尊贵的客人，他们是来自中国台湾省台北市的23位朋友。

客人分别属于台北市瀛社（诗社）和台北市孔子庙诗学研究会，他们是应中国孔子基金会的邀请，来山东进行学术文化交流访问。他们今天要做一件有意义的事：在孔庙大成殿门前吟唱中国古诗。

85岁的黄宽和教授是台北市瀛社的社长，他第一次来山东。他异常兴奋地告诉记者，台北市瀛社是一家有着93年历史的诗社，自己学教了一辈子中国古诗，他和他的学生一直想到大陆看看古诗中所描绘的一些古迹，这次终于实现了。

上午9时，活动开始，在曲阜市实验小学200名学生朗诵了孔子的《论语》之后，23名访问成员登上大成殿的台阶，恭敬地朝南站成一排，开始朗诵。

这是唐朝诗人张若虚的《春江花月夜》，一位成员还拿出自带的口琴，轻轻合着韵律。

“春江潮水连海平，海上明月共潮生。滟滟随波千万里，何处春江无月明…………”

秋高气爽，艳阳透过千年古树的枝桠，照耀在人们的脸上。一首首古诗，平仄起伏，朗诵声久久回荡在大成殿的上空。

朗诵结束了，人们还沉浸在古诗的氛围中。台北市孔子庙诗学研究会的理事长李宏健激动地说，这个中秋，我们在孔子家乡提前过了。

（原载2001年9月30日《大众日报》）

台湾海峡两岸释奠佾舞文化交流访问团访曲阜

中新社济南三月二十二日电（孔令绍　张彬）以台北市“民政局长”、“孔庙管理委员会主任”林正修为团长的“二〇〇二年海峡两岸释奠佾舞文化交流访问团”一行35人，于日前到山东曲阜进行文化交流与访问。

据介绍，台北市大同区大龙国民小学与台北市孔庙相邻，该校学生在每年九月二十八日台北孔庙祭孔时担任释奠佾舞表演，已承袭了四十六年。此次到曲阜访问的目的，是通过台北市祭孔佾舞示范表演，增进两岸儒学的文化交流。

访问团在曲阜活动期间，曲阜市古乐舞团和台北市大龙国民小学表演团分别在孔庙大成殿前进行了祭孔佾舞表演，访问团的成员还参观了孔府、孔庙。

500多名华人青少年在孔子故里举行祭祖仪式

新华网济南2002年9月19日电（记者　董学清）参加首届华人中国文化经典诵读友谊赛的500多名海内外华人青少年，今天来到黄帝出生地——山东省曲阜市的寿丘前，举行庄严的祭祖仪式。

青少年们表达了对中华民族列祖列宗、历代先贤的崇高敬意和怀念之情，并誓愿继承先贤优良传统，学习古今中外优秀文化知识，与世界各国人民共同创造人类美好的明天。

祭祖仪式开始，青少年们首先向列祖列宗三鞠躬。接着，由海峡两岸青少年代表宣读了华人青少年《告中华民族列祖列宗书》，表达了他们要以推进中华民族在21世纪的全面复兴为己任，矢志笃行，不断增强海内外华人同宗同文的凝聚力，为中华民族自立于世界先进民族之林而万众一心，再创辉煌的决心。

青少年们还在《告中华民族列祖列宗书》中倡议，在孔孟之乡建立和合塔，以铭志全球华人，共同为中华民族的全面复兴而奋斗。

参加祭祖仪式的人们随后举行了百米长卷签字活动，在记载着《告中华民族列祖列宗书》的百米长卷上，庄严地签下了各自的名字。

孔子故里：两千华人朗诵中华文化经典

新华社济南9月18日电（记者　董学清）今天，孔子故里山东省曲阜市孔子研究院内的露天广场上，书声琅琅。来自包括台湾、香港在内的中国19个地区的2000多名华人，参加在这里举行的首届华人中华文化经典诵读友谊赛。

72岁的全国人大常务委员会委员、全国人大教科文卫委员会副主任委员范敬宜，是参赛人员中年龄最大的，他以古韵吟诵了范仲淹的传世之作《岳阳楼记》。

来自西安西北工业大学幼儿园的7名小朋友只有三四岁。他们用童声熟练背诵《易经》中的一些片断，赢得全场阵阵掌声。

台湾导演柳松柏与中央民族乐团和银河儿童合唱团合作，近年来推出了由他谱曲的唐诗新唱，在海峡两岸深受好评。今天，台湾唐诗新唱代表队的24名少年儿童表演了柳松柏的歌舞新作《三字经》齐唱，载歌载舞中透出古风古韵。

孔子故里曲阜人一直喜好读书，有“十万人家尽读书”的说法。在曲阜市实验小学，能背诵古诗文200篇以上的学生达2 / 3。在今天的比赛现场，曲阜1000名青少年齐声诵读《论语》片断，场面十分壮观。

此次活动由华夏文化纽带工程组委会等主办。华夏文化纽带工程组委会秘书长李靖说，首届华人中华文化经典诵读友谊赛，是海内外华人近几年诵读中华文化经典的成果荟萃和集中展示，目的在于使全球华人尤其是华人青少年了解我们的民族，读书、明事、立品、做人，传承中华文明，建设先进文化。

（原载2002年9月20日《人民日报》）

千年神韵唱孔子 万世情怀颂神州

——2002年中国曲阜国际孔子文化节开幕式侧记

这里是闻名遐迩的历史文化名城，这里是中国古代著名的思想家、政治家和教育家孔子生息的地方；这里是炎帝营都之地、黄帝出生地；这里是华夏文化的摇篮；这里遗产众多，古迹浩瀚，在广袤的中华大地上堪称是一颗璀璨夺目的明珠，这里有一个光辉的名字——曲阜。

今天，公元2002年9月26日，在纪念孔子诞辰2553年的日子里，主题鲜明、气势恢弘的中国曲阜国际孔子文化节开幕了。来自五湖四海的志士名人，从四面八方赶来了，他们带来了对孔子这位伟大先哲的崇高敬意；孔子故里的父老乡亲们赶来了，他们带来了自豪，带来了欢乐，喜悦之情溢于言表。

当主持人宣布，“千载神韵唱中华，今宵同唱一首歌”中国曲阜国际孔子文化节大型演唱会开始时，全场爆以雷鸣般的热烈掌声。今晚，演唱会的主题是诚信。我们将面对厚重的历史，瞻仰五千年的东方文明，赞叹华夏子孙对中华文化的承传和发展，感叹在这片神奇的土地上，创造出的现代文明。当红歌星和著名艺人真情献演，阵容庞大，光与影融合，梦与幻交织，盛况空前，异彩纷呈。诗书礼乐尽展古往今来的壮美画卷，华歌美韵吟唱炎黄儿女的奋发豪情。

晚会由礼赞悠久历史、赞美灿烂文化、歌唱现代文明、热爱中华家园四大板块组成。

如果说霍勇演唱的《滚滚长江东逝水》、吴春燕的《枉凝眉》、刘欢的《好汉歌》、耿为华的《敢问路在何方》、小琳的《采葛》等节目将人们带入了对美好历史回忆的话，那么，韩延文的《千年孔子》则把晚会推向了高潮。

“百年，千年，万年，昨天，今天，明天，多少亭台楼阁，早已化作瓦砾一片；多少功名利禄，早已化作过眼云烟，多少穷乡僻壤仍在温习你的语言……你仍然是你，你是一位善解人意的朋友，你是一位通情达理的长者，你是一位循循善诱的师长，你永远活在众生之间——”

其实，孔子的思想不仅在中国落地生根，而且也已经渗透在西方人的文化结构中。不是吗？早在1982年，纪念孔子2533年诞辰时，当时的美国总统里根在致大会筹备委员会的信中，就对孔子大加赞美，“孔子之高贵行谊与伟大的伦理道德思想，不仅影响了他的国人，也影响了全人类。孔子学说的世世相传，它提示全世界人类丰富的做人处世原则。”1988年，在法国巴黎部分诺贝尔奖获得者曾发布宣言，“人类要在21世纪生存下去，必须回首2500年前，到孔子那里去寻找智慧”。

孔子的智慧，就是我们中华民族的智慧。从我们的童年，学《三字经》开始，“笃守诚信”就成为我们的重要原则之一。是啊，诚信有利于我们的生存与发展，诚信为本是我们中华民族智慧的结晶。

诚信是人间的光明，照亮别人，也照亮自己。有了诚信，生活会多一分开心，多一分和谐，岁月也会多一分安宁，人生就会多一分和气，世界也就多一分和平。

诚信是对道德的呼唤，当世界每一个人都拥有这种道德的时候，就能相互敞开真诚的心灵，走进一个充满信任的世界。

诚信是我们每一个人之间相互关联的纽带，它维系着我们中华民族的昨天、今天和明天，倡导诚信是“以德治国”思想的重要体现。

面对诚信，我们既熟识又陌生，还有许多东西要学，还有很多路要走，更多的进步在于对现实的有效改造。

美声唱法高亢激越，历来深受人们喜爱。今天，当著名歌唱家殷秀梅、王霞站在杏坛剧场，满怀深情地为我们演唱《中国好运》和《我爱你中国》时，我们为生长在中华大地成为炎黄子孙而感到由衷地骄傲和自豪。

再过几天，我们亲爱的祖国母亲，将度过她53岁华诞，在我们这个文明的国度里，人们崇尚道德，倡导诚信，守信如节，以诚相见。人们以诚实而受到尊重，因信任而相互亲密无间，在诚信为本、以德治国的今天，我们的祖国将更加辉煌与灿烂。

（《济宁日报》记者张玲　原载2002年9月27日《济宁日报》）

优化城市环境　丰富文化内涵
曲阜凸现新魅力

本报曲阜讯（记者　鲍继民　通讯员　刘一山　张明哲　报道）中国（曲阜）国际孔子文化节前夕，曲阜城乡处处洋溢着喜庆欢乐的景象：城区街头巷尾花团锦簇，空中彩旗飘扬；入夜，大街上华灯齐放，成群结队的市民聚集在广场、绿地，尽情地起舞、放歌……古城曲阜焕发出浓郁的现代气息。

优美的城市环境，加上丰富的文化底蕴，更能吸引旅游者、投资者，加快经济发展的步伐。曲阜市上下形成了这样的共识。

该市遵循“老城改造体现民族特色，新城建设展现时代风采”的思路，3次邀请国内知名专家实地考察，编制出曲阜名城建设规划，得到联合国教科文组织的高度评价。去年以来，该市投资5.6亿元，对城区进行大规模改造。明故城区坚持整旧如旧，沿街建筑进行仿古处理，与城区内的孔庙、孔府古建筑群浑然一体。新城区路阔灯明，经过治理的护城河、大沂河、小沂河穿越而过，蓝天、碧水、绿地相映生辉。

打造“东方圣城”不仅要有好的外表，更要有丰富的内涵。曲阜市把弘扬优秀传统文化与贯彻《公民道德建设实施纲要》结合起来，提高公民道德素质，铸造城市之魂。该市邀请研究儒学的专家、学者展开研讨论证，制订出了市民在生产、学习、参加社会活动等方面所应遵守的基本道德准则，并制订出了30个行业的职业道德规范，使各行各业、各个层次的群体都有规可依、有章可循。

在曲阜市看来，公民道德是一种社会资源，这种资源已物化成一种社会资本，成为社会全面进步的巨大推动力。前几年，野导游、宰客欺客等现象不时发生，严重损害了曲阜的形象。为此，曲阜市成立了城市综合管理执法大队进行监督整治，并制订了旅游行业道德诚信公约，使商家的诚信经营、遵纪守法意识大大加强。如今，曲阜的旅游秩序得到了根本的改善，游客满意率达99%。

曲阜市把优秀传统道德中“崇德、诚信”的理念应用到经济工作中，使之成为招商引资的重要“资本”。今年1至8月份，全市签订招商项目195个，其中投资过亿元的项目11个，过千万元的项目46个，累计完成合同招商引资50亿元，实际到位资金7.1亿元。

（原载2003年9月18日《大众日报》）

曲阜明故城城墙复原了

本报曲阜9月26日讯（记者　鲍继民　张子扬　报道）今天上午，曲阜市在明故城南门举行了明故城恢复建设开城仪式，长达5300多米的明故城城墙连成一体和中外游客见面，这标志着，我省重点旅游建设项目——曲阜明故城恢复建设工程中的古城墙建设项目全面竣工。

据了解，曲阜明故城始建于明朝，为护卫孔庙而建，在明故城内分布着孔庙、孔府、颜庙以及历代孔宅府第、古泮池乾隆行宫等文物古迹，集中体现了鲁国古都曲阜古老的城市风貌和浓厚的文化古韵。20世纪70年代末，曲阜明故城城墙大部分被拆除。为重新打造“东方圣城”，2001年，省、济宁市、曲阜市组织有关专家对曲阜明故城恢复建设项目进行论证，经过专家论证，总投资达5亿元的明故城恢复建设项目同年被正式纳入我省旅游规划确定的7个旅游优先发展项目之一。

根据规划，整个明故城恢复建设项目包括古城墙的恢复、古泮池乾隆行宫恢复、颜府恢复、街道石板路改造等项目。其中明故城城墙复建是整个工程的第一个子项目，投资4000万元，从2002年3月开始施工到今年9月底竣工，长达5300多米的城墙连成一体，将孔庙、孔府、颜庙、鼓楼等景点圈围起来，明故城雏形初现。据悉，整个明故城恢复建设工程的其他建设项目也将陆续开工，整个工程将于2005年全面竣工。

（原载2003年9月27日《大众日报》）

美国华侨华人组团赴山东曲阜参加祭孔大典

中新网2004年9月15日电　据国际日报报道，应曲阜祭孔大典组委会邀请，美国北加州韩华联谊会和南加州齐鲁会馆将联合组团赴山东参加曲阜的祭孔大典。中华人民共和国驻旧金山总领事馆授予该团五星红旗。

彭克玉总领事与丘学军副总领事接见了由北加州齐鲁联谊会会长陈乐义、南加州齐鲁会馆会长吕良率领的代表团，并颁授五星红旗，预祝成功。

彭克玉表示，今年是我国古代最有影响的思想家和教育家孔子诞辰2555周年。南加州齐鲁会馆和北加州韩华联谊会联合组团就要赴山东曲阜参加一年一度的祭孔大典。届时当地政府将以“纪念先哲，承扬文明，促进开放，创新发展”为主题，举办一系列的文化、旅游、科技经贸与学术活动。

彭说，希望各位把孔老夫子的博大思想和理念带回美国，带回加州，让儒家思想得到更广泛的传播与继承，让这一优秀的遗产得以发扬光大。

据了解，齐鲁韩华祭孔代表团一行52人将于9月18日抵达北京，并将于28日前赴济南拜会山东省政府及参加曲阜举行的祭孔大典。

祭孔大典首次公祭

新华社济南9月28日电　纪念孔子诞辰2555年祭祀大典28日上午在孔子故里曲阜市孔庙举行，与往年祭祀大典不同的是，今年的祭孔活动首次由政府举办。曲阜市政府官员，社会各界代表，以及海内外游客3000多人参加了祭孔仪式。

300多名身着古装的表演者再现了清朝乾隆年间祭奠孔子的盛大场面。整个祭祀活动持续了一个多小时，有开庙、祭孔巡游、家祭以及各界人士的祭拜等。

本次祭孔大典最引人注目的是，自新中国成立后首次出现了公祭。公祭仪式由曲阜市副市长主持。曲阜市市长江成肃立大成殿前，诵读了孔子诞辰2555年祭祀大典祭文。

大成殿前悬挂着“纪念孔子2555年诞辰”巨大横幅，两边的对联是“儒学精华照五洲，先师功德垂青史”。祭坛上摆放着牛羊猪祭品，香火缭绕。

曲阜市人大、曲阜市人民政府首先敬献花篮，市人大常委会主任和市长向大成殿内的孔子像三鞠躬。随后，市政协、曲阜师大、孔子研究院，以及市直各部门、各单位的负责人，依次敬献花篮并祭拜。

接下来，孔子后裔，来自韩国、马来西亚、美国、日本等国家和中国香港地区的参礼团以及国内各界人士，依次在祭坛前祭拜了孔子，场面庄重而浩大。

孔子是世界十大文化名人之一，他的思想学说对中国传统文化的发展起到了重大作用，影响了中国2000多年的历史进程。孔子思想已成为中华文化和中华民族精神的重要组成部分，而且得到了国际社会的重视。

祭孔大典在古代被称作“国之大典”。自唐玄宗于公元739年封孔子为“文宣王”后，祭祀孔子的活动开始升格，明代已达到帝王规格。至清代，祭祀孔子的仪式更是隆重盛大。

（摘自2004年9月29日《齐鲁晚报》）

以孔子之名，我们聚会
——记2004中国曲阜国际孔子文化节

《人民日报》（记者 闫向军） 随着司仪洪亮悠长的宣示“祭孔大典现在开始，开——庙——门”，孔庙大门在礼乐声中缓缓打开。这是新中国成立以来第一次由政府出面对孔子进行“官祭”。

孔子文化节办了20年，投入不少，收获更多——惟有“孔老夫子”，才有如此号召力。

9月28日9点30分，古城曲阜孔庙金声玉振坊下。随着司仪洪亮悠长的宣示“祭孔大典现在开始，开——庙——门”，孔庙大门在礼乐声中缓缓打开。由曲阜市人大常委会主任卢兆河、市长江成率领的祭孔队伍沿着甬道，跨过一道道大门，缓步向大成殿走去。甬道两旁，排列着演习《春秋》的“孔门弟子”、吟咏诗歌的“唐代文人”、读书作画的“宋代学士”，还有其他历代众多“文人墨客”，分散在孔庙各处，或抚琴、或吹箫。

站在大成殿前，江成面对孔子像宣读祭文。文中有不少生僻字，但江成读来抑扬顿挫，流畅自如，一字不误，看来下过一番功夫——毕竟，这是新中国成立以来第一次由政府出面对孔子进行“官祭”。祭文宣读完毕，曲阜市人大、政府及各主要部门依次向孔子像献了花篮。然后是孔子族人的家祭、海内外参礼团的行礼、表演祭孔乐舞等活动。数千位游客拥上前来，有的燃香行礼，有的照相留念，有的集体列队诵读《论语》。

这是孔子诞辰2555年的祭祀大典，也是2004中国曲阜国际孔子文化节的一个高潮段落。

“千年礼乐归东鲁，万古衣冠拜素王”——两千五百年的孔子思想魅力常新

祭孔大典在古代被称作“国之大典”。自唐玄宗于公元739年封孔子为“文宣王”后，祭祀孔子的活动开始升格，明代已达到帝王规格。至清代，祭祀孔子的仪式更是隆重盛大。今年的祭祀大典，就是对清朝乾隆年间祭孔的盛大场面的再现。

在参加祭孔的队伍中，有来自美国、希腊、新西兰等二十几个国家和地区的参礼团。美国参礼团的约翰·史密斯提前一周到曲阜，一直是早晨第一个进入孔庙的游客，“这时候孔庙游人很少，我可以在杏坛中学习孔子著作，就好像能听到孔子的声音。这种感觉在课堂和书房里找不到”。

史密斯在美国一所大学教授哲学，讲一口流利的汉语。他认为：21世纪，人类共同面临着人与自然、人与社会、人与人、人与心灵和不同文明之间的冲突。许多政治家都在寻找解决这些冲突的办法，但成效不大。而孔子“君子和而不同”的学说和“仁”“恕”的思想，是解决这些问题的灵丹妙药，“如果能把孔子思想在全世界推广开，人类将比现在生活得好”。史密斯多次来曲阜，就是想更好地学习孔子思想。

一位金发碧眼的外国游客在一旁插话说：“1993年，几千位宗教领袖与伦理学家们在芝加哥签署了《全球伦理宣言》。孔子的‘己所不欲，勿施于人’，是这个《宣言》中的重大原则，用来处理国家、民族、宗教、文化间的相互关系。孔子是一位了不起的思想家，他的思想理论是跨时代、跨民族、跨国界的，是全人类共同财富。”他还引用诺贝尔奖获得者《巴黎宣言》中的话：“人

类要想在二十一世纪生存下去，必须回首两千五百年前，从孔子那里寻找智慧。”

孔子文化节上，一位中国联合国教科文组织委员会官员宣布，中国申请设立的“孔子奖”已进入联合国教科文组织审批程序。

由山东省人民政府和济宁市人民政府申请设立的“孔子奖”若获批准，将是首次以中国人名字命名的国际最高级别奖项，主要用于奖励世界上在教育、文化、哲学等方面有突出贡献的总统、部长和专家，每年一届，每届突出一个主题，在法国巴黎举行评奖、颁奖，获奖者或主要代表将在每年 9 月 28 日赴曲阜参加纪念孔子活动，并获得曲阜市“荣誉市民”称号。

让“孔子”走上国际舞台，是历史的选择，也是人类共同的选择。以孔子之名打造文化节，不仅仅是招徕游客，更是筑起沟通的窗口、发展的平台。

在杏坛的亭子里，聚集着众多国内外记者，其中许多人多次采访孔子国际文化节。比如中央人民广播电台的王茂盛，一次不落地采访了迄今为止的 20 届孔子文化节。

今年曲阜的孔子文化节正巧赶上中秋节，街头不时看到群众自发组织的舞狮、龙灯、腰鼓、高跷等民间传统娱乐表演。来自世界各地的游人漫步街头，这座有着 5000 多年悠久历史、孔姓人口占 1 / 5 的县级市处处洋溢着节日气氛和青春气息。

“千年礼乐归东鲁，万古衣冠拜素王。”凭着孔庙、孔府、孔林这“三孔”被联合国教科文组织列为世界文化遗产，曲阜，乃至济宁市和整个齐鲁大地，都因与孔子的名字紧密相连而更自豪地立足于世界。

在文化节期间举办的第五届中国专利高新技术产品博览会上，记者问济宁市委书记贾万志：“办节要有不少投入，孔子文化节办了 20 年，究竟能给济宁带来什么？”

贾万志回答：“文化节是一个窗口，让世界了解中国，了解山东、济宁和曲阜。孔子思想是一条沟通中国文化和世界文化的渠道。这不仅是济宁市和曲阜市的节庆活动，更是弘扬中华民族文化的一项伟大事业。”

“文化节也是一个平台。在这个平台上，可以运作许多城市建设，经济发展的项目和活动，给济宁经济发展带来丰厚的效益。”

参加文化节的张世良先生来自台湾，他说，儒家文化是两岸割不断的思想纽带，共同弘扬儒家文化可以为国家和平统一提供思想基础。

中国工程院的十几位院士参加了“中国工程院院士济宁行”活动，与济宁市政府进行项目合作。在孔子文化节期间举办这样的活动是第三次了，已有几十位院士与济宁市上百家企业建立了合作关系，帮助企业解决技术难题、提供技术需求 210 多项。中国工程院副院长沈国舫去年担任了当地一个大型苗木基地的科技顾问，指导基地发展大苗、壮苗、大乔木。一年来，这个基地增加销售额近亿元，苗农人均增收过千元。一位企业领导人风趣地说：“是孔夫子的面子把这些院士请来了！”

文化节对当地旅游事业的推动当然更为直接。据江成市长介绍，与 3 年前相比，曲阜市旅游收入增长了 3 亿多元，国外游客量增长了 30%。

“有朋自远方来，不亦乐乎”——从“文化搭台，经贸唱戏”到聚人气、铸品牌

曾宪梓先生是著名的爱国实业家。今年的孔子文化节期间，他邀请一些国家和地区的几十位曾子后裔一起来到济宁参加各项活动。他捐资400多万元修葺曾庙，发动亲朋在曾林植树，得到海内外曾子后裔热烈响应，不少人还计划投资当地的经济建设。

曾宪梓说：“通过孔子的号召力，可以唤起海外华人对故土的认同和关心，聚集人气，人气旺了，其他事情就好办了。”

20世纪80年代，孔子文化节初创（那时的名称是“孔子诞辰故里游”），无论是人员、规模、对外的影响力都无法与今天同日而语。当时的口号是“文化搭台，经贸唱戏”，要求企业在文化节期间的经贸洽谈会上与客商签订一些招商合同，但效果并不理想。现在，每年都有不少外地企业界朋友慕名而来，政府却不再向企业“摊派”硬性的招商指标，许多企业反而可以轻松地借此机会加深了解、融洽关系，招商引资的效果比过去大为提高。在今年孔子文化节经贸合作会上，已签订了63个经贸合作项目的合同或协议，总投资额达11.98亿美元，外资额达9.23亿美元。到目前，全市已累计利用外资16亿美元，年进出口贸易额15亿美元，建成外商投资企业1000多家，其中落户济宁的世界500强企业就有11家。

（原载2004年10月8日《人民日报》东方新闻周刊）

跳出传统与现代的二元对峙

《经济观察报》社论　今年是孔子诞辰2555年，作为曲阜国际孔子文化节的核心内容，祭孔大典首次由民间活动转为官方主导，即谓“公祭”。9月28日，曲阜市市长颂读祭文，献花篮，之后孔、孟、颜、曾后人及教师、海外华人、境外人士等代表团分别向孔子敬献花篮，拜祭“万世师表”。

祭孔大典由民间升为“官办”，主办者想藉此提高活动的规格，弘扬传统文化，扩大社会影响。但是这样一来，祭孔大典的性质就发生了实质性的变化，已经将一个纯粹的民间文化活动升格为尊崇孔子的官方礼仪，如此变迁值得关注。

自西汉以来，历代王朝都施行尊孔、奉孔之道，自唐玄宗封孔子为“文宣王”后，祭孔活动开始升格，宋代扶摇直上，明代达帝王规格，清代更是登峰造极。作为“国之大典”，曲阜祭孔乃皇家操办，各地文庙祭孔均由地方行政长官主持，规模宏大，耗资必巨。

我们接受的教育告诉我们，历代王朝隆重祭孔，是为了从社会文化的基础意识层面控制人的思想，是为了强化“君君臣臣，父父子子”的纲常伦理，达到维护封建统治的目的。直到“五四”新文化运动“打倒孔家店”，才把一个封建的、腐朽的中国带到革命的轨道上来，及至“批林批孔”，我们终于实现了对孔孟思想的彻底颠覆。

很多年之后，当我们重新意识到孔子的价值，首先更为看重的可能是这位“万世师表”的知

名度、美誉度，因为它可能给地方经济发展带来推动作用。孔子文化节已经举办了20届，作为民间活动，文化节的祭孔大典与历代王朝祭孔全然不同。尽管地方政府幕后襄助，地方官员往届也有参拜，但为的是“文化搭台，经济唱戏”，与意识形态无关。

这一次，新华社报道说，今年的祭孔大典是由“政府主办”，此举引来了一些批评的声音。批评者认为，允许公民或民间社团举办祭孔典礼，体现的是政府对民间信仰的尊重，哪怕有人提出封建伦理纲常也是优秀文化，陈独秀和鲁迅都反对错了，也都可以算是一种言论自由。但当地政府介入后则完全不同了，这会使人们与封建社会的祭孔活动联系起来，这不是弘扬先进文化，反而有可能为封建糟粕的沉渣泛起提供舞台。

有人发表文章忠告地方行政长官，公祭孔子在中国历史上有着特殊的符号意义，“一定要有政治鉴别力”。

我们认为，在一个现代社会，那些提倡由民间社团主导祭孔、不动用财政资金进行祭孔、各级政府官员应以个人身份参拜而不能作为公务政务活动的观点，无疑有其积极意义，与政府主导的活动相比，这更能体现出一个社会对文化的尊重。但是，简单认为“政府主导”祭孔就是强化封建纲常伦理的观点，恐怕也是一种“文革式”的过度反应，是一种将传统文化与现代化二元对峙的思维模式。

孔孟思想仅仅是“君君臣臣，父父子子”吗？当然不是。

比如，儒家主张“仁者与天地万物为一体”，其自律、仁爱、不伤害、公义原则等价值观，以及“己所不欲，勿施于人”的思想，有助于国家之间、宗教之间、民族之间、社群之间的相互尊重与沟通，有助于我们构建一个合作的、宽容的社会；儒家强调天、地、人、物各尽其性的原则，强调用物以“利用厚生”，不能对自然宰制、控御、破坏，有助于我们构建一个可持续发展的社会；同时，儒学的经世原则、对社会政治的参与和批评、民贵君轻思想、必须的道德勇气与担当精神，如果能够得到弘扬光大，无疑也有助于我们构建一个现代化的社会。关键是，孔子思想与现代社会的对接并非轻而易举之事。

我们认为，所谓的现代化，不应该仅仅是一个全球化、同质化的过程。事实上，不同的文明都蕴含着现代的、普遍的价值观念，不同的民族完全可以利用自身文化中的优秀元素创造并丰富现代化的模式。在某种程度上，这种继承和发扬有利于我们缓解全球化、现代化与根源感的紧张关系，使我们更加自信，使我们的进步更加从容。

从这个角度讲，“公祭”孔子无可厚非。

（原载2004年10月11日《经济观察报》）

2016 孔子文化节即将开幕
祭孔大典礼制更规范

本报讯（记者　刘雨涵　范少伟）今年是孔子诞辰 2567 周年，由文化部、教育部、国家旅游局和山东省人民政府联合主办，济宁市人民政府、曲阜市人民政府联合承办的 2016 中国（曲阜）国际孔子文化节将于 27 日在济宁曲阜开幕。作为孔子文化节的重头戏，今年祭孔大典中祭孔礼制将更加规范。

孔子文化节迄今为止已成功举办了 32 届，即将开幕的第 33 届孔子文化节以“弘扬优秀传统文化，建设文明首善之区”为主题，将开展两大主题活动。第一大活动是 2016 中国（曲阜）国际孔子文化节开幕式暨第十一届“联合国教科文组织孔子教育奖”颁奖典礼。“孔子教育奖”是 2005 年 10 月经联合国教科文组织第 33 届大会批准设立的国际大奖，是首次以中国人名字命名的国际奖项。第二大活动是将于 28 日在曲阜孔庙举行的丙申年祭孔大典，这种集乐、歌、舞、礼为一体的综合性艺术表演形式两千多年来从未间断，已经成为世界祭祀史、人类文化史上的一个奇迹，2006 年 5 月该大典已被列入第一批国家级非物质文化遗产名录。

济宁市孔子文化节办公室主任刘辉介绍说，与往年相比，本届孔子文化节的活动内容将更加丰富，涉及文化、旅游、教育、经贸等领域，而且祭孔礼制将更加规范。“我们邀请有关专家，参照宋、明等历代祭孔制式，对现行祭孔大典的程序、礼仪、乐舞、祭器、主祭人员服装等进行了论证、规范，使祭孔大典更加符合礼制。”如在服饰方面，主祭人员将穿着统一的祭孔服装参祭，仪仗、诵读等人员的服饰也重新规范，礼生、乐生、舞生的服装因其职能不同，在颜色、款式上又各有讲究，更加古朴庄严。

除此之外，本届孔子文化节的社会参与程度也更加广泛，“文化节”变为“文化月”，济宁市将 9 月份确定为“优秀传统文化主题月”，借助孔子文化节的影响力，设计了 40 余项活动，使社会各界及广大群众能够参与到文化节活动中来。

（原载 2016 年 9 月 24 日《齐鲁晚报》）

2016 祭孔大典 9 月 28 日曲阜举行“千古礼乐归东鲁”将重现

齐鲁网 9 月 23 日讯（记者　杨婷婷）今天上午，记者从省政府新闻办召开新闻发布会上获悉，2016 中国（曲阜）国际孔子文化节（以下简称孔子文化节）将于 9 月 27 日在济宁曲阜市开幕。本届孔子文化节由文化部、教育部、国家旅游局和山东省人民政府联合主办，济宁市人民政府、曲阜市人民政府联合承办。

孔子文化节相关负责人介绍，丙申年祭孔大典是今年孔子文化节的两大主题活动之一，将于孔子诞辰日9月28日上午在曲阜孔庙举行。祭孔大典是专门祭祀孔子的大型庙堂乐舞活动，是集乐、歌、舞、礼为一体的综合性艺术表演形式，是孔子文化节中最具特色、最具文化品位，最具感染力、最具吸引力、最具影响力的“重头戏”。祭孔大典亦称“丁祭乐舞”或“大成乐舞”，所有礼仪要求“必丰、必洁、必诚、必敬”。祭孔大典主要包括开庙、启户，敬献花篮，乐舞告祭，恭读祭文等。大典用音乐、舞蹈等集中表现儒家思想文化，形象地阐释孔子学说中“礼”的涵义，表达“仁者爱人”“以礼立人”的思想，突出展现“千古礼乐归东鲁、万古衣冠拜素王”的盛况。

今年，山东专门组织专家学者进行了科学严谨的考据和论证，对现行祭孔大典的名称、时间、场地、主要程序、重要礼制、祭品祭器、乐舞祝文等进行了规范，既致力参照古制程序、重现传统魅力，又努力提升庆典效果、凸显文化品位，形成了《曲阜孔庙公祭孔子大典标准》。比如在服饰方面，主祭人员将穿着统一的祭孔服装参祭，仪仗、诵读等人员的服饰也重新规范，礼生、乐生、舞生的服装因其职能不同在颜色、款式上又各有讲究，更加古朴、庄严、凝重，展现了“千古礼乐归东鲁、万古衣冠拜素王”的盛况。今后的祭孔大典将严格按照该标准执行，该标准也被推荐给了各地的孔庙和孔子学堂等机构参照执行。

规范后的祭孔礼制主要环节包括：迎宾开城、开庙仪式、启户仪式、乐舞告祭、恭读祭文、行鞠躬礼等，所有礼仪要求“必丰、必洁、必诚、必敬”。今年还在神道路到大成门之间安排了260名礼生，组织了1200名大中专学生和1000名群众代表参加祭孔、诵读论语，通过提高群众的参与度，进一步增强祭孔大典的神圣感、代入感和仪式感，力求让仪式达到“以礼化人、以乐和之”的氛围和效果。

儒家思想为“人类命运共同体”提供文化支撑
——第八届世界儒学大会综述

《光明日报》（记者　赵秋丽　通讯员　李钰） 9月21日，第八届世界儒学大会在山东曲阜落下帷幕。在两天的时间里，来自全世界30多个国家和地区的300多名学者围绕“儒家思想与人类命运共同体”这一主题展开演讲和讨论，“大道之行也，天下为公”，儒家思想是中华民族精神内核的基石，更是联结世界人民命运的文化纽带。人类命运终将成为一个整体，而儒家思想将为社会整合、人类命运共同体建设提供思想文化的支撑。

1、世界文明的联结需要“统合为一”的纽带

山东省委书记刘家义在大会致辞中说道，山东是中华文明的重要发祥地和儒家文化的发源地，中国历史上最有影响的一大批思想家，如孔子、孟子、孙子、墨子、庄子、管子等，都先后出生于此，或曾在这里著书立说，开创了百家争鸣、兼容并蓄的学术先河。儒家创始人，被誉为“天之木 铎”的孔子，主张“克己复礼为仁”“己所不欲，勿施于人”，倡导“温良恭俭让”“礼

之用，和为贵”，强调“为政以德”，经由历代儒者不断阐发，培育了“仁者爱人”的人本观念，凝练成“民为邦本，本固邦宁”的治国理念，汇聚为“观乎人文，以化成天下”的人文追求。这些宝贵思想，同中华民族形成和发展过程中所产生的其他思想文化一道，是中华民族生生不息、发展壮大的重要滋养，对中华文明乃至人类文明进步作出了重要贡献。

儒家思想对当代社会到底有何意义，这是中外学者都关心的主题。谁来承担联结不同文明的纽带？学者们就围绕“儒家思想与人类命运”的话题展开了热烈的讨论。

山东大学哲学与社会发展学院人类学研究室主任、韩国国立首尔大学名誉教授金光亿做了题为《儒教礼乐论与当代世界文化现实：人文与社会科学的对话》的发言，认为“礼”认可人与人之间的不同关系，以认可多样性和差异性的方式来实现“和”的道理，即“和而不同”；“乐”是调和了各种不同的声音、韵律发出的和谐声音，并不认可多样性，但主张“兼收并蓄”。“礼”和“乐”看似矛盾，实际经过适度调和、均衡，最终能“统合为一”，形成一个大的和谐。

来自美国大河谷州立大学、俄罗斯欧洲研究所等单位的学者纷纷畅所欲言，他们关注的话题既包含了儒家和谐观对于建设稳固有效全球秩序的意义、古典儒家传统与“个人 - 社会 - 国家”关系、中华传统文化的传承和发展，也具体到中非关系与中非双向的交流、功夫伦理与人类共同价值以及从“分析的儒学”角度强调儒学反思、省察。条理清晰的逻辑都将联结不同文明纽带的责任指向了儒 学，正如厄瓜多尔国家高级研究所教授、研究员王栋所说：“儒家思想观念在改变社会力量、全球心态（教育和政治层面的伦理学）发挥了重要作用，并且也为思想家和决策者提供了经验，以此促进和谐国家关系的构建，改善世界秩序。”

“观乎人文，以化成天下”，这是儒家思想 2000 多年以来的不懈追求。而在人类需要共同应对挑战，构建人类命运共同体的今天，以儒家思想为代表的中华文明不仅要“关乎人文”，更要关乎人类命运；不仅要“化成天下”，更要实现世界和谐、共同发展。这是时代赋予儒家思想的责任。

2、个体的修为要“克己复礼”

“克己复礼为仁”，早在 2500 多年前，孔子就对个体的修为提出了要求。儒学即“仁学”，论述做人的道理；儒学即“人学”，指示人格塑造之途径，揭示人格理想之真谛。

“人而不仁如礼何？人而不仁如乐何？”孔子把“礼”“乐”与“仁”这一核心概念紧密关联，并将其作为思想体系中最重要的内容。在儒家的文化语境汇总，礼乐教化成为个人修为提升的主要手段，这也成就了数千年绵延不断的中华传统文化，造就中华民族“礼仪之邦”的美誉。对于个体来说，千百年来儒家“克己复礼”“修齐治平”的理念更是深入人心，尤其具体到现代社会儒家思想如何指引个体实现价值，越来越成为社会关注的话题。

“儒学理想与乡村建设”的专题论坛是本届儒学大会的一大看点，从 2013 年起，中国社会科学院副研究员赵法生、山东大学儒学高等研究院教授颜炳罡等人组成的义工讲师团就在曲阜尼山周围开始下乡讲授儒学。大学教授下乡讲儒学，看上去很浪漫，其实不然。赵法生说：“我们这批义工讲师大多出生在农村，深知传统人伦的瓦解给乡村带来了严重冲击。为乡村文明的重建和儒学的灵根再植闯出一条新路，这就是我们当初开始乡村儒学的想法。通过儒家的孝道和五伦教育，重建乡村的伦理秩序和文化生态。我们将这一理念变成定期化的课程，每半月开课一次，以课程为基础建立一套儒家教化体系，通过教化活动将理念变成农民的生活方式。”

乡村儒学的效果出乎很多人意料，村民开始品尝出儒学的味道，连村民话语系统也有了明显改变。据赵法生介绍，一次学习积极分子开会时，有人提议年底对好媳妇进行表彰，一位村民马上接口说：“《弟子规》上说得好：道人善即是善。”一位学习小组组长看到有人在练毛笔字，顺口就说“你是‘有余力，则学文’”，看到这些变化，义工讲师团的教授们感慨：“言行变了，风气变了，这正是儒学教化的力量。”乡村儒学得到山东的大力支持，多个地区开始设置乡村儒学讲堂。如今，乡村儒学又走进了世界儒学大会。山东省省委宣传部部长孙守刚说：“以孔孟故里为圆心向山东各地推广乡村儒学，通过以点带面的形式，尽快使乡村儒学在齐鲁大地开花结果，把山东建成儒家文化示范区。”

孔子曰，“天地之性，人为贵”，个体人生的价值问题是儒学论述的中心问题。个体究竟该如何实现价值？“己欲达而达人”，立己才能立人，“克己复礼”才能“仁者爱人”，儒家的答案就在“礼乐”之中。

3、儒家思想的阐释与传播要“日新”

儒家思想的创新性阐释及世界传播等问题成了学者们热议的核心话题之一，在大会的闭幕式上，台湾慈济大学宗教与文化研究所教授兼所长、山东大学访问学者林安梧在学术报告中，总结在五个重点讨论话题中，就有两个涉及儒家思想的创新阐释及传播——创造性诠释与理论创新、儒学发展的义理阐释与世界传播。关注儒家思想的创造性诠释与理论创新，北京大学杜维明教授把儒家诠释为一种“精神人文主义”，认为是一种综合而整全的人文主义；清华大学陈来教授从文化继承的角度说，德性伦理因普遍化性格，比较容易处理继承的问题，而角色伦理中与特定时代、特定社会的特殊性相联结的成分，在现代人的继承时必须加以明确扬弃；华东师范大学陈卫平教授认为，儒学之“道”具有宇宙和人生两个领域相融合的普遍原理之道和将真善美集于一身的价值理想之道，由此表现了哲学的自觉和个性，这两方面意义围绕“性与天道”而展开；复旦大学杨泽波教授认为，在“儒家生生伦理学”系统中，内觉先于智性，只有内觉才能成为这门学说可靠的逻辑起点，所谓内觉简单说就是在伦理学范围内人的一种自我觉知能力，通过内觉我可以觉知到自己正在思考“我应该如何成就道德”这个问题。

山东大学王新春教授以张载《西铭》为例对儒家视域下的个体价值作了阐发，认为与西方鲜明的生命个我意识不同，中华文化语境下儒家有其独特责任使命担当下的个体意识；新西兰坎特伯雷大学伍晓明教授对“喜怒哀乐未发之中”是实然之心还是超然实体作了深入阐发；美国哈佛大学帕特里克·孟迪斯教授认为中国文化和儒家哲学启发了美国的开国元勋，他们在儒家思想基础上建立了一个新的商业共和国文明及其古丝绸之路发展的贸易关系；法兰西公学院程艾兰教授介绍了赫伯特·芬格莱特所著《孔子：即凡而圣》，认为该书实现了对《论语》的革命性诠释，开启了对孔子儒学的第二次全球性传播。

“苟日新，日日新，又日新”，创新是儒家思想发展进步的动力。儒家思想的内在价值是其助推人类命运共同体构建的基础，但要真正成为有效推力，仍然需要迎合时代和世界要求，创新阐释，积极传播。唯有如此，儒家思想才能真正成为人类命运共同体建设的思想文化支撑。

（原载 2017 年 9 月 28 日《光明日报》）

怎样让优秀传统文化“活”起来
—— 来自第八届世界儒学大会的思考

新华社济南 9 月 21 日电（新华社记者　赵新兵　闫祥岭　孙晓辉）在经济社会高速发展的今天，消费主义、功利主义等“现代病”困扰着当代人，越来越多的人希望从传统文化中寻找心灵的启迪。

怎样让优秀传统文化“活”起来，为解决“现代病”提供更多助益？20 日至 21 日在山东曲阜举行的第八届世界儒学大会上，专家学者提出不少有价值的建议。

礼乐教化塑造礼仪之邦

“在儒家文化的语境中，礼乐教化成为个人修为提升、社会和谐进步的主要手段，这也成就了数千年延绵不断的中华传统文化，给世界留下中华民族‘礼仪之邦’的传世美誉”。在第八届世界儒学大会上，孔子第 79 代嫡长孙孔垂长说。

以孔子为代表的儒家思想家使传统的礼乐文明系统化，包含了人类的终极关怀，具有生态智慧，提倡道德理性和君子人格。在一定意义上说，礼乐是传统社会中具有内在约束力的信仰系统，是从社会上层到基层老百姓共同的行为方式。华东师范大学教授朱杰人认为，儒学世世代代影响着中国人的行为规范，造就了中国人的精神气质。

礼乐文明有多少现代意义？

一部分人先富起来了，富了以后怎么办？儒家说“富而后教”“富而好礼”，主张加强教化、增强教养，反对铺张浪费、奢靡之风，不能有土豪的心态和做派。在当今公众关注的社会领域里，儒家思想对中国依然极具启示意义。

传统儒家认为天地是万物之母，是一切价值包括生态价值的源头。人应该怀有对天地山川的敬畏，将生态系统真正视为人与万物共生、共存的生命家园。

北京大学教授杜维明说，年轻一代迫切需要培育对天地的敬畏感，培育对“财富与权力”所忽略的人类世界的敬畏感。

儒家提倡知行合一，有关人的教养与人格成长，特别是君子人格养成的智慧，是儒家文明的重要特色。儒家教育的内核是成德之教，用礼乐六艺浸润身心，以改善政治与风俗，不脱离平凡生活，知行合一、内外合一。

“在当代我们建设现代公民社会、培养平民化自由人格的过程中，尤其需要调动儒家的修养身心和涵养性情的文化资源。”武汉大学国学院院长郭齐勇说。

在儒家的典籍中，我们不难看到中华民族以仁爱为核心的价值系统和人文精神，如对贫弱者的尊重、对刑律制定和审判案件的慎重、由教育公平达到社会公平等，都是极有人性化的制度和主张，这也在很大程度上说明，儒家礼乐文明在社会和国家治理方面，在人的安身立命方面，仍对当今社 会有一定的指导意义。

创造性转化让优秀传统“活”起来

在处理人与自然、人与社会、人与人的交往关系，以及人自身的身心关系方面，儒家有极其重要的资源。儒家强调推己及人，重视人己关系、人物关系，对当下人际交往和文明对话提供了一个重要的参照系。

儒家的人生观体现了个人与社会、自我价值和社会价值的高度统一。其推崇知识的学习和道德 的修养，以及“治国平天下”的人生目标，要求我们既要有较强的知识才能，又要有较高的道德修养，更要有胸怀祖国的远大目标。安徽大学教授解光宇说：“就是在现代，这一思想体系仍能为我们所借鉴”。

与会学者指出，就现代生活而言，在外在法律与内在自律之间，还有很多包含社会公序良俗在内的生活规范。古今社会有差异，但是提高国民的文化程度，协调群体、乡村、社区、邻里关系，促成家庭与社会健康、和谐、有序发展，不能没有新时代的礼仪文化制度、规矩以及与之相关的价 值导向。

不少学者认为，要继承和复兴包括儒家文化在内的中华民族优秀的传统文化，除了要让民众了解传统文化，建立起对自身文化的认同与自信外，更重要的是要挖掘传统文化的当代价值，让传统文化“活”起来。

中国艺术研究院研究员郑长玲说，复兴民族文化不是要回归到传统社会，而是要立足当代，挖掘传统文化资源，推动当代社会的发展，“是要深深扎根于传统文化的土壤中，去吸收优秀基因，为当代实现‘再创造’。”郑长玲说。

纪念孔子诞辰2568年 2017中国（曲阜）国际孔子文化节开幕

大众网济宁9月28日讯（记者　李丹） 为纪念伟大的思想家、教育家、儒家学派创始人孔子诞辰2568年，9月27日晚，以“用儒家文化讲好中国故事”为主题的2017中国（曲阜）国际孔子文化节开幕式暨第十二届“联合国教科文组织孔子教育奖”颁奖典礼在孔子文化会展中心举行。

全国政协副主席王家瑞出席开幕式并宣布2017中国（曲阜）国际孔子文化节开幕。省委副书记、省长龚正，国家旅游局副局长魏洪涛，国家文物局副局长刘曙光，中国联合国教科文组织全委会副秘书长周家贵致辞，副省长主持开幕式。省政协副主席雷建国，省政府秘书长王华，市委书记王艺华，市委副书记、市长傅明先，市委副书记石光亮，市政协主席张继民出席。

开幕式上，联合国教科文组织官员裴伯庸致辞并宣布了第十二届“联合国教科文组织孔子教育奖”获奖名单。巴基斯坦公民基金会，哥伦比亚亚美尼亚市信息通信技术秘书处，南非“FunDza 扫盲信托”机构，获得本届“孔子教育”奖。雷建国、周家贵、王艺华为获奖机构代表颁奖并赠送孔子像。巴基斯坦和南非获奖机构代表发表了获奖感言。

同时举行了第二届国际中学生儒学辩论大会“少年孔子奖”颁奖仪式，省文化厅厅长王磊，省旅游发展委主任于风贵，济宁市委副书记、市长傅明先，省教育厅副巡视员荆戈为“少年孔子奖”获奖者颁奖并赠送孔子像。

孔子文化节始于 1984 年，本届孔子文化节的主题为“用儒家文化讲好中国故事”。孔子文化节期间，将举行丁酉年祭孔大典、联合国教科文组织全民教育国际研讨会等活动。晚会特别创意了诚信故事《曾子杀彘教子》、义理故事《孟母断机教子》、孝亲故事《闵子骞芦衣顺母》。

原创大型儒风歌舞《学而》作为孔子文化节的序曲，意涵深永。《学而》本是《论语》第一章，有圣人思想起述、匡范之要。歌舞表达了“圣人一出，天下臻和”的意境。

六、谷牧与孔子文化节

中共中央书记处原书记、国务院原副总理、全国政协原副主席、中国孔子基金会名誉会长、国际儒学联合会会长谷牧，不仅十分关心曲阜历史文化名城的保护和建设，而且十分关心和支持曲阜国际孔子文化节。

谷牧对孔子和儒家文化情有独钟，运用马列主义、毛泽东思想的立场、观点对其进行深入研究，作出实事求是的评价。他在 1986 年《孔子研究》发刊词中指出：孔子是中国历史上伟大的思想家、政治家和教育家，是世界文化史上的巨人之一。孔子“学而不厌”，删诗书，定礼乐，整理典籍，集三代文化之大成；他“诲人不倦”，开办私学，弟子三千，贤人七十；他学思结合，锻造出独具特色的思想体系，由此而创建了影响深远的儒家学派。孔子和中国传统文化思想的影响早已越出中国国界，成为世界文化中的一个重要组成部分。对孔子及儒家思想的研究，谷牧在纪念孔子诞辰 2545 年大会上强调：“对孔子、儒家学说的研究，必须坚持‘百家争鸣’的方针，提倡自由讨论，互相切磋；而且尊重从不同的角度和用不同的方法得出有价值的研究成果。我们还应当提倡研究和普及相结合，走出纯学术研究的书斋，把学术研究与建设精神文明，养成高尚的、优良的民风民俗，解决社会前进中的现实问题有机结合起来，以通俗易懂的形式，把儒家思想的精华传播给广大群众，尤其是广大青少年，并且要引发他们的兴趣，以利于广大人民文化素质和社会道德水平的提高。”

谷牧曾多次视察曲阜，对曲阜的历史文化名城建设作了深入细致的调查研究，倾注大量心血。1984 年，在谷牧的主持下，成立中国孔子基金会。1986 年 10 月，谷牧带领中央有关部门的负责人，专程到曲阜主持召开曲阜名城保护与建设座谈会，并形成由当时的中央主要领导审阅批准的《关于曲阜历史文化名城保护和建设座谈会纪要》。《纪要》明确指出：曲阜素以“孔孟之乡”“礼仪之邦”著称，因此，全市人民的精神文明建设、社会风气、环境卫生等，应达到更高水平，走在全国前列。要使国内外游人一进曲阜境地，就能明显感到城市美、环境美，处处文雅、古朴、舒适，要给人留下人人处事文明，处处待人以礼的良好印象。1987 年、1988 年，谷牧又先后两次在北京主持召开会议，贯彻落实《曲阜历史文化名城保护和建设座谈会纪要》精神，并形成国阅〔1987〕17 号、〔1988〕36 号文件，分送国务院领导和国家有关部委和单位。在谷牧的关怀支持下，曲阜兴建了阙里宾舍、孔府文物档案馆、孔子六艺城、孔子研究院等现代化的文物保护、儒家文化研究和接待设施，同时，解决了城市建设和文物保护诸方面所需资金等问题。

1989 年金秋，首届中国曲阜国际孔子文化节在蒙蒙细雨中隆重开幕，全国政协副主席、中国孔子基金会名誉会长谷牧，莅临曲阜参加开幕式并发表重要讲话。谷牧在讲话中指出：“孔子开掘了中国传统文化的长河，他那深邃、博大的学说，曾对中国传统文化的发展产生过广泛而久远的影响。举办孔子文化节，这是一件弘扬民族文化、促进中外交流的盛事，是一项很重要、很有意义的活动。”开幕式结束后，谷牧不顾年事已高和旅途疲劳，又参加孔子文化节的一些主要活动，视察曲阜的城市建设，对曲阜的文物保护工作作出重要指示：“留下来的有关孔子的文物、资料，尤其是手抄件，一定要想方设法保管好，一点都不要损坏，损失一件就少了一件，这不像孔子像，还可以重新刻一个。对这件事，一定要重视起来，早一点动手。”“对孔子的文物、资料，不仅要保管好，而且还要发挥它的作用。”为了保护好孔府文物档案，谷牧作出了尽快建设孔府文物档案馆的指示。1990 年中共中央政治局常委、书记处书记李瑞环视察曲阜时，落实资金 800 万元，孔府文物档案馆于 1992 年建成。在视察曲阜护城河和新落成的五马祠商业街时，谷牧说：“曲阜确实有历史文化名城的风貌了。过去曲阜市场上的旅游产品不多，现在比过去增多了，这才体现了旅游城市的特点。”

1990 年孔子文化节开幕前夕，由于工作安排脱不开身，谷牧未能前来参加孔子文化节，他特意发来贺信，并题词“弘扬民族文化，致力振兴中华”赠曲阜市委、市政府，遥祝孔子文化节圆满成功。

1998 年孔子文化节期间，已是 84 岁高龄的谷牧再次莅临曲阜，参加孔子文化节的相关活动，视察孔子研究院、论语碑苑、“三孔”和尼山孔庙等单位，对工程建设、文物保护和景点管理提出重要意见。

2004 中国曲阜国际孔子文化节开幕前夕，已届 90 岁高龄的谷牧又向孔子文化节发贺信表示祝贺。谷牧在贺信中指出：“2500 多年来，孔子思想和他所创立的儒家学说在我国历史上具有深远的影响，孔子思想中的许多理念至今对人类文化发展和社会进步仍具有重要的积极作用。希望你们以此为契机，大力弘扬中华传统优秀文化，为促进文化、经济繁荣和社会全面进步作出积极贡献。”谷牧对曲阜，对中国曲阜国际孔子文化节的关怀，让曲阜人民永远铭记在心中。

索 引

后 记

2017年8月，经组织安排到曲阜市孔子文化节办公室工作。之前也曾随市分管领导多次参与孔子文化节的各项筹备工作，对孔子文化节一直多有感知。在亲身经历筹备第34届中国（曲阜）国际孔子文化节之后，通过具体的工作实践，尤其是在孔子文化节总结阶段，引发了诸多思考。一是孔子文化节由1984年曲阜县举办的国际孔子诞辰故里游这一地方性旅游活动，逐年发展为由文化部、教育部、国家旅游局与山东省人民政府联合主办的大型国际性节庆活动，而且34年连续举办从未间断，足见其顺应时代发展需要，满足了当代人的精神文化需求，彰显了其充沛的活力及顽强的生命力。而这种活力、生命力，究其根源，正是来源于以孔子为代表的儒家思想。二是纵观孔子文化节34年的举办历程，亦是有起有伏，呈波浪式前进，这与当时的社会环境和组织者对孔子及其思想的认识、重视程度有很大关联，也是对孔子及其思想辩证认识，不断扬弃、传承发展的过程。三是34年来，曲阜一直秉承举全市之力办好孔子文化节的理念，工作计划围绕文化节制定，工作重点突出文化节项目来安排，工作时限紧扣文化节的时间节点来完成，孔子文化节成为曲阜经济社会事业发展以及城市建设、精神文明建设的动力源和助推器，并随着主办单位规格的不断提升而发挥着更为显著的作用。这一功用，随着时代的发展，更具有广阔的提升空间。四是2013年11月中共中央总书记习近平到曲阜视察，向全国发出了重视优秀传统文化的信号，对曲阜提出建设首善之区的殷切期望，这既体现了党中央对弘扬民族优秀传统文化，提高国家文化“软实力”的高度重视，也为举办旨在弘扬民族优秀传统文化的孔子文化节进一步指明方向，提出了新的更高要求。五是在当前国家改革开放的攻坚时期，各种矛盾交织、信仰缺失，拜金主义、享乐主义思想等问题在一定程度存在。大有必要挖掘孔子儒家思想精华与社会主义核心价值观的关联，发挥孔子文化节在播扬文明、凝聚正能量方面独特的功能和作用，倡导传承“仁义礼智信”“温良恭俭让”等传统美德，旗帜鲜明地弘扬优秀传统文化，对于消除各种不良思想的影响，坚定不移地践行社会主义核心价值观具有积极的现实意义。六是在当今世界多极、文化多元、国际形势波谲云诡的环境下，用儒家文化讲好中国故事，发出中国声音，通过举办孔子文化节、世界儒学大会、尼山世界文明论坛、“孔子教育奖”“孔子文化奖”颁奖等途径，对于促进世界各种文明交流及互鉴互融，构建人类命运共同体，无疑具有非常重要的作用……

在思考上述问题的同时，加上多年来从事史志工作的经历，我深深感到，编纂《中国（曲阜）国际孔子文化节志》，全面客观记载孔子文化节34年的不凡历程，确实是时不我待，责任重大，意义深远。这一思路恰好与曲阜市委、市政府传承弘扬中华优秀传统文化的部署相一致，并且和省政府办公厅党组成员、省史志办主任刘爱军的倡议相吻合，亦得到各级领导的重视与支持，启动孔子文化节志编纂工作，宜时顺势，天时地利人和。

《中国（曲阜）国际孔子文化节志》编纂工程于2017年10月启动，于2018年8月成书，历时10个多月。全志10篇,38章,76.7万字，图片百余幅。采用志、述、记、图、表、录等体裁，以志为主。专志部分采用篇章体，结构上一般分为篇、章、节3个层次，部分节下设目。篇目设置力求编排合理，层次清晰。依据孔子文化节活动的特点，重点展现每年活动亮点，着重记述孔子文化节开幕式、祭孔大典、世界儒学大会等重点活动。

孔子文化节志的编纂工作是一项浩大而艰巨的系统文化工程，特别是1990年前许多节会活动资料缺失，为编纂节志增添了诸多困难。编者们不辞辛苦，广泛搜集涉及孔子文化节活动的文字、口碑资料，遍访参与组织活动的知情者，深入细致地排查、收集、筛选、整理、对照、佐证、勘误、甄别、梳理、归纳，通过大量艰苦而又卓有成效的工作，终成此志，以飨读者，亦可回报多年来坚持不懈致力于弘扬民族优秀传统文化，坚守于孔子文化节筹备工作各条战线上的各级领导和广大工作者们。但鉴于时间紧迫，加之水平所限，尽管主观上尽了最大努力，志书仍然存在一些不尽人意之处。望广大专家、读者和业内人士不吝赐教，予以匡正。

本志编纂过程中得到曲阜师范大学、孔子研究院等驻曲单位和相关热心人士的大力支持和帮助，他们积极提供详实的历史资料，为编纂本志提供了诸多方便。曲阜市参与孔子文化节各项筹备工作的有关单位和个人，更是积极配合，以编纂孔子文化节志为己任，广泛收集整理本部门、本单位参与举办孔子文化节活动的历史史料，积极提供稿件并给予相关的工作帮助。曲阜市史志办副主编米玉红、编辑翟盛军对本志的编纂做了大量工作。孔子文化节办公室的各位同志亦齐心协力，通力合作，付出了艰辛努力，在此一并谨表谢忱。

本志的编纂得到了山东省地方史志办公室、济宁市及曲阜市委、市政府领导的高度重视和支持帮助。山东省政府办公厅党组成员、省史志办主任刘爱军亲自倡议，在百忙之中亲自担纲主编，多次调度进展情况，组织省史志专家为志书编修把关问脉，组织召开专家评审会专题评审并为本志题写序言。省史志办副主任李刚，市县基层志编纂指导处二级调研员杜泉、李天程，人事秘书处副处长王芬，省史志专家王光辉、王现军、朱佩峰、李德辉等领导专家参与本志编纂工作，并在篇目制定调整、修改完善提升等方面给予多方面帮助。济宁市孔子文化节办公室帮助搜集资料、图片，给予很大支持。曲阜市委、市政府将编纂孔子文化节志纳入《曲阜市传承发展中华优秀传统文化工作方案》，列入2018年市委、市政府的重点工作之中。曲阜市委书记刘东波为孔子文化节志题写序言。曲阜市市长彭照辉，分管副书记山桂岭，副市长杨晓东、周菊兰及有关市领导，以及曾经分管孔子文化节活动的老领导赵元山、步长存等，积极提供珍藏的历史资料图片，并与编纂人员交流互动，提出许多宝贵意见。社会各界同仁也给予不同形式的大力支持和帮助，在此一并向他们致敬！

在《中国（曲阜）国际孔子文化节志》与读者见面之际，再一次向参与本志策划、编纂工作的各级领导、专家和社会各界表示诚挚的谢意。

张立忠

2018年8月

撰稿人名单

（以姓氏笔画为序）

丁　磊	才兴倩	马小强	马汉卿	马耀东	王运东
王希伟	尹　利	孔　凯	孔　彬	孔祥臣	孔德阁
申　华	孙明真	李　洋	李翠芳	步安琪	吴继芳
张　振	陈曙剑	武海廷	罗　君	阜小宁	祝　松
徐　益	徐淑春	高　莹	常思源	彭小超	韩文峰
鲁　兖	路则权	翟海峰	颜廷燕	薛　皓	